近代語彙集

竹中憲一 編著

まえがきにかえて

早稲田大学図書館には「洋学文庫」という貴重なコレクションが収蔵されている。

本文庫は江戸中期以降の洋学者大槻玄沢をはじめとする大槻家旧蔵の書籍を中心に、本学元教授・図書館長で英文学者の岡村千曳先生、おなじく元教授の英文学者・勝俣銓吉郎先生の旧蔵書を加え、その他初期洋学に関する書籍をまとめたもので、英文・蘭学を中心とした洋学書三千余冊を有する。

小生は、1990年代中頃から思い立ってこの文庫の中から「近代語彙」の収集を始めた。その方法は、洋学文庫の全冊を複写・仮製本して通勤や移動の電車の中など空いた時間を見つけてマーカーで印をつけ研究室に帰ってワープロに打ち込んで行くという原始的なものであった。

本学には日本語学の大家・杉本つとむ博士（現名誉教授）がおられる。作業を開始するにあたって教授のご指導を仰いでおくべきだったという思いが頻りであるが、当時、教授は仰ぐべき存在でありあまりに敷居が高かった。

本書印行に当たり、外出が困難になっている小生に代わり編集者を介して校正刷りを杉本先生に見ていただいた。先生は一見して嘆息されたという。専門家から見て労多くして功の少ないことを哀れんでくださったのであろう。

先生ご指導のとおり、小生の作業はあくまで早稲田大学の「洋学文庫」の中から近代語彙と思しき単語を収集したもので、それぞれの語彙にあたってそれが初出であるか、訳語であるならば原語はなんであるか、訳語として定着したいきさつはどうであったか等を考察したものではない。それは、それぞれの専門家の精緻な研究に待たねばならないであろう。

しかし、小生の作業がそうした本格的研究に少しでも役に立つことがあるならば、小生の目的の一端は達せられたことになるし、これに勝る喜びはない。

また、語彙の採集は十数年にわたったため、出典などの記述に揺れが少なからず生じていた。それを最新の方法で正し、あるいは原典にさかのぼって確認するなどの労をとってくれた、皓星社編集部にお礼を申し上げる。

2015年8月25日

【凡例】

一、本書は主として、早稲田大学の「洋学文庫」所蔵の資料を典拠とし、それらの資料群のなかに記録されている日本語の近代語彙の初出を採録したものである。

一、見出し語は、現在一般に行われている読み方で五十音順に排列したが、一部例外もある。

一、典拠した資料の種類は、見出し語の下に示した。中国資料の場合は 中国 、日本資料の場合は 日本 、辞書資料の場合は 辞書 と記した。

一、資料種類に続けて、典拠資料名、著作者・編訳者、刊行年を記し、「⇒」以下に、典拠資料における見出し語の初出箇所を引用した。

一、採録と引用にあたって、旧字は新字にあらためた。

一、一部、典拠資料の劣化により本文を判読できない部分があり、「□」を挿入した。

【あ】

【亜的児】：アーテル, エーテル, aether［英], ether［蘭]

日本

『**舎密開宗**』亜的児性／賢理著、宇田川榕菴重訳増註（1837年・天保8年）⇒「亜的児ハ亜爾箇児ト硫酸ト製法中ニ変化セル者乎」

『**理学提要**』巻一／広瀬元恭訳（1856年・安政3年）⇒「若し亜的児・亜児箇爾等の剤を与ふる時は、則ち引透して其の温暖を散し」

『**万寳新書**』三十九項／宇田川興齋訳述（1860年・安政7年）⇒「又丁子油一匁ニ硫酸亜的児《即チ布弗満液》二銭ヲ和シ」

【愛国】

日本

『**百学連環**』第二編／西周講述、永見裕筆録（1870年・明治3年）⇒「唯た自然に已れか生国を恋ひ思ふか如きこれを愛国の誠という」

【愛国心】

日本

『**表記提綱**』小引／島邱泰撰（1875年・明治8年）⇒「漫録セシ所ノ鄙稿ナリ、初余カ愚亦卿カ愛国心アリ」

『**代議政体**』巻之三／永峰秀樹訳（1875年・明治8年）⇒「仮令君主ハ慈善聡明ナルモ、国民ニ愛国心ナキヲ明証スベキ者ナリ」

『**大英商業史**』巻四／田口卯吉識（1879年・明治12年）⇒「治平ハ暫時ニシテ絶エ英民ノ愛国心ハ再ヒ最高ノ点ニ上リ」

『**欧米巡回取調書**』六 瑞墺匈蘭陸伊英北米合衆国之部／農商務省編（1888年・明治21年）⇒「尚ホ其他ノ諸氏ノ如キ最モ愛国心ニ富ミ其正廉ハ世ニ知ラレタル飼育者アリテ」

【愛情】

日本

『泰西三才正蒙』 巻三／永井則著（1850 年・寛政 3 年）⇒「他邦ノ人ヲ待ニ愛情深シ、文学ヲ黽勉シ、羅甸語ヲ始メ」

『漂巽紀畧』 巻三／川田維鶴撰（1852 年・嘉永 5 年）⇒「今ハ「フィツフヒール」の家に来たり」、合セ供に生児を介抱し愛情〈かわいがり〉大に加りしか」

『西洋品行論』 第十一編／中村正直訳述（1878 年・明治 11 年）⇒「婦人ノ吾愛情ヲ（胤）得ルモノハ彼ノ愛情ナリ」

中国

『天主聖教実録』 天主聖性章／羅明堅・陽瑪諾述（1584 年・万暦 12 年）⇒「必生事物之象而含存之司愛欲者愛一物、必生一愛情而内含存之」

『聖経直解』 巻二／陽瑪諾著（1636 年・崇禎 9 年）⇒「傲変為遜、觸残害等、変為愛情」

『漢英通用雑話』 上巻／羅伯聃識（1860 年・咸豊 10 年）⇒「愛情　落弗合　love」

辞書

『英華字典』／Walter Henry Medhurst（1847 ～ 48 年）⇒「AFFECTION、love　愛情」

『英華字典』／Wilhelm Lobscheid（1866 ～ 69 年）⇒「kindness of heart　愛情」「Attachment　愛情」

『英華萃林韻府』／Justus Doolittle（1872 年）⇒「Attachment　愛情」「Love Affection　愛情」

【愛人】

日本

『喎蘭演戯記』 初段／蜀山人著（1820 年・文政 3 年）⇒「性急者ダアモンは只一人腹を立て、我が愛人も家来も我が性急なる気性を知ながら」

中国

『代疑篇』 巻上／揚廷筠訳（1621 年・天啓元年）⇒「仁者、人也、当以愛人為先、論愛人」

『職方外紀』 巻一／艾儒略増訳、楊廷筠彙記（1623 年・天啓 3 年）⇒「其人純一敬事天主、及愛人如已、必然昇天恭配天神」

『不得已弁』／利類思著、安文思・南懐仁訂（1665 年・康熙 4 年）⇒「敬主愛人、忠君孝親、無他論也、且西士二十於淡泊、無求於世」

【アイスクリーム／アイスクリン】：ice cream［英］

日本

『柳川日記』／柳川当清記（1860年・万延元年）⇒「口中に入るゝにたちまち解けて誠に美味なり是をアイスクリンと云」

『官許 西洋新書』第二編 巻下／瓜生政和編輯（1872年・明治5年）⇒「アイスクリンを製しこうり氷を湯に解し、其氷を種々の色に」

『主婦の友』第六部／桜井ちか編纂（1908年・明治41年）⇒「アイスクリームの材料製法は種々ありますが、次に掲ぐる製法の如く作りたる氷菓子種を器内の缶に入れて置きて」

【亜院／唖院】

日本

『八紘通誌』巻二／箕作阮甫述（1851年・嘉永4年）⇒「外科、産科、軍学、獣醫、啞院、盲院、山林ノ学、山坑ノ学、商賣ノ学等、皆各専学校アリ」

『尾蠅欧行漫録』巻四／市川渡著（1863年・文久3年）⇒「毎都落必郷校アリ外科産科軍学獣医唖院育院山林坑学山坑学商売学等各専務学校アリ」

『西洋事情』初編 巻之一／福澤諭吉纂輯（1866年・慶応2年）⇒「唖院は唖人を教ゆる学校なり、唖子数百人を集めて語学、算術、天文、地理学等を教授すること」

『西洋聞見録』巻上／村田樞文夫纂述（1869年・明治2年）⇒「漢土ノ如ク文字繁冗ナレバ西洋ニ於テ行ハル、所ノ唖院、聾院、瞽院二於テ」

『万国港繁昌記』巻上／黒田行元編・松川半山書画（1873年・明治6年）⇒「別に救窮の為設けたる幼院、盲院、亜院、棄児院、痴児院、癲院二百余所あり」

『特命全権大使欧米回覧実記』フランス・仏朗西国総記／著者不明（1872年・明治5年）⇒「唖院ハ大裁判所ノ西南ニアリ」

【亜鉛】：倭鉛［中］, zink［蘭］, tutanaga［葡］

日本

『増補華夷通商考』巻四／西川求林斎輯（1708年・宝永5年）⇒「漆　象牙、亜鉛〈トタン〉、阿仙薬、ロウベン玉メノウノ類、米」

『采覧異言』第二巻／新井白石著（1713年・正徳3年）⇒「米、漆、宝石、番名ルベイン象牙、亜鉛、阿仙薬之属」

『気海観瀾』気融／青地林宗訳述（1825年・文政8年）⇒「銅と亜鉛と各箇偏圓なること銭の如きを取りて」

『泰西七金訳説』巻二／渋江虬鑒試、馬場貞由訳述（1854年・嘉永7年）⇒「銅に亜鉛（シンキ）の交和すれば、真鍮となしたるは銅の如く延ばすべからず」

【亜音字】

日本

『彼日氏教授論』第四章／（1876年・明治9年）⇒「言辞ヲ各字ニ分解シテ、亜音字及ビ同音字等ヲ知ラシムルヲ可トスルモノナリ」

【アカテミー】：アカデミー, academy［英］

日本

『尾蠅欧行漫録』巻五／市川渡著（1863年・文久3年）⇒「高塔一基アカテミー学校ニハ三十万巻ノ書ヲ貯フ古今名家ノ親筆一万二千張ヲ蔵ス」

【握権】

日本

『中外新聞』／柳河春三編（1868年・慶応4年）⇒「失れ政体に君主握権、君民同権、国民共和の三体有之、政権に立法、行政、審判の三権有之候」

【悪腫】

日本

『気海観瀾広義』／川本幸民訳述（1851年・嘉永4年）⇒「悪腫」

【握手】

日本

『米行日記』／佐藤秀長記（1860 年・万延元年）⇒「総て西洋一般握手は礼にして最も親き者には男女となく口吸を以て礼とせり」

『航米日録』／玉虫茂誼誌（1860 年・万延元年）⇒「海父母其三四歳ノ小児ヲ提携シ、握手合接吻ヲ願ヒ願ヒ左右ヲ離レズ」

『亜墨利加渡海日記』／著者不明（1860 年・万延元年）⇒「其外思々餞別ヲ持来リ銘々握手ノ礼ヲ為シ相共ニ涙ヲ浮メ男女同音ニ湿リ」

『農業三事』叙／津田仙撰（1874 年・明治 7 年）⇒「一見握手、為知己、荷氏語君以、生平所経験」

中国

『交友論』／利瑪竇撰（1595 年・万暦 23 年）⇒「王乃移席握手而言曰（几）有徳行之君子辱臨吾地未嘗不請而友」

『東西洋考』序／張燮撰次（1618 年・万暦 46 年）⇒「使婆羅門引（土胥）見婦握手相付囑曰吉利吉利」

『海国圖志』巻十六／魏源撰、林則徐訳（1876 年・光緒 2 年）⇒「如諸人斎応曰、甚美甚善、和蘭倶与諸人握手為礼畢」

『使西日記』／曽紀沢著（1877 年・光緒 3 年）⇒「語訳達伯理爾天徳受書復握手為礼」

『欧遊随筆』／銭徳培著（1877 年・光緒 3 年）⇒「則諸客斎集挙酒飲至夜半十二点鐘各握手賀新年至三点鐘」

『使美記略』／陳蘭彬著（1878 年・光緒 4 年）⇒「至与其総督恰弼握手相見坐談片時隋令」

辞書

『英華字典』／ Walter Henry Medhurst（1847 ～ 48 年）⇒「shake handes　握手」

『英華字典』／ Wilhelm Lobscheid（1866 ～ 69 年）⇒「to grasp one's hand　握手」

【悪性】

日本

『医範提綱内象銅版図』巻一／宇田川榛齋編（1808 年・文化 5 年）⇒「血中悪性ノ汚液ヲ生シ脳ノ血絡ニ留結シ」

『厚生新編』雑集医治部／馬場貞由他訳述（1811 年～・文化 8 年～）⇒「第二

種は悪性骨腫瘍と名く是はその腫骨の裏に必ず附骨疽あり」
『榕菴訳人身窮理書』 膿／宇田川榕菴訳（刊行年不明）⇒「悪性ノ膿ノ如キハ生人体内ニ在テ既ニ敗酵ヲ発スル者ナリ」

辞書

『A DICTIONARY OF THE CHINESE LANGUAGE, IN THREE PARTS.』／Robert Morrison（1815～23年）⇒「ILLNATURE　悪性」
『英華字典』／Walter Henry Medhurst（1847～48年）⇒「ILLNATURED　悪性」
『英華萃林韻府』／Justus Doolittle（1872年）⇒「a vicions disposition　悪性」

【悪性熱】

日本

『遠西医方名物考補遺』 巻九／宇田川榛斎訳述、宇田川榕菴校補（1834年・天保5年）⇒「精力虚構憊シ諸液腐敗シ神経熱、腐敗熱、悪性熱ニ罹リ」

【悪魔】

日本

『民間格致問答』 発端／大庭雪齋訳（1862年・文久2年）⇒「ソレ見よ想像の妖怪でも、悪魔鬼神の所為でも化の皮が見えるハ」
『官板 玉石志林』 巻一／箕作阮甫他訳（1863年頃・文久3年頃）⇒「此問常に其の舞踏を止めざりしが、若し此舞踏悪魔に供ふるが為の者に非りし時は、人をして善心を起さしむるに至るべし」
『官許 民間雑誌』 第七編／福澤諭吉・小幡篤次郎共著（1874年・明治7年）⇒「必ズヤ己レニ反求シテ、無学ノ悪魔ヲ追放セザル可カラズ」

中国

『天主聖教実録』 聖路嘉第二篇　第一巻／羅明堅・陽瑪諾述（1584年・万暦12年）⇒「挑怒助欲等情誠悪魔之職也、聖基所楽叉曰彼悪讐者、以人死為生」

【悪夢】

辞書

『A DICTIONARY OF THE CHINESE LANGUAGE, IN THREE PARTS.』／

Robert Morrison（1815 ～ 23 年）⇒「Nightmare　悪夢」

【亜語】

日本

『亜墨利加渡海日記』／著者不明（1860 年・万延元年）⇒「従者十五人遊歩シテ宝蔵一見トシテ往ク、（亜語ニパーテンヲツピント云）其什宝ニハ合衆国中ニ新規発明ノ機械アレバ」

【亜国】

日本

『漂流記』下／播州彦蔵著（1863 年・文久 3 年）⇒「然るに天の時至りて亜国にワシントンといふ大豪傑生まる」

『泰西農学』巻一／緒方儀一訳、市川清流校（1870 年・明治 3 年）⇒「唯一個ノ庸工ニ劣ランノミ彼亜国の曠野ノ如キ」

【亜西亜／亜細亜】：アジア, Asia

日本

『増補華夷通商考』／西川求林斎輯（1708 年・宝永 5 年）⇒「国其外唐土天竺ヲ合セテ総名ヲ亜細亜ト号ス」

『官板 中外新報』第二巻／応思理撰（1858 年～・咸豊 8 年～）⇒「地分四大州、一曰亜西亜、一曰亜美利加、一曰阿非利加」

【亜硝酸】

日本

『舎密開宗』巻一／賢理著、宇田川榕菴重訳増註（1837 年・天保 8 年）⇒「雪ニ塩酸曹達或ハ亜硝酸ヲ和スレバ沍寒ヲ生ス」

『化学訓蒙』巻二／石黒忠悳編輯（1870 年・明治 3 年）⇒「亜硝酸瓦斯ハ硝酸瓦斯ハ酸一分ヲ硫酸トナリ水蒸気ニ和シテ室底ニ滴下シ」

【亜人】

日本

『奉使米利堅紀行』航海述略／木村喜毅記（1860年・万延元年）⇒「然るに明日ハ日曜日なれハ亜人の荷物ハ一切積入へきよし亜人申出し」

『柳川日記』同十日／柳川当清記（1860年・万延元年）⇒「忽て亜人ハ草花ヲ貴ひ愛せる事甚し」

『亜墨利加渡海日記』／著者不明（1860年・万延元年）⇒「酒狂ノ上ニテ亜人ト及口論亜人六挺懸ノ小筒ヲ以テ已ニ発火セントス」

【圧蒸動輪】

中国

『海国圖志』巻八十三／魏源撰、林則徐訳（1876年・光緒2年）⇒「有火輪車、車傍挿鉄管水、圧蒸動輪、其後豈縛数十車」

【亜多綿】：アトム、atoom［蘭］

日本

『化学入門』／竹原平次郎抄訳、堀尾用蔵註（1867年・慶応3年）⇒「何ゾ能ク之ヲ把ルルヲ得ン唯想像シテモテ之ヲ知ルベキ而已古ヨリ此分子ヲ名ケテ亜多綿〈アトーメン〉ト云フ」

【アトム／アトーム】：atom［英］, atoom［蘭］

日本

『百学連環』最後之章／西周講述、永見裕筆録（1870年・明治3年）⇒「Atomic Theory　アトームとは物の極微細なるものにして、その形ち見ることを能わす」

『物理日記』巻一／リッテル口授、文部省（1874年・明治7年）⇒「既ニ説ケル如ク物体ハ細微ノ「アトム」集合シテ其質ヲ成スモノナリ」

【無政党】：アナキスト, anarchist［英］

日本

『板垣君欧米漫遊日記』／諸岡国編輯、栗原亮一記（1883 年・明治 16 年）⇒「此隙ニ乗ジテ無政党〈アフイキスト〉ハ愈々激論ヲ主張シ」

【亜熱帯】

中国

『海国圖志』巻二十／魏源撰、林則徐訳（1876 年・光緒 2 年）⇒「曰五印度国、為亜悉亜熱帯地、北極出地自七度至三十五度」

【阿芙蓉】：あへん, a piàn［中］, opium［英］

日本

『植学啓原』巻三／宇田川榕菴著（1833 年・天保 4 年）⇒「阿芙蓉の麻分と他の麻分とは、自ら径庭あり」

『古列亜児没爾爸斯説』／宇田川榕菴著（1858 年・安政 5 年）⇒「阿芙蓉液六十滴薄荷水一了」

『西語漢訳原稿』／宇田川興斎自筆本（刊行年不明）⇒「阿芙蓉ノ成分」

【油絵】

日本

『特命全権大使欧米回覧実記』第四十三編／著者不明（1872 年・明治 5 年）⇒「「パナラマ」ト謂フ、油絵ノ展覧場ナリ、「シャンゼルセー」通リノ西側、凱旋門ノ近方ニ於テ」

『博覧会筆記見聞』巻五／博覧会事務官訳（1874 年・明治 7 年）⇒「顔と手足とは油絵にて書き、衣服其外は、ねりぐりやうたるあり」

【亜弗利加】：アフリカ, Africa

日本

『栄力丸漂流記談』巻一／文太談（1856 年・安政 3 年）⇒「南亜墨利加の鼻より

亜弗利加に船を廻らし、遂に唐土広東に付ければ、カラツホーナイへは来らず」

【阿片】：あへん, a piàn［中], opium［英］

日本

『厚生新編』 療治部／馬場貞由他訳述（1811 年～・文化 8 年～）⇒「石鹼と阿片に上好の火酒六十四銭を加へ、数日処にて浸出し、自ら溶解するに至る」

『外科新書』 第九章／吉雄権之助訳（1822 年・文政 5 年）⇒「阿片ト乙切草ノ油トヲ以テ製タル膏剤」

『羅仙治児全書』 乳母篇 第一／宇田川玄真訳（1830 年・天保元年）⇒「甚タ感動シ易キ人ニ阿片或ハ阿片合製ノ諸剤ヲ用レハ其薬効ヲ顕ス」

【海女】

日本

『増補華夷通商考』 ／西川求林斎輯（1708 年・宝永 5 年）⇒「叉魚アリ、海女ト号ス、半身已上ハ直ニ女人ニシテ半身以下ハ魚体ナリ」

『瓊浦偶筆』 巻五／平沢元愷著（1774 年～・安永 3 年～）⇒「復タ海女有リ。上体ハ女人ノ如ク、下体ハ魚形ヲ為ス」

『西洋雑記』 巻二／山村才助訳編（1848 年・嘉永元年）⇒「西書にこれを「ゼエメンセン」海人といふを又「ゼエ・フロウー」海女の義と記せり」

中国

『坤輿図説』 巻下／南懐仁撰（1672 年・康熙 11 年）⇒「復有海女上体是女人下体為魚形其骨為念珠等物可止下血」

『澳門紀略 嘉慶庚申重干』 形勢編／印光任・張汝霖纂（1800 年・嘉慶 5 年）⇒「海女急舞海水開龍王来」

【亜麻仁油】

日本

『気海観瀾広義』 巻七／川本幸民訳述（1851 年・嘉永 4 年）⇒「其球は「タフ」（布名）を以て製し、亜麻仁油及び黐の（茶）剤を抹してこれを覆ふ」

【亜馬爾瓦馬】：アマルガム, amalgam［英］

日本

『舎密開宗』巻十二／賢理著、宇田川榕菴重訳増註（1837年･天保8年）⇒「(項)ハ好ク金銀錫等和合メ此ヲ流動セシム但和スル多ケレバ稠厚ト為ル之ヲ亜馬爾瓦馬（漢名銀膏)」

【亜名】

日本

『柳川日記』正月／柳川当清記（1860年･万延元年）⇒「此船を亜名フレカツト、ナヲー、ラットステーマント云是米国におゐ名誉の軍艦と云ふ」

【阿美利加／亜墨利加／亜黙利加／亜美利駕】：アメリカ, America

日本

『蘭船荷物和解』／著者不明（1823年・文政6年）⇒「亜墨利加」

『初太郎漂流記』／井上黙撰（1846年・弘化3年）⇒「阿波の初太郎の亜墨利加より音信有之一話」

『栄力丸漂流記談』巻二／文太談（1856年・安政3年）⇒「夫すら船の程は語りがたく、扨此船は北亜墨利加の商船にて、船中都合十二人乗居たり」

中国

『化学初階』巻一／嘉約翰口訳、何瞭然筆述（1870年・同治9年）⇒「西洋之属国某主、於嘉慶十三年在南亜美利駕」

『重刻版 海録』巻第一／謝清高著（1870年･同治9年）⇒「英吉利亞黙利加等」

『化学鑑原』巻二／傳蘭雅口訳、徐寿筆述（1871年・同治10年）⇒「高処多於低処阿美利加之高火山噴出炭気甚多」

【亜美理駕国王】：亜美理駕＝アメリカ, America

日本

『亜墨理駕船渡来日記』寅二月／著者不明（1854年・嘉永7年）⇒「小芝沖滞留之異船ニ而亜美理駕国王誕生ニ付」

【唖盲院】

日本

『欧行日記』ロッテルダム／淵辺徳蔵記（1861年・文久元年）⇒「唖盲院に至る教師壱人助三四人おり唖童八十余人盲童二百余人あり」

【亜刺伯護謨／亜網比亜護謨】：アラビアゴム, Arabishe gom［蘭］

日本

『西洋百工新書』巻一／清風閑主人纂輯（1872年・明治5年）⇒「明礬一銭、細末亜刺伯護謨二銭を清潔なる壷に入る」

『百科全書』百工応用化学篇　巻一／牧山耕平訳（1873年・明治6年）⇒「故ニ亜網比亜護謨、貎利太仁護模（熱煮シタル糊）等」

【亜硫酸】

日本

『幾那塩発明』第四章／宇田川榕菴訳、未定抄訳（1833年・天保4年）⇒「尋常硫酸貴尼涅ハ　一貴尼涅　一亜硫酸　四亜水」

『舎密開宗』巻四／賢理著、宇田川榕菴重訳増註（1837年・天保8年）⇒「但シ酸化塩酸、亜硫酸、醇厚硝酸等ハ然ラズ却テ其色褪白ス」

『博物新編補遺』巻中／小幡篤次郎訳述（1869年・明治2年）⇒「従テ変ス是以テ甲ヲ硫酸ト云ヒ乙ヲ亜硫酸ト云フ」

『理化日記』巻五／リッテル口授、市川盛三郎訳（1870年・明治3年）⇒「亜硫酸ノ水ニ全溶スルモノハ之ヲ熱シテ五度ニ至レハ亜硫酸ヲ為ス」

【亜爾加里／阿拉蛤利】：アルカリ, alkali［蘭］

日本

『舎密開宗』巻四／賢理著、宇田川榕菴重訳増註（1837年・天保8年）⇒「炭酸ハ亜爾加里土類金属ニ親和ノ各種ノ炭酸塩ヲ為ス」

『化学入門』単体命名論／竹原平次郎抄訳、堀尾用蔵註（1867年・慶応3年）⇒「軽金属ヲ再別シテ亜爾加里金属、土類、金属トナシ」

『脱影奇観』初篇巻下紙影ノ弊／宇田川準一和解（1872年・明治5年）⇒「此

レ乃チ発輝水ノ阿拉蛤蜊太ダ過タルカ、或ヒハ緑気金ノ力足ラザルカ」

【アルキメデス】: Archimedes

日本

『百科全書』動静水学　上巻／松川侑訳（1875年・明治8年）⇒「一「応」以上ノ分数アルヲ知ルアルキメデス氏始テ此法ヲ用」

【亜爾箇児】: アルコール, alcohol［蘭］

日本

『遠西医方名物考補遺』巻八／宇田川榛斎訳述、宇田川榕菴校補（1834年・天保5年）⇒「焼酒ハ水ヲ含リ亜爾箇児ハ水素、炭素併ニ其流動スルニ足ル」

『舎密開宗』巻一／賢理著、宇田川榕菴重訳増註（1837年・天保8年）⇒「木材ハ微ナリ、流体ハ亜的児最モ甚ク亜爾箇児此ニ次ギ水又此ニ次グ」

『理化新説』巻二／ハラタマ述、三崎嘯輔訳（1869年・明治2年）⇒「乃ち水蒸気を冷定して水を得るが如し亜爾箇児、香竄油も亦然り」

【亜律密紐母／亜律密烏母】: アルミニウム, aluminium［英］

日本

『舎密開宗』内篇　巻八　礬土第百五十七章／賢理著、宇田川榕菴重訳増註（1837年・天保8年）⇒「礬土モ純體ニ非ス亜律密烏母《金属》ノ酸化スル者ナリ」

『理化日記』巻三／リッテル口授、市川盛三郎訳（1870年・明治3年）⇒「面ニ結晶珪素ヲ附着ス、亜鉛ニ代ルニ亜律密紐母ヲ以テスルモ亦タ可ナリ」

【合砿】

日本

『牙氏初学須知』巻三／田中耕造訳、佐沢太郎訂（1875年・明治8年）⇒「諸金属ノ合砿〈アハセガネ〉ニ化入スレバ、其物ヲシテ大ニ堅牢ナラシム」

【暗記】

日本

『西域物語』 中巻／本多利明著（1798 年・寛政 10 年）⇒「譬ば暗記する人出来たりとも、国家の為益を起す事も有まじ」

『化学通』 ／川本幸民訳述（1871 年・明治 4 年）⇒「化学ノ法ヲ暗記セシメムト欲スルノミ、化学家問ヲ設クルニ」

『英氏経済論』 巻三／小幡篤次郎訳（1871 年・明治 4 年）⇒「国人ノ皆読書習字算術ノ三科ヲ能シ且ツ地理ヲ暗記〈ソラン〉ジテ」

中国

『物理小識』 巻一／方以智著（1664 年・康熙 3 年）⇒「心亦有声、黙誦暗記心亦有字、乃知想従心相、意従心音」

『格致彙編』 第二巻／傅蘭雅輯（1876 年・光緒 2 年）⇒「照三十余里之遠内有暗記瞭如指掌」

【暗鏡】

日本

『寫象新法』 第四図／杉田擴玄瑞未定訳稿（刊行年不明）⇒「尋常ノ暗鏡《即曇玻璃》ヲ除去ルヲ代ルニ版ヲ接着セル装置」

【諳厄利亜／漢厄利亜】：アンゲリア, イギリス, Anglaland

日本

『解体新書』 巻四／杉田玄白訳、中川淳庵校（1774 年・安永 3 年）⇒「このごろ訳官楢林氏蔵する所の諳厄利亜国の産科書を視る」

『海外新話』 巻之一／嶺田楓江撰（1849 年・嘉永 2 年）⇒「漢人訳シテ英機黎英咭唎諳厄利亜漢厄利亜等ノ字面ヲ用ユ近來又省称シテ英国英夷ト云」

【暗号】

日本

『三兵答古知幾』 巻二十一／高野長英訳（1856 年・安政 3 年）⇒「防御ノ諸兵カラ併テ互ニ之ヲ拒止シ種々ノ形勢ニ従ヒ諸般の暗号及ヒ記号ヲ定メ」

『慕氏兵論』第三編　巻一／増田勇次郎訳（1863年・文久3年）⇒「教令と暗号および復暗号とを前哨発行の指令官より承く」

『官板 玉石志林』巻四／箕作阮甫他訳（1863年頃・文久3年頃）⇒「乃ち暗号を挙げ、共に迫て之を一宮に幽らへ、其徒をして之を襲はしむ」

『外国交際公法』暗号ノ事／福地源一郎訳訂（1869年・明治2年）⇒「海外へ送リタル弁理公使ト秘密ノ事件ヲ書簡往復スルニ暗号ヲ用ユル」

『英国海軍律令全書』巻一／子安宗俊・柴田昌吉共訳（1870年・明治3年）⇒「第二等之下等士官暗号司〈シグナルメン〉、二等艦尾長」

『明治政府翻訳草稿類纂』第八十六号／チーンユーホン記（1875年・明治8年）⇒「暗号ヲ以テ左ノ通岩倉閣下ニ電報可被成下候」

『旧習一新』／増山守正再誌（1875年・明治8年）⇒「鬼神ト響応感通シテ、暗号冥契スルノ趣意ニ原キタル」

『翻訳集成』第二号／訳者不明（1876年・明治9年）⇒「英人ドンヨリ岩倉右大臣殿へ暗号電信」

中国

『使西日記』／曽紀沢著（1877年・光緒3年）⇒「以通密件尚不甚難乃（別）製暗号以交季相面談用法良久」

『各国日記彙編 曽侯日記』／（1879年・光緒5年）⇒「別製一書為相約加減之法以通密件尚不甚難乃（別）製暗号」

辞書

『英華韻府歴階』／Wells Williams（1844年）⇒「COUNTERING　暗号」「WATCHWORD　暗号」

『英華字典』／Walter Henry Medhurst（1847～48年）⇒「TOKEN of remenbrancee　暗号」

『英華字典』／Wilhelm Lobscheid（1866～69年）⇒「Sign　暗号」「Hint　暗号」

『英華萃林韻府』／Justus Doolittle（1872年）⇒「Watchword　暗号」

【暗黒装置】

日本

『舎密局必携』巻三／上野彦馬抄訳、堀江公粛閲（1862年・文久2年）⇒「第五号物影反射光線感動ノタメ暗黒装置、玉鏡ノ蓋ヲ密閉シ、玻瑠匡子ノ挿蓋ヲ高ク引キ揚ゲ」

【暗室】

日本

『遠西奇器述』直写影鏡／川本幸民口述、田中綱紀筆記（1854年・嘉永7年）⇒「黄金ナルヲ写影ノ適度トス、此法ヲ行フハ暗室ニ於テスベシ」

『物理階梯』巻中／片山淳吉纂輯（1872年・明治5年）⇒「粗磨硝子ニ物像ヲ印セシメ其度ヲ調テ之ツシ後暗室ニ入テ薬剤ヲ塗リタル」

『寫象新法』第一条板ノ研磨／杉田擴玄瑞未定訳稿（刊行年不明）⇒「色彩ヲ暗室ニテ検スルニ小板ヲ斜ニ白色ノ面ニ保持セシムル」

中国

『物理小識』巻一／方以智著（1664年・康熙3年）⇒「故山市海市、暗室一隙、皆得転吸而見之、大鏡之中」

『格物入門』巻四／丁韙良著（1868年・同治7年）⇒「電過某綫、即顕某字、因在暗室、字感電光顕而易見」

『格物探原』第四章／韋廉臣著（1876年・光緒2年）⇒「試於暗室中、向日開一穴、以放入日光、以素紙承之」

【暗車】：スクリュー, screw

日本

『航米日録』巻三／玉虫茂誼誌（1860年・万延元年）⇒「蒸気ハ舩ノ中央ニアリ、暗車ナリ《俗ニネリ仕掛ト唱へ、外ヨリ見ル能ワズ故ニ之ヲ称シテ暗車ト云フ〉」

【安針／按針／按針者／按針役／案針役】：コンパス, 水先案内人, 航海士

日本

『二儀略説』上巻／小林謙貞編述（1667年・寛文7年）⇒「下界ニテ安針ノ路程十七里半行ケバ、天ノ地平一度バカリ行ナリ、是コノ方ノ三十一里余り」

『阿蘭陀海鏡書和解』第十六／本木良永訳（1781年・安永10年）⇒「是陀国遠海を渡るに益有り、中にも賢才有る按針者能識得する処なり」

『西域物語』上巻／本多利明著（1798年・寛政10年）⇒「官名をビロードと云、ゼイハルトを司る、支那に訳して案針役と云、船中第一の器をコンパスといふ」

『環海異聞』／大槻玄沢撰（1807年・文化4年）⇒「コンベレケ　下按針役、同二十八年、カメレチコウ、案針役、同二十四」

『軍艦図解』考例／本木庄左衛門訳述（1808年・文化5年）⇒「副官按針役と称するもの凡五六輩あり」
『長崎土産』唐館／磯野信春著併画（1847年・弘化4年）⇒「夥長、按針役也、船中水手を夥計と云ふ」
『仏英行』閏五月／柴田剛中記述（1861年・文久元年）⇒「午下第三時比急に針路を正東に替へ、按針のものより転柁のものへ指揮する体尋常ならず」
『官板 海外新聞別集』第六図／洋書調所訳（1862年・文久2年）⇒「黒奴売船の案針役プリンスの事」
『英国海軍律令全書』巻二／子安宗峻・柴田昌吉共訳（1870年・明治3年）⇒「現ニ商船ノ按針長官若クハ一等士官ヲ勤メ二年ノ間船司ヲ勤メタル者」
『和蘭志略稿』／宇田川榕菴著（刊行年不明）⇒「加比丹　ステユールマン按針役」

【安全】

日本

『諳厄利亜人性情志』／吉雄宜訳、浦野元周校（1825年・文政8年）⇒「尋常設くる所の法則に従て、安全に永続せしんめんが為にして」
『三兵答古知幾』巻十六／高野長英訳（1856年・安政3年）⇒「指揮官殊ニ意ヲ注キ其安全ノ地ヲ択ナフ」
『官板 バタヒヤ新聞』巻四／蕃書調所訳（1862年・文久2年）⇒「兵隊と共に軍中用る所の音楽を奏して其別後の安全を祝する声喧し」

中国

『畸人十篇』巻上／利瑪竇述、汪汝淳較梓（1608年・万暦36年）⇒「復得父婦復得夫一家安全敢忘所自乎」

【安全燈】

日本

『化学摘要』第四十一章／宇田川準一訳（1873年・明治6年）⇒「此安全燈ヲ製スル所ノ原理殆ト単一ト雖トモ数千ノ人命ヲ扶助シ」
『牙氏初学須知』巻三／田中耕造訳、佐沢太郎訂（1875年・明治8年）⇒「英吉利有名ノ物理家デヒー此難ヲ防ガンガ為ニ、安全燈ヲ発明セリ」

【安全弁】

日本

『百科全書』 動静水学／松川脩訳（1875 年・明治 8 年）⇒「両側ヲ流レシム又安全弁ノ如キ圓錐形ノ者ハ縮小ヲ起ス」

【安息香】

日本

『新製地球万国図説』 都爾格／桂川甫周訳、大槻玄沢訂（1786 年・天明 6 年）⇒「亜登ハ其首県ニテ、多ク上好ノ真珠、抜爾沙摩油、安息香、没薬等ヲ出ス」

『薬物名彙』 ／編者不明（1810 年・文化 7 年）⇒「安息香」

『厚生新編』 樹液部／馬場貞由他訳述（1811 年～・文化 8 年～）⇒「正しく此安息香を出すと彼東方印度諸国に生じる樹のごとく」

中国

『東西洋考』 巻之一／張燮撰次（1618 年・万暦 46 年）⇒「安息香　西陽雑俎日其樹呼」

【安息酸】

日本

『植学啓原』 植酸／宇田川榕菴著（1833 年・天保 4 年）⇒「安息酸は蘇合香・抜爾撤摩・桂・華尼利等の酸なり」

『舎密開宗』 第六編／賢理著、宇田川榕菴重訳増註（1837 年・天保 8 年）⇒「元来其味酸キヲ以テ総テ酸類ト名クト雖モ安息酸ノ味甘ク青酸ノ味辛キガ如キ」

『化学訓蒙』 巻一／石黒忠悳編輯（1870 年・明治 3 年）⇒「問　安息酸　答其成分ハ炭素十四和水素五和酸素三和ニシテ」

『榕菴訳人身窮理書』 尿／宇田川榕菴訳（刊行年不明）⇒「尿酸、ローセンシュール及安息酸、其他者素アリ」

【安息日】

中国

『格物探原』 第十章／韋廉臣著（1876 年・光緒 2 年）⇒「上帝曰、宜守安息日、六日可作諸工、至第七日、宜安息」

辞書

『英華韻府歴階』／ Wells Williams（1844 年）⇒「SABBATH　安息日」
『英華字典』／ Wilhelm Lobscheid（1866 ～ 69 年）⇒「Sunday　安息日」「Sabbath　安息日」

【安質王／安質没扭／安質没扭毋】：アンチモン, antimony［英］, Antimon［独］, antimonium［蘭］

日本

『舎密開宗』巻十三／賢理著、宇田川榕菴重訳増註（1837 年・天保 8 年）⇒「鉛ニ安質王ヲ烊和ス質剛シ、亦雀丸、銃丸ヲ鋳ルベシ」
『理学提要』巻一／広瀬元恭訳（1856 年・安政 3 年）⇒「安質没扭〈アンチモニー〉、箇抜爾多、尼結爾」
『七新薬説』上巻／司馬凌海著、関寛斎校（1862 年・文久 2 年）⇒「酒石酸（兼）安質王ハ即チ坊主間ノ吐酒石ナリ」
『化学通』巻一／川本幸民訳述（1871 年・明治 4 年）⇒「合金、酸化物、塩類、安質没扭毋〈アンチモユーム〉、砒金、毘私　繆多、亜鉛」

【暗点】

日本

『気海観瀾広義』巻四／川本幸民訳述（1851 年・嘉永 4 年）⇒「是れ猶我が太陽中に在るがごとき暗点ありて、我に向へば光減じ、我に背けば増するべし」

【暗箱】

日本

『写真鏡図説』初編 図／柳河春三訳述（1867 年・慶応 3 年）⇒「以大利の那不勒国人ポルタといふ者、初めて暗箱を発明す、暗箱、西洋の通名シャムブルオブスクルと云う」

【安莫尼亜／暗模尼亜】：アンモニア, ammonia［英］

日本

『舎密開宗』十七章／賢理著、宇田川榕菴重訳増註（1837年・天保8年）⇒「生石灰ト塩酸暗模尼亜ノ如キハ製シ久ヲ経ザル者ヲ和ス」

『気海観瀾広義』／川本幸民訳述（1851年・嘉永4年）⇒「消（ママ）酸安莫尼亜〈アンモニヤ〉、炭酸曹達、塩酸曹達、燐酸曹達、希消酸、塩酸」

『理学提要』巻一／広瀬元恭訳（1856年・安政3年）⇒「塩酸暗模尼亜、過酸蓚酸暗模尼亜ナリ竟ニ日ヲ結ハザルニ至テ」

【安楽国】

日本

『航西日乗』／成島柳北著（1872～73年・明治5～6年）⇒「名村沼間諸子ト出遊ス、瓦斯灯夜ヲ照シ白昼ニ翼ナラズ、真ニ安楽国ナリ」

【い】

【イール】：ビール, ale／beer［英］, bier［蘭］

日本

『西洋料理通』煮焼之部／仮名垣魯文編（1872年・明治5年）⇒「イール《麦酒の事》一合五勺、右を温め小麦粉を少々加へ（とろとろするため）塩胡椒加減」

【医院／医館／医社／医所】

日本

『泰西三才正蒙』巻三／永井則著（1850年・寛政3年）⇒「其右ニ出ル者ナシ、其他幼院病院医館等アツテ、他州ノ士民来リ集テ」

『亜墨利加渡海日記』／著者不明（1860年・万延元年）⇒「共ニ大医院ニ行テ見ルニ午痘児五百人来リアリ」

『博物新編訳解』巻之二下／合信著、大森解谷訳（1868年・慶応4年）⇒「又某ノ医院〈ビヤウイン〉アリ、時ニ死者ヲ剖験スルニ値リ」

『**西洋紀行 航海新説**』／中井桜州著（1870 年・明治 3 年）⇒「龍動橋ヨリ直ニシンニジョンー医館ニ至リ、病容ヲ治スルヲ見ル」

『**坤輿新誌**』第四／宇田川榕菴選（刊行年不明）⇒「人口五万八千家居並列して皆美なり、壮府ナリ　繋舶処一、医社一、育幼院一」

中国

『**物理小識**』第一／方以智著（1664 年・康熙 3 年）⇒「全理尽年而已矣此医所以貴神為第一也」

『**外国地理備攷**』巻四／瑪吉士輯訳（1847 年・道光 27 年）⇒「更有廟堂五座医院紙局各一所、離京一百里、県三」

『**瀛環志畧**』巻七／徐繼畬撰(1848 年・道光 28 年)⇒「又設医院十四所選名医居之」

『**博物新編**』第三集／合信著（1855 年・咸豊 5 年）⇒「直造医院揺尾求医再以薬治之使愈」

『**化学鑑原**』巻三／傳蘭雅口訳、徐寿筆述（1871 年・同治 10 年）⇒「皆被収尽而不至肺中矣、医館診視時疫或剖視死人」

『**使西紀程**』上巻／郭嵩燾撰（1876 年・光緒 2 年）⇒「柳樹仁即令前赴医館併遂送茶水之陳炳祥一体」

『**格致古微**』巻一／王仁俊述（1899 年・光緒 25 年）⇒「曰俄医院治怯怯症以有管之針刺入病者」

辞書

『**英華字典**』／ Walter Henry Medhurst（1847 ～ 48 年）⇒「Hospital　普済院、医館、医局、済医院」

『**英華字典**』／ Wilhelm Lobscheid（1866 ～ 69 年）⇒「Hospital　医院」

『**英華萃林韻府**』／ Justus Doolittle（1872 年）⇒「Hospital　施医院、医館、済医院」

【胃液】

日本

『**蘭療方**』癇癪／広川獬訳、栗崎徳甫校（1804 年・享和 4 年）⇒「胃液化製要物、為大要也」

『**医範提綱内象銅版図**』巻一／宇田川榛齋編（1808 年・文化 5 年）⇒「膵液及ビ胃液ノ如シ胃管液ト謂フ」

『**遠西医方名物考補遺**』巻七／宇田川榛斎訳述、宇田川榕菴校補（1834 年・天

保5年）⇒「殆ト炭酸ナシ、津唾、胃液、膵液ハ絶テ炭酸ナシ、然ルニ通風毒アル人」

【胃炎】

辞書

『英華萃林韻府』／Justus Doolittle（1872年）⇒「Gastritis　胃炎」

【硫黄】

中国

『天工開物』硫黄／宋応星著（1637年・崇禎10年）⇒「則東組西数万里、皆産硫黄之地也、其琉球土硫黄、広南水硫黄、皆記也」
『物理小識』巻之六／方以智著（1664年・康熙3年）⇒「勒蘇艸帽若黄、用硫黄薫之即白」

【硫黄化】

中国

『格致彙編』略論／傅蘭雅輯（1876年・光緒2年）⇒「各地硫黄化鉄中之炭化合而成養気化散又与硫黄化」

【硫黄気】

中国

『地理全志』巻二／慕維廉輯訳（1853年・咸豊3年）⇒「出熱気硫黄気、或出不可吸之気、以大利爪哇、皆有此処、吸其気者即死」

【硫黄酸】

日本

『遠西水質論』巻一／高野長英訳（刊行年不明）⇒「物ニ和シテ酸トナル是ヲ以テ清気ヲ加ヘテ硫黄ヲ焼クハ硫黄酸生ス」

【硫黄油】

中国

『物理小識』巻二／方以智著（1664年・康熙3年）⇒「時珍以為石脳油、一曰硫黄油、今雲南緬甸、広之南雄」

【医科】

中国

『西学凡』／艾儒略答述（1623年・天啓3年）⇒「一謂理科謂之斐録所費亜一為医科、謂之黙第済納」

『坤輿図説』下巻／南懐仁撰（1672年・康熙11年）⇒「一曰教科守教法一曰治科主習政事一曰医科主療疾病皆学数年」

【医学】

日本

『植学啓原』引／宇田川榕菴著（1833年・天保4年）⇒「然らば則ち、弁物は即ち医学の入門たる、亦知る可し」

『舎密開宗』序列／賢理著、宇田川榕菴重訳増註（1837年・天保8年）⇒「三曰植物舎密、四曰動物舎密、五曰山物舎密、六曰医学舎密」

中国

『西学凡』／艾儒略答述（1623年・天啓3年）⇒「医学、操外身生死之権、益人世所重莫甚乎怯其所忌」

『奇器図説』巻一／鄧玉函口授、王徴訳（1634年・天啓7年）⇒「凡学、各有所司、如医学所司者、治人病疾（筭）学所司者、計数多寡婦」

『八紘訳史』巻一／陸次雲著（1683年・康熙22年）⇒「民用玳瑁明角竹簪而已、不知医学、衣服敞袖長袍」

辞書

『A DICTIONARY OF THE CHINESE LANGUAGE, IN THREE PARTS.』／Robert Morrison（1815～23年）⇒「The profession of medicine　医学」

『英華韻府歴階』／Wells Williams（1844年）⇒「MEDICINE　医学」

『英華字典』／Walter Henry Medhurst（1847～48年）⇒「The profession of medicine　医学」

『英華字典』／Wilhelm Lobscheid（1866～69年）⇒「the science of medicine 医学」

【医学館】

日本

『柳川日記』／柳川当清記（1860年・万延元年）⇒「此処ハ我国の医学館の類にて政府より各国の衣類鳥獣草木器械道具其外寄工の品踏む草り」

『新聞誌』第六号／ジョセフ彦編訳（1864年・元治元年）⇒「余りに不思議のこと故或る大医此理を考へて医学館申出せし言にハ」

【異教】

日本

『西洋紀聞』下／新井白石記述（1715年・正徳5年）⇒「天下の人、彼に帰せざれば、これに入り、みづかに異教を見て、怪しむ事をしらず」

『輿地誌略』巻二／青地林宗訳述（1826年・文政9年）⇒「当時国内に異教他種の人あるを、逐斥するが為にするなり」

中国

『代疑篇』巻下／楊廷筠述（1621年・天啓元年）⇒「不教而能、此謂大公異端起、而其教始分、異教尊而其念始奪」

『聖経直解』巻九／陽瑪諾著（1636年・崇禎9年）⇒「皆聖架泉之（瓜）也、其（瓜）難尽、今及数勺、解異教之渇」

辞書

『英華字典』／Wilhelm Lobscheid（1866～69年）⇒「Heresy　異教」

【異教者／異教人】

中国

『聖経直解』巻四／陽瑪諾著（1636年・崇禎9年）⇒「将付於異教人、受辱、受鞭、受唾、受死、惟弟三日復活」

『聖経直解』巻七／陽瑪諾著（1636年・崇禎9年）⇒「継日、史記、異教者（台）寺祭神、副祭向衆高声曰」

【伊祇利須／英吉利／英機黎】：イギリス, Engelsch［蘭］, Inglez［葡］

日本

『海外新話』巻之一／嶺田楓江撰（1849年・嘉永2年）⇒「漢人訳シテ英機黎英咭唎諳厄利亜漢厄利亜等ノ字面ヲ用ユ近來又省称シテ英国英夷ト云」

『海岸砲術備要』付録／本木正栄訳解、布川通璞校正（1852年・嘉永5年）⇒「慶長十八年ノ秋、伊祇利須国ノ王始メテ書ヲ捧ゲ、其ノ八月二日、江戸ニ著シ」

中国

『重刻版 海録』巻第一／謝清高著（1870年・同治9年）⇒「英吉利以此爲」

【育嬰院／育嬰館／育嬰堂／育孤館／育幼院】

日本

『自由之理』巻五／中村敬太郎訳、木村謙一郎版（1872年・明治5年）⇒「民間義学、育嬰館（ステゴヲソダテルバショ）、老人院、済貧院、コレ等仁善ノ規制ヲシテ」

『仏国学制』巻一／佐沢太郎訳、河津祐之閲（1873年・明治6年）⇒「育幼院ハ、男女共満六歳マデノ小児ヲ入ラシメ、慈母ノ如ク之ヲ撫育シ、年齢ニ相当ナル教ヲ授ケ」

『坤輿新誌』第四／宇田川榕菴選（刊行年不明）⇒「人口五万八千家居並列して皆美なり、壮府ナリ　繋舶処一、医社一、育幼院一」

中国

『澳門紀略 嘉慶庚申重干』下巻／印光任・張汝霖纂（1800年・嘉慶5年）⇒「如内地育嬰堂制門側穴転斗県鐸有棄其子者挈縄響鐸」

『外国史略』欧羅巴州／馬礼遜著（1834年以前）⇒「亦有育嬰院毎年収嬰孩千六百名近域有道以引水書院」

『四州志』巻六十／林則徐訳（1841年・道光21年）⇒「教門各従所好大抵波羅特士頓居多設有済貧館、育孤館、医館、瘋顛館等類」

『地理全志』巻四／慕維廉輯訳（1853年・咸豊3年）⇒「刊文勤世、又有済貧院、育孤館、瘋癲館、義学、歳支修舗衣履」

『初使泰西記』／志剛著（1867年・同治6年）⇒「初九日往闌達島及布拉島島中有養院育嬰堂惟養瘋院」

『中西関係論』巻二下／林楽知著（1876年・光緒2年）⇒「教中所立育嬰堂、向未報官立案」

『**海国圖志**』巻六十／魏源撰、林則徐訳（1876 年・光緒 2 年）⇒「風俗、教門各従所好大抵波羅特士頓居多設有済貧館、育孤館、医館、瘋顛館等類」

『**使西日記**』／曽紀沢著（1877 年・光緒 3 年）⇒「至徐家匯観法国教堂三処一有女育嬰堂一有男育嬰堂」

【異語】

日本

『**異人恐怖伝**』巻上／検夫爾著志筑忠雄翻訳（1850 年・嘉永 3 年）⇒「自然に同語なるもの相親みて、隣国の異語をなすものを悪み、又は其栄を妬めり」

【異国】

日本

『**乾坤弁説**』利巻／沢野忠庵・向井玄松編訳（1659 年・同治 2 年）⇒「異国には春分秋分を春秋の初とし、夏至冬至を夏冬の初とするもの也」

『**増補華夷通商考**』黒船入津変災考／西川求林斎輯（1708 年・宝永 5 年）⇒「日本渡海ノ南蛮舟有馬氏ヨリノ異国渡海ノ舟ヲ海賊セシ」

『**四十二国人物図説**』五大州／西川淵梅軒撰（1720 年・享保 5 年）⇒「異国を指す伽羅と号す」

中国

『**七克**』序／龎廸我撰述、楊廷筠較梓（1604 年・万暦 32 年）⇒「楯節次之咎也廸我八万里外異国之旅」

『**格致古微**』微四／王仁俊述（1899 年・光緒 25 年）⇒「独采集先代絶言異国殊語不労」

【異国人／異国之人／異人／異邦人／異邦之人】

日本

『**和蘭攻城法**』／著者不明（1650 年・慶安 3 年）⇒「南蛮之異人由里安牟者軍術ニ長スル」

『**采覧異言**』／新井白石著（1713 年・正徳 3 年）⇒「異邦之人」

『**火流布略説**』／平賀国倫編輯、中島貞叔・中島永貞同校（1765 年・明和 2 年）

⇒「異国人に見せしむべしと、新に、命を受て隔火五枚を製しぬ」

『万国新話』巻三／森島中良編輯（1789年・寛政元年）⇒「猶も船路を尋ねければ、異国人つぶさに仕方なしける」

『輿地誌略』巻一／青地林宗訳述（1826年・文政9年）⇒「更に郭応験斯加と名く、異邦人多く」

『外国地理備攷』巻八／瑪吉士輯訳（1847年・道光27年）⇒「觸人甚属難堪地気熇烈不便居棲異邦之人」

『洋外紀略』俄羅斯／安積信著（1848年・嘉永元年）⇒「風俗粗鄙不知理義不通芸業異邦人来此」

『外蕃容貌図画』序／田川春道著、倉田東岳画（1855年・安政2年）⇒「異邦人は大舶を造りて諸国へ航海し、交易を事務とす、之に依て自ら万国の風俗を知る」

『新聞誌』第一号／ジョセフ彦編訳（1864年・元治元年）⇒「先に横浜在留之異人より出す引札をも訳して添可申候」

中国

『代疑篇』巻上／楊廷筠述（1621年・天啓元年）⇒「豈西国異人異心獨□父母死不孝敬乎」

『畸人十篇』序／利瑪竇述、汪汝淳較梓（1608年・万暦36年）⇒「為異人已覩其不婚」

『譬学』上巻／高一志撰（1633年・崇禎6年）⇒「小西古有一種異人、幼時髪白如老、老時髪黒如幼」

『聖経直解』巻二／陽瑪諾著（1636年・崇禎9年）⇒「異国之人、自礼義以及蠢頑、如無知之黒人」

『外国史略』／馬礼遜著（刊行年不明）⇒「一切皆効西洋招異国人為武官其希（臘）人往海口広貿易」

辞書

『英華字典』／Walter Henry Medhurst（1847～48年）⇒「FOREIGNER　異邦人」

『英華字典』／Wilhelm Lobscheid（1866～69年）⇒「one of another nation or country　異邦人」

『英華萃林韻府』／Justus Doolittle（1872年）⇒「Alien　異邦人」

【異国船】

日本

『万国新話』 巻一／森島中良編輯（1789 年・寛政元年）⇒「日向の国へ十八人の異国船漂ひ着きけり」

『天然人造 道理図解』 第五章／田中大介編纂（1869 年・明治 2 年）⇒「異国船多く・呼管を用ゆ又耳の遠き老人」

【石塚】

日本

『万国奇談』 埃及石塚の事／青木輔清訳（1873 年・明治 6 年）⇒「亜非利加州の内埃及国の介爾阿といへる処に近く、ピラミーデと称せるる奇形の石塚大小ともに多数あり」

【異質分子】

日本

『登高自卑』 前編 巻之下／村松良粛抄輯（1872 年・明治 5 年）⇒「一分子猶ホ二元素ノ異質分子ヲ合セタル者ナリ」

【石火矢／石火矢玉】：stein buchse［独］

日本

『阿蘭陀風説書』 寛文六午年／オランダ商館長口述、通詞訳（1666 年・正保元年）⇒「船にエゲレス方より討申候、石火矢玉を薬かうりに討込み申候」

『紅毛訳問答』 ／小倉某著（1750 年・寛延 3 年）⇒「鉄砲石火矢等の兵器を制作仕已後、弓は専用の器とは不仕よし及承り」

『紅毛雑話』 巻三／森島中良編輯（1787 年・天明 7 年）⇒「蛮舶の第一階の面楫取楫に、仕懸たる石火矢を、組下のマダロスに下知して打たしむる」

【胃弱】

日本

『蘭療薬解』左／広川獬訳、栗崎徳甫校（1806 年・文化 3 年）⇒「焼酒　疝気空風、或胃弱膨張、服之、加臭橙醋薄井荷油等為可」

『西医方選』巻一／藤林普山著（1828 年・文政 11 年）⇒「幾那飲蒲治織盛熱、余焔不解、胃弱、飲食者」

辞書

『英華字典』／Walter Henry Medhurst（1847～48 年）⇒「a weak stomach. 胃弱」

【移住】

日本

『外国事情書』／渡辺華山著（1839 年・天保 10 年）⇒「払郎察・仏郎機ニ拠ラレ候而、北ノ方山附ニ移住候由」

『遣米使節日記』九月十一日／村垣範正記（1860 年・万延元年）⇒「家作も西洋風に造り、欧羅巴人多く移住し、英国の忽督此地に在留し」

『西洋事情』初編 巻之二／福澤諭吉纂輯（1866 年・慶応 2 年）⇒「昔我輩の英国を去て此国に移住せしときの景況をも述べ」

【異重／異重力】

日本

『舎密開宗』巻十／賢理著、宇田川榕菴重訳増註（1837 年・天保 8 年）⇒「金ニ銅ヲ和スレバ其異重増ス、把列瓦ノ金銭ハ十一分銅一分ヲ升和ス」

『舎密局必携』巻一／上野彦馬抄訳、堀江公粛閲（1862 年・文久 2 年）⇒「瓦斯《気形体ニシテ水素酸素大気等ノ如シ》ノ異重力ヲ秤ル」

【移植】

日本

『輿地誌略』巻二／青地林宗訳述（1826 年・文政 9 年）⇒「若他州の国土に移植する事なくば、自国の食養にては、普く其口数に給し難かるべし」

『航米日録』巻二／玉虫茂誼誌（1860 年・万延元年）⇒「葛必丹朱篤児ト云人

アリ、新ニ人民ヲ新歐児歐窒村ニ移植シトキ」
『米行日記』巻二／佐藤秀長記（1860年・万延元年）⇒「人民を新歐児歐空村ニ移植しけるニ其民川ヲ通せんとして地ヲ掘るに不思議に金鉱の脈に堀り中てたり」

中国

『物理小識』巻九／方以智著（1664年・康熙3年）⇒「能浮不浮者亦殺人木望前移植多実、社日杵根実大」
『外国地理備攷』巻六／瑪吉士輯訳（1847年・道光27年）⇒「南方諸国所産草卉移植本国（麻）弗適宜林木稠密」
『植物学』巻三／韋廉臣輯訳、李善蘭筆述（1857年・咸豊7年）⇒「根管春夏吸食、秋冬則否、故移植花木、宜秋冬二時也」

辞書

『英華字典』／Wilhelm Lobscheid（1866～69年）⇒「Displant　移植」

【遺書裁判局】

日本

『合衆国政治小学』初編 巻之三／ヨング 著、瓜生三寅訳述（1872年・明治5年）⇒「正理裁判局、遺書裁判局〈ブロベードカウルト〉、吏罪裁判局の事」

【異人館】

日本

『漂流記』上／播州彦蔵著（1863年・文久3年）⇒「いま英吉利私領となりし所なり異人館ハ美麗なれども支那人の家は至て粗悪なり」

【異心輪】

日本

『二儀略説』第六／小林謙貞編述（1667年・寛文7年）⇒「一者、外ノ方ハ同心輪ニテ、内ハ異心輪ナル形のコト」

【異性】

日本

『窮理通』巻一／帆足万里撰（1836年・天保7年）⇒「土地及び時候に由りて、或は異質を鋏み、必ず異性を為すなり」

『舎密開宗』巻四／賢理著、宇田川榕菴重訳増註（1837年・天保8年）⇒「其亜硫酸ト亜爾加里ノ和合ハ初学須知ノ異性無シ故ニ此ニ略ス」

『気海観瀾広義』巻十四／川本幸民訳述（1851年・嘉永4年）⇒「物の遠近を変ずるは、大に水晶液を疲らせばなり、水晶液に異性あり」

『化学入門』後編／竹原平次郎抄訳、堀尾用蔵註（1867年・慶応3年）⇒「可燃体ト酸素ト相親和スレバ新ニ異性ノ一物ヲ生ズ」

『理化日記』巻一／リッテル口授、市川盛三郎訳（1870年・明治3年）⇒「亦タ然リ是ヲ以テ晒布ハ脆弱ナリ又タ酸素一異性ノモノアリ乃チ「オゾウン」ト曰フ」

『化学摘要』第四十三章／宇田川準一訳（1872年・明治6年）⇒「化学者ハ万体ノ異性ヲ試験ス、例ヘハ、此物ハ気中或ハ」

『遠西水質論』／高野長英訳（刊行年不明）⇒「基ヲナスト雖モ一種ノ異性アリテ各万有ノ酸ヲ生ス」

中国

『譬学』引／高一志撰（1633年・崇禎6年）⇒「四行乖和、卉花之鮮美、羽禽走獣之異性奇情、無不可借以為譬」

『化学鑑原』巻二／傅蘭雅口訳、徐寿筆述（1871年・同治10年）⇒「忽現最明之光将異性之質化成新物此動性也」

『格致古微』微五／王仁俊述（1899年・光緒25年）⇒「古人非不日加滋漑講求其燥之宜土肥磽之異性」

【緯星／五緯星】

日本

『窮理通』巻一／帆足万里撰（1836年・天保7年）⇒「然れども推する能はず、又五緯星を弁ず、然れども其の一周年月を測ること能はず」

『三才究理頌』巻三／鶴峯戊申撰、利光宗規・多々良信興校（1838年・天保9年）⇒「緯星ノ形ヲ成セル伝、緯星ハ地ト同ジ」

【為政者】

中国

『達道紀言』上巻／高一志撰、韓雲述（1636年・崇禎9年）⇒「受恩雖大易忘故為政者用刑時戒過怒以傷民心」

【夷船】

中国

『海国圖志』巻八十一／魏源撰、林則徐訳（1876年・光緒2年）⇒「不難一轟而此用内地小船克制大夷船制勝之法」

【緯線／緯度】

日本

『紅毛天地二図贅説』／北島見信訳（1737年・元文2年）⇒「大強緯度八度半或云緯度八度大」

『新製地球万国図説』総叙／桂川甫周訳、大槻玄沢訂（1786年・天明6年）⇒「南北緯度ヲ以テ天下ノ寛ヲ測リ、東西経度ヲ以テ天下ノ長ヲ測ル」

『遠西観象図説』巻上／吉雄南皐口授、草野養準筆記（1823年・文政6年）⇒「球円ノモノニアリテハ、経ニ分ルヲ経度ト云ヒ、緯ニ分ルヲ緯度ト云フ」

中国

『渾蓋通憲図説』首巻 明清間／李之藻撰、鄭懐魁訂（1613年・万暦41年）⇒「及紀其緯度凡論黄道宮分者、固不止規上一線」

『不得已弁』総略／南懐仁述（1665年・康熙4年）⇒「依大地之経緯度、以便測験、以為諸曜之定応」

『外国地理備攷』巻一／瑪吉士輯訳（1847年・道光27年）⇒「古之人以地体為平坦東西之相距較南北甚寛故立緯線以量二極相離之遠近」

『地球説略』巻一／褘理哲撰（1856年・咸豊6年）⇒「又自東至西列有数線、名曰緯線（ブレードテ）、若赤道北方之緯線」

『六合叢談』巻三／慕維廉・艾約瑟他記述（1857年・咸豊7年）⇒「分三百六十度六十六分、分六十秒緯線在赤道南曰南緯圏」

『談天』巻九／偉烈亜力口訳、李善蘭刪述（1859年・咸豊9年）⇒「故亦知此時之本地恒星時是為求新地緯度之要術」

辞書

『A DICTIONARY OF THE CHINESE LANGUAGE, IN THREE PARTS.』／Robert Morrison（1815～23年）⇒「of latitude　緯度」

『英華字典』／Walter Henry Medhurst（1847～48年）⇒「the breadth of a piece of cloth　緯度」

『英華字典』／Wilhelm Lobscheid（1866～69年）⇒「the degrees of latitude　緯度」

『英華萃林韻府』／Justus Doolittle（1872年）⇒「Latitude　緯度」

【異端】

日本

『西洋紀聞』巻中／新井白石記述（1715年・正徳5年）⇒「むかし我俗に、ゼスといひし、ルテイルスは、其法の異端也といふ」

『和蘭天説』／司馬江漢著（1796年・寛政8年）⇒「所謂桑田変ジテ海トナルハ実ナリ、聴者異端・仏説ノ如ク虚妄ノ談トセンヤ」

『文明開化雑纂』協救社衍義草稿／角田米三郎編（1869年・明治2年）⇒「且一己私利ヲ以テ、新規異端ノ説相唱へ、天下ノ良民ヲ惑スニ非ズ」

中国

『西学凡』／艾儒略答述（1623年・天啓3年）⇒「無不立解大破群疑万種異端無不自露其邪而自消」

『不得已弁』巻一／利類思著、安文思・南懐仁訂（1665年・康熙4年）⇒「益天下此時、惟此一国、独存主教、不為異端所染、又為天主開閉之初」

『瀛環志畧』巻六／徐繼畬撰（1848年・道光28年）⇒「別立西教称為正教斥洋教為異端邪説於是諸国半帰」

辞書

『A DICTIONARY OF THE CHINESE LANGUAGE, IN THREE PARTS.』／Robert Morrison（1815～23年）⇒「False doctrines　異端」「HERESIES　異端」

『英華韻府歴階』／Wells Williams（1844年）⇒「HERESY　異端」

『英華字典』／Walter Henry Medhurst（1847～48年）⇒「False doctrines　異端」「HERESY　異端」

『英華字典』／Wilhelm Lobscheid（1866～69年）⇒「Superstition　異端」「Seetarianism　異端」

【一周／一週／一周間／一周時間】

日本

『仏英行』 六月／柴田剛中記述（1861 年・文久元年）⇒「案内者に任せ一周間程にして洋人居留地の市街ホテルへ着す」

『官板 海外新聞別集』 上巻／洋書調所訳（1862 年・文久 2 年）⇒「一週の間大炮船及臼炮船にて此砦を火攻せり」

『中外新聞』 巻八／柳河春三編（1868 年・慶応 4 年）⇒「覆育の道を絶つの令出て、後僅に一週余なれども放逐を受るもの既に多し」

中国

『坤輿図説』 巻一／南懐仁撰（1672 年・康熙 11 年）⇒「一日零刻方可補其所逆行之路而全一周也」

【一年植物】

日本

『牙氏初学須知』 巻四上／田中耕造訳、佐沢太郎訂（1875 年・明治 8 年）⇒「植物寿命ノ長短ニ従ヒ、一年植物、二年植物、宿根植物ト云フ」

【一秒間／一秒時／一秒時間】

日本

『遠西医方名物考補遺』 巻九／宇田川榛齋訳述、宇田川榕菴校補（1834 年・天保 5 年）⇒「一分ヲ一秒時トス、大抵二秒時ニ脉搏ツ」

『理学提要』 巻一／広瀬元恭訳（1856 年・安政 3 年）⇒「初め一秒時間（セコンド）（本邦半割りて六十分となす）」

『登高自卑』 後編 巻之二／村松良粛抄輯（1875 年・明治 8 年）⇒「運動極メテ迅疾ニシテ、一秒間ニ凡ソ十九万ニ千里ヲ馳セル者ナリ」

【一分時間】

日本

『窮理日新発明記事』 巻一／東井潔全纂輯（1872 年・明治 5 年）⇒「唯一分時間（日本半時を六十に割る其一分なり）の力を以て、之れを推算する」

【遺伝】

日本

『西説眼科新書』巻五／杉田立卿訳述（1815年・文化12年）⇒「父母遺伝症此症則父母有黒障、因遺伝其子也、此殆為不治」

『新訂増補和蘭薬鏡』巻七／宇田川榛斎訳述、宇田川榕菴校補（1828年・文政11年）⇒「虚弱ノ病ヲ醸シ或ハ是ヲ児孫ニ遺伝ノ脆弱多病ノ体質トナリ、尚且ツ愛養撫育ニ過テ」

『衛生概論』／宇田川準一抄訳（刊行年不明）⇒「月経中ノ婦人ノ乳ハ与ヘサルヲ宜シトス間々遺伝病ヲ継発スル」

中国

『外国地理備攷』巻三／瑪吉士輯訳（1847年・道光27年）⇒「此以後衆庶蕃衍各居一方悖遺伝之聖訓」

【委任状】

日本

『日本貿易新聞』日々の新聞より抜粋／渡辺一郎・内田弥太郎・黒沢孫四郎他訳（1863年・文久3年）⇒「閣老の招請を辞するに安排せしむ、然といえども、閣老は其委任状を出す事に決せらし」

『和蘭政典』第九十三条／神田孝平訳（1868年・明治元年）⇒「両院共に新入紳士の委任状を吟味し」

『外国交際公法』第三等ノ公使／福地源一郎訳訂（1869年・明治2年）⇒「大概ハ外国君主ヘノ委任状ヲ所持セス、外国事務大臣ヘノ委任状ニテ差遣スベシ」

【遺物】

日本

『畢洒林氏万国公法』第六章／西周訳（1866年・慶応2年）⇒「昔時は泰西公法に於て遺物継承に依て管轄の転移することを取れり」

『外国交際公法』巻一／福地源一郎訳訂（1869年・明治2年）⇒「公使又ハ附属ノ者死去セル時、其ノ家財物件ニ封印ヲ押ス事、遺物ヲ記スル書付ヲ認ムル事、遺物配分、跡目相続」

『性法略』第九編／神田孟恪訳（1871年・明治4年）⇒「故ニ遺物伝授ノ事ハ

自然已ヲ得サル理ナリ」

辞書

『英華字典』／Walter Henry Medhurst（1847 ～ 48 年）⇒「HEIRLOOM　遺物」
『英華字典』／Wilhelm Lobscheid（1866 ～ 69 年）⇒「TO LOSE　遺物」
『英華萃林韻府』／Justus Doolittle（1872 年）⇒「Heirioom　遺物」

【異類重】

日本

『水権器用法略』／佐藤与之助編述（1870 年・明治 3 年）⇒「異類重とは何をいふや」

【異類体】

日本

『榕葊訳人身窮理書』／宇田川榕菴訳（刊行年不明）⇒「万有ノ機性体特ニ人類ハ多般ノ異類体ヲ錯綜成ル」

【異類分子】

日本

『化学闡要』巻一／土岐頼徳訳、足立寛閲（1872 年・明治 5 年）⇒「異類分子ヲ互ニ親和ヲ相発スルカ如ク密接セシム」

【イルカ】：海豚［中］

日本

『柳川日記』／柳川当清記（1860 年・万延元年）⇒「今朝船の側にイルカと云もの数多集り其集る所凡七八里の間に及」

【印鑑】

日本

『英国議事院談』 巻二／福澤諭吉訳述（1869年・明治2年）⇒「印鑑を与へて宮殿の内を見るを許す。但し此印鑑を得る者は只殿中を一看するのみなり」

【墨汁】：インキ, ink［英], inkt［蘭］

日本

『化学入門』 後編 巻之二／竹原平次郎抄訳、堀尾用蔵註（1867年・慶応3年）⇒「紙上ノ彼此ニ撒布シテ後、赤蒲萄酒《或ハ黒汁〈インキ〉ヲ加ヘタル水》ヲ炭末上ニ注ゲハ」

【陰極】

中国

『格物入門』 巻四／丁韙良著（1868年・同治7年）⇒「陽気聚於陽極、陰気聚於陰極、欲令隔断不通」

『化学鑑原』 巻一／傅蘭雅口訳、徐寿筆述（1871年・同治10年）⇒「其配往陽極、故為陰電質、基本往陰極故為陽電質」

【印出所】

日本

『航米日録』 巻四／玉虫茂誼誌（1860年・万延元年）⇒「下層ハ印出所ナリ、皆蒸気ノ機巧ヲ以テ為ス」

【陰電質】

中国

『化学鑑原』 巻一／傅蘭雅口訳、徐寿筆述（1871年・同治10年）⇒「故為陰電質、其本往極、故為陽電質」

【う】

【影絵戯】：うつし絵

日本

『航米日録』巻四／玉虫茂誼誌（1860年・万延元年）⇒「夜旅館別房ニテ万国名所ノ影絵戯〈ウツシエ〉ヲ設ク、其機巧精密真景ヲ見ルガ如シ」

【蘊秘学】：秘訣, 奥義

日本

『化学通』巻一／川本幸民訳述（1871年·明治4年）⇒「化学ハ原名舎密加（セミカ）トイフ、蘊秘学ノ義ニシテ、天機ノ蘊秘ヲ漏ラスノ意ニ取ルナリ」

【え】

【泳気鐘】：潜水用具

中国

『博物新編訳解』巻之二上／合信著、大森解谷訳（1868年・慶応4年）⇒「泳気鐘ノ図」

【衛生】

日本

『衛生概論』／宇田川準一抄訳（刊行年不明）⇒「「アルフレット·ゼグレート」氏ノ時限分割ハ衛生上ニ適当ノモノニテ」

【駅站船】

日本

『蒸気雑説』／著者不明（明治初期書写）⇒「ハムビユルグと「キユキサフエン」

との間の駅站船に用ひて、一週の間往来すること三次なりとぞ」

中国

『格物入門』巻四／丁韙良著（1868年・同治7年）⇒「帷中途有接信之処、若駅站、該処設有電機、必有副電池以之」

『格物探原』第十九／韋廉臣著（1876年・光緒2年）⇒「在人即凡脳気筋之路、総路（傍）之城垣駅站、在人即周身之百筋」

【駅務】

日本

『大徳国学校論畧』／花之安著、王炳コン訂（1873年・同治12年）⇒「駅務、亦有国之要、国之要、国家有事」

【烟火戯】：花火

日本

『航米日録』巻四／玉虫茂誼誌（1860年・万延元年）⇒「其煩労以テ知ルベシ、申後旅館前ニテ防火術及ビ烟火戯ヲ為シテ饗応ス」

【遠鏡／遠望鏡】

日本

『三才窺管』巻一／広瀬周伯著（1808年・文化5年）⇒「其間燈煙ヲ以テ之ヲ薫シ暗ナラシメ以テ遠鏡ノ小筒鏡ヲ蔽也」

『遠西観象図説』巻下／吉雄南皐口授、草野養準筆記（1823年・文政6年）⇒「今遠鏡ヲ仮ラズシテ見ルベキモノハ、千八百ヨリ二千星ニ至ルト云ヘリ」

『輿地誌略』巻三／青地林宗訳述（1826年・文政9年）⇒「熱爾瑪尼亜より意太里亜に入の道とす、水陸行客多し、遠鏡顕微鏡の良工あり」

『世界商売往来』／橋爪貫一著述（1873年・明治6年）⇒「Telescope　テレスコツフ　遠望鏡」

『和蘭志略稿』技巧／宇田川榕菴著（刊行年不明）⇒「鏡ノ遠鏡ヲ造ル故ニ今ニ至テ世ニ二鏡ノ遠鏡ヲ和蘭鏡ト云フ」

中国

『遠鏡説』／湯若望纂（刊行年不明）⇒「凡人視近予大易視遠予小難遠鏡則無則無近無大小者也」

『天経或問』／遊子六輯（1675 年・康熙 14 年）⇒「以遠鏡窺之、則見多星列次甚遠」

『地球図説』論地圓／蒋友仁訳（刊行年不明）⇒「以遠鏡望土星之体、有一光圏」

【演劇】

日本

『官板 海外新聞別集』第十二号／洋書調所訳（1862 年・文久 2 年）⇒「練馬場に於て演劇〈シバイ〉を見物し又明後日は政事役所の公会を見物すべきことなり」

『西洋紀行 航海新説』巻下／中井桜州著（1870 年・明治 3 年）⇒「園中ヲ散歩シ、演劇〈キョウゲン〉ヲ一見シ、茶店ニ休シ、唐茶菓物ヲ小喫ス」

『泰西勧善訓蒙』巻上／箕作麟祥訳述（1871 年・明治 4 年）⇒「意思ヲ穢シ且逸欲ノ情ヲ生ス可キ演劇玩要ノ場ニ到ルコト勿レ」

中国

『乗槎筆記』巻下／斌椿著（1866 年・同治 5 年）⇒「皆以女郎為之演劇二次、至丑初止、遊人各散」

『中西聞見録選編』法国近事／丁韙良編（1877 年・光緒 3 年）⇒「法京有老女、自幼演劇為業、習技最精、声名噪甚」

辞書

『英華字典』／ Walter Henry Medhurst（1847 ～ 48 年）⇒「to act plays　演劇」

『英華字典』／ Wilhelm Lobscheid（1866 ～ 69 年）⇒「to act on the stage　演劇」

【演劇館／演劇場／演戯台】

日本

『万国港繁昌記』巻中／黒田行元編・松川半山書画（1873 年・明治 6 年）⇒「其最高名なる都府旅館は港に臨めり、町奉行旅館、演劇館、鐘楼、古色羅瑪様のアマウレスの寺院」

『万国地誌略』巻二／小沢圭三郎識、師範学校編集（1874 年・明治 7 年）⇒「寺院、学校、病院、武庫製造場、博物館、演劇場、公園等ニ至ルマデ、敦レモ盛大美麗ナラザルハ無ク」

中国

『**外国地理備攷**』巻四／瑪吉士輯訳（1847年・道光27年）⇒「観星台古玩庫軍功廠薬草圃演戯台太医院等」

【演劇者】

中国

『**六合叢談**』巻十二／慕維廉・艾約瑟他記述（1857年・咸豊7年）⇒「有法国善演劇者男女二十人色芸冠時議於帝至日」

【塩酸】：zoutzuur［蘭］, Salzsäure［独］

日本

『**幾那塩発明**』目録／宇田川榕菴訳（1833年・天保4年）⇒「第三法　硫酸ト塩酸トヲ和合シ煮テ加爾基ヲ加ヘ」

『**遠西医方名物考補遺**』巻七／宇田川榛斎訳述、宇田川榕菴校補（1834年・天保5年）⇒「酸味ヲ生スル者アリ喩ヘハ塩酸（海塩精）硫水素瓦斯ノ如シ故ニ此類ノ酸性ハ他ノ酸性ト異ナリ」

『**蘭学重宝記**』／賀寿麻呂大人著（1835年・天保6年）⇒「三大酸　硫酸　硝酸　塩酸」

『**舎密開宗**』巻一／賢理著、宇田川榕菴重訳増註（1837年・天保8年）⇒「塩酸曹達ノ水ニ和シ炭酸加爾基ノ稀塩酸ニ和スルガ如キヲ溶解ト称ス」

中国

『**格物入門**』巻六／丁韙良著（1868年・同治7年）⇒「淡塩二気合成塩酸」

『**教会新報**』原行総目／林楽知・慕雄廉等訳（1868年・同治7年）⇒「淡塩二気合成塩酸」

【遠視】

日本

『**管蠡秘言**』付録／前野良沢訳（1777年・安永6年）⇒「凡物ノ遠視シテ微小ナルハ、本然ノ実理ナリ、彼ハ其文尤モ巧ニシテ、其事ハ虚誕ナリ」

『**衛生概論**』第十一課／宇田川準一抄訳（刊行年不明）⇒「近視眼ノ人ト云ヒ

以外ヲ至明トスル者ハ遠視眼ノ人ト云フ」

中国

『遠鏡説』計三端／湯若望纂（刊行年不明）⇒「一利於若遠視者用之一条有書生目不去書史視不踰幾席習慣」

『外国地理備攷』巻一／瑪吉士輯訳（1847 年・道光 27 年）⇒「方行一週本身之旋因相離過遠視之甚小無可為記」

『格致彙編』農事／傅蘭雅輯（1876 年・光緒 2 年）⇒「三能推開所開法之泥比別未更遠視下」

【鉛字所】

日本

『航米日録』巻四／玉虫茂誼誌（1860 年・万延元年）⇒「至レバ則チ鉛字所ナリ、長サ二十間横八九間、四層ニ造ル」

【円周之率／円周法／円周率／円率】

日本

『測量秘言』／細井広沢編（1727 年・享保 12 年）⇒「円之定法を御求候事、何程御工夫候共有之間敷候。円周法之極理は不定所至理にて候」

『暦象新書』中編巻下／奇児著、志筑忠雄訳（1800 年・寛政 12 年）⇒「円周率三一四一五九二五六を一倍して、六二八三一八五一二となるを以て除す」

『理化新説』一巻／ハラタマ述、三崎嘯輔訳（1869 年・明治 2 年）⇒「乃ち直角鋭角鈍角の符号なり π は円周率 R は円周半径なり」

中国

『格致古微』巻三／王仁俊著（1899 年・光緒 25 年）⇒「以四角起数所算円周之率与西法会無毫釐之差」

『格致古微』微二／王仁俊述（1899 年・光緒 25 年）⇒「序曰自劉徽祖沖之各為円率逮元趙友欽定為径一則」

【遠心／遠心力】

日本

『求力法論』 完／与盤計意流著、志築忠次郎訳（1784 年・天明 4 年）⇒「地ハ月ニ重ク月ハ地ニ重シ而モ求心遠心両力ニ由リテ去ラス」

『気海観瀾広義』 巻五／川本幸民訳述（1851 年・嘉永 4 年）⇒「(乙甲) の力を求心力（引力）と名づけ、(乙丁) の力を遠心力（張力）と名づく」

『遠西奇器述』 蒸気機／川本幸民口述、田中綱紀筆記（1854 年・嘉永 7 年）⇒「第一運動ノ多少及ビ遠心力ノ説、第二水熱スレバ拡張シ沸点（百度）ニ至テ」

【遠成分】

日本

『化学入門』 初編／竹原平次郎抄訳、堀尾用蔵註（1867 年・慶応 3 年）⇒「水、炭、窒ノ三素ヲ含ム此遠成分ハ復分析スル」

『化学通』 巻一／川本幸民訳述（1871 年・明治 4 年）⇒「ガイリユツサク氏ベルセリウス氏ハ遠成分ヲ知ルノ道ヲ開キ」

『博物語彙』 蘭文／宇田川榕菴編（刊行年不明）⇒「遠成分」

【鉛筆】：potlood［蘭］

日本

『脱影奇観』 ／宇田川準一和解（1872 年・明治 5 年）⇒「宜ク照影ノ玻片ノ大小ヲ按シ鉛筆〈ポットロート〉ヲ用テ」

『暁窓追録』 ／栗本匏菴著（1868 年・明治元年）⇒「「ロニー」鉛筆を以て、我の字を書す、字格端正にして、且つ頗る速なり、自ら姓名を訳し、羅尼と書す」

『英氏経済論』 小引／小幡篤次郎訳（1871 年・明治 4 年）⇒「近年マテ鉛筆〈イシフデ〉ノ字跡ヲ磨拂スルニ止リシカ当時ニ至テ」

中国

『官板 中外新報』 七号／応思理撰（1858 年～・咸豊 8 年～）⇒「有本質可尋金鋼石本質与煤炭石炭同与鉛筆中之物亦同」

『随使日記』 ／張徳彝著（1877 年・光緒 3 年）⇒「至一堂有執鉛筆記入数名刺者継入一堂則国使朝臣花」

『欧遊随筆』 ／銭徳培著（1877 年・光緒 3 年）⇒「並乗除之算又能以鉛筆写字開示」

辞書

『A DICTIONARY OF THE CHINESE LANGUAGE, IN THREE PARTS.』／Robert Morrison（1815 ～ 23 年）⇒「Blacklead pencil　鉛筆」
『英華韻府歴階』／Wells Williams（1844 年）⇒「PENCIL, lead　鉛筆」
『英華字典』／Wilhelm Lobscheid（1866 ～ 69 年）⇒「a lead pencil　鉛筆」

【遠望台】

日本

『尾蠅欧行漫録』巻二／市川渡著（1863 年・文久 3 年）⇒「登リ極ムレハ屋上ニ出ツ此屋上平坦ニシテ恰も遠望台に異ラス」

【お】

【凹鏡／凹面鏡】

日本

『民間格致問答』巻一／大庭雪齋訳（1862 年・文久 2 年）⇒「実に光彩假面と一様であるガ、凹面鏡とハ如何様なるものぞト云尋る」
『舎密局開講之説』／ハラタマ講説、三崎嘯輔宣訳（1869 年・明治 2 年）⇒「平鏡ハ物体を正視し凹鏡ハ大にし凸鏡ハ小にする」
『榕菴先生遺書』／宇田川榕菴編（刊行年不明）⇒「凹鏡　縮容鏡」

中国

『光学』巻上／金楷理口訳、趙元益筆述（1870 年・同治 9 年）⇒「両界之中点即凹鏡之聚光頂凡平行射光線回射之光頂」

【王強水】

中国

『格物入門』巻六／丁韙良著（1868 年・同治 7 年）⇒「除王強水外、各種強水不能食之」
『格致彙編』格致新法／傅蘭雅輯（1876 年・光緒 2 年）⇒「砂強与不之化物与

王強水之物」

【黄金水】

日本

『博物新編訳解』 巻之二上／合信著、大森解谷訳（1868 年・慶応 4 年）⇒「譬如ハ一寸ノ方平ヲ以テ論ズレバ黄金〈コガネ〉水ヨリ重キ十九倍、水銀水ヨリ重キ十三倍」

【応事化学】

日本

『化学通』 巻一／川本幸民訳述（1871 年・明治 4 年）⇒「応事化学ハ、日常生計ニ切要ナル物件ヲ製スルニ、化学規則ヲ活用スルヲ教フ」

【王水】：aqua regia［英］

日本

『泰西七金訳説』 ／渋江虬鑒試、馬場貞由訳述（1854 年・嘉永 7 年）⇒「王水三十二銭、この二品の六倍ほど清水を加へ、此てこれを煮る」
『理化日記』 巻五／リッテル口授、市川盛三郎訳（1870 年・明治 3 年）⇒「縦令ヒ王水ヲ用ルモ又タ為ス能ハス」

【凹凸】

日本

『求力法論』 ／与盤計意流著、志築忠次郎訳（1784 年・天明 4 年）⇒「流物ヨク高下凹凸ヲ平均スルコトヲ主ル」

【横列字碼】

中国

『化学初階』 凡例／嘉約翰口訳、何瞭然筆述（1870 年・同治 9 年）⇒「本書各種数目、多横列字碼、其故有二」

【雄花】

日本

『泰西本草名疏』附録下／ツンベルグ著、伊藤舜民編次（1829年・文政12年）⇒「花ニ雄花アリ雌花アリ」

『理学提要』巻三／広瀬元恭訳（1856年・安政3年）⇒「雌花は雄花の精を得るに非ざれは、則ち実を結ぶこと能はざるなり」

『牙氏初学須知』巻四上／田中耕造訳、佐沢太郎訂（1875年・明治8年）⇒「然ルニ雄花ノ葯ヲ取来りて、其花粉上ニ置ク」

中国

『植物学』巻五／韋廉臣輯訳、李善蘭筆述（1857年・咸豊7年）⇒「花開時、風吹雄花之粉着於雌花之心也」

【安士／穏斯】：オンス, ounce［英], ons［蘭]

日本

『窮理通』巻六／帆足万里撰（1836年・天保7年）⇒「甲は重さ二穏斯、速力八度、乙は重さ一穏斯、速力五度」

『舎密局必携』巻一／上野彦馬抄訳、堀江公粛閲（1862年・文久2年）⇒「墨細支那児量　封度　穏斯　達刺古麻、瓦蘭麻」

『民間格致問答』題言／大庭雪斎訳（1862年・文久2年）⇒「穏斯ハ、その十分一にて、羅独ハ、又その十分一なり」

『脱影奇観』／宇田川準一和解（1872年・明治5年）⇒「硝強銀二安士、蒸水二十五安士ヲ取リ、先ツ、水四安士ヲ用テ銀ヲ化シ」

【温素】

日本

『遠西医方名物考補遺』巻七／宇田川榛齋訳述、宇田川榕菴校補（1834年・天保5年）⇒「晩近元素ト称スル者五十余種アリ、就中、温素、光素、越素（越列吉的爾素略）」

『舎密開宗』巻十五／賢理著、宇田川榕菴重訳増註（1837年・天保8年）⇒「大抵金銀ノ如シ能ク温素、越力、瓦爾華尼気ヲ導達シ」
『気海観瀾広義』巻二／川本幸民訳述（1851年・嘉永4年）⇒「而して其然らざる者は、造物者又茲に温素を附与すればなり」

【音速／音ノ速力】

日本
『物理階梯』巻中／片山淳吉纂輯（1872年・明治5年）⇒「風の順逆地ノ高低ニ因リ些カラ遅速アリト雖モ音ノ速力ハ等動ニ進行スル」
『物理日記』五十三回／リッテル口授、文部省（1874年・明治7年）⇒「佛国ノ理学家数人テ此方ヲ用ヒ精シク音速ヲ実験セシ、但シ音速ハ大気ノ圧力及熱度且ツ其内ニ有ル所ノ水蒸気ノ分量ニ拘リテ各々異ナリ」

中国
『声学』巻七／傳蘭雅口訳、徐建寅筆述（1874年・同治13年）⇒「其二火具在鏡面之正交線内ニ管同時生相之音速旋転其鏡」

【温帯／温道／温和帯】

日本
『元和航海記』げんな／池田好運著（1618年・元和4年）⇒「北温帯、四十六度。千九百十六里二十町。南温帯、度数同。里数同」
『博物新編補遺』巻上／小幡篤次郎訳述（1869年・明治2年）⇒「温帯或ハ熱帯地方ニテモ高山ノ頂ハ常ニ白雪ヲ戴ク」
『輿地誌略』巻一／内田正雄纂輯、辻士革・市川清流校（1870年・明治3年）⇒「極圏ト至線トノ中間ヲ南北各温帯ト号シ極圏ヨリ以上両極ニ至ルマデヲ寒帯ト号ス」
『博物新編訳解』巻之三／合信著、大森解谷訳（1868年・慶応4年）⇒「「温道」の図」

中国
『職方外紀』巻一／艾儒略増訳、楊廷筠彙記（1623年・天啓3年）⇒「此両帯者因日輪不甚遠近故為温帯」
『地理全志』巻四／慕維廉輯訳（1853年・咸豊3年）⇒「西卑利内地有六十日、

温道西浜雨多于東浜」

『六合叢談』巻三／慕維廉・艾約瑟他記述（1857年・咸豊7年）⇒「曰南北温帯二極圏之内、気候極寒曰南北二寒帯、斜交赤道」

『重学』巻一／艾約瑟口訳、李善蘭筆述（1859年・咸豊9年）⇒「成常風在北温道外恒為西南風在南温道外恒為西北風」

『大美聯邦志略』二巻／裨治文撰（1864年・元治元年）⇒「天時地気相同者、以同在温帯故也」

『中西関係論』巻一／林楽知著（1876年・光緒2年）⇒「地分三帯処乎熱帯両傍者、為温和帯、極南極北皆寒帯也」

『地理志略』／戴徳江著（刊行年不明）⇒「凡所至之処地面大概平坦其地半熱道半当南温道故北方天気熱甚」

辞書

『英華字典』／Wilhelm Lobscheid（1866～69年）⇒「the temperate zone　温帯」

【温度】

日本

『生機論』巻一／岡研介著（1831年・天保2年）⇒「存生力形而含生体也会適宜温度則所静」

『遠西医方名物考補遺』巻七／宇田川榛齋訳述、宇田川榕菴校補（1834年・天保5年）⇒「温度ハ同様ナレモ体質異ナルニ随ヒ増拡亦多少アリ」

『舎密開宗』巻一 第十五章／賢理著、宇田川榕菴重訳増註（1837年・天保8年）⇒「舎密家ニテ諸液ノ温度ヲ計ル者ハ管側ニ瑠璃筒アリ筒中ニ度目ヲ劃タル紙或ハ象牙盤ヲ納ル」

『遠西奇器述』第一輯／川本幸民口述、田中綱紀筆記（1854年・嘉永7年）⇒「猶大気ノゴトク其ノ密ナルニ従ヒテ圧力ヲ増加シ且温度ノ調ニ従ヒ」

【音律】

日本

『増補華夷通商考』北京省／西川求林斎輯（1708年・宝永5年）⇒「詞南京ニ同クシテ音律少シ強シ」

『訂正増訳采覧異言』巻一／新井白石著、山村才助増訳（1802年・享和2年）⇒「其四ハ「ユシカ」音律ノ学ナリ」

『大西音律考』／宇田川榕菴稿（刊行年不明）⇒「音律ニテ第五度ノ「インテルハル」ヲ云フ即チ「ゴロンドトール」ヨリ算メ第五音ナリ」

【か】

【加非／加菲／可喜／コウシー／コーヒー／骨喜】：coffee［英］, koffie［蘭］

日本

『増補重訂 内科撰要』巻十五／我爾徳児著、宇田川玄随訳（1822年・文政5年）⇒「毎朝可喜湯或ハ茶湯ヲ以テ次ニ記ス」

『新訂増補和蘭薬鏡』巻十二／宇田川榛斎訳述、宇田川榕菴校補（1828年・文政11年）⇒「患者肉羹汁少許並可喜一二盞ヲ喫シ味佳美ヲ覚ユ」

『八紘通誌』巻一／箕作阮甫述（1851年・嘉永4年）⇒「骨喜店《豆ノ名、此方ノ茶ヲ飲ム如ク用フ》、八百二十二」

『米行日記』／佐藤秀長記（1860年・万延元年）⇒「産物は米藍木綿煙草骨喜〈コーヒー〉砂糖洒牛羊鶏豚を産す」

『民間格致問答』巻一／大庭雪齋訳（1862年・文久2年）⇒「骨喜〈コーヒー〉《細末にして傷をうけ茶の様にして用ふる豆の名》」

『官板 バタヒヤ新聞』巻十一／蕃書調所訳（1862年・文久2年）⇒「然るに此地は加非〈コツヒー〉及び胡椒を作るに宜しからず」

『官板 海外新聞』八月／洋書調所訳（1862年・文久2年）⇒「去十二月二十八日胡椒と同じく加非〈コッヒー〉八十五カッチー半ヲ公費トス」

『西洋聞見録』後編 巻之三／村田樞文夫纂述（1869年・明治2年）⇒「西洋ニテ加非〈カーヒー〉ヲ多ク用ユルこと煎茶ト并ビ行ハル」

『西洋料理指南』巻上／敬学堂主人著（1872年・明治5年）⇒「小ナルモノハ茶又「コーヒー」其他菓子類ニ用ユ」

『万国港繁昌記』巻一／黒田行元編・松川半山書画（1873年・明治6年）⇒「厳然として隔絶崖懸す、故に他国の者緩に休息せんと欲せば、可喜店〈コツヒイテン〉へ往くべし」

中国

『瀛環志畧』巻二／徐繼畬撰（1848年・道光28年）⇒「産白糖棉花麻煙草加非可可子」
『遐邇貫珍』第五號／香港中環英華書院（1853年・咸豊3年）⇒「西印度海島、種植棉花甘藷加非等物」
『海国圖志』巻三十四／魏源撰、林則徐訳（1876年・光緒2年）⇒「民曰三餐、早飲茶加非等暨麺包餅餌、牛乳油」

【海王／海王星】

日本

『博物新編補遺』巻上／小幡篤次郎訳述（1869年・明治2年）⇒「図中大（ママ）陽ハ中点ニ在テ水、金、地、火、木、土、天王、海王ノ八惑星各相離レテ皆大陽（ママ）の周辺ヲ旋転ス」
『物理階梯』巻下／片山淳吉纂輯（1872年・明治5年）⇒「土星　天王星　海王星　水金火木土ノ五星ハ肉眼ヲ以テ視ル」
『牙氏初学須知』巻一／田中耕造訳、佐沢太郎訂（1875年・明治8年）⇒「火女・武女・木星・土星・天王星・海王星〈ネブチス〉ナリ」

中国

『談天』巻一／偉烈亜力口訳、李善蘭刪述（1859年・咸豊9年）⇒「大行星中、海王最後得、初、測望家見天王星有無法之小動」
『格致彙編』巻一／傳蘭雅輯（1876年・光緒2年）⇒「第六日土星第七日海王星第八日海王星此八大行星之外（別）有多小行星」
『光学』巻下／金楷理口訳、趙元益筆述（1870年・同治9年）⇒「発明光浪之理其功与測得海王星略同昔有福」
『西学図説』太陽説／偉烈亜力口訳、王韜撰（1889年・光緒15年頃）⇒「其外填星繞之又其外天王繞之又其外海王繞之故曰太陽為諸行星之心」

【回帰線】

日本

『二儀略説』巻上／小林謙貞編述（1667年・寛文7年）⇒「南方ニアル回帰線ヲ磨羯ト云ナリ」
『阿蘭陀海鏡書和解』／本木良永訳（1781年・安永10年）⇒「回帰線は二個

の小輪なり、一輪は赤道以北、一輪は赤道以南に在て」
『遠西観象図説』巻中／吉雄南皐口授、草野養準筆記（1823年・文政6年）⇒「故ニ地球自転スルノ際、各其処ニ於テ圏ヲナス、コレヲ回帰線ト云フ」
『坤輿初問』序／伊東玄朴訳、新発田収蔵校（1857年・安政4年）⇒「小圓規トハ如何ニ箇ノ回帰線（両黄道）南北相距」

【海軍】

日本

『再稿西洋事情書』／渡辺華山著（1839年・天保10年）⇒「兵之義は陸軍・海軍と相分れ候よし。大抵一国人別百分一、或は五十分の一位かと存候」
『海上砲術全書』巻一／宇田川榕菴訳、杉田立卿校（1854年・安政元年）⇒「今日海軍の武庫〈アルセチーレン〉に現在して」
『海外人物輯』巻一／永田南渓識（1854年・嘉永7年）⇒「其後五人の時に海軍統帥王建なるもの新羅に代りて高麗王と称し、松岳の地に都す」

中国

『格致古微』巻四／王仁俊述（1899年・光緒25年）⇒「練陸軍整海軍之第一要義也」

【会計】

日本

『中外新聞』巻八／柳河春三編（1868年・慶応4年）⇒「皆会計局の虚を満し、外国及外国人の負債を償ひ、又次第に増加するの費用を支へんか為になされたとも、其成功毎に期する処に背けり」
『立憲政体略』上下同治／加藤弘蔵著（1868年・慶応4年）⇒「会計事務局、藩属事務局、教育事務局等是レナリ」
『英政如何』巻五／鈴木唯一訳（1868年・明治元年）⇒「会計忽裁　此役は政府の物成と入費を調べて其次第をパルレメントに達するなり」

中国

『通商諸国記』／朱克敬撰（1891年・光緒17年）⇒「四日宰会院内分廷外国陸軍海軍内国教育会計刑法王室私邑製造監督十一局」

辞書

『英華字典』／Walter Henry Medhurst（1847～48年）⇒「TO RECKON」

【会計学】

日本

『**経済小学**』序／神田孝平重訳（1867 年・慶応 3 年）⇒「五曰万国公法、六曰会計学（スタチスチック）、七曰経済学（エコノミー）皆国家ノ急務ニシテ」

【会計検査院】

日本

『**五科学習関係文書**』憲法草案／西周編（1863 年・文久 3 年）⇒「会計検査院ノ精算ト予算表トハ政事ノ枢機管鑰ニシテ」

【会計事務】

日本

『**官板 海外新聞**』二十号／大学南校編（1871 年・明治 4 年）⇒「佛ノ会計事務執政ノ命ニテ、諸官員ノ俸ヲ減シ」

【改悔院】：penitentiary、刑務所

日本

『**英氏経済論**』巻三／小幡篤次郎訳（1871 年・明治 4 年）⇒「我邦内ニテ改悔院〈ペニテンシヤリ〉ニ入テ幽囚トナル者ハ全ク其意ニ任シテ或ハ之ニ業ヲ授ケ」

【壊血病】

日本

『**厚生新編**』雑集／馬場貞由他訳述（1811 年～・文化 8 年～）⇒「シケウルボイクコロイド」は壊血病草の義」

『**眼科新書**』巻一／杉田立卿訳述（1815 年・文化 12 年）⇒「此症則由壊血病或少婦経時或経水閉滞或妊婦」

『**外科新書**』／吉雄権之助訳（1822 年・文政 5 年）⇒「壊血病、梅瘡、胆汁様コツテ腐敗様ノ如キ辛辣ナル者」

【回光鏡】反射鏡

中国

『談天』巻二／偉烈亜力口訳、李善蘭刪述（1859 年・咸豊 9 年）⇒「道光十二年八月二十九日用二丈回光鏡測之如二図」

『化学鑑原』巻二／傅蘭雅口訳、徐寿筆述（1871 年・同治 10 年）⇒「即爆裂而玻瑠之面如回光鏡相同比較二者之力」

『光学』巻上／金楷理口訳、趙元益筆述（1870 年・同治 9 年）⇒「此形像在空中之行速率為回光鏡速率之加倍」

【蟹行字／蟹行蚊脚】: 横文字, 欧文

日本

『航米日録』巻一／玉虫茂誼誌（1860 年・万延元年）⇒「数万ノ書籍架上ニ並ベ置ク、何レモ蟹行字ニテ読ム能ワズ」

『仏英行』七月／柴田剛中記述（1861 年・文久元年）⇒「書は蟹行蚊脚の字を用ふ」

【外国交際】

日本

『外国交際公法』緒言／福地源一郎訳訂（1869 年・明治 2 年）⇒「此書ハ「ジプロマチツクガイド」ト題シ外国交際ノ首務ヲ記ス」

『英国史略』巻二／河津孫四郎訳述（1870 年・明治 3 年）⇒「公義所会議の日を命じ宰相判官を撰ひ又外国交際の規則等を定む」

『東京土産』／元田直著（1871 年・明治 4 年）⇒「外国交際ハ天理人情ノ当然ナリ、若之ヲ非トセハ人ノ人タル所ヲ失ヒ、禽獣ノ域ニ入ラン」

中国

『万国公法』巻一／丁韙良訳（1864 年・同治 3 年）⇒「則此権全在国会蓋与外国交際之事、皆帰国会鑒定」

【海市／蜃楼／海市蜃楼】: 蜃気楼

日本

『和蘭天説』／司馬江漢著（1796 年・寛政 8 年）⇒「海中蜃楼〈シンキロウ〉ヲ現、

湿気海中ニ起リ、風ナクシテ霞ノゴトシ」

『気海観瀾』 光／青地林宗訳述（1825年・文政8年）⇒「諸を稠厚の気中に射して、其の光線を撓ぐるの起す所に因る、海市の如きは是れなり」

『坤輿図識』 地中海／箕作省吾著（1845年・弘化2年）⇒「空中ニ海市ヲ見ル、此地殿堂領ナルヲ以テ、通国邏瑪教ヲ尊信セザル者ナシ」

『民間格致問答』 巻六／大庭雪齋訳（1862年・文久2年）⇒「見る程稠厚つて現ハるるじや、本邦の桑名に蜃楼と名くるをあり」

『博物新編訳解』 巻之二下／合信著、大森解谷訳（1868年・慶応4年）⇒「海市蜃樓〈リウグウ〉○華人海市ヲ以テ蜃氣ノ幻影トナシ、山市ヲ以テ神仙ノ幻境トナス」

『登高自卑』 前編 巻之中／村松良粛抄輯（1872年・明治5年）⇒「海市蜃楼ナル者ハ風ナキ日海上ニ忽チ城市楼閣人物車馬ノ形像ヲ現ハス」

中国

『夢渓筆談』／沈括著（北宋時代）⇒「登州海中、時有雲気、如宮室、台観、城（蝶）、人物、車馬、冠蓋、歴歴可見、謂之海市」

『物理小識』 巻二／方以智著（1664年・康熙3年）⇒「海市山市、泰山之市、因霧而成或月一見、嘗于霧中見城闕（*生）旗絃吹之声、最為奇」

『天経或問』 天開／遊子六輯（1675年・康熙14年）⇒「若倒映水面、即蜃楼之類是也、然冬間気歛火弱、則無此象矣」

『博物新編』 一集／合信著（1855年・咸豊5年）⇒「海市蜃楼、華人以海市為蜃気幻影、以山市為神仙幻境、若果為蜃、不応有于山」

『格物入門』 巻三／丁韙良著（1868年・同治7年）⇒「至蜃楼之説俗以為海中有物名蜃嘘気幻成楼閣之形其実与海市之理相同耳」

辞書

『英華字典』／ Walter Medhurst（1847～48年）⇒「WATER － SPOUT　蜃楼」

【会社】

日本

『八紘通誌』 巻一／箕作阮甫述（1851年・嘉永4年）⇒「各種ノ庠序會社アリ、務テ人民ヲ訓導シ、切須ノ学術ヲ皇張ス」

『海外人物小伝』 巻三／時々夢斎著（1853年・嘉永6年）⇒「農工商の庠序会社（カクモンジヨ・アツマルイエ）あり、務て人民を訓導し、専ら学術を励む」

『官板 バタヒヤ新聞』巻十一／蕃書調所訳（1862年・文久2年）⇒「英国植物学の教頭兼薬種会社に属する植物学の教頭アンデルソンは、荷蘭政府より英国政府に送れるキナ樹を受取るが為めに瓜哇地方に出立せり」

【会社ノ免許】

日本

『英氏経済論』巻六／小幡篤次郎訳述（1871年・明治4年）⇒「会社ノ免許トハ何等ノ事ナルヤ政府ヨリ若干ノ人ヘ社ヲ結デ無害ノ事ヲ為ス」

【海上請負】：海上保険

日本

『西洋事情』初編 巻之一／福澤諭吉纂輯（1866年・慶応2年）⇒「火災請負ひ、海上請負ひ、新聞出版、金銭請取等、皆書面を用ゆるときは官府の印を押して後日の証となし」

【海図】

日本

『軍艦図解』／本木庄左衛門訳述（1808年・文化5年）⇒「夫航海の術は、第一羅針並万国地図及海図其他種々測量の要器等を備ふ」

『坤輿初問』／伊東玄朴訳、新発田収蔵校（1857年・安政4年）⇒「地図ハ色々有リヤ、然リ全世界ノ図・総図・別図・海図等アリ」

『義邦先生航海日誌別録』／勝海舟撰（1860年・万延元年）⇒「暗礁賞等島嶼及ひ港内の深浅等を実測せし海図を制したる」

中国

『職方外紀』巻五／艾儒略増訳、楊廷筠彙記（1623年・天啓3年）⇒「全在海図量取度数、即知海船行至某処、離某処若千里」

辞書

『英華字典』／Walter Henry Medhurst（1847～48年）⇒「CHART　海図」

『英華字典』／Wilhelm Lobscheid（1866～69年）⇒「Chart　海図」

『英華萃林韻府』／Justus Doolittle（1872年）⇒「Chart　海図」

【海水浴】

日本

『衛生概論』第四課／宇田川準一抄訳（刊行年不明）⇒「衛生上欠く可ラサルノ一要事タリ而シテ其法三アリ曰ク温水浴、冷水浴及ヒ海水浴是ナリ」

【快晴】

日本

『万寳新書』七／宇田川興齋訳述（1860 年・安政 7 年）⇒「両三日快晴打続キ、水銀甚低処ニ留リ動カザル」

『官板 バタヒヤ新聞』巻七／蕃書調所訳（1862 年・文久 2 年）⇒「第八月中は鹿徳提（ロツテルダム）の地方連日快晴にて、尤も緩和なれば」

『官板 玉石志林』黒海／箕作阮甫他訳（1863 年頃・文久 3 年頃）⇒「三春、又は夏秋の頃、快晴打続く月は、黒海の水面静穏に、天朗晴し」

【海戦船】

日本

『阿蘭陀風説書』第六十二号／オランダ商館長口述、通詞訳（1688 年・元禄元年）⇒「エゲレス国の海戦船壱艘に百人程乗組、同所に参り、右之阿蘭陀船を海賊共取可申と仕候得共」

【海賊】

日本

『采覧異言』／新井白石著（1713 年・正徳 3 年）⇒「西南諸国、皆畏其人、以為海賊（此俗亦呼番賊、云イギリス即指此而言」

『紅毛雑話』巻三／森島中良編輯（1787 年・天明 7 年）⇒「其島を支那の海賊に襲取られたりといふ、是国姓爺鄭成公の事なり」

中国

『東西洋考』巻之十二／張燮撰次（1618 年・万暦 46 年）⇒「見執送海賊事果明白然大臣僉議朝廷建節帥以寧海表今蛮賊寇害是交州力不能独制」

『四州志』／林則徐訳（1841 年・道光 21 年）⇒「約六千黒番千有五百礮台不

甚堅可（御）海賊難拒大敵」

『海国圖志』巻一／魏源撰、林則徐訳（1876年・光緒2年）⇒「昔李長庚剿海賊、皆身自持柁、雖老於操舟者不及」

辞書

『英華韻府歴階』／Wells Williams（1844年）⇒「BUCANIER　海賊」「CORSAIR　海賊」

『英華字典』／Walter Henry Medhurst（1847～48年）⇒「BUCANIER　海賊」「PIRATE　海賊」

『英華字典』／Wilhelm Lobscheid（1866～69年）⇒「a pirate　海賊」「Corsair　海賊」

『英華萃林韻府』／Justus Doolittle（1872年）⇒「Corsair　海賊」「pirate　海賊」

【海賊人】

日本

『阿蘭陀風説書』第二十六号／オランダ商館長口述、通詞訳（1671年・寛文11年）⇒「去年九月之頃サラタ国に而、地之海賊人町屋を数ケ所焼払強盗仕候由承申候」

【海賊船】

日本

『阿蘭陀風説書』第六十二号／オランダ商館長口述、通詞訳（1688年・元禄元年）⇒「エゲレス国の海賊船広東の近所に船をかけ置、唐船を待」

【解体】

日本

『解体新書』凡例／杉田玄白訳、中川淳庵校（1774年・安永3年）⇒「亜那都米〈アナトミイ〉は解体と訳するなり、打係縷〈ターヘル〉は譜なり、故に今、題して解体新書と曰ふ」

【解体所】

日本

『**欧行記**』巻二／益頭駿次郎記（1861 年・文久元年）⇒「第十一は病死人を解体所あり此処には既貳人の女子の腹をさき五臓六腑を分け其侭にあり」

【回虫／蛔虫】

日本

『**西説医範提綱釈義**』巻二／宇田川榛齋訳述（1805 年・文化 2 年）⇒「長五指横径許ノ小管垂レ其端尖テ蛔虫ノ状ノ如シ、此ヲ虫様垂ト名ク」

『**増補重訂 内科撰要**』巻九／我爾徳児著、宇田川玄随訳（1822 年・文政 5 年）⇒「胃中に蛔虫アルキハ皆能ク呃逆ヲ発スルナリ」

『**重訂解体新書**』巻三／大槻玄沢重訂（1826 年・文政 9 年）⇒「大如小指之小管、状如蛔虫者名曰虫様垂」

中国

『**地理全志**』下編　巻七／慕維簾輯訳（1853 年・咸豊 3 年）⇒「腹中長虫如（回）虫、一、蓖（麻）虫如水母」

【懐中時計】

日本

『**幕末遣欧使節航海日録**』十二月／野沢郁太記（1861 年・文久元年）⇒「英国女王より竹内様へ置時計松平様京極様へ御懐中時計柴田様へ双眼鏡御送り相成候」

『**日本貿易新聞**』第一号／柳河春三・渡辺一郎・内田弥太郎他訳（1868 年・慶応 4 年）⇒「硝子、同器物、時計、懐中時計、同鏈、酒　麦酒、焼酎」

【海底通信】

中国

『**格物入門**』巻四／丁韙良著（1868 年・同治 7 年）⇒「問、爾来英美二国、海底通信、其事如何」

【海底鉄道】

日本

『文明開化評林』巻二／岡部啓五郎輯（1875年・明治8年）⇒「英仏海底鉄道ノ話、近頃「英仏」ノ両政府ニ於テ決議シ、二国ノ海上日本里程三十里余ノ間」

【海底電信機】

日本

『万国港繁昌記』巻下／黒田行元編・松川半山書画（1873年・明治6年）⇒「海底電信機を設けて、信をカライス府、ベルギー国の新門に通ず」

『万国奇談』巻二／青木輔清訳（1873年・明治6年）⇒「佛蘭西の海岸まで大凡十四、五里の路のりの間海底に線を通したり、之を海底電信機の始とす」

【海底電報】

中国

『格物入門』巻四／丁韙良著（1868年・同治7年）⇒「距印度二千余里、亦由海底電報通信焉」

【会票館】

日本

『八紘通誌』巻一／箕作阮甫述（1851年・嘉永4年）⇒「四大洲中、在在所轄ノ地アリ、蘭頓ノ會票〈カワセ〉舘ハ、三千五百万ポンド、ステルリングノ定額ヲ置キ」

【廻文会社】

日本

『会社弁』／福地源一郎訳（1871年・明治4年）⇒「廻文会社取建の主意」

【開閉器】

日本

『蒸気雑説』 脱鹽管／著者不明（明治初期書写）⇒「竈中水線の際に設くる小管にして、開閉器を設け、管の端は船外に通す」

【海里】

日本

『颶風攬要』 総説／エル・ジト・ワザロ著、近藤眞琴訳（1874 年・明治 7 年）⇒「颶風は旋風の大なるものにて、その輪の径は小さきも二十里《海里なり海里の一里は陸の十六丁九分余にあたる以下これにならへ》に下らず」

【海里法／海路里法】

日本

『瓊浦偶筆』 巻一／平沢元愷著（1774 年～・安永 3 年～）⇒「地球の周円は入爾馬泥亜海路里法ニテハ、凡ソ五千四百里」

『畢洒林氏万国公法』 第八章／西周訳（1868 年・慶応 4 年）⇒「方今は皆英吉利の海里法（一里我が十七町計）三里を準として是れ取れり」

【下院／下議院】

日本

『航西小記』 ／岡田攝藏稿（1866 年・慶応 2 年）⇒「議事堂を二院に分つ一を上院と云ひ一を下院と云ふ」

『万国新聞紙』 第五集／ベーリー編（1867 年・慶応 3 年）⇒「英に似て二院なり、上院ハ貴人にして下院ハ衆人より撰出す」

『官板 海外新聞』 海牙／洋書調所訳（1962 年・文久 2 年）⇒「使節等此部屋に暫く留りて此諸坐敷の立法併下院の人々の会合の様子等を聞く」

中国

『英国志』 巻四／慕維廉訳（1856 年・咸豊 6 年）⇒「入巴力門会、与諸世爵議事可否、今謂之下院即今王与労爾徳武（ロルドス）（即今上院世爵）高門士（即下院百姓推挙之議士三等会議之始也」

『**六合叢談**』巻五／慕維廉・艾約瑟他記述（1857年・咸豊7年）⇒「主戦者多二十六人、下院中不欲戦、主和者多十六人」

『**欧遊随筆**』巻一／銭徳培著（1877年・光緒3年）⇒「則以充者過半為定下院定議則上之於上議院」

『**英軺日記**』／劉錫鴻著（1877年・光緒3年）⇒「只意在商販商人一有所苦則訴諸王持商会之神下議院」

『**使西日記**』／曽紀沢著（1877年・光緒3年）⇒「英之有君主又有上下議院似乎」

【解剖】

日本

『**解体新書**』凡例／杉田玄白訳、中川淳庵校（1774年・安永3年）⇒「霊枢中に「解剖して視る」の語あれば、則ち漢人、必ずその法あり」

『**和蘭内景医範提綱**』巻二／宇田川榛齋訳（1805年・文化2年）⇒「又甚ダ薄キヲ以テ解剖ノ時、腹ノ筋皮ヲ剥去レバ諸臓皆外腹膜上ヨリ透見ス」

『**環海異聞**』巻十一／大槻玄沢撰（1807年・文化4年）⇒「其腹を解剖しければ、如此の胎あり、怪物故とり出し」

中国

『**格致古微**』微三／王仁俊述（1899年・光緒25年）⇒「得其死可解剖而視之其蔵之堅脆府之大小穀之多少之長短血之清濁気之多少」

【火煙車／火車／火輪／火輪駅船／火輪汽機／火輪巨舟／火輪車／火輪舟車／火輪船】：蒸気船、蒸気機関車

日本

『**洋外通覧**』巻二／無是公子著（1848年・弘化5年）⇒「浮橋ヲ作リ港口ヲ絶切リ又火輪船火（筏）等ヲ以テ御機戦ヒケレ」

『**遠西奇器述**』／川本幸民口授、田中綱紀筆紀（1854年・嘉永7年）⇒「近来本邦火輪船ヲ用ヒ、諸邦ノ商船亦多ク来集セバ、石炭掘リ取ル」

『**栄力丸漂流記談**』巻一／堀熙明編（1856年・安政3年）⇒「英吉利へ加勢をこひ、火車を作、道を穿ち、城内に忍込、一時に火を放ち」

『**航米日録**』巻一／玉虫茂誼誌（1860年・万延元年）⇒「是ヲ去六、七町許可行キ、火輪車行頭アリ、数十車列ス」

『柳川日記』／柳川当清記（1860 年・万延元年）⇒「日本人迎の火輪車あり辰の中刻にいたり右の火輪車に乗り移り」

『官板 バタヒヤ新聞』英吉利／蕃書調所訳（1862 年・文久 2 年）⇒「先きにカリバルヂは七人の友人共に火輪車に乗りて那不勒に行き」

『官板 玉石志林』巻四／箕作阮甫他訳（1863 年頃・文久 3 年頃）⇒「火輪車轍道、電気通標、及び火輪船は、実に近来各地の社を結ぶ有力なる器なり」

『日本新聞外篇』外編　巻二／柳河春三訳（1865 年・慶応元年）⇒「風俗、文字、言語、或は東方の紀行、火輪車の鉄道、伝信機の線路」

『畢洒林氏万国公法』序／西周訳（1866 年・慶応 2 年）⇒「方今天下一家四海一国、火車倹地汽船縮海、電機以通十里之信」

『万国新聞紙』初集／ベーリー編（1867 年・慶応 3 年）⇒「二十四日晩英国火輪船「アンデール」（船名）に乗し長戸路収蔵、菊地秀右衛門以下十九人二十五日香港（地名）に入津す」

『西洋各国盛衰強弱一覧表』小引／加藤弘蔵訳述（1867 年・慶応 3 年）⇒「造化ノ妙ヲ奪ヒ火輪車船風球電機、凡百ノ奇器都テ」

『万国公法』序／西周訳（1868 年・慶応 4 年）⇒「方今天下一家四海一国、火車倹地汽船縮海、電機以通十里之信」

『西洋紀行 航海新説』巻下／中井桜州著（1870 年・明治 3 年）⇒「婦人ヲ伴フテロンコリンブレヂ橋ニ火車ニテ行キ衣服諸物ヲ買フ」

『舎密局開講之説』序説／ハラタマ講説、三崎嘯輔宣訳（1869 年・明治 2 年）⇒「東方の人一たび西洋に行き直に火輪船火輪車電報機の妙用且ツ数千人力に代ふる」

『航西日乗』／成島柳北著（1872 ～ 73 年・明治 5 ～ 6 年）⇒「数日行程転瞬間、何事往来如許急、火輪不似客身閑」

『致富新書』論百工交易／鮑留雲易（1871 年・明治 4 年）⇒「深益火車之便用、尽其平日無事」

中国

『聖経直解』巻四／陽瑪諾著（1636 年・崇禎 9 年）⇒「天主留之于世、不許其主、命天神以火車火馬乗之」

『四州志』／林則徐訳（1841 年・道光 21 年）⇒「二十年始竣其不通河道者即用火煙車陸運貨物一点鐘可行二、三十里」

『博物新編』一集／合信著（1855 年・咸豊 5 年）⇒「凡火輪舟車之屬、亦皆頼此以運其輪焉」

『**六合叢談**』巻六／慕維廉・艾約瑟他記述（1857年・咸豊7年）⇒「甚費且遅、今造火輪車路、火輪船、其速遇于風、故視遠若近」

『**官板 中外新報**』第一号／応思理撰（1858年〜・咸豊8年〜）⇒「佛蘭西欽差乗暗火輪船駛至船山之北遇大山礁」

『**重学浅説**』／偉烈亜力・王韜訳（1858年・咸豊8年）⇒「不従重学中来迩来輪船火車工芸製造」

『**重学**』第十六巻／艾約瑟口訳、李善蘭筆述（1859年・咸豊9年）⇒「等於所挙重大火輪車動時生抵力於本方向」

『**中外襍誌**』／麥嘉湖輯訳（1862年・同治元年）⇒「有火輪車往来、故立時可至、其車之價亦不貴」

『**大美聯邦志略**』上巻／裨治文撰（1864年・元治元年）⇒「火船、運船、利於済、陸路馳驅、有馬及馬車、火車、便於行」

『**格物入門**』巻四／丁韙良著（1868年・同治7年）⇒「先是数年前、英人以鉄製造火輪巨舟、長六十丈」

『**教会新報**』／林楽知・慕雄廉等訳（1868年・同治7年）⇒「有馬及馬車火車使於行以六等通行国中無地不達所不可国中有国都乃相聯各邦会議之所」

『**南北花旗戦紀**』巻一／傅蘭雅口訳、華蘅芳筆述（1873年・同治12年）⇒「其中須有火輪汽機能自行動」

『**海国図志**』巻三十九／魏源撰、林則徐訳（1876年・光緒2年）⇒「武者闘牛尚勇、火輪船与火輪車亦少」

『**使西紀程**』巻上／郭嵩燾撰（1876年・光緒2年）⇒「甚李勉林鄭玉軒派小火輪船送至洪至」

『**格物探原**』第七／韋廉臣著（1876年・光緒2年）⇒「亦復艱澀、火輪舟車与凡火輪機器、皆不易用」

『**中西関係論**』／林楽知著（1876年・光緒2年）⇒「其陸軍有火車之速、又設電線以捷消息、四方有警」

『**欧遊随筆**』十二月／銭徳培著（1877年・光緒3年）⇒「街道寛城外有短行火輪車較馬車為便食用一切」

『**随使日記**』／張徳彝著（1877年・光緒3年）⇒「遠望如楼此島其行迅比火輪申初西行く少南有英国鉄甲船」

『**使西日記**』／曽紀沢著（1877年・光緒3年）⇒「至馬賽児登岸再賃火輪車至巴黎巴黎」

『**使美記略**』／陳蘭彬著（1878年・光緒4年）⇒「中外士女観者如堵並有由数

百里搭火車」
『西学考略』巻下／丁韙良著（1883 年・光緒 9 年）⇒「後乃漸精既以之行火輪舟車復以之運磨紡棉織布」
『格致古微』微三／王仁俊述（1896 年・光緒 22 年）⇒「曰汽学故火車用火烝運即名汽車」
『紅毛番英吉利攻略』／汪文泰輯（刊行年不明）⇒「多火輪船行最速以通文報、火船者於船中多作輪」

辞書

『英華字典』／ Walter Henry Medhurst（1847 ～ 48 年）⇒「a fire engine　火車」「steam boat　火輪船」
『英華字典』／ Wilhelm Lobscheid（1866 ～ 69 年）⇒「a rail car　火輪車」
『英華萃林韻府』／ Justus Doolittle（1872 年）⇒「Steam　火輪車」

【火輪車駅】

日本

『西洋聞見録』巻中／村田樞文夫纂述（1869 年・明治 2 年）⇒「彼邦ニハ火輪車駅ノ近傍ニハ必ズ客館アリ」

【加加阿】：カカオ, cacao［英・西］

日本

『万国政表』巻三／岡本博卿訳・福澤諭吉閲（1860 年・万延元年）⇒「加非、砂糖、加加阿、マホニー、大煙草」

中国

『地理全志』巻六／慕維廉輯訳（1853 年・咸豊 3 年）⇒「有穀芭蕉果、棗、椰子、加加阿、饅菓、珈琲」

【化学】

日本

『五科学習関係文書』自序／西周編（1863 年・文久 3 年）⇒「以演習洋語傍及地理算数格物化学諸科」

『写真鏡図説』凡例／柳河春三訳述（1867年・慶応3年）⇒「理学と化学とに原づきて起り、其用の浩大なるや」

中国

『六合叢談』巻十一／慕維廉・艾約瑟他記述（1857年・咸豊7年）⇒「電気遇阻及光蝕侭、化学中之変化、具能生熱、世間諸力」

『重学』巻十五／艾約瑟口訳、李善蘭筆述（1859年・咸豊9年）⇒「故気在化学中独異非若他物合諸質体変化而成也」

『談天』巻二／偉烈亜力口訳、李善蘭刪述（1859年・咸豊9年）⇒「皆由于日之攝力、凡化学中質点相併力、及口噏鉄力、僅能攝数質、而日之攝力」

【科学】

日本

『五科学習関係文書』十一　政略論／西周編（1863年・文久3年）⇒「其政事学ト云フハ字面ノ如クーノ科学ニシテ、学者ノ之ヲ学フ上ヨリ謂ヒ」

【化学引力】

日本

『化学入門』化学引力之論／竹原平次郎抄訳、堀尾用蔵註（1867年・慶応3年）⇒「所謂化学引力即チ親和力是也」

『化学通』巻一／川本幸民訳述（1871年・明治4年）⇒「一箇ノ本力ヲ立テ、コレヲ化学引力又親和力ト名ツク」

【化学家】

日本

『七新薬説』上巻／司馬凌海著、関寛斎校（1862年・文久2年）⇒「輓今ノ化学家ハ之ヲ以テ万物普通ノ一成分トナス」

【化学館】

中国

『使西紀程』 巻一／郭嵩燾撰（1876 年・光緒 2 年）⇒「猶得古人陶養人才之遺意聞別有化学館」

【化学強体】

日本

『化学入門』 巻三／竹原平次郎抄訳、堀尾用蔵註（1867 年・慶応 3 年）⇒「単純ノ格碌児、化学強体トナツテ単純ノ黄金ト結合ス耳」

【化学局】

日本

『理化日記』 巻三／リッテル口授、市川盛三郎訳（1870 年・明治 3 年）⇒「通常化学局ニ在テ炭酸ヲ製造スルハ此法ヲ用ヒス」

【化学作用／化学ノ作用】

日本

『博物新編補遺』 巻中／小幡篤次郎訳述（1869 年・明治 2 年）⇒「水ヲ焼石灰ニ灌カハ亦然リ此化学作用ト名ク」

『物理階梯』 巻中／片山淳吉纂輯（1872 年・明治 5 年）⇒「化成熱トハ化学ノ作用ニ起ルモノニシテ」

『化学日記』 第一回／リッテル口授（1874 年・明治 7 年）⇒「他力ニ籍リテ忽チ化学作用ヲ生スルモノアリ」

【科学者】

日本

『坤輿図識』 巻四／箕作省吾著（1845 年・弘化 2 年）⇒「金坑ヲ開キ、家畜ヲ蕃殖シ、耕耘ヲ勧メ、輿地築城ニ科学者ヲ、四方ニ遣テ」

【化学抱合】

日本

『化学通』巻一／川本幸民訳述（1871年・明治4年）⇒「当時実験尚少キヲ以テ、化学抱合ノ性ヲ偏執シ」

『化学摘要』／宇田川準一訳⇒「酸素、水素ニ瓦斯ノ化学抱合、因テ成ル者ナリ」

【花旗／花旗合衆国／花旗国／花旗之首国】：星条旗, アメリカ

日本

『亜墨利加渡海日記』／著者不明（1860年・万延元年）⇒「日ノ丸ノ幔幕ヲ張リ真先ニ花旗国ト日本ノ旗章ヲ立数輛接続シ」

『奉使米利堅紀行』／木村喜毅記（1860年・万延元年）⇒「暫時我船の南を駛過花旗の商船あり」

『香港新聞紙』第千七十号／編者不明（1864年・元治元年）⇒「南北花旗共ニ原ヨリ議和ノ意アリ、惟北花旗ハ科条二件ヲ護定メ」

『隣草』／加藤弘之著（1862年・文久2年）⇒「十三州を合衆国となし以て万民同権の政体と云ふは即ち北亜墨利加の花旗国」

『中外新聞』／柳河春三編（1868年・慶応4年）⇒「前ニ屡々花旗国ハ国人ノ猪子ヲ載セテ西班牙ニ往く」

『致富新書』論農工商買／鮑留雲易編（1871年・明治4年）⇒「夫洋布出自英国花旗諸地、非織於中華、然布之為物」

中国

『瀛環志畧』巻一 凡例／徐繼畬撰（1848年・道光28年）⇒「如花旗之首国英人訳之曰緬葡人訳之曰賣内」

『博物新編』一集／合信著（1855年・咸豊5年）⇒「北亜美理駕界内、有花旗合衆国、別有墨息哥、及滴些士二国」

『地球説略』／褘理哲撰（1856年・咸豊6年）⇒「即於花旗国中、娶姉妹両人、分為夫婦、共生子女十一人」

『六合叢談』巻一／慕維廉・艾約瑟他記述（1857年・咸豊7年）⇒「至花旗国毎噸即四十立法尺茶葉洋五元」

『海国圖志』巻三十四／魏源撰、林則徐訳（1876年・光緒2年）⇒「則有八千四万口、在北亜墨利加接花旗国地、則有百五十万口」

【花旗夷】

中国

『海国圖志』巻八十／魏源撰、林則徐訳（1876年・光緒2年）⇒「大夷船制勝之法蓋西洋花旗夷及安南夷」

【花旗人／花旗国人】

日本

『航米日録』巻一／玉虫茂誼誌（1860年・万延元年）⇒「陰晴不定、滞船、今日ニナリテハ花旗人ト互ニ相親ム」

中国

『教会新報』／林楽知・慕雄廉等訳（1868年・同治7年）⇒「有一書名聯班（ママ）志略係花旗国人有名望之裨治文先生作也」

【花旗船】

中国

『他山之石』巻四　紅毛番英吉利考略／汪文泰輯（刊行年不明）⇒「初為紅毛所分今自為一国花旗船是有火船」

【書留】

日本

『合衆国政治小学』初編 巻之二／ヨング 著、瓜生三寅訳述（1872年・明治5年）⇒「県庁書記官は県庁の書留書籍書附類を預り県の会合」

【火鏡】：凸面鏡, 拡大鏡

日本

『蒸気器機書』巻一／海軍学校編（1869年・明治2年）⇒「火橋は火の導を良くする為めのこと」

『榕菴先生遺書』／宇田川榕菴編（刊行年不明）⇒「火鏡」

中国

『地理全志』 巻四／慕維簾輯訳（1853 年・咸豊 3 年）⇒「人用火鏡、聚日光之射以爍物、至日漸落時」

『海国図志』 巻九十五／魏源撰、林則徐訳（1876 年・光緒 2 年）⇒「此即火鏡取火之法也、今以光是順透而収小」

【学院】

日本

『輿地誌略』 巻八／青地林宗訳述（1826 年・文政 9 年）⇒「学院四区、其二院は阿蘭陀語を以て教へ、一院は波爾杜瓦爾語、又一院は瑪利斯語を用ゆ」

『泰西三才正蒙』 巻三／永井則著（1850 年・寛政 3 年）⇒「幼院、武庫、及ビ諸般ノ倉庫旅客ノ館舎、測量航海ノ術ヲ講スル学院アリ」

『西国立志編』 第一編／中村正直訳（1870 年・明治 3 年）⇒「一ノ薬舗主人、コノ学院ニ至リ、コノ童子ノ身体壮強ナルヲ嘆美シ」

中国

『外国地理備攷』 巻四／瑪吉士輯訳（1847 年・道光 27 年）⇒「昔日常居是地建立学院一所以備教育人材」

『海国圖志』 巻三十八／魏源撰、林則徐訳（1876 年・光緒 2 年）⇒「北勒有居民四千、城中学院之師、学問有名、近城有聖池」

『西国天学源流』 ／偉烈亜力口訳、王韜著（1889 年・光緒 15 年）⇒「多禄某之後数百年亜力山大之学院雖存而声称漸衰後王不好学故也」

辞書

『英華字典』／ Walter Henry Medhurst（1847 ～ 48 年）⇒「ACADEMY　学院」

『英華字典』／ Wilhelm Lobscheid（1866 ～ 69 年）⇒「a public academy　学院」

【楽院】

中国

『六合叢談』 巻三／慕維廉・艾約瑟他記述（1857 年・咸豊 7 年）⇒「奇器局中、印本二万冊、楽院中計印本八千冊、泰西之書」

【学業免許状】

日本

『和蘭学制』巻一／内田正雄訳（1869年・明治2年）⇒「一学業免許状ハ国中普通ノモノトス、且学校教授ノ免許状ハ家学教授ニ通用ヲ妨ゲ無カルベシ」

【学術】

日本

『乾坤弁説』序／沢野忠庵・向井玄松編訳（1659年・同治2年）⇒「徳行心術も自然の行あり、依之其学術一律ならず」

『蘭説弁惑』外科／大槻玄沢口授、有馬文仲筆記（1799年・寛政11年）⇒「折々は内科本業の人にて、学術研精（しゆつせい）のため、渉歴せんと乗り来るものありとなり」

『遠西水質論』／高野長英訳（刊行年不明）⇒「西洋諸国分合術究理ノ学起テヨリ以来隠ヲ顕ニ索メ暗ヲ明ニ証シ其性ヲ察シ其質ヲ究メ彰然トシテ基本然ヲ見ハス此レ学術ノ尊信セラル」

中国

『二十五言』／利瑪竇述、徐光啓撰（1604年・万暦32年）⇒「爾在学士之間少譚学術只以身践之可也」

『代疑篇』巻一／楊廷筠訳（1621年・天啓元年）⇒「多発人未発然恐遠方学術各自源流未必尽有証拠」

『西学凡』／艾儒略答述（1623年・天啓3年）⇒「而代教化王者職亦非軽天下万世之学術」

辞書

『英華字典』／Walter Henry Medhurst（1847～48年）⇒「STUDY attention to learning　学術」

『英華字典』／Wilhelm Lobscheid（1866～69年）⇒「the learned profession 学術」

【格致】：格物致知

日本

『解体新書』凡例／杉田玄白訳、中川淳庵校（1774年・安永3年）⇒「凡そ一

身の格致すべき者二つ、一は則ち固結して撮むべし、一は則ち流動して撮むべからず」

『**民間格致問答**』巻一／大庭雪齋訳（1862 年・文久 2 年）⇒「童稚の時より格致の学問に身を委るる人なりける」

『**西洋学校軌範**』序／小幡甚三郎撮訳、吉田賢輔校正（1870 年・明治 3 年）⇒「人々亦萎靡セリ、然バ則チ洋人ノ為ス所ハ如何ナルモノゾ、人々心ヲ格致ノ学ニ用ヒ、精益々精ヲ求ムルナリ」

中国

『**譬学**』上巻／高一志撰（1633 年・崇禎 6 年）⇒「測所未暁、従其然、漸知其所以然、此格致之学也」

『**格物探原**』第一／韋廉臣著（1876 年・光緒 2 年）⇒「余不要侈談天地万物、細究格致工夫」

『**空際格致**』引／高一志撰、韓雲訂（刊行年不明）⇒「空際所（耳者）変化之蹟、繁矣奇矣、明著矣、而其所以然者、古格致之学」

【格物／格物学】

日本

『**求力法論**』完／与盤計意流著、志築忠次郎訳（1784 年・天明 4 年）⇒「度学ハ格物学ノ本タリ数ト理トヲ重ンス」

『**和蘭天説**』凡例／司馬江漢著（1796 年・寛政 8 年）⇒「遠西ノ諸州ハ、格物（モノニアタル）・窮理（リヲキワムル）ヲ学デ、天性空言（ソラゴト）・虚談（ウソ）・妄説（ミダリニイフ）ヲ不為」

『**理学提要**』序／広瀬元恭訳（1856 年・安政 3 年）⇒「余、之と強弁せず、竊に謂へらく、是れ亦格物の一端と」

中国

『**聖教信証**』巻一　聖教理証／韓霖著（刊行年不明）⇒「我輩交接伝聞遠西百余士、咸格物窮理、博君子也」

『**物理小識**』巻四／方以智著（1664 年・康熙 3 年）⇒「類応通幾、互格物則而歴症以微常変、乃中節也」

『**航海金針**』巻一／瑪高温訳（1853 年・咸豊 3 年）⇒「夫人生在世、当以格物為要、而物之生也」

辞書

『A DICTIONARY OF THE CHINESE LANGUAGE, IN THREE PARTS.』／Robert Morrison（1815～23 年）⇒「To learn the nature of things, or physical seience　学格物」
『英華字典』／Walter Henry Medhurst（1847～48 年）⇒「to searchinto the nature of things　格物」
『英華字典』／Wilhelm Lobscheid（1866～69 年）⇒「to investigate into the principles of nature　格物」
『英華萃林韻府』／Justus Doolittle（1872年）⇒「into the nature of things　格物」

【角膜】

日本

『窮理通』巻五／帆足万里撰（1836 年・天保 7 年）⇒「此の膜、眼球前面を掩ひて、角膜の四辺に至る」

【隔膜】

日本

『植学啓原』角／宇田川榕菴著（1833 年・天保 4 年）⇒「角は狭長の子室なり、内に縦隔膜有りて、而して両室に分ち」
『榕菴訳人身窮理書』第一綱／宇田川榕菴訳（刊行年不明）⇒「始終隔膜ヲ刺戟メ創口ヨリ常ニ光線大気通メ」

中国

『植物学』巻五／韋廉臣輯訳、李善蘭筆述（1857 年・咸豊 7 年）⇒「子房内或有隔膜分為数房或不分只一房、毎房毎内有一卵」

【画景院】

中国

『西俗雑志』／袁祖志著（刊行年不明）⇒「画景院図書各様事跡各処勝景深入顕出無筆墨痕又有用油絵者」

【化工】

日本

『舎密開宗』 序／賢理著、宇田川榕菴重訳増註（1837年・天保8年）⇒「従来化工ノ造リ得ザル物ヲ造化シ出シ離法ヲ用レハ則、曽テ天然ニ特生スル」

『気海観瀾広義』 巻一／川本幸民訳述（1851年・嘉永4年）⇒「而して然らざる者は、是れ蓋し化工の妙、虚設せざる所なり」

中国

『博物新編』 一集／合信著（1855年・咸豊5年）⇒「蓋方物四面着力、圓物旋転自如、此化工之妙造」

『植物学』 巻一／韋廉臣輯訳、李善蘭筆述（1857年・咸豊7年）⇒「石無生命、其元質之合由化工、動植諸物有生命、其元質之合皆由生命化工生命二者、所以能合元質之故」

【加工】

日本

『万寶新書』 五十五／宇田川興齋訳述（1860年・安政7年）⇒「健質亜那一斤長胡椒八羅度ヲ加工浸出ス」

中国

『聖経直解』 巻十一／陽瑪諾著（1636年・崇禎9年）⇒「之加工以理、玉始明顕其貴、二位昆仲、勢畢業漁」

【化合】

日本

『化学入門』 後編　巻之九／竹原平次郎抄訳、堀尾用蔵註（1867年・慶応3年）⇒「抑加里ノ化合品ハ人世ニ大要ナルガ故ニ之ヲ各論スルニ左ノ如シ」

『理化日記』 巻一／リッテル口授、市川盛三郎訳（1870年・明治3年）⇒「大気ニ非レハ気中ノ原素化合スルナリ是レ其鉱ヲ分析スレハ明カナリ」

『脱影奇観』 巻一／宇田川準一和解（1872年・明治5年）⇒「之ヲ揺（晃）スレバ則チ化合ス、草藍紙ヲ用テ之ヲ試ルニ色紅ニ変ズレバ、其ノ酸アルヲ知ル」

中国

『化学初階』 巻一／嘉約翰口訳、何瞭然筆述（1870年・同治9年）⇒「第四化合能令二質別成新式、与原式（向）異、二質雖仍在然不能復睹二原質之跡」
『化学鑑原』巻一／傳蘭雅口訳、徐寿筆述（1871 年・同治 10 年）⇒「古常言各質皆有性、使之化合、後又言各質如相錯之意而化合」

【化合物】

日本

『化学日記』巻二／リッテル口授（1874 年・明治 7 年）⇒「固体水素ト「パルラヂユム」トノ混合ニシテ真ノ化合物ニ非ス」

【火災請負】

日本

『西洋事情』初編 巻之一／福澤諭吉纂輯（1866 年・慶応 2 年）⇒「火災請負ひ、海上請負ひ、新聞出版、金銭請取等、皆書面を用ゆるときは官府の印を押して後日の証となし」

【過酸塩酸】

日本

『化学通』巻一／川本幸民訳述（1871 年・明治 4 年）⇒「テナルド氏、過酸塩酸ヲ精検シテ、純元ナルヲ知リ、「ダヒー氏コレヲ試ミテ」

【過酸化水素】

日本

『理化日記』巻五／リッテル口授、市川盛三郎訳（1870 年・明治 3 年）⇒「硫化水素ノ成分ハ水ト同シキヲ以テ亦タ過酸化水素ニ同シトス」

【過酸化鉄】

日本

『化学闡要』巻二／土岐頼徳訳、足立寛閲（1872 年・明治 5 年）⇒「中間ニ在

リテ偏スルコトナシ過酸化満俺、過酸化鉄等ノ如キ是ナリ」

【過酸化物】

日本

『化学入門』後編　巻之一／竹原平次郎抄訳、堀尾用蔵註（1867年・慶応3年）⇒「此時之ニ大気ヲ送レバ直チニ其酸素ヲ取テ再ヒ過酸化物トナルナリ」

『化学闡要』巻二／土岐頼徳訳、足立寛閲（1872年・明治5年）⇒「過酸化物（ヘルオキシド）中最大量ノ酸素ヲ含ム者ハ之ヲ称メ過酸化物（ヘルハ過剰ノ義ナリ）ト曰フ」

【過酸化満俺】：満俺＝マンガン, Mangan［独］

日本

『化学訓蒙』巻二／石黒忠悳編輯（1870年・明治3年）⇒「諸般ノ含酸素物例之ハ過酸化満俺」

【家産税】

日本

『西洋事情』初編 巻之一／福澤諭吉纂輯（1866年・慶応2年）⇒「家産税　商売を為し或は学術を教授する等に由て家産を営むもの」

『西洋各国盛衰強弱一覧表』第七表／加藤弘蔵訳述（1867年・慶応3年）⇒「直税トハ各民ヨリ直ニ政府ニ収ムル税ニシテ即チ地税家税家産税或ハ産業税等ヲ云フ」

『西洋聞見録』後編 巻二／村田樞文夫纂述（1869年・明治2年）⇒「家産税是人々営ム所ノ産業ニ応ジテ納ムル所ノ税ナリ」

【華氏】：ファーレンハイト度, degree Fahrenheit

日本

『華列対表』序／宇田川榕菴編（1831年・天保2年）⇒「和蘭、獨乙ニテハ華氏ノ器ヲ用ヒ、佛蘭西ニテハ列氏ノ験器ヲ用フ」

『**気海観瀾広義**』巻七／川本幸民訳述（1851年・嘉永4年）⇒「水は華氏験温器二百十二度の熱に遇へば蒸散す」
『**榕葊訳人身窮理書**』／宇田川榕菴訳（刊行年不明）⇒「華氏ノ験器ハ諳厄利亜、和蘭、獨乙蘭土ニテ常ニ用フ、二百十二度ヲ沸湯トス」

【華氏寒暑鍼】：ファーレンハイト温度目盛

日本
『**西洋聞見録**』気候／村田樞文夫纂述（1869年・明治2年）⇒「厳寒ノ候、華氏寒暑鍼ノ四十度ニシテ酷暑ノ候五十九度トシ、中和ノ候ヲ四十九度トス」

【火字鏡】

中国
『**澳門紀略 嘉慶庚申重干**』下巻／印光任・張汝霖纂（1800年・嘉慶5年）⇒「〔火字鏡〕有〔照字鏡〕以架度而照之有」

【火車鉄道／火車鉄路／火車路】

中国
『**格物入門**』巻四／丁韙良著（1868年・同治7年）⇒「思籍火車鉄道以為電路、屢試不験、悉因鉄道近地」
『**大徳国学校論畧**』武学院／花之安著、王炳コン訂（1873年・同治12年）⇒「素無電線機、素無火車路、応何創造、各国地形」
『**格物探原**』第十九／韋廉臣著（1876年・光緒2年）⇒「各国大路及火車鉄路、左右植有柱、牽連銅線凡二」
『**格致彙編**』略論／傅蘭雅輯（1876年・光緒2年）⇒「做火車路或造橋或做鑿或錘或做船上之錨」

【火酒精液】

日本
『**気海観瀾**』水質／青地林宗訳述（1825年・文政8年）⇒「水質は火酒精液の

中の具有する所たり、是を以て倶有する所たり」

【火酒燈】：アルコールランプ, spirit lamp［英］

日本

『**理化日記**』巻一／リッテル口授、市川盛三郎訳（1870 年・明治 3 年）⇒「唯器械上ニ混合スルノミ之ヲ試管ニ入レ火酒燈上ニ灼炎スレハ火ヲ発シ」

『**化学日記**』巻一／リッテル口授（1874 年・明治 7 年）⇒「第二図ノ如ク之ヲ試管ニ入レ火酒燈上ニテ熱スレハ忽チ火ヲ発シ二物化合シ」

【華人】

中国

『**東西洋考**』巻之六／張燮撰次（1618 年・万暦 46 年）⇒「食之与華人語數侵華人若華人与他夷人爭鬭則爲華人」

【瓦斯】：ガス, gas［蘭］

日本

『**植学啓原**』巻一／宇田川榕菴著（1833 年・天保 4 年）⇒「気能く諸般の瓦斯《窒素、酸素、水素等の瓦斯、名物考補遺に出づ》を含み」

『**遠西医方名物考補遺**』巻七／宇田川榛齋訳述、宇田川榕菴校補（1834 年・天保 5 年）⇒「瓦斯ハ精微ノ気類ナリ分析術ニテ是ヲ採ル」

『**舎密開宗**』巻一／賢理著、宇田川榕菴重訳増註（1837 年・天保 8 年）⇒「瓦斯ニ於テハ獣（月浮）ニ大気ヲ半充テ其口ヲ緊ク」

【カステラ／カステーラ】

日本

『**柳川日記**』／柳川当清著（1860 年・万延元年）⇒「カステーラは砂糖味噌のよふなるものをつけ右の様なる品両度出る」

『**西洋料理指南**』巻下／敬学堂主人記（1872 年・明治 5 年）⇒「我国ノ「カステラ」ハ鶏卵十个ノトキニハ鶏卵ヲ割リ黄白ヲ分チ先ツ白ヲ器ニ盛リ」

【瓦斯灯】

日本

『万国新聞紙』第三集／ベーリー編（1867年・慶応3年）⇒「亜人ピース横浜の市街家々に瓦斯灯を点する事を企たり」

『英国議事院談』巻二／福澤諭吉訳述（1869年・明治2年）⇒「夜の光明を取るには三十六万の瓦斯灯を路傍に燿かして往来を照らし」

『奇機新話』／麻生弼吉纂輯（1869年・明治2年）⇒「煙出の上に結著け此瓦斯灯に火を点る」

【ガスランプ】

日本

『英国探索』／福田作太郎筆記（1862年・文久2年）⇒「ガスランプ・ポンプ引料等の類、町方入用に係り候儀は、何れも其国政府の関係無之れ」

【苛性加里】：加里＝カリウム, Kalium［独］

日本

『舎密開宗』内編　植体／賢理著、宇田川榕菴重訳増註（1837年・天保8年）⇒「其壜各苛性加里滷ヲ盛テ」

『万寳新書』百十七／宇田川興齋訳述（1860年・安政7年）⇒「酸化錫（錫灰）ヲ苛性加里滷ニ煮テ、錫、及ヒ加里ノ飽和溶液ヲ造リ」

【化成熱】

日本

『博物新編訳解』巻之一／合信著、大森解谷訳（1868年・慶応4年）⇒「一ニ日熱トイヒ、ニニ火熱トイヒ、三ニ電気熱トイヒ、四ニ肉身熱トイヒ、五ニ化成熱トイヒ、六ニ相撃熱トイフ」

中国

『博物新編』一集／合信著（1855年・咸豊5年）⇒「三曰電気熱、四曰肉身熱、五曰化成熱」

【化石】

日本

『厚生新編』／馬場貞由他訳述（1811年〜・文化8年〜）⇒「今時の物産家是を真の「セースラク」の化石なりといふ」

『舎密開宗』巻八／賢理著、宇田川榕菴重訳増註（1837年・天保8年）⇒「広義云珪土ヲ含ム鉱泉多シ煮レバ器内ニ石皮ヲ生ス動植物ノ化石ハ此珪土泉ノ滲透ニ成ル者ナリ」

『気海観瀾広義』巻三／川本幸民訳述（1851年・嘉永4年）⇒「此山、動植未生の前に成れるを知る者は、動植の化石あるを見ざればなり」

『登高自卑』前編 巻之下／村松良粛抄輯（1872年・明治5年）⇒「植物ハ人ノ衣服ノ如ク、只其外表ヲ被フノミナラス、枯朽セシ後、或ハ腐敗或ハ化石（イシトナリ）シテ、随テ地球ノ土質ヲ増益スル者ナレバ」

中国

『天工開物』煤炭／宋應星著（1637年・崇禎10年）⇒「半供熔銅、化石、昇朱、至于燔石為灰与礬、硫、則三煤皆可用也」

『物理小識』巻七／方以智著（1664年・康熙3年）⇒「化石　海槎録、崖州楡林港、土最寒、蟹入不能動、久之則成石矣」

辞書

『英華字典』／Walter Henry Medhurst（1847〜48年）⇒「a sigh enough to melt the rocks　化石」

【火石】

中国

『泰西水法』巻五／熊三抜撰説・徐光啓筆記（1612年・万暦40年）⇒「火道所経、鎮圧不出、則焉火石、故地中有火也」

『外国地理備攷』巻四／瑪吉士輯訳（1847年・道光27年）⇒「惟産敷処其火石、産於亜西聶拉地、不灰」

『地理全志』巻三／慕維廉輯訳（1853年・咸豊3年）⇒「大英合衆部、為甚饒、其塩最細、亦有泉出酸、鐵、硫礦、火石之味」

【風龍巻】

日本

『航海夜話』第二回／西江舎主人訳（1872年・明治5年）⇒「おれ共が、水龍巻や風龍巻は一所にしたなら、ほんとうのヲルカーンの大さ程でも穿鑿すえ事が出来る」

【風時計】

日本

『図解 機械事始』巻一／田代義矩纂輯（1872年・明治5年）⇒「風車の風時計の弾機の弾返る蒸気機、熱気機の蒸気と瓦斯」

【火船】

日本

『輿地誌略』巻四／青地林宗訳述（1826年・文政9年）⇒「火船五艘、砲士四百員、工匠千八百員、舶夫三四千を備ゆ、毎歳其俸銀を給し」

『澳門月報和解』巻一／魏源重輯、正木篤和解（1854年・嘉永7年）⇒「曰く二月二十八日、広東の師船二隻及び許多の小火船あり」

『香港新聞紙』第千七十三号／（1864年・元治元年）⇒「新聞紙ハ毎々火船啓行ノ時ニ於テ差シ送ルヘシ、断テ相違アルコトナリ」

中国

『外国地理備攷』巻四／瑪吉士輯訳（1847年・道光27年）⇒「尚有戦船大小三十五隻、火船二隻、共（石駁）位七百六十二門」

『大美聯邦志略』巻二／裨治文撰（1864年・元治元年）⇒「水路往来、有航火船、運船、利於済、陸路馳驅、有馬及馬車火車、便於行」

『海国圖志』巻一／魏源撰、林則徐訳（1876年・光緒2年）⇒「我火船攻其一船、則各船之（石駁）皆可環撃、併分遣杉船小舟救援」

【火船電報】

中国

『大徳国学校論畧』技芸院／花之安著、王炳コン訂（1873年・同治12年）⇒「立有技芸院、技芸之為理甚深、如火船電報等」

【加速／加速動】

日本

『暦象新書』上巻／奇児著、志筑忠雄訳（1798年・寛政10年）⇒「可爾は夫平降下の加速なり、是其降下諸点の加速、皆是迦留線可爾線の如き者」

『気海観瀾広義』巻五／川本幸民訳述（1851年・嘉永4年）⇒「其連次第に増す者を加速動とし、次第に減ずる者を加速動とす」

『物理階梯』巻上／片山淳吉纂輯（1872年・明治5年）⇒「之ヲ分ツテ、三種トス、一ヲ等動ト曰ヒ、二ヲ加速動ト曰ヒ、三ヲ減速動ト曰フ」

『物理日記』第二十八回／リッテル口授、文部省（1874年・明治7年）⇒「初メ緩ニシテ後ニ速ナルヲ加速動ト云ヒ之ニ反スルヲ減速動ト云フ」

中国

『声学』巻一／傅蘭雅口訳、徐建寅筆述（1874年・同治13年）⇒「不改其重率聲浪傳行能加速空気之凹凸力」

【家畜医学校】

日本

『万国港繁昌記』初編巻中／黒田行元編・松川半山書画（1873年・明治6年）⇒「内科外科、大学校、家畜医学校、聾唖教諭館、書画音楽校、観象堂、薬園、古貨幣等、緒学会社あり」

【楽器】

日本

『万国新話』巻三／森島中良編輯（1789年・寛政元年）⇒「後園の方へ至りて見れば、堂上に一つの楽器を飾り置きたり」

『訂正増訳采覧異言』巻一／新井白石著、山村才助増訳（1802年・享和2年）⇒「其楽器甚多シ「オルゴル」ハ編簫ナリ「ヒオール」ハ西琴ナリ」

『気海観瀾広義』第八巻／川本幸民訳述（1851年・嘉永4年）⇒「若くは多人集会する院内には、楽器の音鈍く、石巷は広野より物声朗に」

中国

『聖経直解』／陽瑪諾著（1636 年・崇禎 9 年）⇒「天神八面翼衛、各執楽器、美音満空、漸上而入天」

【学校】

日本

『新製地球万国図説』第一／桂川甫周訳、大槻玄沢訂（1786 年・天明 6 年）⇒「彼国ヨリ教化主ヲ置キ、学校ヲ設ケ、書庫ヲ建テ、専ハラ其教法ヲ布キ広ム」

『暦象新書』序／奇児著、志筑忠雄訳（1798 年・寛政 11 年）⇒「新渡の学流、古来相伝の師　説に合ざるをかける疾ける故に、僅に数箇所の学校にして、是を講じる」

『和蘭通舶』巻一／司馬江漢撰（1805 年・文化 2 年）⇒「高台楼閣ヲ築キ、其他ニ天文・地理ノ学校を建テ、窮理ノ学ヲナス」

中国

『坤輿図説』巻下／南懐仁撰（1672 年・康熙 11 年）⇒「諸国皆尚文学国王広設学校一国一郡有大学中学一邑一郷有小学」

『地球図説』巻一／蒋友仁訳（刊行年不明）⇒「其余諸小国、亦各有本主、諸国皆尚文学立学校」

『澳門紀略 嘉慶庚申重干』巻首／印光任・張汝霖纂（1800 年・嘉慶 5 年）⇒「要再調東（完）所到之地捕盗殺虎去其害民者修学校設書院」

辞書

『A DICTIONARY OF THE CHINESE LANGUAGE, IN THREE PARTS.』／Robert Morrison（1815 ～ 23 年）⇒「Public or government schools　学校」

『英華韻府歴階』／Wells Williams（1844 年）⇒「SCHOOL, distriet　学校」

『英華字典』／Walter Henry Medhurst（1847 ～ 48 年）⇒「a public school　学校」

『英華字典』／Wilhelm Lobscheid（1866 ～ 69 年）⇒「a public school　学校」

『英華萃林韻府』／Justus Doolittle（1872 年）⇒「School　学校」

【学校宰相】

日本

『五科学習関係文書』官制説略／西周編（1863 年・文久 3 年）⇒「「第八　学

校宰相　壱員」、学政之事和蘭にては国内事務ニ属シ候」

【学校之頭領】

日本

『新聞誌』第十三／ジョセフ彦編訳（1864年・元治元年）⇒「キシントンといふ所の学校之頭領に命せられたるとなり」

【活字】

日本

『舎密開宗』巻十三／賢理著、宇田川榕菴重訳増註（1837年・天保8年）⇒「（鋳大活字料）銅二十五分、鉛百分、（小活字の鋳造材料は第二百二十二章に出ている）」

『泰西七金訳説』巻二／渋江虬鑒試、馬場貞由訳述（1854年・嘉永7年）⇒「銅を用ひては儀器・家具・大砲・銅索及び活字等を造るなり、これを堅硬に為さんと欲せば、槌を用ひて打つべし」

『澳門月報和解』月報一／魏源重輯、正木篤和解（1854年・嘉永7年）⇒「佛蘭西国に存て漢土の活字板を彫普魯社の人も財を出し」

中国

『航海述奇』／張徳彝著（1865年・同治4年）⇒「看作活字版刷書者其法多用電気不費」

『格致彙編』／傅蘭雅輯（1876年・光緒2年）⇒「数十随字母之多寡各配小匣内貯活字匣上標明記号下」

『格致古微』巻四／王仁俊述（1899年・光緒25年）⇒「康熙間編図書集成刻銅字為活版則武英殿然則活字印書・」

辞書

『A DICTIONARY OF THE CHINESE LANGUAGE, IN THREE PARTS.』／Robert Morrison（1815～23年）⇒「VERB　活字」「TYPE　活字」

『英華韻府歴階』／Wells Williams（1844年）⇒「VERB　活字」

『英華字典』／Walter Henry Medhurst（1847～48年）⇒「an activ verb　活字」

『英華字典』／Wilhelm Lobscheid（1866～69年）⇒「Verb　活字」

『英華萃林韻府』／Justus Doolittle（1872年）⇒「Types　活字」

【活字板／活字版】

日本

『官板 海外新聞別集』 三百三十三号／洋書調所訳（1862 年・文久 2 年）⇒「今我兵穏に府に入れり、且ツ余等活字板器機を奪取りたれば」

『万国新話』 巻三／柳河春三編輯（1868 年・明治元年）⇒「学術交易を盛にし、始て活字版を用ひて書を公行する等、旧来の面目を改めたり」

『西洋聞見録』 巻中／村田樞文夫纂述（1869 年・明治 2 年）⇒「活字版ノ如キモ、僅ニ二十六字母ヲ接続連綴シテ用ユル」

【合衆共治】

日本

『史略』 西洋上／木村正辞編（1872 年・明治 5 年）⇒「合衆共治の国体を変更し自から王位に昇らんと欲せしより大に人望を失ひ」

『文明開化評林』 巻三／岡部啓五郎輯（1875 年・明治 8 年）⇒「我国固有ノ君主専治ハ米ノ合衆共治ト相反スルカ如ク、我カ君主専治ハ、我カ国体ニシテ」

【合衆国／合衆邦】

日本

『八紘通誌』 巻一／箕作阮甫述（1851 年・嘉永 4 年）⇒「其他王泥西諸島合衆国、馬児島、ゴスソ島、コミノ島アリ」

『外蕃容貌図画』 坤／田川春道著、倉田東岳画（1855 年・安政 2 年）⇒「北ハ新墨是可〈シンメキシコ〉ニ隣リ、東ハ合衆国ニ界シ、南ハ把那麻ニ至ル」

『奉使米利堅紀行』／木村喜毅記（1860 年・万延元年）⇒「二百五十門ありといふ吾舶に対して合衆国の旗章を昇降しけり」

『官版 明治月刊』 巻四／開物新社編（1868 年・明治元年）⇒「合衆邦の隆今日を以て極となすべし」

『英氏経済論』 巻一／小幡篤次郎訳（1871 年・明治 4 年）⇒「譬へハ阿蘭ノ始テ我合衆邦内ニ移民スルヤ」

中国

『瀛環志畧』 巻九／徐繼畬撰（1848 年・道光 28 年）⇒「合衆国皆在東境、華盛頓初建国時止十余国、後附近諸国」

『地理全志』巻四／慕維廉輯訳（1853年・咸豊3年）⇒「繞墨哥西湾浜、随湾平流止于大西洋、或蓋于合衆国」
『海国圖志』巻六十一／魏源撰、林則徐訳（1876年・光緒2年）⇒「地里備考」曰育奈士迭国、華言合衆国也」

辞書

『英華字典』／Wilhelm Lobscheid（1866～69年）⇒「the United States　合衆国」
『英華萃林韻府』／Justus Doolittle（1872年）⇒「the United States of America 合衆国」

【合衆政治】

日本

『泰西史略』巻一／手塚律蔵訳述、手塚節蔵校正（1858年・安政5年）⇒「復タ王位を建て、統一政治を変じ合衆政治といふ」
『西洋事情』初編 巻之一／福澤諭吉纂輯（1866年・慶応2年）⇒「千五百年代の末、荷蘭合衆政治の大統領マウリットを以て始祖とす」

【合衆部】

日本

『義邦先生航海日誌別録』／勝海舟撰（1860年・万延元年）⇒「近時米国合衆部の属と合衆国の首府」

中国

『地理全志』巻一／慕維廉輯訳（1853年・咸豊3年）⇒「非一時全区墳起、此層首見于英合衆部」

【活用数学】

日本

『西洋学校軌範』巻下／小幡甚三郎撮訳、吉田賢輔校正（1870年・明治3年）⇒「「第五学校」「ヒフス、スクー」、「尋常数学」「ピユール」、活用数学「アップ　ライト」

【家庭】

日本

『英氏経済論』巻九／小幡篤次郎訳（1871 年・明治 4 年）⇒「肥培トナスニ適セリ是ヲ以テ要セサルノ物品ハ家庭ニ入ル」

中国

『天主聖教実録』／羅明堅・陽瑪諾述（1584 年・万暦 12 年）⇒「且天非神、乃天主之家庭也、世之奉事乎天」

『代疑篇』上巻／楊廷筠述（1621 年・天啓元年）⇒「親友至切而家庭、皆是当愛用慈莫切於此」

『海国圖志』九巻／魏源撰、林則徐訳（1876 年・光緒 2 年）⇒「凡出外国之人、多係内地棍、徒離家庭」

【火度】

日本

『舎密開宗』巻九／賢理著、宇田川榕菴重訳増註（1837 年・天保 8 年）⇒「其和剤ノ分量ト燦の火度ニ従テ品類甚衆シ約五宗類トス」

『登高自卑』前編 巻之上／村松良粛抄輯（1872 年・明治 5 年）⇒「益々火度（クハド）ヲ盛ニスレバ、其分子ヲシテ遊離セシメ、金属遂ニ流動体トナル」

【加特力／加特力教】：カトリック, Catholic［英］

日本

『澳門月報和解』巻一／魏源重輯、正木篤和解（1854 年・嘉永 7 年）⇒「正に羅問国加特力〈かどれいき〉の内の教師終身」

『美理哥国総記和解』／魏源重輯、正木篤和解（1854 年・嘉永 7 年）⇒「一同に波羅士特教に帰依せしめ意任せて額利教加特力教を奉する」

『官板 海外新聞別集』中巻／洋書調所訳（1862 年・文久 2 年）⇒「元来日本政府より出せる者にあらずして加特力〈カトレーキ〉教の僧侶基督宗徒に改心せしめたる」

中国

『英国志』巻一／慕維廉訳（1856 年・咸豊 6 年）⇒「以為異端也、而焚死、於加特力〈カトリーキ〉人、以為謀反也、而縊死」

『**重刻版 海録**』巻第二／謝清高著（1870年・同治9年）⇒「加特力教卽天主本教其別派爲波羅特士頓教爲額力教」

【可燃瓦斯】：瓦斯＝ガス, gas［蘭］

日本

『**化学日記**』巻四／リッテル口授（1874年・明治7年）⇒「衆人皆火炎ヲ以テ可燃瓦斯ノ為ス所トス」

【可燃気】

日本

『**遠西医方名物考補遺**』巻八／宇田川榛斎訳述、宇田川榕菴校補（1834年・天保5年）⇒「ブランドバーレリュクト」可燃気」

【可燃空気】

日本

『**民間格致問答**』／大庭雪齋訳（1862年・文久2年）⇒「就中第一にハ可燃空気（後に燃気と云ものこれなり）と名ける」

【可燃元素】

日本

『**化学訓蒙**』巻一／石黒忠悳編輯（1870年・明治3年）⇒「第二類可燃元素第一属　燃エテ中性物ヲ生成スル」

【可燃質】

日本

『**理学提要**』巻三／広瀬元恭訳（1856年・安政3年）⇒「凡そ物、生活の原を其の可燃質及び烹醸す可き物品を含む」

【可燃体】

日本

『舎密開宗』 巻七／賢理著、宇田川榕菴重訳増註（1837 年・天保 8 年）⇒「燐ハ可燃体ニ気ヲ見レバ自燃其焔美ナレ」

『化学入門』 後編　巻之二／竹原平次郎抄訳、堀尾用蔵註（1867 年・慶応 3 年）⇒「他素ヲ総称シテ又可燃体ト謂ヒ酸素ヲ称シ」

『登高自卑』 後編 巻之四／村松良粛抄輯（1875 年・明治 8 年）⇒「諸物ヲ称シテ可燃体ト謂ヒ、酸化スト」

【可燃物】

日本

『気海観瀾広義』 巻三／川本幸民訳述（1851 年・嘉永 4 年）⇒「山物を分かちて、石、土、塩、可燃物、金属、火山の燃素等となす」

『西洋礮術便覧初編』 巻下／上田仲敏著（1853 年・嘉永 6 年）⇒「木造ノ物体、其他可燃物（モユベキモノ）中リテ」

『化学通』 巻一／川本幸民訳述（1871 年・明治 4 年）⇒「生鉄（可燃物ト抱合スル鉄）トナル、故ニ更ニ燃エテ鉄（金（金粛）トナルトイエリ」

【株切手】

日本

『官版 立会略則』 公債仕法／渋沢栄一述（1871 年・明治 4 年）⇒「蒸気車の利益を引当として蒸気車株切手を製し、望の者に売渡して入用の金額を集めるなり」

【株券】

日本

『英氏経済論』 巻十八／小幡篤次郎訳（1871 年・明治 4 年）⇒「株ヲ買フ者ヘハ株券ヲ所持スルノ間ハ即チ社中ノ一人トナル」

【株式】

日本

『**会社弁**』貸付会社／福地源一郎訳（1871年・明治4年）⇒「奸商の為に欺かれ金を貸して損毛の株式を引受る患なし」

【株主】

日本

『**西洋雑誌**』巻四／楊江柳河暾輯録（1867年・慶応3年）⇒「株主へ熟談し若干の掲銭を納れ株主の許を受ることもある」

『**会社弁**』貸付会社／福地源一郎訳（1871年・明治4年）⇒「売買の都度々々会社の元帳に株主の姓名を改め、其名前の人へ利金の割合を渡すへし」

【花粉／花心之粉】

日本

『**植学啓原**』巻三／宇田川榕菴著（1833年・天保4年）⇒「名物考に謂ふ所の雄蕋の三部」

中国

『**地理全志**』巻五／慕維廉輯訳（1853年・咸豊3年）⇒「沙塵花粉颺墜論、天空　所墜纖微之塵、時在四周、無火山吐灰」

『**地理全志**』巻四／慕維廉輯訳（1853年・咸豊3年）⇒「調剤乎南北気候、吹（口虚）植物、繁生花弁、花粉種子運至遠方」

『**格致彙編**』西国養蜂法／傳蘭雅輯（1876年・光緒2年）⇒「則先用腿之毛収花心之粉団成小球装於後腿之袋内後将身体在花中」

【貨幣局】

日本

『**尾蠅欧行漫録**』巻三／市川渡著（1863年・文久3年）⇒「今巳牌ヨリ御三位使金銀貨幣局ニ行カル」

『**日本新聞**』第三十七号／社友会訳（1865年・慶応元年）⇒「唐国香港において新に取建たる貨幣局の事は、テイリー・フレスと名つくる新聞紙に出たり」

『万国新話』 第一話／柳河春三編輯（1868年・明治元年）⇒「後世に至り、貨幣局を設け、銭貨を製する事となり」

【貨幣増加】

日本

『経済小学』 下編／神田孝平重訳（1867年・慶応3年）⇒「然ル時ハ貨幣増加スルカ故物価自ラ騰貴シ諸国ノ物価ト相当ノ比例ヲ為スニ至ルヘシ」

【貨幣引替所】

日本

『仏英行』 十一月／柴田剛中記述（1861年・文久元年）⇒「バンク（貨幣引替所）、紙幣を専ら摺立、番号を記し、裁切り等いたし」

【神】

日本

『喎蘭演戯記』 幕の次／蜀山人著（1820年・文政3年）⇒「其傍に羽翼ある童子の如き者は神の仕はしめにして、アポルローに花を捧ぐる体なり」

『漂流記』 上／播州彦蔵著（1863年・文久3年）⇒「グーバイといふは汝は神が添て守りますると言意なり」

『自由之理』 巻三／中村敬太郎訳、木村謙一郎版（1872年・明治5年）⇒「不知神、形而唯務与人角、故愛人之心」

中国

『譬学』 上巻／高一志撰（1633年・崇禎6年）⇒「譬者何、以彼喩此也、神有三司」

『達道紀言』 序／高一志撰、韓雲述（1636年・崇禎9年）⇒「余問之先生先生曰神貧者乃真福為其得天上国」

『外国地理備攷』 巻三／瑪吉士輯訳（1847年・道光27年）⇒「其国之神也、凡有戦闘之事其廟門則啓若至干」

『博物新編』 三集／合信著（1855年・咸豊5年）⇒「敬白象為神、謂善人之死、魂居其中」

【神風】

日本

『外国事情書』 再稿／渡辺華山著（1839 年・天保 10 年）⇒「右之通は、唐山禦　之論、我邦神風之説頼むに不足候得者」

【紙巻煙】

日本

『牙氏初学須知』 第二十八／田中耕造訳、佐沢太郎訂（1875 年・明治 8 年）⇒「紙巻煙ハ、各人ノヨク知レルガ如ク（シガレット）」

【火綿】：硝酸繊維素、nitrocellulose

日本

『写真鏡図説』 巻二／柳河春三訳述（1868 年・明治元年）⇒「火薬の代となるべきものを発明し、これを名つけて火綿（俗名綿焔硝）といふ」

【火油】：石油

日本

『香港新聞紙』 八月／（1864 年・元治元年）⇒「啓ス、現ニ新ニ着船シタル火油アリ、出買ス、共ニ一百六十磅ナリ」

中国

『物理小識』 巻二／方以智著（1664 年・康熙 3 年）⇒「今雲南緬甸、広之南雄、皆有之高麗有火油、時珍以為石脳油、一日硫黄油」

『格致彙編』 ／傳蘭雅輯（1876 年・光緒 2 年）⇒「美国産火油処有人寄信云聞中国印格致彙編有互相問答」

【火曜／火曜日】

日本

『遠西観象図説』 ／吉雄南皐口授、草野養準筆記（1823 年・文政 6 年）⇒「火曜日　ヂングス、ダク」（Dinsdag）

『航西日記』 巻四／青淵漁夫・靄山樵者録（1871年・明治4年）⇒「火曜日、シルクナボレオン」
『天工人造物名集』／著者不明（刊行年不明）⇒「日曜、金、月曜日、銀、火曜、鉄」

【カラート／カラット／葛力／加蝋多】：carat［英］, karaat［蘭］

日本

『舎密開宗』 巻十／賢理著、宇田川榕菴重訳増註（1837年・天保8年）⇒「按ニ本論皆純金ノ性質ヲ謂フ金ノ精雑ハ加蝋多ノ語ヲ用テ十三等ニ別ツ」
『西洋雑誌』 巻一／楊江柳河暾輯録（1867年・慶応3年）⇒「大抵重さ一葛力〈カラート〉より重きもの既に稀なり。カラートは秤量の名。四グレインにして此方の六厘九毛許にあたる。」
『牙氏初学須知』 巻三／田中耕造訳、佐沢太郎訂（1875年・明治8年）⇒「金剛石ノ重量ハ「カラー」（「カラット」ナリ）ヲ以テ之ヲ測ル」

【加来／カリー／カルディ／カレイ／カレー／ライスカレー】
：curry［英］

日本

『槲林雑話』 巻一／立原万著（1799年・寛政11年）⇒「カルディと云食用は、日本にて地黄を用る如きものなり、鶏肉大麦一同に水にて煮」
『幕末遣欧使節航海日録』／野沢郁太記（1861年・文久元年）⇒「湯煮夕にビイル飯カレイ焼イモ湯煮」
『西洋料理通』 右製方／仮名垣魯文編（1872年・明治5年）⇒「葱二本、ボートル四半斤、シトルトスフウン匙にカリー粉一盛、同匙に麦の粉一盛り、塩加減」
『西洋料理指南』 巻下／敬学堂主人著（1872年・明治5年）⇒「施シテ食フベシ「カレー」ノ製ハ汁類ノ部ニ出ス」
『通俗新西洋料理法』 第百一／二木政佑纂訳、飯田有年校（1886年・明治19年）⇒「海老の「カリー」を作る事、カリーとは辛き粉にして（米醤）に作り飯にかけ食ふものなり」
『主婦の友』／桜井ちか編纂（1908年・明治41年）⇒「ライスカレーと共にサラド或は冷し豆腐等を添えて出す」

中国

『中外襍誌』／麦嘉湖輯訳（1862 年・同治元年）⇒「Calais　加来」

【硝子／瓦刺斯】：ガラス, glas［蘭］

日本

『遠西医方名物考補遺』巻七／宇田川榛斎訳述、宇田川榕菴校補（1834 年・天保 5 年）⇒「烊硝子及焼石等ヲ水ニ投スルカ如シ是ニ由テ烙銕」

『舎密開宗』巻八／賢理著、宇田川榕菴重訳増註（1837 年・天保 8 年）⇒「往時瓦刺斯・施列（日匿）多ト名ク四稜晶ヲ結ブ」

『西洋雑記』巻四／山村才助訳編（1848 年・嘉永元年）⇒「西洋にて硝子を造るを其原始極めて久し」

『理学提要』巻三／広瀬元恭訳（1856 年・安政 3 年）⇒「曰く、巴特斯都爾、曰く失金墨爾、曰く、勒哩尹、曰く、瓦刺斯〈ガラス〉」

『エレキテル訳説』／橋本曇齋訳、伏屋素狄撰（刊行年不明）⇒「其性二種とす。曰く硝子魂力、曰く檣質魂力なり」

【加留母】：カリウム, Kalium［独］

日本

『舎密開宗』巻二／賢理著、宇田川榕菴重訳増註（1837 年・天保 8 年）⇒「加留母ハ乙盞ニ振リ酸素ハ甲盞ニ聚リ硫酸曹達液ヲ分チ」

『化学訓蒙』巻一／石黒忠悳編輯（1870 年・明治 3 年）⇒「加里ハ加（留）ト酸素ト合シテ成ルモノナレハ也然」

『化学闡要』巻一／土岐頼徳訳、足立寛閲（1872 年・明治 5 年）⇒「猶ホ（加留母）発明前ノ剥篤亜、曹達, 石灰及ヒ其他之二属ス」

【火力】

中国

『聖経直解』第十三年／陽瑪諾著（1636 年・崇禎 9 年）⇒「吉子之道象也、釜不耐火力、初入釜、釜若不能呑」

『火攻挈要』巻上／湯若望授、焦勗述（1643 年・崇禎 16 年）⇒「則火力短、而出弾近、及至中敵已無勁矣」
『格物入門』巻二／丁韙良著（1868 年・同治 7 年）⇒「問以火力代織、（日方）何人」

【加力変速】

日本
『暦象新書』中編上巻／奇児著、志筑忠雄訳（1800 年・寛政 12 年）⇒「加力変速　動は静となる、其初を知ることなく、其終を知ることなし」

【火輪】：太陽

日本
『三才究理頌』／鶴峰戊申撰、利光完規・多々良信興校（1838 年・天保 9 年）⇒「大風火輪空中現、空気焼故風殊勝、風ハ気平均ヲ失テ偏勝有ル」

中国
『空際格致』上巻／高一志撰、韓雲訂（刊行年不明）⇒「若上域因切火輪、而隋上天之運易致浮動且域厚或薄」

【カルタ】：carta［葡］

日本
『漂流記』下／播州彦蔵著（1863 年・文久 3 年）⇒「将棋の外カルタ玉撞の類勝負事多しといへども囲碁ハいまだ開けず」

【カルレット】：人参, carrot［英］

日本
『西洋料理通』第一章／仮名垣魯文編（1872 年・明治 5 年）⇒「「カルレット」スープ　人参汁の義」

【瓦龍】：ガロン, gallon［英］

日本

『英氏経済論』小引／小幡篤次郎訳（1871 年・明治 4 年）⇒「一瓦龍（一瓦龍ハ我六合有奇ニ当ル）價金幾何トテ売買アルナリ」

【川蒸気／川蒸気船】

日本

『遣米使節日記』／村垣範正記（1860 年・万延元年）⇒「やがてスクーネルに似たる船来りて、荷物を積川蒸気船にて曳て行ぬ」

『漂流記』下／播州彦蔵著（1863 年・文久 3 年）⇒「翌早朝馬にて一里ほど行き川蒸気船に乗り十五六町の渡りをこへ」

『中外新聞』巻二／柳河春三編（1868 年・慶応 4 年）⇒「最初小き川蒸気に乗込測量に出たる者二十人程あり」

『地学事始』巻一／松山棟菴訳述（1870 年・明治 3 年）⇒「近来川蒸気船を用ひ又軽骨田といふ弁軽の首府より」

【為替】

日本

『日本貿易新聞』出店／渡辺一郎・内田弥太郎・黒沢孫四郎他訳（1863 年・文久 3 年）⇒「為替の券書或は代銀を渡すへし、但此組合の出店は、何れの地たりとも為替を弁すへし」

『経済小学』上編／神田孝平重訳（1867 年・慶応 3 年）⇒「為替　交易便利ノ為ニ更ニ一良法ヲ発明ス」

【為替会社】

日本

『官版 立会略則』方法／渋沢栄一述（1871 年・明治 4 年）⇒「政府より之を保証する事あり、保証とは譬へは為替会社鉄道会社郵船会社等の如きもの」

『合衆国政治小学』初編 巻之三／ヨング 著、瓜生三寅訳述（1872 年・明治 5 年）⇒「百万と以て数ふべし為替会社にてまた亦金を以て数ふべし」

【為替会所】

日本

『**万国繁昌記**』／黒田行元編（1873 年・明治 6 年）⇒「マンション館と名くる町奉行所の為替会所あり、其窖中には、金銀を積むこと丘山の如し」

【為替座】

日本

『**官板 海外新聞**』七巻／大学南校編（1871 年・明治 4 年）⇒「英国為替座ハ両国ノ戦争ニ就キ、其引替ノ割合ヲ六分ニ増シタリ」

『**英氏経済論**』巻六／小幡篤次郎訳（1871 年・明治 4 年）⇒「一都内ノ商人各々自カラ為替座トナル」

『**合衆国政治小学**』初編 巻之二／ヨング 著、瓜生三寅訳述（1872 年・明治 5 年）⇒「市郷会社掛り為替座受負座掛り鉄道掛り水道掛り教育掛り」

【為替所】

日本

『**英国探索**』国政／福田作太郎筆記（1862 年・文久 2 年）⇒「為替所は政府にては更々関係無之」

『**万国新話**』／柳河春三編輯（1868 年・明治元年）⇒「人口殆十万に及へり、学校病院の類は固より、備り、為替所あり」

【為替証券】

日本

『**聯邦商律**』第二節／藤田九二訳述（1873 年・明治 6 年）⇒「総名を商議証券と云ふ、先為替証券（かわせてがた）なり」

【為替相場】

日本

『**日本新聞**』第三十号／石川長治郎訳稿（1866 年・慶応 2 年）⇒「為替相場、

洋銀百個に付、二百六十七個より」

【為替手形】

日本

『**仏英行**』閏五月／柴田剛中記述（1861 年・文久元年）⇒「作之助、三拾七万トルの為替手形、バンクより上海香港バンクへの書状」

『**西洋事情**』初編 巻之一／福澤諭吉纂輯（1866 年・慶応 2 年）⇒「金銀のことに就いての約書、両替屋の手形、為替手形、借財、質入、貨物譲渡し」

『**英政如何**』巻十四／鈴木唯一訳（1868 年・慶応 4 年）⇒「贋セ物作り（ホリゲーリ）銀札為替手形遺言書ヲ偽作し或ひは冒刑を為し」

『**経済小学**』上編／神田孝平重訳（1867 年・慶応 3 年）⇒「如此法を名ケテ為替ト云ヒ又其券書ヲ為替手形ト云フ」

【癌／癌腫／癌瘡／癌毒】

日本

『**瘍医新書**』巻一／大槻茂質訳（1793 年・寛政 5 年）⇒「生ヲ保タラザル者カ又ハ癌腫〈カンケル〉ノ結塊ヲ截り除クノ法ヲ以テ」

『**厚生新編**』巻二／馬場貞由他訳述（1811 年〜・文化 8 年〜）⇒「癌の潰滅することを斂口し」

『**眼科新書**』巻一／杉田立卿訳（1815 年・文化 12 年）⇒「此症則黴毒、鵝瘤毒、痘毒、癌毒或其他酷（蛎）毒等」

『**西医方選**』巻七／藤林普山著（1828 年・文政 11 年）⇒「癌瘡等、自下利者、為敗症、決無生理」

『**新訂増補和蘭薬鏡**』巻十四／宇田川榛斎訳述、宇田川榕菴校補（1828 年・文政 11 年）⇒「口顎唇舌等ノ癌様ノ悪厲潰腫ハ没薬若ハ没薬丁幾剤ヲ加ヘテ研和シ」

『**病学通論**』巻一／緒方洪菴訳述（1849 年・嘉永 2 年）⇒「癌毒侵淫して危劇の水綿様肉を作す」

『**西洋紀行 航海新説**』巻下／中井桜州著（1870 年・明治 3 年）⇒「又一患者アリ、肥大ノ婦人ニテ所謂乳癌ナリ、麻薬ヲ与フノ如シ」

【寒温儀】：寒暖計

日本

『輿地誌略』巻二／内田正雄纂輯、辻士革・市川清流校（1870年・明治3年）⇒「北緯二十三度気候温暖ニシテ霜稀ナリ夏月ハ寒温儀大略八十度ニ降ラズ」

【眼科】

日本

『八刺精要』第四／大槻茂質訳（1801年・享和元年）⇒「眼目諸症ニ遇テ内科及ヒ眼科ノ輩コレヲ瀉出ス」

『眼科新書』凡例／杉田立卿訳述（1815年・文化12年）⇒「斯書也、和蘭眼科之全編、而其於彼邦也、斯書以前、既無斯書也」

『遠西観象図説』巻上／吉雄南皐口授、草野養準筆記（1823年・文政6年）⇒「「蓐医」（サン）・「整骨」（ホネナホシ）・「牙医」（コウチウ）・「眼科」（メイシヤ）ノ類、各々訳定ノ書アリテ、到ラザル処ナク」

中国

『全体新論』序／合信著、陳修同撰（1851年・咸豊元年）⇒「然鮮能明其理者、嘗見眼科之説、或比之日月」

辞書

『A DICTIONARY OF THE CHINESE LANGUAGE, IN THREE PARTS.』／Robert Morrison（1815～23年）⇒「Ocul　眼科」

『英華韻府歴階』／Wells Willams（1844年）⇒「Oculist　眼科先生」

『英華字典』／Walter Henry Medhurst（1847～48年）⇒「Ocul　眼科」

『英華字典』／Wilhelm Lobscheid（1866～69年）⇒「Disease of eye　眼科」

『英華萃林韻府』／Justus Doolittle（1872年）⇒「Oculist　眼科」

【眼界】

日本

『博物新編訳解』巻一／合信著、大森解谷訳（1868年・慶応4年）⇒「斜メニ水底ニ水底ノ物ヲ視レバ眼界ト一線ニ入ル能ハザルニ因ル」

【感覚】

日本

『西説医範提綱釈義』巻二／宇田川榛齋訳述（1805年・文化2年）⇒「神経ニ充満スルノ巳甚ニ至レバ感覚スル」

『博物新編補遺』巻中／小幡篤次郎訳述（1869年・明治2年）⇒「人常ニ温ノ感覚ト此感覚ヲ起ス」

『衛生概論』第四課／宇田川準一抄訳（刊行年不明）⇒「摩擦して温暖ヲ生スルニ至ルヲ良トス此感覚ノ充ナラザル」

【感覚活動】

日本

『病学通論』巻一／緒方洪菴訳述（1849年・嘉永2年）⇒「発生化育の機と感覚活動の用と二一般のみ」

【感覚機】

日本

『動物学 初編 哺乳類』／ブロムメ著、田中芳男訳纂（1874年・明治7年）⇒「神経節ハ脊髄及ビ脳ヨリ出ヅ五個ノ感覚機アリ」

【管轄国】

日本

『坤輿初問』第十二節／伊東玄朴訳、新発田収蔵校（1857年・安政4年）⇒「南ハ仏蘭西ニ接シ東ハ独逸管轄国ニ限ル」

【眼窺鏡】

日本

『窮理通』巻五／帆足万里撰（1836年・天保7年）⇒「丙影を写すなり、今凹鏡葵子を以て其の間に置く、是れを眼窺鏡と名づく」

【乾牛乳】

日本

『西洋料理指南』巻上／敬学堂主人著（1872年・明治5年）⇒「牛乳ナキトキハ乾牛乳（キユフニフ）水ヲ以テ溶解セシメテ用ユベシ」

【眼鏡】

日本

『亜墨新話』／那波希顔著（1844年・天保15年）⇒「種々の道具、眼鏡などにて、日輪を望み、度数を測り」

『柳川日記』／柳川当清記（1860年・万延元年）⇒「一酉の刻過より旅館の高楼に登りて眼鏡を以月星を見る」

中国

『遠鏡説』／湯若望纂（刊行年不明）⇒「製造如法則又各利於用焉即中国所謂眼鏡也」

『澳門紀略 嘉慶庚申重干』上巻／印光任・張汝霖纂（1800年・嘉慶5年）⇒「眼鏡、西洋国児生十歳者即戴一鏡以養　明季伝入中国」

辞書

『英華韻府歴階』／Wells Willams（1844年）⇒「EYE-GLASS　眼鏡」「SPECTACLES　眼鏡」

『英華字典』／Walter Medhurst（1847～48年）⇒「EYE-GLASS　眼鏡」「spectacles　眼鏡」

『英華字典』／Wilhelm Lobscheid（1866～69年）⇒「an optic glass　眼鏡」「EYE-GLASS　眼鏡」

『英華萃林韻府』／Justus Doolittle（1872年）⇒「Spectacles　眼鏡」

【乾強水】

中国

『随使日記』／張徳彝著（1877年・光緒3年）⇒「泡諸強水四分之工即堤入銅罐付清水池涼之越日提出以機器収乾強水」

【寒気流】

中国

『地理全志』巻三／慕維廉輯訳（1853年・咸豊3年）⇒「故有寒気流至、信風之力、大于貿易風、行舟亦頗順利」

【官銀号】

中国

『使徳日記』／李鳳苞撰（1878年・光緒4年）⇒「有議政院、工学院、聾唖院、鋳銭局、鈔票局、官銀号、電報局、及奥伯来路耶耳維克多利福里得利等大戯園」

【関係代名詞】

日本

『洋学須知』／公荘徳郷・窪田耕夫全輯（1859年・安政6年）⇒「指示代名詞ノ代リニ用ユルノミニシテ関係代名詞ノ代リニ用ヒス」

【観劇園】

中国

『欧遊随筆』／銭徳培著（1877年・光緒3年）⇒「阿盆而好司戯園観劇園隷楽部数日前新到名優盧」

【寒血之魚】

中国

『地理全志』七巻／慕維廉輯訳（1853年・咸豊3年）⇒「寒血之魚、淡水洋海、各有種類、今存者尚有八千種」

【還元】

日本

『舎密開宗』内篇 巻九／賢理著、宇田川榕菴重訳増註（1837年・天保8年）⇒「水

ニ焠シ再ヒ爍化メ還元シタル鉛ヲ抄ヒ去リ」

『化学通』 巻一／川本幸民訳述（1871 年・明治 4 年）⇒「化灰シタル金ヲ還元シテ、生気ヲ取スル」

『登高自卑』 後編 巻之一／村松良粛抄輯（1875 年・明治 8 年）⇒「水素各々還元シテ其元質ヲ呈露ス、此ノ如ク其元質各種ニ分析スル」

『還元術』 ／宇田川榕菴重訳（刊行年不明）⇒「膜ヲ為ス管ヲ破テ膜ヲ取ベシ即還元ノ砒ナリ」

【観光】

中国

『職方外紀』 巻一／艾儒略増訳、楊廷筠彙記（1623 年・天啓 3 年）⇒「耶蘇会中諸士幸復遍歴観光、益習中華風土」

『西学凡』 ／艾儒略答述（1623 年・天啓 3 年）⇒「語言文字別有天地□不易知自利氏観光三十年」

『六合叢談』 巻二／慕維廉･艾約瑟他記述（1857 年･咸豊 7 年）⇒「明万暦丙申、吾英人始慨然有観光上国之心」

『化学分原』 光緒／傅蘭雅口訳、徐建寅筆述（1877 年・光緒 3 年）⇒「隷籍欧州観光、上国戴暁君西宅之」

【感光紙】

日本

『脱影奇観』 巻下／宇田川準一和解（1872 年・明治 5 年）⇒「感光紙ヲ造ル方銀水ヲ玻盤或ハ磁盤ノ中ニカタムキ」

【看護船】

日本

『瓊浦偶筆』 巻六／平沢元愷著（1774 年〜・安永 3 年〜）⇒「凡ソ舶ノ港ニ在ルヤ、看護船数隻、昼夜更番ス」

【看護人】

日本

『**柳川日記**』十一日／柳川当清記（1860 年・万延元年）⇒「此病院に入此所ハ多数の医師看護人有て病人を看病する」

『**自由之理**』巻一／中村敬太郎訳、木村謙一郎版（1872 年・明治 5 年）⇒「ソノ看護人ノ禁戒ヲ守ルベク、外面ノ損害モ、其の看護人ノ抵防ヲ仰グベキナリ」

【官債】

日本

『**外国事情書**』／渡辺華山著（1839 年・天保 10 年）⇒「四十四億三千十八ホンドステルリング、官債九億六千万キュルデン」

【官宰政治】

日本

『**隣草**』／加藤弘之著（1862 年・文久 2 年）⇒「政体ヲ論すれば君主政治〈洋名モナルキー〉、官宰政治〈洋名レプユプリーキ〉の二政体に外るる者なし」

【刊刷】

日本

『**外国交際公法**』巻一／福地源一郎訳訂（1869 年・明治 2 年）⇒「文字ノ刊刷ヲ発明シテ、学術ノ昌運ヲ裨益シ、欧州ノ観ヲ改ルニ及ヘリ」

【監察使】

日本

『**英国議事院談**』巻一／福澤諭吉訳述（1869 年・明治 2 年）⇒「諸州に於ては貧人の監察使なるものを命じ置き」

【観象台／観星台】

日本

『西域物語』巻一／本多利明著（1798 年・寛政 10 年）⇒「無紛豪傑なれば、天文官の任を蒙りて、観象台の創造あり」

『輿地誌略』／青地林宗訳述（1826 年・文政 9 年）⇒「鉅費を以て観象台を築き、球儀測器を備ふ」

『坤輿図識』巻四下／箕作省吾著（1845 年・弘化 2 年）⇒「巧麗ノ観象台、羅甸学及ビ数万種類本草園ヲ設ケ」

『坤輿新誌』巻四／宇田川榕菴選（刊行年不明）⇒「人口三万三千、大学、観象台各一座　ドムトールン」

中国

『外国地理備攷』巻四／瑪吉士輯訳（1847 年・道光 27 年）⇒「国子監観星台古玩庫功厰草圃演戯台」

『初使泰西記』／志剛著（1867 年・同治 6 年）⇒「十六日往観象台観候星法天文之学中国有占有候」

【感触】

日本

『植学啓原』巻三／宇田川榕菴著（1833 年・天保 4 年）⇒「人の嗅神に感触する、同じからざるなり、林娜氏は香を別ち七類となす」

【関節動物】

日本

『動物進化論』第二回／石川千代松訳（1882 年・明治 16 年）⇒「(サフキングドム）トス、即有脊動物、関節動物」

【官庁】

日本

『北槎聞略』巻四／桂川甫周撰（1794 年・寛政 6 年）⇒「アドミラリッハ官庁をいふなり、政事を議する庁を此所に設けし故に名つく」

【乾酪】：チーズ, cheese［英］

日本

『通俗新西洋料理法』第百十六／二木政佑纂訳、飯田有年校（1886 年・明治 19 年）⇒「乾酪〈ちいす〉の表皮荒くれてあるか又其頂き乾き居れば」

【き】

【器械体操】

日本

『佛国学制』第五十九課／佐沢太郎訳、河津祐之閲（1873 年・明治 6 年）⇒「一、理学、一、音楽及ビ体操、一、地理学及ビ史学ノ大意」

『衛生概論』第八課／宇田川準一抄訳（刊行年不明）⇒「器械体操ヲ為スニ諸式アリ或ハ円環ヲ旋転セシムルアリ」

【紀元】

日本

『泰西農学』凡例／緒方儀一訳、市川清流校（1870 年・明治 3 年）⇒「彼邦紀元千八百六十七年ノ刊行ニ係ル」

【紀元前】

日本

『登高自卑』前編 巻之中／村松良粛抄輯（1872 年・明治 5 年）⇒「紀元前二千三百年代ニ過ギズ、其能ク日月及ビ五星ノ周度ヲ測リ」

【議事公堂】

日本

『亜墨利加渡海日記』／著者不明（1860 年・万延元年）⇒「官人一万人宛ニテ両側ヲ警固ス議事公堂ノ前ニ至リケレハ」

【行星】：惑星

中国

『西学図説』／偉烈亜力口訳、王韜撰（1889 年・光緒 15 年）⇒「明即如月亦行星之一昼夜行於天周流無定今見」

【契督】：キリスト, Khristos［希］

日本

『西洋雑誌』巻三／楊江柳河暾輯録（1867 年・慶応 3 年）⇒「西洋暦の紀元一千八百幾年といふ年数は。開闢の時よりかそへたるにあらず。西洋諸国の教祖なる契督〈キリスト〉といへる人の生まれし年よりかぞへし数なり」

【額力教／額利教】：額力／額利 = キリスト, Khristos［希］

日本

『美理哥国総記和解』／魏源重輯、正木篤和解（1854 年・嘉永 7 年）⇒「一同に波羅士特教に帰依せしめ意任せて額利教加特力教を奉する」

中国

『重刻版 海録』巻第二／謝清高著（1870 年・同治 9 年）⇒「加特力教卽天主本教其別派爲波羅特士頓教爲額力教」

【近視／近視眼】

日本

『気海観瀾広義』第十五巻／川本幸民訳述（1851 年・嘉永 4 年）⇒「近視眼は光少きも明に物を見て、黄昏にも明に細字を読み」

『民間格致問答』巻六／大庭雪齋訳（1862 年・文久 2 年）⇒「近視眼〈ちかめ〉の人の眼鏡の通りに凹の硝子鏡ハ反対のとおる」

『物理日記』第九十五回／リッテル口授、文部省（1874 年・明治 7 年）⇒「近視眼ハ「レンス」ノ屈折力強キニ過クルモノニシテ」

中国

『光学』視学諸器図説／金楷理口訳、趙元益筆述（1870 年・同治 9 年）⇒「有一物離目甚近視之反不能清楚」

『**格物入門**』巻三／丁韙良著（1868 年・同治 7 年）⇒「愈遠愈然、此近視眼須以凸鏡、其光心滴在眼底」

【近視者】

中国

『**遠鏡説**』／湯若望纂（刊行年不明）⇒「一利於苦近視者用之一条世有目少好遠游喜望者」

【禽獣院／禽獣苑／禽獣園】

日本

『**仏英行**』／柴田剛中記述（1861 年・文久元年）⇒「達三・作之・三郎・禽獣園一見に行く」

『**航西小記**』／岡田攝藏稿（1866 年・慶応 2 年）⇒「此遊園内菜園及禽獣園あり此禽獣諸動物の多き事」

『**百学連環**』論争／西周講述、永見裕筆録（1870 年・明治 3 年）⇒「即ち禽獣園の中に取寄せあるなり、今陽表陰表の二ツを他の事に譬へむ」

『**航西日記**』巻二／青淵漁夫・靄山樵者録（1871 年・明治 4 年）⇒「セーヌ河の南縁に大なる、禽獣園あり、大概前の植物遠小同し」

中国

『**瀛環志畧**』巻三／徐繼畬撰（1848 年・道光 28 年）⇒「城内有禽獣院、養犬牛之老邁者、自市舶移於孟買」

『**英国志**』巻八／慕維廉訳（1856 年・咸豊 6 年）⇒「一所、大医院十六所、大書局十八所、恤貧局八十五所」

【禽獣学】

日本

『**西洋学校軌範**』／小幡甚三郎撮訳、吉田賢輔校正（1870 年・明治 3 年）⇒「人道学、政治科総論、機械学、禽獣学」

【近成分】

日本

『化学入門』／竹原平次郎抄訳、堀尾用蔵註（1867 年・慶応 3 年）⇒「膠ト骨土ヲ名ケテ骨ノ近成分ト云フ今化学作用ヲ以て此近成分ヲ分析ス」

【金石学】

日本

『西洋雑誌』巻一／楊江柳河瞰輯録（1867 年・慶応 3 年）⇒「尚此外。金石学。植物学。動物学。百工製造術等。いづれも其学科に入て学ぶべきなり」

『西国立志編』／中村正直訳（1870 年・明治 3 年）⇒「金石学者尚壱ハ、織工ノ子ナリ」

『英氏経済論』巻五／小幡篤次郎訳（1871 年・明治 4 年）⇒「目令地質学、採鉱術、金石学ノ諸科日一日ヨリ明カナレ」

【金石類】

中国

『格物探原』第六章／韋廉臣著（1876 年・光緒 2 年）⇒「金石類、各有本原之形、無可改易、仮若将一石砕之」

【く】

【公事師】

日本

『英政如何』巻十五／鈴木唯一訳（1868 年・明治元年）⇒「年功あり経験なるバルリスト公事師壱人取締の裁判役に推挙されて頭取を勧め俸禄をとる」

『暁窓追録』／栗本匏菴著（1868 年・明治元年）⇒「訴訟の媒をなす者あり、我国、公事師なる者に似て大に異なり、能く律書を諳じ、正直にして人情に通ずる者を撰み」

『自由之理』／中村敬太郎訳、木村謙一郎版（1872 年・明治 5 年）⇒「一説ノ

方ニハ公事師ナカランニハ、公事師ナキ一方ノ真理ヲ看出ス難カルベシ」

【公事訴訟】

日本

『漂流記』下／播州彦蔵著（1863 年・文久 3 年）⇒「公事訴訟ハ其村其町にて地面を所持し才徳ある人物を入札にてゑらみ置其者の裁断を受く」

『英政如何』巻十五／鈴木唯一訳（1868 年・慶応 4 年）⇒「右之一廻々々に二人つつ行きて町々に於て公事訴訟を聴き刑罰の事を取扱ふ」

『外国交際公法』巻一／福地源一郎訳訂（1869 年・明治 2 年）⇒「公族ニ委任セシ日ヨリ、付属ノモノハ、公事訴訟等ヲ、公使ニ申跪スヘシ」

【公事人】

日本

『万国新話』巻一／森島中良編輯（1789 年・寛政元年）⇒「城中に十二座の石の塔あり、公事人の告人被告を一人づつ此塔の中に座せしめ」

【口吸／親嘴】

日本

『北槎聞略』巻十一／桂川甫周撰（1794 年・寛政 6 年）⇒「ポッチョワイ　親嘴〈くちすふ〉カジニイト　刑罰」

『米行日記』／佐藤秀長記（1860 年・万延元年）⇒「総て西洋一般握手は礼にして最も親き者には男女となく口吸を以て礼とせり」

【颶風】

日本

『坤輿図識』巻一／箕作省吾著（1845 年・弘化 2 年）⇒「海水ヲ二度増減シ、夫ヲメ暫時モ、静止セザラシム、其他大颶風ノ類モ、其効用少カラズ、大洋ノ浩大ナル、上ニ云カ如シ」

『航米日録』巻四／玉虫茂誼誌（1860 年・万延元年）⇒「大颶風アリト雖ドモ

畏ルルニ足ラズ、且広深ニシテ大艦巨舶自在ニ往行ス」

『**博物新編補遺**』巻中／小幡篤次郎訳述（1869 年・明治 2 年）⇒「雪山ヨリ吹下ス寒風ヲ「バイズ」ト云フ温帯地方ニ最モ激烈ナルモノヲ颶風暴風ト云フ」

『**登高自卑**』前編 巻之上／村松良粛抄輯（1872 年・明治 5 年）⇒「雨中ニ尚ホ降ルハ颶風ノ徴ト為ス、驟ニ外レバ雨晴ルベシ」

『**牙氏初学須知**』第二十六／田中耕造訳、佐沢太郎訂（1875 年・明治 8 年）⇒「颶風ト雖、能ク之ニ過グルコトナシ」

中国

『**航海金針**』巻一／瑪高温訳（1853 年・咸豊 3 年）⇒「自赤道至北五度、無颶風、自五度至十四度、雖有亦少」

『**博物新編**』一集／合信著（1855 年・咸豊 5 年）⇒「整頓甫畢、颶風大起、船盪欲覆檣、幸無檣帆重累」

『**格物入門**』巻二／丁韙良著（1868 年・同治 7 年）⇒「海面有之、撼動波浪、損壊巨舟即颶風也、旋風無論小大、必皆左旋、故有一定方向」

【水母】：クラゲ

中国

『**化学鑑原**』巻二／傅蘭雅口訳、徐寿筆述（1871 年・同治 10 年）⇒「命名訳為水母因与養気化合為水也」

【黒坊】

日本

『**万国新話**』巻二／森島中良編輯（1789 年・寛政元年）⇒「中良案ずるに、風土記の説を閲するに、真臘人大抵は黒坊なり」

『**北槎聞略**』夷俗／桂川甫周撰（1794 年・寛政 6 年）⇒「グレーカ即ち厄力西亜の人にて黒坊也、鼻仰き唇反りて色甚紅し」

『**南国奇話**』／勝之助記（1832 年・天保 3 年）⇒「此門番にクワンボウ六人昼夜居申」

『**大日本土佐国漁師漂流譚**』／鈍通子記録（1853 年・寛永 6 年）⇒「クロンボヲも沢山に居候」

【黒子】：クロホシ、太陽の黒点

日本

『暦象新書』上編　上巻／奇児著、志筑忠雄訳（1798年・寛政10年）⇒「太陽既に此の如くなれば、其余暗体の緯星は、固より多くの黒子あるべき理也」

『博物新編訳解』巻之三／合信著、大森解谷訳（1868年・慶応4年）⇒「所謂日中ニ黒子〈クロボシ〉アル者ハ是ナリ、乃チ二ノ星ノ剛ニ日ヲ過ルノ期ニ及ヒ」

【格呂児／格碌児】：クロル, 塩素, chlorine［英］, chloor［蘭］, Chlor［独］

日本

『化学入門』初編／竹原平次郎抄訳、堀尾用蔵註（1867年・慶応3年）⇒「此時水中ニ膠分溶解ス之レニ注クニ塩酸《古名ナリ当今之ヲ格碌児〈コロール〉水素酸ト云フ》以テスレバ透明トナリ」

『化学通』巻二／川本幸民訳述（1871年・明治4年）⇒「又格呂児気ト酸化炭気トヲ混シ」

【閣老奴】：クロンボ, 黒人

日本

『瓊浦偶筆』巻一／平沢元愷著（1774年～・安永3年～）⇒「蜘網ノ如ク、閣老奴〈クロンボ〉其ノ際ヲ上下シ、平地ヲ行クガ如ク」

【け】

【計日器】：アストロラーベ, astrolabe［英］

日本

『二儀略説』巻上／小林謙貞編述（1667年・寛文7年）⇒「鋼ニテ作ル「計日器」〈アストロラー〉ヲ用ヒテ日中ヲハカル故ニ、日中ヨリ次ノ日中マデヲ、生得ノ一日ト定ル国アリ」

【刑司之権】

中国

『英軺日記』／劉錫鴻著（1877 年・光緒 3 年）⇒「議院以上聞交刑審断焉刑司之権足以訊治其国主王公大臣」

【芸術】

日本

『再稿西洋事情書』／渡辺華山著（1839 年・天保 10 年）⇒「芸術も又上之四学を補ひ、学々互に相資、渾然と教政の羽翼に相成候」

『気海観瀾広義』巻十三／川本幸民訳述（1851 年・嘉永 4 年）⇒「廃を興し絶を続くことを務むるが故に、復これを収拾し、他の芸術と共に全備せしめむと欲す」

【軽重】

日本

『求力法論』完／与盤計意流著、志築忠次郎訳（1784 年・天明 4 年）⇒「但游気重力毎々微シツツ軽重ヲナス故ニリユクトウエトケル中ノ水銀高卑一ナラス」

中国

『天主実義続篇』冊二／龐廸我述、陽瑪諾訂（1617 年・万暦 45 年）⇒「気軽重之問、則乗水上、而負火焉、四行之情相攻互敵而攻敵之中」

『不得已弁』／利類思著、安文思・南懐仁訂（1665 年・康熙 4 年）⇒「益罪之軽重、以所犯者与犯罪者之尊卑為則、天主至尊無以上」

【軽重測器】

日本

『民間格致問答』巻四／大庭雪齋訳（1862 年・文久 2 年）⇒「鍍銀の板を添て上に晴雨の記標を付、験晴儀《ハロメートル》（軽重測器）と名くるぞや、元来ハ空気の重量を測るものにて」

【軽重表】

中国

『格物入門』巻一／丁韙良著（1868年・同治7年）⇒「問、軽重表何用、答、所以比較各物之軽重、以水為則、即以水権之也」

【経度】

日本

『紅毛天地二図贅説』／北島見信訳（1737年・元文2年）⇒「暹羅属国経度一百三十五度大強緯度八度半或云緯度八度大」

『新製地球万国図説』総叙／桂川甫周訳、大槻玄沢訂（1786年・天明6年）⇒「南北緯度ヲ以テ天下ノ寛ヲ測リ、東西経度ヲ以テ天下ノ長を測ルニ」

『遠西観象図説』巻上／吉雄南皐口授、草野養準筆記（1823年・文政6年）⇒「球円ノモノニアリテハ、経ニ分ルヲ経度ト云ヒ、緯ニ分ルヲ緯度ト云フ」

中国

『不得已弁』巻一／南懐仁述（1665年・康熙4年）⇒「較定順天府子午正線、依大地之経緯度、以便測験、以為諸曜之定応」

『地球図説』／蔣友仁訳（刊行年不明）⇒「以毎時行度之率、推之得三十四度、即伊犁距京師西之経」

『談天』巻二／偉烈亜力口訳、李善蘭刪述（1859年・咸豊9年）⇒「知最卑点経度、即知長径方向、最卑点、長径之一端也」

辞書

『A DICTIONARY OF THE CHINESE LANGUAGE, IN THREE PARTS.』／Robert Morrison（1815～23年）⇒「Degrees　経度」

『英華字典』／Wilheim Lobscheid（1866～69年）⇒「Gieocntrie　経度」「Measure　経度」

『英華翠林韻府』／Justus Doolittle（1872年）⇒「Iongitude　経度」

【競馬】

日本

『栄力丸漂流記談』巻一／文太談（1856年・安政3年）⇒「我一と争ひて早く行をよしとす、此方の競馬の如く、其時は此湊辺にて往来する」

『幕末遣欧使節航海日録』／野沢郁太記（1861 年・文久元年）⇒「今日二時より競馬御見物に御出帝御出馬にて勝方には自ら褒美なと被下候由」
『尾蠅欧行漫録』巻一／市川渡著（1863 年・文久 3 年）⇒「今午碑前ヨリ御三使競馬ニ行カル陪従ナシ」
『西洋事情』外編　巻之三／福澤諭吉纂輯（1866 年・慶応 2 年）⇒「骰子（サイ）を投じ競馬に賭して銭を得るとも、事実世に物を生ずることなし」

【競馬場】

日本

『航西日記』巻一／青淵漁夫・靄山樵者録（1871 年・明治 4 年）⇒「此競馬場、円形にて周囲ニ里余なり」

【刑法】

日本

『訂正増訳采覧異言』／新井白石著、山村才助増訳（1802 年・享和 2 年）⇒「亜蒲達刺孤性残虐ニテ刑法理ニ中ラズ」
『百学連環覚書』第二冊／西周著（1870 年・明治 3 年）⇒「公法、政法、刑法、私権、商法」
『真政大意』／加藤弘之講述（1870 年・明治 3 年）⇒「規律ヲ定ムル憲法ヲ民法トイヒ、其外刑法商法抔種々アルガ」

【刑法院】

日本

『自由之理』巻一／中村敬太郎訳、木村謙一郎版（1872 年・明治 5 年）⇒「忽体ノ害トナルベシトテ、コレヲ刑罰ニ行フ、コレ刑法院ノ姿ナリ」

【刑法局】

日本

『英国議事院談』巻二／福澤諭吉訳述（1868 年・明治 2 年）⇒「議長の全権を

以て上院一個の刑法局を設け、独断を以て刑法を処する」
『官版 明治月刊』巻四／開物新社編（1868年・明治元年）⇒「事成らすして生擒られ、貴族の刑法局に於て糾問の上、罪状定まりて、終身の禁固に処せらる」
『英国議事院談』巻二／福澤諭吉訳述（1869年・明治2年）⇒「貴族の罪を裁判することもあれば、議長の全権ヲ以て上院一個の刑法局を設け、独断を以て刑法を処すること」

【刑法裁判所】

日本
『合衆国政治小学』初編 巻之一／ヨング 著、瓜生三寅訳述（1872年・明治5年）⇒「大都府には民法裁判所と刑法裁判所有り」

【刑法事務】

日本
『中外新聞』第七号／柳河春三編（1868年・慶応4年）⇒「刑法事務総督衆被申渡候、乃申入候也」

【軽油】

中国
『化学鑑原続編』巻一／傅蘭雅口訳、徐寿筆述（1875年・光緒元年）⇒「在瓶内甚多、因沸界、大于軽油故也」

【形容語】

日本
『蘭学秘蔵』／宇晋撰（刊行年不明）⇒「右形容語コレヲ傍寄名語ト訳ス、独立不可ラザル」

【ケーク】：ケーキ, cake［英］

日本

『通俗新西洋料理法』第二百二十九／二木政佑纂訳、飯田有年校（1886 年・明治 19 年）⇒「乾麺包〈ビスキット〉菓子〈ケーク〉を作る事。小麦粉壱斤の中に打つく漉したる五つの鶏卵」

【外科】

日本

『外科訓蒙図会』総説／伊良子光顕著（1769 年・明和 6 年）⇒「毛人カスハル（紅毛国外科ノ名）ナル者ヨリ所授ノ別伝口訣アリ」

『外科収功』序／大槻玄幹訳（1814 年・文化 11 年）⇒「瘍医新書原本、西哲某氏所撰而外科集成之書也」

『諸薬口和』イノシド／著者不明（1815 年・文化 12 年）⇒「此草ノ実ヲ汲シテ今外科ノ草園ニ植置」

中国

『物理小識』巻四／方以智著（1664 年・康熙 3 年）⇒「外科、起類寒□而脈浮数有痛症可弁也、陳若虚正宗悉矣、先発内托」

『異域録』巻上／図理琛撰（1712 年頃・康熙 51 年頃）⇒「爾国若有外科良医、一併送来、我等事竣還朝時、爾国若将行教番僧、外科医士給発」

辞書

『A DICTIONARY OF THE CHINESE LANGUAGE, IN THREE PARTS.』／Robert Morrison（1815 ～ 23 年）⇒「learn surgery　学外科」

『英華韻府歴階』／Wells Willams（1844 年）⇒「LANCET　外科小刀」

『英華字典』／Walter Medhurst（1847 ～ 48 年）⇒「LANCET　外科小刀」

『英華字典』／Wilheim Lobscheid（1866 ～ 69 年）⇒「external diseases　外科」

『英華翠林韻府』／Justus Doolittle（1872 年）⇒「Surgery　外科」

【劇場】

日本

『八紘通誌』巻一／箕作阮甫述（1851 年・嘉永 4 年）⇒「麥酒店五千二百四、寺院五百八、劇場七、博愛ノ設施、一千八百五十四」

『泰西史略』巻一／手塚律蔵訳述、手塚節蔵校正（1858年・安政5年）⇒「且街坊、及ひ軍中の建築術あり、又撃剱、劇場、音学、詩学あり」

『航米日録』巻一／玉虫茂誼誌（1860年・万延元年）⇒「妓楼、劇場アリテ頗ル繁華なり、市街ヲ距ル、近キハ一二丁、遠キハ十丁余ニシテ」

【激水機】

中国

『初使泰西記』／志剛著（1867年・同治6年）⇒「観激水機凡成都成邑之地水若不佳則百数十里或二三百里之外」

【激発丸】

日本

『航米日録』巻三／玉虫茂誼誌（1860年・万延元年）⇒「外激発丸ノ鋳造、木材ノ鋸鑿、皆蒸気車力ヲ以テス」

【夏至】

中国

『地球図説』客星／蔣友仁訳（刊行年不明）⇒「平分黄道圏為四、曰春分、秋分、夏至、冬至各居大圏四分之一」

【夏至規／夏至線】

日本

『以数踏刺鼻図説』アストラベ／湯川東軒著（1758年以前）⇒「南北更代ニ冬至線、夏至線」

『海路安心録』総説／坂部広胖著（1816年・文化13年）⇒「夫より北へ二十三度半距の線を夏至線と云」

『遠西観象図説』巻中／吉雄南皐口授、草野養準筆記（1823年・文政6年）⇒「北緯二十三度半ノ地ナルヲ巨蟹線（漢名、夏至規）ト云ヒ、南緯二十三度半地ナルヲ磨羯線（漢名、冬至規）ト云フ」

『算法渡海標的』凡例／石黒信由著（1836年・天保7年）⇒「天球の正中東へ引線を赤道と云ふ、夫より北へ二十三度半距の線を夏至線と云ふ」

【化粧】

日本

『訓蒙 窮理圖解』初編 巻之一／福澤諭吉著（1868年・明治元年）⇒「実ハ西洋にて婦人の衣裳に香水を吹くために用る化粧の道具なり」

【血液】

日本

『気海観瀾』気重／青地林宗訳述（1825年・文政8年）⇒「是れ其の体中脈管血液の内、気焉に充たざる所なきに由る」

『気海観瀾広義』巻一／川本幸民訳述（1851年・嘉永4年）⇒「胃の大血脈を圧抑するが為に、血液の運動を妨礙し以て此悪夢をなす」

『泰西七金訳説』金／渋江虬鑒試、馬場貞由訳述（1854年・嘉永7年）⇒「人体に入りて細密微塵に溶け、血液と混和することあらんや」

【血液運行】

日本

『官板 玉石志林』巻一／箕作阮甫他訳（1863年頃・文久3年頃）⇒「其他カングの血液運行はエングより速なり、カングの脈動は一分時に七十動」

【血液循環器】

日本

『斯魯斯氏講義動物学 初編』第一編／太田美濃里筆記（1874年・明治7年）⇒「動物ノ飲食消化器及ヒ血液循環器ノ上ニ位ス」

【結核】

日本

『**磁石考**』／著者不明（刊行年不明）⇒「十日余療治スル無程死ル也、是則結核ノ類ナリ初医灸ヲスルト云」

『**厚生新編**』療治部／馬場貞由他訳述（1811年〜・文化8年〜）⇒「此症は婦人、或は処女の乳房中に発スル堅硬の結核ナリ」

『**新訂増補和蘭薬鏡**』巻四／宇田川榛斎訳述、宇田川榕菴校補（1828年・文政11年）⇒「乳汁疑固稀釈シ、婦人乳房結核ヲ消ス」

【血管】

中国

『**植物学**』巻二／韋廉臣輯訳、李善蘭筆述（1857年・咸豊7年）⇒「三曰線体、略如動物之筋、四曰く乳路体、略如動物之血管」

『**智環啓蒙塾課初歩**』第十一課／香港英華書院訳（1864年・同治3年）⇒「血由心出、従血脈管運行周身、然後復従廻血管帰入心裏」

『**格物探原**』第十六／韋廉臣著（1876年・光緒2年）⇒「気管居中、血管左右、一脈管、一廻管」

【月刊紙】

日本

『**官板 玉石志林**』巻四／箕作阮甫他訳（1863年頃・文久3年頃）⇒「書屋には甚だ多くの日刊紙月刊紙及び時代の記録を蔵せり」

【血球】

日本

『**生石灰之解凝力**』／宇田川榕菴自筆草稿（1824年・文政7年）⇒「コレニ因テ「ハステリユド」ハ紅色ノ血玉ト混シ居リ」

『**植学啓原**』花精細微／宇田川榕菴著（1833年・天保4年）⇒「血球は細微にして、肉眼視るを得ず。血球、再び六分する者を沕乙球球と曰ふ」

『**窮理通**』巻八／帆足万里撰（1836年・天保7年）⇒「其の小なること此の如し、

然れども亦必ず筋脈神経を具へ、血球孕字の用有り」
『理化新説』総論／ハラタマ述、三崎嘯輔訳（1869年·明治2年）⇒「百二十五分の一より三百五十分の一に至る但し人体の血球百五十を合せ其大さ一ミルリメートルを為す」

【月球】

日本

『窮理通』巻一／帆足万理撰（1836年·天保7年）⇒「遠鏡を以て経星を望みて、月球に近づく、略略変異無し」

【血気類】

中国

『六物新志』巻上／大槻玄沢訳（1786年・天明6年）⇒「自上分与他ノ血気類之牙一相唯以長居尖塔」

【月経】

日本

『六物新志』巻五／大槻玄沢訳（1786年·天明6年）⇒「入于腸則消水穀殺（虫面）兼通月経此物単服」

【血行】

日本

『西客対話』／大槻茂質録（1794年・寛政6年）⇒「血行よく診ひ得られ」
『三兵養生論』／久我俊齋訳（1876年・慶応3年）⇒「大気ノ圧力ニ依テ呼吸ト血行ヲ容易ニシ身体諸分ニ血液順環布達シ」
『蘭学秘蔵』／宇晋撰（刊行年不明）⇒「自然のにり状□血行よく診ひ得られ」

【結婚】

日本

『北蛯夷図説』巻四／間宮倫宗口述、秦貞廉編（1855年・安政2年）⇒「結婚の状を見るに大小隔在の夷と結婚し」

中国

『聖母行実』巻三／高一志撰述（1631年・崇禎4年）⇒「若無計、可免結婚、即賜通身染疾病瘡」

『六合叢談』巻九／慕維廉・艾約瑟他記述（1857年・咸豊7年）⇒「与米加勤、西爾加西来信云」

【結婚堂】

日本

『初使泰西記』／志剛著（1867年・同治6年）⇒「其地方官公署有結婚堂以正夫婦之規又有考較食物之所」

【結社】

日本

『五科学習関係文書』第二章／西周編（1863年・文久3年）⇒「凡ソ国民ハ結社併ニ集会ヲナスノ権有リトテ認可ス」

『文明開化雑纂』官許協救社衍義草橋／角田米三郎編（1869年・明治2年）⇒「皇国衰頽ノ患之レ無ク、維持富強ノ道モ相立ツ可キ義ニ付、姑ラク西洋結社ノ法ニ倣ヒ、協救社ト号シ」

『会社弁』序／福地源一郎訳（1871年・明治4年）⇒「互市ノ権利唯彼ニ在リテ常ニ其簸弄ヲ受ク、其間立合結社商業ノ繁盛ヲ謀ル」

『英氏経済論』巻六／小幡篤次郎訳（1871年・明治4年）⇒「権利ヲ与フルノ他ナラズ結社ノ免許ヲ得テタズ」

辞書

『英華字典』／Walter Medhurst（1847～48年）⇒「Society　結社」

『英華字典』／Wilheim Lobscheid（1866～69年）⇒「SOCIETY　結社」

【結晶塩】

日本

『榕葊訳人身窮理書』腐敗／宇田川榕菴訳（刊行年不明）⇒「最終ニ炭酸瓦斯ヲ発シ、コレガ渾塩親和シテ結晶塩ヲ為ス」

【結晶水】

日本

『遠西医方名物考補遺』巻七／宇田川榛斎訳述、宇田川榕菴校補（1834年・天保5年）「蓬砂等ノ火ニ投ジ詳解スルハ即チ此結晶水ナリ」

【結晶体】

日本

『理化新説』二巻／ハラタマ述、三崎嘯輔訳（1869年・明治2年）⇒「規正ならざるを無形体と云ふ之に反るを結晶体と云ふ」

『斯魯斯氏講義動物学 初編』総論／太田美濃里筆記（1874年・明治7年）⇒「平面ト直線トニ由テ経界ヲ為ス唯結晶体ハ毎ニ平面ト直線ヲ失ハス」

【結晶粒】

中国

『化学分原』／傅蘭雅口訳、徐建寅筆述（1871年・同治10年）⇒「軽気試以一百五十三説之法、若結晶粒和含（金美）」

【月食】

中国

『坤輿図説』巻上／南懐仁撰（1672年・康熙11年）⇒「地水同為一園球以月食之形可推而明之夫月食之」

『天経或問図』引用書目／遊子六輯（1675年・康熙14年）⇒「日食与月食固自有異、蓋月食天下皆同」

『**地球図説**』／蒋友仁訳（刊行年不明）⇒「蒋不得受太陽之光、是為月食、惟望日太陰与太陰与太陽正正相対」蒋不得受太陽之光、是為月食、惟望日太陰与太陰与太陽正正相対」

【血清】

日本

『**化学訓蒙**』巻二／石黒忠悳編輯（1870年・明治3年）⇒「透明粘稠ノ滴状ヲ生ス所謂血清是也」

【血税】

日本

『**泰西勧善訓蒙**』後編／箕作麟祥訳述（1871年・明治4年）⇒「兵役ヲ称スルニ血税ノ名ヲ以テス可カラザルニ至リシ者アリ」

【月世界】

日本

『**米利堅志**』巻一／格堅扶撰、岡千仭・河野通之訳（1873年・明治6年）⇒「殆如来自月世界者、布朝見、王及后大喜、賞以爵人」

【結石】

日本

『**生石灰之解凝力**』／宇田川榕菴自筆草稿（1824年・文政7年）⇒「飲食消化ヲ扶ルノミナラズ病根ヲ為ス処ノ結石ヲ解釈スルナリ」

『**榕菴訳人身窮理書**』／宇田川榕菴訳（刊行年不明）⇒「尿石　膀胱結石　尿中ニ結石スル石ナリ」

中国

『**物理小識**』巻七／方以智著（1664年・康熙3年）⇒「青即冬結石、蔵器載毘南硫黄香又三仏」

【血戦】

中国

『官板 中外新報』 四号／応思理撰（1858年～・咸豊8年～）⇒「立法不順民情、民遂相率而叛英挙兵征、血戦八年、不獲勝仗听民自立一国」

辞書

『英華字典』／Walter Medhurst（1847～48年）⇒「a bloody combat　血戦」
『英華字典』／Wilheim Lobscheid（1866～69年）⇒「a bloody affairi　血戦」
『英華萃林韻府』／Justus Doolittle（1872年）⇒「a bloody　血戦」

【月体】

中国

『天経或問』／遊子六輯（1675年・康熙14年）⇒「陽暦ハ北ヲ食ス地蔭月体ノ北ニ指ス故にス故也陰暦南ヲ食スルハ地蔭南ニ指ス故也」

【結党】

辞書

『A DICTIONARY OF THE CHINESE LANGUAGE, IN THREE PARTS.』／Robert Morrison（1815～23年）⇒「To form cabals　結党」「COMBINE　結党」
『英華韻府歴階』／Wells Willams（1844年）⇒「CABAL　結党」「COMBINE　結党」
『英華字典』／Walter Medhurst（1847～48年）⇒「assodiation　結党」
『英華字典』／Wilheim Lobscheid（1866～69年）⇒「Cabaling　結党」
『英華萃林韻府』／Justus Doolittle（1872年）⇒「Lcague　結党」「Combine　結党」

【験光器／験光鏡】：光度計, photometer［英］

日本

『気海観瀾広義』 巻十四／川本幸民訳述（1851年・嘉永4年）⇒「其温度相同じく、これを日光に中つれば、黒球の水銀高く昇る、これを以てこれを験光器〈ポトメートル〉と為す」
『化学通』 巻二／川本幸民訳述（1871年・明治4年）⇒「験温器ノ球ノ黒キ者

ト白キ者トヲ合セテ、暗処ニ置ケハ、其度相斉シ、コレヲ日光中ニ移セハ、黒球管ハ昇ル、甚高シ、此器ヲ験光器〈ポトメール〉トイフ」

『**物理日記**』巻六／リッテル口授、文部省（1874年・明治7年）⇒「光ノ強弱ヲ測ル器機アリ験光器〈フヲトメトル〉ト云フ」

中国

『**中西聞見録選編**』第二十三号／丁韙良編（1877年・光緒3年）⇒「測天気之高下厚薄、寒暑表、以定冷熱、千里鏡、以窺遠象、験光鏡、以験日光、並有照像器具」

【健康作用】

日本

『**七新薬説**』第一編／司馬凌海著、関寛斎校（1862年・文久2年）⇒「此書薬効ヲ論スルヤ先ツ健康作用ヲ挙ケテ後ニ医治功用ヲ論ズ」

【言行ノ権】

日本

『**性法略**』第三条／神田孟恪訳（1871年・明治4年）⇒「原有ノ権ノ目三アリ、其ノ一、生存権、其ノ二、言行ノ権、其ノ三　用物ノ権」

【牽合力】

中国

『**化学初階**』第十三章／嘉約翰口訳、何瞭然筆述（1870年・同治9年）⇒「縁其牽合力大、故難表明其為酸」

【原告】

日本

『**上木自由之論**』／小幡篤二郎訳（1873年・明治6年）⇒「国憲中ニ曲ヲ蒙ル者、裁判所ニ出テ原告スルノ権利ヲ掲載セザルヲ以テ、政府ノ各員恣ニ法令ヲ破レドモ」

中国

『海国圖志』巻五十七／魏源撰、林則徐訳（1876年・光緒2年）⇒「時有英夷在葛刺巴犯事、潜逃来粤、原告蹤至、控於澳夷目」

辞書

『A DICTIONARY OF THE CHINESE LANGUAGE, IN THREE PARTS.』／Robert Morrison（1815～23年）⇒「PLAINTIFF　原告」

『英華韻府歴階』／Wells Willams（1844年）⇒「PLAINTIFF　原告」

『英華字典』／Walter Medhurst（1847～48年）⇒「PLAINTIFF　原告」

『英華字典』／Wilheim Lobscheid（1866～69年）⇒「Plaintiff　原告」

『英華萃林韻府』／Justus Doolittle（1872年）⇒「Informer　原告」

【原罪】

中国

『西学凡』／艾儒略答述（1623年・天啓3年）⇒「次論原罪与他諸罪、身前死後身神之害、与其小過之害」

『勵修一鑑』／李九功纂評（1639年・崇禎12年）⇒「原罪之汚故見即従是矢志正道」

『不得已弁』／利類思著、安文思・南懐仁訂（1665年・康熙4年）⇒「乃人祖方主命後、則有原罪、因而人類不惟不得上昇福」

『痛苦経蹟』／伏若望訳（刊行年不明）⇒「聖母始胎独免原罪」

【検察】

日本

『魯西亜本紀略』上巻／前野良沢訳（江戸後期）⇒「先其地理ヲ検察セント欲ノ従者数騎トシテ衙行ス」

『舎密開宗』巻二／賢理著、宇田川榕菴重訳増註（1837年・天保8年）⇒「微熱ヲ以テ瓦斯ヲ発スル物品ハ彎レル琉斯ノ性質ヲ検察スル」

中国

『澳門紀略 嘉慶庚申重干』上巻／印光任・張汝霖纂（1800年・嘉慶5年）⇒「置西坑逕田三十余畝界景色等掌之黄梁都司巡検察覈而尸其祀壁画甫定墓」

【験酸器】

日本

『化学入門』／竹原平次郎抄訳、堀尾用蔵註（1867年・慶応3年）⇒「水素ニシテ其小ナル者ハ即チ酸素ナリ此ニ瓦斯ヲ合セテ験酸器（一種ノ管ナリ）」

『開物全書名物図考』巻上／宇田川榕菴撰（刊行年不明）⇒「只酸素瓦斯ノ定量ヲ測リ証スベシ故ニ今改テ験酸器ト名ク」

【権三筋】：三権分立

日本

『英国探索』／福田作太郎筆記（1862年・文久2年）⇒「不列顛〈ぶりてん〉国内政柄の権三筋に分れ居候姿にて、一は国王の存意より出、一は官府の評議より出」

【検事】

日本

『五科学習関係文書』第五編／西周編（1863年・文久3年）⇒「天皇ハ大審院ノ僚員中ヨリ其議長ヲ選任シ而シテ大検事ノ選任ハ直チニ天皇ニ属ス」

【原子】

日本

『化学訓蒙』巻一／石黒忠悳編輯（1870年・明治3年）⇒「各種元素ノ原子ハ各種性質ノ殊異ナルハ勿論重サモ亦太タ異ナリ而シテ各種ノ原子互ニ相聚合シテ以テ一塊ヲナス」

『化学闡要』巻一／土岐頼徳訳、足立寛閲（1872年・明治5年）⇒「現今ニ至リテハ之ヲ各種ノ原子間ニ発スル一種ノ引力に由リテ成ル者トシ」

『窮理早合点』巻下／鳥山啓述（1872年・明治5年）⇒「第一鬆粗の性ホロシチー、物体の原子其状いろいろあるや」

【原子説】

日本

『化学闡要』 巻二／土岐頼徳訳、足立寛閲（1872 年・明治 5 年）⇒「第十四条 原子説「Atomic Theory」以上挙ル所ノ論説ヲ関スル」

【言詞自由ノ権】

日本

『泰西勧善訓蒙』 第二百四章／箕作麟祥訳述（1871 年・明治 4 年）⇒「曰ク、身体自由ノ権　本身自由ノ権　意志自由ノ権　出板自由ノ権　言詞自由ノ権、物件自由ノ権是ナリ」

【元質】

日本

『乾坤弁説』 元巻／沢野忠庵・向井玄松編訳（1659 年・同治 2 年）⇒「地水風火の四つは有れども、天と云べき物なし、是天は万物の本質元質にてなきこと明也」

『舎密開宗』 巻十八　物質／賢理著、宇田川榕菴重訳増註（1837 年・天保 8 年）⇒「材分ハ樹木材理ノ元質ヲ為ス者ニテ堅実ノ材ハ此分愈多シ」

『登高自卑』 前編 巻之下／村松良粛抄輯（1872 年・明治 5 年）⇒「金類ハ其酸素ヲ失フテ、故ノ元質ニ還ルナリ」

【原質】

日本

『気海観瀾』 体性／青地林宗訳述（1825 年・文政 8 年）⇒「煤質は一種の原質、諸物の具有する所たり、其の性、甚だ好みて清気引き、相合して硬気と為る」

『窮理通』 巻二／帆足万里撰（1836 年・天保 7 年）⇒「石炭の原質は樹木質と同じ、樹木の原質、化して一種の泥となり、終に石炭を成す」

『理化新説』 序例／ハラタマ述、三崎嘯輔識（1869 年・明治 2 年）⇒「万有理化一般、各般、二性より固体液体の平均運動及原質製煉より諸試験等に至り」

中国

『格物入門』巻五／丁韙良著（1868 年・同治 7 年）⇒「且原質所以合而成物者、亦因其相吸之力也」

『化学鑑原』巻一／傳蘭雅口訳、徐寿筆述（1871 年・同治 10 年）⇒「万物之質今所不能化分者名為原質」

『格致古微』微三／王仁俊述（1899 年・光緒 25 年）⇒「瀛海論已言之食旧徳齋襍箸曰即原質要互変易之理俊案経下五行毋常勝説在宜物尽亦是化学西法剖別物質」

【験湿器】：湿度計, hygrometer［英］

日本

『遠西医方名物考補遺』巻九／宇田川榛齋訳述、宇田川榕菴校補（1834 年・天保 5 年）⇒「験湿器〈ヘーグロ・メートル〉蘭」

『気海観瀾広義』巻九／川本幸民訳述（1851 年・嘉永 4 年）⇒「これを測る器を験湿器と名づく、水の多少に従ひて縮張する物を以て、製する者るなり」

【建社会合】

日本

『泰西国法論』第六章／津田真一郎訳（1868 年・慶応 4 年）⇒「第三　行事自在の権　第四　建社会合の権　第五　思・言自在の権」

【元酒】：アルコール, alcohol［蘭］

日本

『脱影奇観』／宇田川準一和解（1872 年・明治 5 年）⇒「元酒〈アルコホル〉半安士先ヅ青礬ヲ水ニ化シ入レ若シ清ケレハ」

【験水準器】

日本

『物理階梯』巻上／片山淳吉纂輯（1872 年・明治 5 年）⇒「其分子互ニ相平均シテ静止シ常ニ平準ヲ為サザルシ、水準ヲ測ルニ器アリ、験水準器（ミズモリヲハカルダウ）ト名ス」

【元体】

日本

『化学摘要』四十四章／宇田川準一訳（1873年・明治6年）⇒「内外諸部ニ在ル所ノ万物、皆ナ六十三元体中ノ一物、或ハ二三ノ抱合物ヨリ成ルヲ知レリ」

【原体】

日本

『気海観瀾』越列吉的爾／青地林宗訳述（1825年・文政8年）⇒「直ちに其の体を摩して以て之を発す可きもの、之を原体といふ」

『開物全書名物図考』原体／宇田川榕菴撰（刊行年不明）⇒「其一端ハ消越性ト為ル大気ノ如キモ原体ナリ」

中国

『代疑篇』巻五／陽廷筠訳（1621年・天啓元年）⇒「在天則無形無声万古如瓦斯即降生者之原体也」

【建築】

日本

『日本新聞』第二十三号／内田弥太郎他訳（1866年・慶応元年）⇒「先年盛大に建築せし旅館は、殆と落成に至るや否や、忽ち一炬焦土となれり」

『化学入門』巻一／竹原平次郎抄訳、堀尾用蔵註（1867年・慶応3年）⇒「能ク動植ノ体躯ヲ主宰シ一定則ニ従テ成長セシム今之ヲ建築ノ一事ニ比スベシ」

『代議政体』／永峰秀樹訳（1875年・明治8年）⇒「同権同利ヲ保ツベキ一種ノ民権ヲ主張スル代議政体ヲ建築セント企ダテタルヨリシテ」

中国

『地理全志』巻一／慕維廉輯訳（1853年・咸豊3年）⇒「即泊海浜、不敢外駛矣、非尼西人建築城垣、在叙利亜海浜諸邑中、有城曰雅羅」

【建築家】

日本

『和蘭学制』 諸術学校／内田正雄訳（1869 年・明治 2 年）⇒「原語ニ拠テ直訳スレバーハ平時兵備ニ関カラザルノ建築家ト訳スベク」

【建築術】

日本

『中外新聞』 二十四号／柳河春三編（1868 年・慶応 4 年）⇒「建築術の教師甲必丹ジウルダンも旅行を企画候」

【原点】

中国

『談天』 巻十／偉烈亜力口訳、李善蘭刪述（1859 年・咸豊 9 年）⇒「此尺若用于赤道遠鏡上、則本線方向合于赤緯其方位角恒従原点一辺計之」

【堅銅】

中国

『化学初階』 巻二／嘉約翰口訳、何瞭然筆述（1870 年・同治 9 年）⇒「如紅銅合（鍠）、成堅銅、（即黄銅）及銅響鐘等」

【幻灯】

日本

『窮理通』 巻六／帆足万里撰（1836 年・天保 7 年）⇒「又幻灯有り、吉児計繆私の創むる所なり、後人継ぎて増飾する有り」

『気海観瀾広義』 巻一／川本幸民訳述（1851 年・嘉永 4 年）⇒「戯造を以て奇怪の状貌を写し出だすに、燃鏡幻灯（ブランドスピーゲル　トーフルランタール）の類あり」

『奇機新話』 幻灯／麻生弼吉纂輯（1869 年・明治 2 年）⇒「幻灯にて人像を顕

する図」

【原動力】

中国

『格致彙編』格致略論／傅蘭雅輯（1876 年・光緒 2 年）⇒「総数正与原動力之力相等弾即停矣」

【験徳／験徳器】：水電量計, eudiometer［英］

日本

『気海観瀾広義』巻九／川本幸民訳述（1851 年・嘉永 4 年）⇒「大気の性用を研窮せむが為に、已に験温、験徳、験湿等の諸器を製して、其妙用を探り」

『理学提要』巻一／広瀬元恭訳（1856 年・安政 3 年）⇒「之れを験するの器有り、験徳器（エウジヲメーテル）と曰ふ、能く酸素を吸奪するの物を以て、之れを製す」

【験熱器／験冷熱器】：温度計, 寒暖計, thermometer［英］

日本

『蘭説弁惑』／大槻玄沢口授、有馬文仲筆記（1799 年・寛政 11 年）⇒「これ彼邦にて「てるもめいとる」といふ、黄履荘も創製せるといふ、験冷熱器といへるはこれなるべし」

『華列対表』序／宇田川榕菴識（1831 年・天保 2 年）⇒「温熱寒冷ノ度ハ験冷熱器ヲ以テ験スベシ」

『遠西医方名物考補遺』巻七／宇田川榛斎訳述、宇田川榕菴校補（1834 年・天保 5 年）⇒「験温器　通名「テルモメートル」舶来アリ、本邦亦擬製ス虞初新志ニ出ル験冷熱器是ナリ」

『化学入門』巻三十八／竹原平次郎抄訳、堀尾用蔵註（1867 年・慶応 3 年）⇒「性殆ト爍化シ難シト雖、熱シテ（検）熱器ノ百五十度ニ至レハ凝テ小塊トナル」

【顕微鏡】

日本

『解体新書』凡例／杉田玄白訳、中川淳庵校（1774 年・安永 3 年）⇒「その微細にして見るべからざる者は、尽く顕微鏡〈ヲホムシメガネ〉を以てこれを臨摸す」

『和蘭天説』／司馬江漢著（1796 年・寛政 8 年）⇒「其天巧ヲ法リ、眼鏡或ハ望遠鏡、顕微鏡〈ムシメガネ〉ノ類ヲ製ス」

『舎密開宗』第百八十四章／賢理著、宇田川榕菴重訳増註（1837 年・天保 8 年）⇒「乙ハ顕微鏡観細枝之更有分椏也、以上諸試、皆用小壜子」

中国

『四州志』二十九／林則徐訳（1841 年・道光 21 年）⇒「然其所学皆章句弁論不知格物窮理反嗤他国所造千里鏡顕微鏡量天尺自鳴鏡謂是小技淫巧其天文不識欧羅巴之歴算而信陰陽家之選択非吉日不敢行事」

『地理全志』巻一／慕維廉輯訳（1853 年・咸豊 3 年）⇒「今有英士曰阿渾、衍成其学、以顕微鏡屡加細察、走獣族類」

『海国圖志』巻四十八／魏源撰、林則徐訳（1876 年・光緒 2 年）⇒「弁論不知格物窮理、反嗤他国所造千里鏡、顕微鏡、量天尺、自鳴鏡、謂是小技淫巧、其天文不識欧羅巴之歴算」

辞書

『A DICTIONARY OF THE CHINESE LANGUAGE, IN THREE PARTS.』／Robert Morrison（1815 ～ 23 年）⇒「MAGNIFYING　顕微鏡」、「MICROSCOPE　顕微鏡」

『英華韻府歴階』／Wells Willams（1844 年）⇒「MAGNIFIER　顕微鏡」

『英華字典』／Wilheim Lobscheid（1866 ～ 69 年）⇒「Microseope　顕微鏡」

『英華萃林韻府』／Justus Doolittle（1872 年）⇒「Magnifying　顕微鏡」

【巻毛人種】

日本

『地学事始』巻一／松山棟菴訳述（1870 年・明治 3 年）⇒「巻毛人種　亜非利加人種黒人種、黒人ともいふ　美理格人種　亜米利加土人種其色赤」

【原有ノ権】

日本

『性法略』総論／神田孟恪訳（1871年・明治4年）⇒「原有ノ権トハ我輩世ニ生レシ時ヨリ須臾モ離ル可カラサル権ヲ云」

【権利】

日本

『五科学習関係文書』憲法草案／西周編（1863年・文久3年）⇒「人民ノ権利ト義務トニシテ両者素ヨリ天然ニシ存スル自由ノ権利義務ナリ」

『立憲政体略』政体総論／加藤弘蔵著（1868年・慶応4年）⇒「国事ニ参預スルノ権利ヲ有セシム」

『真政大意』上巻／加藤弘之講述（1870年・明治3年）⇒「権利モ真ノ権利ト称スルニハ足ラズ、義務モ真ノ義務トハ称セラレヌデゴザル」

中国

『中外襍誌』巻一／麥嘉湖輯訳（1862年・同治元年）⇒「為羅馬将者、能講此事、権利欧司」

『万国公法』／丁韙良訳（1864年・同治3年）⇒「即不因一二盟約之不合而廃也、論国使之権利」

『使西日記』／曽紀沢著（1877年・光緒3年）⇒「其法与中国同与西洋各国互守本国権利之局」

『欧遊随筆』／銭徳培著（1877年・光緒3年）⇒「向楽部大臣購票則乃照原価西人所謂応享之権利也」

【こ】

【孤院／孤子院】

日本

『西洋事情』初編 巻之一／福澤諭吉纂輯（1866年・慶応2年）⇒「貧院の内、孤院と称する院あり、貧児の父母なき者のみを集めて養ふ所なり」

『泰西勧善訓蒙』第六編／箕作麟祥訳述（1871年・明治4年）⇒「又貧院アリ

テ貧者ヲ恤ミ、孤院アリテ孤者ヲ救ヒ、学校アリテ衆庶ヲ教へ」

中国

『地理全志』巻二／慕維廉輯訳（1853年・咸豊3年）⇒「遠客咸来貿易、都城曰伯霊、有孤子院、武芸院、医院、軍器局」

『地球説略』中巻／禕理哲撰（1856年・咸豊6年）⇒「街衢亦直而闊有孤子院、養恂独、有医局、居旅客貧民之染疾者」

『海国圖志』巻三十八／魏源撰、林則徐訳（1876年・光緒2年）⇒「其居民大半皆崇耶蘇正教、城内有孤子院、養孤子千人」

【行為ノ権】

日本

『性法略』第十三編／神田孟恪訳（1871年・明治4年）⇒「各人行為ノ権ハ固ヨリ原有ノ権ニ属ス、但シ他人身上ノ自在ト」

【紅夷砲】

中国

『他山之石』巻四／汪文泰輯（刊行年不明）⇒「可洞裂石城震数十里世称紅夷砲（明史）」

【交易】

日本

『赤蝦夷風説考』付録／工藤平助著（1783年・天明3年）⇒「其子細は紅毛人日本と交易の品は、皆南国より出る」

『三国通覧図説』／林子平述（1785年・天明5年）⇒「本邦商估ノ輩ヨリ会所ヲ建置夷人ヲ指引シテ交易ヲナサシムル也」

『新製地球万国図説』第一／桂川甫周訳、大槻玄沢訂（1786年・天明6年）⇒「教官ヲ此ニ置ク、一ヲ「バナナ」ト云ヒ、交易ノ場ヲ設ク」

中国

『天主実義』下巻／利瑪竇述、李之藻筆述（1603年・万暦31年）⇒「愛財者必逝四極交易以殆貨」

『不得已弁』／利類思著、安文思・南懐仁訂（1665年・康熙4年）⇒「謂利瑪賓令召交易、可付一笑」
『六物新志』巻二／大槻玄沢訳（1786年・天明6年）⇒「海多鯨魚後和蘭人置互市場以交易之諸国之商舶亦多有至此者」
『外国地理備攷』巻三／瑪吉士輯訳（1847年・道光27年）⇒「興雖不能陳明上古各国始於何時通商交易」

辞書

『A DICTIONARY OF THE CHINESE LANGUAGE, IN THREE PARTS.』／Robert Morrison（1815～23年）⇒「TRADE　交易」「INTERCHANGE　交易」
『英華韻府歴階』／Wells Willams（1844年）⇒「INTERCHANGE　交易」
『英華字典』／Walter Medhurst（1847～48年）⇒「To EXCHANGERE　交易」
『英華字典』／Wilheim Lobscheid（1866～69年）⇒「Swap　交易」「Permutable　交易」
『英華萃林韻府』／Justus Doolittle（1872年）⇒「Interchange　交易

【交易会社】

日本

『日本貿易新聞』十八号／柳河春三・箕作麟祥等訳（1863年・文久3年）⇒「余等初めより日本人交易会社の総代に対して障害をなす行状あらん事を懼れたり」

【交易館／交易会館／交易所】

日本

『西域物語』交易論／本多利明著（1798年・寛政10年）⇒「咬（留）巴の交易館の惣司ゲネラル方へ申越したる」
『海外新話拾遺』巻一／種菜翁著（1849年・嘉永2年）⇒「此ところハ清国諸邦への物産交易所をバ西洋各国の大船ハ言に」
『八紘通誌』／箕作阮甫述（1851年・嘉永4年）⇒「交易ハ此国殆其大半ヲ占ム、交易会館ハ、東印度ヲ最第一トス」

【口演】

日本

『隣草』／加藤弘之著（1862 年・文久 2 年）⇒「一人毎に口演し抔して先づ一房の按考を一人も残らず述べ」

『外国交際公法』第八十八章／福地源一郎訳訂（1869 年・明治 2 年）⇒「公使自カラ口演スル事又ハ口演ノ上書翰ヲ差出ス事アリ」

【公園】

日本

『泰西勧善訓蒙』巻三／箕作麟祥訳述（1871 年・明治 4 年）⇒「新タニ鉄道ヲ造リ橋梁ヲ架シ渡口公園等ヲ設ケントスル」

『航海日乗』巻一／成島柳北記（1872 年・明治 5 年）⇒「市街ヲ歩シ山上ノ公園ニ遊ブ、花草竹樹清麗愛ス可シ」

『万国地誌略』巻二／小沢圭三郎識（1874 年・明治 7 年）⇒「武庫製造場、博物場、演劇館、公園等ニ至ルマデ、敦レモ盛大美麗ナラザルハ無ク」

中国

『格物入門』巻一／丁韙良著（1868 年・同治 7 年）⇒「数家之中、必留余地、栽植花、名為公園、以備遊憩」

『随使日記』巻四／張徳彝著（1877 年・光緒 3 年）⇒「髄二星使乗雙馬車行二十余里至胡公園又名黄浦園入内灯楼所　珍禽怪獣頗多」

【口科】

日本

『北槎聞略』医官／桂川甫周撰（1794 年・寛政 6 年）⇒「医科は内外科を分たず、眼科口科婦人小人をも一人にてかぬるなり」

【公害】

中国

『聖経直解』巻四／陽瑪諾著（1636 年・崇禎 9 年）⇒「人害、私害也、誰害、公害也、公私不能偕輿」

【航海学】

日本

『万国新話』巻一／三又渓史編輯（1868 年・明治元年）⇒「比類無きの義なり、比学は航海学に於て其益少なからず」

【航海学校】

日本

『舎密開宗』／賢理著、宇田川榕菴重訳増註（1837 年・天保 8 年）⇒「所々に日本並和蘭の国旗を立て列らぬ連なる航海学校の稽古人も」

『舎密局開講之説』別集／ハラタマ講説、三崎嘯輔宣訳（1869 年・明治 2 年）⇒「和蘭の国旗を立て列らぬ航海学校の稽古人も土手にて列を立て列ぬ」

『万国港繁昌記』／黒田行元編・松川半山書画（1873 年・明治 6 年）⇒「書籍六万巻、手記一千二百巻備ふ、又水機学校一、航海学校一、技芸兼商法学校一、観象台一」

【航海師】

日本

『泰西三才正蒙』巻一／永井則著（1850 年・寛政 3 年）⇒「凡ソ潮汐ノ退満ハ、必陰ノ引力ニ係ル、之ヲ弁スルコト、航海師、一日モ闕クベカラザル一大要務トス」

【光学】

日本

『写真鏡図説』図／柳河春三訳述（1867 年・慶応 3 年）⇒「理ハ後編光学の条に出」

『百学連環』／西周講述、永見裕筆録（1870 年・明治 3 年）⇒「optis　光学」

中国

『談天』巻八／偉烈亜力口訳、李善蘭刪述（1859 年・咸豊 9 年）⇒「当為申甲、而準光学理、申甲光線遇気面于子、必曲向下」

『英軺日記』／劉錫鴻著（1877 年・光緒 3 年）⇒「光学説見前弐八至三十連日観芸師演此惟力学化学尚未及覩此皆英人所謂実学其於中国聖人之教則以為空談

無用」

『西学図説』／偉烈亜力口訳、王韜撰（1889 年・光緒 15 年）⇒「遠鏡始於光学湯若望遠鏡説已開其瑞至侯失勒而製乃精嗣是而後既先之以推算」

辞書

『英華字典』／Walter Medhurst（1847 ～ 48 年）⇒「PHOTOLOGY　光学」

『英華字典』／Wilheim Lobscheid（1866 ～ 69 年）⇒「Option　光学」「Photology　光学」

『英華萃林韻府』／Justus Doolittle（1872 年）⇒「Photology

【工学院】

中国

『使徳日記』／李鳳苞撰（1878 年・光緒 4 年）⇒「亦属太学、而不在柏林、又有議政院、工学院、聾唖院、商議院、鋳銭局、鈔票局」

【公学院】

中国

『海図国志』巻四十五／魏源輯（1852 年・咸豊 2 年）⇒「先七八年間、読書于府学院、嗣後住公学院、三年畢、則進考試」

【鉱学院】

中国

『使徳日記』／李鳳苞撰（1878 年・光緒 4 年）⇒「拳勇学、水族院、其太学中有生物院、砿学院、砿質院、肢体院、大医院」

【公学校】

日本

『和蘭学制』第四項／内田正雄訳（1869 年・明治 2 年）⇒「政府ノ許容ニ従テ公学校ノ学頭ヲ司リ妨ゲ無キコトヲ許スベシ」

【交感神経】

日本

『博物新編補遺』巻下／小幡篤次郎訳述（1869年・明治2年）⇒「神経ハ脳ヨリ出ツ手足ヲ動カスモノハ脊髄ヨリ来レリ又交感神経（シンパチヂック）ト唱フル別ノ神経アリ」

『斯魯斯氏講義動物学 初編』初編　上／太田美濃里筆記（1874年・明治7年）⇒「大脳、小脳、脊髄及ヒ交感神経ハ各明カニ分別シ得ヘシ」

『牙氏初学須知』巻五上／田中耕造訳、佐沢太郎訂（1875年・明治8年）⇒「交感神経ハ殊別ナルモノナレドモ、全ク脳脊髄神経ト関係ナキ者ニアラズ」

【硬気】：炭酸ガス

日本

『気海観瀾』／青地林宗訳述（1825年・文政8年）⇒「硬気は煤質と清気と合するに出づ、性重く常に低温にあり」

『三才究理頌』／鶴峯戊申撰、利光宗規・多々良信興校（1838年・天保9年）⇒「硬気ハ、カラ井戸ノ中ニ殊ニ多シ、火コレニ逢バ消エ、人是ニ逢バ死スル」

『気海観瀾広義』巻九／川本幸民訳述（1851年・嘉永4年）⇒「水蒸気、燃気、硬気及び地上より蒸騰する諸敗気等混雑すること、猶水、乳等の合液あるごとく」

【光気管】

日本

『官板 玉石志林』巻四／箕作阮甫他訳（1863年頃・文久3年頃）⇒「当今全郡府中に分配に分配せる光気管を加へれば、巴里斯の地下に在る」

【公義所／公議堂】

日本

『英国史略』巻二／河津孫四郎訳述（1870年・明治3年）⇒「今英国の法律に公議所の論を以て定む」

中国

『大美聯邦志略』上巻／裨治文撰（1864年・元治元年）⇒「寛至十六丈者、中建公議堂、君主宮室」

『教会新報』／林楽知・慕雄廉等訳（1868 年・同治 7 年）⇒「有四隅相交之路寛至十六丈者中建公議堂君主宮室百官」

『中西関係論』巻二／林楽知著（1876 年・光緒 2 年）⇒「英国設法禁止且凛於公議堂之議事大臣」

【公議選挙】

中国

『外国地理備攷』巻三／瑪吉士輯訳（1847 年・道光 27 年）⇒「議事毎歳立九員以任其職係公議選挙者于任万卸事之時必需」

【合議府】

日本

『立憲政体略』／加藤弘蔵著（1868 年・慶応 4 年）⇒「共ニ相議シテ天下ノ治ハ之ヲ合議府ト称ス」

【高脚盃】

日本

『航米日録』巻一 二月十五日／玉虫茂誼誌（1860 年・万延元年）⇒「酒店ニ行キ見ルニ夷人来リテ酒ヲ沽フニ高脚盃〈コツフ〉一ツニ小円銀一個ヲ抛チ」

【公共】

日本

『日本貿易新聞補遺』上書一通／著者不明（1862 年・文久 2 年）⇒「故に其税利皆大君の一手ニ帰す、最大君一己の私販にして、天下公共の貿易に非す」

『泰西勧善訓蒙』後編 巻三／箕作麟祥訳述（1871 年・明治 4 年）⇒「百工ヲ盛ニシ国民ノ富ヲ益シ以テ夫ノ私有ノ権利ト公共ノ権利ト相抵触セサラシム可シ」

『万国港繁昌記』巻上／黒田行元編・松川半山書画（1873 年・明治 6 年）⇒「諸

宗の寺観合て六百八十六、公共の学校二百五十、所各別学校一万五千、病院百五十、貧院百五十六」

中国

『職方外紀』／艾儒略増訳、楊廷筠彙記（1623年・天啓3年）⇒「毎七日、則行公共瞻礼名曰彌撒此日百工悉罷通国」

【工業】

日本

『官板 海外新聞』巻四／洋書調所訳（1862年・文久2年）⇒「パリサン山を歴る路の工業を大に捗取とり」

『西洋事情』初編 巻之二／福澤諭吉纂輯（1866年・慶応2年）⇒「水道を掘り、鉄道を造くる等、その土地の工業を起すときは、世間一般より金を借ること華盛頓の政府に異なることなし」

『経済小学』下編／神田孝平重訳（1867年・慶応3年）⇒「経験ノ説ニ拠レハ凡ソ工業ヲ励マスヘキ法ハ何様ナル」ヲ善トスル」

『万国新話』巻一／柳河春三編輯（1868年・明治元年）⇒「鉄道を作りて運送を便利にし、製造所を設け、工業を励ます等」

『泰西勧善訓蒙』後編 巻三／箕作麟祥訳述（1871年・明治4年）⇒「其民ヲ衛護シテ其工業ヲ励マスノニ者ニ在リトス」

【公共花園】

日本

『万国港繁昌記』パレルモ港／黒田行元編・松川半山書画（1873年・明治6年）⇒「此地は其東なる公共花園と名くる一園に連る、又堅固の一城あり」

【公共書院】

日本

『万国港繁昌記』／黒田行元編・松川半山書画（1873年・明治6年）⇒「シントロイスの寺院、公共浴場、五十二弓の長橋、公共書院なり、港広ふして風波の忠なし」

【礦強水】

中国

『博物新編』／合信著（1855年・咸豊5年）⇒「貯以清水、浸精錡数片（鉄片亦可入）礦強水解見下篇）調之、亦有軽気昇出」

『格物入門』巻六／丁韙良著（1868年・同治7年）⇒「為硫黄、即為礦強水、蓋礦之一分与養気三分、合而成之也」

【公共中学】

日本

『万国港繁昌記』／黒田行元編・松川半山書画（1873年・明治6年）⇒「海軍法院、公共中学、劇場、温泉等あり」

【公共浴場】

日本

『万国港繁昌記』／黒田行元編・松川半山書画（1873年・明治6年）⇒「府内造築の壮麗なる者はシントロイスの寺院、公共浴場」

【紅旭旗】

日本

『尾蠅欧行漫録』巻三／市川渡著（1863年・文久3年）⇒「堂内正面ノ楣ニハ紅旭旗ト紅白青ノ旗トヲ連挿シ壁上ニハ国王ノ写真像ヲ画キタリ」

【合金】

日本

『化学通』巻一／川本幸民訳述（1871年・明治4年）⇒「七金及ヒ其合金、酸化物、塩類、安質没扭母、砒金」

『化学摘要』亜鉛　第60章／宇田川準一訳（1873年・明治6年）⇒「亜鉛ハ他ノ金属ト混シ合金ヲ為ス」

【公金庫】

日本

『西洋聞見録』 巻之上／村田樞文夫纂述（1869 年・明治 2 年）⇒「兌換舗ノ外ニ公金庫アリ、此庫ノ造営並ニ楮幣ノ製法ハ前編ニ於テ既説却スル」

【公金庫会社】

日本

『西洋聞見録』 後編 巻二／村田樞文夫纂述（1869 年・明治 2 年）⇒「蘇格蘭人創メテ建言シ行ハレ、其後官府併ニ公金庫会社ナルモノアッテ」

【交銀店／公銀舗】

日本

『澳門月報和解』 ／魏源重輯、正木篤和解（1854 年・嘉永 7 年）⇒「花旗銀舗（あめりかぎんみせ）の借銀ハ八十棒交銀店」

中国

『海国圖志』 巻三十四／魏源撰、林則徐訳（1876 年・光緒 2 年）⇒「英船進者、三千七百三十隻、所有公銀舗、毎年所兌本銀」

【工芸院】

中国

『西学考略』 巻下／丁韙良著（1883 年・光緒 9 年）⇒「古人云道成於上芸成於下是道為本而芸末道為源而芸為流也」

【紅血球】

日本

『化学訓蒙』 巻一／石黒忠悳編輯（1870 年・明治 3 年）⇒「其一血球ニ二種アリ甲ヲ紅血球ト名ツケ乙ヲ白血球ト名ツク」

【紅血動物】

日本

『榕菶訳人身窮理書』／宇田川榕菴訳（刊行年不明）⇒「紅血動物ノ骨モ其質ハ一般ナリ」

【公権】

日本

『立憲政体略』英文／加藤弘蔵著（1868 年・慶応 4 年）⇒「公権トハ国事ニ預カルノ権利ニシテ、其　モ著大ナル者ヲ選挙権利トイフ」

『百学連環』英文／西周講述、永見裕筆録（1870 年・明治 3 年）⇒「私権　国法　商法　公権　政法　刑法」

『会社弁』叙／福地源一郎訳（1871 年・明治 4 年）⇒「概ネ孟浪不稽ニ属シ、或ハ公権ヲ紊リ或ハ法制ヲ數リ」

【光行差】

中国

『談天』巻五／偉烈亜力口訳、李善蘭刪述（1859 年・咸豊 9 年）⇒「此二星所有光行差、歳差、尖錐動差、蒙気差」

【光行速率】

中国

『光学』巻上／金楷理口訳、趙元益筆筆（1870 年・同治 9 年）⇒「有一定之時算得光行速率為毎秒十九万二千五百英里」

【交互契約】

日本

『性法略』第二条／神田孟恪訳（1871 年・明治 4 年）⇒「其二　各人言行ヨリ生ス、其三　交互契約ヨリ生ス」

【公債】

日本

『**英氏経済論**』巻八／小幡篤次郎訳（1871 年・明治 4 年）⇒「地上ノ文明国ニテ英国の公債ヲ分任セザルハ稀ナル」

【交際学】

日本

『**西洋事情**』初編　巻之三／福澤諭吉纂輯（1866 年・慶応 2 年）⇒「一般に之を論ずれば、交際学の大趣意は　、事物の条理を正し、是非を明らにし」

『**外国事務**』／福地源一郎訳辻理之介 校（1868 年・明治元年）⇒「勤仕を願ふの交際学を心得る為」

『**東京土産**』巻一／元田直著（1871 年・明治 4 年）⇒「好尚及ビ職業ノ自由トイヘルハ、人各々ソノ己ノ性情ニ適スル職業ヲ撰ビ」

【交際自由】

日本

『**自由之理**』巻一／中村敬太郎訳、木村謙一郎版（1872 年・明治 5 年）⇒「他人ヲ陥害セン為ニ徒党ヲ結ブハ、禁制タルベシ、其一切交際自由ヲ得ルナリ」

【交際貿易】

日本

『**文明開化雑纂**』東京土産／大史元田直著（1871 年・明治 4 年）⇒「此ニテ世間ハ交際貿易ヲ以テ立ツト云事ハ分明ナラン」

【工作場】

日本

『**坤輿図識**』巻三／箕作省吾著（1845 年・弘化 2 年）⇒「人口二万、病院及ビ工作場アリ、緒種ノ器什ヲ作ル」

『**義邦先生航海日誌別録**』／勝海舟撰（1860 年・万延元年）⇒「これに並ひて

同所の大楼三を設く今この楼を以て工作場とす其盛大可愕」

『暁窓追録』／栗本匏菴著（1868 年・明治元年）⇒「既定罪牢は各種の工作場あり、各、其職事を力む、靴底を製する者」

【考察の学】

日本

『舎密局開講之説』／ハラタマ講説、三崎嘯輔宣訳（1869 年・明治 2 年）⇒「熟考知考察の学に分つ考察の学ハ更に名けて知識学と云ふ」

【公司】

日本

『西洋紀行 航海新説』／中井桜州著（1870 年・明治 3 年）⇒「明日火輪船ノ公司ヨリ新嘉波ニ至ルノ船ニ転乗スルヲ告ゲタリ」

『自由之理』彌爾小伝／中村敬太郎訳、木村謙一郎版（1872 年・明治 5 年）⇒「少年ノ時、東印度公司〈コムパニー〉ノ書記官トナリシガ、後ニソノ文書考察司ニ陞レリ」

中国

『霊言蠡勺』天学二／畢方済口授、徐光啓筆録（1624 年・天啓 4 年）⇒「凡外五司所収之物皆有形質不能入於内司則取其像入於公司此像甚粗既従思司分別取細入於記含之司」

『外国地理備攷』巻七／瑪吉士輯訳（1847 年・道光 27 年）⇒「錫蘭海島有公司（即東方印度公司也）兼管理之地」

『海国圖志』巻四／魏源撰、林則徐訳（1876 年・光緒 2 年）⇒「右香港英夷公司所呈大憲図也、余纂此書有取之華人者」

【紅字会】

中国

『西学考略』巻上／丁韙良著（1883 年・光緒 9 年）⇒「以為救済被傷之事以紅十字為記名為紅字会転告」

【紅試紙】

日本

『化学通』 巻一／川本幸民訳述（1871 年・明治 4 年）⇒「此紅試紙ハ亜爾加里体ヲ知ルノ用アリ、紅紙コレニ遇ヘハ青ニ復ル」

【光質】

日本

『三才究理頌』 ／鶴峯戊申撰、利光宗規・多々良信興校（1838 年・天保 9 年）⇒「人ノ眼ヲ令疑ノ義ドニ惑フナド云意ニテ、是光質ヲ主ドル神ト知ルベシ」

【合資本会社】

日本

『聯邦商律』 第二節／藤田九三訳述（1873 年・明治 6 年）⇒「製造社及び平凡百の会社、合資本会社の分前株は、家財貨物商品と見做せり」

【耕種院】

中国

『美会紀略』 ／李圭著（1876 年・光緒 2 年）⇒「一為絵画石刻院一為耕種院一為花果　院基址之広闊営搆之奇崛局」

【公衆】

日本

『澳門月報和解』 ／魏源重輯、正木篤和解（1854 年・嘉永 7 年）⇒「前に英国の（口葛）船色　船均しく具結口に進むハ皆公衆（おおやけ）道理に係り」

『英氏経済論』 巻／小幡篤次郎訳（1871 年・明治 4 年）⇒「一人ノ消靡トハ自己ノ利益快楽ニ消靡スルノ謂マリ又公衆ノ消靡トハ万生ノ為メ社会ニテ消靡スルノ謂ナリ」

『自由之理』 巻三四／中村敬太郎訳、木村謙一郎版（1872 年・明治 5 年）⇒「蓋シコノ議論ニテハ、公衆（即チ政府）ニ、無限ノ権勢ヲ許シ与ヘ、公衆ニテ否ト思フ」

中国

『教会新報』／林楽知・慕雄廉等訳（1868 年・同治 7 年）⇒「美国君主四年換立皆由民間公衆尊之茲逢公衆」

辞書

『A DICTIONARY OF THE CHINESE LANGUAGE, IN THREE PARTS.』／Robert Morrison（1815 ～ 23 年）⇒「The public　公衆」
『英華韻府歴階』／Wells Willams（1844 年）⇒「The public　公衆」
『英華字典』／Walter Medhurst（1847 ～ 48 年）⇒「PUBLIC　公衆」
『英華萃林韻府』／Justus Doolittle（1872 年）⇒「Public　公衆」

【紅十字】

中国

『大徳国学校論畧』兵制／花之安著、王炳コン訂（1873 年・同治 12 年）⇒「其所医者不論本軍与仇敵皆一視同仁而已遣使通言亦以白辺紅十字為号」

【工場】

日本

『輿地誌略』巻二／青地林宗訳述（1826 年・文政 9 年）⇒「青地王城あり、学館、多羅尼織工、佐藤、石鹸の工場あり」
『八紘通誌』巻二／箕作阮甫述（1851 年・嘉永 4 年）⇒「王家鑄工場、海陸軍ノ兒童武校、老廢軍人院、磁器作場」
『化学入門』後編　巻之八／竹原平次郎抄訳、堀尾用蔵註（1867 年・慶応 3 年）⇒「然ルニ同所ノ工場ニテ製スル所ノ銅二十万」

【工商社中】

日本

『官板 バタヒヤ新聞』巻一／蕃書調所訳（1862 年・文久 2 年）⇒「諸般の工商社中並に高貴の人も大なる企を為す」

【郷紳会議】

中国

『海国圖志』巻五／魏源撰、林則徐訳（1876 年・光緒 2 年）⇒「王自体操全権、不与郷紳会議、所納格税、約五百万両」

【恒信風】

日本

『博物新編訳解』巻之一／合信著、大森解谷訳（1868 年・慶応 4 年）⇒「其風ヲ名ヅケテ恒信風〈コウシンフウ〉トナス、《俗又貿易風ト呼ヒナス》、皆其四季易ラザルノ故ヲ以テナリ」

『輿地誌略』巻一／内田正雄纂輯、辻士革・市川清流校（1870 年・明治 3 年）⇒「海面常ニ一定ノ風有リテ万古変史セス之ヲ恒信風（コンスタントウインド）ト名ク」

『百学連環』図／西周講述、永見裕筆録（1870 年・明治 3 年）⇒「恒信風」

中国

『博物新編』一集／合信著（1855 年・咸豊 5 年）⇒「在赤道海之南北、名其風為恒信風（俗又呼為貿易風）皆以其四季不易之故」

【向心力】

中国

『格致彙編』続第一巻／傅蘭雅輯（1876 年・光緒 2 年）⇒「此力謂之離心力而手執之縄令其体必行圓道者謂之向心力」

【愣烏多】：ゴウト, 金, goud［蘭］

日本

『泰西七金訳説』巻一／渋江虬鑒試、馬場貞由訳述（1854 年・嘉永 7 年）⇒「愣烏多〈ゴウト〉是れ金と訳す」

【国事会堂】

中国

『英軺日記』／劉錫鴻著（1877年・光緒3年）⇒「凡数起然後及土俄両国事会堂首事哈丁敦意主不与」

【国使館】

日本

『百学連環覚書』／西周著（1870年・明治3年）⇒「枢密史之国使館なるあり」

【国事館】

日本

『遣米使節日記』／村垣範正記（1860年・万延元年）⇒「大統領の構に隣し高堂（五階にして石造なり）に至る、国事館とて、外国事務金蔵方其他の諸局有よし」

【黒人／黒種／黒人種】

日本

『訂正増訳采覧異言』巻三／新井白石著、山村才助増訳（1802年・享和2年）⇒「汾利孤斯ナル者猛ニシテ兵ヲ以テ巴爾巴里亜ノ黒人ノ徒ニ戦ヒ勝テ」

『米行日記』／佐藤秀長記（1860年・万延元年）⇒「人種は白黒の二種あり黒種は往昔米国の土人にして白種は悉くヨウロツパ人種なりと云」

『万国新話』巻一／柳河春三著（1868年・明治元年）⇒「此国土人は「アフリカ」の黒人の如く天性蠢愚にし智識無し」

『世界国尽』巻四／福澤諭吉訳（1869年・明治2年）⇒「拝地はもと西班牙の領分なりしが、今は独立国にて、皇帝は黒人なり、邪麻伊嘉は英吉利領なり」

『万国地誌略』巻三／小沢圭三郎識（1874年・明治7年）⇒「土人ハ、黒種ニシテ、其数多カラズ、英国ヨリ遷徒セシ白人種、見今ハ、殆ント百五十万ニ過クト云フ」

中国

『滌罪正規略』／艾儒略訳著（刊行年不明）⇒「然見婦人身後、有一鬼魔、像如黒人、喜躍而笑」

『瀛環志畧』巻九／徐繼畬撰（1848年・道光28年）⇒「皆欧羅巴各国流寓、曰黒人、皆従阿非利加買来之奴」

『六合叢談』巻十三／慕維廉・艾約瑟他記述（1857年・咸豊7年）⇒「合衆国阿拉巴麻地有誤食毒物者三十七人、逾時死者六人、包丁、黒人也」

『万国港繁昌記』／黒田行元編・松川半山書画（1873年・明治6年）⇒「業を営むことなく、怠惰日を消するもなり、これ多くは黒人種なるものなり」

辞書

『A DICTIONARY OF THE CHINESE LANGUAGE, IN THREE PARTS.』／Robert Morrison（1815～23年）⇒「BLAK A MOOR　黒人」

『英華韻府歴階』／Wells Willams（1844年）⇒「NEGRO　黒人」

『英華字典』／Walter Medhurst（1847～48年）⇒「a black a mor　黒人」「NEGNO　黒人」

『英華字典』／Wilhelm Lobscheid（1866～69年）⇒「Black moor」「a black woman」「Blach　黒人」

『英華翠林韻府』／Justus Doolittle（1872年）⇒「黒人　'hei jên」

【ネグロ人】：黒人, negro［英］

日本

『万国新聞紙』第七編／ベーリー編（1867年・慶応3年）⇒「西洋人ハ一日に四ドル、三ドル、一ドル半とそれぞれ代金の階級あり、「ネグロ人」、日本人及び支那人は唯一日に一ドルにて入るを許す」

【黒人国／黒人の国】

日本

『訂正増訳采覧異言』凡例／新井白石著、山村才助増訳（1802年・享和2年）⇒「亜弗利加ノ黒人国及ヒ新伊斯把爾亜等あり」

『環海異聞』巻十／大槻玄沢撰（1807年・文化4年）⇒「黒人の国の事を致す時は、家作り併男女共に黒く粉り、装束其の外すべて其国の風俗なり」

『坤輿図識』巻三／箕作省吾著（1845年・弘化2年）⇒「亜毘沁域、一名黒人国、封境北ハ奴比亜ニ画リ」

中国

『物理小識』巻十／方以智著（1664年・康熙3年）⇒「四季補外記墨是可国有

鶏大於鵝吻上有鼻可伸縮如象馬拏莫大巴是黒人国産鶏皆黒老雄鶏胸中有物如道人裸身」

【穀星】：天王星

日本

『気海観瀾広義』巻四／川本幸民訳述（1851年・嘉永4年）⇒「古人は只水星、金星、火星、星、土星のみを知れり、近来は穀星等の数星を発明す」

【黒石脳油】

日本

『薬物名彙』／編者不明（1810年・文化7年）⇒「黒石脳油」

【告訴】

日本

『西洋紀聞』巻下／新井白石記述（1715年・正徳5年）⇒「ヤアバンニヤにも、まづメッショナナリウスを奉りて、告訴ふる所ふる所ありて」

『環海異聞』巻十五／大槻玄沢撰（1807年・文化4年）⇒「帰帆の上其次第を物語り、上へも告訴して再び発帆し、其島々を懐け手に入むと其地に至りぬ」

『五科学習関係文書』法律政治編／西周編（1863年・文久3年）⇒「法律ヲ以テ指定シタル法衙ニ告訴スル者ハ何人モ之ヲ沮隔スル事ヲ得ヘカラス」

辞書

『A DICTIONARY OF THE CHINESE LANGUAGE, IN THREE PARTS.』／Robert Morrison（1815～23年）⇒「AUQUAINTI　告訴」「TELL　告訴」

『英華韻府歴階』／Wells Willams（1844年）⇒「ACUSATION　告訴」「INFORM　告訴」

『英華字典』／Walter Medhurst（1847～48年）⇒「indictment　告訴」「to lay before one　告訴」

『英華字典』／Wilhelm Lobscheid（1866～69年）⇒「Informa　告訴」「to make knwn　告訴」

『英華翠林韻府』／Justus Doolittle（1872年）⇒「Endct　告訴」「Commanicate

告訴」

【黒点】

日本

『天文瓊統』巻一／渋川春海編（1698 年・元禄 11 年）⇒「看得し、月中の乾の方に黒点あり、北方に黒形多く、南方に黒形細なり」

『管蠡秘言』／前野良沢訳（1777 年・安永 6 年）⇒「日ノ体ハ淡々トシテ、火ノ燎ガ如シ、其中ニ許多ノ黒点アリテ、連リ繞ル」

『百学連環』第一編／西周講述、永見裕筆録（1870 年・明治 3 年）⇒「其空気の濃淡に依り其濃なる所の映して黒点をなすものなりと言へり」

中国

『天経或問』／遊子六輯（1675 年・康熙 14 年）⇒「金水二星亦与日同度、恒日輪中有黒点以星処高、人所仰視甚遠」

『博物新編』挿絵／合信著（1855 年・咸豊 5 年）⇒「星中黒点乃小星」

『西学図説』五星説／偉烈亜力口訳、王韜撰（1889 年・光緒 15 年頃）⇒「此時有色朦朧光故似乎幽暗有時経過日与地球之間人見之有黒点在日上也」

辞書

『英華韻府歴階』／ Wells Willams（1844 年）⇒「SPECK　黒点」

【黒奴／黒奴種】

日本

『官板 海外新聞別集』三百三十三号／洋書調所訳（1862 年・文久 2 年）⇒「ヘルナンヂナの黒奴売船の案針役プリンスの事」

『西洋旅案内』巻下／福澤諭吉著（1867 年・慶応 3 年）⇒「昔より南の方の国々は、亜非利加の黒奴を買ひ、生涯年期にして養おき」

『真政大意』巻十／加藤弘之講述（1870 年・明治 3 年）⇒「亜米利加デハ近頃モ黒奴ト申シテ、亜弗利加人種の賎奴ガアリタガ」

『動物学 初編 哺乳類』／ブロムメ著、田中芳男訳纂（1874 年・明治 7 年）⇒「皮膚ノ色ト頭顱ノ形トニ因テ三種類トセリ第一白種即高加索種、第二黄種即蒙古種、第三黒種即黒奴種ナリ」

中国

『澳門紀略 嘉慶庚申重干』下巻／印光任・張汝霖纂（1800年・嘉慶5年）⇒「明洪武十四年瓜哇国貢黒奴三百人明年又貢黒奴男女百人」

『瀛環志畧』巻一／徐繼畬撰（1848年・道光28年）⇒「近年葡勢衰弱、貿易無多、惟以販売黒口為事、澳門各夷館所用黒奴、皆従此土販来」

『英国志』巻六／慕維廉訳（1856年・咸豊6年）⇒「時荷蘭人攜黒奴至此、其種遂繁、他処有掠買黒奴帰者、官為責其人、送黒奴回籍」

【黒板】

日本

『物理日記』／リッテル口授、文部省（1874年・明治7年）⇒「乃斜メニ曰メニ白イ線ヲ黒板上ニ引キ」

辞書

『英華字典』／Wilhelm Lobscheid（1866～69年）⇒「Blackboard　黒板」

【極微分子】：アトム, atoom［蘭］

日本

『登高自卑』巻之下 本／村松良粛抄輯（1872年・明治5年）⇒「金銀ノ分子ヲ極微〈ゴクビ〉分子ト云ヒ、食鹽ノ分子ヲ細小分子ト云フ」

【国民】

日本

『新製地球万国図説』第一／桂川甫周訳、大槻玄沢訂（1786年・天明6年）⇒「国王三歳ニ一タヒ国民ヲ点検シ、他邦ヨリ来リ居ル人ヲ分チカソユルトナリ」

『訂正増訳采覧異言』巻一／新井白石著、山村才助増訳（1802年・享和2年）⇒「此土ヲ開キ始テ耕農ノ業ヲ其国民ニ教ユ因テ其名ヲ以テ其国ニ名ク」

『諳厄利亜人性情志』一巻／吉雄宜訳、浦野元周校（1825年・文政8年）⇒「我国民の昔は、此欺くべき有様なりしのみならず、欧羅巴諸州もまた数百年の間此の如くなりし」

中国

『畸人十篇』巻十／利瑪竇述、汪汝淳較梓（1608年・万暦36年）⇒「不可軽聞焉則以厳法大戒国民而禁革偽術迄今不得行也」
『聖経直解』巻二／陽瑪諾著（1636年・崇禎9年）⇒「主第就国民之信是人耳、本国大聖、倶在此信之外」
『海国圖志』巻二十／魏源撰、林則徐訳（1876年・光緒2年）⇒「在恒額河閏那河会匯之処、各国民経営不一、惟英国所営者為富」

【国民共和】

日本
『中外新聞』四十五号／柳河春三編（1868年・慶応4年）⇒「政体に君主把握、君民同権、国民共和の三体有之、政権に立法、行法・審判の三権有之候」

【国民集会／国民の会議】

日本
『漂流記』下／播州彦蔵著（1863年・文久3年）⇒「国民集会して国に主なけれハ国法を正して命令を下す」
『英国議事院談』巻一／福澤諭吉訳述（1869年・明治2年）⇒「此法律を議定するが為めには、国民の会議を設け、遍く衆議を采るを以て政治の本旨と為す」

【国民免許】

日本
『百学連環』第二編下／西周講述、永見裕筆録（1870年・明治3年）⇒「国民の権を得るに至りては国民免許〈naturalization〉とて、其政府より国民となるの免許を受けさるへからす」

【極楽園】

日本
『澳門月報和解』第一／魏源重輯、正木篤和解（1854年・嘉永7年）⇒「漢土乃地理志一本を著して漢土ハ極楽園の如しと説き」

中国

『**地理全志**』巻一／慕維廉輯訳（1853年・咸豊3年）⇒「都城曰定海、又有普陀山、俗呼為極楽園、僧徒広衆、寺刹紛繁」

【極楽世界】：paraiso［葡］

日本

『**西洋紀聞**』下巻／新井白石記述（1715年・正徳5年）⇒「諸天の上にハライソを作り《ハライソとは、漢に訳して、天堂といふ、仏氏いはゆる極楽世界の如し》」

中国

『**八紘訳史**』巻二／陸次雲著（1683年・康熙22年）⇒「向南跪拝、願生南方極楽世界、不拘男女、以寿之長者」

【固形体】

日本

『**舎密開宗**』外編　巻六／賢理著、宇田川榕菴重訳増註（1837年・天保8年）⇒「固形体、流動物中ニ在テ沈ム各定限アリ」

『**化学入門**』初編／竹原平次郎抄訳、堀尾用蔵註（1867年・慶応3年）⇒「因云凡固形体、流動体中ニ散布シ再ビ流動体ヨリ分ルル」

『**化学便蒙**』／宇田川榕精訳述（1868年・慶応4年）⇒「零度以下ハ固形体ヲ為シ零度百度ノ間ハ流動体ヲ為シ」

『**博物新編補遺**』巻中／小幡篤次郎訳述（1869年・明治2年）⇒「平等ニシテ上下左右ノ別ナシ然ルニ固形体ノ如キハ唯下圧ノ力アル」

『**物理階梯**』巻上／片山淳吉纂輯（1872年・明治5年）⇒「蓋シ固形体トハ、分子互ニ固著シテ、相離ス、且常ニ其形ヲ変セサル」

【可可子】：ココス, ココヤシ, Cocos nucifera

中国

『**瀛環志畧**』巻二／徐繼畬撰（1848年・道光28年）⇒「産白糖棉花麻煙草加非可可子」

【ココノツト】：ココナッツ, 椰子の実, coconut［英］

日本

『**欧行記**』一巻／益頭駿次郎記（1861年・文久元年）⇒「此産物はココノツト（椰子実）骨喜（ママ）等を第一之物品として各国に交易なすと云」

【固執党】

日本

『**五科学習関係文書**』政略論／西周編（1863年・文久3年）⇒「ハウルタラモンノ固執党アリテ就中急進党ト固執党トハ世論ノ与セサル」

【故事法】

日本

『**英政如何**』巻十二／鈴木唯一訳（1868年・明治元年）⇒「英国に二種の法律あり、一をコンモンロウ〈故事法〉といふ、昔の古例を編集したるにて」

【護証／護照】：パスポート

中国

『**随使日記**』／張徳彝著（1877年・光緒3年）⇒「使乗車往拝徳国公使閡士達商発護照以利」

【護身牌票】：ビザ

中国

『**万国公法**』巻三／丁韙良訳（1864年・同治3年）⇒「即為黙許其但服本国之権而已、和好時本国所給護身牌票或所往之国、尚有戦争」

【固性】

日本

『**気海観瀾広義**』巻一／川本幸民訳述（1851年・嘉永4年）⇒「碍性一名固性、

又名不透性、一物既居其処」

【固性物】

日本

『**化学摘要**』第二十四章／宇田川準一訳（1873 年・明治 6 年）⇒「水中に混在セル固性物ハ、其器底ニ残留ス」

【固体】

日本

『**気海観瀾広義**』巻二／川本幸民訳述（1851 年・嘉永 4 年）⇒「猶舎密術を以て、卵白に硫酸を注げば、凝結して固体となり」

『**官板 玉石志林**』巻二／箕作阮甫他訳（1863 年頃・文久 3 年頃）⇒「後又久しからずして、固体浮沈の理を研究して、切要の一書を刊行し」

『**理化新説**』序列／ハラタマ述、三崎嘯輔訳（1869 年・明治 2 年）⇒「万有理化一般、各般、ニ性より固体液体の平均運動及び原質製煉より諸試験等に至り」

中国

『**聖経直解**』巻四／陽瑪諾著（1636 年・崇禎 9 年）⇒「可謂良奇、能預固体、使病不至、尤謂神霊」

【五帯】

日本

『**新製地球万国図説**』／桂川甫周訳、大槻玄沢訂（1786 年・天明 6 年）⇒「此諸規ヲ以テ、大地ヲ分テ五帯ト為」

『**遠西観象図説**』／吉雄南皐口授、草野養準筆記（1823 年・文政 6 年）⇒「五帯ヘイフ、リユグト、ステレーケン」

『**登高自卑**』前編 巻之下／村松良粛抄輯（1872 年・明治 5 年）⇒「昼夜長短ノ差ヒ甚ダ大なり、右ノ五地方ヲ地球ノ五帯ト云フ」

【五大州】

日本

『采覧異言』総叙／新井白石著（1713 年・正徳 3 年）⇒「乃分五大州（州、以宜作洲）以為上下雨界耳、盖南北極界、亦各有大州、而生人已来、足跡未到之所」

『洋外紀略』上巻／安積信著（1848 年・嘉永元年）⇒「李瑪竇合為五大州非ナリ此境当時僅知有其国而未審其区域」

『坤輿初問』／伊東玄朴訳、新発田収蔵校（1857 年・安政 4 年）⇒「九、総図トハ如何　欧羅巴五大州ヲ一州ゴト挙ゲタルヲ云フ」

中国

『不得已弁』附中国初人弁／利類思著、安文思・南懐仁訂（1665 年・康熙 4 年）⇒「按与国、天下分五大州一曰亜細亜、一曰欧邏巴、一曰利未亜、一曰亜墨利加」

『澳門紀略 嘉慶庚申重干』下巻／印光任・張汝霖纂（1800 年・嘉慶 5 年）⇒「利瑪竇至京師為万国全図言天下有五大州第一曰亜細亜州」

『外国地理備攷』巻四／瑪吉士輯訳（1847 年・道光 27 年）⇒「度量地面週圍約有積方二垓五京七兆九億六万里五大州内所尋之地所訪之島所遊至近之区処所」

【五対神径】

日本

『榕菴訳人身窮理書』／宇田川榕菴訳（刊行年不明）⇒「脳ノ第五対神径之ヲ「ウィルリス」ノ視枝ト名ク此枝眼ニ行テ光ヲ感觸スル者アリ」

【固体水素】

日本

『化学日記』第一回／リッテル口授（1874 年・明治 7 年）⇒「此方ニ由リ算スルニ固体水素ハ水ヨリ軽ク」

【固体性】

日本

『幾那塩発明』第六／宇田川榕菴訳（1833 年・天保 4 年）⇒「代リニ硫酸ヲ用ヒ諳模尼亜ノ代ニ固体性「アルカリ」塩ヲ用フ」

【固着財本】

日本

『英氏経済論』 巻一／小幡篤次郎訳（1871 年・明治 4 年）⇒「各其使用スル所ノ器機ヲ名テ固着財本〈スハリモトデ〉ト云フ」

【国会】

日本

『五科学習関係文書』 法学・政治編／西周編（1863 年・文久 3 年）⇒「第一右法度を治定致候権ハ各国にて専ら国会之局に委任致候事ニ有之候」

『中外新聞』 第三十三号／柳河春三編（1868 年・慶応 4 年）⇒「猶其上に服せざれは国会の大評議にて之を決するなり、牢屋の法最も心を尽せり」

『官版 明治月刊』 巻四／開物新社編（1868 年・明治元年）⇒「同五十一年術数を以て国会を　散し、七百四十三万九千二百十六名の薦挙を以て十年在職と定め」

中国

『大美聯邦志略』 上巻／裨治文撰（1864 年・元治元年）⇒「一凡立法権柄、総由国会中元老紳董両院司掌、外職不得踰分便利」

『万国公法』 巻一／丁韙良訳（1864 年・同治 3 年）⇒「即如英国、昔有客商大会、奉君命而立、得国会申命、為通商印度等処」

『中西聞見録選編』 雑記／丁韙良編（1877 年・光緒 3 年～）⇒「三十年為相国、近屡著書、与国会議論政事、皆声赫赫為当世所共企云」

辞書

『英華字典』／Walter Medhurst（1847 ～ 48 年）⇒「DIET an assembly　国会」

『英華字典』／Wilhelm Lobscheid（1866 ～ 69 年）⇒「national congress　国会」

『英華翠林韻府』／Justus Doolittle（1872 年）⇒「Diet national　国会」

【国会議院】

日本

『万国叢話』 第一号／箕作麟祥訳（1875 年・明治 8 年）⇒「国会議院ニ於テ決定セシ、仏蘭西共和政治ノ憲法」

【国会紳士】

日本

『和蘭政典』第二十四号／神田孝平訳（1868 年・明治元年）⇒「国会紳士の人員を倍ー両院合併」

【国会之権】

日本

『万国公法』巻一／丁韙良訳（1864 年・同治 3 年）⇒「一名宣戦講和、立結好通商之、盟約、全属国会之権、遇此等事、則須会内諸人」

【骨角科】

日本

『動物学 初編 哺乳類』第三編／ブロムメ著、田中芳男訳纂（1874 年・明治 7 年）⇒「骨角科　CERVINA」

【国旗】

日本

『官板 海外新聞別集』第十三号／洋書調所訳（1862 年・文久 2 年）⇒「家々に三色に染分けたる国旗を立て列らぬ浴　には日本の旗をも翻せり」

中国

『万国公法』巻四／丁韙良訳（1864 年・同治 3 年）⇒「以免彼国征賦重税、与船之領別国旗照同例、則不必因旗号定貨入公也」

『使徳日記』／李鳳苞撰（1878 年・光緒 4 年）⇒「灯綵尤多、家家懸掛国旗、燃燭窗中、各舗皆奉徳君石像」

【国境】

日本

『輿地誌略』巻二／青地林宗訳述（1826 年・文政 9 年）⇒「伊斯把爾亜と此国境の大山に、金銀坑あり、又得若河に金砂を出す」

『**魯西亜国考**』／小沢新兵衛撰（1853 年･嘉永 6 年）⇒「西図ニ莫斯哥未亜国境、其欧邏巴中ニ亘ル画線ヲ考ルニ」

『**官板 海外新聞集**』三百三十三号／洋書調所訳（1862 年・文久 2 年）⇒「西部及北西部の剛勇なる国境の人及兵卒の力に由りて勝利を得たり」

中国

『**東西洋考**』巻之十／張燮撰次（1618 年・万暦 46 年）⇒「獄鎮海涜之祭不敢不添迩者占城安南遣使奉表称臣已封其王則其国境内山川悉帰職方考之古典」

『**外国地理備攷**』巻六／瑪吉士輯訳（1847 年・道光 27 年）⇒「一名曰牛弗砂徳爾在蘇益薩国境内業経詳明今不再贅」

『**瀛環志畧**』巻三／徐繼畬撰（1848 年・道光 28 年）⇒「至黒海（即勒必西海）一帯地方、以広其国境所以今日必要堤防其在荷薩士河駐札之兵云」

【コツク】：コック, cook［英］, kok［蘭］

日本

『**長崎土産**』／磯野信春著併画（1847 年・弘化 4 年）⇒「紅毛船　コツク〈料理人〉、コツクスマアト　同手伝」

『**西洋料理通**』第七章／仮名垣魯文編（1872 年・明治 5 年）⇒「挿絵　コツク屠牛場で牛酪を取るの図」

【国権】

中国

『**地理全志**』巻二／慕維廉輯訳（1853 年･咸豊 3 年）⇒「逐操国権、号曰教化王、至其没時、各教主僉議」

『**海国圖志**』四十三巻／魏源撰、林則徐訳（1876 年・光緒 2 年）⇒「其教師操国権、自後愈加力能、占拠地方」

【骨髄】

中国

『**物理小識**』巻五／方以智著（1664 年･康熙 3 年）⇒「此薬能蒲骨髄欲疾軽身、功可配老君筋」

【骨節】

日本

『解体新書』凡例／杉田玄白訳、中川淳庵校（1774 年・安永 3 年）⇒「漢土古今の医家、蔵府骨節を説く者、多からずとなさず」

中国

『智環啓蒙塾課初歩』／香港英華書院訳（1864 年・同治 3 年）⇒「乃骨節相連成一柱成一柱也、頭所動処、乃脊骨上両節也」

【コツプ】：カップ, cup［英］, kop［蘭］

日本

『柳川日記』第一／柳川当清記（1860 年・万延元年）⇒「壱人毎にコップに水を入て出し置又酢からし胡椒砂糖塩の類を所々に出し」

『西洋料理通』巻上／仮名垣魯文編（1872 年・明治 5 年）⇒「コツプに一杯小麦の粉茶匙に一杯牡蛎二十四水二合程」

『通俗新西洋料理法』第二十四／二木政佑纂訳、飯田有年校（1886 年・明治 19 年）⇒「一時間ごとに「コツプ」にて沸湯を一杯又は二杯宛加ふべし」

【鼓動】

日本

『生機論』十四ウ／岡研介著（1831 年・天保 2 年）⇒「妙用形而必見鼓動形而発者也」

中国

『格物入門』／丁韙良著（1868 年・同治 7 年）⇒「如雀鳥飛空、両翼鼓動、天気上之托之力、相托惟均」

【孤独】

日本

『管蠡秘言』／前野良沢訳（1777 年・安永 6 年）⇒「鰥寡、孤独、廃疾、貧困ノ人ヲ救ヒ養フテ、以テ立教政ノ根本トナス者アリ」

『和蘭通舶』巻一／司馬江漢撰（1805 年・文化 2 年）⇒「其国内悉ク鰥寡孤独

ノ者ヲ養フ院アリ、其名ヲ「ガストホイス」ト云、又病院アリ、貧院アリ」
『万国新聞紙』第三集／ベーリー編（1867年・慶応3年）⇒「礼拝日毎に各休息す、鰥寡孤独ヲ扶助する処あり」

中国

『聖経直解』第十三巻／陽瑪諾著（1636年・崇禎9年）⇒「富人視孤独之苦、情不動、心不恤、鋼腸之人哉」
『坤輿図説』下巻／南懐仁撰（1672年・康熙11年）⇒「皆有貧院専養一方鰥寡孤独及残疾之人又有幼院専育小児」
『海国圖志』巻三十七／魏源撰、林則徐訳（1876年・光緒2年）⇒「皆有貧院、専養一方鰥寡孤独、処其中者、又各有業、雖残廃之人亦不廃」

辞書

『A DICTIONARY OF THE CHINESE LANGUAGE, IN THREE PARTS.』／Robert Morrison（1815～23年）⇒「DESTITUTE　孤独」
『英華字典』／Walter Medhurst（1847～48年）
『英華字典』／Wilhelm Lobscheid（1866～69年）⇒「Singleness　孤独」「Forlorn　孤独」
『英華翠林韻府』／Justus Doolittle（1872年）⇒「Forlorn　孤独」「Alone　孤独」

【琥珀気】

中国

『地理全志』巻四／慕維廉輯訳（1853年・咸豊3年）⇒「西士名琥珀気則電気、金類与酸体相融、亦発電気」
『格物入門』巻四／丁韙良著（1868年・同治7年）⇒「始而西国名電気為琥珀気、継而知為電気、仍以此名之、至西方常用之火漆、亦能如是、均有電気使然耳」
『中西聞見録選編』電報論略／丁韙良編（1877年・光緒3年）⇒「西人初名為琥珀気、今日電気以此故、電学由是盛興、然此種電気皆由摩擦而生」

【琥珀力】

日本

『窮理通』巻四／帆足万里撰（1836年・天保7年）⇒「諸金は琥珀力を輸送すること、他物に比して尤も速なり」

【可抜児杜／箇抜爾多／固抜児多】：コバルト,cobalt［英］,Kobalt［独］

日本

『窮理通』巻三／帆足万里撰（1836年・天保7年）⇒「水銀、鉛、銀、鼻私繆杜、尼吉決爾　可抜児杜」

『舎密開宗』巻十／賢理著、宇田川榕菴重訳増註（1837年・天保8年）⇒「安質王、満俺、箇抜爾多、尼結爾ノミ、輓近発明ノ金属若干数アリ」

『化学通』巻一／川本幸民訳（1871年・明治4年）⇒「ブランドト氏は固抜児多ヲ獲タリ、斯ノ如ク分離試験スルニ因テ試薬ノ学大ニ備ハリ」

【ゴブルンメント】：ガバメント, 政府, government［英］

日本

『合衆国政治小学』初編 巻之一／ヨング 著、瓜生三寅訳述（1872年・明治5年）⇒「配下に施行する諸官員を指して「ゴブルンメント」と称する」

【革悪稀】：コペル, 銅, koper［蘭］

日本

『泰西七金訳説』巻二／渋江虬鑒試、馬場貞由訳述（1854年・嘉永7年）⇒「革悪稀　是れ銅と訳す」

【鼓膜】

日本

『気海観瀾広義』巻七／川本幸民訳述（1851年・嘉永4年）⇒「鼓膜を衝きてこれを震動せしむ、此膜内の気これを受けて、ここに在るところ」

『民間格致問答』／大庭雪斎訳（1862年・文久2年）⇒「「鼓膜」、聴道も鼓膜も詳ニハ医書にて知るべし」

【護謨／護膜】：ゴム, gom［蘭］

日本

『植学啓原』巻三／宇田川榕菴著（1833年・天保4年）⇒「此を護謨と為す、護謨と粘液とは、凝、流を以て之を謂ふのみ」

『泰西三才正蒙』巻三／永井則著（1850年・寛政3年）⇒「処々肥沃ノ地多ク、米、満那、護膜、没薬等ヲ産ス」

『遠西奇器述』第二集／川本幸民口述、田中綱紀筆記（1854年・嘉永7年）⇒「護謨将ニ燐素ヲ溶カシ、コレヲ硫梯上ニ点スル」

『奇機新話』巻一／麻生弼吉纂輯（1869年・明治2年）⇒「子供の戯器に浮球として護謨にて作る球の如き嚢の中に入る」

『化学訓蒙』巻一／石黒忠悳編輯（1870年・明治3年）⇒「護謨モ亦タ植物中ニ含メル液汁ニシテ就中亜仏利加国に産スル」

【瞽盲院】

日本

『坤輿初問』／伊東玄朴訳、新発田収蔵校（1857年・安政4年）⇒「「シュリフ」ニ聾唖院瞽盲院有り「ラウヘン」ニ一瀑布有リ、来因河ニ傾瀉ス」

【固有】

日本

『管蠡秘言』序／前野良沢訳（1777年・安永6年）⇒「三才万物に即いてその本原固有の理を極む、名づけて本然学と曰ふなり」

『化学便蒙』／宇田川榕精訳述（1868年・慶応4年）⇒「固有物」

『天然人造 道理図解』初編／田中大介纂輯（1869年・明治2年）⇒「第一　固有温気といふ万物各各固有に備る」

『開物全書名物図考』巻一／宇田川榕菴撰（刊行年不明）⇒「此其体固有の元素常度ニ過テ消亡不是スル」

中国

『正学鏐石』巻一／利安當著、南懐徳訂（刊行年不明）⇒「不能強為已物之所固有、質不存焉、当夫金木末生之」

【虎列拉病】：コレラ, cholera［蘭］

日本

『衛生概論』／宇田川準一抄訳（刊行年不明）⇒「往往消食不良ノ病ニ罹リ殊二夏季ニ在テハ為メニ虎列拉病ノ如キ下痢症ヲ発スル」

【コロツフ／コロツケー】：コロッケ, kroket［蘭］, croquette［仏］

日本

『西洋料理指南』巻下／敬学堂主人著（1872年・明治5年）⇒「光線ノ洞透セザル黒或ハ青色ノ瑠璃壜へ　貯へ「コロツフ」ヲ差シ蝋ヲ以」
『主婦の友』／桜井ちか編纂（1908年・明治41年）⇒「海老のコロツケー海老を細かに刻み、パッセリ少しと胡椒と塩と」

【渾儀／渾天儀／天渾儀】

日本

『乾坤弁説』第八／沢野忠庵・向井玄松編訳（1659年・同治2年）⇒「二には専夜、三には周髀、四には渾天儀是也、皆儒家の説也」
『紅毛談』巻下／後藤梨春編輯（1765年・明和2年）⇒「道具類あまた持来る、天文器には、天渾儀、両蝕儀、五星儀、ぐはとろわん、是は星をはかる器なり」
『天象管闚鈔』／長玄珠著（1774年・安永3年）⇒「古人天象ヲ論サン為ニ、渾天儀、天球等ノ製アリ」

中国

『天問略』／陽瑪諾答（1615年・万暦43年）⇒「全六十日為昼、全六月為昼、歴歴身渉不可疑也、依渾天儀論之其理不得不然也」
『西国天学源流』／偉烈亜力口訳、王韜著（1889年・光緒15年）⇒「俱分為十二時焉亜力山大人在当時能造諸巧器亦有渾天儀以測日星其後亜剌伯所造更大而精」
『夢渓筆談』／沈括著（北宋時代）⇒「天文家有渾儀、測天之器、設于崇台、以候垂象者」

【渾儀図】

日本

『三才窺管』／広瀬周伯著（1808年・文化5年）⇒「天部　渾儀図」

【混血】

辞書

『英華字典』／Wilhelm Lobscheid（1866～69年）⇒「Bloodshot, Red and inflamed by a turgid state fo the blood vessels　混血」

【根元素質】

日本

『民間格致問答』巻一／大庭雪齋訳（1862年・文久2年）⇒「如何様に力を用ひても剖解に羅ぬ、根元素質（後に元素と云ものハ此根元素質のをいい）有と云う）」

【根原動】

日本

『洋学須知』／公荘徳郷・窪田耕夫全輯（1859年・安政6年）⇒「根原詞ニシテ義亦同ジ故ニ」

【金剛石】

日本

『窮理通』巻三／帆足万里撰（1836年・天保7年）⇒「金剛石に比すれば頗る柔なり、金剛石を以て磨治す可し」

『博物新編訳解』巻之一／合信著、大森解谷訳（1868年・慶応4年）⇒「西洋国ノ宝、金剛石〈コンガウセキ〉ヲ以テ至テ貴シトス」

中国

『物理小識』巻一／方以智著（1664年・康熙3年）⇒「則光見于壁或県猫精与大金剛石、則能成五色光」

『随使日記』／張徳彝著（1876年・光緒2年）⇒「凡嫁娶至二十五年為銀婚再

二十五年為金婚又十年至第六十年則金剛石婚」
『欧遊随筆』／銭徳培著（1877 年・光緒 3 年）⇒「偕老二十五年曰銀婚冠以銀為之再二十五年曰金婚冠以金為之再二十五年曰金剛贊婚冠以金剛石為之然」

【混合物】

日本
『登高自卑』前編　巻之中／村松良粛抄輯（1872 年・明治 5 年）⇒「雨水並ニ人工蒸留水ナリ、凡テ混合物〈マザリモノ〉アル水ハ、其秤量又従テ重シ」
『化学日記』巻一／リッテル口授（1874 年・明治 7 年）⇒「図ノ如ク此混合物ヲ「レトルト」ニ入レ砂鍋ニ上セ熱シ」
『三兵養生論』巻一／久我俊齋訳（1876 年・慶応 3 年）⇒「彼ノ混合物中多クハ水素瓦斯ナル」

【昆虫】

日本
『遠西医方名物考補遺』巻九／宇田川榛斎訳述、宇田川榕菴校補（1834 年・天保 5 年）⇒「泥沼溝（水会）ノ瀦水ハ魚鰕昆虫腐草木朽木ヨリ水素瓦斯、揮発瓦斯、硫水素瓦斯、揮発瓦斯、硫水素瓦斯」
『窮理通』巻七／帆足万里撰（1836 年・天保 7 年）⇒「魚の水中に居るより、眇小なる昆虫に至るまで、皆酸質の用を得ざるは莫し」
『訓蒙 窮理圖解補遺』巻之中／望月誠纂訳（1872 年・明治 5 年）⇒「故に昆虫の水上に浮ぶの理も亦その力にして」

中国
『西国記法』原本第一／利瑪竇著、高一志・畢方済共訂（1595 年・万暦 23 年）⇒「人与禽獣昆虫、一切動植有形物類、交互其体、而各半之」
『天工開物』第二巻／宋応星著（1637 年・崇禎 10 年）⇒「属禽獣与昆虫者為裘褐絲綿、各載其半、而裳服充焉矣」
『植物学』巻四／韋廉臣輯訳、李善蘭筆述（1857 年・咸豊 7 年）⇒「而禽獣昆虫所呼出者、約倍於人、為五百七十六億斤、又火之所洩者約如人」

辞書
『英華韻府歴階』／Wells Willams（1844 年）⇒「WORMS　昆虫」

『**英華翠林韻府**』／Justus Doolittle（1872 年）⇒「Inseets　昆虫」

【混堂】：風呂

日本

『**尾蠅欧行漫録**』巻下／市川渡著（1863 年・文久 3 年）⇒「砲述学校、諸科学校、劇場、混堂、船会所、騎兵屯所等なり」

『**万国繁昌記** 』初篇 下編／黒田行元編（1873 年・明治 6 年）⇒「諸学校、科学、劇場、混堂、船池会所、騎兵所等なり」

【昆崙奴】：コンロンド, 黒人

日本

『**長崎土産**』／磯野信春著併画（1847 年・弘化 4 年）⇒「専らあごはたを用ゆ、是則初め昆崙奴の制作にして」

『**万国新話**』巻一／柳河春三編輯（1868 年・明治元年）⇒「昨慶応三年にも、例の如く人形を造りしが、或町にてはガイホークスの像を昆崙奴〈クロンボウ〉の姿に造りたり」

【さ】

【済院】

中国

『**西方要紀**』昭代叢書　巻二十六／南懐仁著（刊行年不明）⇒「大西諸国、済院有五等、一為養病院、病院分而三、有可医之病」

【細管】

日本

『**生石灰之解凝力**』／宇田川榕菴自筆草稿（1824 年・文政 7 年）⇒「此土塩石

等細管ニ下ルハ閉塞シ、「シケウレンスルナリ」
『気海観瀾広義』巻六／川本幸民訳述（1851年・嘉永4年）⇒「葉上の細管は蒸発を司り、裏面の小孔は吸収を為す」
『理学提要』巻一／広瀬元恭訳（1856年・安政3年）⇒「一辺は烟管を挿み、其の尾放ちて水中に在り。一辺は硝子細管を挿み､其の端止まりて気中に在り」
『訓蒙 窮理圖解補遺』巻之中／望月誠纂訳（1872年・明治5年）⇒「水其平準を失ひて細管《直經一「インチ」の四十分一を以て最とす》に上るハ細管力の所為なり」

【西土】

中国

『天主実義』／利瑪竇述、李之藻筆述（1603年・万暦31年）⇒「昔者又有西土聖人名謂諸島」
『畸人十篇』巻七／利瑪竇述、汪汝淳較梓（1608年・万暦36年）⇒「天主経典及西土聖賢莫不戒繁言而望学者」

【融化燐酸】

日本

『舎密開宗』巻七／賢理著、宇田川榕菴重訳増註（1837年・天保8年）⇒「燐酸ハ大気ニ触バ湿ヲ引テ融解ス之ヲ融化燐酸ト名ク」

【し】

【失依爾裙埑】：精神医学

日本

『理学提要』総論／広瀬元恭訳（1856年・安政3年）⇒「性心情意の用は失依爾裙埑〈シイルキユンテ〉なる者を以てせざれば、其の理を知ること」

【四元行】

日本

『化学通』巻一／川本幸民訳述（1871 年・明治 4 年）⇒「当時創メテ四元行《火、気、水、土》ヲ説キ出シ爾後世久シク此説ヲ守レリ」

『登高自卑』前編 巻之中／村松良粛抄輯（1872 年・明治 5 年）⇒「水ハ往昔ヨリ地、水、火、風ト云テ、四元行ノ一種ト為シ数ヘ来レ」

【指号】

日本

『西洋聞見録』上巻／村田樞文夫纂述（1869 年・明治 2 年）⇒「聾院、聾院、唖人ノ指号ヲ以テ速ニ論談シ」

【自行機】

日本

『中西聞見録選編』第十九号／丁韙良編（1877 年・光緒 3 年）⇒「使其水滙於大鉄管之長編、其自行機散水、乃更加速」

【自行車】

日本

『博物語彙』／宇田川榕菴編（刊行年・不明）⇒「自行車」

中国

『遠西奇器図説』序／鄧玉函口授・王徴訳絵（1628 年・天啓 7 年）⇒「自転磨自行車諸器見之者亦頗称奇然于余心殊未甚快也」

『航海述奇』／張徳彝著（1865 年・同治 4 年）⇒「有馬戯楽館女曲園跳舞台自行車自行人戯館」

『教会新報』自行車／林楽知・慕雄廉等訳（1868 年・同治 7 年）⇒「茲見上海地方有自行車幾輌乃一人坐於車上」

『中西聞見録選編』／丁韙良編（1877 年・光緒 3 年）⇒「其理与法条行機相似従前西人造有自行車、内用法条行機」

【自行舟車】

日本

『気海観瀾広義』巻六／川本幸民訳述（1851 年・嘉永 4 年）⇒「自鳴鐘に準じて自行舟車を製し、古の木牛流馬に代らしむ等、奇器多し」

【自行船】

日本

『博物語彙』／宇田川榕菴編（刊行年不明）⇒「自行船」

中国

『格致古微』管子／王仁俊述（1899 年・光緒 25 年）⇒「皆是其余水底自行船機器飛車防墮（土御）弾戒衣測量」

【自行通報】

中国

『西俗雑志』／袁祖志著（1884 年・光緒 10 年）⇒「不必待患虚之人自行通報且於左右相近挨戸敲門通知令人出避」

【自行表】

日本

『訂正増訳采覧異言』／新井白石著、山村才助増訳（1802 年・享和 2 年）⇒「多宝鏡顕微鏡小自鳴鐘自行表以及海洋全図」

『榕菴先生遺書』蘭文／宇田川榕菴編（刊行年不明）⇒「自行表、時辰儀」

【時刻】

日本

『三才究理頌』／鶴峯戊申撰、利光宗規・多々良信興校（1838 年・天保 9 年）⇒「時刻分秒諸曜揺」

『理学提要』総論／広瀬元恭訳（1856 年・安政 3 年）⇒「其の学、力と時刻を以て、動を起こすの事理を知る」

『博物新編訳解』巻之三／合信著、大森解谷訳（1868年・慶応4年）⇒「遂ニ其触既テ復圓ナルノ時刻ヲ将テ、一々之ヲ誌シ」

中国

『天主実義続篇』冊二／龐廼我述、陽瑪諾訂（1617年・万暦45年）⇒「故待時刻、弗能従無、造有、故必待材料、独自不足造成」

『遠西奇器図説』巻一／鄧玉函口授・王徴訳絵（1628年・天啓7年）⇒「自鳴鐘、自報時刻、済日（咨）晴徐之窮」

『熙朝定案』／南懐仁著（1669年・康熙8年）⇒「一年昼夜長短日出入時刻与節気時刻随地不同」

『不得已弁』／利類思著、安文思・南懐仁訂（1665年・康熙4年）⇒「与中国地勢隔遠、而時刻自別、当彼午正、於中国差二十余刻」

『天経或問』問図／遊子六輯（1675年・康熙14年）⇒「故曰経天、芸日、地圓形、東西昇沈、故時刻之先後不同、南北出入」

『地球図説』／蒋友仁訳（刊行年不明）⇒「各分限時刻各処具不等、若知両処時刻相差幾何」

【時差】

日本

『天文瓊統』巻一／渋川春海編（1698年・元禄11年）⇒「食後七刻にあれば、すなはち月、日を掩ふなり、これを東西の時差なり」

『海路安心録』第四／坂部広胖著（1816年・文化13年）⇒「両処の時差何ほどと問、答曰、時差一時十七分〇八秒」

『算法渡海標的』／石黒信由著（1836年・天保7年）⇒「早晩の時差刻数若干を得る、甲乙相距の方向を問」

中国

『天経或問』月食／遊子六輯（1675年・康熙14年）⇒「謂之気差、一、加減時刻、之時差、此測交食之（難）也」

『談天』巻三／偉烈亜力口訳、李善蘭刪述（1859年・咸豊9年）⇒「故恆測木星月食、以定各地経度、及時差」

『西国天学源流』／偉烈亜力口訳、王韜著（1889年・光緒15年）⇒「勒墨爾測得甲乙二点之時差十一分後精測得十四分」

【司祭】

中国

『聖母行実』巻三／高一志撰述（1631 年・崇禎 4 年）⇒「以告司祭、得領釈解之恵、心懐（舍予）恭、因執聖母課」

【自在】

日本

『解体新書』巻一／杉田玄白訳、中川淳庵校（1774 年・安永 3 年）⇒「能く自在ならしむる者は、この経あるを以ての故なり」

『知彼一助』巻一／高野長英訳（1847 年・弘化 4 年）⇒「自在ノ士兵、援救士兵、編定正士兵」

『気海観瀾広義』巻五／川本幸民訳述（1851 年・嘉永 4 年）⇒「其一端を釘に懸けて自在に旋転すべからしむ」

【施済医館】

中国

『教会新報』繙訳新報／林楽知・慕雄廉等訳（1868 年・同治 7 年）⇒「長老会遂月新報中云中国各処設立施済医館一事係広東香港汕頭厦門台湾」

【自在ノ権／自在ノ権利】

日本

『立憲政体略』三大権柄／加藤弘蔵著（1868 年・慶応 4 年）⇒「第三行事自在ノ権利惟憲法ノ禁スル外ハ都テ人生諸業其意ニ任セ」

『性法略』総論／神田孟恪訳（1871 年・明治 4 年）⇒「自在ノ権ニ反対シテ一条ノ務アリ、曰ク、他人ノ権ヲ敬礼セサルヲ得ス」

【自在兵士】

日本

『知彼一助』／高野長英訳（1847 年・弘化 4 年）⇒「自在ノ兵士、歩兵 四十三万六百二十七人」

【時差帯】

日本

『二儀略説』上巻／小林謙貞編述（1667年・寛文7年）⇒「二極ニ近キ国ホド昼夜ノ長短アリ、是ニ依テ、ソノ国々ノ昼夜ノ長短ヲ知シトテ、天文博士万国ノ替リ目ヲ二十三ニワリテ、時度ト号ス、又時差帯トモ云」

中国

『坤輿図説』巻上／南懐仁撰（1672年・康熙11年）⇒「故明有時差者不能不信地図也」

『談天』巻三／偉烈亜力口訳、李善蘭刪述（1859年・咸豊9年）⇒「未能如今時密合、故恒測木星月食、以定各地経度、及時差」

『格致古微』微一／王仁俊述（1899年・光緒25年）⇒「渾員所由準北極高下分里差時差以験交食蓋天実具渾天法也」

【試紙】

日本

『化学日記』巻一／リッテル口授（1874年・明治7年）⇒「其形質ヲ素ヨリ純清ノ水ハ試紙ノ色チ変スル」

【指字】

中国

『西学考略』巻二／丁韙良著（1883年・光緒9年）⇒「為記指字為記刺字刷字印為記以至」

【視識】

日本

『登高自卑』後編 巻之一／村松良粛抄輯（1875年・明治8年）⇒「遠隔シテ、直ニ之ニ触ル、得ベシ視識ノ妙用ニヨリテハ、復之ヲ知ル」

【指示星】

日本

『物理階梯』／片山淳吉纂輯（1872年・明治5年）⇒「（丙）ニ於テ光明ナル一星ヲ見ル即チ北極星ニシテ世ニ（甲）（乙）ノ二星ヲ指示星ト名クル」

【死者遺物】

日本

『経済小学』下編／神田孝平重訳（1867年・慶応3年）⇒「死者遺物ノ租トス此法ヲ以テ公務ノ費ヲ弁ス亦害アラストス」

【磁石】

日本

『元和航海記』乗船之ケ条／池田好運著（1618年・元和4年）⇒「針向北方に万国皆一同也、是則北辰主磁石故也、因之十万差北辰也」

『三才窺管』巻中／広瀬周伯著（1808年・文化5年）⇒「磁石ノ性質自然ニ首尾アリ即北首（石形大ナル方ヲ首トス尖ル方ヲ尾トス）南尾ニ生ス」

『博物新編訳解』巻之一／合信著、大森解谷訳（1868年・慶応4年）⇒「磁石ヲ以スレハ鉄ヲ攝クカナシ、内ルヽニ流蛍〈ホタル〉ヲ以テメ光ヲ見ズ」

中国

『代疑篇』巻下／楊廷筠述（1621年・天啓元年）⇒「願分所有与人同徳不啻磁石之恋針琥珀之引芥也」

『遠西奇器図説』巻一／鄧玉函口授・王徴訳絵（1628年・天啓7年）⇒「而地心乃基本所、故耳、譬如磁石吸鉄、鉄性就石、不論石之在上」

『譬学』上／高一志撰（1633年・崇禎6年）⇒「磁石、欲静不動、必向不移之北極、不得其向、不能安也」

辞書

『A DICTIONARY OF THE CHINESE LANGUAGE, IN THREE PARTS.』／Robert Morrison（1815～23年）⇒「Loadstone is also called　磁石」

『英華字典』／Walter Medhurst（1847～48年）⇒「LOAD - STONE　磁石」

『英華字典』／Wilhelm Lobscheid（1866～69年）⇒「Magnet　磁石」

『英華翠林韻府』／Justus Doolittle（1872年）⇒「Lodestone　磁石」

【磁石極】

日本

『官板 玉石志林』エング及びカング／箕作阮甫他訳（1863年頃・文久3年頃）⇒「英吉林の旗を植て、磁石極の全部を英吉林王の版図に属す」

【磁石針】

日本

『官板 玉石志林』巻一／箕作阮甫他訳（1863年頃・文久3年頃）⇒「何となれば自在に泛動せる磁石針、其平正の位置を転じ」

『英氏経済論』巻二／小幡篤次郎訳（1872年・明治4年）⇒「羅針盤ハ磁石針（ジシヤク）ノ指南スルカヲ利スルノ器械ナリ」

【磁針盤】

日本

『世界商売往来』／橋爪貫一著述（1873年・明治6年）⇒「COMPASS　磁針盤」

『牙氏初学須知』第十三／田中耕造訳、佐沢太郎訂（1875年・明治8年）⇒「右ハ東ニシテ左ハ西ナリ、磁針盤（ジシヤク）ヲ用イルモ、亦輙ク主方位ヲ認知スヘシ」

『博物語彙』／宇田川榕菴編（刊行年不明）⇒「磁針盤、方針」

【磁石盤針】

日本

『算法渡海標的』／石黒信由著（1836年・天保7年）⇒「二十四方針盤　俗ニ磁石盤針　四率の法」

【磁石力】

日本

『官板 玉石志林』巻一／箕作阮甫他訳（1863年頃・文久3年頃）⇒「然れども、磁石力の説、今より少し前、今、今より少し前、未だ明かならし間は、羅針盤の指す所」
『航海夜話』第二回／西江舎主人訳（1872年・明治5年）⇒「今ここで其事が、羅針と其誤指と磁石力のウェットといふものじゃ」

【自主】

日本
『日本貿易新聞補遺』上書一通／（1862年・文久2年）⇒「今是を挙る事を得るときは、此地にて自主の寛典なきと証するに足れり」
中国
『畸人十篇』／利瑪竇述、汪汝淳較梓（1608年・万暦36年）⇒「我生有為我死無他善種種心悪種種語點陟分別天主自主」
『大美聯邦志略』巻二／裨治文撰（1864年・元治元年）⇒「人不得奪、乃自然而然、以保生命、及自主、自立者也」

【自主ノ権】

日本
『万国公法』第二巻／西周訳（1868年・慶応4年）⇒「第一には　自国を保護するの権　第二には　独立自主の権とより発す」
『自主之理』巻一／中村敬太郎訳、木村謙一郎版（1872年・明治5年）⇒「間然ラバ人民自主ノ権ト、政府管轄ノ権ト、コノ二者ノ間ニ如何ナル処置ヲ為テ」
『真政大意』巻下／加藤弘之講述（1870年・明治3年）⇒「人々得保自主権利、文明開化之称始不虚也」
『英国史略』巻二／河津孫四郎訳述（1870年・明治3年）⇒「約翰（ジヨン）を英国の民に自主の権を許し与へたる功ありと雖も其性」
『百学連環』第二編／西周講述、永見裕筆録（1870年・明治3年）⇒「国人の権あるものは即ち自主の権あり、自主の権あるものは他人之を自在になすこと能はす」

【自主之国】

中国

『**万国公法**』巻一／丁韙良訳（1864年・同治3年）⇒「謂万国合為一国、語渉虚誕、不足為法於自主之国、誠以上古而来」

『**中西関係論**』巻一／林楽知著（1876年・光緒2年）⇒「与西人善為聯絡、善為維持而上失為自主之国矣」

『**海国圖志**』第十九／魏源撰、林則徐訳（1876年・光緒2年）⇒「近日東南中三印度皆属英吉利其自主之国惟西北二印度耳」

『**地理志略**』／戴徳江著（刊行年不明）⇒「毎歳与士国進貢今則成為自主之国国政君権有限教事」

辞書

『**A DICTIONARY OF THE CHINESE LANGUAGE, IN THREE PARTS.**』／Robert Morrison（1815～23年）⇒「FREE　自主」「LIBERTY　自主之理」

『**英華韻府歴階**』／Wells Willams（1844年）⇒「FREE　自主」「LIBERTY　自主」

『**英華字典**』／Walter Medhurst（1847～48年）⇒「VOLUNTARYI　自主」「ARBITRARY　自主」

『**英華字典**』／Wilhelm Lobscheid（1866～69年）⇒「Unfettered　自主」「Unconfined　自主」

『**英華翠林韻府**』／Justus Doolittle（1872年）⇒「Absolute　自主」「Emancipate　自主」「Free　自主」

【市場】

日本

『**輿地誌略**』巻四／青地林宗訳述（1826年・文政9年）⇒「眺望壮観とす、又幼童、幼女の教館及市場、専ら波羅泥亜穀を交易す」

『**泰西三才正蒙**』巻三／永井則著（1850年・寛政3年）⇒「誠ニ舟楫ノ便ヲ得タル大互市場ナリ、街坊完整、皆美ヲ極メ」

『**日本貿易新聞**』二十一号／柳河春三・渡辺一郎等訳（1863年・文久3年）⇒「宜きを得と雖も、市場に絹の乏と当港に輸し来れる分量甚た少きとを以て考ふれバ」

【司訟官】

日本

『**聯邦商律**』第一説／藤田九二訳述（1873年·明治6年）⇒「司訟官の日へるに、金銭の貸付も真の道の存る者なれば、人の狡猾は如何あらう」

【自唱鐘】

日本

『**北槎聞略**』巻三年／桂川甫周撰（1794年・寛政6年）⇒「日中の自唱鐘（とけい）も過はや未の刻に至れとも御座を立給はず」

【次硝酸】

日本

『**化学闡要**』／土岐頼徳訳、足立寛閲（1872年·明治5年）⇒「次硝酸、三二、四、硝酸」

【施條銃】

日本

『**日本新聞**』巻十六／柳河春三・鈴木唯一訳（1866年・慶応2年）⇒「大君かたの敗を取りし所以は、施条銃〈ライフレ〉を用ひざるに因れり」

【指鍼】

日本

『**民間格致問答**』巻五／大庭雪斎訳（1862年・文久2年）⇒「私ハよく理会いたしませぬ且サウカ指鍼と云ものハ不思議の肝要な器機である」

【地震】

日本

『**管蠡秘言**』大意／前野良沢訳（1777年・安永6年）⇒「遠心時に変ずれば、

すなはち奮つて地震をなし、起つて山燎をなす」

中国

『夢渓筆談』天気／沈恬著（北宋時代）⇒「此之謂「復」、山崩地震」
『天学略義』／孟儒望著（刊行年不明）⇒「終命之時、天昏地震、日月無光、人方信是天主是子」
『空際格致』巻上／高一志撰、韓雲訂（刊行年不明）⇒「如気強纏地下、必爆為地震、在水下、必発為波涛」

辞書

『A DICTIONARY OF THE CHINESE LANGUAGE, IN THREE PARTS.』／Robert Morrison（1815～23年）⇒「EARTHQUAKE　地震」
『英華韻府歴階』／Wells Willams（1844年）⇒「EARTHQUAKE　地震」
『英華字典』／Walter Medhurst（1847～48年）⇒「EARTHQUAKE　地震」
『英華字典』／Wilhelm Lobscheid（1866～69年）⇒「the earth shakes　地震」
『英華翠林韻府』／Justus Doolittle（1872年）⇒「Earth － quaker　地震」

【地心引力】

中国

『重学』巻八／艾約瑟口訳、李善蘭筆述（1859年・咸豊9年）⇒「一率　地心引力二十七尺六寸、二率　能力生速一万尺」

【時辰器／時辰儀／時辰議／時辰鐘／時辰計／時辰台／時辰表／時辰標／時辰鏢】：時計

日本

『榕菴先生遺書』／宇田川榜菴編（刊行年不明）⇒「時辰儀」
『遠西医方名物考補遺』巻七／宇田川榛齋訳述、宇田川榕菴校補（1834年・天保5年）⇒「時辰儀（ネツケトケイ）ノ発條（ゼンマイ）ニ引火絮ヲ（挟）テ火ヲ点火シ」
『泰西三才正蒙』巻三／永井則著（1850年・寛政3年）⇒「百般ノ奇器、多クハ此地ニ出ヅ、中ニ就テ、腰佩、時辰器、験温器、火薬」
『尾蠅欧行漫録』巻二／市川渡著（1863年・文久3年）⇒「壁間ニ観書架アリ時辰表ニ懸ル釘アリ」

『西洋雑誌』 巻四／楊江柳河暾輯録（1867 年・慶応 3 年）⇒「我は時辰儀を造る法を習はんなどと進み立」

『化学入門』 後編　巻之八／竹原平次郎抄訳、堀尾用蔵註（1867 年・慶応 3 年）⇒「大砲、大鐘、銭、時辰儀鐘等ヲ造ルニ宜シ」

『博物新編訳解』 巻之一／合信著、大森解谷訳（1868 年・慶応 4 年）⇒「風雨鍼、寒暑鍼、時辰鐘〈トケイ〉、千里鏡、羅経、沙袋、餅食、器具、什物ヲ備へ戴ス」

『英国議事院談』 ／福澤諭吉訳述（1869 年・明治 2 年）⇒「時辰台」

『西国立志編』 第一編／中村正直訳（1870 年・明治 3 年）⇒「建造工人タル意尼額・若涅土、時辰表ノ有名ノ工人嚇利孫（ハルリソン）」

『英氏経済論』 巻二／小幡篤次郎訳（1871 年・明治 4 年）⇒「自鳴鐘（カケトケイ）時辰鏢（タモトトケイ）ノ如キ是ナリ此種ノモノハ一分時ノ働キヲ一日或ハ一周ニ及ボシ」

『航西日乗』 ／成島柳北著（1872 ～ 73 年・明治 5 ～ 6 年）⇒「宮中ニ在ル所ノ時辰器、卓上ノ如キ、皆宝石ヲ以テ之ヲ造ル」

『登高自卑』 前編 巻之下／村松良粛抄輯（1872 年・明治 5 年）⇒「人身ハ霊敏ナル時辰計（ジシンケイ）ノ如シ」

『物理階梯』 第六課／片山淳吉纂輯（1872 年・明治 5 年）⇒「其長サ大約ニ尺九寸七分ノ者ナリ盖シ時辰儀（トケイ）ハ此球線ノ長短ニ応シテ其度ヲ調ス」

『化学実験入門』 巻下／志賀雷山訳述（1873 年・明治 6 年）⇒「不侵之火、時辰議（トケヒ）ノ蓋」

『万国港繁昌記』 巻中／黒田行元編・松川半山書画（1873 年・明治 6 年）⇒「獣毛、絹絲、銅鉄器具、時辰表、玩器、家什、染料、乾物等なり」

『智氏家訓』 巻三／永峰秀樹訳（1875 年・明治 8 年）⇒「人ノ偸安ヲ嗜ムヤ欧州ノ地到処街頭ニ時辰儀（トケイ）ヲ掲ケ」

『博物語彙』 蘭文／宇田川榕菴編（刊行年不明）⇒「自鳴鐘、時辰鐘」

中国

『瀛環志畧』 巻七／徐繼畬撰（1848 年・道光 28 年）⇒「毎歳造時辰表四万件、自鳴鐘一万八千架、其法時時変易奇幻出人意表、他国亦有倣造者」

『地理全志』 巻二／慕維廉輯訳（1853 年・咸豊 3 年）⇒「頗有法式、技芸精巧、工于製器、火輪車船、時辰表、自鳴鐘、歳造不可勝数」

『地球説略』 蒙古図説／褘理哲撰（1856 年・咸豊 6 年）⇒「大英花旗二国至多、所進貨物、時辰鐘、時辰表、鹿角、象牙」

『格物入門』 巻二／丁韙良著（1868 年・同治 7 年）⇒「惟以鋼条、其式略如時辰表、内有吸空之盒、盤以鋼条、不使外気透人」
『声学』巻八／傳蘭雅口訳、徐建寅筆述（1874年・同政13年）⇒「日常之事亦有同動相増者、如有時辰鐘二其擺毎秒時之動相同」
『格致彙編』続第一巻／傳蘭雅輯（1876年・光緒2年）⇒「凡時辰鐘之擺亦必以地面緯度即以離赤道之遠近而配其擺之長短」

【視神経】

日本

『舎密開宗』十三章／賢理著、宇田川榕菴重訳増註（1837年・天保8年）⇒「緑色は強弱の中央にあって、長くこれを見ても視神経を疲労させず」
『民間格致問答』巻六／大庭雪齋訳（1862年・文久2年）⇒「此膜を網膜と名けて、此網の中に視神経が延出て、その神経が侵されて」
『動物学 初編 哺乳類』第二編／ブロムメ著、田中芳男訳纂（1874年・明治7年）⇒「眼、耳、鼻、舌等ニ達ス故ニ視神経、聴神経、嗅神経、味神経等ノ名アリ」

【自生】

日本

『英氏経済論』巻二／小幡篤次郎訳（1871年・明治4年）⇒「其食フ所ノモノハ地上自生（ヒトリバヘ）ノ植物ニシテ人ノ調度ヲ待タス」
『消石説』／宇田川榕菴編（1843年・天保14年）⇒「伊斯把爾亜、東印度、厄日多ノ諸地ニ自生し、稍寒地ニモ生ス」

中国

『遠西奇器図説』巻一／鄧玉函口授・王徴訳絵（1628年・天啓7年）⇒「天下之物、皆天然自生自成、而此器之法」
『聖経直解』巻一／陽瑪諾著（1636年・崇禎9年）⇒「惟饔耕治理不能自生麦於田、生各種之善」
『化学鑑原』／傳蘭雅口訳、徐寿筆述（1871年・同治10年）⇒「至粒間之空気漲大而自生熱始」

【磁性】

日本

『舎密開宗』第十二／賢理著、宇田川榕菴重訳増註（1837年·天保8年）⇒「永ク磁性ヲ稟ヲ脱セズ故ニ方盤（コンパス）ノ磁針、磁性銕玦ヲ造ル」

【施済医館】

中国

『教会新報』／林楽知・慕雄廉等訳（1868年・同治7年）⇒「長老会遂月新報中云中国各処設立施済医館」

【司税官】

日本

『八紘通誌』巻一／箕作阮甫述（1851年・嘉永4年）⇒「貨物ヲ、舶ニ御戴スル人員、四千名、司税官一千二百名」

【施政権柄】

日本

『立憲政体略』政体総論／加藤弘蔵著（1868年・慶応4年）⇒「君主之ヲ総括ス第一立法権柄第二施政権柄（又行法権柄ト称ス）第三司律権柄是レナレ」

【使説館】

日本

『外国事務』第四十六条／福地源一郎訳辻理之介 校（1868年·明治元年）⇒「使節館公使館付属中比重住あるべし」

【自然】

日本

『乾坤弁説』学例／沢野忠庵・向井玄松編訳（1659年・同治2年）⇒「誠に天

性自然の尊品なる故に、震旦国も其左に坐すべからず」
『三才究理頌』／鶴峰戊申撰、利光宗規・多々良信興校（1838年・天保9年）⇒「日月衆星自然浮生霊空之中、トアルハ、ココノ趣キニヨクカナヘリ」
『遠西水質論』／高野長英訳（刊行年不明）⇒「草木ハ其自然ノ運動アリテ敢テ清気ヲ吸入セス却テ其穿入ヲ遮ル」

中国
『遠西奇器図説』／鄧玉函口授・王徴訳絵（1628年・天啓7年）⇒「人能常思常慮、則心機自然細密、明悟自然開発、所謂思之思之」
『天工開物』蚕種／宋応星著（1637年・崇禎10年）⇒「一蛾計生卵二百余粒、自然粘于紙上、粒粒（勿）鋪、天然無一堆積」
『物理小識』／方以智著（1664年・康熙3年）⇒「顔師古云有自然琉璃石、北史言月言月氏」

【自然温度】

日本
『榕菴訳人身窮理書』第一目／宇田川榕菴訳（刊行年不明）⇒「味ヲ覚ル物ハ津唾自然温度ニヨク溶解スル者ナリ」
『華列対表』／宇田川榕菴編（刊行年不明）⇒「自然温度」

【自然電気】

日本
『官板 バタヒヤ新聞』巻一／蕃書調所訳（1862年・文久2年）⇒「尤も緩和なれば、自然電気を催すこと多くして時々鳴り渡り」

中国
『瀛海論』巻一／張自牧著（1876年・光緒2年）⇒「電気謂之琥珀気又謂地球乃一大磁石有自然電気」

【自然之車】

辞書
『英華翠林韻府』／Justus Doolittle（1872年）⇒「Locmotive　自然之車」

【思想】

日本

『窮理通』巻四／帆足万里撰（1836年・天保7年）⇒「思想の専なる、或は其の物を見るに至れば、其の留止する所の形、反映するなり」

『自由之理』巻一／中村敬太郎訳、木村謙一郎版（1872年・明治5年）⇒「抑モコノ良心ノ自由トイフコトハ、心情ノ自由、思想ノ自由ナルコトニテ、凡ソ一切世間ノ事ニ於テ」

中国

『聖経直解』第九巻／陽瑪諾著（1636年・崇禎9年）⇒「思想、吾霊性之目也、前思、霊視事勢、視事始末、事皆得成、弗思」

『不得已弁』／利類思著、安文思・南懐仁訂（1665年・康熙4年）⇒「実邁越人之思想、或以因天主性与人性湊合耶蘇、而成一物、不知両性之名称可通」

【思想ノ自由】

日本

『自由之理』／中村敬太郎訳、木村謙一郎版（1872年・明治5年）⇒「抑モコノ良心ノ自由トイフハ心情ノ自由、思想ノ自由ナル」

辞書

『A DICTIONARY OF THE CHINESE LANGUAGE, IN THREE PARTS.』／Robert Morrison（1815～23年）⇒「CONSIDER　思想」「To consider sttentively　思想」

『英華韻府歴階』／Wells Willams（1844年）⇒「DEEM　思想」「CONSIDER　思想」

『英華字典』／Walter Medhurst（1847～48年）⇒「To CONCEIT　思想」「CONSERVE　思想」

『英華字典』／Wilhelm Lobscheid（1866～69年）⇒「Ponder　思想」「Speculate　思想」

『英華翠林韻府』／Justus Doolittle（1872年）⇒「Bethink　思想」「Deem　思想」

【時速】

日本

『官板 バタヒヤ新聞』巻九／蕃書調所訳（1862年・文久2年）⇒「女王は、

往日東印土領に変事ありし時速に汝等人民を救ひ、且つ金銀を融通せしは最も満足なりと」

中国

『**六合叢談**』巻十一／慕維廉・艾約瑟他記述（1857 年・咸豊 7 年）⇒「現巳由国中商部分辯、航海者、其時速四分之一、一、論光学、格致士考其理、弁透光体」

『**重学**』巻十／艾約瑟口訳、李善蘭筆述（1859 年・咸豊 9 年）⇒「物以其速抛於空中別有能力加於対面方向綫上則路時速諸等数与前款同但正変為負」

【四大質】

日本

『**二儀略説**』下／小林謙貞編述（1667 年・寛文 7 年）⇒「四大質ト云ハ、和合ヲ以テ出来スル程ノ物下地ナリ」

【四大州】

日本

『**環海異聞**』序列府言／大槻玄沢撰（1807 年・文化 4 年）⇒「此四大州の図説、明の末漢字に訳せる輿地全図など与地などいふ物有」

『**三才究理頌**』／鶴峰戊申撰、利光宗規・多々良信興校（1838 年・天保 9 年）⇒「明応元年ノ事ト、四大州ノ国名ヲ訳セルモノニ見エタリ」

中国

『**地球図説**』四大州／蔣友仁訳（刊行年不明）⇒「天下万国、総分四大州、曰亜西亜、曰欧邏巴、曰利未亜、三州具于東半球容之」

【自治】

日本

『**泰西国法論**』巻三／津田真一郎訳（1868 年・慶応 4 年）⇒「固有の利益ありて悉く一様ならず、故に列邦各相当の自主自治の権を有す可し」

『**致富新書**』論百工交易／鮑留雲易編（1871 年・明治 4 年）⇒「亦要器具之備、若使自治此器、風箱鉗斧、少一其可能乎」

中国

『大美聯邦志略』下巻／裨治文撰（1864年・元治元年）⇒「総名之曰新英、継後居民仍各自治、(台) 前四十年」

『海国圖志』巻三十三／魏源撰、林則徐訳（1876年・光緒2年）⇒「曰落藤馬蘭、曰伊什、曰麻可臘、与隣部塞循各自治理」

『西学考略』巻下／丁韙良著（1883年・光緒9年）⇒「在上者知其術以示教在下者遵其法以遂生習之者或自治其田収櫛（土庸）而穫報」

辞書

『英華字典』／ Wilhelm Lobscheid（1866～69年）⇒「Self - regulated　自治」「to govern one's self　自治」

【自治権】

日本

『万国公法』第二章／丁韙良訳（1864年・同治3年）⇒「第二章　論邦国自治自主之権」

【視地平】

日本

『管蠡秘言』運行／前野良沢訳（1777年・安永6年）⇒「人ノ見ルヲ出ルトシ、見ザルヲ没トス、此界、即視地平ナリ、此ニ出ル時ハ彼ニ没ス」

『阿蘭陀海鏡書和解』地平之事／本木良永訳（1781年・安永10年）⇒「地平に二儀を監る、一は正地平、一は視地平也」

『遠西観象図説』巻中／吉雄南皐口授、草野養準筆記（1823年・文政6年）⇒「人、地面ニアリテ、其　眼心ヲ界トシ、太虚ヲ分チ上下各一百八十度トシ、其分界ノ処ヲ視地平ト云フ」

【七曜／七曜日】

日本

『暦象新書』上編　上巻／奇児著、志筑忠雄訳（1798年・寛政10年）⇒「今右旋を察るにも、此の如きの工夫を用て、七曜を経歴し、右施の正中何処にかあると尋ねて」

『**遠西観象図説**』巻中／吉雄南皐口授、草野養準筆記（1823年・文政6年）⇒「正月元日土曜日ナレバ、二日日曜日、三日月曜日、四日火曜日、五日水曜日、六日木曜日、七日金曜日ニシテ、八日ハ必ズ朔ノ本曜ニ復ス」

中国

『**天経或問**』天体／遊子六輯（1675年・康熙14年）⇒「火星天、其次太陽之天、照映世界、万象取光、故在七曜之中也」

『**格致古微**』巻三／王仁俊著（1899年・光緒25年）⇒「有南北之異向以此推知七曜在各重之天皆有定所而其各天又皆順黄道之勢以黄道」

【失愛】

辞書

『**英華字典**』／Wilhelm Lobscheid（1866～69年）⇒「Odor　失愛」「out of heart　失愛」

【実学】

中国

『**天主実義**』序／利瑪竇述、李之藻筆述（1603年・万暦31年）⇒「臨女無弐原自心性実学不必疑及禍福」

『**聖母行実**』第三巻／高一志撰述（1631年・崇禎4年）⇒「幸承二親仁教、早習聖母実学、毎称其功徳、誦其経文」

『**中西関係論**』巻一／林楽知著（1876年・光緒2年）⇒「大昔在重実学、而帳括曰摺、非所当務、如韓非云」

【実学院／実学館／実学堂】

中国

『**大徳国学校論畧**』／花之安著、王炳コン訂（1873年・同治12年）⇒「実学院実学亦分上下二院、上院与仕学院略相同、上下二院、皆実学為上下」

『**西学考略**』巻下／丁韙良著（1882年・光緒8年）⇒「広設学院先其所急義求実務名為実学館以算格等」

『地理志略』／戴徳江著（刊行年不明）⇒「穿氷鞋而溜行甚速人性勤倹樸実学院」

【湿気】

日本

『乾坤弁説』元巻／沢野忠庵・向井玄松編訳（1659年・同治2年）⇒「後の一ケ月は、寒気弱くして湿気つよし、其故は其節は日輪北方へ向て逆旋する」

『和蘭天説』／司馬江漢著（1796年・寛政8年）⇒「湿気海中ニ起リ、風ナクシテ霞ノ如、山樹或ハ楼台、其気ニ映ジ状ヲナス」

『博物新編訳解』巻之一／合信著、大森解谷訳（1868年・慶応4年）⇒「合セテ之ヲ言ヘハ生気トイフ、分テ之ヲ言ヘハ養気トイヒ、淡気トイヒ、湿気トイヒ、炭気トイフ」

『化学日記』巻四／リッテル口授（1874年・明治7年）⇒「水蒸気ヲ（検）スルヲ要トス為ニ湿気表ヲ発明ス是レ理科ニ属スル」

中国

『火攻挈要』巻上／湯若望授、焦勗述（1643年・崇禎16年）⇒「正面敞口、底下開竅、以通湿気、其台上蓆棚、聴候造模化銅之際、随用所宜」

『不得已弁』／利類思著、安文思・南懐仁訂（1665年・康熙4年）⇒「至于月食所見之色本由蒙気湿気二影、与地影相添而生、詳交食暦指中」

『西学図説』空気説／偉烈亜力口訳、王韜撰（1865年・同治4年）⇒「湿気過多則為雨博学者業経推算若空中之湿気斎降於地球」

『格物入門』巻四／丁韙良著（1868年・同治7年）⇒「俄国有人以湿電行舟頗効、惟費大而力小、今而知電気無甚大力」

『中西聞見録選編』第三十四号／丁韙良編（1877年・光緒3年）⇒「銅鉛多片、生電最旺、於是湿電之学大興、有以之輔化学而分化諸物者」

【湿気表】

日本

『化学日記』第二十五回／リッテル口授（1874年・明治7年）⇒「気中ノ水蒸気ヲ検スルヲ要トス為ニ湿気表ヲ発明ス是レ理科ニ属スル」

【実験】

日本

『**生石灰之解凝力**』第八験／宇田川榕菴自筆草稿（1824年・文政7年）⇒「此実験及次ノ験ヲハジメタルニ因テ右ノ二器共ニ濾過ノ石灰水ヲ充タリ」

『**気海観瀾広義**』巻七／川本幸民訳述（1851年・嘉永4年）⇒「これを実験するときは、此の如くならず、蓋し水の出づること、始終等しからず」

『**泰西七金訳説**』巻四／渋江虬鑒試、馬場貞由訳述（1854年·嘉永7年）⇒「予固より実験せしことなく、又それを見たる人にも未だ謁したることなけれども、諸坎には都て山神顕出すと伝へ聞けり」

中国

『**東西洋考**』巻之七／張燮撰次（1618年・万暦46年）⇒「于是船得従実報報得従実験験得従実納有不督責而自輸者」

『**聖母行実**』巻二／高一志撰述（1631年・崇禎4年）⇒「耶蘇宣教時、曽云愛友之実験、無切於為其所愛」

『**空際格致**』巻上／高一志撰、韓雲訂（刊行年不明）⇒「各行之厚必有実験可拠、而于各行之本論詳之」

【執政館】

日本

『**泰西史略**』巻一／手塚律蔵訳述、手塚節蔵校正（1858年・安政5年）⇒「其王大味得より、執政館併に公裁の弘法館を得て《大約紀元前、千五十五》」

【執政役】

日本

『**官板 海外新聞**』第十三号／洋書調所訳（1862年・文久2年）⇒「相伴の為に執政役諸人饗応掛り役人並奉行物頭都府年」

【実素】

日本

『**求力法論**』完／与盤計意流著、志築忠次郎訳（1784年・天明4年）⇒「格物

書中曰ク宇宙ノ間常ニ真空ト実素トノニアリ錯綜シテ万物ヲ生ス」
『遠西医方名物考補遺』性質／宇田川榛斎訳述、宇田川榕菴校補（1834年・天保5年）⇒「八千と一千との如し、則ち水銀の実素、水の素より多きこと十二、三倍するなり」
『三才究理頌』二百五十二韻／鶴峯戊申撰、利光宗規・多々良信興校（1838年・天保9年）⇒「有形諸品謂実素、実素之中求力充」

【湿電／湿電気】

日本

『化学日記』第一回／リッテル口授（1874年・明治7年）⇒「速ニ之ヲ製スルハ湿電気ヲ以テ水ヲ分解シ或ハ酸素気中ニ摩擦電気ヲ通ス」
『登高自卑』後編 巻之三／村松良粛抄輯（1875年・明治8年）⇒「漢人ハ越歴力ヲ乾電ト訳シ力ヲ湿電ト訳セリ」

【嫉妬】

中国

『聖母行実』巻一／高一志撰述（1631年・崇禎4年）⇒「必仰此海星而後可《瑪利亜訳言海星》、且或遭驕傲嫉妬之狂飈、投擲于山陰」
『譬学』其徳／高一志撰（1633年・崇禎6年）⇒「嫉妬者如（敖）、（敖）聞臥、而不容人走」

辞書

『A DICTIONARY OF THE CHINESE LANGUAGE, IN THREE PARTS.』／Robert Morrison（1815～23年）⇒「both words joined　嫉妬的」
『英華韻府歴階』／Wells Willams（1844年）⇒「ENVY　嫉妬」「JEALOS　嫉妬」
『英華字典』／Walter Medhurst（1847～48年）⇒「ENVIOUS　嫉妬」
『英華字典』／Wilhelm Lobscheid（1866～69年）⇒「Enviro　嫉妬」「Grudge　嫉妬」
『英華翠林韻府』／Justus Doolittle（1872年）⇒「Envious　嫉妬」「Jealousy　嫉妬」

【四手動物】

日本

『斯魯斯氏講義動物学 初編』初篇　上／太田美濃里筆記（1874年・明治7年）⇒「四手動物ハ四肢共ニ手ヲ有シ各手五指アリ其爪ハ扁平ナリ」

【視点】

中国

『談天』巻八／偉烈亜力口訳、李善蘭刪述（1859年・咸豊9年）⇒「視点高四十五度、差角約一分、而在地平面差角得三十三分」

【私転】

日本

『地学事始』巻二／松山棟菴訳述（1870年・明治3年）⇒「地軸を周て動くを日々の私転といひ日輪の周囲を廻る」

【自転】

日本

『三才窺管』巻上／広瀬周伯著（1808年・文化5年）⇒「三百六十五日四分日一自転一回百刻ニ昼夜ヲナシ其運リ迅疾ナリ然ルニ人其間ニ自ラ之ヲ覚ヘズ」

『遠西観象図説』題言／吉雄南皐口授、草野養準筆記（1823年・文政6年）⇒「全編皆ナコレニ倣ヘ（右旋ハ公転、左旋ハ自転ノ漢名アリ）」

『気海観瀾』潮汐／青地林宗訳述（1825年・文政8年）⇒「地に自転あり、海水、此が為に控へらる、故に太陰、其の子午規に至るも、潮直ちに昇らず」

中国

『泰西水法』巻一／熊三抜撰説、徐光啓筆記（1612年・万暦40年）⇒「大沢平曠而用風、此不労人力自転矣、枝節一麦」

『遠西奇器図説』巻三／鄧玉函口授・王徴訳絵（1628年・天啓7年）⇒「而足踏輻条之上欲上不能、而輪則必自転也」

『物理小識』巻四／方以智著（1664年・康熙3年）⇒「心和気平、則諸輪自転、如走馬灯得火也」

【地転】

日本

『和蘭天説』／司馬江漢著（1796年・寛政8年）⇒「子六ノ曰、地転ゼバ人ノ寝食安カラズ」

『博物新編訳解』巻三／合信著、大森解谷訳（1868年・慶応4年）⇒「地転リテ人動クヲ覚ヘサルハ、猶船行テ人去ルヲ覚ヘサルガゴトシ」

中国

『天経或問』／遊子六輯（1675年・康熙14年）⇒「地動而転静也、地転而天運也」

【自転車】

日本

『航西日乗』／成島柳北著（1872～73年・明治5～6年）⇒「或ハ縄ニ倒懸ス、軽捷驚ク可シ、又自転車ニ乗ル伎人有リ、玻瑠瓶数百ヲ並列シ其ノ間ヲ屈曲シテ行ク」

【司天台】

日本

『訂正増訳采覧異言』巻三／新井白石著、山村才助増訳（1802年・享和2年）⇒「国王恒所居トシ此処ニ諸芸ノ学校、書堂、司天台、刊書堂等種々皆備ハレリ」

『輿地誌略』巻一／内田正雄纂輯、辻士革・市川清流校（1870年・明治3年）⇒「東西ニ数ヘテ百八十度ニ至ル英国ニテハ京城ノ近傍緑林（グリンウツチ）ノ司天台ヲ初トス」

【視動】

日本

『暦象新書』巻十／奇児著、志筑忠雄訳（1798年・寛政10年）⇒「初に視動を説て、最下の一階を示し、次に視実相反の動を述て」

『登高自卑』前編／村松良粛抄輯（1872年・明治5年）⇒「吾地球ヲ圓ルガ如クナレバ、其ハ視動ト云テ唯目ニ太陽ノ圓ルト視ユル」

中国

『天談』巻二／偉烈亜力口訳、李善蘭刪述（1859年・咸豊9年）⇒「若日定居黄道、無視動、則必見行星進退于日之前後」
『西国天学源流』下巻／偉烈亜力口訳、王韜著（1889年・光緒15年）⇒「凡諸行星之視道参差変化乃合本星地球二動而生也」

【自動】

日本

『三才究理頌』／鶴峯戊申撰、利光宗規・多々良信興校（1838年・天保9年）⇒「臣非能動地、地固将自動等見エタル」
『気海観瀾広義』巻五／川本幸民訳述（1851年・嘉永4年）⇒「一曰物静則不能、自動必由能動而行動」
『博物新編補遺』／小幡篤次郎訳述（1869年・明治2年）⇒「各自動シテ斯ル公運（オオマハリ）ト互ニ相妨ゲザルノ理、漠視シテ過カベカラズ」

中国

『西国記法』／利瑪竇著、高一志・畢方済共訂（1595年・万暦23年）⇒「易致遺志、但象有鎮定期、必不能自動者」
『物理小識』巻一／方以智著（1664年・康熙3年）⇒「乳歯成石是也、或自動而為静艸木成石是也」
『坤輿図説』／南懐仁撰（1672年・康熙11年）⇒「自動」
『談天』／偉烈亜力口訳、李善蘭刪述（1859年・咸豊9年）⇒「指南針有時忽自動、偏而復正、数万里内皆同時而動」
『植物学』／韋廉臣輯訳、李善蘭筆述（1857年・咸豊7年）⇒「自動」

【師道院／師道館】

中国

『大徳国学校論畧』師道院／花之安著、王炳コン訂（1873年・同治12年）⇒「異日大抵為郷塾郡学之師、各院掌教分為両等、一由師道院考選者」
『西学考略』巻下／丁韙良著（1883年・光緒9年）⇒「各国因広設蒙館以教民間子弟復設師道館以習教授之術」

【支那人】

日本

『舎密開宗』 巻八／賢理著、宇田川榕菴重訳増註（1837 年・天保 8 年）⇒「広義云天生ノ礬土九種アリ、第一種、陶土（白亜）ナリ支那人此ニ珪土ヲ和シテ磁器ヲ陶スル土ナリ」

【指南車】

日本

『官板 玉石志林』 ／箕作阮甫他訳（1863 年頃・文久 3 年頃）⇒「周公の訛か、史記に指南車、周公旦所造」

『登高自卑』 後編 巻之四／村松良粛抄輯（1875 年・明治 8 年）⇒「始メテ之ヲ用ヒテ指南車ヲ造レリ、蓋シ磁石ノ天然ニ出ル」

中国

『格物入門』 巻四／丁韙良著（1868 年・同治 7 年）⇒「中国謂指南、以其（日方）於指南車耳、西国謂指北、因航海毎視北辰為定向耳」

『瀛海論』 七巻／張自牧著（1876 年・光緒 2 年）⇒「皆将有金輪鉄軌焉論者多以為憂蒙考古有指南車飛車其制不伝火輪車」

『海国圖志』 巻十一／魏源撰、林則徐訳（1876 年・光緒 2 年）⇒「皆用量天尺照水鏡、浅石沈礁、無不洞悉、其法更妙於指南車、華人之客呂宋者、恒楽其舟楫之利」

【指南針／指南鍼／指南鍼盤／指南鐵鍼】

日本

『瓊浦偶筆』 巻二／平沢元愷著（1774 年～・安永 3 年～）⇒「汪ノ曰ク、洋中ノ方向ハ、全テ指南鍼盤ヲ主ト為ス、時ニ或ハ失ウコト無シ」

『窮理通』 巻四／帆足万里撰（1836 年・天保 7 年）⇒「甲乙南北線、甲を南と為し乙を北と為す、庚点に存りて小銅柱を樹て上に指南鐵鍼庚丙丁を安んず」

『博物新編訳解』 巻之二下／合信著、大森解谷訳（1868 年・慶応 4 年）⇒「凡テ羅盤指南鍼〈ジシャクノハリ〉モ亦此理タリ、指南鍼ハ乃チ銅柱一條ヲ用ヒ」

中国

『地理全志』 巻四／慕維廉輯訳（1853 年・咸豊 3 年）⇒「亦能攪動指南針、以故暴雷之時、船中羅経」
『**航海金針**』巻三／瑪高温訳（1853年・咸豊3年）⇒「上頂一条横針、即指北之針、針上負一図如乙、其図随指南針為転移」
『**談天**』巻四／偉烈亜力口訳、李善蘭刪述（1859年・咸豊9年）⇒「此時見光道擺動于向日線之左右、一若指南針擺動于午線之左右、其光之本甚明」

【自能運動】

中国
『**瀛環志畧**』巻七／徐繼畬撰（1848年・道光28年）⇒「其機以鉄為之激以火輪関戻自能運動是以工省」

【支配人】

日本
『**官板 海外新聞**』巻三／洋書調所訳（1862年・文久2年）⇒「釈放せる買奴の為に総支配人をさだめんとする制これを行ふ事難きに非ず」
『**英政如何**』巻八／鈴木唯一訳（1868年・明治元年）⇒「年寄役、市中支配人併に府人を以て其代りとなしたり、此法を土地組合法と名づけたり」
『**会社弁**』大要／福地源一郎訳（1871年・明治4年）⇒「会社の諸務は皆支配人金預訳の両人にて之を所置すへし」

【師範／師範学校】

日本
『**和蘭学制**』巻一／内田正雄訳（1869年・明治2年）⇒「学校ノ教授ハ師範、助教（ホーフドオンドルウエーセル）及得業生ヲ以テス、女子ノ学校ハ婦人ノ師範助得業生ヲ用ユ」
『**佛国学制**』巻二／佐沢太郎訳、河津祐之閲（1873年・明治6年）⇒「小学師範学校ハ、教官学校ノ一種ニシテ、小学校ノ教官ニ任ズベキ者を入学セシメ」

【視物学】

日本

『西国立志編』 第二編／中村正直訳（1870 年・明治 3 年）⇒「コレニ因テ視物学（モノミルジユツ）及ビ天学ノ門戸ニ導レタリ」
『登高自卑』 後編 巻之四／村松良粛抄輯（1875 年・明治 8 年）⇒「コレニ因テ視物学（モノミルジユツ）及ビ天学ノ門戸ニ導レタリ」

【四分儀】

日本

『英氏経済論』 巻二／小幡篤次郎訳（1871 年・明治 4 年）⇒「発駝礼ハダレ－氏ガ四分儀ヲ用テ光線ノ法ヲ勾弦ノ測度ニ施ス」

【紙幣】

日本

『万国政表』 凡例／岡本博卿訳、福澤諭吉閲（1860 年・万延元年）⇒「第二　紙幣官券　常備兵　軍艦　商船　入貨　出貨　出貨　土産　貨幣　第三巻　入貨　出貨　土産」
『西洋事情』 初編 巻之一／福澤諭吉纂輯（1866 年・慶応 2 年）⇒「西洋諸国大抵皆紙幣を用ゆ、但し其価五十両或は百両以上なるものは之を銀坐手形と名づく」
『航西小記』 ／岡田攝藏稿（1866 年・慶応 2 年）⇒「紙幣も莫大の備あり然れとも此内一枚にても空札を搀へず皆紙幣の員数は正金にて常に貯あるよし」

【字母】

中国

『六合叢談』 巻三／慕維廉・艾約瑟他記述（1857 年・咸豊 7 年）⇒「用泰西字、以写一方土音、較為便捷、其法以字母三十八、韻四十二、互相湊合」
『格物探原』 第一／韋廉臣著（1876 年・光緒 2 年）⇒「此六十二元質、配成万物、猶西国之二十六字母、配合成言」
『西方要紀』 巻二十七／南懐仁著（刊行年不明）⇒「西北諸邦文字、各自一法、泰西又以二十三字母為主」

【司法】

日本

『泰西国法論』第二編／津田真一郎訳（1868年・慶応4年）⇒「第二十一章司法の権は律法に従ひ権利を保護す」
『泰西勧善訓蒙』後編 巻三／箕作麟祥訳述（1871年・明治4年）⇒「全国民ノ民互ニ其権力ヲ分有シ之ヲ一人ニ皈セサルカ故ニ立法、司法、行政ノ三権互ニ相維制シ」
『国体新論』第四章／加藤弘之著（1874年・明治7年）⇒「専ラ司法ノ大権ヲ委託スルカ故ニ政府ノ権力通例専横ニ至ルノ憂ナク」

中国

『英国志』巻四／慕維廉訳（1856年・咸豊6年）⇒「使教中人与君民官吏分殊、不受朝廷有司之法」

【司法院】

日本

『泰西国法論』凡例／津田真一郎訳（1868年・慶応4年）⇒「其八　司法院等聴訟験治の所を指す、其九　理非曲直を判する語を指す」

【司法権柄】

日本

『立憲政体略』上下同治／加藤弘蔵著（1868年・慶応4年）⇒「第一立法権柄第二施政権柄第三権柄是レナリ」
『真政大意』序／加藤弘之講述（1870年・明治3年）⇒「所謂立法権柄ト司法権柄ノ肝要タル所以デゴザリテ」

【司法頭取】

日本

『合衆国政治小学』初編 巻之二／ヨング 著、瓜生三寅訳述（1872年･明治5年）⇒「緒裁判局へ出席して犯人吟味の節糺問論断せるなり、州中一司法頭取之なき」

【司法之権】

中国

『万国公法』巻一／丁韙良訳（1864年・同治3年）⇒「司法之権、在上法院、並以下総会所設之法院、所有干犯合邦律法盟約之案」

【司法部】

日本

『五科学習関係文書』憲法草案／西周編（1863年・文久3年）⇒「政府ハ大政官省廳元老院代議院司法部を以て成ル条如何」

【私法】

日本

『泰西国法論』第七編／津田真一郎訳（1868年・慶応4年）⇒「詰問を弁解するに三道あり、第一　刑法の詰問、第二の私法の詰問、第三代民総会の詰問」

『英国議事院談』巻一／福澤諭吉訳述（1869年・明治2年）⇒「私法とは其場所に限り其人に限りて定たる法なり」

『性法略』十三条／神田孟恪訳（1871年・明治4年）⇒「其一各人交接ノ間ニ行ハル私法」

【脂肪】

日本

『生石灰之解凝力』二十四験／宇田川榕菴自筆草稿（1824年･文政7年）⇒「植物ノ油、法爾斯、動物ノ脂肪也」

『遠西医方名物考補遺』 巻八／宇田川榛斎訳述、宇田川榕菴校補（1834年・天保5年）⇒「稠厚黒色トナリ水液ノ分泌減耗脂肪盈実ス」

『化学訓蒙』 巻一／石黒忠悳編輯（1870年・明治3年）⇒「甲ヲ滴脂又ハ油ト名ケ乙ヲ固脂又ハ脂肪ト名ク」

【資本】

日本

『香港新聞紙』 八月／（1864年・元治元年）⇒「此功賞ヲ得テ以テ身家ノ資本トナスヘキナリ、何ソ歓欣シテ鼓舞セザランヤ」

『中外新聞』 第三十七号／柳河春三編（1868年・慶応4年）⇒「資本（モトデ）は営作を積みて得る所なり、即ちたとへば鍛冶其業を営むには必ず鉄と器機とを用ふ」

『英氏経済論』 巻二／小幡篤次郎訳（1871年・明治4年）⇒「此資本（モトキン）ナキモ若干ノ人口アル村里ニ命シテ教育ノ為メ自カラ学校ヲ造ラシメ」

中国

『瀛環志畧』 巻一／徐繼畬撰（1848年・道光28年）⇒「資本皆貸於日本、販回之貨運往日本者八九、国人貧甚、不能買也」

『海塘輯要』 巻七／傳蘭雅口訳、趙元益筆述（1873年・同治12年）⇒「衆人出資本造塘望獲大利無知足心以争訟為常告於人曰巳中某人之計矣」

『海国図志』 巻78／魏源撰、林則徐訳（1876年・光緒2年）⇒「住澳門者為大班、総其貿易、厚資本者為船主、統曰公司」

【市民】

日本

『西洋事情』 外編　巻之二／福澤諭吉纂輯（1866年・慶応2年）⇒「市民の会同処々に起りて自から独立の体裁を成し」

【事務官】

中国

『四州志』 ／林則徐訳（1841年・道光21年）⇒「兵官向官管理因底阿土人事

務官督理火器官絵図丈量地」

【事務局】

日本

『立憲政体略』／加藤弘蔵著（1868 年・慶応 4 年）⇒「外国事務局、国内事務局、軍防事務局、刑獄事務局、会計事務局」

『外国事務』第五条／福地源一郎訳辻理之介 校（1868 年・明治元年）⇒「第一章　外国事務局の首務」

『仏国学制』／河津佑之閲、佐沢太郎訳（1872 年・明治 6 年）⇒「臨時至急ノ事件ヲ裁決ス、但シ其由ヲ事務局報ズベシ」

【事務宰相】

日本

『航米日録』巻三／玉虫茂誼誌（1860 年・万延元年）⇒「一時許ニシテ各房ニ退ク、其他事務宰相宅ニ至ラレシモ亦同ジ」

『柳川日記』／柳川当清記（1860 年・万延元年）⇒「年齢六十歳余妻ハ四十才計ナリ其下段ニハ事務宰相ヲシ」

『官板 海外新聞』第十三号／洋書調所訳（1862 年・文久 2 年）⇒「外国事務宰相の右の方ニ羅馬教王の使節ヘレオヂ」

【春球】：シャボン玉, sabão［葡］

日本

『舎密開宗』内編　巻二／賢理著、宇田川榕菴重訳増註（1837 年・天保 8 年）⇒「液ヲ点シテ（浮）ヲ圧テ気泡ヲ作シ児戯ノ春球〈シャボンダマ〉ノ如クスレバ」

【自由権／自由ノ権】

日本

『西国立志編』第一編／中村正直訳（1870 年・明治 3 年）⇒「自主ノ人ニ化セシムコト能ハザルナリ、ソノ国ノ政府ニテ、自由ノ権ヲ専ニシ」

『泰西勧善訓蒙』第二百四章／箕作麟祥訳述（1871年・明治4年）⇒「土民自由ノ権、所有ノ権」

『国体新論』第六章／加藤弘之著（1874年・明治7年）⇒「自由権ノ種類許多ナリト雖モ、前段挙クル所ノ諸権ノ如キハ」

【修路学】

日本

『三兵答古知幾』例言／高野長英訳（1856年・安政3年）⇒「第三ハ修路学ト云フ、道路ヲ改造修復シ、又橋ヲ作ルナリ」

【自由自主】

日本

『英国史略』巻四／河津孫四郎訳述（1870年・明治3年）⇒「諸開化せる自由自主の様に類似すべき」

【十字路】

辞書

『英華字典』／Wilhelm Lobscheid（1866～69年）⇒「a cross road　十字路」

【修身】

中国

『西方要紀』教法／南懐仁著（刊行年不明）⇒「以修身為要、以忠孝慈愛為工務、以遷善改過為入門」

『熙朝定案』吏部／南懐仁著（1669年・康熙8年）⇒「生長極西自幼失志不婚不宦惟以学道修身為務業経三十余年荷蒙」

『智環啓蒙塾課初歩』修身論／香港英華書院訳（1864年・同治3年）⇒「修身為人生切要之事必博学力行竭耳目之力方能有得焉」

辞書

『A DICTIONARY OF THE CHINESE LANGUAGE, IN THREE PARTS.』／

Robert Morrison（1815 ～ 23 年）⇒「MORALITY　修身」
『英華字典』／ Walter Medhurst（1847 ～ 48 年）⇒「to regulate the life　修身」
『英華字典』／ Wilhelm Lobscheid（1866 ～ 69 年）⇒「Adorn　修身」
『英華翠林韻府』／ Justus Doolittle（1872 年）⇒「Adorn　修身」

【重心】

日本
『三才究理頌』／鶴峰戊申撰、利光宗規・多々良信興校（1838 年・天保 9 年）⇒「可知物皆撐重心、地球二十三度半ノ傾キモ、此理ニテ知ベシ」
『気海観瀾広義』巻五／川本幸民訳述（1851 年・嘉永 4 年）⇒「重心を知らむと欲せば、(甲) と (乙) とに釘を刺し、先づ (乙) 釘に鉛丸を線にて垂ること」
『登高自卑』前編 巻之上／村松良粛抄輯（1872 年・明治 5 年）⇒「地球ノ中心ト直線ヲ為ス者ナリ之ヲ重心又重点ト云フ」

中国
『坤輿図説』巻上／南懐仁撰（1672 年・康熙 11 年）⇒「曰物重者各有体之重心此重心者在重体之中地中之心為諸重物各重之本所物之重心」
『格物入門』巻五／丁韙良著（1868 年・同治 7 年）⇒「答、若倚其重心而懸之、固能穏也、蓋地球之吸力、総帰於重心耳」
『格致彙編』格致略論／傳蘭雅輯（1876 年・光緒 2 年）⇒「若其質点厚薄疎密平均勿則其重心必在体之正中」

辞書
『英華字典』／ Wilhelm Lobscheid（1866 ～ 69 年）⇒「centre of grvity　重心」
『英華翠林韻府』／ Justus Doolittle（1872 年）⇒「of gravity　重心」

【終身徒刑】

日本
『泰西勧善訓蒙』巻中／箕作麟祥訳述（1871 年・明治 4 年）⇒「誓ニ詐偽ヲ述ベタル証人ハ終身ノ徒刑又ハ死刑ニ処セラルコトアリ」

【柔水】

日本

『舎密開宗』外編／賢理著、宇田川榕菴重訳増註（1837年・天保8年）⇒「剛水ニ加里些少ヲ加レバ柔水ト為テ飲ベシ」

『化学便蒙』／宇田川榕精訳述（1868年・慶応4年）⇒「硬水柔水ノ区別ヲ挙ク、柔水ハ些少ノ塩類ヲ含有スル者ヲ云フ」

『化学摘要』／宇田川準一訳（1873年・明治6年）⇒「柔水」

『小学化学書』／ロスコウ撰、市川盛三郎訳（1874年・明治7年）⇒「柔水」

『登高自卑』後編 巻之三／村松良粛抄輯（1875年・明治8年）⇒「沼池江河ノ水ハ、能ク塩類土分ヲ脱スル者ナリ、是ヲ柔水ト謂フ」

【自由政体】

日本

『上木自由之論』／小幡篤二郎訳（1873年・明治6年）⇒「蓋シ其国ハ自由政体ノ唱アレドモ、国憲中ニ曲ヲ蒙ル者、裁判所ニ出テ」

『代議政体』巻二／永峰秀樹訳（1875年・明治8年）⇒「自由政体ニテ最善ナル政法ハ、専制ノ王権政体ニテハ、亦必ズ最善ナリ」

【臭素】

日本

『七新薬説』第一編／司馬凌海著、関寛斎校（1862年・文久2年）⇒「其現ルルヤ単一遊離ノ者ナシ多クハ塩素（コロール）臭素（フロニユーム）苦素、金塩金等ノ緒原素ト相合ス」

『化学闡要』／土岐頼徳訳、足立寛閲（1872年・明治5年）⇒「蒲魯民　臭素 Bromine Br」

【獣帯】

日本

『阿蘭陀海鏡書和解』第八／本木良永訳（1781年・安永10年）⇒「黄道の両方八度、横幅十六度、其真中に日道有る処を名て獣帯と言ふ」

『物理階梯』巻下／片山淳吉纂輯（1872年・明治5年）⇒「幅十六度ノ一帯ヲ設ケ之ヲ獣帯ト名ツク蓋シ此帯ハ人ノ想像ニ出タル」
『牙氏初学須知』巻一／田中耕造訳、佐沢太郎訂（1875年・明治8年）⇒「獣帯ハ天ニアル一線帯ニシテ、黄道之ヲ縦ニ中裁シテ同広ノ二部トナス」

【十大誡】

中国

『海国圖志』巻二十七／魏源撰、林則徐訳（1876年・光緒2年）⇒「天主垂世為十大誡、十大誡者、当中国商朝時、神天降於如大国之西奈山」

【私有地】

日本

『増補 西洋家作雛形』第十三編／村田文夫・山田貢一郎同訳（1872年・明治5年）⇒「事実に当て親切なり、私有地（フリーホルド・ランド）を、一ヱークル（我か千二百十八歩）に付き」
『国体新論』第三章／加藤弘之著（1874年・明治7年）⇒「本邦ニテモ先年ヨリ此理ニ従テ人々ノ私有地ヲ認可シ玉ヒシハ実ニ良政ト称スヘシ」

【修道院】

中国

『地理志略』／戴徳江著（刊行年不明）⇒「居民約二十万内有一大書院而修道院礼拝堂甚多」

辞書

『英華字典』／Walter Medhurst（1847～48年）⇒「a monasatery according to the Romastery　修道院」
『英華字典』／Wilhelm Lobscheid（1866～69年）⇒「Monastery　修道院」
『英華翠林韻府』／Justus Doolittle（1872年）⇒「Romanist　修道院」

【衆統領】

日本

『地球説略』／褘理哲撰（1860年・咸豊6年）⇒「国無王、有衆統領（フレシテント）一職、任牧民之責、其任以四年為満」

【柔軟動物】

日本

『動物学 初編 哺乳類』／ブロムメ著､田中芳男訳纂（1874年･明治7年）⇒「動物ノ生活ハ四個ノ元形ニ成ル者トシ有脊動物、柔軟動物、多節動物、多肢動物ノ四個ニ大別シ」

【十二指腸】

日本

『解体新書』巻一／杉田玄白訳、中川淳庵校（1774年・天明6年）⇒「その管に会して、胃の下口、十二指腸（小腸に属す）に入る、水穀の消化を佐くる者なり」

『六物新志』巻下／大槻玄沢訳（1786年・天明6年）⇒「又導胆汁而送之於十二指腫之上口又入于腸」

『西説医範提綱釈義』巻二／宇田川榛齋訳述（1805年・文化2年）⇒「形状主用ン同シカラサルニ因テ六腸ニ分ツ、十二指腸、空腸、廻腸」

【私有品】

日本

『合衆国政治小学』初編 巻之二／ヨング 著､瓜生三寅訳述（1872年･明治5年）⇒「私有品を以て選挙士の身分を定むる」

【私有物】

日本

『性法略』第九編／神田孟恪訳（1871年・明治4年）⇒「私有物ノ伝授トハ、

他人ニ其物ヲ譲リ其人ヲシテ己ニ代リ之ヲ有セシメントノ意ニテ」

【秋分】

中国

『地球図説』 客星／蔣友仁訳（刊行年不明）⇒「平分黄道圏為四、曰春分、秋分、夏至、冬至各居大圏四分之一」

【重油】

中国

『化学鑑原続編』 化学四／傅蘭雅口訳、徐寿筆述（1875年・光緒元年）⇒「則俱従煤黒重油内所得其最多在加熱至三百至四百度之間」

【重力】

日本

『求力法論』 完／与盤計意流著、志築忠次郎訳（1784年・天明4年）⇒「初ノ求力ハ重力ノコトナリ」

『気海観瀾』 引力／青地林宗訳述（1825年・文政8年）⇒「引力、又此を重力と謂ふ、凡百の物、地に嚮ひて落ちざるなし、落つるは即ち物の重力にして」

『験気管略説』 ／高野長英著（1840年代）⇒「水銀ノ重力強ク外気ノ圧力強シ故ニ管中ノ水銀高ク昇ル」

中国

『遠西奇器図説』 巻二／鄧玉函口授・王徴訳絵（1628年・天啓7年）⇒「力六十斤、与重二十斤、亦是三倍、係重力常要倍于重、故少用」

『重学』 巻一／艾約瑟口訳、李善蘭筆述（1859年・咸豊9年）⇒「凡相等重力直加於桿之両端」

【取火鏡】

日本

『西洋雑記』 巻二／山村才助訳編（1848年・嘉永元年）⇒「取火鏡を以て敵船

を焼く説、昔西斎里亜「セイラキュサ」国王の天文師に、亜爾幾墨得瓦といふ者」

【主義】

日本

『五科学習関係文書』政略論／西周編（1863年・文久3年）⇒「此ノ如ク人々其主義トスル所ノ異ナルハ理論上ニ於テ道義ヲ精窮講明シタル点ヨリ立ツ者ニ非スシテ」

『英氏経済論』巻十／小幡篤次郎訳（1871年・明治4年）⇒「経済ノ主義スル処成ル丈ケ廉価ニ之ヲ持続スルニ在ル故ニ財本ト開スル」

【授業】

日本

『五科学習関係文書』法学・政治編／西周編（1863年・文久3年）⇒「一　記五科授業之略」

『舎密局開講之説』小学校調役／ハラタマ講説、三崎嘯輔宣訳（1869年・明治2年）⇒「皇国ハ其授業の一にして勉力怠らず彼学術として」

『泰西勧善訓蒙』後編 巻三／箕作麟祥訳述（1871年・明治4年）⇒「人民ノ為メ阻害ヲ致スニ至ル可シ故ニ授業ノ師ヲ擇ミ学校ヲ設クル」

【授業料】

日本

『西洋事情』二編　巻之一／福澤諭吉纂輯（1866年・慶応2年）⇒「甲乙丁の学生は皆至福の授業料を納むべきものなれば、貧生一人の為め他者の学費を減ずるの理なし」

『万国新聞紙』第四集／ベーリー編（1867年・慶応3年）⇒「授業料は多分に受けず又西洋書籍を持セざる者にて別に料を受すして惜し教ゆべし」

『西洋学校軌範』／小幡甚三郎撮訳、吉田賢輔校正（1870年・明治3年）⇒「第二授業料　五十五（ドルラル）　但一ケ年ニ付キテ」

【縮形】

日本

『西洋紀行 航海新説』巻下／中井桜州著（1870年・明治3年）⇒「カロメノ戦争ニ関係スル軍艦及ヒ砲台城郭等ノ縮形ヲ製造シタルヲ見ル」

【宿罪】

中国

『代疑篇』下巻／楊廷筠述（1621年・天啓元年）⇒「耶蘇一死万民宿罪全除、救世誰如天主者」

【祝日】

日本

『日本新聞外篇』巻四／柳河春三訳（1865年・慶応元年）⇒「蓋し日本に五の祝日あり、タンゴ（端午）と名くる者は、西暦五月二十七日なり」

『英国議事院談』巻二／福澤諭吉訳述（1869年・明治2年）⇒「上下の両院各々其会議を日々に延期し、或は祭日祝日を越て又其翌日に延ばすことあり」

中国

『聖母行実』巻三／高一志撰述（1631年・崇禎4年）⇒「母聞之添然、至聖母像前、祝日、此子吾向托聖母」

『崇一堂日記随筆』三編／湯若望訳述、王徴筆記（1638年・崇禎11年）⇒「尚有数里之遥毎爵恐其不能到也、祝日且徐下墜」

【祝砲】

日本

『航米日録』／玉虫茂誼誌（1860年・万延元年）⇒「帰ル時又小砲隊ヲ整ヘ祝砲ヲ発ス、然後国王ノ旗章ヲ下ス」

【縮容鏡】

日本

『博物語彙』 英文／宇田川榕菴編（刊行年不明）⇒「縮容鏡、凹鏡」

【主権】

日本

『五科学習関係文書』 憲法草案／西周編（1863 年・文久 3 年）⇒「天子ハ立法行政之主権を総攬したるものなれハ偏ニ行政権ハ天子ニ在リといふ事を得す」

『泰西国法論』／津田真一郎訳（1868 年・慶応 4 年）⇒「第十七章　見に主権を領し之を行ふ状は各国政体の同じからざるに従て異同あり」

『泰西勧善訓蒙』 後編 巻三／箕作麟祥訳述（1871 年・明治 4 年）⇒「国ノ言語ニ等ク最重要ノ者タレハ苟クモ全国ノ人民互ニ主権ヲ尊ミ其相合シタル」

中国

『聖経直解』 巻五／陽瑪諾著（1636 年・崇禎 9 年）⇒「其国不在今世何、曰、世物無一不属主権、憑意可用、但為贖人罪」

『通商諸国記』／朱克敬撰（1891 年・光緒 17 年）⇒「私已之非将黜俄主権以便民五年乙卯約英法土共攻西巴斯多卜城」

『万国公法』 巻一／丁韙良訳（1864 年・同治 3 年）⇒「不如称之為国法也、主権行於外者即本国自主、而不聴命於他国也」

辞書

『英華字典』／ Wilhelm Lobscheid（1866 ～ 69 年）⇒「Dominate, To rule　主権」「Sovereignty, Supreme power　主権」

【酒酸】

日本

『植学啓原』／宇田川榕菴著（1833 年・天保 4 年）⇒「植酸は古人四種を挙ぐ、一を檎酸と曰ふ、二を酒酸と曰ふ、三を枸酸と曰ふ、四を安息酸と曰ふ」

『気海観瀾広義』 巻一／川本幸民訳述（1851 年・嘉永 4 年）⇒「植物より生ず、醋酸・枸酸・酒酸等、是なり」

『化学訓蒙』 巻二／石黒忠悳編輯（1870 年・明治 3 年）⇒「問　酒酸、答一二酒石酸ト名ツク」

【種字局】

日本

『航西日乗』／成島柳北著（1872 ～ 73 年・明治 5 ～ 6 年）⇒「英華書院ニ過ギ書籍ヲ購ヒ、種字局ヲ観ル、途上一劇場有リ、昌平戯園ト掲題ス」

【宿根】

日本

『植学啓原』宗類／宇田川榕菴著（1833 年・天保 4 年）⇒「其の根年々枯るる者を夏草と名け、宿根して明年枯るる者を越年草（をつねんもの）名く」

【宿根植物】

日本

『牙氏初学須知』巻四上／田中耕造訳、佐沢太郎訂（1875 年・明治 8 年）⇒「植物寿命ノ長短ニ従ヒ、一年植物、二年植物、宿根植物ト云フ」

【出立会議堂】

日本

『幕末遣欧使節航海日録』二日／野沢郁太記（1861 年・文久元年）⇒「一時頃アムステルダム御旅宿御出立合議堂にて」

【出張】

日本

『環海異聞』巻一／大槻玄沢撰（1807 年・文化 4 年）⇒「ヲロシャ本国よりの出張所有之、小湊と相見へ候」

『軍艦図解』／本木庄左衛門訳述（1808 年・文化 5 年）⇒「諸卒は皆船の上段に出張して戦い事とす」

『仏英行』九月／柴田剛中記述（1861 年・文久元年）⇒「浜五郎府外出迎として出張いたし度旨申聞る」

【首都】

日本

『輿地誌略』 巻二／青地林宗訳述（1826 年・文政 9 年）⇒「此部は豊腴の地にして、歳に再収す、此を全島の首都とす、島の北浜ニ在、城郭完整堅固とす」

『八紘通誌』 巻一／箕作阮甫述（1851 年・嘉永 4 年）⇒「デュブリンハ、愛倫デュブリン州内ニ在リ、一国ノ首都ナリ」

『坤輿初問』 第八節／伊東玄朴訳、新発田収蔵校（1857 年・安政 4 年）⇒「彼得羅堡此邦ノ首都ノ上ニ在り、戸数七千、人口二十七万二千」

【種痘】

日本

『北槎聞略』 雑載／桂川甫周撰（1794 年・寛政 6 年）⇒「彼邦にては専ら種痘の法を用う、その法はよき痘瘡の膿をとり腕肘寸口へすり付るなり」

『瘍医新書』 第十五編／大槻玄沢訳（1816 年・文化 13 年）⇒「有幼科種痘心法要旨之編、蓋其種痘之法矣」

『新訂増補和蘭薬鏡』 巻十六／宇田川榛斎訳述、宇田川榕菴校補（1828 年・文政 11 年）⇒「一児ハ朝（父）爾水ヲ服シ痘発セス、故ニ其父是ニ種痘シ」

『生機論』 ／岡研介著（1831 年・天保 2 年）⇒「則歴歴可見若化骨主要由化骨腫瘍糸」

中国

『六合叢談』 巻一／慕維廉・艾約瑟他記述（1857 年・咸豊 7 年）⇒「是時法王子種痘、既愈、遂ニ受洗礼」

『婦嬰新説』 巻下／合信著（1858 年・咸豊 8 年）⇒「種痘有新旧二法、旧法取出痘軽者之痂、寒鼻或略破外皮」

【種痘院】

日本

『日本貿易新聞』 第百号／乙骨太郎乙訳（1864 年・元治元年）⇒「種痘院の評判は甚宜しく、其任を受けたる医師等大に衆人の信用を得たり」

『西洋聞見録』 巻中／村田樞文夫纂述（1869 年・明治 2 年）⇒「種痘院　是レ宏壮ナラズ、僅ニ七千人ノ病客ヲ収ムベシ、其余此ノ如キ小病院枚挙ニ暇アラズ即チ腫瘡院、熱病院」

【種痘法】

日本

『瓊浦偶筆』巻二／平沢元愷著（1774 年〜・安永 3 年〜）⇒「余ノ問ウニ、医宗金鑑種痘法ヲ戴スルニ、甚ダ悉シ」

【首府】

日本

『輿地誌略』巻一／青地林宗訳述（1826 年・文政 9 年）⇒「一鎮とす、圧尼瓦諾勿臥羅度を首府トス」

『坤輿図識』巻一／箕作省吾著（1845 年・弘化 2 年）⇒「近二十五年前、首府モ亦其災ニ係ル、人民死スル者、七百三人」

『坤輿初問』／伊東玄朴訳、新発田収蔵校（1857 年・安政 4 年）⇒「此州ハ俄羅忍銀ノ西ニ在テ首都ヲ「レイワールデン」ト云フ」

『官板 バタヒヤ新聞』／蕃書調所訳（1862 年・文久 2 年）⇒「紳士等本国の統一すると補助して、その首府を警護す」

『地学初歩和解』波斯国／宇田川榕精訳（1867 年・慶応 3 年）⇒「波斯ハ、亜細亜ノ西方ニ位ス人民巧ニモ絹等ヲ製ス、首府ヲ徳蘭ト名ク」

『官版 明治月刊』巻二／開物新社編（1868 年・明治元年）⇒「全国の首府を馬徳里といひ、国の中央にありて、マンセナルと云へる河辺に沿ひ」

『万国港繁昌記』二巻／黒田行元編・松川半山書画（1873 年・明治 6 年）⇒「古昔羅瑪の東都にして、方今都爾の首府なり」

中国

『外国地理備攷』巻五／瑪吉士輯訳（1847 年・道光 27 年）⇒「為四省一名哥魯尼唖首府亦名哥魯尼唖一名」

『地理全志』巻一／慕維廉輯訳（1853 年・咸豊 3 年）⇒「一曰唐沖、又名東京、在北方、首府順化、乃都城也、本為土人之地」

【趣味】

日本

『自由之理』巻四／中村敬太郎訳、木村謙一郎版（1872年・明治5年）⇒「下劣ナル趣味〈オモシロミ〉ヲ有チ或ハ全ク趣味ヲ有タザルモノ」

中国

『西国記法』原本第一／利瑪竇著、高一志・畢方済共訂（1595年・万暦23年）⇒「必各極其一偏之致反趣味可把、若只尋常面孔」

【手榴弾】

日本

『西洋兵学訓蒙』単語／中西喜一郎著（1857年・安政4年）⇒「手擲榴弾　ハンドガラナート」

『三兵養生論』巻一／久我俊齋訳（1867年・慶応3年）⇒「柘榴弾ヲ擲却スル兵卒ハ体長ヲ要スル」

【種類学】

中国

『中西関係論』巻一／林楽知著（1876年・光緒2年）⇒「熱学・地理学・史学・種類学・植物学・動物学・航海之法・造船之学」

【純金】

日本

『舎密開宗』／賢理著、宇田川榕菴重訳増訂（1836年・天保8年）⇒「塩酸ニ分ヲ和シ此ニ純金ヲ飽キテ熔シ」

『理学提要』巻一／広瀬元恭訳（1856年・安政3年）⇒「亜氏是れに由つて、其の国王の冠、純金ならざるを検知す」

『化学稿要』／宇田川準一訳（1873年・明治6年）⇒「純金ハ、極メテ軟キヲ以テ、貨幣ト為シ難シ」

【純金属】

日本

『化学入門』初編／竹原平次郎抄訳、堀尾用蔵註（1867年・慶応3年）⇒「重金属ヲ再別シテ陽性金属、陰性金属トナシ純金属、半金属ノ名ヲ廃棄スル」

【巡査】

日本

『航西日乗』／成島柳北著（1872～73年・明治5～6年）⇒「半バ土石ニ埋レ、出入ノ危険ナル処ニハ禁通行ノ標本アリ、巡査其処ニ居テ濫入ヲ防グ」

『文明開化雑纂』彗星のさとし／稲葉鉄太朗他著（1874年・明治7年）⇒「近来御廻りの巡査誠に親切に隅々迄不法を糺さるるとはいえども、三ツ四ツの稚子が泣くのを」

中国

『官板 中外新報』第一号／応思理撰（1858年～・咸豊8年～）⇒「漁船出関捕冬恐有変詐欺于初六日夜著委員巡査街道、並派員坐守各城門」

『航海述奇』／張徳彝著（1865年・同治4年）⇒「皆在馬道内外乗馬執刀巡査弾圧彝等排車東鄙有武官」

辞書

『英華字典』／Wilhelm Lobscheid（1866～69年）⇒「inspection　巡査」「Surveillance　巡査」

【春分】

中国

『地球図説』客星／蒋友仁訳（刊行年不明）⇒「平分黄道圏為四、曰春分、秋分、夏至、冬至各居大圏四分之一」

【純養気】

中国

『化学初階』巻一／嘉約翰口訳、何瞭然筆述（1870年・同治9年）⇒「亦必複燃一如死而復生者、純養気瓶投以熱炭、則星火四射」

『化学鑑原』巻一／傳蘭雅口訳、徐寿筆述（1871 年・同治 10 年）⇒「石灰与炭養所成、散其炭養而化合之其式」

【書院】

日本

『北槎聞略』巻三／桂川甫周撰（1794 年・寛政 6 年）⇒「新三郎が書院の結構椅子坐辱等に至るまで美を尽せし」

『万国港繁昌記』巻上／黒田行元編・松川半山書画（1873 年・明治 6 年）⇒「東印度商館あり、内に書院あり、東印度の記事写本等を貯ふ」

中国

『瀛環志畧』巻九／徐繼畬撰（1848 年・道光 28 年）⇒「通国書院学館甚多、其費歳一二百万圓」

『地理全志』巻一／慕維廉輯訳（1853 年・咸豊 3 年）⇒「英人築楼館以居、建書院、設学堂」

『地球説略』大中国図説／禕理哲撰（1856 年・咸豊 6 年）⇒「惟東北両処独用、国内書院頗多」

【傷医院】

日本

『西洋聞見録』巻中／村田樞文夫纂述（1869 年・明治 2 年）⇒「内に寝床二百箇所ヲ備フ、又傷医院アリ毎歳二千人ヨリ三千人ヲ療治ス」

【傷医学校】

日本

『西洋聞見録』巻中／村田樞文夫纂述（1869 年・明治 2 年）⇒「傷医学校内ニ書庫アリ、此賽庫東人ニ於テ頗ル奇観トス、但シ室ヲ分ケテ人体ヲ四肢内蔵等ト悉ク部ヲ分テ陳列ス」

【上院／上議院／上議政院／上政院】

日本

『日本貿易新聞』第七十五号／石橋鎗次郎訳、柳河春三閲（1864 年・元治元年）⇒「上政院の人々に相談し且政府の目的如何と問へり」

『航西小記』巻一／岡田攝藏稿（1866 年・慶応 2 年）⇒「議事堂を二院に分つ一を上院と云ひ一を下院と云ふ上院には宰相を初め重役等相集て事を議す」

『立憲政体略』国憲／加藤弘蔵著（1868 年・慶応 4 年）⇒「国内各邦ノ政府ヨリ各二員ノ代議士ヲ選択シテ之ヲ上院ニ送ル」

『合衆国政治小学』初編 巻之三／ヨング 著、瓜生三寅訳述（1872 年・明治 5 年）⇒「下院をして上院を以て吏罪裁判の上局と為す」

中国

『英国志』巻四／慕維廉訳（1856 年・咸豊 6 年）⇒「与諸世爵議事可否、今謂之下院、即今王与労爾徳士」

『六合叢談』巻五／慕維廉・艾約瑟他記述（1857 年・咸豊 7 年）⇒「上院中従相臣意、主戦者多二十六人、下院中不欲戦、主和者多十六人、英相志已決然」

『欧遊随筆』／銭徳倍述（1877 年・光緒 3 年）⇒「則以允者過半為定下院定議則上之於上義院上院定而批決於君然後施行」

『各国日記彙編 曽候日記』（1879 年・光緒 5 年）⇒「初四日上議政院首領馬爾特爾来一談余昨日既拝下議院首領帰而函詢馬公何時可以接見馬公」

『使美記略』／陳蘭彬著（1878 年・光緒 4 年）⇒「則視部務繁簡多寡不一而事権統帰議院上議院毎邦二人共七十六人」

『通商諸国記』／朱克敬撰（1891 年・光緒 17 年）⇒「紳士掌之国有大事主諭相相告上政院公議可否転告下政院詢謀僉同」

【証印税】

日本

『西洋事情』初編 巻之一／福澤諭吉纂輯（1866 年・慶応 2 年）⇒「証印税屋宅の貸借、金銀のことに就ての約書、両替屋の手形、為替手形、借財、質入」

『西洋各国盛衰強弱一覧表』介税／加藤弘蔵訳述（1867 年・慶応 3 年）⇒「酒塩砂糖烟草等ノ税及ヒ輸入税証印税等なり此輸入税ト云フ」

『西洋聞見録』後編 巻二／村田樞文夫纂述（1869 年・明治 2 年）⇒「証印税（漢人又印票税ト云フ）是国中財貨ノ出納等ノ事ニ当テハ、悉ク官印ヲ用ヰテ」

【照影】

日本

『脱影奇観』 初篇巻下／宇田川準一和解（1872年・明治5年）⇒「若シ初メテ照影（シヤシン）ノ芸ヲ学ブニハ務メテ予其技ニ善キ者ニ求メテ」

【常温】

日本

『舎密開宗』 巻三／賢理著、宇田川榕菴重訳増註（1837年・天保8年）⇒「大気ノ常温ニテハ固形ヲ為ス質軟ニメ蝋ノ如ク指間ニ拈捏スベシ」

『化学入門』 初編／竹原平次郎抄訳、堀尾用蔵註（1867年・慶応3年）⇒「喩バ一片ノ鉄ヲ水中ニ置クト雖モ常温度ニテハ自ラ水ヲ分析スル事能バス」

【消化】

日本

『生機論』 巻一／岡研介著（1831年・天保2年）⇒「当彼飲食消化之時、以分析力解釈之復以此機生力」

『遠西医方名物考補遺』 巻八／宇田川榛齋訳述、宇田川榕菴校補（1834年・天保5年）⇒「気中ノ酸素ヲ引キ漸消化ノ光彩、色沢、響鳴、鎚延力等金属固有ノ質ヲ失」

『舎密開宗』 巻十／賢理著、宇田川榕菴重訳増註（1837年・天保8年）⇒「各等分ヲ可溶多少溶シ此溶液ヲ以テ金箔ヲ消化シ」

中国

『畸人十篇』 巻上／利瑪竇述、汪汝淳較梓（1608年・万暦36年）⇒「生人者如燭耳恒自消化誰益之膏油乎」

『植物学』 巻六／韋廉臣輯訳、李善蘭筆述（1857年・咸豊7年）⇒「自能開合、飛虫集其内即合而消化之則亦似胃矣」

『正学鏐石』 ／利安當著、南懐徳訂（刊行年不明）⇒「抑不容其消化否耶、如容其消化、是狗欲恋愛」

【消化液】

日本

『生石灰之解凝力』第二十一／宇田川榕菴自筆草稿（1824年·文政7年）⇒「飲食消化液ノ吸収力弛ミタリ発スル胃病ニ効アリ」

【消化管】

日本

『斯魯斯氏講義動物学 初編』／太田美濃里筆記（1874年・明治7年）⇒「動物ハ食物ヲ取り先消化管内ニテ之ヲ消化シ以テ全身ニ輸送ス」

『動物学 初編 哺乳類』第二編／ブロムメ著、田中芳男訳纂（1874年·明治7年）⇒「細血管、及ビ脾、肝、両腎、消化管アリ此ノ消化管ハ口ヨリ肛ニ達ス」

【消化器／消化機】

日本

『古列亜児没爾爸斯説』／宇田川榕菴著（1858年・安政5年）⇒「第三ハ飲食消化器ヲシテ本然常度ノ運度ニ優シ」

『登高自卑』前編 巻之下／村松良粛抄輯（1872年・明治5年）⇒「緩歩運動シテ胃ノ消化機ヲ助ルニ宜シカラズ」

【消化器機】

日本

『航西日記』巻三／青淵漁夫・靄山樵者録（1871年・明治4年）⇒「第二十五消化器機、第二十六軍務局より出せし兵具類」

【昇華】

日本

『植学啓原』巻三／宇田川榕菴著（1833年・天保4年）⇒「没食酸は植酸の一種なり、火に遇へば昇華して白絮を為す」

『舎密開宗』巻四／賢理著、宇田川榕菴重訳増註（1837年・天保8年）⇒「稠

厚ト為ル蓋器ニ煆煆バ五百六十度ノ熱ニテハヲ以テ昇華ス」

『**化学通**』巻一／川本幸民訳述（1871 年・明治 4 年）⇒「分析セサル全体ト異ナラス、唯大小形容ノ別アルノミ、溶解、沈殿、揮発、蒸留、昇華、飛散、化灰、還元」

【傷科】

日本

『**六物新志**』巻上／大槻玄沢訳（1786 年・天明 6 年）⇒「本邦瘍科之術未全備而日昇」

【照海鏡】

日本

『**訂正増訳采覧異言**』巻三／新井白石著、山村才助増訳（1802 年・享和 2 年）⇒「海面若平地其後置照海鏡大径数尺能照」

【照画鏡】

日本

『**航米日録**』巻四／玉虫茂誼誌（1860 年・万延元年）⇒「一、照画鏡一個　一大円銀ヨリ三十大円銀ニ至ル」

【小学／小学校】

日本

『**官板　和蘭学制**』巻一／内田正雄訳（1869 年・明治 2 年）⇒「小学校ヲ二種ニ区別シテ、一ヲ通常ノ者トシ一ヲ稍大ナルモノトス」

『**佛国学制**』巻一／佐沢太郎訳、河津祐之閲（1873 年・明治 6 年）⇒「幼時小学校ニ入リテ学バザル者ヲ教フルヲ以テ首旨トス」

中国

『**坤輿図説**』巻下／南懐仁撰（1672 年・康熙 11 年）⇒「国王広設備学校一国一郡有大学中学一邑一郷有小学」

『外国竹枝詞』 巻二十六／張潮輯、汪楫校（刊行年不明）⇒「国有小学中学大学分四科曰医曰治曰教曰道新法曆書」

【商館】

日本

『訂正増訳采覧異言』 巻十二／新井白石著、山村才助増訳（1802年・享和2年）⇒「和蘭諳厄利亜等諸国ノ皆商館ヲ置テ魚ヲ捕ル」

『坤輿図識』 巻一／箕作寛吾著（1845年・弘化2年）⇒「部中英吉利、和蘭、支那ノ商館アリ、夏秋ノ間、互市アリ、頗ル繁昌ナリ」

『外蕃容貌図画』 坤／田川春道著、倉田東岳画（1854年・嘉永7年）⇒「此地ノ東部海岸ニ英吉利国ノ大商館あり」

中国

『海国図志』 巻上／魏源撰、林則徐訳（1876年・光緒2年）⇒「到印度海各口建立商館売買、因土君力索磨難」

【蒸気釜】

日本

『仏英行』 九月／柴田剛中記述（1861年・文久元年）⇒「大小砲道具製所、蒸気釜製所、船中用大小道具一式貯へ庫」

『日本貿易新聞』 横浜新聞紙／柳河春三・渡辺一郎・他訳（1863年・文久3年）⇒「此弾丸蒸気釜に中れるを以て船飛ひ上り、船之諸所裂る」

『牙氏初学須知』 ／田中耕造訳、佐沢太郎訂（1875年・明治8年）⇒「蒸発釜」

『蒸気雑説』 甲／著者不明（明治初期書写）⇒「蒸気竈　ストームケートル鉄板を以て製造す、稀には銅版を以て製するものあり」

中国

『中西聞見録選編』 十二月／丁韙良編（1877年・光緒3年）⇒「如鑄大砲、与火輪機之蒸気釜、或改而用剛」

【蒸気機／蒸気機関】

日本

『遠西奇器述』蒸気機／川本幸民口述、田中綱紀筆記（1854 年・嘉永 7 年）⇒「蒸気機　スームウェルキトイグ　蒸気機トハ蒸発セル水ノ張力ヲ以テ運動スル者ニシテ舟車ヲ行リ水ヲ汲ミ」

『遣米使節日記』正月／村垣範正記（1860 年・万延元年）⇒「左右部屋部屋なり、これをカームルといふ、其次は蒸気機関の場所なり」

『官板 バタヒヤ新聞』巻八／蕃書調所訳（1862 年・文久 2 年）⇒「一万零七百八十二馬力なる蒸気機関を備へたる器機七百十一個を設けたり」

『英国探索』大砲製造の事／福田作太郎筆記（1862 年・文久 2 年）⇒「炉前に直にロラと唱へ候、器機取付有之、右は蒸気機関を以て運転なし」

『舎密局開講之説』／ハラタマ講説、三崎嘯輔宣訳（1869 年・明治 2 年）⇒「今欧羅巴、亜墨利加、二州の蒸気機殆んど六千余に及べり」

『蒸気船之記』／著者不明（1865 年頃・慶応年間）⇒「蒸気機（ストームマシネ）を船の中央に設けて其車輪を運転せしむ」

中国

『格物入門』巻二／丁韙良著（1868 年・同治 7 年）⇒「漢武帝時、希臘国有希羅者、（日方）造蒸気機、不過玩物耳」

『瀛海論』／張自牧著（1876 年・光緒 2 年）⇒「希臘人希羅初造蒸気機而未知其用明末法人高斯国初英人呉斯徳侯始明用」

【蒸気軍艦】

日本

『日本新聞』第一号／春田与八郎訳、柳河春三校補（1865 年・慶応元年）⇒「法蘭西の蒸気軍艦、舶号ドプレー今月七日入津せし」

【蒸気車】

日本

『遠西奇器述』気車／川本幸民口述、田中綱紀筆記（1854 年・嘉永 7 年）⇒「訳者案スルニ、方今西洋各国一般、蒸気車ヲ用ヒテ、皆其便利ヲ知ル」

『航米日録』／玉虫茂誼誌（1860 年・万延元年）⇒「凡テ車ノ機巧ヲ用ルモノ

多シ、蒸気車ニテ万里ノ波涛ヲ平路ノ如ク渉ル」
『**漂流記**』下／播州彦蔵著（1863 年・文久 3 年）⇒「明日ハホールテモオ《港の町名なり》の蒸気車着乃所迄迎へに出なん」

【蒸気車会所／蒸気車場】

日本

『**仏英行**』六月／柴田剛中記述（1861 年・文久元年）⇒「作之助・三郎両人蒸気車会所へ遣し」
『**日本貿易新聞**』／箕作貞一郎訳、林良齋写（1864 年・元治元年）⇒「ペートルヒユルクへ至る鉄路のビームと云へる蒸気車会所にて大に戦ふたり」
『**官板 海外新聞**』十八号／大学南校編（1871 年・明治 4 年）⇒「蒸気車場ハ其忙劇殊ニ甚シク、荷物家財等ヲ夥シク積来リ」

【蒸気車鉄道／蒸気車道】

日本

『**官板 バタヒヤ新聞**』巻二／蕃書調所訳（1862 年・文久 2 年）⇒「政府の裁判官は蒸気車鉄道の貨幣の規則なき事件を此社中にて」
『**万国新聞紙**』／ベーリー編（1867 年・慶応 3 年）⇒「ニユーヨルクとの間に蒸気車道を今盛に製造せり」

【蒸気船】

日本

『**坤輿図識**』巻二／箕作省吾著（1845 年・弘化 2 年）⇒「海軍武庫あり、戦艦十七隻、蒸気船大小九艚、大熕一万余」
『**海外人物小伝**』巻四／時々夢斎著（1853 年・嘉永 6 年）⇒「十一月三十日「ゼルホウク」の港に著く遂に霊柩を蒸気船に徒し十二月十五日巴里斯に入る」
『**官板 玉石志林**』巻二／箕作阮甫他訳（1863 年頃・文久 3 年頃）⇒「吾船にて既に詳に検査せる蒸気船の諸書札を手に触れば伝染病を得を恐れ」

【蒸気橋】

日本

『航西小記』／岡田摂藏稿（1866 年・慶応 2 年）⇒「帰途蒸気橋を渡り旅館に帰る此橋は両岸の間遠くして」

【蒸気便船】

日本

『万国新聞紙』初集／ベーリー編（1867 年・慶応 3 年）⇒「今度香港より蒸気便船を以て彼漂流人を本国に送らんの用意をなせり」

『史略』下巻／木村正辞編（1872 年・明治 5 年）⇒「貿易隆盛を極め更に太平洋に蒸気郵船を置て日本支那等と期日を定めて」

【蒸気風呂】

日本

『栄力丸漂流記談』巻二／堀熙明編（1856 年・安政 3 年）⇒「蒸気の湯風呂「サシコハナ」船などにては、五間高さ一丈七八尺」

『官板 海外新聞』第十二／洋書調所訳（1862 年・文久 2 年）⇒「其外又使節等に蒸気風呂或は病人部屋抔をも見せ」

【照鏡】

中国

『格物入門』三巻／丁韙良著（1868 年・同治 7 年）⇒「問、鏡分機類、答、共分二類、照鏡透鏡是也、照鏡為鑑」

【硝強水】

日本

『博物新編訳解』巻之一／合信著、大森解谷訳（1868 年・慶応 4 年）⇒「硝強水〈セウキヤウスイ〉《又火硝油ト名ツク》製スル法、火硝一斤、硫黄一斤ヲ以テ同ク」

『脱影奇観』初篇　下巻／宇田川準一和解（1872 年・明治 5 年）⇒「硝強水、

発現水、発重水、定影水、酒白漆等ノ物ナリ」

中国

『博物新編』一集／合信著（1855年・咸豊5年）⇒「硝強水又名火硝油　製法用火硝一斤、硫砿一斤」

中国

『初使泰西記』／志剛著（1867年・同治6年）⇒「強水之力化所能化之物如磺強水化金硝強水能化銀之類」

『格物入門』巻六／丁韙良著（1868年・同治7年）⇒「如銅色本紅、硝強水透亮無色、合之則為深藍」

『化学初階』巻一／嘉約翰口訳、何瞭然筆述（1870年・同治9年）⇒「養淡二気本無味、及交感而合為硝強水、味極酸、飲之則毒」

『化学鑑原』巻一／傅蘭雅口訳、徐寿筆述（1871年・同治10年）⇒「硝強水与各金大半可化而合之」

『格致古微』微三／王仁俊述（1899年・光緒25年）⇒「硝石能化七十二種石案此硫強水硝強水所自出」

【消極】

日本

『蘭学重宝記』零点下／賀寿麻呂大人著（1835年・天保6年）⇒「消極（ネガチーフ）とし験温器」

『舎密開宗』巻二／賢理著、宇田川榕菴重訳増註（1837年・天保8年）⇒「按ニ銀銭ヨリ起ル機力ヲ消極（ネガチフ、オントケンネンデ・ポール）ト名ケ亜鉛ヨリ起ル機力ヲ積極（ポチフ、ステルリフ・ポール」ト名ク」

『化学入門』後編　巻之一／竹原平次郎抄訳、堀尾用蔵註（1867年・慶応3年）⇒「非金属ヲ消極体ト名ケ金属ヲ積極体ト名ク」

【積極越歴】

日本

『化学訓蒙』巻一／石黒忠悳編輯（1870年・明治3年）⇒「六十余元素其性積極越歴ヲ具フルアリ」

【消極像影】

日本

『舎密局必携』巻三／上野彦馬抄訳、堀江公粛閲（1862年・文久2年）⇒「此図ヲ瞬間時、日影ニ向テ伺フベシ、是レ即チ消極像影（ネガチーフベールド）ニシテ天部ハ黒色、陰影部ハ透明ナル如ク」

【上下同治／上下分権】

日本

『隣草』／加藤誠之著（1862年・文久2年）⇒「君主政治の政体は君主握権《洋名オンベペルクテモナルキー》と上下分権《洋名ベペルクテモナルキー》の二ツとなり官宰政治の政体は豪族専権《洋名アリストカラチセレピュブリーキ》と万民同権《洋名デモカラチセレピュブリーキ》の二ツとなるなり」

『立憲政体略』政体総論／加藤弘蔵著（1868年・慶応4年）⇒「君主専治《鄰草ニ君主握権ト称スル者》上下同治《又君民同治ト訳ス鄰草ニ上下分権ト称スル者》是ナリ」

【証券】

日本

『英氏経済論』巻六／小幡篤次郎訳（1871年・明治4年）⇒「何時モ正金ニ引換ユ可キ証券ヲ貸シテ我所有アラントスル場所ニテ之ヲ使用セシム」

『連邦商律』第二節／藤田九二訳述（1873年・明治6年）⇒「証券（てがた）とは銀行その外貸主などにて作り出せるものなり、凡そその種類は三個あれども総名を商議証券と云ふ」

【象限儀】

日本

『暦象新書』上編　上巻／奇児著、志筑忠雄訳（1798年・寛政10年）⇒「度を計るものは、必ず測器を用ゆ、測象の器一なら、象限儀〈クワタラント〉あり、紀限儀〈セツキスタント〉あり、八圓儀〈オクタント〉」

『西洋列国史略』／佐藤信淵撰（1808年・文化5年）⇒「地平儀象限儀等ヲ制

作シ之ヲ以テ航海スル」

『算法渡海標的』凡例／石黒信由著（1836 年・天保 7 年）⇒「本朝の船乗人、右おくだんとなくは、常の象限儀を用て、北極及び太陽高低の大概を測り知るべし」

『窮理日新発明記事』巻一／東井潔全纂輯（1872 年・明治 4 年）⇒「其舗に象限儀種々有りける、是に因りて視学及び天文学の門戸を導く」

中国

『談天』巻八／偉烈亜力口訳、李善蘭刪述（1859 年・咸豊 9 年）⇒「任取其周甲乙丙三点、用象限儀、測地面界上巳午二物」

【正午】

日本

『管蠡秘言』付録／前野良沢訳（1777 年・安永 6 年）⇒「況ンヤ日輪、南天ニ至ル時ハ、正午（火召）照タリ、火ニ非ズシテ何ゾ」

中国

『聖経直解』巻五／陽瑪諾著（1636 年・崇禎 9 年）⇒「従茲以後、徒孝事、爾時正午、至申初初刻日全失光」

【上控】

日本

『百学連環』第二編下／西周講述、永見裕筆録（1870 年・明治 3 年）⇒「都府の公事は大法院に於てするは常なりと雖も、初控（first instance）及ひ上控（appeal）と称することありて」

【昇降験気管】

日本

『北槎聞略』下巻／桂川甫周撰（1794 年・寛政 6 年）⇒「是は昇降験気管（かんねつせうがう）にて寒暖をはかり火候をほどよくして」

【上告】

中国

『万国公法』巻二／丁韙良訳（1864年･同治3年）⇒「迩来有案､為蘇邦曽断者､人上告国会、而国曽之爵房覆審」

『智環啓蒙塾課初歩』第百四十六課／香港英華書院訳（1864年･同治3年）⇒「然後定擬其罪之有無、上告審司、于是審司照法安案」

辞書

『A DICTIONARY OF THE CHINESE LANGUAGE, IN THREE PARTS.』／Robert Morrison（1815～23年）⇒「APPEAL　上告」

『英華字典』／Walter Medhurst（1847～48年）⇒「To APPEAL　上告」

『英華字典』／Wilhelm Lobscheid（1866～69年）⇒「Appeal　上告」

『英華翠林韻府』／Justus Doolittle（1872年）⇒「Appeal　上告」

【証拠人】

日本

『英政如何』巻十六／鈴木唯一訳（1868年・明治元年）⇒「書面に認め而して之を言上したる証拠人をして花押せしむ」

【上裁判庁】

日本

『輿地誌略』巻四／青地林宗訳述（1826年・文政9年）⇒「政庁は、弟那爾加と独逸都の両処あり、上裁判庁、陸軍庁、海軍庁、主計庁、政事庁、交易司庁を郭迸法瓦の六大庁とす」

【硝酸】

日本

『舎密開宗』序列／賢理著、宇田川榕菴重訳増註（1837年・天保8年）⇒「硫酸礬土、加々里、硝酸加里、硝石」

『消石説』発明／宇田川榕菴編（1843年・天保14年）⇒「石灰性多ク駱駝馴象ノ屎尿熱ノ為ニ硝酸ヲ生シ」

『気海観瀾広義』 巻七／川本幸民訳述（1851 年・嘉永 4 年）⇒「硝酸を以てこれを洗ひ、若くは唯嘴を開き、水素気を通し、火を点じて暫時白金絮を焼く」
『奇機新話』 ／麻生弼吉纂輯（1869 年・明治 2 年）⇒「硝石、及び硝酸諳模尼亜を入て壷の中にさし込」

中国

『格物入門』 巻六／丁韙良著（1868 年・同治 7 年）⇒「硝一養五合成硝酸」
『教会新報』 巻六／林楽知・慕雄廉等訳（1868 年・同治 7 年）⇒「養灰与硝酸合成塩硝」
『化学初階』 巻一／嘉約翰口訳、何瞭然筆述（1870 年・同治 9 年）⇒「光熱日火均能敗変、硝酸之力、各酸之力以磺為最次則硝酸也」

【小時】

中国

『談天』 巻四／偉烈亜力口訳、李善蘭刪述（1859 年・咸豊 9 年）⇒「旋過一百八十度一百八十、僅二小時略強如是之速度」

【小児牙】

中国

『格致彙編』 論牙歯／傅蘭雅輯（1876 年・光緒 2 年）⇒「骨内初顕出時形如小豆如若剖開小児牙」

【詳字学】

日本

『博物新編補遺』 人種論／小幡篤次郎訳述（1869 年・明治 2 年）⇒「諸邦ノ文字言語ヲ述スルヲ詳字学ト云フ」

【小時間】

日本

『万寶新書』 四十四／宇田川興齋訳述（1860 年・安政 7 年）⇒「通常二三小時

間ニ、腐蝕ノ勢漸ク遏止シ、斑爛ノ臭気ヲ駆除ス」
『舎密局必携』巻二／上野彦馬抄訳、堀江公粛閲（1862 年・文久 2 年）⇒「操作ハ十五小時間ヨリ、二十小時間行フ、益火度ヲ強フスベシ」

【照姿鏡】

日本

『牙氏初学須知』巻三／田中耕造訳、佐沢太郎訂（1875 年・明治 8 年）⇒「砥石ハ照姿鏡・眼鏡・小面硝子等ノ製造ニ於キテ」

【照字鏡】

中国

『澳門紀略 嘉慶庚申重干』下巻／印光任·張汝霖纂（1800 年·嘉慶 5 年）⇒「見花髭之蛆背負其子子有三四見蝿蝨毛黒色長至寸許若可数有火字鏡有照字鏡以架」

【小児睡車】

日本

『環海異聞』第五／大槻玄沢撰（1807 年・文化 4 年）⇒「古人製小児睡車、曰揺車、以児揺則睡故也、一名揺籃」

【商社】

日本

『西洋事情』初編 巻之一／福澤諭吉纂輯（1866 年・慶応 2 年）⇒「之を商人会社と名づく、既に商社を結めば、商売の仕組、元金入用の高、年々会計の割合等」
『西洋聞見録』後編 巻二／村田樞文夫纂述（1869 年・明治 2 年）⇒「商社　又商会或ハ商人会社トモ唱フ、英国既ニ合衆ノ制ヲ以テ国ヲ建ツ」
『理化新説』総論／ハラタマ述、三崎嘯輔訳（1869 年・明治 2 年）⇒「仏蘭西に於て各国の商社（あきんどなかま）会議して古の悪尺を棄て」

【商社約書】 contract［英］

日本

『**仏英行**』／柴田剛中記述（1861 年・文久元年）⇒「商社約書の内に文意要幹を欠ける義有之」

【証書切手】

日本

『**合衆国政治小学**』初編 巻之三／ヨング 著、瓜生三寅訳述（1872 年・明治 5 年）⇒「約定の州庁の証書切手を渡る但し利足の分を通例半年」

【消食器】

日本

『**七新薬説**』第六編／司馬凌海著、関寛斎校（1862 年・文久 2 年）⇒「大小便ヲ減却スルニ少シ然レ消食器ヲ侵ス」

【小人】

中国

『**七克**』巻一／龐廸我撰述、楊廷筠較梓（1604 年・万暦 32 年）⇒「高位不能栄小人、極能見小人也、若使不在高位、就知小人哉」

『**天学略義**』／孟儒望述（刊行年不明）⇒「嘗居貧困、小人従欲敗度、反獲富安」

【小人国】

日本

『**北槎聞略**』夷俗／桂川甫周撰（1794 年・寛政 6 年）⇒「枯魚獣肉を常食とすといふ、小人国〈こびとしま〉といふは是等の種類なるへし」

『**博物語彙**』／宇田川榕菴編（刊行年不明）⇒「小人国人」

【称水学】

日本

『二儀略説』／小林謙貞編述（1667 年・寛文 7 年）⇒「乗船の業」

『西洋学師ノ説』／高野長英訳（刊行年不明）⇒「其三ヲ「ナチウルキュンデ」ト云フ、有形諸物ノ性質ヲ知ルノ学ナリ、視学、分合学、称水学、器機学等、此ニ属ス」

【静水重学】

日本

『格致彙編』論空気／傳蘭雅輯（1876 年・光緒 2 年）⇒「即静水重学動水重学並引水学此各学亦包括所用之」

【乗船針】

日本

『元和航海記』／池田好運著（1618 年・元和 4 年）⇒「乗船針をばためすこと、考北斗三ッ引と、三ッ入と云時、針に定撤をあて、北斗にまつすぐさげ」

【照相】

中国

『化学初階』巻二／嘉約翰口訳、何瞭然筆述（1870 年・同治 9 年）⇒「置撮鏡箱中、以照相、則皮青上之薬得光多者黒甚、光殺者黒亦略殺」

『化学鑑原』巻三／傳蘭雅口訳、徐寿筆述（1871 年・同治 10 年）⇒「為（石典）養与（金甲）化合為（金甲）（石典）照相及薬材用之」

『格致彙編』第八十九／傳蘭雅輯（1876 年・光緒 2 年）⇒「第八十九香港照相家来信問云久用之銀水已壊内」

【照像】

日本

『脱影奇観』照影応用皿薬科之談／宇田川準一和解（1872 年・明治 5 年）⇒「照

像〈シヤシン〉ナル者モ亦タ宜ク諸物ヲ全備スベキナリ」

中国

『**化学鑑原続編**』巻三／傅蘭雅口訳、徐寿筆述（1875 年・光緒元年）⇒「照像常用具加里酸因其収養気之性甚大能今銀之塩類質化分而銀立即分出」

『**格致彙編**』続第六巻／傅蘭雅輯（1876 年・光緒 2 年）⇒「製造局新訳照像書一巻将及刊板現今上海大馬路有照像館」

【照象之法】

中国

『**中外襍誌**』第一号／麥嘉湖輯訳（1862 年・同治元年）⇒「十四為照像之法与照像之具、十五為鐘走」

『**初使泰西記**』／志剛著（1867 年・同治 6 年）⇒「照象之法乃以化学之薬為体光学之法」

【晶体】

日本

『**化学訓蒙**』巻一／石黒忠悳編輯（1870 年・明治 3 年）⇒「琥珀黄色ノ脆キ晶体ニシテ或ハ不透明或ハ透明ニシテ」

『**理化日記**』巻二／リッテル口授、市川盛三郎訳（1870 年・明治 3 年）⇒「要スルニ、無形ハ晶体ヲ含ム少キナリ」

【小腸】

日本

『**外科訓蒙図彙**』巻上／伊良子光顕著（1769 年・明和 6 年）⇒「小腸ノ二経アリ前ニアルヲ・アルテリヤカロウテーデスト云是小腸経ナリ」

『**医範提綱**』巻二／宇田川榛齋訳（1805 年・文化 2 年）⇒「大抵小腸ハ長フシテ十ノ八ニ居リ、大腸ハ短フシテ十ノ二ニ在リ」

『**外科新書**』巻一／吉雄権之助訳（1822 年・文政 5 年）⇒「二十三　胃府及大小腸ノ大創縫合スル」

中国

『物理小識』巻三／方以智著（1664 年・康熙 3 年）⇒「従幽門循小腸闌門、接大腸及直腸、出魄門」
『医林改錯』叙／王清任著（1830 年・道光 10 年）⇒「胃下口名曰幽門、即小腸上口、其論小腸、為受盛之官」
『全体新論』坤／合信著（1851 年・咸豊元年）⇒「小腸経　小腸為受盛之官、化物出焉（見素問）」

辞書
『A DICTIONARY OF THE CHINESE LANGUAGE, IN THREE PARTS.』／Robert Morrison（1815 ～ 23 年）⇒「small intestines」

【粧鉄船】

日本
『新聞誌』第一号／ジョセフ彦編訳（1864 年・元治元年）⇒「五六日以前に大なる粧鉄船、其形すこしくイタリヤのフレゲットーに似たるものにて」

【焼点】

日本
『民間格致問答』巻六／大庭雪齋訳（1862 年・文久 2 年）⇒「夜学鏡などのあらゆる凸な硝子鏡、光線を焼点と名くる」
『物理階梯』巻中／片山淳吉纂輯（1872 年・明治 5 年）⇒「光線ノ屈折愈々大ニシテ焼点愈々鏡面ニ近シ故ニ若シ大ナル」
『物理日記』二編 巻三／リッテル口授、文部省（1874 年・明治 7 年）⇒「「ケ」ニ集マルカ如シ凡ソ光ノ集マル点ハ又之ヲ焼点（フヲウカス）ト云フ」

【商店】

日本
『環海異聞』巻十／大槻玄沢撰（1807 年・文化 4 年）⇒「呉服屋、時計屋なども多く見かけたり、大光臼、凡て商店は別にこぞりてあり」
『米行日記』／佐藤秀長記（1860 年・万延元年）⇒「書舗、薬店、酒店、衣服、絹錦硝子等を商店備れり」

『日本貿易新聞補遺』／楯岡先訳、石川長次郎校（1862年・文久2年）⇒「大阪の商店の如き上等の人の横浜に来るを礙へ、我們をして卑賤なる商人及牙保とのみ周旋せしむる事明なり」

【上等学校／上等小学校】

日本

『西洋学校軌範』普魯士学校／小幡甚三郎撮訳、吉田賢輔校正（1870年・明治3年）⇒「上等小学校ノ外、大学校六箇所、之ニ次グモノ二ケ所アリテ」
『英氏経済論』巻九／小幡篤次郎訳（1871年・明治4年）⇒「無費ニテ上等学校ニ入ルヲ許スハ利益甚タ多シ」
『仏国学制』第十八条／左沢太郎訳、河津祐之閲（1872年・明治6年）⇒「通常ノ歳入ヲ以テ区ノ下等小学校、及ビ上等小学校ノ費ヲ給ス」

【消毒】

日本

『蘭療薬解』／広川獬訳、栗崎徳甫校（1806年・文化3年）⇒「主効、清骨膜、消毒熱也」 MUUR（ムユール）」
『七新薬説』第二編／司馬凌海著、関寛斎校（1862年・文久2年）⇒「硝酸銀ノ消毒トナス者ハ塩酸灰塩殊ニ食塩ノ溶水ナリ」
『化学入門』巻四／竹原平次郎抄訳、堀尾用蔵註（1867年・慶応3年）⇒「亜砒酸ノ消毒剤ハ第一酸化銕及ヒ麻屈涅西亜ナル」

中国

『西方要紀』医学／南懐仁著（刊行年不明）⇒「将発之初或珍珠末幾分、為凉血消毒気之薬、少有敗者」
『博物新編』三集／合信著（1855年・咸豊5年）⇒「有辟塵、却暑、消毒等号、価重千金」

【消毒剤】

日本

『化学入門』後編　巻之四／竹原平次郎抄訳、堀尾用蔵註（1867年・慶応3年）⇒「亜砒酸ノ消毒剤ハ第一酸化銕及ヒ麻屈涅西亜ナル」

【消毒薬】

日本

『衛生概論』／宇田川準一抄訳（刊行年不明）⇒「一、消毒薬製法　濃厚石炭酸水ハ結晶石炭酸ニ分ヲ百分ノ水ニ溶和シタル」

【鐘乳石】

日本

『官板 玉石志林』巻二／箕作阮甫他訳（1863年頃・文久3年頃）⇒「内に緑・黄・赤・白の鐘乳石の殊絶美麗の諸管諸柱あり」

【商人会議所】

日本

『仏英行』十一月／柴田剛中記述（1861年・文久元年）⇒「商人会議所に至り、是は商社銘々にて建造し置、日々参会、商用相達候由にて」

【商人会社】

日本

『西洋事情』初編　巻之三／福澤諭吉纂輯（1866年・慶応2年）⇒「商人会社の元金を以て家産と為すものは又一種の別法なり、平人、私に会社を結て、鉄路を造り、港を築き、市場を開き」

『西洋聞見録』後編 巻二／村田樞文夫纂述（1869年・明治2年）⇒「商社又商会或ハ商人会社トモ唱フ　英国既ニ合衆ノ制ヲ以テ国ヲ建ツ」

【商売船】

日本

『阿蘭陀風説書』第百三号／オランダ商館長口述、通詞訳（1705年・宝永2年）⇒「以前サラタ国の頭分之者方より商売船四捨艘モワと申」

【消費】

日本

『経済小学』上編／神田孝平重訳（1867年・慶応3年）⇒「一国ノ民年々消費スル所ノ量其収入スル所ノ量ニ等シキ」

『百学連環』第二編下／西周講述、永見裕筆録（1870年・明治3年）⇒「第十一　消費（Consumption）既産ありてカピタルなるものある時は、是非之を消費することなかるへからす」

『性法略』第七編／神田孟恪訳（1871年・明治4年）⇒「専権ヲ以テ或ハ処置シ或ハ消費シ他人ヲシテ之ニ関カラシメサルヲ云フ」

【常備軍】

日本

『泰西官制説略』元老院／西周訳（1863年・文久3年）⇒「常備軍ノ武官ハ両院ノ議員タル間ハ其権分ニ於テ非職タリ」

【常備兵】

日本

『官版 明治月刊』巻一／開物新社編（1868年・明治元年）⇒「陸軍　常備兵七万五千三百八十八人、戦時二百万余」

【鐘表】

中国

『格物入門』巻二／丁韙良著（1868年・同治7年）⇒「因乏資中止、間修造鐘表以自給、旋見運煤以馬、費用浩繁」

『**海国圖志**』巻一／魏源撰、林則徐訳（1876 年・光緒 2 年）⇒「不必仰頼於外夷如内地鐘表亦可以定時刻逮二十五年」

【鐘表機関】

中国

『**格物入門**』巻五／丁韙良著（1868 年・同治 7 年）⇒「（滋）於鐘表機関、固不詳論、惟因其力本於自然」

【自用品】

日本

『**外国交際公法**』巻二／福地源一郎訳訂（1869 年・明治 2 年）⇒「自用品ニテ持越スノ患アルニヨリ、大抵ハ在留国ニテ自用品無税ノ規則ヲ設ケ」

【滋養物】

日本

『**化学訓蒙**』巻三／石黒忠悳編輯（1870 年・明治 3 年）⇒「動植ニ物ノ水ニ頼ルハ其故一ナラス、一ハ生活ニ必用ナル滋養物ヲ熔解シ」

『**物理了案**』顛末／宇田健斎著（1879 年・明治 12 年）⇒「上行血脈管ヨリ送テ脳裏ニ達シ、血中ノ滋養物ニ和シテ其純霊ヲ分泌シ」

【滋養分】

日本

『**衛生概論**』／宇田川準一抄訳（刊行年不明）⇒「小麦ハ穀物中最モ貴重ナル者ニシテ澱粉小膠質トヲ含ミテ滋養分アリ」

【小分子】

日本

『**民間格致問答**』巻一／大庭雪齋訳（1862 年・文久 2 年）⇒「サレバ極大き岩

石も、眼に見られざる小分子の空気となり」

『博物新編補遺』 巻上／小幡篤次郎訳述（1869 年・明治 2 年）⇒「下圧ノカナリ重力ハ物質ノ各小分子ヲ別テ物容ノ大小ニ関セス」

『理化新説』 総論／ハラタマ述、三崎嘯輔訳（1869 年・明治 2 年）⇒「巳に拆つ可らざるの小分子亦と組成」

『理化日記』 巻二／リッテル口授、市川盛三郎訳（1870 年・明治 3 年）⇒「此ノ「イーセル」亦タ小分子ヨリ成ル但シ体分子ニ比スル」

『化学闡要』 巻二／土岐頼徳訳、足立寛閲（1872 年・明治 5 年）⇒「原子（アタム）ノ名ハ之ヲ物質ノ復分解ス可ラサル小分子ニモ用フ可ク」

【消防】

日本

『米行日記』 ／佐藤秀長記（1860 年・万延元年）⇒「眼下に見る許多の消防の器機を車に載せ馬にひかせり」

『官板 バタヒヤ新聞』 第十七巻／蕃書調所訳（1862 年・文久 2 年）⇒「ラレツカの総裁官いまだ来りて消防を行はざる前に其酋長の家も既に焼亡せりと云ふ」

『西洋事情』 外編　巻之二／福澤諭吉纂輯（1866 年・慶応 2 年）⇒「市場の法則を建て、火事消防の備を設る等、世間の事務甚だ多し」

【消防具】

日本

『仏英行』 七月／柴田剛中記述（1861 年・文久元年）⇒「外一同、造船場、機関治場、消防具置所、材木蔵、機関所二所」

【消防隊】

日本

『日本貿易新聞』 第九十三号／箕作貞一郎・柳河春三他訳（1863 年・文久 3 年）⇒「消防隊は器機を取扱ふの任に当れる監督師甲必丹或は其代役よりの指麾を待つへし」

【消防人】

日本

『柳川日記』／柳川当清記（1860年・万延元年）⇒「見物人ハ更になく只消防人計なり隣家の出火と云とも少しも驚く事も無く」

【嬢膜】

日本

『重訂解体新書』巻四／大槻玄沢重訂（1826年・文政9年）⇒「嬢膜　覆在子宮之門前、其状不一、或有全覆者」

『博物語彙』オランダ語／宇田川榕菴編（刊行年不明）⇒「lies 嬢膜」

【静脈】

日本

『遠西医方名物考補遺』巻九／宇田川榛斎訳述、宇田川榕菴校補（1834年・天保5年）⇒「静脈起脹シ眼膜血縷ヲ現シ或口鼻出血、肢体懈惰ス」

『気海観瀾広義』巻三／川本幸民訳述（1851年・嘉永4年）⇒「其已に巡り畢りたる血を静脈に伝へ、静脈よりこれを心の右室に還輸し」

『理学提要』巻一／広瀬元添訳（1856年・安政3年）⇒「圧力微弱なれば、即ち人身の諸管縦解し、静脈膨張す、故に汽船に乗り」

【常世国】

日本

『三才究理頌』／鶴峯戊申撰、利光宗規・多々良信興校（1838年・天保9年）⇒「絶域ノ地ヲ古語ニ常世国（トコヨノクニ）トイヘルモ、或ハ常夜ノ義ニテモ有ベシ」

【蒸留水】

日本

『窮理通』巻三／帆足万里撰（1836年・天保7年）⇒「其の極佳なる者は、蒸留水に比すれば重さ二倍六五三なり」

『**水権器用法略**』第二／佐藤与之助編述（1870 年・明治 3 年）⇒「二十八分の蒸留水を定めて他物と比例し」
『**物理階梯**』巻上／片山淳吉纂輯（1872 年・明治 5 年）⇒「両水若ク蒸留水ヲ取リ重量ト其水同積ノ諸体ノ重量トヲ比し」

【蒸留油】

日本

『**舎密局必携**』巻一／上野彦馬抄訳、堀江公粛閲（1862 年・文久 2 年）⇒「揮発液ト不発揮液、或ハ不揮発物ヲ分離スル」
『**遠西医方名物考補遺**』巻八／宇田川榛斎訳述、宇田川榕菴校補（1834 年・天保 5 年）⇒「揮発油ハ総テ植物ノ蒸留油ヲ云フ、固油ハ総テ蒸留油ニ非ル油ヲ云」
『**ヱマイル全書**』／寺山道人新訳（刊行年不明）⇒「蒸留油ハ火勢ノ熱ニ逢ヘバ一頓ニ退散シ」

【常緑樹】

日本

『**官板 海外新聞別集**』奇策の事／洋書調所訳（1862 年・文久 2 年）⇒「我兵船の檣に常緑樹材を結付け、斯くして一八艚の船を蔭多き小亭に変し」

【生霊院】

中国

『**地理全志**』巻二／慕維廉輯訳（1859 年・咸豊 9 年）⇒「博物院、施薬院、養済院、生霊院、皆景象繁華」

【傷労兵院】

中国

『**泰西七金訳説**』／渋江虬鑒試、馬場貞由訳述（1854 年・嘉永 7 年）⇒「然れどもこれは蒸露器に銀附着して容易すべからるの患あり」
『**六合叢談**』巻三／慕維廉・艾約瑟他記述（1857 年・咸豊 7 年）⇒「印本

二万五千冊、傷老兵院中、蔵印本三万冊」

【植学】

日本

『榕菴先生遺書』絵／宇田川榕菴編（刊行年不明）⇒「plantkeinge 植学」

『植学啓原』序／宇田川榕菴著（1833 年・天保 4 年）⇒「止本草有て植学無きなり、斯の学有りて其の書有るは」

中国

『大徳国学校論畧』農政院／花之安著、王炳コン訂（1873 年・同治 12 年）⇒「花木事宜、火器量地、土質、課鳥獣　課植学、課石質」

【植学園】

日本

『坤輿新誌』巻四／宇田川榕菴選（刊行年不明）⇒「レイデン、大学一処、人口二万八千、書堂、測量処、植学園」

【触感】

日本

『気海観瀾』体性／青地林宗訳述（1825 年・文政 8 年）⇒「夫れ万有の我をして先づ触覚を為さしむるは、体に度分有るを以てなり」

『生機論』巻一／岡研介著（1831 年・天保 2 年）⇒「無触道触感者亦凛之此為生力本分之用」

『理学提要』／広瀬元恭訳（1856 年・安政 3 年）⇒「我が五官に触感す者、之れを奉都鳥爾と謂ふ」

中国

『遠西医方名物考補遺』巻三／宇田川榛斎訳述、宇田川榕菴校補（1834 年・天保 5 年）⇒「血液連行ヲ遅暖シ触覚敏鋭ヲ減損ス故ニ肺臓脆急ノ症ヲ降鎮ス」

【食草植物】

日本

『牙氏初学須知』巻之五 中／田中耕造訳、佐沢太郎訂（1875年・明治8年）⇒「指ハ殆、相連接スルコト猶、食草動物ノ如シ」

【食中毒】

日本

『六物新志』巻下／大槻玄沢訳（1786年・天明6年）⇒「通利小便解諸食中毒其用之」

【植物化学】

日本

『化学訓蒙編』巻一／石黒忠悳編輯（1870年・明治3年）⇒「植物化学総論、問何ヲカ植物化学ト名ツク」

【植民】

日本

『官板 海外新聞別集』上巻／洋書調所訳（1862年・文久2年）⇒「悉く焼払ふべしと決定せり、是に因て植民等大に望を失ひ、大半四方に離散せり」

『日本新聞』巻二十号／小川吉之助訳（1866年・慶応2年）⇒「植民等出す所の税額、合して銀一千三百万(磅)其自ら取る所の銀」

『中外新聞』第十五号／柳河春三編（1868年・慶応4年）⇒「支那の植民其数少けれども此地方に海岸並に内部に散在す」

『官板 海外新聞』第十九／大学南校編（1871年・明治4年）⇒「移民ヲ我手ニ属シテ、之ヲ東西比到亜ノ海岸地方ニ植民シ」

【植民国】

日本

『地学事始』巻三／松山棟菴訳述（1870年・明治3年）⇒「勿論其頃ハ右十三

の植民国皆英国の支配なりしが英政の苛刻」

【植民地】

日本

『官板 バタヒヤ新聞』 第十八／蕃書調所訳（1862 年・文久 2 年）⇒「英国軍艦の指揮官女王の命を奉じて之れを領し、殖民地の一部たることを告示せり」

『万国新聞紙』 第十二／ベーリー編（1867 年・慶応 3 年）⇒「イギリスの植民地へ巡行せられしが、去る二月二日、この国の都「シドニー」に近き或花園を徘徊せられし」

『英政如何』 巻十／鈴木唯一訳（1868 年・明治元年）⇒「英国に於て自国並に数多の属国と植民地とを固めて、外敵を御ぎ国内の鎮静を計り」

『地学事始』 巻三／松山棟菴訳述（1870 年・明治 3 年）⇒「勿論其頃ハ右十三の植民国皆英国の支配なりしが英政の苛刻」

【食用獣】

日本

『牙氏初学須知』 第十九／田中耕造訳、佐沢太郎訂（1875 年・明治 8 年）⇒「其肉ハ美味ニシテ滋養ノ功多シ、故ニ食用獣中ノ第一等トス」

【食欲】

日本

『三兵養生論』 巻一／久我俊齋訳（1870 年・慶応 2 年）⇒「炎暑ノ時ニ当テハ食欲減少シテ殊ニ肉食ヲ嫌不」

中国

『聖経直解』 巻十／陽瑪諾著（1636 年・崇禎 9 年）⇒「従早至晩急勤、不足足其食欲」

『勵修一鑑』 ／李九功纂評（1639 年・崇禎 12 年）⇒「乃対館人曰予輩食欲止水、不敢当王膳」

【殖理学】

日本

『博物語彙』／宇田川榕菴編（刊行年不明）⇒「殖理学」

【助語】

日本

『洋学須知』D 項目／公荘徳郷・窪田耕夫全輯（1859 年・安政 6 年）⇒「勢ヲ強ムル為ノ助語ノミニ用ユルコトアリ」

【女国】

日本

『万国新話』巻一／森島中良編輯（1789 年・寛政元年）⇒「往昔韃の西に当りて女国あり、「アマサネ」亜媽撒搦といふ」

【処女】

日本

『六物新志』巻下／大槻玄沢訳（1786 年・天明 6 年）⇒「然其態不全具但乳頭突起而若処女之乳其手短」

『輿地誌略』巻三／青地林宗訳述（1826 年・文政 9 年）⇒「此を都児格人に売るに在、処女を得ば、此を馬尾に繋着し従ひ走らしめ」

『泰西三才正蒙』巻三／永井則著（1850 年・寛政 3 年）⇒「男女ノ別極テ厳ニシテ、処女トイヘド、漫ニ男子ノ側ニ在ル」

中国

『物理小識』巻三／方以智著（1664 年・康熙 3 年）⇒「黎久曰、有処女孕者、其家訊掠百至而卒無明験也」

『官板 中外新報』十二号／応思理撰（1858 年～・咸豊 8 年～）⇒「惟将処女入官、官吏之売娼、以収其利、故日本毎城内、概有巨屋一所、処女犯淫者」

『談天』巻二／偉烈亜力口訳、李善蘭刪述（1859 年・咸豊 8 年）⇒「三月三十夜、又得処女、八月初八夜、欣特得勝女」

【処女膜】

日本

『博物語彙』 オランダ語／宇田川榕菴編（刊行年不明）⇒「hymen 処女膜」

【書信館】

日本

『香港新聞紙』／（1864年・元治元年）⇒「書信館費用一万八千一百六十八員なり、華民政務司（衛）門費用一千六百八十員ナリ」

中国

『大徳国学校論畧』 女学館／花之安著、王炳コン訂（1873年・同治12年）⇒「書館多婦人為師、書信館亦用婦女抄写翻訳」

『美会紀略』／李圭著（1876年・光緒2年）⇒「水陸軍政以強兵建立機器局造銭局電報局郵政局火輪船車局以利国利民四民中有留心」

【助成会社】

日本

『会社弁』 回文会社／福地源一郎訳（1871年・明治4年）⇒「助成会社は諸工商中聊か余分の金子を所持し、之を貸付ケ会社に貯へ」

【初生児】

日本

『遠西医方名物考補遺』 巻七／宇田川榛斎訳述、宇田川榕菴校補（1834年・天保5年）⇒「初生児ノ呱ト啼（口斗）スルモ始テ気中ノ酸素ニ触テ刺激ヲ覚ル」

【初訴】

日本

『合衆国政治小学』／ヨング 著、瓜生三寅訳述（1872年・明治5年）⇒「一年一両度宛も役所と立つる故なり、此役所は初訴も越訴も共に判断す」

【暑帯】

日本

『二儀略説』上巻／小林謙貞編述（1667年・寛文7年）⇒「今一帯ハ、二ノ回帰線ノ間なり、是ヲ暑帯ト名ヅク、或ハ赤帯ト号ス」

【初段ノ教科】

日本

『西洋学校軌範』巻上／小幡甚三郎撮訳、吉田賢輔校正（1870年・明治3年）⇒「其教ハ数学、地理等ノ如き初段ノ教科ナリ」

【触覚】

日本

『三才究理頌』／鶴峯戊申撰、利光宗規・多々良信興校（1838年・天保9年）⇒「色声香味与触覚、雖是細微質可尋」

『気海観瀾』体性／青地林宗訳述（1825年・文政8年）⇒「夫れ万有の我をして先づ触覚を為さしむるは、体に度分有るを以てなり」

『動物学 初編 哺乳類』／ブロムメ著、田中芳男訳纂（1874年・明治7年）⇒「身体触覚ノ機ヲ神経ト名ク神経ハ黄白色ノ細管ニシテ脳髄及ビ脊髄ヨリ出デテ」

【触覚機】

日本

『理学提要』巻一／広瀬元恭訳（1856年・安政3年）⇒「諸液をして稀凉酷属ならしむ、触覚機を損敗し、其の麻痺を起して以て能く其の生力の偏勝を抑制し」

『登高自卑』後編 巻之四／村松良粛抄輯（1875年・明治8年）⇒「相合シテ炭酸瓦斯トナレリ人身体触覚機多キ部分《眼目気管、咽喉等ノ類》ノ炎症及ビ創傷ハ大気ニ触テ痛ヲ覚ル」

【蔗糖】

日本

『**植学啓原**』／宇田川榕菴著（1833 年・天保 4 年）⇒「四を蜜と曰ふ、五を満那と曰ふ、欧邏巴は蔗糖を用ひ、北亜墨利加は槭糖を用ふ」

中国

『**化学鑑原続編**』巻三／傳蘭雅口訳、徐寿筆述（1875 年・光緒元年）⇒「葡萄糖三分必須水四分而化尽蔗糖三分、只須水一分」

【助病院】

中国

『**海国圖志**』巻三十七／魏源撰、林則徐訳（1876 年・光緒 2 年）⇒「遣一分為仁用、或以救貧之、或以助病院、或以贖敵国所虜」

【処法学】

日本

『**西洋学校軌範**』巻下／小幡甚三郎撮訳、吉田賢輔校正（1870 年・明治 3 年）⇒「処法学　メジカル・ジウリスプリユテンス」ノ教授職」

【庶民会議】

日本

『**最新論**』／加藤弘之著（1861 年・文久元年）⇒「尤公平なるを貴ふか故に庶民会議の時各其抜擢せんと欲する人の姓名を書記し」

『**上木自由之論**』／小幡篤二郎訳（1873 年・明治 6 年）⇒「譬ヘバ貴族会議ト庶民共議ト、能ク天下ヲ治安スルニ至ツテハ、之ヲ決スルコト甚ダ難シ」

中国

『**外国地理備攷**』巻三／瑪吉士輯訳（1847 年・道光 27 年）⇒「一百名凡有応与庶民会議之事斯人預為寿」

『**海国圖志**』巻三十七／魏源撰、林則徐訳（1876 年・光緒 2 年）⇒「議事庁定額四百人、為庶民会議之所、其大理寺乃官府会議之所、其官必名望才徳」

【庶務】

中国

『化学鑑原続編』巻一／傳蘭雅口訳、徐寿筆述（1875年・光緒元年）⇒「古乃庶務也不可以例化学名泥旧新乃常情也」

【女優】

日本

『航西日乗』／成島柳北著（1872～73年・明治5～6年）⇒「女優ノ舞踏亦絶妙、且舞台ノ幕ヲ左右ヨリ閉ツル最モ巧ミナル」

中国

『乗槎日記』巻上／斌椿著（1866年・同治5年）⇒「項刻変幻、衣著之鮮明、光可奪目、女優登台五六十人、美者居其半」

【所有権】

日本

『五科学習関係文書』第五編／西周編（1863年・文久3年）⇒「凡所有権及其権利ヨリ生シアル諸権利負債其他」

『立憲政体略』／加藤弘蔵著（1868年・慶応4年）⇒「所有権」

『百学連環』第二編下／西周講述、永見裕筆録（1870年・明治3年）⇒「所有の権とは凡て物件を採り、全く己れの有とし一己の権を以て自由に処置し他人の敢て関係せさるを云ふなり」

『泰西勧善訓蒙』後編巻三／箕作麟祥訳述（1871年・明治4年）⇒「財産ヲ有スル主長ニシテ国ハ之ニ次テ所有ノ権ヲ握リ各人所有ノ権ハ更ニ之ニ次ク」

【女流】

辞書

『英華字典』／Walter Medhurst（1847～48年）⇒「WOMANKIND　女流」「the fair　女流」

『英華字典』／Wilhelm Lobsheid（1866～69年）⇒「the female　女流」「Womankind　女流」「the femal sex　女流」

【地雷】

日本

『**三才究理頌**』／鶴峯戊申撰、利光宗規・多々良信興校（1838年・天保9年）⇒「流星ヲ地雷ト云フ、（舎予）明紀ニ見エタリ」

中国

『**火攻挈要**』巻上／湯若望授、焦勗述（1643年・崇禎16年）⇒「製造火箭噴筒火（石罐）地雷説略」

『**格物入門**』巻四／丁韙良著（1868年・同治7年）⇒「以電放砲、或為信号、或発地雷、上章言之矣」

『**海国圖志**』巻九十／魏源撰、林則徐訳（1876年・光緒2年）⇒「宜環設暗溝地雷、併設伏兵、以示重険也」

【地雷火】

日本

『**西洋兵学訓蒙**』／中西喜一郎著（1857年・安政4年）⇒「メイン　地雷火」

『**西洋旅案内**』巻下／福澤諭吉著（1867年・慶応3年）⇒「鉄張の軍艦を打建、或は地雷火、水雷火を工夫し、大砲小銃、世界に珍らしき武器を造て」

『**英国議事院談**』巻二／福澤諭吉訳述（1869年・明治2年）⇒「第一世ゼームス王のとき、地雷火を設たる反逆の有りしより始りしものにて」

『**航西日記**』巻五／青淵漁夫・靄山樵者録（1871年・明治4年）⇒「大砲、町打、地雷火の試業等を見る、夕五時汽車にて帰る」

【自来火】

中国

『**化学鑑原**』第百四十九節／傅蘭雅口訳、徐寿筆述（1871年・同治10年）⇒「自来火以燐為要品、故附論之前此取火之法」

『**格致彙編**』雑説／傅蘭雅輯（1876年・光緒2年）⇒「易於燃火之房不用火而能得光因用自来火等法其点灯時或乱用火灯」

『**通商諸国記**』／朱克敬撰（1891年・光緒17年）⇒「地中海民多巧思自来火火輪車船鉄路皆其所創造鐘表」

【自来火銃】

中国

『**海国圖志**』巻九十一／魏源撰、林則徐訳（1876 年・光緒 2 年）⇒「西洋自来火銃製法、戸部主事丁守存」

【自来火鎗】

中国

『**澳門紀略 嘉慶庚申重干**』／印光任・張汝霖纂（1800 年・嘉慶 5 年）⇒「有長鎗、有手鎗、有自来火鎗、其小者可蔵」

【自立】

中国

『**東西洋考**』巻之一／張燮撰次（1618 年・万暦 46 年）⇒「請冊朝貢不絶天順時為庶兄（宗）所（武）自立大」

『**不得已弁**』／利類思著、安文思・南懐仁訂（1665 年・康熙 4 年）⇒「凡物共有二種、有自立者亦有倚頼者、自立者、又有二種有有形而属四行者」

『**西学凡**』／艾儒略答述（1623 年・天啓 3 年）⇒「一門是十宗論、即天地間万物十宗府、一謂自立者」

【自立国】

日本

『**西洋列国史略**』巻下／佐藤信淵撰（1808 年・文化 5 年）⇒「阿蘭陀ハ只七郡ノ地ニ西洋自立国ニ於テハ第一ノ小国ナレモ」

『**遠西紀略**』／大槻西磐著（1855 年・安政 2 年）⇒「内附明国為自立国、至是亡、一千五百十五年（後柏原天皇永正十一年）、奪印度臥亜（ゴア）」

『**英国史略**』巻二／河津孫四郎訳述（1870 年・明治 3 年）⇒「是に於て蘇各蘭再び自立国となりぬ」

中国

『**外国史略**』／馬礼遜著（1834 年・天保 5 年）⇒「耶蘇門徒於此伝教迄唐貞観十三年回回族強拠其地遂自立国侵奪耶蘇門徒」

『海国圖志』巻三十四／魏源撰、林則徐訳（1876年・光緒2年）⇒「越六百年遂自立国、嗣後亜拉回回拠是地」

【視力】

日本

『窮理通』巻五／帆足万里撰（1836年・天保7年）⇒「若し武羅設斯斯個斯久しく緊張すれば、目精疲労して、視力之れが為に損滅す」

『気海観瀾広義』第五編／川本幸民訳述（1851年・嘉永4年）⇒「白き塀壁を久視するも、共に害あり、啻、視力を弱くするのみならず」

『和蘭志略稿』／宇田川榕菴著（刊行年不明）⇒「幼ヨリ視力ヲ敗セザル為ナリト其眼鏡ハ」

中国

『重学浅説』／偉烈亜力・王韜訳（1858年・咸豊8年）⇒「進退其権令与物重相定乃視力倚距若干即知物之重」

『光学』巻上／金楷理口訳、趙元益筆述（1870年・同治9年）⇒「即以目之視力弁別近今格致之士考究光理知所見之光」

『西国天学源流』／偉烈亜力口訳、王韜著（1889年・光緒15年）⇒「回光鏡径四尺厚三寸半重約二百斤視力率一百九十二較目力所及遠一百九十二倍也」

【四輪車】

日本

『北槎聞略』巻五／桂川甫周撰（1794年・寛政6年）⇒「貴人或は富人は四輪車の上に板を置、交椅を童子を居らしむ」

『和蘭志略稿』／宇田川榕菴著（刊行年不明）⇒「クーツ四輪有テ屋蓋アル乗車ナリ」

中国

『乗槎筆記』巻上／斌椿著（1866年・同治5年）⇒「登岸、乗四輪車、沿海浜、約七八里、潮漱石浪花高丈余」

辞書

『英華字典』／ Wilhelm Lobscheid（1866～69年）⇒「Vetura　四輪車」

【司礼院】

中国

『随使日記』／張徳彝著（1877年・光緒3年）⇒「転入明堂右門君主正立右二司礼院唱名大臣左立太子」

【審院】

日本

『泰西勧善訓蒙』後編 巻三／箕作麟祥訳述（1871年・明治4年）⇒「道路橋梁ヲ造り、寺院公舎ヲ設ケ、審院ヲ建テ、法律ヲ布キ」

中国

『大美聯邦志略』下巻／裨治文撰（1864年・元治元年）⇒「其制当郡治地、建審院、立監獄、選設問官」

【真影】

日本

『官板 海外新聞』十三号／洋書調所訳（1862年・文久2年）⇒「イブスヌーク氏を訪ひ其真影所を一覧し自分の真影をも取らし」

【親衛兵】

日本

『海外新聞』十三号／大合戦／ジョセフ彦訳（1870年・明治3年）⇒「仏ノ親衛兵ハ騎兵、砲兵等多キガ故ニ、其歩兵及ビ其他ノ隊ノ通行ヲ翼蔽スルコトモ」

【親衛力】

日本

『舎密局必携』第六章／上野彦馬抄訳、堀江公粛閲（1862年・文久2年）⇒「舎密ノ所業、先原素ノ親衛力ト異重力ヲ審ニシテ」

【津液】

日本

『解体新書』 巻一／杉田玄白訳、中川淳庵校（1774 年・安永 3 年）⇒「別に咽と胃とより出る津液あり、その性、唾と同じ」

『医範提綱』 巻三／宇田川榛齋訳（1805 年・文化 2 年）⇒「身体乾燥シテ汗ナシ、若シ此証ニ発汗剤ヲ授ズレバ重テ津液ヲ亡シ」

『登高自卑』前編 巻之上／村松良粛抄輯（1872 年・明治 5 年）⇒「口中ヨリ津液（ツバ）ヲ生時、食物ニ混和シ、食物ヲ消化シ」

中国

『西域聞見録』 巻七／七十一椿園著（1777 年・乾隆 42 年）⇒「夏日炎蒸其津液、自樹杪流出、疑如琥珀者、為胡桐涙」

『格物探原』 第一章／韋廉臣著（1876 年・光緒 2 年）⇒「人外有食物、胃有津液、非合和之、食物自食物、津液自津液」

『格致彙編』 第九巻／傳蘭雅輯（1876 年・光緒 2 年）⇒「以上所生津液各有其用（別）有無用之津液為内賢人腎与皮膚所出者」

【神学】

日本

『西洋学校軌範』 巻下／小幡甚三郎撮訳、吉田賢輔校正（1870 年・明治 3 年）⇒「五千巻ノ書ヲ貯ヘ、殊ニ神学ノ書類ニ於テ有価ノモノ多シ」

『百学連環』 第二編／西周講述、永見裕筆録（1870 年・明治 3 年）⇒「衆部の神学とは種々の諸神ありと称する」

中国

『聖母行実』 巻三／高一志撰述（1631 年・崇禎 4 年）⇒「近世意大里亜国、一少女、習聖母神学、甚願襲其貞跡」

辞書

『英華字典』 ／ Walter Medhurst（1847 ～ 48 年）⇒「theology　神学」

『英華字典』 ／ Wilhelm Lobsheid（1866 ～ 69 年）⇒「theology　神学」

【神学家】

日本

『百学連環』総論／西周講述、永見裕筆録（1870 年・明治 3 年）⇒「第一の場所とは Theologieal Stage 即ち神学家」

【神学者】

日本

『自由之理』巻二／中村敬太郎訳、木村謙一郎版（1872 年・明治 5 年）⇒「他ノ理学者神学者ニテ、或ハワガ方ノ意見ニ与シ」

【蜃気】

日本

『博物新編訳解』巻二／合信著、大森解谷訳（1868 年・慶応 4 年）⇒「華人海市ヲ以テ蜃気（ハマグリ）ノ幻影トナシ、山市ヲ以テ神仙ノ幻影トナス」

中国

『物理小識』巻二／方以智著（1664 年・康熙 3 年）⇒「最為奇、海市或以為蜃気、非也、張瑶星日」

『天経或問』／遊子六輯（1675 年・康熙 14 年）⇒「空中淫気、倒影水面、人望之楼閣嶒峻、謂之蜃気者、亦如虹謂之螮蝀也、時有万士、於東海見虹起処」

【蜃気象楼】

中国

『物理小識』巻二／方以智著（1664 年・康熙 3 年）⇒「歎日、蜃気象楼台広野気成宮闕、是湅亦偶肬合之」

【蜃気楼】

日本

『和蘭天説』／司馬江漢著（1796 年・寛政 8 年）⇒「防州岩国ヲ過テ、水ドロ村海辺ニ到リ、蜃気楼ヲ見ル」

『気海観瀾広義』 第五編／川本幸民訳述（1851 年・嘉永 4 年）⇒「上に濃厚なる水蒸気あるときは、光線これが為に屈折す、蜃気楼の類是なり」
『中外新聞』 第四十三号／柳河春三編（1868 年・慶応 4 年）⇒「蜃気楼は俗称なり、漢には海市と云ひ、又海浜ならずして見ゆる者は山市と云ふ」

中国

『諸藩志』 巻下／趙汝适著（13 世紀初頭）⇒「此其所以然者、蜃気楼台之余烈也」

【神教】

日本

『自由之理』 巻二／中村敬太郎訳、木村謙一郎版（1872 年・明治 5 年）⇒「修身ノ学科ノレリヂヲン、神教ノ学科ノポリチクス、経済ノ学科、ソーシアル」

【新教】

日本

『西洋事情』 二編　巻之三／福澤諭吉纂輯（1866 年・慶応 2 年）⇒「天主教と新教と党類相分れ、各々其首魁を奉じ、議論日に沸騰、千五百六十年第二フランスの時に始て兵端を開き」
『輿地誌略』 巻一／内田正雄纂輯、辻士革・市川清流校（1870 年・明治 3 年）⇒「三百五十余年前ニ於テ西部又二ツニ分ル即チ旧教（カソリツキ）及新教（プロテスタント）ノ二派ナリ」
『史略』 上巻／木村正辞編（1872 年・明治 5 年）⇒「国帝に抵抗せしかば止むを得す和議を講して新教の禁を弛べ稍く平穏に復せり」

中国

『外国史略』 ／馬礼遜著（1834 年頃）⇒「道光十三年国主卒其女攝権固執新教変乱未定国帑如洗其民有財者不肯借」
『中西聞見録選編』 八月／丁韙良編（1877 年・光緒 3 年）⇒「其俗一切奉新教（即耶蘇之教）守旧規（即婆羅門之教）」
『西学考略』 巻上／丁韙良著（1883 年・光緒 9 年）⇒「此西教復分而為二乃以新旧別之其新教因返本還原故名為耶蘇教」

【信局】

中国

『**英国志**』巻六／慕維廉訳（1856 年・咸豊 6 年）⇒「千六百五十六年格朗論毋許平民擅開信局、立大臣主之」

『**六合叢談**』巻三／慕維廉・艾約瑟他記述（1857 年・咸豊 7 年）⇒「本国中書札、皆由信局往来郵遞、無論遠近、毎館例取銀一分数里」

『**中外襍誌**』第一号／麦嘉湖輯訳（1862 年・同治元年）⇒「其年奉約六十万両、有極大之信局千八百五十五年、一年中約有信四千五百万」

『**中西聞見録選編**』各国近事／丁韙良編（1877 年・光緒 3 年）⇒「於各処遍設信局、於駅路随在置設鉄箱、鎖固留孔」

【真金】

日本

『**泰西七金訳説**』巻一／渋江虬鑒試、馬場貞由訳述（1854 年・嘉永 7 年）⇒「製造するに、其の伝の如く真金を製し得たり」

中国

『**格致彙編**』相互問答／傅蘭雅輯（1876 年・光緒 2 年）⇒「如布国化学家将真金一塊置於小瓷盆内」

【真空】

日本

『**求力法論**』完／与盤計意流著、志築忠次郎訳（1784 年・天明 4 年）⇒「真空ハ如有如無金石モ是ヲ礙セス外ニ有リテ実素ヲ包ミ又或其中ニ入テ形質ヲナス」

『**暦象新書**』中編付録／奇児著、志筑忠雄訳（1800 年・寛政 12 年）⇒「光明の貫通を見れば、即真空ならざることを知ぬ、又温暖の気相通ずるを観れば、即薄気の能出入することを知る」

『**三才究理頌**』／鶴峯戊申撰、利光宗規・多々良信興校（1838 年・天保 9 年）⇒「謂之真空即虚空、真空トイヘド猶ソノ神気ハ満タリ、故ニ西説ニコレヲ気海トモ云」

『**遠西水質論**』／高野長英訳（刊行年不明）⇒「密封シ貯ルニ油壜内ノ清気ヲ

吸収シ壜内頓ニ真空トナル」

中国

『天主実義』巻上／利瑪竇述、李之藻筆述（1603年・万暦31年）⇒「但聞空無者非真空無之謂乃神之無形無声者」

『化学鑑原』第百四十七節／傅蘭雅口訳、徐寿筆述（1871年・同治10年）⇒「在空気内焚焼焔甚明在純養気内焚焼極猛在真空内熱至一百十一度」

『格致彙編』雑説／傅蘭雅輯（1876年・光緒2年）⇒「第六層接真空鍋内所成之顆粒先行加熱後倒入円錐形模内再行加熱変硬」

辞書

『A DICTIONARY OF THE CHINESE LANGUAGE, IN THREE PARTS.』／Robert Morrison（1815～23年）⇒「the Budh1sts call　真空」

【真空器】

日本

『舎密開宗』腐敗論／賢理著、宇田川榕菴重訳増註（1837年・天保8年）⇒「酒ヲ各盞ニ納レ酒真空器内ニ貯ル十五年、少モ変ゼズ」

【紳董院】

日本

『万国叢話』第一号／箕作麟祥訳（1875年・明治8年）⇒「立法ノ権ハ紳董院及ヒ元老院ノ両院ニテ之ヲ行フ紳董議員ハ選挙法ニ定メタル規則ニ循ヒ人民ノ普通選挙ヲ以テ之ヲ任ス」

中国

『大美聯邦志略』上巻／裨治文撰（1864年・元治元年）⇒「旧君卒元老等、皆往紳董院、有武弁者、捧貯各邦選冊之篋随行」

【神経】

日本

『解体新書』巻一／杉田玄白訳、中川淳庵校（1774年・安永3年）⇒「神経を審らかにするにあり（漢人のいまだ説かざる所の者、視聴言動を司る）」

『六物新志』巻上／大槻玄沢訳（1786 年・天明 6 年）⇒「強志益気和筋脉神経利眼耳鼻口或療頭面重而不仁」
『泰西七金訳説』巻三／渋江虬鑒試、馬場貞由訳述（1854 年・嘉永 7 年）⇒「水銀の毒気、神経に伝染して、手足及び頭の熱帯挈引顫（心易）す」

【神経液】

日本

『気海観瀾広義』巻十／川本幸民訳述（1851 年・嘉永 4 年）⇒「神経液は略々越歴流動物と同一般の者にして、これを導く者あれば、神経より筋肉に流通する者あるべし」

【神経系統】

日本

『七新薬説』上巻／司馬凌海著、関寛齋校（1862 年・文久 2 年）⇒「其功達スルニ及ンデハ全身ノ諸器殊ニ神経系統ヲ刺戟スル」
『斯魯斯氏講義動物学 初編』初篇　上／太田美濃里筆記（1874 年・明治 7 年）⇒「確然タル区別ノナス神経系統ノ中心部即脳髄ハ其被包むノ内ニ在リテ圍護セラル」

【神経質】

日本

『気海観瀾広義』巻十三／川本幸民訳述（1851 年・嘉永 4 年）⇒「其人は必ず神経質の婦にして、感覚敏捷なる者なりといふ」
『民間格致問答』巻五／大庭雪齋訳（1865 年・元治 2 年）⇒「殊に通常弱き神経質の輩に為故に、此事が一つも不思議なことでハない」
『三兵養生論』巻一／久我俊齋訳（1867 年・慶応 3 年）⇒「苦戦ニ逢ヘハ忽チ疲労スル市井人ノ體痩神経質ノ者ヨリ速カナリ」

【神経渋滞】

日本

『登高自卑』後編 巻之二／村松良粛抄輯（1875年・明治8年）⇒「指ノ先頑麻シ、久シク固座スレバ、足へ盾ル神経渋滞スル」

【神経病】

日本

『日本新聞』第二十九号／黒沢孫四郎訳（1866年・慶応2年）⇒「初め此人神経病を煩ひ居たりしに、近頃兎角不仕合続き、大ニ借財せしを掛意したるか本となり」

『衛生概論』第十一課／宇田川準一抄訳（刊行年不明）⇒「驚カシムヘカラス神経病ヲ発スル原因ト成ル」

【人権】

日本

『泰西国法論』第三編／津田真一郎訳（1868年・慶応4年）⇒「第一　人権、衆庶同生彼此相対して互に其権あり、之を人権と云ふ」

『輿地誌略』巻一／内田正雄纂輯、辻士革・市川清流校（1870年・明治3年）⇒「其政府ノ主トスルニ所ハ要スルニ各人ノ権ヲ保護シテ（権ト云フハ威権ノ権ニ非ラス」

『国体新論』第五章／加藤弘之著（1874年・明治7年）⇒「蓋シ人ノ生レナカラニシテ有スル権利、即チ人権トハ全ク一個ノ身ニ固有スル」

【神権政治】

日本

『代議政体』巻之二／永峰秀樹訳（1875年・明治8年）⇒「例ヘバ埃及ノ神権政治支那ノ専制政治ノ如キハ彼等既ニ得タル文明ノ地位ニ達スル」

【信号】

中国

『格物入門』巻四／丁韙良著（1868年・同治7年）⇒「答、非也、以電方砲、或為信号、或発地雷」

【人工呼吸】

中国

『格致彙編』相互問答／傅蘭雅輯（1876年・光緒2年）⇒「其性本甚毒故工人呼吸難免受其害常有頭暈之症」

【信仰ノ自由ノ免許】

日本

『自由之理』／中村敬太郎訳、木村謙一郎版（1872年・明治5年）⇒「英民一万万、宗門信仰ノ自由ノ免許アル」

【人工輸水】

日本

『坤輿図識』巻二／箕作省吾著（1845年・弘化2年）⇒「終歳一点ノ雨ヲ見ズ、是ヲ以テ、土人、人工輸水ノ具ヲ造テ、植物ヲ慈潤ス」

【神国】

日本

『交易問答』巻下／加藤弘蔵著（1869年・明治2年）⇒「貴様も神国の民だけあつて、箇様に大和魂を備へて居るとは感心じや、神国の民は実に斯こそありたいものじや」

『文明開化評林』巻三／岡部啓五郎輯（1875年・明治8年）⇒「夫レ我国ハ神国ナリ、神ヲ敬セズンハアルベカラズ」

【新婚】

日本

『魯西亜本紀略』 巻下／前野良沢訳（江戸後期）⇒「初メ主ノ吾カ国ニ来ルモ亦此風変アリ又新婚吉礼ノ従者甲冑を被ル」

【診察】

日本

『瘍医新書』 巻一／大槻玄沢訳（1825 年・文政 8 年）⇒「凡ソ内証ニ係ル諸患ノ将ニ発明セントスルノ候ヲ知ル時ハ仔細ニコレヲ診察シ此諸術ノ中ヲ択ヒ施ス」

『北槎聞略』 巻七／桂川甫周撰（1794 年・寛政 6 年）⇒「医師は皆官医にて、日々に来りて診察し治療を施す、食物はセリザントの内に糾官ありて聊も麁略なる事なし」

『増補重訂 内科撰要』 巻一／我爾徳児著、宇田川玄隋訳（1822 年・文政 5 年）⇒「其熱ノ発動ニ籍テ其病ヲ排泄シ除クノ症タルカト仔細ニ診察スベシ」

『航西小記』 ／岡田攝藏稿（1866 年・慶応 2 年）⇒「医者診察して附方書を与ふれは之を薬店に持行て調合せし」

【浸礼】

中国

『海国圖志』 巻五十七／魏源撰、林則徐訳（1876 年・光緒 2 年）⇒「其崇仏教之居民、初進天主教、故作受浸礼之池」

【紳士】

日本

『泰西史略』 巻二／手塚律蔵訳述、手塚節蔵校正（1858 年・安政 5 年）⇒「是に於て此豪邁なる紳士等、厄勒祭亜国の独立をとる」

『官板 バタヒヤ新聞』 第十五／蕃書調所訳（1862 年・文久 2 年）⇒「其花押せる者は以国紳士等にて、旨意左の如し」

中国

『外国地理備攷』巻三／瑪吉士輯訳（1847年・道光27年）⇒「士考其宦官紳士封授之田必皆分与庶民耕種是則紳士反為田主」
『地理全志』巻一／慕維廉輯訳（1853年・咸豊3年）⇒「其余皆為紳士、当作其紳士為」
『六合叢談』巻五／慕維廉・艾約瑟他記述（1857年・咸豊7年）⇒「於三月下旬、諭下院紳士、散帰田里粤事和戦之是否折衷於民」

辞書

『英華字典』／Walter Medhurst（1847～48年）⇒「a graduated scholar　紳士」
『英華字典』／Wilhelm Lobscheid（1866～69年）⇒「Gentry　紳士」「Gratuate　紳士」
『英華萃林韻府』／Justus Doolittle（1872年）⇒「Graduated　紳士

【紳士会議】

日本

『海国圖志』四十六巻／魏源撰、林則徐訳（1876年・光緒2年）⇒「共和国変通増減、国之紳士会議、各掃意見、其国都曰伯堡」

【人事】

日本

『吉雄宜訳』再調査一／桂川甫周記（1794年・寛政6年）⇒「天気トナル人事モ亦斯ノ如シル」
『諳厄利亜人性情志』一巻／吉雄宜訳、浦野元周校（1825年・文政8年）⇒「予め講究し又は人事を研究し、事業を精明にし」
『諳厄利亜人性情志』／吉雄宜訳、浦野元周校（1825年・文政8年）⇒「人事ヲ研究シ、人事ヲ研究シ」
『博物新編訳解』巻三／合信著、大森解谷訳（1868年・慶応4年）⇒「皆軌道アリテ循環リ、ツヒニ人事興廃ノ理関ラス、西士分ツテ三等トナス」
『蘭学秘蔵』一巻／宇晋撰（刊行年不明）⇒「鳥獣草木天文地理人事器械百爾工芸ノ事ニ至」

中国

『天経或問』序／遊子六輯（1675年・康熙14年）⇒「気幾心幾二而□也、陰陽之気、人事之変、各自為幾而適与之合」
『地理全志』 巻七／慕維廉輯訳（1853 年・咸豊 3 年）⇒「時見於英圙、印度白牛背一三一峰、人事之為神、亜西亜有一種」
『格物探原』 第六章／韋廉臣著（1876 年・光緒 2 年）⇒「上帝主理人事　前既言上帝王理万物」

【真珠】

日本

『乾坤弁説』 元巻／沢野忠庵・向井玄松編訳（1659 年・同治 2 年）⇒「然るに氷片、白檀、真珠の三種は、寒燥の性也」
『西洋紀聞』 中／新井白石記述（1715 年・正徳 5 年）⇒「其俗モゴルに同じくして、其地、真珠、宝石、肉桂、檳榔、椰子等を参すといふ」
『万国新話』 巻一／森島中良編輯（1789 年・寛政元年）⇒「此地、真珠、玉石、その外薬品、香料を産す」

中国

『諸藩志』 上巻／趙汝适著（13 世紀始）⇒「亜遣麻尼等貢真珠、乞不給回賜、真宗不欲違其意」
『東西洋考』 巻之五／張燮撰次（1618 年・万暦 46 年）⇒「物産　真珠（本朝充貢）、瑪瑙（見一統志）」
『物理小識』 巻七／方以智著（1664 年・康熙 3 年）⇒「蚌蛤采玩月、数月、即真珠、近日広有洋珠、大如豆」

辞書

『A DICTIONARY OF THE CHINESE LANGUAGE, IN THREE PARTS.』 ／Robert Morrison（1815 ～ 23 年）⇒「PEARL　真珠」
『英華韻府歴階』 ／ Wells Willams（1844 年）⇒「PEARL　真珠」
『英華字典』 ／ Walter Medhurst（1847 ～ 48 年）⇒「PEARL　真珠」
『英華萃林韻府』 ／ Justus Doolittle（1872 年）⇒「Pearl　真珠」

【人種】

日本

『泰西史略』 第十九／手塚律蔵訳述、手塚節蔵校正（1858 年・安政 5 年）⇒「意

太利亜人種の中にて、最も先に開けるをエトリェリール人なり」
『官板 玉石志林』 巻二／箕作阮甫他訳（1863年頃・文久3年頃）⇒「摩洛哥人居住す、此諸人種の面色言語同じからざる如く、其衣服も亦各異なり」
『世界国尽』 巻一／福澤諭吉訳（1869年・明治2年）⇒「亜米利加の山に往へる人種は色赤し、其数一千万人」

【心術】

日本
『仏国学制』 巻一／河津祐之閲、佐沢太郎訳（1873年・明治6年）⇒「育幼院ハ、小児ノオヲ導キ心術ヲ正クシ見聞ヲ広メ、意志ノ向フ所ヲ定メシムル」

【尋常】

日本
『外国事情書』／渡辺華山著（1839年・天保10年）⇒「メダイリ」ト申賞金（ホウビキン）へ、我四海ヲ統轄セン」
『管蠡秘言』 序／前野良沢訳（1777年・安永6年）⇒「ことごとく尋常近小の事といへども、これを以て講習討論して」
『舎密開宗』 精朴消法／賢理著、宇田川榕菴重訳増註（1837年・天保8年）⇒「尋常ノ消石多火ニ拘ラス粗末トシ冷レハ結晶スベキ程ノ沸騰」
『尋常兵制』 第一巻／福澤諭吉・小幡篤次郎共訳（1867年・明治2年）⇒「一砲隊は六門乃至八門を具ふるものを、尋常兵制とす」

中国
『火攻挈要』 巻下／湯若望授、焦勗述（1643年・崇禎16年）⇒「大者弾作六分、薬作五分、此尋常比例之略数也、」
『物理小識』 巻八／方以智著（1664年・康熙3年）⇒「皆不蠱也、尋常宜用桐杉、膠則易蒸」

【尋常学校】

日本
『西洋事情』 初編　巻之三／福澤諭吉纂輯（1866年・慶応2年）⇒「一八五一

年英倫及びヲールスの人口一七九二万七千六百九人、尋常学校の生徒二百十四万四千三百七十八人」

【尋常兵制】

日本

『洋兵明鑑』 巻之一／福澤諭吉・小幡篤次郎・小幡甚三郎合訳（1869年・明治2年）⇒「一砲隊は六門乃至八門を具ふるものを、尋常兵制とす」

【申賞金】

日本

『外国事情書』／渡辺華山著（1839年・天保10年）⇒「千六百五十五年（寛文五年）「メダイリ」ト申賞金へ、我四海（セカイ）ヲ統括セント鋳サセ、諸臣ニ賜リ」

【心情ノ自由】

日本

『自由之理』 巻之一／中村敬太郎訳、木村謙一郎版（1872年・明治5年）⇒「仰モコノ良心ノ自由トイフハ、心情ノ自由、思想ノ自由ナル」

【神人】

日本

『采覧異言』 第三／新井白石著（1713年・正徳3年）⇒「内有天使神人之祖葬所也。師名癖葬顔八児」

『訂正増訳　采覧異言』 巻一／新井白石訳、山村才増訳（1802年・享和2年）⇒「有天房内有天使神人之祖葬処也」

『西洋列国史略』 上／佐藤信淵撰（1808年・文化5年）⇒「説ハ神人、人口ヨリ、吐出ス処ノ一卵ナルモノ」

【人身学】

日本
『博物新編補遺』巻下／小幡篤次郎訳述（1869年・明治2年）⇒「人身ニ関スルモノヲ人身学ト云ヒ人ノ人タル所以ノ道ヲ論スルモノヲ人道学ト云フ」

【人身窮理】

日本
『舎密開宗』内編 第四十章／賢理著、宇田川榕菴重訳増註（1837年・天保8年）⇒「人身窮理家ノ説ニ嗡気ノ酸素一分ハ肺静脈ノ血ニ和シ」
『気海観瀾広義』巻一／川本幸民訳述（1851年・嘉永4年）⇒「これを断てば即ち死す、人身の生機大略此の如し、尚「ヒシヨロキー」（人身窮理学）に就て詳説を見るべし」

【人身生象】

日本
『理学提要』総論／広瀬元恭訳（1856年・安政3年）⇒「外科器具、縛帯の術、及び人身生象の学を知るに便す」

【縉紳房】

日本
『五科学習関係文書』西洋官職略考／西周編（1863年・文久3年）⇒「此国会諸国共両に相分ち、或は縉紳房、平民房、或ハ老院、議法院、或は第一房、第二房杯と号し」

【真性】

日本
『窮理論』巻三／帆足万里撰（1836年・天保7年）⇒「人製の石灰は古より之れ有り、然れども其の真性を明にする者無し」
『気海観瀾広義』真性／川本幸民訳述（1851年・嘉永4年）⇒「体有真性六、

曰定形、曰碍性、曰分性、曰気孔、曰動静、曰引力」
『物理階梯』上巻／片山淳吉纂輯（1872年・明治5年）⇒「通有性又真性、通性」

中国

『聖経直解』巻九／陽瑪諾著（1636年・崇禎9年）⇒「恒守其命、人犯而為仇、天主借神性、至善也、借人性、至善之至善」

【新星】

中国

『格致彙編』互相問答／傅蘭雅輯（1867年・光緒2年）⇒「各有新星現在新星現出至一千八百四十八年又有新星出見至今尚存」但不能定其光」

【人情】

中国

『畸人十篇』巻下／利瑪竇述、汪汝淳較梓（1608年・万暦36年）⇒「千数百年以来無論無異往為常無議之為非人情也」
『譬学』上巻／高一志撰（1633年・崇禎6年）⇒「左加即左重而下、右加即右重而下、人情加之以恩」

【人性学】

日本

『西洋学校軌範』巻下／小幡甚三郎撮訳、吉田賢輔校正（1870年・明治3年）⇒「人道学「モラル」、インテルクチアルノ「教授職」、人倫論、「エチツク」講義人」

【新世界】

日本

『新製地球万国図説』輿地総叙／桂川甫周訳、大槻玄沢訂（1786年・天明6年）⇒「新ト称スルハ即チ亜墨利加ノ地ナリ、此地近古以来始テ開キ（得）ルノ地ナル故ニ、コレヲ新世界ト称ス」「此地近古来始メテ開キ得シ地ナル故ニ、是ヲ新世界ト称ス」

『乾坤図識』四巻 上／箕作省吾訳（1845 年・弘化 2 年）⇒「名義ニ曰、亜墨利加ハ、番語ニテ、新世界ト云義ナリ」

『坤輿初問』／伊東玄朴訳、新発田収蔵校（1857 年・安政 4 年）⇒「欧羅巴以下ノ三州ハ古世界ト名ク是此三州ハ已ニ久ク世ニ知ルル故ナリ亜墨里加ハ新世界ト名ク」

【人造】

日本

『化学入門』後編　巻之四／竹原平次郎抄訳、堀尾用蔵註（1867 年・慶応 3 年）⇒「右ノ説ヲ以テ人造硝酸塩ノ化生ヲ知ルベシ」

『西洋聞見録』巻三／村田樞文夫纂述（1869 年・明治 2 年）⇒「既ニ火輪車路アリ又人造溝河アリテ舟楫ノ便ヲ極ム」

『ヱマイル全書』／寺山道人新訳（刊行年不明）⇒「金属分子の熔解全タラザルヘシ是レ正ニ人造澄明宝石ノ製法ニ相反スルモノナリ」

中国

『化学鑑原続編』巻一／傅蘭雅口訳、徐寿筆述（1875 年・光緒元年）⇒「此能得別金類之同類質已有人造得軽衰」

『空際格致』地内火／高一志撰、韓雲訂（刊行年不明）⇒「若硫黄有人造者、天生者、人造者不具論、天成者、外如灰色」

【人造溝河】

日本

『西洋聞見録』巻三／村田樞文夫纂述（1869 年・明治 2 年）⇒「既二火輪車路アリ又人造溝河アリテ舟輯ノ便ヲ極ム」

【人造電気】

日本

『登高自卑』後編 巻之三／村松良粛抄輯（1875 年・明治 8 年）⇒「富蘭佃林市以為ク、人造電気〈ヒトデエレキテル〉ハ其作用発象殆ト雷電ト異ナル」

【寝台】

日本

『柳川日記』／柳川当清記（1860年・万延元年）⇒「寝台之図、上ヨリ白キ我紗の如キ品」

【身体虚弱】

中国

『格致彙編』格物雑説／傅蘭雅輯（1867年・光緒2年）⇒「難奏其功但如身体虚弱血虧而面」

【新大陸】

日本

『牙氏初学須知』第四十一／田中耕造訳、佐沢太郎訂（1875年・明治8年）⇒「体格ノ大小ト力ノ強弱トニ由リテ類ヲ異ニス、新旧両大陸ニ於キテ皆之ヲ見ル」

【診断】

日本

『山田顕義建白書』上巻／山田顯義稿（1873年・明治6年）⇒「数万ノ病症軍医ノ診断スル所常医亦診断セザル可ラス」

【審断】

日本

『英氏経済論』巻三／小幡篤次郎訳（1871年・明治4年）⇒「公平ノ法ニ籍テ曲ゲス借ザルモノ審断アル可キナリ公平ノ法アル時ハ其利タルモノ二様ナリ」

『自由之理』巻三／中村敬太郎訳、木村謙一郎版（1872年・明治5年）⇒「両説アル義案ヲ審断スル時、モシ一説ノ方ニハ公事師ナキ一方ノ真理ヲ看出ス」

中国

『英軺日記』／劉錫鴻著（1877年・光緒3年）⇒「議院以上聞交刑審断焉刑司之権足以訊治其国主王公大臣」

【新陳交換／新陳交替／新陳更換／新陳交代／新陳相換／新陳代謝】

日本

『**窮理通**』巻七／帆足万里撰（1836 年・天保 7 年）⇒「宜しく気をして新陳相代を得て以て痘毒を除去せしむべきなり」

『**化学入門**』後編　巻之一／竹原平次郎抄訳、堀尾用蔵註（1867 年・慶応 3 年）⇒「気ノ新陳交代スルハ猶ホ泉水ノ常ニ流更スルガ如ク然リ」

『**三兵養生論**』巻一／久我俊齋訳（1867 年・慶応 3 年）⇒「閉居篭屋常ニ大気ヲシテ新陳代謝セスンハ其気腐壊シテ有害ノ瓦斯ヲ生ス」

『**博物新編補遺**』／小幡篤次郎訳述（1869 年・明治 2 年）⇒「恒常新陳相換セサルモノナシ例ヘハ　葉朽テ土ニ復リ食物化シテ血トナルガ如シ」

『**物理階梯**』巻中／片山淳吉纂輯（1872 年・明治 5 年）⇒「別ニ設ケタル排気嘴ヨリ駆出シテ新陳更換シ工人ニ患害ナカフシム」

『**上木自由之論**』／小幡篤二郎訳（1873 年・明治 6 年）⇒「米国ニテハ、政務ヲ扱フ者常ニ新陳交替シ、此ガ為メ政務ノ取扱堅実次序ヲ欠クガ如シ」

『**斯魯斯氏講義動物学 初編**』初編／太田美濃里筆記（1874 年・明治 7 年）⇒「鹿角ハ其骨格ヨリ技ヲ生シ年々新陳交換ス」

『**登高自卑**』後編 巻之四／村松良粛抄輯（1875 年・明治 8 年）⇒「土中ニ回ルナリ、斯ク新陳代謝シテ、シノ肉層年々一層ヅ」

【人通呼吸】

中国

『**格致彙編**』互相問答／傅蘭雅輯（1876 年・光緒 2 年）⇒「安放其人於地面其面向下在背後与脇骨処圧之再将其人翻転如此多次与救溺死畧同以至其人通呼吸為度再将浴盆加温水」

【審定の学】

日本

『**異人恐怖伝**』前編 巻下／検夫爾著志筑忠雄翻訳（1850 年・嘉永 3 年）⇒「審定の学《義訳なり原文ウイスキュンデといえり究理に属す》」

【神童】

辞書

『英華字典』／Walter Medhurst（1847～48年）⇒「a clever lad　神童」

『英華字典』／Wilhelm Lobscheid（1866～69年）⇒「a clever lad　神童」「a bright boy　神童」

【震動】

中国

『夢溪筆談』／沈括著（北宋時代）⇒「其山有時震動、山之大石、皆頽入海、如此已五十余年」

『坤輿図説』巻上／南懐仁撰（1672年・康熙11年）⇒「出故致震動且有声響也正如火薬充実」

『火攻挈要』巻中／湯若望授、焦勗述（1643年・崇禎16年）⇒「以致地中遊火偶発、震動地脈、延禍極広」

【人道学】

日本

『博物新編補遺』巻下／小幡篤次郎訳述（1869年・明治2年）⇒「人身に関スルモノヲ人身学ト云ヒ人ノ人タル所以ノ道ヲ論スルモノヲ人道学ト云フ」

『西洋学校軌範』巻下／小幡甚三郎撮訳、吉田賢輔校正（1870年・明治3年）⇒「学士頭取　一人、人道学（モラル）、人性学（インテルレクチアル）ノ教授職」

【神統政治】

日本

『百学連環』第二編下／西周講述、永見裕筆録（1870年・明治3年）⇒「各国は古昔は神統政治〈Theocracy〉即ち第一の場なり」

【信箱】

日本

『博物語彙』 蘭文／宇田川榕菴編（刊行年不明）⇒「信箱」

中国

『航海述奇』 ／張徳彝著（1865 年・同治 4 年）⇒「第二車載煤随行添用三車内沿路刷印新聞紙攜帯信箱此後則頭二三等客車」

『中西聞見録選編』 各国近事／丁韙良編（1877 年・光緒 3 年）⇒「甫逾数日、波君検閲信箱、得凛云、某処某官」

『使美記略』 ／陳蘭彬著（1878 年・光緒 4 年）⇒「専管信箱有来往信多恐其遣誤」

【針盤】

日本

『二儀略説』 巻上／小林謙貞編述（1667 年・寛文 7 年）⇒「針盤ノ向方即是ナリ、図ヲ以テ見レバ明白ナリ」

『西域物語』 巻上／本多利明著（1798 年・寛政 10 年）⇒「エールステよりアクトステに至る、八等は鍼盤の方位の名にして、渡海の肝要也」

『軍艦図解』 考例／本木庄左衛門訳述（1808 年・文化 5 年）⇒「其器機の如きは、針盤羅経を第一とし、或測深鉛挺を用て深浅を測り」

中国

『澳門紀略 嘉慶庚申重干』 上巻／印光任・張汝霖纂（1800 年・嘉慶 5 年）⇒「千里鏡定路一盤針鬼哭三沙惨魚飛千里」

『乗槎筆記』 上巻／斌椿著（1866 年・同治 5 年）⇒「用針盤五、各二人司之、以定方向」

【審判】

日本

『八紘通誌』 巻二／箕作阮甫述（1851 年・嘉永 4 年）⇒「同社不和ナレハ会同ノ寸、是非ヲ審判ス、各国諸藩皆政衙ヲ置キ、民庶ノ代差之ニ加ハル」

『五科学習関係文書』 司法権／西周編（1863 年・文久 3 年）⇒「大審院ハ官吏職務上ノ犯罪ヲ審判シ法律ノ為ニ糾弾ヲ受クル」

『英政如何』 巻十二／鈴木唯一訳（1866 年・慶応 2 年）⇒「此二種類の法を審

判する者は即ち裁判役なり」

『中外新聞』／柳河春三編（1868年・慶応4年）⇒「失れ政体に君主握権、君民同種、国民共和の三体有之、政権に立法、行法、審判の三権有之候」

中国

『七克』巻三／龐廸我撰述、楊廷筠較梓（1604年・万暦32年）⇒「故経曰不哀矜者、天主必以厳義審判之、略不蒙哀矜也」

『天主実義続編』第一章／龐廸我撰、陽瑪諾訂（1617年・万暦45年）⇒「審判之時、天地大主問爾曰、爾大父、奚不孝、爾大主」

『畸人十篇』／利瑪竇述、汪汝淳較梓（1608年・万暦36年）⇒「人至死候上帝将審判我一生不善行也」

『霊言蠡勺』巻上／畢方済口授、徐光啓筆録（1624年・天啓4年）⇒「諸毒物之霊薬、為亜尼瑪中居堂皇審判功罪之官司」

『三山論学紀』／艾儒略著（1627年・天啓7年）⇒「主者自存、必復命天主、以先聴其審判賞罰也、相国曰、天地之間、不離順逆二境」

『聖経直解』巻一／陽瑪諾著（1636年・崇禎9年）⇒「皆主口也、従此逆推世末審判之日、亦在主日可知矣」

『達道紀言』／高一志撰、韓雲述（1636年・崇禎9年）⇒「欲明閲遠物惟啓一閉一　審判民事者」

『天学略義』／孟儒望著（刊行年不明）⇒「天主第一位之右、十日後臨世審判、以報善悪者、此天学之大略也」

『勵修一鑑』／李九功纂評（1639年・崇禎12年）⇒「何懼、答曰、造物主審判厳矣、其耳　我也」

『五十言余』三編／艾儒略等撰（1645年・崇禎2年）⇒「汝輩乃不慮有審判之日将来耶」

『大美聯邦志略』上巻／裨治文撰（1864年・元治元年）⇒「一凡国中審判総権、（既）帰国国会之司審総院」

『海国圖志』巻二十六／魏源撰、林則徐訳（1876年・光緒2年）⇒「天主于時乃審判而賞罰之」

『格物探原』第十六章／韋廉臣著（1876年・光緒2年）⇒「言不必言、思実及之、況上帝亦審判之時、而感動人心」

『天主聖教豁疑論』／朱宗元述、瞿篤徳訂（刊行年不明）⇒「万民復活審判之義、天地人物始生之原中華旧無言者、言之自西儒始」

『正学鏐石』／利安當著、南懐徳訂（刊行年不明）⇒「天学論世界窮終天主審判之期天下凡有形之物燼燬」
『痛苦経蹟』／伏若望訳（刊行年不明）⇒「耶蘇救我等至於審判」

辞書

『A DICTIONARY OF THE CHINESE LANGUAGE, IN THREE PARTS.』／Robert Morrison（1815～23年）⇒「To pass sentence　審判」
『英華韻府歴階』／Wells Willams（1844年）⇒「DECIDND　審判」「JUDGE　審判」
『英華字典』／Walter Medhurst（1847～48年）⇒「ADJUDICATION　審判之事」「TO JUDGE　審判」
『英華字典』／Wilhelm Lobscheid（1866～69年）⇒「day of rechoning　審判之日」「Judge　審判」
『英華萃林韻府』／Justus Doolittle（1872年）⇒「Adjudication　審判之事」「Decided　審判了」

【審判人】

日本

『聯邦商律』第二節／藤田九二訳述（1873年・明治6年）⇒「審判人は時宜によりて償金として利足を取ことを許すも自由なり」

【審判庁】

日本

『代議政体』巻三／永峰秀樹訳（1875年・明治8年）⇒「貢税等ノ名ヲ以テ、人民ノ膏血ヲ絞リ取リ、審判庁ノ隠謀ノ驚怕スベキ」

【信票】：郵便切手

中国

『中西関係論』巻一／林楽知著（1876年・光緒2年）⇒「先買信票、至遠之信、毎封不過百文、水路輪船、陸地ハ輪車」
『欧遊随筆』六巻／銭徳培著（1878年・光緒4年）⇒「信者須倍給其資信票以国君之面形或各国之記識用鋼板」

【神父】

中国

『聖経直解』 巻一 第三／陽瑪諾著（1636年・崇禎9年）⇒「告解罪何、曰、躬詣神父座前、明告本罪、不能無罪、故定解罪之礼」

『六合叢談』／慕維廉・艾約瑟等（1857年・咸豊7年）⇒「天主堂誦経時突有神父持刀欲殺」

『航海述奇』 第八／張徳彝著（1865年・同治4年）⇒「台上人名為神父或名教師身者長服頭載白帽」

『海国圖志』 巻二十七／魏源撰、林則徐訳（1876年・光緒2年）⇒「称上帝為神父、未嘗謂耶蘇即上帝也」

『中西関係論』／林楽知著（1876年・光緒2年）⇒「神父敢自為之其咎固無辞可無」

『地理志略』／戴徳江著（刊行年不明）⇒「約一百万国家按時頒發銀兩以神父牧師養身之用也」

辞書

『英華字典』／Walter Medhurst（1847～48年）⇒「CLERGYMAN　神父」

『英華字典』／Wilhelm Lobscheid（1866～69年）⇒「the Roman Catholics 神父」「a Roman Catholic Chutch　神父」

【新聞】

日本

『環海異聞』 序列附言／大槻玄沢撰（1807年・文化4年）⇒「新に聞し所の者有、旧聞新聞と相合せて本編を校するものあり」

『遠西医方名物考補遺』 巻一／宇田川榛斎訳述、宇田川榕菴校補（1834年・天保5年）⇒「固ヨリ弁晰ヲ（矣）スト雖モ或ハ新聞創見ノ看官」

『外国事情書』／渡辺華山著（1839年・天保10年）⇒「五大州数万ケ所之事に御座候、大方七日め開板致、新聞を諸国に広め申候」

中国

『瀛環志畧』 巻一 序／徐繼畬撰（1848年・道光28年）⇒「毎得一書、或有新聞、輒竄改増補、稿凡数十易」

『官板 中外新報』 第二号／応思理撰（1858年～・咸豊8年～）⇒「多有士人以科場新聞告予、蓋寔事、亦奇事也」

『智環啓蒙塾課初歩』 第六十三課／香港英華書院訳（1864年・同治3年）⇒「広

人之識見者乃新聞篇及書冊也、西国新聞篇甚多」

辞書

『A DICTIONARY OF THE CHINESE LANGUAGE, IN THREE PARTS.』／Robert Morrison（1815～23年）⇒「a thing newly heard　新聞」

『英華韻府歴階』／Wells Willams（1844年）⇒「NEWS　新聞」

『英華字典』／Walter Medhurst（1847～48年）⇒「NEWSPAPER　新聞」

『英華字典』／Wilhelm Lobscheid（1866～69年）⇒「Tidings　新聞」「a newspaper　新聞紙」

『英華萃林韻府』／Justus Doolittle（1872年）⇒「News　新聞」「Tidings　新聞」

【新聞館】

日本

『香港新聞紙』火油／箕作益三郎訳（1864年・元治元年）⇒「如シ買ント欲スル者ハ請フ本新聞館ニ至り給ハナリ」

中国

『格致彙編』算学奇題／傅蘭雅輯（1876年・光緒2年）⇒「並訳成西文送美国格致新聞館則中言明中華某君之法」

『中西関係論』／林楽知著（1876年・光緒2年）⇒「儲之才館類聚英才而観之矣」

【新聞局／新聞紙局】

日本

『経済小学』下編／神田孝平重訳（1867年・慶応3年）⇒「方今開化ノ進ムニ従ヒ溝洫轍路造船厰新聞局等種々巨大ノ構造ヲ為シ」

『西洋雑誌』巻一／楊江柳河暾輯録（1867年・慶応3年）⇒「西洋諸国には新聞紙局ありて。公私の報告。市井の風説を集め。或は毎月。或は毎七日。或ハ毎日これを印行して。互に新報を得るを競ふ」

『官版 明治月刊』第三／開物新社編（1868年・明治元年）⇒「又佛人より我新聞局に一書を贈りしが、其略に、西班牙の女王は太子アスタリヤスに王位を譲り」

『英国議事院談』巻二／福澤諭吉訳述（1869年・明治2年）⇒「新聞紙局の人、其外議事を報告せんとする者は、議事院に来りて評論を聞き、或は議事見物の為に来る者あり」

『航西日記』／青淵漁夫・靄山樵者録（1871 年・明治 4 年）⇒「英華書院其他各書院あり、造幣局、新聞局、講堂、病院等尽く備ふ」

中国

『六合叢談』巻一／慕維廉・艾約廉他著（1857 年・咸豊 7 年）⇒「得干国政民間素設新聞紙局、今皆懼不敢発、人犯小過、即置之獄、撲殺無算」

『随使日記』巻一／張徳彝著（1876 年・光緒 2 年）⇒「観音楼正面列新聞紙局使多人執筆記事楼下正面一台上立一人」

【新聞紙】

日本

『八紘通誌』巻一／箕作阮甫述（1851 年・寛永 4 年）⇒「大ニ新聞紙〈フウゼツガキ〉ヲ看コトヲ嗜ム等ヲ以、稍之カ闕ヲ補フニ足レリ」

『栄力丸漂流記談』巻二／文太談（1856 年・安政 3 年）⇒「按に海国図志にアメリカの新聞紙、阿蘭陀の新聞紙など申之たれば」

『官板 バタヒヤ新聞』巻一／蕃書調所訳（1862 年・文久 2 年）⇒「或る新聞紙に載る所にて世間の未だ知らざる一奇事あり、近頃死せる土耳其帝の祖母は」

中国

『瀛環志畧』巻一 凡例／徐繼畬撰（1848 年・道光 28 年）⇒「皆取之泰西人雑書、有国本、有鈔本、拝月報新聞紙之類、約数十種」

『格致彙編』印書／傳蘭雅輯（1876 年・光緒 2 年）⇒「一百年前新聞紙初次興旺観者甚衆所印者」

『海国圖志』巻四十二／魏源撰、林則徐訳（1876 年・光緒 2 年）⇒「所用馬車共計二万七千輛、毎日寄出書信、約七万件、新聞紙八万五千張、各印書三千名」

【新聞紙屋】

日本

『遣米使節日記』上巻／村垣範正記（1860 年・万延元年）⇒「新聞紙屋の長なるものの山荘なるよし、高楼に登れば、両岸赤壁の河にそいて風景いとよし」

『英政如何』巻六／鈴木唯一訳（1868 年・明治元年）⇒「縦令万民は議論聴聞に入り、新聞紙屋は之を出板するために出席する」

【進歩】

日本

『官板 バタヒヤ新聞』巻二／蕃書調所訳（1862年・文久2年）⇒「因て多端の規を以て此職の進歩を他国の術家に与ふ可しと」

『代議政体』巻二／永峰秀樹訳（1875年・明治8年）⇒「一ハ仏国ノ理学家ニ出テ、整治ト進歩トヲ以テ終始トナシ、一ハ「コールリツジ」氏出テ」

中国

『霊言蠡勺』巻上／畢方済口授、徐光啓筆録（1624年・天啓4年）⇒「如既得明燭従此進歩進歩不欲至之報」

『聖経直解』巻五／陽瑪諾著（1636年・崇禎9年）⇒「出城道勢漸高路渋、愈難進歩、強行三百十八歩三百四十八歩」

『五十言余』／艾儒略等撰（1645年・崇禎2年）⇒「五徳之修、反乎此、日口進歩、不敢斯須停輟也、操舟者」

【審法】

中国

『各国日記彙編 曽侯日記』／（1879年・光緒5年）⇒「為民主或為君民主之国其定法執法審法之権分」

【信法自在】

日本

『立憲政体略』私権／加藤弘蔵著（1868年・慶応4年）⇒「第六信法自在ノ権利　教法ノ事ハ宗派ニ拘ハラス如何ナル宗派ニテ」

【親睦条約】

日本

『日本貿易新聞』七十一号／柳河春三・箕作貞一郎他訳（1864年・元治元年）⇒「親睦の条約とは如何なるものなりや、答て曰く、日本人は其要用なる品物を各国人より求め得」

【人民会社】

日本

『自由之理』 巻一／中村敬太郎訳、木村謙一郎版（1872 年・明治 5 年）⇒「予コノ論文ヲ作ル目的ハ人民ノ会社（即チ政府ヲ言フ）ニテ、一箇ノ人民ヲ取リ扱ヒ」

【人面魚】

中国

『訳史紀余』 巻一／陸次雲著（刊行年不明）⇒「人面魚其毒在身其鮮在目前朝有使臣使日本」

【人面蛇】

中国

『訳史紀余』 巻一／陸次雲著（刊行年不明）⇒「人面蛇生漲海之中能作人語」

【真鍮】

日本

『紅毛雑話』 巻四／森島中良編輯（1787 年・天明 7 年）⇒「銅真鍮の盆へ注ぎ入るれば、たちどころに皺み縮む」

『阿蘭陀始制エレキテル究理原』 巻一／橋本曇齋口授、平田稔筆記（1811 年・文化 8 年）⇒「真鍮の筒小口壱寸七八分、堅六七寸、底を設け」

『泰西七金訳説』 総論／渋江虬鑒試、馬場貞由訳述（1854 年・嘉永 7 年）⇒「交和すれば、真鍮となしたるは銅の如く延ばすべからず」

【心理】

中国

『天主実義』 ／利瑪竇述、李之藻筆述（1603 年・万暦 31 年）⇒「曰耳目口鼻四肢所知覚物心揆之于心理心理無非焉」

『天主実義続篇』 冊二／龐廸我述、陽瑪諾訂（1617 年・万歴 45 年）⇒「右論既有心理、追達万物之上、応有物主」

『職方外紀』小言／艾儒略増訳、楊廷筠彙記（1623年・天啓3年）⇒「曰東海西海心同理同誰謂心理同而精神之結」

【心理学】

日本

『百学連環』第二／西周講述、永見裕筆録（1870年・明治3年）⇒「心理学たるものは幾何ありと極りあるものにあらす、心理、物理の二ツを譬へは軍をなす」

【真理】

日本

『和蘭天説』／司馬江漢著（1796年・寛政8年）⇒「必ズ人気ヲ観、天ニ物ノ状ヲ顕スト云ハ、真理ニアラズ、妄説ナリ」

『百学連環』／西周講述、永見裕筆録（1870年・明治3年）⇒「真理（real truth）」

中国

『五十言余』／艾儒略等撰（1645年・崇禎2年）⇒「善治吾五官四司言動俾倶順合同真理如是以吾心為一国也」

『坤輿図説』巻上／南懐仁撰（1672年・康熙11年）⇒「後賢之新論以発明先賢所未発大地之真理夫地与海本之円形」

『格致彙編』格致新法／傅蘭雅輯（1876年・光緒2年）⇒「由此真理可入但雖真理已入若人非前知」

【神理学】

日本

『百学連環』／西周講述、永見裕筆録（1870年・明治3年）⇒「神理学の種類なるもの四種あり、一ツは聚部神学、一ツ唯一神学、一は自然本ツキタル」

【診療学】

日本

『西洋学校軌範』巻下／小幡甚三郎撮訳、吉田賢輔校正（1870年・明治3年）⇒「外科手術〈オペラチーフ〉診療学〈キリニカル〉ノ教授職」

【人倫論】

日本

『西洋学校軌範』巻下／小幡甚三郎撮訳、吉田賢輔校正（1870年・明治3年）⇒「人道学モラル人性学インテルレノ教授職人倫論エチツクノ講義人」

【人類】

日本

『紅毛訳問答』／小倉某著（1750年・寛延3年）⇒「ミイラは阿蘭陀詞に出哉、何国より出哉、人類にには哉」

『和蘭天説』跋／司馬江漢著（1796年・寛政8年）⇒「意ふに人類の存在は知るべからず、ただ月、五星は太陽に近し、まさに此に同じかるべし」

『三才究理頌』／鶴峯戊申撰、利光宗規・多々良信興校（1838年・天保9年）⇒「人類亦分為四種、可知不同祖宗縁」

中国

『聖母行実』巻一／高一志撰述（1631年・崇禎4年）⇒「固大主生人之初意也、無何人類元祖、受生未幾」

『不得已弁』／利類思著、安文思・南懐仁訂（1665年・康熙4年）⇒「其三視聖教之伝、若世初降生、人類甚少、必日久失伝、如造成之恩」

『地球図説』亜西亜／蔣友仁訳（刊行年不明）⇒「亜西亜天下一大州、乃人類肇生之地、聖賢迭出之郷、其界東至大東洋」

『正学鏐石』三編／利安當著、南懐徳訂（刊行年不明）⇒「開闢天地、始生二人一男一女、（男名亜当女名厄娃）人類之元祖也」

『天釈明弁』世尊／楊廷筠著（刊行年不明）⇒「謂仏之是尽性必須人類、自応受命於帝不応越上帝而自為尊也」

辞書

『A DICTIONARY OF THE CHINESE LANGUAGE, IN THREE PARTS.』／

Robert Morrison（1815～23年）⇒「MEN　人類」
『英華字典』／Walter Medhurst（1847～48年）⇒「MEN　人類」「a progeny of human biegs　人類」
『英華字典』／Wilhelm Lobscheid（1866～69年）⇒「MAN　人類」「Men　人類」
『英華萃林韻府』／Justus Doolittle（1872年）⇒「HUMAN」
『格致彙編』混沌説／傳蘭雅輯（1876年・光緒2年）⇒「尚末有人論起人類之末日如費多年之心思考究人之」

【親類之契約】

日本
『阿蘭陀風説書』第百二十一号／オランダ商館長口述、通詞訳（1730年・享保15年）⇒「ポルトガル国、イスパニヤ国、此三ケ国親類之契約仕候由本国より申越候」

【真霊】

日本
『物理階梯』巻中／片山淳吉纂輯（1872年・明治5年）⇒「丁戊ノ間ニ真霊ヲ生セシメ」

【新暦】

日本
『登高自卑』前編 巻之下本／村松良粛抄輯（1872年・明治5年）⇒「格勒哥里改暦（太陽年・新暦）ハ儒略暦四年」

【親和】

日本
『舎密開宗』巻二／賢理著、宇田川榕菴重訳増註（1837年・天保8年）⇒「硫鉄ノ和泥ハ好テ気中ノ酸素ヲ喩テ之ト親和ス」
『気海観瀾広義』巻一／川本幸民訳述（1851年・嘉永4年）⇒「引力最接近者、

舎密是也、其最及遠者」
『三兵答古知幾』巻一／高野長英訳（1856年・安政3年）⇒「其最モ相親和シ独行シ難キノ科ナリ」

【親和力】

日本

『舎密開宗』第五十三章／賢理著、宇田川榕菴重訳増註（1837年・天保8年）⇒「塩ト水ノ親和力ハ水ト気ノ親和力ヨリ強ヨリ強キニ因テ水ト塩ト和シ」
『舎密局必携』題言／上野彦馬抄訳、堀江公粛閲（1862年・文久2年）⇒「親和力ノ標的ニシテ、譬バ芒硝ノ如ハ那多（人留）母（ナトリュウム）、硫黄、酸素ノ三原素ヨリ成ル」
『化学便蒙』酸素第一／宇田川榕精訳述（1868年・慶応4年）⇒「金属湿道法ノ通常温ニテ酸素水素トノ親和力ヨリ大ナル親和力ヲ起サヌ」

【す】

【水圧】

日本

『気海観瀾広義』巻七／川本幸民訳述（1851年・嘉永4年）⇒「水圧　水性専欲平準、故上下左右、無所不圧」
『物理階梯』巻上／片山淳吉纂輯（1872年・明治5年）⇒「壜内ノ水圧、外辺ノ水圧ト斉シキ、平均ヲ得ルニ因レリ」

中国

『遠西奇器図説』巻一／鄧玉函口授・王徴訳絵（1628年・天啓7年）⇒「求水圧物重処、止於所圧物底之平面、求周囲垂線」
『八紘訳史』／陸次雲著（1683年・康熙22年）⇒「文成五色因其不生水族故死海」
『格物入門』巻二／丁韙良著（1868年・同治7年）⇒「傍有活塞堤動、籍水圧力、催気入箱」

【水害】

日本

『官板 玉石志林』下末／箕作阮甫他訳（1863 年頃・文久 3 年頃）⇒「皮表ヨり排斥スベキ水液道ヲ換テ腎臓ヘ廻ル」

『真政大意』下巻／加藤弘之講述（1867 年・明治 3 年）⇒「譬ヘバ洪水ノ為メニ田地ノ水害ヲ除カント思テ」

中国

『遠西奇器図説』巻一／鄧玉函口授・王徴訳絵（1628 年・天啓 7 年）⇒「如防水害、則運大石以築堤、防火災、則用吹筒以麗水」

【水学】

日本

『理学提要』巻二／広瀬元恭訳（1856 年・安政 3 年）⇒「是れ皆水の功用に由る、医を学ぶ者、水学を講ぜざる可けんや」

『窮理日新発明記事』巻之一／東井潔全纂輯（1872 年・明治 5 年）⇒「此人兼て気学水学などいふ、学問に明らかなる」

『登高自卑』前編 巻之下／村松良粛抄輯（1872 年・明治 5 年）⇒「表ヨリ排泄スベキ水液道ヲ換テ腎臓ヘ廻リ、尿ヲ利スル」

中国

『格物入門』／丁韙良著（1868 年・同治 7 年）⇒「綜所学西学之水学気学火」

『格致彙編』格物略説／傅蘭雅輯（1876 年・光緒 2 年）⇒「即静水重学動水重学並引水学此各学」

『格致古微』叙／王仁俊述（1899 年・光緒 25 年）⇒「為緯天学機学隷重学地学鉱学隷化学水学気学熱学」

【水気力】

中国

『重学』巻十六／艾約瑟口訳、李善蘭筆述（1859 年・咸豊 9 年）⇒「第五論水気力　水気用漲及被冷熱加減之能」

『格致古微』／王仁俊述（1899 年・光緒 25 年）⇒「天学、機学、隷重学、地学、砿隷、化学、水学、気学、熱学、電気、及火器、水師等学又兼隷化学水学気学、熱学重学化学外此若声」

【水銀】

日本

『**求力法論**』完／与盤計意流著、志築忠次郎訳（1784 年・天明 4 年）⇒「游気重力毎々一ナラス微シツツ軽重ヲナス故ニリユクトウエトケル中ノ水銀高卑一ナラス」

『**訂正増訳采覧異言**』巻一／新井白石著、山村才助増訳（1802 年・享和 2 年）⇒「地出金銀水銀水晶鬱金香草」

『**化学日記**』第二回／リッテル口授（1874 年・明治 7 年）⇒「今又水銀ヲ以テ試ムヘシ乃第三図ノ如ク之ヲ玻瓶ニ入レ火酒灯ニテ熱ス」

中国

『**西洋朝貢典録**』中巻／黄省曽撰（1520 年・正徳 15 年）⇒「其送死、富者葬、浸以水銀」

『**譬学**』上巻 文献三編／高一志撰（1633 年・崇禎 6 年）⇒「水銀遇他物不入、惟喜黄金、貧得者所思所図、亦惟金、他諧美学無与」

『**星槎勝覧**』暹羅国／費信著（正統元年）⇒「必用水銀潅養其屍、而後擇高阜之地、設仏事」

辞書

『**A DICTIONARY OF THE CHINESE LANGUAGE, IN THREE PARTS.**』／Robert Morrison（1815 ～ 23 年）⇒「MERCURY　水銀」

『**英華韻府歴階**』／Wells Willams（1844 年）⇒「QUICKSILVER　水銀」

『**英華字典**』／Wilhelm Lobscheid（1866 ～ 69 年）⇒「Hydrgyrum　水銀」

【水銀管】

日本

『**民間格致問答**』／大庭雪齋訳（1862 年・文久 2 年）⇒「空気の圧力で以て昇り降りしまおる水銀管の装置ハ、私には明らかにござりませぬ」

【水銀箱瓶】

中国

『化学初階』巻二／嘉約翰口訳、何瞭然筆述（1870 年・同治 9 年）⇒「用水銀箱瓶、以代水箱亦佳、此物本気類也、或用機圧」

【水銀柱】

日本

『蒸気雑説』乙／著者不明（明治初期書写）⇒「水銀柱（ホクトメートル）ヲ平均して十二トイムの高サと定むれは、ケトル中の蒸気持ち上る所」

【水権器】

日本

『水権器用法略』第四／佐藤興之助編述（1870 年・明治 3 年）⇒「其器機種々有り最簡便なるものを尼氏発明の器機第二図の水権器是なり」

【水師院】

中国

『大美聯邦志略』巻上／裨治文撰（1864 年・元治元年）⇒「一為水師院長、総管水軍諸務」

【水質】

日本

『気海観瀾』水質／青地林宗訳述（1825 年・文政 8 年）⇒「夫れ既に水の酸質と水質とに原づくを発明し、更に精巧を極めて之を分析し」

『窮理通』／帆足万里撰（1836 年・天保 7 年）⇒「其の上辺益々薄く下辺益々厚し、是れ水質沈下の力の為す所なり、故に小泡の厚薄一ならず」

『遠西水質論』／高野長英訳（刊行年不明）⇒「此亦小冊子ノ得テ説キ尽スヘキ所ニ非ス是ヲ以テ唯水質ノ一章ヲ挙テ之ヲ詳ニセント欲ス」

中国

『泰西水法』 第一煮試／熊三拔撰説、徐光啓筆記（1612年・万暦40年）⇒「下有沙土者、此水質悪也、水之良無滓、又水之良者」
『博物新編』 一集／合信著（1855年・咸豊5年）⇒「漸成而為金、水質牽合水質、聚成而為水、牽引之力大、則其物力堅」
『製火薬法』 巻三／傅蘭雅口訳、丁樹棠筆述（1871年・同治10年）⇒「如原薬為十両三分之数燥後称之得十両正則知三分為水質」

【水師提督】

日本
『横浜増新聞』 千八百六十三年／大槻磐渓筆（1863年・文久3年）⇒「台場ヨリ打出ス水師提督直ニ合図ヲナス、日本船三隻ヲ焼ク」

【水車】

中国
『泰西水法』 水法本論／熊三拔撰説・徐光啓筆記（1612年・万暦40年）⇒「是不憂（艚）也、蓋水車之属其費力也以重水車之重也」
『物理小識』 巻一／方以智著（1664年・康熙3年）⇒「如水車之旋、不西上東、則逆也、金水遶日為小輪乃日余体」

【水晶液】

日本
『気海観瀾広義』 第十四／川本幸民訳述（1851年・嘉永4年）⇒「若し眼（己）に在りて垂線状にこれを見下すときは、此屈折あることなし」
『物理階梯』 巻中／片山淳吉纂輯（1872年・明治5年）⇒「瞳孔ハ水様液ハ水晶孔ハ硝子様液」
『登高自卑』 前編 巻之中／村松良粛抄輯（1872年・明治5年）⇒「球ノ裏面ハ黒ク、球中ニ硝子液、水晶液、水様液ト云フ三種ノ澄液アリ」

【水蒸気】

日本

『**遠西医方名物考補遺**』巻七／宇田川榛齋訳述、宇田川榕菴校補（1834年・天保5年）⇒「水蒸気（山河海陸ヨリ蒸昇スル水気）ノ雲霧トナリ、諸香臭ノ気中ニ渾散スルカ如シ」

『**気海観瀾広義**』巻三／川本幸民訳述（1851年・嘉永4年）⇒「水蒸気は弾力甚だ強く、常に大虚を充填する性あり」

『**理学提要**』総論／広瀬元恭訳（1856年・安政3年）⇒「水素其の交力を逞しうし、酸素と合して水蒸気となる」

『**物理日記**』巻一／リッテル口授、文部省（1874年・明治7年）⇒「白金ヲ熱スレハ水素気ヲ透シ熱鉄ハ酸化炭素ヲ透ス」

中国

『**重学浅説**』重学原始／偉烈亜力・王韜訳（1858年・咸豊8年）⇒「有力風気之鼓蕩有力水蒸気則有漲力火生熱」

【水蒸船】

日本

『**榕菴先生遺書**』／宇田川榕菴編（刊行年不明）⇒「水蒸船」

『**八紘通誌**』／箕作阮甫述（1851年・嘉永4年）⇒「驛車ヲ通シ、鐵轍道ヲ造リ、水蒸舩ヲ行ル等ヲ以テ、務テ其便利ニ備フ」

『**官板 玉石志林**』巻之一／箕作阮甫他訳（1863年頃・文久3年頃）⇒「予水蒸船にて沙馬大剌に至るべき便路の地図を恵めり」

【薦紳房】

日本

『**最新論**』／加藤弘之著（1861年・文久元年）⇒「セナート杯と云ひ又下房の方は或は卑堂或は薦紳房又は推民房杯と云ふ」

【水性】

中国

『**博物新編**』水質論／合信著（1855 年・咸豊 5 年）⇒「一為堅性、二為水性、三為気性、気性之理、前交既已論之」

『**格物入門**』水学／丁韙良著（1868 年・同治 7 年）⇒「問、何為水学、答、所以講求水性、以利民用」

【水性平流】

中国

『**博物新編**』／合信著（1855 年・咸豊 5 年）⇒「水性平流」

【水星】

中国

『**熙朝定案**』刑部／南懐仁著（1669 年・康熙 8 年）⇒「水星出現已経擬絞適遇」

【垂線】

日本

『**気海観瀾広義**』第十四／川本幸民訳述（1851 年・嘉永 4 年）⇒「若し眼（己）に在りて垂線状にこれを見下すときは、此屈折あることなし」

『**民間格致問答**』巻二／大庭雪齋訳（1862 年・文久 2 年）⇒「底と頂上との内に重心の垂線が掛る間ハ、其物が倒れせぬ」

中国

『**遠西奇器図説**』巻一／鄧玉函口授・王徴訳絵（1628 年・天啓 7 年）⇒「有重挿於直線、或在上、或在下、但在垂線中者、不動」

『**談天**』巻一／偉烈亜力口訳、李善蘭刪述（1859 年・咸豊 9 年）⇒「凡物在空中、必依地面之垂線下墜」

『**格致彙編**』第一巻／傅蘭雅輯（1876 年・光緒 2 年）⇒「其体性亦欲傾跌若重心之垂線在体底之内」

【水素】

日本

『蘭学重宝記』／賀寿麻呂大人著（1835年・天保6年）⇒「水素「エレキテル」の積極（ポスチーフ）、験温器零点上の緒度」

『舎密開宗』第百八十六章／賢理著、宇田川榕菴重訳増註（1837年・天保8年）⇒「一分ハ硝酸ニ和シ亜的児ト為シ散シ一分ハ留テ分離シ其水素ハ硝酸ノ窒素ニ合テ」

『坤輿図識』巻一／箕作省吾著（1845年・弘化2年）⇒「先ヅ地下ノ伏道（即チ火脈）ニアル水素、欝伏メ熱灼ノ気ヲ生スル」

【水素瓦斯】

日本

『地震予防説』／宇田川興齋訳述（1856年・安政3年）⇒「水蒸気の張力或ハ水素瓦斯の爆炸或ハ其他の物類の作用よりして」

『官板 玉石志林』巻三／箕作阮甫他訳（1863年頃・文久3年頃）⇒「此名によりて、カハルロは、水素瓦斯にて気球航を為んと思慮し」

『博物新編補遺』巻中／小幡篤次郎訳述（1869年・明治2年）⇒「稀絹ヲ以テ嚢ヲ作リ之ヲ充タスニ水素瓦斯ルラ見レハ」

【水族】

日本

『万国新話』巻二／森島中良編輯（1789年・寛政元年）⇒「其海中水族を生ぜざるによりて、死海と名づくとなん」

『遠西医方名物考補遺』巻七／宇田川榛斎訳述、宇田川榕菴校補（1834年・天保5年）⇒「生気ハ水中に滲透シ水族ノ吸気ヲ成ス」

『登高自卑』前編 巻之下／村松良粛抄輯（1872年・明治5年）⇒「動物体ニ最モ須要ナル者ハ空気ナリ、水族《水ニ住ム者ヲ云》ノ水中ニ存テ」

中国

『天主実義』下巻／利瑪竇述、李之藻筆述（1603年・万暦31年）⇒「何必紅者、試観水族中如蝦如多無紅而釈氏弗茹蔬菜中」

『泰西水法』巻五／熊三抜撰説・徐光啓筆記（1612年・万暦40年）⇒「不独水矣、

凡水族之物、月望気盈」
『八紘訳史』巻二／陸次雲著（1683年・康熙22年）⇒「海色一日屡変、文成五色、因其不生水族、故名死海」
『六合叢談』巻三／慕維廉・艾約瑟他記述（1857年・咸豊7年）⇒「水族恒生于浅水、故洋海動植諸物、毎当不甚深処更盛、欲考古昔水上支水土」

【水族院】

中国
『随使日記』／張徳彝著（1877年・光緒3年）⇒「乗車行八九里過西敏斯徳礼拝堂入水族院」
『使西日記』／曽紀沢著（1877年・光緒3年）⇒「先至電報局発敷語通知筠仙丈旋水族院観所畜各種魚蝦蛤之属」
『使徳日記』／李鳳苞撰（1878年・光緒4年）⇒「水族院中有海水池二十二区、芸工賽奇院、亦著名、併臨頓郷計之」

【水素電気】

日本
『化学入門』後編　巻之六／竹原平次郎抄訳、堀尾用蔵註（1867年・慶応3年）⇒「電気直チニ此還元ヲ促セシ、水素電気力ヲ合セタル」

【睡中言語】

日本
『民間格致問答』巻五／大庭雪齋訳（1862年・文久2年）⇒「睡中言語スル者ニ信ズル刺客ヲ自ラ為ト記スル」

【水痘】

辞書
『英華字典』／ Wilhelm Lobscheid（1866～69年）⇒「Chicken – pox　水痘」「Swine – pox　水痘」

【水道】

日本

『西洋事情』銭貨出納／福澤諭吉纂輯（1866年・慶応2年）⇒「全く独立の体裁を為せり、又水道を掘り、鉄道を造くる等」

『西洋開拓新説』巻下／緒方正訳述（1870年・明治3年）⇒「按スルニ右ノ支配ヲ水道掛ノ役人ニ申付ケタル」

『増補 西洋作家雛形』第二編／村田文夫・山田貢一郎同訳（1872年・明治5年）⇒「凡て水道は、其底を凹く半月形に造り、流るる水は、其量少し」

中国

『代疑編』巻上／楊廷筠述（1621年・天啓元年）⇒「遠西士来此、由水道必取赤道北、過赤道南」

『地理全志』巻十／慕維廉輯訳（1853年・咸豊3年）⇒「至黒孫湾、其間或陸地、或水道」

『大美聯邦志略』上巻／裨治文撰（1864年・元治元年）⇒「国中又有大河諸水道為商売者無往不宜」

【出納官】

日本

『義邦先生航海日誌別録』／勝海舟撰（1860年・万延元年）⇒「出納官　ホルツモーツ及ひヒラテルヒヤ海軍局ニ有る者」

『日本貿易新聞』第二十三（1863年・文久3年）⇒「長州人運上所併に代官所を襲ひ、其出納官の重役人」

【随筆】

中国

『聖母行実』巻一／高一志撰述（1631年・崇禎4年）⇒「則随筆以紀之、偶偕同志、可与発明」

『崇一堂日記随筆』題／湯若望訳述、王徴筆記（1638年・崇禎11年）⇒「崇一堂日記随筆」

『物理小識』編録縁起／方以智著（1664年・康熙3年）⇒「范至能諸公、随筆不倦、皆是意也、老父通雅残稿」

す

【水法学】

日本

『榕菴先生遺書』／宇田川榕菴編（刊行年不明）⇒「水法学」

【水母気】

日本

『博物新編訳解』巻之一／合信著､大森解谷訳（1868年･慶応4年）⇒「軽気《或ハ水母気ト名ツク》軽気ハ水中ニ生ズ、色味共ニナシ」

中国

『博物新編』軽気／合信著（1855年・咸豊5年）⇒「軽気或名水母気、軽気生于水中、色味倶無」

【水曜】

日本

『遠西観象図説』／吉雄南皐口授、草野養準筆記（1823年・文政6年）⇒「水曜日　ウーンス、ダグ、Merkurius」

『航西日乗』／成島柳北著（1872～73年・明治5～6年）⇒「十四日、水曜、好晴、天既ニ白カラントスル」

『和蘭志略稿』／宇田川榕菴著（刊行年不明）⇒「水曜日ヲ「ウーンス、ダグ」と称スル」

【水養子気】

中国

『地理全志』巻三／慕維廉輯訳（1853年･咸豊3年）⇒「一養気､一水養子気（水与養気為母）養気居八、水養子気居一」

【睡揺車】：揺りかご

中国

『中西聞見録選編』雑記／丁韙良編（1877年・光緒3年）⇒「其乳妹睡揺車中、囑令守之」

【水溶物】

中国

『化学初階』 巻一／嘉約翰口訳、何瞭然筆述（1870年・同治9年）⇒「論水熔物　水熔各物、比別流質為多、熱水比冷水熔物更多」

【水雷】

日本

『致富新書』 学業／鮑留雲易編（1871年・明治4年）⇒「如中国之有水雷、合衆国有火輪船、此皆能人之事也」

中国

『南北花旗戦紀』 巻一／傳蘭雅口訳、華蘅芳筆述（1874年・同治12年）⇒「各種阻往水路之法並蔵伏水雷等器是也」

『海国圖志』 巻一／魏源撰、林則徐訳（1876年・光緒2年）⇒「我舟即不能敵即水勇水雷、亦止能泅攻内河淡水」

『格致彙編』 水雷説／傳蘭雅輯（1876年・光緒2年）⇒「令小船回転意在察探査有無水雷彼看守者知大船已識破機関不敢進口」

【水利学】

日本

『和蘭学制』 六十一章／内田正雄訳（1869年・明治2年）⇒「造作学及水利ニ用ル諸材学」

【水利法】

中国

『増補 西洋家作雛形』 第二編／村田文夫・山田貢一郎同訳（1872年・明治5年）⇒「家屋の水利法は、其家に住居せる人の健康安全に係る者にて」

【水龍】

日本

『官板 玉石志林』巻四／箕作阮甫他訳（1863年頃・文久3年頃）⇒「ヘンデリキ四世の時サマリタイネと名けし水龍〈ポンプ〉をポント・ネウフに設けたり」

中国

『格物探原』第一／韋廉臣著（1876年・光緒2年）⇒「上下設有三層、千里鏡、大小水龍機器、及拯溺器具、不一其名、亦不一其物」

『格致彙編』便用水龍説／傅蘭雅輯（1876年・光緒2年）⇒「中国於人煙稠密之処均知穿井開池予置水罐間有水龍水斗等具皆為救火而備也」

【水龍器】

日本

『万国港繁昌記』巻中／黒田行元編・松川半山書画（1873年・明治6年）⇒「此貧院の防火に備ふる水龍器の機具は、其奇巧甚だ名誉あり」

【水龍車】

中国

『中西聞見録選編』各国近国／丁韙良編（1877年・光緒3年）⇒「立即収拾機器、前往救護、水龍車或用人力、或用馬力挽運」

【水力】

日本

『尾蠅欧行漫録』録四／市川渡著（1863年・文久3年）⇒「此鉄索ノ太サ中ノ亘リ凡一寸二分許ナルカ数丈アルヲ水力機械ニテ漸々ニ引伸レハ」

『博物新編訳解』巻二／合信著、大森解谷訳（1868年・慶応4年）⇒「之ヲ秤レバ必ズ三銭六分ヲ得ル、是レ水力ノ重サハ地気ト同シ」

中国

『泰西水法』巻一／熊三抜撰説、徐光啓筆記（1612年・万暦40年）⇒「若平地受水而用人力畜力風力者、当在甲乙丙矣、用水力」

『遠西奇器図説』巻二／鄧玉函口授・王徴訳絵（1628年・天啓7年）⇒「用器

為便、三用物力、水力、風力、以代人力」
『**中西関係論**』巻一／林楽知著（1876年・光緒2年）⇒「以上所論水力、火力、省功省費、利於農工与商」

【水輪戦船】

中国
『**海国圖志**』八十四巻／魏源撰、林則徐訳（1876年・光緒2年）⇒「批験所大使長慶、承造水輪戦船一隻、船身長六丈七尺」

【数科】

日本
『**三兵答古知幾**』巻一／高野長英訳（1856年・安政3年）⇒「月々盛ニ人天丈地理ノ大ヨリ、理科、数科、医科、其他百芸衆技ノ細ニ至ル」

【数学】

中国
『**遠西奇器図説**』巻一／鄧玉函口授、王徴訳絵（1628年・天啓7年）⇒「較彼重之形体大小、則資測量学、故数学、度学、正重学之所必須」
『**談天**』巻十一／偉烈亜力口訳、李善蘭冊述（1859年・咸豊9年）⇒「其力亦不同、測而量推其数、与説合、比乃数学学中理之最深者」

【スープ／羹汁／すっぷ／ソップ／吸汁／】

日本
『**幕末遣欧使節航海日録**』／野沢郁太記（1861年・文久元年）⇒「肉、夕支度パン、飯、ソップ、煮付肴、焼肉アゲイモ、瓜の皿鉢菓子」
『**西洋料理指南**』巻下／敬学堂主人著（1872年・明治5年）⇒「肉一斤ニ付羹汁〈スープ〉一合ヲ以干藻四分一ヲ解シ」
『**西洋料理通**』第一章／仮名垣魯文編（1872年・明治5年）⇒「「スップ」之部吸物の義なり」

『通俗新西洋料理法』第九十／二木政佑纂訳、飯田有年校（1886年・明治19年）⇒「第九十　鰻の吸汁〈ソップ〉を作る事」

【スクール】

日本

『英国探索』／福田作太郎筆記（1862年・文久2年）⇒「学校は英国にて「スクール」と相唱大小不同に候へども」

【斯答亜爾】：スタール, スチール, 鉄, steel［英］

日本

『泰西七金訳説』／渋江虬鑒試、馬場貞由訳述（1854年・嘉永7年）⇒「是を斯答亜爾〈スタール〉按ずるに鉄鋼なり、と云ふなり」

【スタンプ】：stamp［英］

日本

『英国探索』市中地代家賃の事／福田作太郎筆記（1862年・文久2年）⇒「則証書へ政府の証印相請、是をスタンプと相唱、右手数料相納候由」

【砂時計】

日本

『紅毛雑誌』巻二／森島中良編輯（1787年・天明7年）⇒「石牌は横石なり、横文字にて銘を刻む、石面の一旁に、砂時計の両方に鳥の翼を置たる紋を彫付たり」

【スパイス】：spice［英］

日本

『主婦の友』第十一／桜井ちか編纂（1908年・明治41年）⇒「バタ　大匙一杯　焼粉　小匙三杯　オールスパイス　小匙二杯」

【スプウン】：スプーン, spoon［英］

日本

『西洋料理通』 第六十三等／仮名垣魯文編（1872 年・明治 5 年）⇒「カリーの粉一杯、シトルトスプウン匙に小麦の粉一杯、水或は第三等の白汁いづれにても其中へ投下」

【ズボン】

日本：jupon［仏］

『瓊浦偶筆』 巻四／平沢元愷著（1774 年〜・安永 3 年〜）⇒「モスソズボン無シ、女ハ無褶囲裾有リ」

【せ】

【西医院】

中国

『格致古微』 微二／王仁俊撰（1899 年・光緒 25 年）⇒「皆備金工歎其巧案今西医院有人身全体図放此」

【聖域】

中国

『聖母行実』 巻一／高一志撰述（1631 年・崇禎 4 年）⇒「洞撤聖道微奥、益加勤修、優創聖域」

【西夷人】

日本

『算法渡海標的』 自序／石黒信由著（1836 年・天保 7 年）⇒「是を見るに、彼西夷人用る羅針盤《俗磁石又舟土圭と云ふ》其方位三十二方針」

中国

『海国圖志』 七十二巻／魏源撰、林則徐訳（1876 年・光緒 2 年）⇒「故有白半月黒月半月之名西夷欧羅巴州、及爾利堅州各国暦法」

【施医院／施医局】

中国

『地理全志』 巻一／慕維廉輯訳（1853 年・咸豊 3 年）⇒「英遂全有島地、建衙署、会堂、義塾、施医局、書院」

『乗槎筆記』 巻下／斌椿著（1866 年・同治 5 年）⇒「初二日雨、早詣施医院、有堂、樹十余所、調病人患者寝所、其人衣被飲食」

『航海述奇』／張徳彝著（1865 年・同治 4 年）⇒「有病帯往施医院内療治愈則使帰」

『西学考略』 巻下／丁韙良著（1883 年・光緒 9 年）⇒「亦須名師指示故医学院毎与施医院相連教習於正課外時須帯領学者」

【晴雨学】

日本

『颶風攬要』 総論／エル・ジト・ワザロ著、近藤眞琴訳（1874 年・明治 7 年）⇒「晴雨学（メテオロジー）のうちにて、航海家にもつとも大切なるものは、颶風の理《ラウ、オフ、リホルピンク、ストルムなり》」

【晴雨器】

日本

『訓蒙 窮理圖解』 初編 巻之一／福澤諭吉著（1868 年・明治元年）⇒「其水銀必ず昇る故に晴雨器の昇降を見れバ天氣の晴陰も前日より分るべし」

【晴雨儀】

日本

『日本新聞』／鈴木唯一訳・柳川春三閲（1865 年・慶応元年）⇒「其二三日已前より晴雨儀の大に下りしは此前兆なるべし」

『化学摘要』第六十三章／宇田川準一訳（1873年・明治6年）⇒「而シテ験温器（熱度ヲ計ル器）晴雨儀（大気ノ圧力ヲ計ル器）及ヒ鏡ノ製造、緊要ナリ」

【晴雨計】

日本

『航米日録』巻五／玉虫茂誼誌（1860年・万延元年）⇒「時計、遠眼鏡、顕微鏡、晴雨計ノ類奇巧ヲ極メ、架上ニ列ス」

『蒸気雑説』甲／著者不明（明治初期書写）⇒「通常の二十寸より三十寸の間なり、其製尋常圓形の晴雨計に異る事なし、」

『西洋時計便覧』／柳河春三著（1869年・明治2年）⇒「尚晴雨計エレキトル等、種々の器機の用法は、他日別に一巻となして、看客に便りすべしと云爾」

【晴雨昇降器】

日本

『舎密局必携』巻二／上野彦馬抄訳、堀江公粛閲（1862年・文久2年）⇒「大気ノ量ヲ秤測スル法、第二章ニ審ナリ、而シテ太気ノ量ハ、晴雨昇降器〈バロムメーテル〉ノ原因タリ」

【晴雨針】

日本

『舎密局開講之説』／ハラタマ講説、三崎嘯輔宣訳（1869年・明治2年）⇒「紀元千七百年中重力に就て晴雨針を発明し且つ大気若く」

【晴雨玻黎管】

日本

『暦象新書』中編 巻之下 附録／奇児著、志筑忠雄訳（1800年・寛政12年）⇒「問フ晴雨玻黎管中ニテ水銀以上ハ真空ナリヤ」

【星雲】

中国

『談天』巻七／偉烈亜力口訳、李善蘭刪述（1859年・咸豊9年）⇒「恐与此星雲相連焉故意星雲為天河所分」

【精液】

日本

『理学提要』巻二／広瀬原恭訳（1865年・安政3年）⇒「精液諸剤の如き、多く其の含む所の水素に頼つて、以て功を奏す」

『斯魯斯氏講義動物学 初編』下／太田美濃里筆記（1874年・明治7年）⇒「他部ヨリ精液ヲ排洩ス、（故ニ此物真ノ陰茎ニアラス）ニ蛇ノ某者ニ於テハ胎生スト雖モ」

『蘭学秘蔵』金石品目／宇晋撰（刊行年不明）⇒「其三アグリッサ者山海ノ精液ニ因テ生シ年径テ随テ長フル者ナリ」

中国

『物理小識』巻一／方以智著（1664年・康熙3年）⇒「呵気属火而化為気水、精液為水而反以成人、果二物耶、人身言之腎水也」

『格致彙編』第十一巻／傅蘭雅輯（1876年・光緒2年）⇒「第八図其端極細能運動血並令血収空気与食物之精液」

『格物探原』第六／韋廉臣著（1876年・光緒2年）⇒「人物吸養気入肺、合飲食精液入血以成骨肉、其有不宜者、随呼吸出之」

【静越力】

日本

『訓解 電気論』中神保訳述（1871年・明治4年）⇒「越力を大区別して、動越力、静越力とす。動越力一名嘎喇婆尼須無と名つく」

【西欧】

中国

『博物新編』四集／合信著（1855年・咸豊5年）⇒「雨多于東浜、此以大英西、較于東、及西欧較中欧為準、山地之雨」

【声音器】

日本

『斯魯斯氏講義動物学 初編』巻上／太田美濃里筆記（1874 年・明治 7 年）⇒「鳥ハ其声音器ノ構造強シ腎臓ハ甚大ニシテ膀胱ヲ有セス」

【聖歌】

中国

『聖経直解』／陽瑪諾著（1636 年・崇禎 9 年）⇒「聖歌曰、伏求聖神、従天光射、克満吾心」

【政科】

日本

『八紘通誌』巻一／箕作阮甫述（1851 年・嘉永 4 年）⇒「言語学、度学ハ、其教尤重シ、政科、醫科ハ、惟蘭頓ニ別種會舘アルノミ」

『経済小学』序／神田孝平重訳（1867 年・慶応 3 年）⇒「五科一日教科ニ曰政科三日理科四曰医科五曰文科」

『博物新編補遺』巻下／小幡篤次郎訳（1869 年・明治 2 年）⇒「墨曽保大美亜、叙利亜及希蝋人先文学技術政科ニ進メリ」

『地学事始』／松山棟菴訳述（1870 年・明治 3 年）⇒「臘人草昧の域を脱し家室を造り都府を建て芸術を磨き政科を治め大に開化の道に進み」

辞書

『英華韻府歴階』／ Wells Willams（1844 年）⇒「HYMN　聖歌」

『英華翠林韻府』／ Justus Doolittle（1872 年）⇒「Hymn　聖歌」

【聖架】

中国

『澳門紀略 嘉慶庚申重干』下巻／印光任・張汝霖纂（1800 年・嘉慶 5 年）⇒「十

字架謂之聖架諸廠毎日卯扣鐘以迎神酉扣以送神」

【西学】

日本

『泰西本草名疏』題言／ツンベルグ著、伊藤舜民編次（1829年・文政12年）⇒「吾儕修西学者、当以博挙、本邦産物質之西説」

『洋外紀略』／安積信著（1848年・嘉永元年）⇒「暁然於西学之誕妄矣入其中国也」

中国

『代疑篇』巻上／楊廷筠述（1621年・天啓元年）⇒「西学不事百神、非不敬神正是敬神之至」

『畸人十篇』小引／利瑪竇述、汪汝淳較梓（1608年・万暦36年）⇒「客有問於余曰如言西学」

【星学】

日本

『和蘭天説』／司馬江漢著（1796年・寛政8年）⇒「天文学三道アリ、一ハ星学、二ハ暦算学、三ハ窮理学ナリ」

『博物新編補遺』巻上／小幡篤次郎訳述（1869年・明治2年）⇒「斯ク広漠無際ナル一群星外ニ星学先生久シク猛然タル」

『登高自卑』前編 巻之下／村松良粛抄輯（1872年・明治5年）⇒「古昔星学ノ未ダ開ケザル時代ニハ、彗星ノ現ハルル」

【星学家】

日本

『泰西三才正蒙』巻一／永井則著（1850年・寛政3年）⇒「一遊星ノ状態ニ適ス、是ニ於テ星学家、頗ル龜勉スル所トス」

【政学家】

日本

『自由之理』巻一／中村敬太郎訳、木村謙一郎版（1872年・明治5年）⇒「然レドモ考思深キ政学家ハ、以為ク、多数ノ仲間ノ暴威ハ、人君ノ暴威ヨリ其害更ニ甚シ」

【生活】

日本

『生石灰之解凝力』第二十五験／宇田川榕菴自筆草稿（1824年・文政7年）⇒「動物ノ生活ニ於テ各其能力ヲ致スモノナルコトヲ知ベシ」

『外国事情書』／渡辺華山著（1839年・天保10年）⇒「舟楫ヲ操リ、魚介ヲ猟シ、生活（イキテイル）仕候」

『気海観瀾広義』凡例／川本幸民訳述（1851年・咸豊元年）⇒「人身生活の理を教ふる学を「ヒショロギー」と云ふ、是れ亦「ヒシカ」の一派なり」

中国

『西学凡』／艾儒略答述（1623年・天啓3年）⇒「論有形而生活之物、分為五支、其一、先総論生活之原、所謂魂者是也」

『聖経直解』巻六／陽瑪諾著（1636年・崇禎9年）⇒「天主自立者、生活者像也、其諸精妙于天主聖父無異」

『談天』巻一／偉烈亜力口訳、李善蘭刪述（1859年・咸豊9年）⇒「動植諸物、若性質無異地面、必不能生活也」

辞書

『A DICTIONARY OF THE CHINESE LANGUAGE, IN THREE PARTS.』／Robert Morrison（1815～23年）⇒「LIVE　生活」「ALIVE　生活」

『英華字典』／Walter Medhurst（1847～48年）⇒「ALIVE　living　生活」「to live　生活」

『英華字典』／Wilhelm Lobscheid（1866～69年）⇒「Animated　生活」「life　生活」「animation　生活」

『英華翠林韻府』／Justus Doolittle（1872年）⇒「Vital　生活」

【生活器械】

日本

『**登高自卑**』後編 巻之一／村松良粛抄輯（1875年・明治8年）⇒「各自応分ノ生活器械ヲ具シテ、自ラ運営養育ヲ為ス」

【生活機関】

日本

『**西蘭仏　答屈智幾**』／村上英俊訳述（1867年・慶応3年）

【生活空気】

日本

『**民間格致問答**』巻四／大庭雪齋訳（1862年・文久2年）⇒「その性質に随ひて、生活空気或は清浄空気、或ハ成素質の空気」

【生活権利】

日本

『**立憲政体略**』私権／加藤弘蔵著（1868年・慶応4年）⇒「第一生活ノ権利 生活ハ天ノ賜フ所、之ヲ奪フモ亦天ニアリ」

【生活力】

日本

『**登高自卑**』後編 巻之二／村松良粛抄輯（1875年・明治8年）⇒「動物体ニ於テハ、造化者別ニ一種ノ生活力（イキテヲルベキチカラ）ナル者ヲ賦与シテ」

【生気／清気】

日本

『**解体新書**』序／杉田玄白訳、中川淳庵校（1774年・安永3年）⇒「名づけて地爾礼基牙私天〈生気〉と云ふ、第8篇に見たり」

『気海観瀾』気種／青地林宗訳述（1825年・文政8年）⇒「常に有る所の者は、窒気と清気と相交はるに出づ、之を四分して窒気は三に居り、清気は一に居る」

『遠西水質論』／高野長英訳（刊行年不明）⇒「嘗テ水ヲ測テ水ノ清気燃気ヨリ出ルコトヲ発明ス」

『遠西医方名物考補遺』酸素／宇田川榛齋訳述、宇田川榕菴校補（1834年・天保5年）⇒「生酸気「レーヘス、リュクト」、生気「ソイフルリュクト」」

『化学入門』後編　巻之三／竹原平次郎抄訳、堀尾用蔵註（1867年・慶応3年）⇒「酸素ノ一名ヲ生気ト謂フ是酸素無ケレバ」

『博物新編訳解』巻之一／合信著、大森解谷訳（1868年・慶応4年）⇒「棺ノ中ノ生気、已ニ其人ノ息ニ吸ヒ尽サレ、而ソ呼キ出ストコロノ気ノミニテ」

『万国奇談』巻一／青木輔清訳（1873年・明治6年）⇒「腋の下の筒を入れて其生気を呼吸もあり」

『開物全書名物図考』巻一／宇田川榕菴撰（刊行年不明）⇒「濛気ハ生気《酸素瓦斯》有ルヲ以テ吸気ニ益アリ」

中国

『博物新編』一集／合信著（1855年・咸豊5年）⇒「大地之外、週圍有生気包裏、高約一百五十里、日光自天空直射」

『初使泰西記』／志剛著（1867年・同治6年）⇒「水含火性熱則気機動而生気気生則後昇前降盾」

【精気】

日本

『求力法論』完／与盤計意流著、志築忠次郎訳（1784年・天明4年）⇒「リステレキワートルト云者ハ丹礬熘焇等ノ精気以テ制シタル者」

『化学闡要』第五条／土岐頼徳訳、足立寛閲（1872年・明治5年）⇒「一種幽冥理外ノ精気アリ以テ之ヲ起スト謂ヘリ、酒精、硝石精等ノ如キ」

中国

『海国圖志』巻九十一／魏源撰、林則徐訳（1876年・光緒2年）⇒「居然化為異色瑩白是銅鉄之所不及也、既化之後、水之精気、為其所」

【生機官能】

日本
『官板 玉石志林』ユング／箕作阮甫他訳（1863年頃・文久3年頃）⇒「生機官能、一心の使命に従ふ如く、総ての運動を同時に作すなり」

【生機体】

日本
『理学提要』総論／広瀬元恭訳（1856年・安政3年）⇒「其の形体のみを以てすれば、即ち動物と相比するの生機体（有機体）となり、是の二つのみ」

【星鏡】

日本
『紅毛雑話』巻二／森島中良編輯（1787年・天明7年）⇒「往昔東印帝亜に一王あり、后懐胎の内に星鏡を造しむ、（星鏡は訳語なり、天文を量る図）製し終る日太子降誕す」
『博物語彙』蘭文調査／宇田川榕菴編（刊行年不明）⇒「星鏡」

【西教】

中国
『官板 中外新報』民数／応思理撰（1859年・咸豊8年）⇒「西教約有一万三千五百万人、洋教約有一万四千万人」

【西教人／西教徒】

日本
『官板 バタヒヤ新聞』巻五／蕃書調所訳（1862年・文久2年）⇒「以太利代人の決定したる貯金は実に西教徒に対して軍を出さんと欲せるならん」
中国
『六合叢談』巻五／慕維廉・艾約瑟他記述（1857年・咸豊7年）⇒「今所論已定、以後回教人、与西教人並無異視」

【清教者】

辞書

『英華字典』／Wilhelm Lobscheid（1866～69年）⇒「Puritan　清教者」

【聖教学校】

日本

『仏国学制』第十七条／佐沢太郎訳、河津祐之閲（1873年・明治6年）⇒「聖教学校ノ会社ノ如キ仁恵会社ハ、国王ノ免許ヲ受ケ会社ヲ結ビ」

【政教館】

日本

『泰西三才正蒙』巻三／永井則著（1850年・寛政3年）⇒「首府ヲ諳譔斯多爾覃と云、府内病院、幼院、政教館等アリ」

【聖曲】

中国

『聖経直解』巻十三／陽瑪諾著（1636年・崇禎9年）⇒「若翰第一大聖人也、聖会編聖曲曰、普地聖人」

【税局】

日本

『欧行日記』／淵辺徳蔵記（1861年・文久元年）⇒「西洋の盛るを観る巳時上陸、港岸の税局に行李を出し改を受く」

【税金】

日本

『坤輿図識』巻二／箕作省吾著（1845年・弘化2年）⇒「定額ノ税金ヲ、都爾格斯堂、哈薩克等ニ、納ルト云」

『八紘通誌』 巻一／箕作阮甫述（1851年・嘉永4年）⇒「歳ニ一二千万ギュルデン《我四五匁許ハ和蘭ノ一ギュルテンニ當ルノ》税金ヲ受ルノミ」
『万国新聞紙』 第十集／ベーリー編（1867年・慶応3年）⇒「之れが税金を取るの法其外分限に応せすんばあるべからす」

中国

『随使日記』 ／張徳彝著（1877年・光緒3年）⇒「聞上年共発電信一千五百五十三万五千七百八十封収税金一百三十万一千二百磅」

【税銀】

日本

『英国探索』 英国／福田作太郎筆記（1862年・文久2年）⇒「ポンプ、ガス、奴婢等に至る悉く税銀差出」
『官板 バタヒヤ新聞』 日耳曼／蕃書調所訳（1862年・文久2年）⇒「匈牙利の費用は又遥に其税銀総計の上に出て」
『外国事務日誌』 第一／（1868年・明治元年）⇒「外国商船停泊致し荷物輸出入不相成税銀等都て於神戸港収納いたし」

中国

『東西洋考』 巻之七／張燮撰次（1618年・万暦46年）⇒「船闊一丈六尺以上毎尺抽税銀五両一船該銀八十両」
『西域聞見録』 巻二／七十一椿園著（1777年・乾隆42年）⇒「黄金三十両、清油八百（角力）、税銀一千六百四十九両」
『瀛環志畧』 巻二／徐繼畬撰（1848年・道光28年）⇒「或一年或二年更易、丁口税銀、由客長輸荷蘭、洋船登頭金」

【製金術】

日本

『泰西七金訳説』 巻一／渋江虬鑒試、馬場貞由訳述（1854年・嘉永7年）⇒「これ製金術の外は世に貴重する「サクシセホルセレイン」（按ずるに一種陶器の名）の創製をなし」

【清潔の教】

『自由之理』巻四／中村敬太郎訳、木村謙一郎版（1872年・明治5年）⇒「英王査爾斯（チヤールス）第二ノ時ニ当り彪力単（ピユーリタン）「清潔ノ教」ノ徒ヲ寛許セザルヨリシテ」

【政権】

日本

『八紘通誌』巻一／箕作阮甫述（1851年・嘉永4年）⇒「其王若クハ女王ハ、群臣庶民ニ君臨シ、政権ヲ握ル」

『海外人物小伝』巻五／時々夢斎著（1853年・嘉永6年）⇒「帝の女兄「ヒア、アレキシウナ」（人名）政権（マツリゴト）を専らせんとする」

『隣草』／加藤弘之著（1862年・文久2年）⇒「政権を姦臣貪吏の為に竊まれ、或は君主独り其権を専にして」

『官板 海外新聞』佛蘭西／洋書調所訳（1862年・文久2年）⇒「教徒等会合して法王の政権を廃せざる事を唱へ」

『中外新聞』第二十七号／柳河春三編（1868年・慶応4年）⇒「我が真州政権の徳川氏に帰するや真に天授なり、人与なり」

『立憲政体略』民政／加藤弘蔵著（1868年・慶応4年）⇒「観察シテ政権ヲ天朝ニ帰納セラレシヨリ」

『官版 明治月刊』巻二／開物新社編（1868年・明治元年）⇒「国王と公会両院とに政権を分つ事は最好なる政体にして」

『和蘭政典』／神田孝平訳（1868年・明治元年）⇒「条件を廃心し列より一律を定め政権を国王に返すべし」

『百学連環』第二編下／西周講述、永見裕筆録（1870年・明治3年）⇒「此政体と政権との二ツは常に離なるへからさるものなりと雖も、また常に一致すること最も難しとす」

『合衆国政治小学』初編 巻之二／ヨング 著、瓜生三寅訳述（1872年・明治5年）⇒「第七章　選挙の事　巧に政権（まつりごと）を行ひ普く治化を播かん」

『国体新論』第一章／加藤弘之著（1874年・明治7年）⇒「互ヒニ相結ヒ、其中ヨリ賢人君子ヲ公選シテ政府ヲ立テ、政権ヲ握ラシメ」

中国

『英国志』巻六／慕維廉訳（1856年・咸豊6年）⇒「高門士納於王、惟政権不由王自主、特義罷遣軍士」
『**瀛海論**』／張自牧著（1876年・光緒2年）⇒「渦中於師儒佛老妨政権達乎君相数百年之後」

【西国字母】

中国
『**格致彙編**』痰飲弁／傳蘭雅輯（1876年・光緒2年）⇒「則知其為何字西国字母祇有二十余字」

【西国墨水】

中国
『**化学鑑原続編**』巻一／傳蘭雅口訳、徐寿筆述（1875年・光緒元年）⇒「西国墨水写字日久変」

【西国文字】

日本
『**地理志略**』／戴徳江著（刊行年不明）⇒「有従中国運至之書数年以来又習西国文字及諸般芸業」

【星差】

中国
『**天経或問**』／遊子六輯（1675年・康熙14年）⇒「是不可謂之歳差、但可謂之星差、亦不可謂之星差」
『**西国天学源流**』／偉烈亜力口訳、王韜著（1889年・光緒15年）⇒「自十一月至三月星差而南三月至十一月星又差」

【星座】

日本
『**遠西観象図説**』巻上／吉雄南皐口授、草野養準筆記（1823年・文政6年）⇒

「sterrekundge jaar　星座　ゲ、ステルンテ」

【制産／制産学】

日本

『百学連環』第二編下／西周講述、永見裕筆録（1870年・明治3年）⇒「今ホリチカルイコノミーといふときは即ち国家の制産に係はるところなり、近来津田氏世に之を訳して経済学と言へり」

『百学連環』／西周講述、永見裕筆録（1870年・明治3年）⇒「Politieal　Economy　制産学」

【青酸加里】

日本

『舎密開宗』第二百四章／賢理著、宇田川榕菴重訳増註（1837年・天保8年）⇒「硫酸銕ト青酸加里ト各別ニ溶シ和スレバ複択和ノ理ニ因テ」

『遠西奇器述』青酸加里／川本幸民口述、田中綱紀筆記（1854年・嘉永7年）⇒「青酸加里ノ十分一許ヲ以テスレバ、各択親和力ヲ以テ、青酸金トナル」

『開物全書名物図考』造作／宇田川榕菴撰（刊行年不明）⇒「試ニ青酸加里ヲ加レハ美青色ヲ廃ス」

【生酸気】

日本

『遠西医方名物考補遺』／宇田川榛齋訳述、宇田川榕菴校補（1834年・天保5年）⇒「漫ニ大気ヲ言フニ非ス専ラ此瓦斯ヲ斥ナリ、一ニ是ヲ生気ト曰フ「一ニ清気ト称ス」

【政治】

中国

『遠西奇器図説』巻一／鄧玉函口授・王徴訳絵（1628年・天啓7年）⇒「抑可裨国家政治之大務、其利無窮理」

『聖経直解』／陽瑪諾著（1636 年・崇禎 9 年）⇒「当政治聖会如何、七聖迹質模如何、聖体巨祭儀旨如何、等事」

『外国地理備攷』巻三／瑪吉士輯訳（1847 年・道光 27 年）⇒「邦国法度原由政治貿易根本総論」

『智環啓蒙塾課初歩』第百五十三号／香港英華書院（1864 年・同治 3 年）⇒「于教化政治已有所行、但僅得其偏而、而未得其全者如何」

【政治学院】

日本

『環海異聞』目次／大槻玄沢撰（1807 年・文化 4 年）⇒「巻之六、葬、第七、祭　第八、衙庁並官名職掌政治兵卒武備」

『西洋事情』小引／福澤諭吉纂輯（1866 年・慶応 2 年）⇒「其各国の政治風俗如何を詳にせば、仮令ひ其学芸を得たりとも」

中国

『使西日記』／曽紀沢著（1877 年・光緒 3 年）⇒「請求学術其上書略云五月下旬乃政治学院考期対策八条第一問為万国公法」

辞書

『英華字典』／ Walter Medhurst（1847 ～ 48 年）⇒「good government　政治」「REPUBLIC　公共之政治」

『英華字典』／ Wilhelm Lobscheid（1866 ～ 69 年）⇒「Republie　合衆政治之国」

『英華翠林韻府』／ Justus Doolittle（1872 年）⇒「Republie　公共之政治

【政治党】

日本

『五科学習関係文書』大統／西周編（1863 年・文久 3 年）⇒「急漸ニ進歩次序ノ二政論鋭意退守ノ二政党ヲ調和シテ其中和ヲ得セシムル」

『官板 海外新聞』第十二号／大学南校編（1871 年・明治 4 年）⇒「佛ハ其国ノ共和政治党ノ者ノ為メニ偏ニ其国事ヲ思慮シ」

【生子機】

日本

『博物新編補遺』巻下／小幡篤次郎訳述（1869年・明治2年）⇒「大博物学士出テ草木千区万別アルハ全ク生子機」

【静日説】

日本

『窮理通』巻一／帆足万里撰（1836年・天保7年）⇒「其の後静日説を立つる者あり、然れども彪刺都に至りて、又静地を主とす」

【政事堂】

日本

『輿地誌略』巻二／青地林宗訳述（1826年・文政9年）⇒「此政事堂の治は、他王府より施す所の政事より、こと多く簡便なり」

『米利堅志』巻四／格堅扶撰、岡千仭・河野通之訳（1873年・明治6年）⇒「英軍火政事堂、四出歯掠、王夜収兵、入艦中」

『文明開化評林』巻二／岡部啓五郎輯（1875年・明治8年）⇒「米国ニテハ「ワシントン」ノ政事堂、宏大美麗幾千百万円ノ費ニテ立タル」

【政事役所】

日本

『官板 海外新聞』九月／洋書調所訳（1862年・文久2年）⇒「練馬場に於て演劇〈シバイ〉を見物し、又明後日に政事役所の公会を見物す」

【西州】

中国

『七新薬説』叙／司馬凌海著、関寛齋校（1862年・文久2年）⇒「乙八耳列斯等、西州有名之英属」

【聖十字架】

中国

『聖経直解』巻一／陽瑪諾著（1636年・崇禎9年）⇒「何謂天主之勇、曰、聖十字架猶宝能開天堂之門」

【聖書】

日本

『西域物語』中／本多利明著（1798年・寛政10年）⇒「皆彼国の銅版の彫刻なれば、誠に生物よりも見事也」

『百学連環』（virali）／西周講述、永見裕筆録（1870年・明治3年）⇒「聖書」

中国

『聖経直解』巻四／陽瑪諾著（1636年・崇禎9年）⇒「安不拠聖書聖言、以為真信、而信天堂不視之真実乎」

『地理全志』巻一／慕維廉輯訳（1853年・咸豊3年）⇒「四十歳入山、読耶蘇猶太聖書数載、著書、曰可蘭、訓迪世人」

『英国志』巻五／慕維廉訳（1856年・咸豊6年）⇒「知其言不足恃也、乃訳聖書、使民間循習中理」

辞書

『英華字典』／Walter Medhurst（1847～48年）⇒「BIBLE a holy book 聖書」「Christians 聖書」

『英華字典』／Wilhelm Lobscheid（1866～69年）⇒「Holy Writ 聖書」「Bible 聖書」

『英華翠林韻府』／Justus Doolittle（1872年）⇒「Bible 聖書」「Writ 聖書」

【斉唱】

辞書

『英華韻府歴階』／Wells Willams（1844年）⇒「CHORUS, join 斉唱」

『英華翠林韻府』／Justus Doolittle（1872年）⇒「Chorus 斉唱」

【生殖】

日本

『海岸砲術備要』巻四／本木正栄訳解、布川通璞校正（1852年・嘉永5年）⇒「故二其地ノ生植繁茂長、盛リ為セリ」

『万寶新書』七十／宇田川興齋訳述（1859年・安政7年）⇒「凡植物ノ裁ルニハ、カラ、生植セル」

『登高自卑』前編／村松良粛抄輯（1872年・明治5年）⇒「植物ノ生殖繁茂スルコトハ最モ光ト温ト二関係セリ」

中国

『海国圖志』巻四十二／魏源撰、林則徐訳（1876年・光緒2年）⇒「東南燥暖、田上皆饒、生殖茂盛、土産金銀銅鉄錫鉛水銀」

『格致彙編』則月新論／傅蘭雅輯（1876年・光緒2年）⇒「月面上不能有活物生殖於前数万年時以応有活物」

【生殖官能】

日本

『斯魯斯氏講義動物学 初編』総論／太田美濃里筆記（1874年・明治7年）⇒「此官能ヲ動物官能トイフ即チ滋養官能、感通官能、生殖官能ナリ、而シテ尽生死ノ関スル者二非ズ唯生活シ得ル所ノ官能ヲ有スルノミ此官能ヲ植物官能トイフ」

【生殖力】

日本

『理学提要』巻三／広瀬元恭訳（1856年・安政3年）⇒「常人謂ふ所の土なる者、生殖力を具へて、以て植物を栄養する者、是れなり」

【聖職】

辞書

『英華字典』／Wilhelm Lobscheid（1866～69年）⇒「the holy ministry 聖職」「hely orders 牧師之職、聖職」

【精神】

日本

『六物新志』 巻上／大槻玄沢訳（1786 年・天明 6 年）⇒「曰強心気益精神治、癲驚解諸毒又有リ発汗之功」

『生機論』 巻一／岡研介著（1831 年・天保 2 年）⇒「作用高妙精神之性即智識之所生」

『舎密開宗』 巻八／賢理著、宇田川榕菴重訳増註（1837 年・天保 8 年）⇒「少害ヲ致サズ却テ精神ヲ活発シ情意ヲ悦楽シ」

中国

『職方外紀』 小記／艾儒略増訳、楊廷筠彙記（1623 年・天啓 3 年）⇒「先曰東海西海心同理同誰謂心理同而精神之結」

『物理小識』 第五／方以智著（1664 年・康熙 3 年）⇒「皆可以好悪制化窮之、形色精神、臭味燥潤」

『智環啓蒙塾課初歩』 第十一課／香港英華書院訳（1864 年・同治 3 年）⇒「睡足乃醒、再覚精神、我毎日有飢、有渇、倦或瞌故毎日必食飲安睡」

【精神学】：心理学

日本

『西洋学師ノ説』 巻一／高野長英訳（刊行年不明）⇒「精神学、世界学、鬼神学、此ニ属ス、其五ヲウエスキュンデトス云フ」

【精神活動】

日本

『暁窓追録』 ／栗本鋤菴著（1868 年・明治元年）⇒「精神活動、目、観て、而して、足、その地に渉るが如し」

【精神衰弱】

中国

『外国地理備攷』 巻三／瑪吉士輯訳（1847 年・道光 27 年）⇒「僕役辛労是以精神衰弱筋力疲憊」

【西人】

中国

『空際格致』下／高一志撰、韓雲訂（刊行年不明）⇒「諸説皆無実拠、惟近世西人航是海者、就視則見紅」

【西人之学】

中国

『六合叢談』小引／慕維廉・艾約瑟他記述（1857年・咸豊7年）⇒「比来西人之学此者、精益求精、越前軼古、啓名哲未言之奥」

【星図】

日本

『紅毛天地二図贅説』読番字例／北島見信訳（1737年・元文2年）⇒「所謂従之者即星図乃至地中平盤面初翻是也」

『管蠡秘言』星曜／前野良沢訳（1777年・安永6年）⇒「是元禄ノ頃、保井氏ナル者ノ定ムル所ノ星図ニ出タリ」

『窮理通』／帆足万里撰（1836年・天保7年）⇒「晋の武帝の時、大史令陳卓、甘石坐咸三家著はす所の星図を総ぶ」

中国

『外国地理備攷』巻一／瑪吉士輯訳（1847年・道光27年）⇒「曰土星圜以至好千里鏡観之見其如有二圈」

『六合叢談』巻十一／慕維廉・艾約瑟他記述（1857年・咸豊7年）⇒「小者径僅十二里、現造新星圖、古星表有七十七星」

『談天』／偉烈亜力口訳、李善蘭刪述（1859年・咸豊9年）⇒「有一星図、中函十字架中一星、拉該勒謂是星気」

【生石灰】

日本

『遠西医方名物考補遺』巻七／宇田川榛齋訳述、宇田川榕菴校補（1834年・天保5年）⇒「生石灰ヲ水ニ投スレハ忽チ水ヲ吸収シ焔ヲ現シ其水熱沸スルカ如シ」

『舎密開宗』巻七／賢理著、宇田川榕菴重訳増註（1837 年・天保 8 年）⇒「石灰水ノ製法ハ生石灰ニ水ヲ和シ稀泥トシ」

『消石説』／宇田川榕菴編（1843 年・天保 14 年）⇒「上ニ山土毎百分ニ視テ生石灰末十五分ヲ（手参）ケ」

【製造学】

中国

『性法略』／神田孟恪訳（1871 年・明治 4 年）⇒「第三条　原有ノ権ノ目三アリ、其一　生存ノ権、其二　言行ノ権、其三　用物ノ権、第一編」

『中西関係論』序／林楽知著（1876 年・光緒 2 年）⇒「治平之道、基於格致、今之数学化学製造学植物学等皆格致也」

【生存権】

中国

『性法略』第一編／神田孟恪訳（1871 年・明治 4 年）⇒「第三条　原有ノ権ノ目三アリ、其一　生存ノ権、其二　言行ノ権、其三　用物ノ権」

【正帯】

日本

『訂正増訳采覧異言』巻二／新井白石著、山村才助増訳（1802 年・享和 2 年）⇒「其地正帯ノ中ニ係ル中ニ（口奥）矢突利亜ノ歴代伝統ノ君アリ」

『再稿西洋事情書』／渡辺華山著（1839 年・天保 10 年）⇒「唯赤道以北諸地、熱帯、正帯、寒帯と相分れ、気候、地味、山沢、河海」

『洋外紀略』巻上／安積信著（1848 年・嘉永元年）⇒「赤道南北各二十三度半為暖帯距二極各二十三度為寒帯居寒暖之中者正帯暖帯一寒正各二共為五帯」

中国

『天経或問』／遊子六輯（1675 年・康熙 14 年）⇒「是寒帯南北ニ二ツ、正帯二ツ、煖帯赤道ノ左右共ニ一帯なり」

『海国圖志』巻七十六／魏源撰、林則徐訳（1876 年・光緒 2 年）⇒「即南道冬至限、此ニ処皆為正帯、一歳中日輪高下遠近」

【星台】

中国
『西学考略』巻上／丁韙良著（1883 年・光緒 9 年）⇒「自道光年間始知由法京星台測而得之掌台学士」

【星体】

中国
『博物新編』二集／合信著（1855 年・咸豊 5 年）⇒「西士以大鏡窺看七月輪之外、又有光帯二道、叠纏星体」
『談天』巻二／偉烈亜力口訳、李善蘭刪述（1859 年・咸豊 9 年）⇒「影在星面、環之後半、有星体之影、故知環為実体、非居象也」

【政体論】

日本
『百学連環』／西周講述、永見裕筆録（1870 年・明治 3 年）⇒「政体ノ論」

【星団】

中国
『談天』巻七／偉烈亜力口訳、李善蘭刪述（1859 年・咸豊 9 年）⇒「有球体星団或疎或密者、及無法形之星雲、有独具異状」

【静地説】：天動説

日本
『窮理通』巻二／帆足万里撰（1836 年・天保 7 年）⇒「仍ち静地説を用ふるなり、清人の暦象考成の如きも亦然り」

【正地平】

日本

『阿蘭陀海鏡書和解』 第十八／本木良永訳（1781 年・安永 10 年）⇒「地平に二儀を監る、一は正地平、一は視地平也」

『和蘭天説』 ／司馬江漢著（1796 年・寛政 8 年）⇒「月モ同ジク側ヲ半球ヲ照シ、併ニ正地平、視地平ヲ解ク図なり」

『遠西観象図説』 巻中／吉雄南皐口授、草野養準筆記（1823 年・文政 6 年）⇒「又眼ヲ地心ニ游ハシメ、視地平ニ倣ヒテ太虚ヲ上下ニ分ツ、コレヲ正地平ト云フ」

【生長類】

日本

『化学鑑原続編』 巻一／傅蘭雅口訳、徐寿筆述（1875 年・光緒元年）⇒「化成類生長類原質之変化有物」

【製鉄局】

日本

『官版 明治月刊』 器機富国の説／開物新社編（1868 年・明治元年）⇒「製鉄局、製造局を初として蒸気車、伝信機、気灯、馬車及ひ其他の諸器機より」

【製鉄所／製鉄場】

日本

『航海日記』 二巻／岩松太郎記（1863 年・文久 3 年）⇒「十七放つ此度製鉄所へ御上陸に相成所々を御見物に相成」

『新聞誌』 第三号／ジョセフ彦編訳（1864 年・元治元年）⇒「其地に在りし製鉄所の器機等は残らす引取れり」

『航西小記』 ／岡田攝藏稿（1866 年・慶応 2 年）⇒「此地要害の処なるか故に製鉄所、造船所等の設亦備れり」

『西洋聞見録』 巻上／村田樞文夫纂述（1869 年・明治 2 年）⇒「之ニ次グモノヲ鉄トス、其次ヲ鉛銅トス、故製鉄場ノ盛ナルコトハ五州第一トス」

【正電気】

中国

『製火薬法』 巻三／傅蘭雅口訳、丁樹棠筆述（1871年・同治10年）⇒「各道燃薬器相去約十三粎生電気器」

『格致彙編』 格物略論／傅蘭雅輯（1876年・光緒2年）⇒「所言電気名不可混淆即正電気或曰陽電気或曰玻璃電気具為擦玻璃所得之電気」

【生徒】

日本

『泰西本草名疏』／ツンベルグ著、伊藤舜民編次（1829年・文政12年）⇒「併テ収入スベキニ似タリ然ルニ斯編ハ及門ノ生徒（存）リ」

『坤輿図識』 巻一／箕作省吾著（1845年・弘化2年）⇒「一寺観アリ金光燦闌、人目ヲ眩ス、又学校アリ、生徒ニ教諭ス」

『外蕃容貌図画』／田川春道著、倉田東岳画（1854年・嘉永7年）⇒「近世邦内ニ学校ヲ建テ生徒ヲ教諭ス」

中国

『職方外紀』 巻一／艾儒略増訳、楊廷筠彙記（1623年・天啓3年）⇒「大学又選学行最優之士為師、生徒多者至数万人」

『八紘訳史』 巻三／陸次雲著（1683年・康熙22年）⇒「亦有学舎生徒、講習経義、人喜施予」

『大美聯邦志略』 下巻／裨治文撰（1864年・元治元年）⇒「学中生徒、各八百余人、蓋在聯邦中、亦無大於此二学者也」

【星度】

日本

『測量秘言』／細井広沢編（1727年・享保12年）⇒「度数と申は星度を取て試申事故に強に地の尺寸より」

【政党】

日本

『**五科学習関係文書**』法学政治編／西周編（1863 年・文久 3 年）⇒「二政党ヲ調和シテ其中和ヲ得セシムル」

【星道】

中国

『**談天**』巻二／偉烈亜力口訳、李善蘭刪述（1859 年・咸豊 9 年）⇒「戊為地、甲乙丙丁為星道、星因日照向半面明背日半面暗」

【製煉家】

日本

『**泰西七金訳説**』総論／渋江虬鑒試、馬場貞由訳述（1854 年・嘉永 7 年）⇒「製煉家曰く、右に云ふ一種の硫黄を得る」

【正統領】

中国

『**瀛環志畧**』巻九／徐繼畬撰（1848 年・道光 28 年）⇒「毎国正統領一、副統領佐之（副統領一者有数員者）以四年為任満」

『**美会紀略**』／李圭著（1876 年・光緒 2 年）⇒「各部之旧分建為毎国正統領一副統領佐之四年」

【性能】

中国

『**物理小識**』／方以智著（1664 年・康熙 3 年）⇒「固非天地之本性濃自為□動也」

『**智環啓蒙塾課初歩**』第五十六／香港英華書院訳（1864 年・同治 3 年）⇒「駱駝性能忍耐甚堪于沙漠熱野負重而行」

『**格致古微**』叙／王仁俊述（1899 年・光緒 25 年）⇒「中庸曰惟天下之至誠為能盡其性能盡其性」

【聖灰】

中国

『聖経直解』第十四巻／陽瑪諾著（1636 年・崇禎 9 年）⇒「聖灰礼儀瞻礼、封斎首日、聖会立聖灰礼儀」

【正比例】

日本

『理化日記』巻二／リッテル口授、市川盛三郎訳（1870 年・明治 3 年）⇒「又タ体積ハ延長ニ従テ増加ス但シ必ス正比例ヲナスニ非ス」

中国

『重学浅説』総論／偉烈亜力・王韜訳（1858 年・咸豊 8 年）⇒「抵力之限与広及厚之正方有正比例与長有反比例故梁木愈（鹿鹿鹿）愈短」

『談天』巻一／偉烈亜力口訳、李善蘭刪述（1859 年・咸豊 9 年）⇒「奈端言天空諸有物質、各点倶互相攝引、其力与質之多少有正比例」

【政府】

日本

『輿地誌略』巻三／青地林宗訳述（1826 年・文政 9 年）⇒「応祈斯直の庁を置、但政府の命を得ざれば、擅に追補するを得ず」

『外蕃容貌図画』乾／田川春道著、倉田東岳画（1854 年・嘉永 7 年）⇒「其中一人ヲ推シテ其歳ノ盟主トシテ、政府ニ会議シテ諸事ヲ論定ス」

『民間格致問答』巻三／大庭雪齋訳（1862 年・文久 2 年）⇒「政府を司どる官吏なども憐愍の情意もなく、天理にも叶えぬ」

『官板 バタヒヤ新聞』巻二／蕃書調所訳（1862 年・文久 2 年）⇒「読聞せたる政府の選挙書に拠れば、レギウン・ハン・エールの長官に選ばれたる」

『英政如何』巻六／鈴木唯一訳（1868 年・明治元年）⇒「政府に余金ある時、国債の証文の持主安き利息を承知せられば」

『西洋開拓新説』下巻／緒方正訳述（1870 年・明治 3 年）⇒「経済家ハ此類ノ地アレハア常ニ政府ニ誘メテ開カスル」

『合衆国政治小学』初編 巻之一／ヨング 著、瓜生三寅訳述（1872 年・明治 5 年）⇒「仏良西の「ネーシユン」英吉利斯の「ネーシュン」「ニューヨルク」のステート」

中国

『物理小識』巻七／方以智著（1664年・康熙3年）⇒「工省而利多、壬午倪、公鴻宝為大司農亦議之、政府不従」

『海国図志』巻二十七／魏源撰、林則徐訳（1876年・光緒2年）⇒「崇禎初、始行天主教、上海徐光啓、教中人也、入政府力進其説」

【政府費用】

日本

『英氏経済論』巻三年／小幡篤次郎訳（1871年・明治4年）⇒「此の種ノ税ハ政府の費用ヲ払フモノト区別アリ」

【政府文庫】

日本

『仏英行』十一月／柴田剛中記述（1861年・文久元年）⇒「楽太・三郎・源一を随へ、政府文庫一見に行く」

【政府免許】

日本

『西洋事情』初編　巻之三／福澤諭吉纂輯（1866年・慶応2年）⇒「政府に臣服し政府の免許を得て之を保つ者あり」

【生物】

日本

『蘭説弁惑』巻下／大槻玄沢口授・有馬文仲筆記（1799年・寛政11年）⇒「もろもろの生物みな天地の大気中に在て、その空気を呼吸して、死活をなすの理を示せるの器といふ」

『窮理通』巻七／帆足万里撰（1836年・天保7年）⇒「大気淡きこと一、二倍なれば、則ち草木植えず、生物育たず」

『舎密開宗』巻三／賢理著、宇田川榕菴重訳増註（1837年・天保8年）⇒「酸素多シト雖モ尚呼吸ニ利アラズ況ヤ大気ニ和スルハ尤生物ニ害アリ」

中国

『東西洋考』巻之十／張燮撰次（1618年・万暦46年）⇒「天地以生物為心四時順序聖人以安民為徳一視同仁」

『地理全志』下編　巻七／慕維廉輯訳（1853年・咸豊3年）⇒「論生物人所目観者、約二十五万種、考究之士」

『格物入門』第四巻／丁韙良著（1868年・同治7年）⇒「答、五金之属為最、若水与木炭、生物之皮肉、亦可引電也」

辞書

『A DICTIONARY OF THE CHINESE LANGUAGE, IN THREE PARTS.』／Robert Morrison（1815～22年）

『英華韻府歴階』／Wells Willams（1844年）⇒「ZOOLOGY　生物総論」「a living creature　生物」

『英華字典』／Walter Medhurst（1847～48年）⇒「organic bodies　生物」

『英華字典』／Wilhelm Lobscheid（1866～69年）⇒「organic substances　生物」「A living being　生物」

『英華翠林韻府』／Justus Doolittle（1872年）⇒「Creatures　生物」「Zooloy　生物総論」

【成分】

日本

『植学啓原』巻三／宇田川榕菴著（1833年・天保4年）⇒「物の体を為す、微細の分、相集りて成る、名づけて成分と曰ふ」

『舎密開宗』／賢理著、宇田川榕菴重訳増註（1837年・天保8年）⇒「水或石、略略甚（麻）成分タルコトヲ知テ其巧用ニ充ルヲ以テ足ル」

『三兵答古知幾』巻十六／高野長英訳（1856年・安政3年）⇒「活用スベキ雄法ヲ発明セントスルハ猶精励ノ学科教授ノ諸物成分ノ基原ヲ発明セント欲ス」

『舎密局必携』題言／上野彦馬抄訳、堀江公粛閲（1862年・文久2年）⇒「効用其他各材ノ成分、配合、分量等ヲ抄訳シ、傍ラ図ヲ載セ」

『化学訓蒙』巻一／石黒忠悳編輯（1870年・明治3年）⇒「其七「アンチアリネ」其他猶数十種アレトモ其成分ニ至リテハ太異アル」

【成文律法】

日本

『五科学習関係文書』 11 政略論／西周編（1863 年・文久 3 年）⇒「英国ノ法律ニハ旧慣法ノ存スル有テ固ヨリ其成文律ナラサルハ論無ク」

『泰西国法論』 凡例／津田真一郎訳（1868 年・慶応 4 年）⇒「聖賢の制法に至て始て之を書に筆す、故に不文律法、成文律法の別あり」

【政法学／政法之学】

日本

『五科学習関係文書』 巻三／西周編（1863 年・文久 3 年）⇒「三曰国法之学、四曰制産之学、五曰政表之学、凡此五科」

中国

『米利堅志』 巻四／格堅扶撰、岡千仭·河野通之訳（1873 年·明治 6 年）⇒「宇恵弗志登児以政法学著、審判此事、扭弗人不能」

【正方体】

日本

『理学提要』 巻一／広瀬元添訳（1856 年·安政 3 年）⇒「両斜面、一底に合ふ者、之れを鑿状体と謂ふ、四角六面の者、即ち正方体なり」

【制法之権】

日本

『万国公法』 巻一／丁韙良訳（1864 年・同治 3 年）⇒「不宜称公法、蓋無制法之権、安有律法之禁令也」

【舎密／精見】

日本

『遠西医方名物考補遺』 巻七／宇田川榛齋訳述、宇田川榕菴校補（1834 年・天保 5 年）⇒「分析法ハ幾多ノ分析器及装置ヲ備ル故ニ別ニ舎密集成ノ書ニ訳載ス」

『舎密開宗』初編／賢理著、宇田川榕菴重訳増註（1837年・天保8年）⇒「英吉利賢理氏舎密小篇今訳以嘉恵学者焉」

『理学提要』巻二／広瀬元恭訳（1856年・安政3年）⇒「之れを験するの術を舎密〈セーミ〉と曰ふ、即ち分析術是れなり」

『百学連環』第二編／西周講述、永見裕筆録（1870年・明治3年）⇒「此人に至りて分離精見〈セーミ〉の学をなして」

【舎密加】

日本

『舎密開宗』序例／賢理著、宇田川榕菴重訳増註（1837年・天保8年）⇒「舎密加（セーミカ）ハ学壌寛広ニ衆芸ヲ管轄シ彊ヲ費西加（理学）ニ接メ」

『化学通』巻一／川本幸民訳述（1871年・明治4年）⇒「化学ハ原名舎密加（セミカ）トイフ、蘊秘学ノ義ニシテ、天機ノ蘊秘ヲ漏ラスノ意」

【舎密学】

日本

『民間格致問答』巻五／大庭雪齋訳（1862年・文久2年）⇒「人倫をして舎密学（せいみがく）の方術に由て万有の力を、その利益までに習ひ」

『蒸気船之記』／著者不明（1865年頃・慶応年間）⇒「「ブロック」と云へる医家は舎密学に高名なる学者、一千七百六十三年沸騰の熱と沸騰する蒸気とを比例する測算の法を発揮せり」

『登高自卑』後編 巻之二／村松良粛抄輯（1875年・明治8年）⇒「此ノ如ク其元質ヲ各種ニ分析（ワケハナス）スル発象ハ、乃チ舎密学（セーミガク）ノ従事スル所ノ者ナリ」

【舎密機性】

日本

『気海観瀾広義』巻三／川本幸民訳述（1851年・嘉永4年）⇒「其漸く沈降するときに当りて、舎密機性を以て、諸般の土石、同類相聚まり」

【舎密術】

日本

『舎密開宗』 巻十八／賢理著、宇田川榕菴重訳増註（1837 年・天保 8 年）⇒「舎密術ニ諸ノ瓦斯ヲ捕ル装置ヲ固定スル無比ノ膠泥タリ」

『登高自卑』 前編 巻之中／村松良粛抄輯（1872 年・明治 5 年）⇒「中古舎密術〈セーミジュツ〉、開ケシヨリ、之ヲ分析シテ水ハモト一分ノ水素ト、八分ノ酸素ト、抱合シテ成シモノナル」

【舎密分析】

日本

『官版 明治月刊』 巻一／開物新社編（1868 年・明治元年）⇒「舎密分析の学を起ふるに、我が皇国に於て往古あることなく、天保年間に至り宇田川氏なるもの此学の世に益あることを知り」

【舎密力】

日本

『理学提要』 総論／広瀬元恭訳（1856 年・安政 3 年）⇒「其の然る所以の力を指して、舎密力と曰ふ、又総て温素、光素、越列幾的爾、瓦爾彼尼」

【精密】

日本

『泰西七金訳説』 巻一／渋江虬鑒試、馬場貞由訳述（1854 年・嘉永 7 年）⇒「尚精密に査看するには別に鑿家の法あり」

『民間格致問答』 巻一／大庭雪齋訳（1862 年・文久 2 年）⇒「如何様に事を為ものぞと云バ、実に唯精密に考る事と検査する」

中国

『天経或問』 序／遊子六輯（1675 年・康熙 14 年）⇒「其測験儀象諸器法精密、殆不能過至自然本然」

【税務司】

中国

『航海述奇』／張徳彝著（1865年・同治4年）⇒「二十七日丁亥午後赫総税務司」

『化学初階』叙／嘉約翰口訳、何瞭然筆述（1870年・同治9年）⇒「税務司、以美国嘉士口訳化学初階一書出観、並為乞言以叙」

『使西日記』／曽紀沢著（1877年・光緒3年）⇒「上海官場及税務司各員均送登舟見客十余次」

【生命理学】

日本

『登高自卑』後編 巻之四／村松良粛抄輯（1875年・明治8年）⇒「身多病気ナシガ、コレニ因リテ生物体質ノ学、或ハ生命理学ト訳ス」

【清蒙気】

日本

『三才究理頌』／鶴峯戊申撰、利光宗規・多々良信興校（1838年・天保9年）⇒「カクテ空気ヲ清濛気ト云、仏説ノ風輪コレニ当レリ」

【成油気】

日本

『遠西奇器述』／川本幸民口述、田中綱紀筆記（1854年・嘉永7年）⇒「諸般ノ抱合アリトイフト雖、炭水素気、成油気、過炭水素気」

【西洋】

日本

『采覧異言』巻一／新井白石著（1713年・正徳3年）⇒「善制大砲、西洋諸国皆仰之、所謂紅夷砲是巳」

『西洋列国史略』巻上／佐藤信淵撰（1808年・文化5年）⇒「西洋ノ歴史ニ載スルハ太古ノ世ニ「ケニフ」ト云」

『**軍艦図解**』軍艦図解考例／本木庄左衛門訳述（1808年・文化5年）⇒「大要を得るものあらずといへども、西洋軍船制巧の略を知るに足るべし」

中国

『**西洋朝貢典録**』自序／黄省曽撰（1520年・正徳15年）⇒「西洋之跡、著自鄭和、鄭和、永楽初為内侍」

『**天工開物**』巻二／宋応星著（1637年・崇禎10年）⇒「外国朝鮮、造法相同、惟西洋則未核其質、併不得其機織之妙」

『**不得已弁**』目録／南懐仁述（1665年・康熙4年）⇒「上諭依西洋新法并弁中国奉西洋正朔」

【西洋開基】

日本

『**訂正増訳采覧異言**』巻十／新井白石著、山村才助増訳（1802年・享和2年）⇒「其辺ノ諸州ヲ併セ奪ヘリコレ西洋開基第三千零八十年ノ時ノ事」

【西洋革命年】

日本

『**紅毛天地二図贅説**』／北島見信訳（1737年・元文2年）⇒「按紅毛書作西洋革命年当一千四百九十二年今算計之即当明応二年然」

【西洋紀元】

日本

『**救荒二物考**』馬鈴／高野長英著（1836年・天保7年）⇒「西洋紀元千六百年の後（今丙申の歳に先だつこと二百有余年なり）和蘭始めて之を播殖し」

【西洋時辰】

日本

『**航海日記**』巻一／岩松太郎記（1863年・文久3年）⇒「港口は西方向ふ西洋時辰三時亜力山太を発す」

【西洋諸国】

日本

『環海異聞』巻八／大槻玄沢撰（1807 年・文化 4 年）⇒「総て西洋諸国の車三輪と見ゆ、唯其作は国々によりて少しづつの差へある趣なり」

【西洋人】

日本

『環海異聞』巻十三／大槻玄沢撰（1807 年・文化 4 年）⇒「間氏曰、此島も往々西洋人海船の標的とすると見ゆるなり」

『交易問答』巻上／加藤弘蔵著（1869 年・明治 2 年）⇒「西洋人の品物を日本に買入て、又日本の品物を西洋人に売る」

中国

『不得已弁』／利類思著、安文思・南懐仁訂（1665 年・康熙 4 年）⇒「利馬竇令召在与西洋人以貿易為名実」

『熙朝定案』／南懐仁著（1669 年・康熙 8 年）⇒「因天主教縁由解送広東西洋人栗安当二十五人応行該督撫差官駅送来京」

【西洋糖】

日本

『天工開物』第六巻／宋応星著（1637 年・崇禎 10 年）⇒「最上一層厚五寸許、潔白異常、潔白異常、名曰西洋糖」

【西洋年号】

日本

『三兵答古知幾』／高野長英訳（1856 年・安政 3 年）⇒「二国（石駿）数比較表、本邦年号、西洋年号」

【西洋布】

日本

『和蘭志略稿』 武備／宇田川榕菴著（刊行年不明）⇒「カーメルヅーク　綿布ノ極テ精微ナル者ナリ（所謂西洋布）」

中国

『西洋朝貢典録』／黄省曽撰（1520 年・正徳 15 年）⇒「西洋布、花縵、片脳、梔子花、薔薇露」

『海国圖志』 巻三十七／魏源撰、林則徐訳（1876 年・光緒 2 年）⇒「敝則可擣為紙、極堅韌、今西洋紙、率此物、君臣冠服」

【西洋墨汁】

日本

『蘭学重宝記』／賀寿麻呂大人著、（1835 年・天保 6 年）⇒「筆頭、一寸許出し書す　西洋の墨ハ汁「インキト」と云小き玻瓈壜に納れ机上に置」

【西洋里法】

日本

『欧行記』 巻一／益頭駿次郎記（1861 年・文久元年）⇒「エジト領カイロ府へ向ふ馳たる里程を尋に西洋里法にて九十里と云ふ」

【西洋料理】

日本

『万国新聞紙』 第十集／ベーリー編（1867 年・慶応 3 年）⇒「今般私日本人の為に西洋料理の本を作り出せり」

『西洋料理指南』 序／敬学堂主人著（1872 年・明治 5 年）⇒「所謂西洋料理ヲ喫ヒ得ベシ、豈何ソ他ノ楼ニ求ンヤ」

『登高自卑』 前編 巻之下／村松良粛抄輯（1872 年・明治 5 年）⇒「西洋暦ハ太陽年ニシテ、月ノ運行ヲ棄テ、太陽ノ運行ニ従フ」

【西洋暦】

日本

『蘭学重宝記』 千五百年／賀寿麻呂大人著（1835 年・天保 6 年）⇒「西洋暦ニハ潤月なく四年目に閏日」

『登高自卑』 前編 巻之下／村松良粛抄輯（1872 年・明治 5 年）⇒「西洋暦ハ太陽年ニシテ、月ノ運行ヲ棄テ太陽ノ運行ニ従フ」

【生理化学】

日本

『化学訓蒙』 巻二下／石黒忠悳編輯（1870 年・明治 3 年）⇒「現今諸家ノ説ニ参互シ別ニ生理化学一本ヲ編輯セントス」

【生理学／性理学】

日本

『英国探索』 ／福田作太郎筆記（1862 年・文久 2 年）⇒「手習より性理学、器機学、天文学等夫々其碩学の者出席いたし」

『五科学習関係文書』 法学　政治編／西周編（1863 年・文久 3 年）⇒「医学ト云ヘハ、解剖学、生理学、薬物学、毒物学病理論手術等ノ類ニシテ」

『百学連環』 第二編上／西周講述、永見裕筆録（1870 年・明治 3 年）⇒「生理学〈physiology〉なるあり、総て人体の筋骨及ひ血の運行及ひ生活の道理等を論し」

『英氏経済論』 巻一／小幡篤次郎訳（1871 年・明治 4 年）⇒「歳月ノ久ヲ経タリ人能性理学ノ大綱ヲ知レトモ之ヲ用テ病ヲ医スル能ハス」

中国

『大徳国学校論畧』 智学／花之安著、王炳コン訂（1873 年・同治 12 年）⇒「智学分八課、一課学話、二課性理学、三課霊魂説、四課格物学」

【正立方形】

中国

『化学鑑原』 巻五／傳蘭雅口訳、徐寿筆述（1871 年・同治 10 年）⇒「如純鉛其顆粒為正立方形故易剖為方粒鉛硫砿之脈内」

【生霊院】

中国

『航海述奇』巻一／張徳彝著（1865 年・同治 4 年）⇒「不知為何国人晩同迺徳遊生霊園乃新建者花樹更多」

『格致彙編』／傳蘭雅輯（1876 年・光緒 2 年）⇒「英京倫敦之生霊院有入試一大母猴能稍学人之言語」

【牲霊園】

中国

『航海述奇』／張徳彝著（1865 年・同治 4 年）⇒「又至牲霊園園中有諸般野獣飛禽魚虫之類更有大蛇」

【西暦】

日本

『日本新聞』第十六巻／（1865 年・慶応元年）⇒「即西暦十一月十九日に出、一は十一月二十六日（我十月九日）に布告せりと見へたり」

『外国事務日誌』第一号／（1868 年・明治元年）⇒「西暦五月より十月（占）の間」

『航西日乗』／成島柳北著（1872 ～ 73 年・明治 5 ～ 6 年）⇒「西暦ヲ閲スレバ此日ハ泰西ノ十月二十六日ナリ」

中国

『物理小識』巻一／方以智著（1664 年・康熙 3 年）⇒「西暦雖云密近、但図象止四分九十度為三百六十度」

『使西紀程』巻下／郭嵩燾撰（1876 年・光緒 2 年）⇒「明日午準至海口以日計之則正西暦正月二十一日也」

『格致彙編』続第二巻／傳蘭雅輯（1876 年・光緒 2 年）⇒「西暦一千八百十九年閲為地震所墳起高略十尺」

【製煉術】

日本

『験温管略説』／高野長英著（刊行年不明）⇒「製薬醸酒其他諸般ノ製煉術寒

温ノ度ヲ要スルモノ」

【世界】

日本

『元和航海記』／池田好運著（1618 年・元和 4 年）⇒「世界忽周、度数、三百六十五度」

『乾坤弁説』／沢野忠庵・向井玄松編訳（1659 年・同治 2 年）⇒「みな蛮学を世界第一の学道と心得て、他国迄其法を勧るなるべし」

『二儀略説』第七／小林謙貞編述（1667 年・寛文 7 年）⇒「向ナル天ノヒクキ処ヲ周ルトキハ、世界ニ近ク廻ルナリ」

『華夷通商考』巻四／西川如見著（1708 年・宝永 5 年）⇒「此国万ヅ細工巧ミ工夫厚ク世界ノ大海ニ船ヲ乗廻グル」

『紅毛談』巻上／後藤梨春編輯（1765 年・明和 2 年）⇒「銘々に船を仕出し、世界を経歴して、交易商売を業とす」

『諳厄利亜人性情志』／吉雄宜訳、浦野元周校（1825 年・文政 8 年）⇒「此寛裕を受るによりて、是は世界諸人の大法なりと、慣れ思ひて」

『三才究理頌』／鶴峯戊申撰、利光宗規・多々良信興校（1838 年・天保 9 年）⇒「其世界ヨリハ、定テ此方ノ人ヲサカレマ二立リト云フベシ」

『泰西三才正蒙』巻三／永井則著（1850 年・寛政 3 年）⇒「世界万国ニ賢シテタル聖人ノ教ヲ捨テ、教ヲ捨テ」

『気海観瀾広義』巻一／川本幸民訳述（1851 年・嘉永 4 年）⇒「丁寧に注意し務めて其因果を察すべし、蓋し此世界中、理外の事のあることなければなり」

『天然人造 道理図解』序／田中大介纂輯（1869 年・明治 2 年）⇒「此世界に生れ来れ各国家に功徳ならむ事を願ふハ人生の通道なり」

『西洋列国史略』巻上／佐藤信淵撰（1808 年／文化 5 年）⇒「地志ニ就テ就テ其精詳ヲ求ルニアリ世界ノ開闢ヲ記スルモノ」

中国

『畸人十篇』巻上／利瑪竇述、汪汝淳較梓（1608 年・万暦 36 年）⇒「誰能当之凡世界之苦辛為真苦辛」

『二十五言』／利瑪竇述、徐光啓撰（1604 年・万暦 32 年）⇒「世界中宜視已如作客然宴飲列席撰具厚薄」

『天主実義続篇』／龐廸我述、陽瑪諾訂（1617 年・万暦 45 年）⇒「世界定有一至尊主、初造天地万物、而後恒存育」

『聖経直解』巻十四／陽瑪諾著（1636年・崇禎9年）⇒「似使者預至報死、世界将終、多兆前出以告」

『不得已弁』／利類思著、安文思・南懐仁訂（1665年・康熙4年）⇒「拠此則知天主降生、不宜于世界受造之初矣」

『天経或問』天体／遊子六輯（1675年・康熙14年）⇒「其次太陽之天、照映世界、万象取光、故在七曜之中也」

『譬学』巻上／高一志撰（1633年・崇禎6年）⇒「人心如三角形、世界如圜形、不能相容相合」

【世界学】

日本

『西洋学師ノ説』／高野長英訳（刊行年不明）⇒「ウエーセンキュンデ、精神学、世界学、鬼神学、此ニ属ス」

【世界末日】

中国

『格物探原』第八　皮相談／韋廉臣著（1876年・光緒2年）⇒「故新約書有云、世界末日、上帝出一言令世界河湖海程出一言令世界火焚、当即如此」

【積金預所】

日本

『西洋事情』初編 巻之二／福澤諭吉纂輯（1866年・慶応2年）⇒「世に行はるる積金預所、相対対扶助等の諸法」

【赤血族】

日本

『登高自卑』前編 巻之下／村松良粛抄輯（1872年・明治5年）⇒「虫類ハ其血多クハ白色ナリ、コレヲ無血虫ト云フ、而シテ其赤血族中ニ多ク」

【積骨楼】

中国

『航海術奇』／張徳彝著（1865 年・同治 4 年）⇒「彼此対立少語即辞去又至積骨楼頭層係獣骨皆以鉄条」

【石酸】

中国

『格物入門』巻六／丁韙良著（1868 年・同治 7 年）⇒「其字与養気相合為石酸(sios)、其味渋酸、質如砂糖、与藍形相類」

【赤書院】

日本

『官板 海外新聞別集』／洋書調所訳（1862 年・文久 2 年）⇒「日本人を招待する処と定め置きたる赤書院に通りさり」

【赤人】：黄色人種

日本

『航米日録』巻二／玉虫茂誼誌（1860 年・万延元年）⇒「商人、街吏、医師、職人、小吏、船長、水夫、白人、赤人、黒人供ニ争ヒ来リ、各其業ヲ営ム」

【石炭】

日本

『六物新志』巻下／大槻玄沢訳（1786 年・天明 6 年）⇒「亜私巴爾杜謨（石炭ノ之類其物未詳）等之物而此外尚有数種之貴薬」
『和蘭天説』跋／司馬江漢著（1796 年・寛政 8 年）⇒「山腰ニ石炭ヲ出（山頂モ海ナリ、石炭ハ筑前ニ多シ、木化シテ石トナル、硫気ヲ得テ如炭）」
『遠西奇器述』第一輯／川本幸民口述、田中綱紀筆記（1854 年・嘉永 7 年）⇒「此船石炭ヲ費ヤスコト甚多クシテ遠洋ニ航シ貨物ヲ運輸スル」

中国

『**物理小識**』巻六／方以智著（1664 年・康熙 3 年）⇒「曰煤炭、非石炭也、蔚州石炭、終日不滅」

『**瀛環志畧**』巻七／徐繼畲撰（1848 年・道光 28 年）⇒「北境有邑曰新堡、係石炭（即中国之煤）聚集之処」

『**官板 中外新報**』第七号／応思理撰（1859 年・咸豊 9 年）⇒「金鋼石本質与煤炭石炭同与鉛筆中之物」

辞書

『A DICTIONARY OF THE CHINESE LANGUAGE, IN THREE PARTS.』／Robert Morrison（1815 ～ 23 年）⇒「CALX, or lime　石炭」

『**英華韻府歴階**』／Wells Willams（1844 年）⇒「COAL　石炭」

『**英華字典**』／Walter Medhurst（1847 ～ 48 年）⇒「COLLERY　石炭」

『**英華字典**』／Wilhelm Lobscheid（1866 ～ 69 年）⇒「Colliery　石炭山」

『**英華翠林韻府**』／Justus Doolittle（1872 年）⇒「Coal　石炭

【石炭瓦斯】

日本

『**遠西奇器述**』第二集／川本幸民口述、田中綱紀筆記（1854 年・嘉永 7 年）⇒「其身寒慄シテ堪へ難ク、地面ハ験温器五十四度ナリシ」

『**衛生概論**』第十三課／宇田川準一抄訳（刊行年不明）⇒「仮死トハ溺水及ヒ石炭瓦斯等ノ吸入ニ因テ一時発起スル」

【石炭気】

日本

『**遠西奇器述**』第二輯／川本幸民口述、田中綱紀筆記（1854 年・嘉永 7 年）⇒「コレニ充ツルニ石炭気（炭水素気）ヲ以テセリ」

『**化学日記**』第七回／リッテル口授（1874 年・明治 7 年）⇒「今ニテハ更ニ石炭気ヲ用ユ是レ此気ハ水素ヨリ稍重シ」

中国

『**航海述奇**』／張徳彝著（1865 年・同治 4 年）⇒「積骨楼頭層係獣骨皆以鉄条支起其状如」

【石炭油／石脳脂／石脳油】：石油

日本

『六物新志』巻一／大槻玄沢訳（1786 年・天明 6 年）⇒「法児瓦斯咄（木脂之作凝固者総謂之法児斯咄）石脳脂」

『舎密開宗』第三／賢理著、宇田川榕菴重訳増註（1837 年・天保 8 年）⇒「水ノ酸素ヲ引テ酸化シ曹達ト為ル石脳油中ニ貯フベシ」

『理学提要』巻一／広瀬元恭訳（1856 年・安政 3 年）⇒「石炭、石脳脂、或は脂油の類、蜂蜜、沙糖等は多く炭素を含む」

『万寳新書』巻二／宇田川興斎訳述（1860 年・万延元年）⇒「杲樹ノ傷口ニハ、石炭油ニ少許ノ泥炭或、細土ヲ和シ塗ルベシ」

『文明開化評林』巻一／岡部啓五郎輯（1875 年・明治 8 年）⇒「石炭油ノ説 越後ニテ、「クソウヅ」ノ油トテ、古来地中ヨリ、湧出ル油アリ」

『衛生概論』／宇田川準一抄訳（刊行年不明）⇒「藁或ハ砲屑ヲ載セ石炭油ヲ灌キテ後点火スヘシ」

中国

『物理小識』巻八／方以智著（1664 年・康熙 3 年）⇒「石脳油煙作墨堅重以松煙者疏而碧、今不必也」

『澳門紀略 嘉慶庚申重干』下巻／印光任・張汝霖纂（1800 年・嘉慶 5 年）⇒「以鉄力木厚二三寸者為之錮以瀝青石脳油（石丁）以独鹿木束以藤縫」

『化学鑑原』巻四／傳蘭雅口訳、徐寿筆述（1871 年・同治 10 年）⇒「為地油（俗名火油即石脳油）堅緻之石灰能磨光者」

【脊椎動物】

日本

『登高自卑』前編 巻之下／村松良粛抄輯（1872 年・明治 5 年）⇒「有脊骨類（フルテブラタ）、顱骨アリ脊骨アリ、其齶上下ニ在ラ食物ヲ噛ム其血ハ赤色ナリ」

『斯魯斯氏講義動物学 初編』第一編／太田美濃里筆記（1874 年・明治 7 年）⇒「凡脊椎動物ハ硬骨或ハ軟骨（某動物ニ於テ然リトス）ノ被包物ヲ有ス」

【積電気瓶】

中国

『声学』巻六／傳蘭雅口訳、徐建寅筆述（1874年・同治13年）⇒「附電気器以銅絲連於積電気瓶使発甚速之電閃安」

【赤道】

日本

『二儀略説』巻上／小林謙貞編述（1667年・寛文7年）⇒「赤道線ニ番ヒタル処ハ、日宮ソノ通リニアルトキ、日夜等分ノ時節ナリ」

『天文瓊統』巻一／渋川春海編（1698年・元禄11年）⇒「その赤道を距たるや、遠きは三十度、近きは十八度、黄道の南に出づうを陽となし」

『暦象新書』中編巻下／奇児著、志筑忠雄訳（1800年・寛政12年）⇒「其同緯にある諸地の重力を以て、赤道の遠心力に比れば、二千百七十七箇三二と七箇五四零六四との如し」

中国

『熙朝定案』礼部／南懐仁著（1669年・康熙8年）⇒「経緯儀西南角地平経儀当中赤道経緯儀正東象儀」

『天経或問』凡例／遊子六輯（1675年・康熙14年）⇒「一周天則有昼夜、游熙云赤道之下地、値両夏両冬」

『地球図説』／（将）友仁訳（刊行年不明）⇒「毎度各作一圏、惟赤道為大圏、漸遠赤道則漸小、至南北二極」

辞書

『A DICTIONARY OF THE CHINESE LANGUAGE, IN THREE PARTS.』／Robert Morrison（1815～23年）⇒「EQUINOCTIAL　赤道」

『英華韻府歴階』／Wells Willams（1844年）⇒「EQUATOR　赤道」

『英華字典』／Walter Medhurst（1847～48年）⇒「EQUATOR　赤道」

『英華字典』／Wilhelm Lobscheid（1866～69年）⇒「Equator　赤道」

『英華翠林韻府』／Justus Doolittle（1872年）⇒「Equator　赤道

【赤道線】

日本

『海路安心録』 総説／坂部広胖著（1816年・文化13年）⇒「太陽地をめぐる事毎日同所をゆかず、春分二月の中には天の正中赤道線を旋り」

『泰西三才正蒙』／永井則著（1850年・寛政3年）⇒「九月三十一日マデニ、旧ノ赤道線ニ低復シ、（此時間ヲ復トス）其十二月二十一日マデハ」

【赤道線下】

日本

『新製地球万国図説』 第三／桂川甫周訳、大槻玄沢訂（1786年・天明6年）⇒「馬路古諸島　赤道線下ニ散在ス、其稍北ニ在ル」

【赤道直下】

日本

『新製地球万国図説』 第二／桂川甫周訳、大槻玄沢訂（1786年・天明6年）⇒「馬路古（マロコ）諸島　赤道線下ニ散在ス、其稍北ニ在ルノ小島、多ク丁子ヲ産ス」

『環海異聞』 目次／大槻玄沢撰（1807年・文化4年）⇒「夫より赤道直下の海上を経過し、南亜墨利加州伯西児（ブラジル）の内エカテリナ湊え」

『泰西三才正蒙』 巻一／永井則著（1850年・寛政3年）⇒「各地ノ潮候異同アリ、特ニ赤道直下ノ邦土ニ於テハ、最モ著シトス、朔望ノ如キハ、月行地ニ近キガ故ニ、潮漲頗ル大ナリ」

【石煤】

中国

『化学初階』 巻一／嘉約翰口訳、何瞭然筆述（1870年・同治9年）⇒「在煤炭復分数種石煤、油煤、泥煤、大概属純炭精」

【石盤写字】

日本

『北槎聞略』 巻九／桂川甫周撰（1794年・寛永6年）⇒「カメンノイドスカといふものあり、黒き石を版にすり、同し石にて石筆の如くに削りたる」

【積分】

日本

『和蘭学制』 ／内田正雄訳（1869年・明治2年）⇒「三、図測学、及其実用、四、微分、積分」

『百学連環』 ／西周講述、永見裕筆録（1870年・明治3年）⇒「微分　積分」

中国

『物理小識』 巻一／方以智著（1664年・康熙3年）⇒「不用消長之、而積分猶仍授時也、正統十四年已已朔二至」

『不得已弁』 総略／南懐仁述（1665年・康熙4年）⇒「而積分之術、実仍其旧、然則新法之可貴者、不徒改暦之名」

【石油】

日本

『増補華夷通商考』 巻一／西川求林斎輯（1708年・宝永5年）⇒「石油　行都司外科ニ用ユ」

『舎密開宗』 外篇　巻三／賢理著、宇田川榕菴重訳増註（1837年・天保8年）⇒「日夜脂流註即延安石油也」

『理学提要』 巻三／広瀬元恭訳（1856年・安政3年）⇒「曰く、土油（又山油或は石油）」

中国

『夢渓筆談』 ／沈括著（北宋時代）⇒「盖石油至多、生于地中無窮、不若松木有時而竭」

『物理小識』 巻二／方以智著（1664年・康熙3年）⇒「（鹿）延出石油、即高奴県脂水也、生于水際沙石」

『海国圖志』 巻一／魏源撰、林則徐訳（1876年・光緒2年）⇒「火不能焚、出自山西、火薬配以石油」

辞書

『英華字典』／Walter Medhurst（1847～48年）⇒「BITUMEN　石油」

『英華字典』／Wilhelm Lobscheid（1866～69年）⇒「Bitumen　石油」「Petroleum　石油」

『英華翠林韻府』／Justus Doolittle（1872年）⇒「Bitumen　石油

【赤緑の両灯】

日本

『万国新聞紙』三月下旬号／ベーリー編（1867年・慶応3年）⇒「赤緑の両灯を見る時、赤及び緑の両灯を直前に見バかの船直前ニあることを知るべし」

【施昆度】：セコンド, 秒, second［英］

日本

『民間格致問答』題言／大庭雪齋訳（1862年・文久2年）⇒「その時の六十分一を密扭篤といひ、又その六十分一を施昆度〈セコント〉と云又う」

【世代】

中国

『畸人十篇』上／利瑪竇述、汪汝淳較梓（1608年・万暦36年）⇒「昔西隣国有賢王伝不伝其世代名号惟君老」

『不得已弁』自序／南懐仁述（1665年・康熙4年）⇒「大抵天文学、世代愈久、其講求愈精」

『聖教信証』／韓霖著（刊行年不明）⇒「（尚）必以目見為可信、則世代不同、天主即降生於今日」

【絶縁】

日本

『気海観瀾広義』巻十／川本幸民訳述（1851年・嘉永4年）⇒「導体を絶縁し、其端に繋ぎたる球子、越歴を含みて開放せる状を写す者なり」

『**化学通**』巻二／川本幸民訳述（1871年・明治4年）⇒「石炭、蝋、乾燥セル大気等ハ、不導体ナリ、一二絶縁物ト名ツク、此物越歴ノ発動セル」

『**物理了案**』霊気／宇田健斎著（1879年・明治12年）⇒「絶縁シテ地球ニ達セシメザレバ、電気便チ一瞬ニ千里ニ波及ス」

【絶縁物】

日本

『**化学通**』巻二／川本幸民訳述（1871年・明治4年）⇒「乾燥セル大気等ハ、不導体、一二絶縁物トト名ツク、此物越歴ノ発動セル身体ニ接スト」

【石炭脂】：タール

日本

『**増補 西洋家作雛形**』巻二 献上／村田文夫・山田貢一郎同訳（1872年・明治5年）⇒「地瀝青を作らんと欲せば、石炭脂を沸し、之れに石炭又は煉化石の粉末を混和すべし」

【石灰質】

日本

『**新考 諳厄利斯瀉利塩鹽考**』／宇田川榕菴述（1819年・文政2年）⇒「或謂フ一種石灰質ナル中庸塩ヲ混合す」

『**窮理通**』巻二／帆足万里撰（1836年・天保7年）⇒「其の状、水精及び白糖に類す、所在皆是れなり、第二山の石灰質は之れに反す」

中国

『**海塘輯要**』巻二／傅蘭雅口訳、趙元益筆述（1873年・同治12年）⇒「凡能生物茂盛之土応含動物植物質百分之五石灰質百分之五」

【接花痘】

日本

『**瘍医新書**』巻三十二／大槻玄沢訳（1825年・文政8年）⇒「按「接花痘者」、凡小児当未痘之先」

【接眼球】

日本

『気海観瀾広義』巻十五／川本幸民訳述（1851年・嘉永4年）⇒「後に在る者を接眼球と名づけ、ここより物を望むべし、前に在る者を対物球と名づく」

【接眼鏡】

日本

『物理階梯』巻中／片山淳吉纂輯（1872年・明治5年）⇒「眼ニ接スル凸鏡ニシテ之ヲ接眼鏡ト名ク、即チ此両鏡ヲ管内ニ納メテ物体ヲ望ム」

『登高自卑』後編 巻之二／村松良粛抄輯（1875年・明治8年）⇒「一枚ハ筒頭ニ在ラシム、之ヲ接眼鏡ト云フ則チ第七十三図ノ如シ」

【選議所】

日本

『航米日録』巻五／玉虫茂誼誌（1860年・万延元年）⇒「各部ノ尚書官ハ九千円、其他議事閣、選議所ノ官亦各受クル所アリ」

【積極】

日本

『博物新編補遺』巻中／小幡篤次郎訳述（1869年・明治2年）⇒「物体越歴ヲ積テ其定量ニ過ルハ之ヲ積極（ボセチフ）ノ発越ト云フ」

『化学訓蒙』巻一／石黒忠悳編輯（1870年・明治3年）⇒「越歴ニ二種アリ一ヲ積極ト名ツケ一ヲ消極ト名ツク」

『化学闡要』巻二／土岐頼徳訳、足立寛閲（1872年・明治5年）⇒「酸ト塩基トニ分ル而酸ハ積極ニ至リ塩基ハ消極ニ集ル」

【積極元素】

日本

『化学闡要』巻二／土岐頼徳訳、足立寛閲（1872年・明治5年）⇒「其塩基或ハ積極元素ハ必其初ニ書スルヲ法トス」

【積極紙】

日本

『舎密局必携』 巻三／上野彦馬抄訳、堀江公粛閲（1862年・文久2年）⇒「積極紙製法、此製法ハ滑ナル積極紙ニ、薄ク塩酸銀ヲ布ク者ナリ」

【積越性】

日本

『開物全書名物図考』 原体／宇田川榕菴撰（刊行年不明）⇒「玻理瀝青モ温レバ其晶ノ一端ハ積越性ト為リ其一端ハ消越性ト為ル」

【積極象】

日本

『舎密局必携』 巻三／上野彦馬抄訳、堀江公粛閲（1862年・文久2年）⇒「得ルトコロノ消極琉璃像ハ、之ヲ紙上ニ写シ、積極像（ホスチーフ）トナスヲ要ス」

【積極像影】

日本

『舎密局必携』 ／上野彦馬抄訳、堀江公粛閲（1862年・文久2年）⇒「積極像影（ポシチーフベールド）」

【積極体】

日本

『舎密局必携』 巻一／上野彦馬抄訳、堀江公粛閲（1862年・文久2年）⇒「此時積極ノタメニ分離サルル者ハ、消極体ニシテ」

『化学入門』 化学大区別／竹原平次郎抄訳、堀尾用蔵註（1867年・慶応3年）⇒「金属ハ常ニ消極ニ分ル故ニ非金属ヲ消極体ト名ケ金属ヲ消極体ト名ク」

【石鹸】

日本

『環海異聞』巻八／大槻玄沢撰（1807年・文化4年）⇒「モイラ、石鹸　乎、別に記す」

『生石灰之解凝力』第十五／宇田川榕菴自筆原稿（1824年・文政7年）⇒「ブランデンアルカリ油ヲ媒合スレバ石鹸トナル」

『気海観瀾』験水／青地林宗訳（1825年・文政8年）⇒「鹽質無きは殆ど希なり、塩質あるものは、試みに石鹸を融かせば泡を起し和し難し」

『遠西医方名物考補遺』巻八／宇田川榛斎訳述、宇田川榕菴校補（1834年・天保5年）⇒「脂油ハ炭酸ヲ失テ石鹸トナリ能水ニ溶化ス」

『舎密開宗』巻一／賢理著、宇田川榕菴重訳増註（1837年・天保8年）⇒「石鹸ノ類五車韻府」

『外国事情書』／渡辺華山著（1839年・天保10年）⇒「石灰・硝石・煙草・葡萄酒・山油・石鹸、其他織工類諸国ニ下ラズ」

『気海観瀾広義』巻二／川本幸民訳述（1851年・嘉永4年）⇒「媒物を加へて振盪すれば、三品相合して石鹸となる」

『化学訓蒙』巻一／石黒忠悳編輯（1870年・明治3年）⇒「問　石鹸ハ何ノ用ニ供スルヤ、答石鹸ハ皮膚ヲ青刷スル」

『登高自卑』後編 巻之三／村松良粛抄輯（1875年・明治8年）⇒「其他銅泉亜鈴泉、石油泉、アンモニア泉石鹸等アリ」

【石鹸水】

日本

『遠西水質論』／高野長英訳（刊行年不明）⇒「此胞内ニ納メ栓ヲ以テ管口ヲ密封シ之ヲ石鹸水中ニ投シ栓ヲ除キ之ヲ頻リニ水底ニ推ス」

『理化日記』巻一／リッテル口授、市川盛三郎訳（1870年・明治3年）⇒「此気ヲ石鹸水ニ通シ舂球ヲ作リ飄揚セシメ下ヨリ燭火ヲ抵スレハ」

辞書

『英華字典』／Walter Medhurst（1847～48年）⇒「SOAP　石鹸」

【折光遠鏡】

中国

『格物入門』 巻三／丁韙良著（1868年・同治7年）⇒「問、美国最大之折光遠鏡、其式如何、答、其大凸鏡、厚十五寸、成影処相去二十二尺六寸」

『中西聞見録選編』 各国近事／丁韙良編（1877年・光緒3年）⇒「使之如式則更不易、以故折光遠鏡大者甚少」

【摂氏】：セルシウス度, degree Celsius［英］

日本

『舎密開宗』 巻一／賢理著、宇田川榕菴重訳増註（1837年・天保8年）⇒「験温器ノ度ハ皆華氏ノ製ニ拠ル列氏摂氏ニ拠ル」

『舎密局必携』 巻二／上野彦馬抄訳、堀江公粛閲（1862年・文久2年）⇒「甲種ハ華氏乙種ハ列氏丙種ハ摂氏応用ノ者トス」

『化学入門』 後編　巻之三／竹原平次郎抄訳、堀尾用蔵註（1867年・慶応3年）⇒「此酸ハ無色ノ気ナルモ摂氏二十度ノ温ニ逢ヘバ流動ス」

【雪車】

日本

『環海異聞』 序／大槻玄沢撰（1807年・文化4年）⇒「彼北辺にて犬を使ふ事馬のごとくに、雪車を牽かすの奇術」

『魯西亜漂流記』 下巻／木場貞良著（1817年・文化14年）⇒「雪車　其製幅四寸許の板材の頭を屈曲したるを二つ双べ、其中間を空くし」

『三兵答古知幾』 巻六／高野長英訳（1856年・安政3年）⇒「馬車峻疾軍行トハ、歩兵車馬若クハ雪車ノ力ヲ借リテ、疾走スルナリ」

【接脣】

中国

『西域聞見録』 巻七／七十一椿園著（1777年・乾隆42年）⇒「長上与幼輩相見、不論男女、皆以接脣為礼、帰化以来、見中国長官」

【節水機】

日本

『格物入門』 巻二／丁韙良著（1868 年・同治 7 年）⇒「問、節水機何用、答、有引水高管、通於蒸気釜、去底不遠」

【節西津】

日本

『栄力丸漂流記談』 巻三／文太談（1856 年・安政 3 年）⇒「所々の神社仏閣等を巡拝せしめ、又其節西津の役所へ立寄りける」

【接続詞】

日本

『洋学須知』 ／公荘徳郷・窪田耕夫全輯（1859 年・安政 6 年）⇒「接続詞並ニ副詞ナリ副詞ノ寸ハ一語ニテ用ヒ或ハト組立テ用ユ」

『文明開化雑纂』 小学規則一夕譚／岡本黄中講述（1874 年・明治 7 年）⇒「名詞〈なのことば〉、形容詞〈かたちことば〉、代名詞〈かわりことば〉、動詞（はたらきことば〉、副詞〈そへことば〉、接続詞〈つづきことば〉、感詞〈なげきことば〉など」

【接電】

中国

『格物入門』 巻四／丁韙良著（1868 年・同治 7 年）⇒「問、接電台何物、答係四足木儿也、足以玻璃為之、使電気不得帰地」

【雪糖】

日本

『航西日記』 巻一／青淵漁夫・靄山樵者録（1871 年・明治 4 年）⇒「茶を呑しむ、茶中必雪糖を和しパン菓子を出す」

【接吻】

日本

『訂正増訳采覧異言』巻一／新井白石著、山村才助増訳（1802年・享和2年）⇒「見親友賓客無跪拝揖譲之儀惟接吻以為礼」

『西洋聞見録』巻上／村田樞文夫纂述（1869年・明治2年）⇒「凡テ洋人ノ獣類ニ於ケル、就中犬ヲ玩ス、甚シキモノハ寝食ヲ供ニシ、或ハ接吻スルモノアリ」

中国

『西域聞見録』巻七／七十一椿園著（1777年・乾隆42年）⇒「不論男女、皆以接唇為礼帰化以来、見中国官長」

『六合叢談』巻十一／慕維廉・艾約瑟他記述（1857年・咸豊7年）⇒「忽登楼抱其子接吻、即帰房寝、俄聞聞開鎗自然」

『使徳日記』／李鳳苞撰（1878年・光緒4年）⇒「卑者不与尊者握手、尊者出手則握之、敬緊握重頓者、以示親（日匿）、最親之友可接吻」

【施薬院】

日本

『紅毛雑話』巻一／森島中良編輯（1787年・天明7年）⇒「本朝聖武天皇の御宇、施薬院および東西の悲田院を建たまへる」

中国

『地理全志』巻二／慕維廉輯訳（1853年・咸豊3年）⇒「宮殿書院、文儒所萃、博物院、施薬院、養済院、生霊院、皆景象繁華、工肆比櫛」

【施洗】

中国

『格物探原』巻三／韋廉臣著（1876年・光緒2年）⇒「守礼拝聖餐施洗等儀、上帝佑之、有希事凡幾、一日若干人聚集山澗」

【繊維】

日本

『植学啓原』巻三／宇田川榕菴著（1833年・天保4年）⇒「植物は流体を除去

すれば、則ち残る所の者は止繊維のみ」
『化学闡要』 巻二／土岐頼徳訳、足立寛閲（1872年・明治5年）⇒「仔細ニ之ヲ点検スレバ斎シク皆同一ノ繊維ニ過ギザルノミ」
『エレキテル訳説』 巻上／橋本雲齋訳、伏屋素狄撰（刊行年不明）⇒「魄力を生じ麻索の繊維綟りて悉く発り、手指を近く迫り寄すれば当に吸引すべし」

【繊維質】

日本

『万寶新書』 巻二／宇田川興斎訳述（1860年・安政7年）⇒「紙ヲ全ク微細ノ繊維状ノ者ト為ラシメ、冷定シテ後ヲ予水ユ湿潤セル」
『化学訓蒙』 巻二／石黒忠悳編輯（1870年・明治3年）⇒「澱粉ハ去テ膠質ヲ遺サン其性質動物筋肉ノ繊維質ニ似タリ」
『斯魯斯氏講義動物学 初編』 初編　上／太田美濃里筆記（1874年・明治7年）⇒「炭水酸ノ三元素ヨリ成リ繊維質、蛋白質、乾酥質、膠質」

【潜温】

日本

『博物新編補遺』 巻中／小幡篤次郎訳述（1869年・明治2年）⇒「水蒸気ニ帰服シ或ハ水氷ヲ結フ此潜温復タ出テ顕温トナル」
『百学連環』 第二編／西周講述、永見裕筆録（1870年・明治3年）⇒「水銀は水よりもなほ多く潜温となるものにて」

【潜温素】

日本

『遠西医方名物考補遺』 巻七／宇田川榛斎訳述、宇田川榕菴校補（1834年・天保5年）⇒「結芒センカ為ニ多ク水ヲ吸収シ、水ノ潜温素、配偶ヲ失ヒ蒸散シ」
『理学提要』 後編 巻二／広瀬元恭訳（1856年・安政3年）⇒「寒冷に遇へば、金石類と雖も亦、潜温素収縮し、其の容を減ず」
『登高自卑』 前編 巻之上／村松良粛抄輯（1872年・明治5年）⇒「是水ニハ潜温素（センウンソ）常ニ潜ミ居ル、令凍合スルニ臨テ」

【詮気管】：気圧計

日本

『気海観瀾』 気融／青地林宗訳述（1825年・文政8年）⇒「則ち気質自ら稠厚を為す、其れ気球、幾何の重を負ふや、（金全）気管以て之を験す可し」

【選挙】

日本

『官板 バタヒヤ新聞』 巻一／蕃書調所訳（1862年・文久2年）⇒「ヲキスホルド及びカンブリドゲの支配人選挙の事を評議して決定せり」

『隣草』／加藤誠之著（1862年・文久2年）⇒「或は其国王の選挙にて其身一代之に入るもあり、或は国王の選挙を受けずして」

『和蘭学制』 第五／内田正雄訳（1869年・明治2年）⇒「期限満テ官ヲ解ク者、再ビ之ヲ選挙スルヲ得ベシ」

中国

『外国史略』／馬礼遜著（1841年・道光21年）⇒「各部落中選挙有租税賦者充之郷村土著」

『使西日記』／曽紀沢著（1877年・光緒3年）⇒「乃毎逢選挙之時賄賂公行更一監　国則更一番人物」

辞書

『英華韻府歴階』／Wells Willams（1844年）⇒「VOTE　選挙」

『英華字典』／Wilhelm Lobscheid（1866～69年）⇒「to pick out　選挙」

『英華翠林韻府』／Justus Doolittle（1872年）⇒「Elect　選挙

【宣教使】

日本

『海外新聞』 十七号／ジョセフ彦訳（1870年・明治3年）⇒「仏ノ弘法使ト記スベカリシヲ宣教使ト記セシ」

【銭局】

中国
『随使日記』／張徳彝著（1877 年・光緒 3 年）⇒「敏特者銭局也下車有総管費満迎入其造法機器」
『欧遊随筆』／銭徳培著（1877 年・光緒 3 年）⇒「柏林之官銭局在王宮之南河沿製法以金或銀入鑪鎔化合」

【選挙権利】

日本
『立憲政体略』英文／加藤弘蔵著（1868 年・慶応 4 年）⇒「公権トハ国事ニ貯カルノ権利ニシテ、其尤モ著大ナル者ヲ選挙権利トイフ」

【選挙人】

日本
『英国議事院談』巻一／福澤諭吉訳述（1869 年・明治 2 年）⇒「蘇格蘭にて緒州の選挙人を定むるの法は、旧典に由て必ず選挙人と為る」

【賤金属】：貴金属

日本
『遠西医方名物考補遺』巻八／宇田川榛斎訳述、宇田川榕菴校補（1834 年・天保 5 年）⇒「賤金属ヲ坩ニ入レ蓋ナク煆紅スレハ是ニ気中ノ酸素ヲ引テ抱合シ」

【尖形高台】

日本
『瓊浦偶筆』巻五／平沢元愷著（1774 年～・安永 3 年～）⇒「三ハ利未亜州ノ厄日多国孟斐府ノ尖形高台、四ハ亜細亜州嘉略省」
『翻訳地球全圖畧説』第三／桂川甫周訳、大槻玄沢校（刊行年不明）⇒「国中ニ石ヲ以テ（金）リ成シタル尖形高台敷座アリ」

【全権公使】

日本

『百学連環』 第二編／西周講述、永見裕筆録（1870年・明治3年）⇒「特任公使、駐国使、駐剳全権国使、領事官」

『英国史略』 巻三／河津孫四郎訳述（1870年・明治3年）⇒「羅馬に置ける公使を呼び戻し法王の全権公使を国中より放逐し」

【全権使節】

日本

『官板 バタヒヤ新聞』 巻五／蕃書調所訳（1862年・文久2年）⇒「是より前にトスカナの全権使節トナイ・デ・子ルリといへる者、同僚の長官より一難事を受けたり」

『泰西国法論』 巻三／津田真一郎訳（1868年・慶応4年）⇒「盟邦の政令は、或は同盟列国より派送する所の全権使節の常在会同之を司り」

【全権特使】

日本

『泰西国法論』 巻三／津田真一郎訳（1868年・慶応4年）⇒「同盟列国より派送する所の全権使節の常在会同之を司り」

【潜行軍】

日本

『三兵答古知幾』／高野長英訳（1856年・安政3年）⇒「急行軍、及ヒ潜行軍二八味ニ」

【善行証書】

日本

『仏国学制』 巻一／河津祐之閲、佐沢太郎訳（1873年・明治6年）⇒「一戸長ハ右ノ願書及ビ善行証書ノ写各二通ヲ認メ、之ヲ其郡ノ「コミテー」ト」

【船車賃銀】：切符

日本

『仏英行』閏五月／柴田剛中記述（1861年・文久元年）⇒「金港帰りより立より、船車賃銀払済手形上下分しめて弐拾枚持参、縷々申聞る」

【船政館】

日本

『西学考略』巻下／丁韙良著（1883年・光緒9年）⇒「船政館　有二一官設一民設官設之館練習水師武弁其課程与陸軍武学略似」

【船政治院】

日本

『大徳国学校論畧』／花之安著、王炳コン訂（1873年・同治12年）⇒「船政院　欲入院者、先必通数国語言文字、嫻於幾何、天文、算法、地理之学、方可、茫々大海」

【専制政体】

日本

『代議政体』巻三／永峰秀樹訳（1875年・明治8年）⇒「善良ナル専制政体ヲ以テ善政体ト認ムル学者ハ、其意見全ク誤レリ」

【銭荘】

中国

『官板 中外新報』第二号／応思理撰（1858年～・咸豊8年～）⇒「（手倉）貫橋蕭未廟東首大成銭荘（手虜）去現銭洋銀衣服等」
『万国公法』巻三／丁韙良訳（1864年・同治3年）⇒「或存銀於国庫、或存於民間銭荘、如両国有戦争」

【戦争布告】

日本

『外国交際公法』巻一／福地源一郎訳訂（1869 年・明治 2 年）⇒「国境ノ契約書、君主の遜位書、議論書、或ハ戦争布告書、国内触書」

【尖台】：ピラミッド

日本

『和蘭通舶』巻二／司馬江漢撰（1805 年・文化 2 年）⇒「城下ヲ去ルコト一里ニ尖台三処ニアリ、其大ヒナルコト、メグリ三百二十四歩」

【洗濯所】

日本

『日本新聞』第八号／（1865 年・慶応元年）⇒「私方洗濯所の儀は格別なる巧者なる洗濯女弐人相雇仕事相任セ置候」

【洗濯】

日本

『舎密開宗』塩類／賢理著、宇田川榕菴重訳増註（1837 年・天保 8 年）⇒「故ニ錫布ヲ分離ノモノヲ洗濯スルニ不佳ナリ」

『化学便蒙』巻一／宇田川榕精訳述（1868 年・慶応 4 年）⇒「「マグネシヤ」ハ石鹸ヲ解ク者トス、故ニ此水ヲ以テ洗濯ノ用ニ供スルコトナシ」

中国

『地球説略』天竺国図説／禕理哲撰（1856 年・咸豊 6 年）⇒「称為聖江、託言人苟八而洗濯、即能洗浄一生之罪」

『格致彙編』美国百年／傅蘭雅輯（1876 年・光緒 2 年）⇒「其香久而不散雖洗濯数次而香気猶存」

『鷹論』／利類思著（刊行年不明）⇒「必序歯先長而後幼不用水洗濯惟於沙上」

辞書

『英華字典』／Walter Medhurst（1847 ～ 48 年）⇒「TO　WASH　洗濯」

『英華字典』／Wilhelm Lobscheid（1866 ～ 69 年）⇒「Wash　洗濯

【生窒米的耳】：センチメートル, centimètre［仏］

日本

『舎密局必携』巻一／上野彦馬抄訳、堀江公粛閲（1862 年・文久 2 年）⇒「生窒米的耳〈センチメーテル〉同拇 = 同百分一」

【船中働者】：水夫

日本

『和蘭通舶』巻二／司馬江漢撰（1805 年・文化 2 年）⇒「帆綱ゴトニ滑車ヲ以ス、船中働者ヲ「マタロス」ト云」

【銭店】

中国

『官板 中外新報』二号／応思理撰（1858 年〜・咸豊 8 年〜）⇒「本月十一夜、航船埠頭、天順銭店被搶、贓約二三百千、本月初三夕」

『地理志略』／戴徳江著（刊行年不明）⇒「終日商売雲集百貨蒼翠内多書鋪銭店大書房」

【セント】：cent［英］

中国

『欧行記』巻一／益頭駿次郎記（1861 年・文久元年）⇒「一日五ホント壱ホントは四トル八十五セントスクネール船は十四シーリンク」

【遷動機械】

日本

『図解 機械事始』巻二／田代義矩纂輯（1872 年・明治 5 年）⇒「第二種に遷動機械「蒸気船車の類の機械」に用ふ」

【前頭球】

日本

『物理日記』二編 巻三／リッテル口授、文部省（1874年・明治7年）⇒「二ツノ「レンス」アリ乃一ハ前頭球〈オブジユクチブ〉ト称シテ焼点ノ距リ短キモノニシテ本体ヨリ大ナル」

【善導体】

日本

『民間格致問答』巻五／大庭雪齋訳（1862年・文久2年）⇒「これを善導体を具へし時にハ、雷光の為に安穏にし得る」

【善導物】

日本

『登高自卑』後編 巻之二／村松良粛抄輯（1875年・明治8年）⇒「金属ノ如キ者ヲ温素善導物（ウンソヲヨクヒクモノ）ト云ヒ、羽毛ノ如キ者ヲ不善導物ト云フ」

【舟土圭】

日本

『算法渡海標的』自序／石黒信由著（1836年・天保7年）⇒「是を見るに、彼西夷人用る羅針「俗磁石又舟土圭と云」

【ゼントルメン】：ジェントルマル, 紳士, gentleman［英］

日本

『遣米使節日記』／村垣範正記（1860年・万延元年）⇒「「コモオール」てし致仕せし、「ゼントルメン」なるコールといふ」

【千人鏡】

日本

『訂正増訳采覧異言』巻十／新井白石著、山村才助増訳（1802年・享和2年）⇒「又有玻璃千人鏡多宝鏡顕微鏡小自鳴鐘自行表以及海洋全図」

【専売】

日本

『西洋事情』外編／福澤諭吉纂輯（1866年・慶応2年）⇒「合衆国に於ては千八百二十一年蔵版免許の法を改め、著述家の専売は二十八年と定め」

『百学連環』第二編／西周講述、永見裕筆録（1870年・明治3年）⇒「Monopoly 専売、即ち漢の権（酉古）なるものなり、専売とは品物を制造し売り出す人の定限あり」

『泰西勧善訓蒙』後篇　巻一／箕作麟祥訳述（1871年・明治4年）⇒「国ノ自カラ専売ヲ為ス可カラサルハ固ヨリ言ヲ待タスシテ」

【専売権】

日本

『英氏経済論』巻六／小幡篤次郎訳（1871年・明治4年）⇒「頗ル地方内ノ物品ヲ専売スルノ権ヲ握レリ」

【船尾】

中国

『格致彙編』西船略論／傅蘭雅輯（1876年・光緒2年）⇒「後来漸漸講究其法以木板為料以鉄或銅釘連之船尾做舵船中立一桿為」

【銭票】

中国

『官板 中外新報』第一号／応思理撰（1858年〜・咸豊8年〜）⇒「概用銭票、以市上現銭日貴、銭票日賎至本年現銭一千」

『**万国公法**』巻二／丁韙良訳（1864 年・同治 3 年）⇒「搶虜、假冒銭票（ゼニテガタ）、或知情故用假票等罪、若犯在此国轄内」

【潜伏気温】

日本

『**天然人造 道理図解**』第三章／田中大介編纂（1869 年・明治 2 年）⇒「第三潜伏温気といふ万物固有の形ちあるうちハ物の中に潜れて更に知れざれども」

【腺分泌】

日本

『**三兵養生論**』巻一／久我俊齋訳（1867 年・慶応 3 年）⇒「蒸発気増進シ或ハ出血昏冒シ音声幽微トナリ諸部ノ腺分泌ヲ減ス」

【巻鉄／巻鉄体】：ゼンマイ

日本

『**求力法論**』完／与盤計意流著、志築忠次郎訳（1784 年・天明 4 年）⇒「巻鉄力ハ時計巻鉄ノ力ト云コレヨリ起リ轉用シテ凢テ操リ難キ者ノ類皆此力ニ出ツ此力アルノ体ヲ巻鉄体ト云」

『**物理階梯**』巻上／片山淳吉纂輯（1872 年・明治 5 年）⇒「是ヲ物ノ弾力性ト曰ヒ、時儀ヲ自動スルモ、亦此理ニ等ク巻銕〈ゼンマイ〉ノ弾力アルニ因ルリ」

【専務学校】

日本

『**尾蠅欧行漫録**』巻四／市川渉著（1863 年・文久 3 年）⇒「毎部落必郷校アリ外科産科軍学獣医唖院育院山林学山坑学商売学等各専務学校アリ」

【専門教科】

日本

『**外国事情書**』巻一／渡辺華山著（1839 年・天保 10 年）⇒「此四学ノ内モ専門教科有之、大抵教学ハ三科、政学モ又三科、医学ニ科」

【千里眼】

日本

『**洋外紀略**』巻上／安積信著（1848 年・嘉永元年）⇒「平戸貿易十八年国王贈書通聘献猩々緋弩砲千里鏡」

『**気海観瀾広義**』巻十四／川本幸民訳述（1851 年・嘉永 4 年）⇒「凹なる者を小視鏡と名づく、此二鏡を集めて、千里鏡を製す」

『**亜墨利加渡海日記**』巻一／著者不明（1860 年・万延元年）⇒「二十三日大空ニ大鳥ノ舞ヲ見ル千里鏡ヲ以テ見ル」

中国

『**八紘訳史**』巻三／陸次雲著（1683 年・康熙 22 年）⇒「日間上（木危）斗照千里鏡、見遠舟如豆、則不可及、若大如指」

『**四州志**』／林則徐訳（1841 年・道光 21 年）⇒「不知格物窮理反嗤他国造千里鏡顕微鏡量大尺自鳴鐘」

『**博物新編**』第一集／合信著（1855 年・咸豊 5 年）⇒「床中備載風雨鍼、寒暑鍼、時辰（金表）、千里眼、羅経、沙袋餅食器具付物」

【千里信】：電報

中国

『**格物入門**』巻四／丁韙良著（1868 年・同治 7 年）⇒「答、通音信也、故名千里信、又名法通綫、又名電報」

【戦利法院】

中国

『**万国公法**』巻四／丁韙良訳（1864 年・同治 3 年）⇒「美英戦時、美国戦利法院、亦許此例、有英国数人、久住美国」

【洗輪機】

中国

『**海国圖志**』巻九十六／魏源撰、林則徐訳（1876 年・光緒 2 年）⇒「片与辛之鉄管、牽挽並動在船輪機無不周転矣」

【船輪機】

中国

『**海国圖志**』（図）／魏源撰、林則徐訳（1876 年・光緒 2 年）⇒「牽挽並動、在船輪機無不周転矣」

【洗礼】

中国

『**瀛環志畧**』巻五／徐繼畬撰（1848 年・道光 28 年）⇒「城外有池、初入西教者、往受洗礼、以此名著西土」

『**英国志**』巻七／慕維廉訳（1856 年・咸豊 6 年）⇒「普通其来也為王子受洗礼、故比爾之為政也」

『**海国圖志**』巻二十六／魏源撰、林則徐訳（1876 年・光緒 2 年）⇒「南流入死海此河内救世主受洗礼而聖神降臨之」

辞書

『**英華韻府歴階**』／ Wells Willams（1844 年）⇒「BAPTISM　洗礼」

『**英華字典**』／ Wilhelm Lobscheid（1866 ～ 69 年）⇒「Baptism　洗礼」「sprinkling　洗礼」

『**英華翠林韻府**』／ Justus Doolittle（1872 年）⇒「Baptism　洗礼」

【そ】

【総引力】：万有引力

日本

『**気海観瀾広義**』巻二／川本幸民訳述（1851 年・嘉永 4 年）⇒「総引力と称する者は、

諸体互に近接せむと欲し、既に相接すれば、互に固結せむと欲する性を謂ふ」

【像影紙】：フイルム

日本

『舎密局必携』巻三／上野彦馬抄訳、堀江公粛閲（1862年・文久2年）⇒「此蝋ノ少許ヲ、指ニテ像影紙上ニ屑絲或ハ屑麻ヲ以徐々ニ圧迫シ」

【増越素】

日本

『気海観瀾広義』巻九／川本幸民訳述（1851年・嘉永4年）⇒「玻（王黎）の如是有余なる状態、及び他の多くこれを含みたる物を、増越素と名づけ、不足なる者を減越素と名づく」

【造花】

日本

『欧行記』四編／益頭駿次郎記（1861年・文久元年）⇒「造花又は真珠にて花を造りしもあり又黄金にてクジャク（雉）木鼠フクロウあり」

【奏楽所】

日本

『欧行記』巻三／益頭駿次郎記（1861年・文久元年）⇒「造営は石を以畳大家にて殊に美麗なり奏楽所凡長弐十間余幅七八間も有之へくと覚しき処に前後に桟敷にて悉く花毛せんを掛け」

【双眼鏡】

日本

『幕末遣欧使節航海日録』／野沢郁太記（1861年・文久元年）⇒「松平様京極様へ御懐中時計柴田様へ双眼鏡御送りに相成候」

『**尾蠅欧行漫録**』巻二／市川渉著（1863年・文久3年）⇒「此座辺ニ女官敷輩並列シテ中ニハ、双眼鏡〈シバイメガネ〉ヲ用テ」

『**英国議事院談**』巻二／福澤諭吉訳述（1869年・明治2年）⇒「陪従諸大臣の行装も甚だ盛なり、双眼鏡を用ゆるも之を禁ずる者はなし」

中国

『**航海述奇**』／張徳彝著（1865年・同治4年）⇒「奇巧已極晩在店中楼上以双眼千里鏡遠望見各処楼上男女」

【総器機術】

日本

『**気海観瀾広義**』巻六／川本幸民訳述（1851年・嘉永4年）⇒「凡そ此規則は総器機械の原基礎にして、諸器の動機」

【造金家】

日本

『**化学闡要**』巻一／土岐頼徳訳、足立寛閲（1872年・明治5年）⇒「往昔造金家ナルモノアリ其説ニ純然タル金属元素ヲ以テ抱合物トナシ」

【相互作用】

日本

『**化学入門**』後編　巻之六／竹原平次郎抄訳、堀尾用蔵註（1867年・慶応3年）⇒「決シテ揮発物ヲ成ス能ハサルハ其交互作用如何」

【草酸】

日本

『**化学訓蒙**』巻一／石黒忠悳編輯（1870年・明治3年）⇒「答蓚酸、蟻酸、酢酸、酪酸、草酸、白（止）酸、檎琥珀酸、酒酸」

中国

『**格物入門**』巻六／丁韙良著（1868年・同治7年）⇒「問、草酸何物」「答、多物之総名也」
『化学分原』／傅蘭雅口訳、徐建寅筆述（1872 年・同治 12 年）⇒「淡、養或醋酸或草酸以試紙知為鹻類」

【葬式貨車】

中国
『格致彙編』格致略論／傅蘭雅輯（1876 年・光緒 2 年）⇒「中国二百里惟尋常之戴客車或装貨車不及其速之半」

【造志之道】：教育

日本
『再稿西洋事情書』／渡辺華山著（1839 年・天保 10 年）⇒「一、右之通、造士之道盛なる事和蘭之書に散見仕候もの、太凡を挙、認取候。」

【相思病】

日本
『収斂剤記』／青海閑人編（1821 年・文政 4 年）⇒「相思病　minncliekte」

【草食動物】

日本
『斯魯斯氏講義動物学 初編』第一編／太田美濃里筆記（1874 年・明治 7 年）⇒「草食動物ハ切歯鑿状ニシテ茎葉ヲ切断スルノ用ヲ為シ角歯ハ小ナリ」

【蔵書楼】

中国
『使徳日記』／李鳳苞撰（1878 年・光緒 4 年）⇒「傍有兵房、軍械院、蔵書楼中有る書十七万冊、手抄者三千冊」

【造船】

中国

『東西洋考』巻之六／張燮撰次（1618年・万暦46年）⇒「先是張維等二十四人造船通倭官府」

『英吉利紀略』／陳逢衡記（1841年・道光21年）⇒「輙能先知、又最善造船、其火輪船（ストームシキップ）尤捷」

『重刻版 海録』巻第一／謝清高著（1870年・同治9年）⇒「凡洋船造船出賃者謂之板主」

【造船館／造船所／造船廠／造船場】

日本

『輿地誌略』巻一／青地林宗訳述（1826年・文政9年）⇒「武庫、糧庫、火薬製場、砲熕鋳場、造船場、親衛騎歩の舎、大旅館あり」

『坤輿図識補』巻四／箕作省吾著（1846年・弘化3年）⇒「一六九六年、新ニ同河ノ側ニ、造船場ヲ置キ、一隊二十三隻ノ」

『航西小記』／岡田攝藏稿（1866年・慶応2年）⇒「此地要害の処なるか故に製鉄所、造船所等の設亦備れり諸物価は巴理府より安し」

『経済小学』上編／神田孝平重訳（1867年・慶応3年）⇒「仮令ハ食料薪炭屋宇官署橋梁道路船隻造船廠印刷器及ヒ文学技芸ヲ以テ造出セシ」

『西洋紀行 航海新説』巻下／中井桜州著（1870年・明治3年）⇒「岸頭ニ造船場数所有アリ、甚広大ナリ、余初テ大火輪船ノ脊ヲ見テ」

『万国港繁昌記』巻一／黒田行元編・松川半山書画（1873年・明治6年）⇒「これ皆河岸庫屋住宅造船廠等密比して、小些の間隙なきを以てなり」

中国

『海国圖志』／魏源撰、林則徐訳（1876年・光緒2年）⇒「有教習技芸館、教習天文館、教習天文館、教習造船館、貿易藩盛」

【総撰挙】

日本

『合衆国政治小学』初編 第十二章／ヨング 著、瓜生三寅訳述（1872年・明治5年）⇒「奉行に委任奉行ハ総撰挙の節人民の撰立節人民の撰立さる所なり」

【聴訟官】

日本

『自由之理』 巻一／中村敬太郎訳、木村謙一郎版（1872年・明治5年）⇒「教師ダケハ、ソレヲシテ、聴明ナル聴訟官ノ如キモノニ至ルコトヲ得セシメタリ」

【総体旅行】

日本

『官板 海外新聞別集』 十二号／洋書調所訳（1862年・文久2年）⇒「使節始総体旅行の疲れにて早く海牙（和蘭の都にて国王の居る所）に到りて休息した」

【索達】

日本

『六物新志』／大槻玄沢訳（1786年・天明6年）⇒「索達」
『脱影奇観』／宇田川準一和解（1872年・明治5年）⇒「索達」

【双鉄道】

中国

『使徳日記』／李鳳苞撰（1878年・光緒4年）⇒「火車不能来往、有双鉄道者、勉強只行単道」

【総都】

日本

『外国事情書』／渡辺華山著（1839年・天保10年）⇒「依而蘭土ノ総都チュブリント云、下王ノ治城アリ、口数十八万」

【宗動天】：天動説

日本

『乾坤弁説』 利巻／沢野忠庵・向井玄松編訳（1659年・万治2年）⇒「八には

二十八宮天、諸星有此天、九には宗動天、此九天の運行皆不一律或は左旋或は右行、或は疾或は遅し」

『管蠡秘言』九天／前野良沢訳（1777年・安永6年）⇒「実ニ重々ノ隔アルニ非ズ、其上ヲ宗動天ト云フ、共ニ九重ナリ」

『暦象新書』上編巻上／奇児著、志筑忠雄訳（1798年・寛政10年）⇒「宗動天は地を心とする者にして、諸天は宗動天の一気に制せらると云り」

『遠西観象図説』／吉雄南皐口授、草野養準筆記（1823年・文政6年）⇒「其一、第一運動（即チ、漢人所謂宗動天ノ動力ニシテ、地動家ノ日転ナリ）ハ左旋シテ、二十四時ニ三百六十度ヲ一周ス」

中国

『六合叢談』巻十／慕維廉・艾約瑟他記述（1857年・咸豊7年）⇒「其外又有宗動天、磨動諸天、毎日一周、其外有天堂焉」

『西国天学源流』巻一／偉烈亜力口訳、王韜著（1889年・光緒15年）⇒「其外又有宗動天磿動諸天毎日一周其外有天堂焉」

『格致古微』巻一／王仁俊述（1899年・光緒25年）⇒「於天之象西域言推歩者以為恒星上別有宗動天」

【総統領】

中国

『瀛環志畧』巻九／徐繼畬撰（1848年・道光28年）⇒「開国六十余年、総統領凡九人、今在位之総統領」

『地球説略』／禕理哲撰（1853年・咸豊3年）⇒「蓋国之総統領〈フレジデント〉、既居於此処而毎年内、各省人来議法制、又在此也」

『地理全志』巻四／慕維廉輯訳（1858年・安政5年）⇒「会議管理政事、各部之中、又推一総統領」

【掃巴星】

中国

『博物新編』二集／合信著（1855年・咸豊5年）⇒「名之曰掃把星、又名攙搓星、前古未知其理」

【蔵版免許】

日本

『西洋事情』巻之三／福澤諭吉纂輯（1866 年・慶応 2 年）⇒「合衆国に於ては千八百二十一年蔵版免許の法を改め、著述家の専売は二十八年と定め」

【臟腑院】

中国

『欧遊随筆』／銭徳培著（1877 年・光緒 3 年）⇒「臟腑院為医学所必究柏林城中一所房屋不甚大」

【造物者】

日本

『来舶神旨』巻一／石黒千尋訳（1848 年～ 53 年・嘉永年間）⇒「互に相易る事に造物者を配宰」

【造物主】

日本

『新製地球万国図説』総叙／桂川甫周訳、大槻玄沢訂（1786 年・天明 6 年）⇒「造物主ノ天地ヲ化成スルヤ、地海ヲ合シテ一圓体ト為ス」

『三才窺管』巻下／広瀬周伯著（1808 年・文化 5 年）⇒「此則造物主〈ゾウブツシュ〉ノ奇巧精妙ヲ以テ活物ニ賦与スルノ最厚キ所以也」

中国

『三山論学紀』続編／艾儒略著（1627 年・天啓 7 年）⇒「造物主超出理気之上、肇天地而主宰之固矣」

『六合叢談』巻一／慕維廉・艾約瑟他記述（1857 年・咸豊 7 年）⇒「与地球亦無相渉、然愈可見造物主之大能也、地球行星也」

『植物学』巻一／韋廉臣輯訳、李善蘭筆述（1857 年・咸豊 7 年）⇒「亦可証造物主之裁制、凡植物各与所生之地相宜」

【造物神】

日本

『民間格致問答』 巻一／大庭雪齋訳（1861年・文久元年）⇒「一般ノ引力と云ものは造物神が其互に近寄たり」

【造幣局】

日本

『航西日記』 巻一／青淵漁夫・靄山樵者録（1871年・明治4年）⇒「英華書院其他各書院あり。造幣局、新聞局、講堂、病院等尽く備り」

『航西日乗』 ／成島柳北著（1872～73年・明治5～6年）⇒「午下同行諸子ト公使館ノ書牘ヲ携ヘ造幣局ニ赴キテ之ヲ観ル」

『万国港繁昌記』 巻上／黒田行元編・松川半山書画（1873年・明治6年）⇒「観象台一、薬園一区、画図、古物、理学等、展観場一、造幣局一、為替会所一、其他数種の済貧院あり、府内飲水に乏しく、数所の湧水ありと雖も、給するに足らず」

【草木園】

日本

『尾蠅欧行漫録』 巻三／市川渡著（1863年・文久3年）⇒「西洋各国ニテハ此ノ如キ禽獣園草木園博物館等ノ場ヲ官府ニ造リ置テ」

『欧行記』 巻四／益頭駿次郎記（1861年・文久元年）⇒「魯国には及ひ間敷と覚しきなり草木園に至る英佛其外国々とは大に違へり」

【走馬鐙】

中国

『格物入門』 巻二／丁韙良著（1868年・同治7年）⇒「御風而行、望之若星、又俗製走馬鐙、所以能旋転不已者」

【総理】

日本

『北槎聞略』巻一／桂川甫周撰（1794 年・寛政 6 年）⇒「護送使臣　船司　通事　総理〈もとしめ〉」

中国

『西域聞見録』巻一／七十一椿園著（1777 年・乾隆 42 年）⇒「建城一処、周四里有奇、駐扎総理糧餉大臣二員、仍沿其旧、設管糧通判一員」

『大美聯邦志略』叙／裨治文撰（1864 年・元治元年）⇒「立一総理者主之、是為国君、其余百官、各有専職、自君以下、皆民選之」

『乗槎筆記』巻上／斌椿著（1866 年・同治 5 年）⇒「二十日、漢税司邀飲、旋拝総理各国雷君、及哈総弁承、約後日往宣敦大書房」

辞書

『英華字典』／Walter Medhurst（1847 ～ 48 年）⇒「to have the chief authority　総理」「COMPTROLLER director　総理」

『英華字典』／Wilhelm Lobscheid（1866～69 年）⇒「Command　総理」「governig influence　総理」

『英華翠林韻府』／Justus Doolittle（1872 年）⇒「Comptroller　総理理」

【総領事】

中国

『教会新報』／林楽知・慕雄廉等訳（1868 年・同治 7 年）⇒「美国西総領事至金陵省城見　李中堂　馬通商大臣二公現已回滬借到金陵時」

『中西聞見録選編』第七号／丁韙良編（1877 年・光緒 3 年）⇒「索布向在埃及為総領事、深悉彼中形勢、因首建開河之利」

『使美記略』／陳蘭彬著（1878 年・光緒 4 年）⇒「繙訳官陳（善言）往拝日国公使亜華理士美国総領事雲布連」

【双聯躰】

日本

『化学入門』後編　巻之六／竹原平次郎抄訳、堀尾用蔵註（1867 年・慶応 3 年）⇒「酸ハ塩基ト結合スレドモ通常ノ塩ヲ成サズ唯水ト双聯躰ヲ生ヅ」

【ソース】：sauce［英］

日本

『西洋料理通』 第三章／仮名垣魯文編（1872 年・明治 5 年）⇒「葱十二本、四十一等のボートルソース三合塩加減」

【曹達／蘇打】：ソーダ, 炭酸ナトリウム, soda［蘭］

日本

『舎密開宗』 巻一／賢理著、宇田川榕菴重訳増註（1837 年・天保 8 年）⇒「蕉糖或塩酸曹達ノ水ニ和シ」

『西洋雑誌』 巻一／楊江柳河暾輯録（1867 年・慶応 3 年）⇒「カリウムは布得沙中の元質、ナトリウムは蘇打中の元質なり」

『化学通』 巻一／川本幸民訳（1871 年・明治 4 年）⇒「明礬、食塩曹達、玻（王黎）、醋、麦酒、石鹸、幾多ノ医薬ヲ製シ土器ニ彩画シ」

『化学闡要』 巻一／土岐頼徳訳、足立寛閲（1872 年・明治 5 年）⇒「発明前ノ剥篤亜斯、曹達、石灰及其他之ニ属スル」

【捉影画】

日本

『輿地誌略』 凡例／内田正雄訳纂（1870 年・明治 3 年）⇒「図画ノ信ズベキ者ハ捉影画〈フオトグラヒー〉ニ如クハ無シ」

【測極星】

日本

『大略天学名目鈔』 天経或問地ノ付録／西川忠次郎著（1730 年・享保 15 年）⇒「星アリ、是ヲ測極星ト号ス、此星ヲ以テ北極枢ノ目当トシ」

【測高機】

日本

『日本新聞』 第十七号／柳河春三訳（1866 年・慶応 2 年）⇒「只憾むらくは、

此日測高機、晴雨機を携へさりし事を」

【属国事務】

日本

『西洋聞見録』下院／村田樞文夫纂述（1869年・明治2年）⇒「外国事務宰相同上、属国事務宰相同上、印度事務宰相同上」

【属子】分子

日本

『求力法論』完／与盤計意流著、志築忠次郎訳（1784年・天明4年）⇒「属子トハ合積シテ此物ノナル処ノ者ヲ云」

【光属子】

日本

『求力法論』完／与盤計意流著、志築忠次郎訳（1784年・天明4年）⇒「一種ハ遠キトキハ光属子其数寡ク一種ハ游気ニ遇フコト久キニ因テ遮リ止メラルル者多シ」

【極密属子】

日本

『求力法論』／与盤計意流著、志築忠次郎訳（1784年・天明4年）⇒「極密属子トハ即第一属子ナリ此段ハ譬ヲ取テ以テ求力不同ハ形ニ因テ殊ナル故ヲ説ク」

【最後属子】

日本

『求力法論』完／与盤計意流著、志築忠次郎訳（1784年・天明4年）⇒「物ノ合散ヲナス者ヲ最后属子トス故ニ求力一ナラサルニ従テ合散変化ノ勢亦同シ」

【流体属子】

日本

『求力法論』 完／与盤計意流著、志築忠次郎訳（1784 年·天明 4 年）⇒「流体属子各相求ムルコレハ其質膩ナルニ因テ是ヲ知ル其膩爽ノ異ナルヤ諸流体等品一ナラス」

【測時器】

日本

『記洋製測時器』／佐藤坦訳（刊行年不明）⇒「右洋製測時器之記、実千古来未発之説、而其詳細精悉、無毫有遺漏也」

【測酒精器】

日本

『化学通』 巻一／川本幸民訳述（1871 年・明治 4 年）⇒「此類ニ属スル者ニ、測酒精器、測油器、測滷器、測乳器等アリ」

【測船速表】

中国

『格致彙編』 西船／傅蘭雅輯（1876 年・光緒 2 年）⇒「其有指南針紀限儀度時表風雨測船速表等」

【属地事務】

日本

『泰西官制説略』／西周訳（1863 年・文久 3 年）⇒「国内事務、外国事務　属地事務　陸軍事務、印度事務、公時務」

『西洋聞見録』 巻中／村田樞文夫纂述（1869 年・明治 2 年）⇒「国内事務宰相

外国事務宰相　属国事務宰相」

【測天鏡】

中国

『**大美聯邦志略**』上巻／裨治文撰（1864 年・元治元年）⇒「如測天鏡、能測諸行星之軌道、望遠鏡、窺数百里於目前」

【測天之学】

中国

『**六合叢談**』巻一／慕維廉・艾約瑟他記述（1857 年・咸豊 7 年）⇒「知列国気候之不同、一為測天之学、地球一行星耳、与他行星同」

【測風器】

中国

『**格致彙編**』測風器／傅蘭雅輯（1876 年・光緒 2 年）⇒「用風車之法以車之転数計風力之大小近来所設之測風器」

【測量術】

日本

『**官板 海外新聞別集**』59 号／洋書調所訳（1862 年・文久 2 年）⇒「而して其話は特に測量学、器機学及び星の論なりき」
『**理化新説**』巻二／ハラタマ述、三崎嘯輔訳（1869 年・明治 2 年）⇒「各其処を易へ螺子状を成す乃ち測量学第一の規則に云へる処の三角形是なり」
『**化学実験入門**』／志賀雷山訳述（1873 年・明治 6 年）⇒「数日ノ後チ取テ之ヲ観ルニ測量術形ノ結晶其面ニ生シ」

【測量船】

日本

『遣米使節日記』下巻／村垣範正記（1860年・万延元年）⇒「五月十四日、陰七十度正午測量船位地、港より百八十一里」

【測量天器】

日本

『万国港繁昌記』航海／黒田行元編・松川半山書画（1873年・明治6年）⇒「マルチンヘハイム氏測量天器を創製し、日星を測りて経緯度を知る」

【測量ノ学】

日本

『訂正増訳采覧異言』巻一／新井白石著、山村才助増訳（1802年・享和2年）⇒「ゼオメティカ」等数ノ学ナリ其六ハ「ゼオメティカ」測量ノ学ナリ」

【組織】

日本

『窮理通』巻二／帆足万里撰（1836年・天保7年）⇒「亦巴剌尼都私石属なり、組織、鱗化を為すを異と為すのみ」

『泰西三才正蒙』巻二／永井則著（1850年・寛政3年）⇒「葉状ニ組織セシモノ、内ニ答児屈（タルク）石、併ニ多羅布（タラップ）石ヲ雑ヘ成テ」

『理化新説』巻二／ハラタマ述、三崎嘯輔訳（1869年・明治2年）⇒「分子必ず変位し組織雑乱して管柱摧す」

中国

『地理全志』巻十／慕維廉輯訳（1853年・咸豊3年）⇒「西蔵有山羊之毛、組織成巾、燦然可観」

『中西聞見録選編』日本近事／丁韙良編（1877年・光緒3年）⇒「可以組織成疋、奥国近創新法」

【組織神経】

日本

『**動物学 初編 哺乳類**』上／ブロムメ著、田中芳男訳纂（1874年・明治7年）⇒「脊髄、胸腔、腹腔ニアリ之ヲ脳神経及ビ組織神経ニ分ツ」

【組織成分】

日本

『**化学訓蒙**』後編 巻二／石黒忠悳編輯（1870年・明治3年）⇒「問動物組織成分、答筋肉其外動物体ヲ組織スル諸質ヲ云フ」

【素質分子】

日本

『**民間格致問答**』巻一／大庭景徳訳（1865年・元治2年）⇒「抑微小なる素質分子〈ストフブンシ〉ハ互に如何様如何程までも作用を営むと云」

【訴訟】

日本

『**阿蘭陀風説書**』第三十四号／オランダ商館長口述、通詞訳（1673年・延宝元年）⇒「エゲレス人今度日本商売の御訴訟申上候に付き、彼者エゲレス国より」

『**喎蘭演戯記**』初段／蜀山人著（1820年・文政3年）⇒「此度我父ボルカムプが訴訟の公事に、勝利を得るに幸ひ手掛りと」

『**暁窓追録**』／栗本鋤菴撰（1868年・明治元年）⇒「訴訟の媒をなす者あり、我国、公事師なる者に似て大に異なり、能く律書を諳じ」

【訴訟引受人】

日本

『**百学連環**』第二編下／西周講述、永見裕筆録（1870年・明治3年）⇒「裁判所に関はる役人大概三人とす、其一人は訴訟引受人、一人は裁判人、一人は処置人なり」

【租税】

日本

『北槎聞略』付録／桂川甫周撰（1794年・寛政6年）⇒「皮革を製するを業とす、故に租税の利もわつかなる事なりとぞ」

『長器論』／本多利明訳（1801年・享和元年）⇒「過租税を省略するは節場詰りての仕業にして、至極共笞なり」

『輿地誌略』巻二／青地林宗訳述（1826年・文政9年）⇒「部下の契利斯甸徒の、租税の代に出身して、兵となるに出、凡十万あり」

中国

『六合叢談』巻三／慕維廉・艾約瑟他記述（1857年・咸豊7年）⇒「五丁戸田産、六信局、七官地租税、八雑徴、総核一年中所」

『乗槎筆記』巻一／斌椿著（1866年・同治5年）⇒「嗣議割三省予之、収租税以当歳幣、地無他産」

辞書

『英華字典』／Walter Medhurst（1847～48年）⇒「CESS　租税」「CESSMENT　租税」

【ゾンカラス】：サングラス

日本

『三才窺管』巻一／広瀬周伯著（1808年・文化5年）⇒「日輪ノ光気人目ヲ眩ス故ニ親ク之ヲ目スルコト不能是ニ於テ西洋人「ゾンカラス」ノ製アリ」

【た】

【太医院】

中国

『外国地理備攷』／瑪吉士輯訳（1847年・道光27年）⇒「太医院」

【第一個人】

中国

『正学鏐石』／利安當著、南懐徳訂（刊行年不明）⇒「也是以或問生第一個人時奈如何曰以気化」

【太陰】

日本

『泰西三才正蒙』巻一／永井則著（1850 年・寛政 3 年）⇒「太陰モ、亦地球ノ衛星ナリ、他ノ十九衛星ニ太陰ヲ加ヘテ、衛星都テ二十個ト云」

中国

『聖経直解』巻九／陽瑪諾著（1636 年・崇禎 9 年）⇒「拝蒼天也、或拝太陽也、或拝太陰也」

『地球図説』太陰／蒋友仁訳（刊行年不明）⇒「太陰及五星之体皆無光、借太陽之光以為光」

【太陰暦】

日本

『西洋雑誌』巻三／楊江柳河暾輯録（1867 年・慶応 3 年）⇒「十九年に七閏を置くこと。太陽暦の常法なり。」

【大英合衆部】

中国

『地理全志』下篇　巻二／慕維廉輯訳（1853 年・咸豊 3 年）⇒「又有（歯咸）泉者、于大英合衆部、為甚饒、其塩最細」

【大英国博物場】

日本

『万国港繁昌記』巻中／黒田行元編・松川半山書画（1873 年・明治 6 年）⇒「許多の書院及び諸般の博物館中にて、大英国博物場と名くるもの最も大なり」

【退学】

日本

『万国新話』巻一／三又渓史編輯（1868 年・明治元年）⇒「其の十四五歳の退学するを常とす」

【大学院】

日本

『六合叢談』巻一／慕維廉・艾約瑟他記述（1857 年・咸豊 7 年）⇒「英建大学院、女王親臨置基」

【大学館】

中国

『輿地誌略』巻一／青地林宗訳述（1826 年・文政 9 年）⇒「橋を以て第二に接す、貴族の大第、大学館、書庫、宝庫」

『使西紀程』巻上／郭嵩熹撰（1876 年・光緒 2 年）⇒「学館適其地大学館総教習得在坐坐約陪同一游酒罷遂適学館」

【大学校】

日本

『和蘭通舶』巻二／司馬江漢撰（1805 年・文化 2 年）⇒「天文、暦数ノ学ノ全ん書世ニ伝フ、又洛中ニ大殿ヲ造、大学校アリ」

『坤輿初問』／伊東玄朴訳、新発田収蔵校（1857 年・安政 4 年）⇒「悪斯賀ニ大学校有リ其世ニ著ル」

『博物語彙』／宇田川榕菴編（刊行年不明）⇒「大学校」

『和蘭志略稿』人物志略／宇田川榕菴著（刊行年不明）⇒「請テ鑼乙甸府大学校ノ「キュラトル」（官名）トス」

【大学士】

中国

『五十言余』 一巻／艾儒略等撰（1645 年・崇禎 2 年）⇒「試観西士一大学士、素志於道時懇」

【大学師】

日本

『官板 海外新聞』 巻三／洋書調所訳（1862 年・文久 2 年）⇒「羅馬大学校の大学師の職を免」

【対角線】

日本

『理学提要』 総論／広瀬元恭訳（1856 年・安政 3 年）⇒「其の線路は、則ち両力之れが界を為し、以て平行面の対角線を為す」

『理化日記』 巻二／リッテル口授、市川盛三郎訳（1870 年・明治 3 年）⇒「辺角益々小ナレハ対角線益々長ク之ニ反スレハ益々短ナリ」

『物理階梯』 巻上／片山淳吉纂輯（1872 年・明治 5 年）⇒「此（甲）（乙）ノ斜線ヲ対角線（タイカクセン）ト云ヒ、又角線ト名ク」

中国

『圜容較義』 ／李之藻記（1614 年・万暦 42 年）⇒「又甲丙対角線、分乙甲丁角両平分、即丁甲丙、丙甲乙、両角等」

『西学図説』 巻一／偉烈亜力口訳、王韜訳（1865 年頃）⇒「自乙丑二点作寅午卯線成長方形乃作卯寅未対角線」

【耐火性】

日本

『化学入門』 後編 巻之二／竹原平次郎抄訳、堀尾用蔵註（1867 年・慶応 3 年）⇒「蓬酸酒精蒸気ト共ニ飛散ス此性ハ耐火性ト稍齟齬スルカ如シ」

【大気】

日本

『三才窺管』巻一／広瀬周伯著（1808年・文化5年）⇒「蓋シ素問ニ大気挙之ノ語アリ、不顛ノ理ノ如クナル」

『生石灰之解凝力』第三験／宇田川榕菴自筆草稿（1824年・文政7年）⇒「水中ノ大気ノ入来ルヲ以テテ其ノ硫黄復見ルベキニ至ルナリ」

『植学啓原』巻一／宇田川榕菴訳（1833年・天保4年）⇒「植物の資養する所以の者は大気なり、水なり、太陽なり」

『遠西医方名物考補遺』巻七／宇田川榛斎訳述、宇田川榕菴校補（1834年・天保5年）⇒「温素ハ特立セス必ス大気及諸物ニ就テ運営ヲ現ス」

『窮理通』巻三／帆足万里撰（1836年・天保7年）⇒「鉄鎖に繋ぎて水中に沈むれば、大気、拒塞するを以て、水、上入することを得ず」

『舎密開宗』巻二／賢理著、宇田川榕菴重訳増註（1837年・天保8年）⇒「淡色ヲ為ス之ヲ大気ニ曝セバ復タ気中ノ酸素ヲ引キ」

『消石説』／宇田川榕菴編（1843年・天保14年）⇒「地方時気薫熱ニシテ大気ニ炭酸多シ」

『三兵答古知幾』／高野長英訳（1856年・安政3年）⇒「其七ヲ、大気中ノ諸変化ス」

『官板 玉石志林』黒海／箕作阮甫他訳（1863年頃・文久3年頃）⇒「波上に大気の反射することは、毎に深き海に於て見る所なり」

『化学訓蒙』巻一／石黒忠悳編輯（1870年・明治3年）⇒「軽重幾何ヲ徴シ気状ハ大気ニ比スレ」

『理化日記』巻一／リッテル口授、市川盛三郎訳（1870年・明治3年）⇒「其試大気中ニ諸鉱属ヲ爍キ其変ニ注目シ発明ス」

『化学通』巻一／川本幸民訳述（1871年・明治4年）⇒「大気ヨリ一成分ヲ取リテ其量増加スル」

『窮理日新発明記事』巻一／東井潔全纂輯（1872年・明治5年）⇒「殊に甚大にして大気の圧力を除の外」

『通俗窮理話』／仮名垣魯文著（1872年・明治5年）⇒「世界、大気、香、湯発、湯、雲、雨、雪」

『万国港繁昌記』巻中／黒田行元編・松川半山書画（1873年・明治6年）⇒「許多の書院及び諸般の博物館中にて、大英国博物場と名くるもの」

『小学化学書』巻一／ロスコウ撰、市川盛三郎訳（1874年・明治7年）⇒「地球ヲ囲ム所ノ大気ハ気体ナリ」

『登高自卑』 後編 巻之四／村松良粛抄輯（1875年・明治8年）⇒「大気圧力ノ為ニ、陥歪セザルヲシム」

『物理了案』 霊気／宇田健斎著（1879年・明治12年）⇒「唯其大気中ニ間雑スル物ナケレ」

『ヱマイル全書』／寺山道人新訳（刊行年不明）⇒「大気ヲ撲滅シ且ツ清浄ニス」

『榕葊訳人身窮理書』／宇田川榕菴訳（刊行年不明）⇒「大気ヨク水ト和スルコト」

中国

『表度説』 巻一／熊三抜著（1614年・万暦42年）⇒「地在天中、大気挙之、伯為黄帝天師」

『物理小識』 巻一／方以智著（1664年・康熙3年）⇒「人之下、天之中也、帝曰、憑乎、曰、大気挙之」

『天経或問』 序／遊子六輯（1675年・康熙14年）⇒「岐伯曰、在天中、大気挙之、伯左黄帝治暦」

『地球図説』 序／蔣友仁訳（刊行年不明）⇒「天行至健、有大気以包挙之試以豆置猪膀胱中」

【大気圧】

日本

『蒸気雑説』 乙／著者不明（明治初期書写）⇒「軽圧は大気圧力の一倍半以下なるもの、中圧は一倍半より四倍半に至るもの」

『舎密局開講之説』／ハラタマ講説、三崎嘯輔宣訳（1869年・明治2年）⇒「オット・ハン・ギユリツキ（人名）大気圧力の発象と説明して以来幾くも無く紀元千六百九十年に至て」

『登高自卑』 後編 巻之四／村松良粛抄輯（1875年・明治8年）⇒「大気圧力ノ為ニ、陥歪セザラシム、其ニヲ平安戸（地）ト云フ」

【代議院】

日本

『憲法草案』 第一編／西周訳（刊行年不明）⇒「国会ノ採可ヲ要シ殊ニ代議院ノ嘉納ヲ得テ法律ヲ以テ之ヲ確定スルニ非レハ之ヲ為ス」

【代議官】

日本

『合衆国政治小学』 初編 巻之一／ヨング 著、瓜生三寅訳述（1872 年·明治 5 年）⇒「民庶共和代議官の政治と称すべきなり共和政治の異名を英語にコムモン井ールツと云フ」

【代議士】

日本

『立憲政体略』 三大憲柄／加藤弘蔵著（1868 年・慶応 4 年）⇒「下院ハ各国皆庶民ノ代議士ヲ以テ之ニ充ツ、代議士トハ即チ天下庶民ニ代リテ国事ヲ義スルヲ以テ命スル所ナリ」

『合衆国政治小学』 初編 巻之二／ヨング 著、瓜生三寅訳述（1872 年·明治 5 年）⇒「代議士となりて其人の用向を取扱ふ権力ある人を指していうなり」

『輿地志略』 巻一／内田正雄纂（1870 年・明治 3 年）⇒「代議士ハ多ク下院ノ官員ヲ云フ上院ハ貴族、富豪、教師」

【大気鏡照】

日本

『気海観瀾広義』 巻十四／川本幸民訳述（1851 年·嘉永 4 年）⇒「或は重複し、或は正しく、或は斜に、或は到なることあり、これを大気鏡照といふ」

【大気車道】

日本

『遠西奇器述』 気車／川本幸民口述、田中綱紀筆記（1854 年·嘉永 7 年）⇒「車ヲ車道上ニ走ラス者アリ、此道ヲ大気車道トイフ、鉄条ヲ路ノ両側ニ列シ」

【大気車路】

日本

『舎密局開講之説』 ／ハラタマ講説、三崎嘯輔宣訳（1869 年·明治 2 年）⇒「水の吸水圧水の両筒を組製し以て救火器、通気器、大気車路等に照応し」

【代議政体】

日本

『代議政体』巻一／永峰秀樹訳（1875 年・明治 8 年）⇒「此ノ如キ人民中ニ代議政体ヲ建設スレバ、特ニ暴虐奸謀ノ媒トナルベキノ恐レアリ」

【大気論】

日本

『訓解 電気論』中神保鈔訳（1871 年・明治 4 年）⇒「大気論付雲雨起紀元と名ける書に、細密に是等の説」

【大刑獄司】

日本

『英政如何』第十六／鈴木唯一訳（1868 年・明治元年）⇒「実に大刑獄司の如くにして罪を犯したる人を召捕らへ幽暗に行ひたる罪科の告訴を聴き」

【代言師】

日本

『英政如何』第十二／鈴木唯一訳（1868 年・明治元年）⇒「法律先生　代言師バルリストル（公事師）ソリサイトル」

【大券状】：マグナ・カルタ, 大憲章, Magna Carta［羅］

日本

『五科学習関係文書』第六編／西周編（1863 年・文久 3 年）⇒「夫ノ有名ナル保身律、大券状ノ如キモ皆事件ニ際シ依テ欽定シタル者ナリ」

【代言人】

日本

『五科学習関係文書』 憲法草案／西周編（1862年・文久2年）⇒「民事ノ訴訟原被ノ間ニ代言人ヲ使用スルヲ許ス」

【大裁判所】

日本

『輿地誌略』 巻六／青地林宗訳述（1826年・文政9年）⇒「把爾列孟多　大裁判所なりは、諸政の大議を為す大庁なり」

【大裁判役】

日本

『和蘭政典』 第六十六／神田孝平訳（1868年・明治元年）⇒「大裁判役と相談の上にてこの権を行ふことを得べし」

【大司法院】

日本

『泰西国法論』 第二十三章／津田真一郎訳（1868年・慶応4年）⇒「就中大司法院の批文尤其関防と為り確然抜く可らざるに至る」

【大衆】

日本

『遠西紀略』 巻四／大槻西磐著（1855年・安政2年）⇒「武略以寡兵挫敗利稔之大衆何也、夫稔之侮武略久矣」

『西国立志編』 第一編／中村正直訳（1870年・明治3年）⇒「凡ソ大衆熱鬧事務紛繁ナル処、ミナ親歴実験ノ学問ノ在トコロニアラズ」

中国

『畸人十篇』 巻上／利瑪竇述、汪汝淳較梓（1608年・万暦36年）⇒「男女合配以舌神楽成音敵国説而和大衆聚而営宮室」

『聖母行実』巻三／高一志撰述（1631 年・崇禎 4 年）⇒「争表其敬慕之虔、其各受恩恵、為大衆目撃者」
『聖経直解』巻三／陽瑪諾著（1636 年・崇禎 9 年）⇒「主復活死女、先命大衆出外住声、内外具静」

【大審院】

日本
『五科学習関係文書』恩賜金／西周編（1863 年・文久 3 年）⇒「判司ノ意見重罪ハ大審院判事ノ意見ヲ聴カシ給ヒタル後ニ行ハルヘシ」

【大人院】

中国
『海国圖志』巻三十七／魏源撰、林則徐訳（1876 年・光緒 2 年）⇒「有病院、大城多至数十所、有中下院、處中下人、有大人院、處貴人」

【胎生】

中国
『博物新編』一集／合信著（1855 年・咸豊 5 年）⇒「各有木熱得之則長養生生息、失之則変化変化原質、胎生者得熱則孕卵生者得熱」
『格物探原』第十二／韋廉臣著（1876 年・光緒 2 年）⇒「亦便於空起、再如鳥之生育、或為獣之胎生、亦復不便」
『格致彙編』動物学／傅蘭雅輯（1876 年・光緒 2 年）⇒「動物有大分別因不卵生而胎生且用哺乳之法養育」

【大政議堂】

日本
『西洋聞見録』巻中／村田樞文夫纂述（1869 年・明治 2 年）⇒「是レ国制ノ条ニ説ク貴族豪族ノ相会スル所ノ大政議堂ナリ」

【大政公所】

中国

『美会紀略』／李圭著（1876年・光緒2年）⇒「宰相一人別立五爵公所又於紳士中択四百五十九人立公局国有大政公所議之相無権」

【大政庁】

日本

『坤輿図識補』巻二／箕作省吾著（1846年·弘化3年）⇒「ボストン府ノ如キハ、人火稠密ノ互市場ナレドモ、大政庁ヲ置ク」

【大政堂】

日本

『尾蠅欧行漫録』巻四／市川渡著（1863年・文久3年）⇒「立像ヲ立大政堂アリ幼弱ヲ教育スル学校」

【大政評議会】

日本

『西洋聞見録』巻下／村田樞文夫纂述（1869年・明治2年）⇒「公会トハ大政評議会ニシテ、上院下院ノ二族倫敦ノ公会堂ニ会同シ」

【大西洋】

中国

『代疑篇』巻上／楊廷筠述（1621年・天啓元年）⇒「其説亦不始佛、大西洋上古一士」

『遠鏡説』題／湯若望纂（刊行年不明）⇒「一六二六年・天啓六年歳次丙寅仲秋月大西洋湯若望題」

『天経或問』宵霞／遊子六輯（1675年・康熙14年）⇒「如太平海、全無風浪、大西洋至大明海四一五度以南、風有定候」

辞書

『英華字典』／Walter Medhurst（1847～48年）⇒「EUROPE　大西洋」
『英華字典』／Wilhelm Lobscheid（1866～69年）⇒「Atlantic　大西洋」

【泰西暦】

中国

『六合叢談』巻一／慕維廉・艾約瑟他記述（1857年・咸豊7年）⇒「泰西暦一千八百五十七年正月二十六日、俄羅斯為正月十四日以耶蘇降生為元」

【体積】

日本

『理化日記』巻二／リッテル口授、市川盛三郎訳（1870年・明治3年）⇒「体積ハ延長ニ従テ増加ス但シ正比例ヲナスニ非ス」
『斯魯斯氏講義動物学 初編』初篇　上／太田美濃里筆記（1874年・明治7年）⇒「其体積ノ増大スルハ他ノ物質其周囲ニ附着スルヲ以テナリ」

中国

『重学』巻十八／艾約瑟口訳、李善蘭筆述（1859年・豊咸9年）⇒「抵力若干当以流質高乗面積得体積其重即平面抵力也」
『海塘輯要』巻一／傅蘭雅口訳、趙元益筆述（1873年・同治12年）⇒「再加所含之水与砂之体積則得毎一立方尺之重為一百二十五磅」
『化学鑑原』／傅蘭雅口訳、徐寿筆述（1871年・同治10年）⇒「亦可以体積為比例設甲乙為両種気質甲用体積一乙用体積」

【体操】

日本

『衛生概論』第八課／宇田川準一抄訳（刊行年不明）⇒「室内ノ体操即チ鞦韆ノ類モ亦善良ナレ」

【怠惰性】

日本

『窮理早合点』巻上／鳥山啓述（1872年・明治5年）⇒「その動きに止まらざ

るを、運動の怠惰性といひ、動かざるを、静止の怠惰性といふ」

【大腸】

日本

『和蘭内景医範提綱』 巻二／宇田川榛齋訳（1805 年・文化 2 年）⇒「大腸ニ於テハ糟粕ヲ伝送導泄ス、此ヲ腸ノ蠕動機ト謂フ」

『医範提綱内象銅版図』 ／宇田川榛齋編（1808 年・文化 5 年）⇒「大腸之腸間膜」

『重訂解体新書』 巻三／大槻玄沢重訂（1826 年・文政 9 年）⇒「故新以小腸訳薄腸、以大腸訳厚腸也」

中国

『物理小識』 巻三／方以智著（1664 年・康熙 3 年）⇒「客于大腸則夢田野、客于小腸、則夢聚邑衡衢」

『医林改錯』 上巻／王清任著（1830 年・道光 10 年）⇒「此処与前気府参看、化糞入大腸、自肛門出」

【大動脈】

日本

『厚生新編』 獣部／馬場貞由他訳述（1811 年〜・文化 8 年〜）⇒「これに通ずるの一箇脈管ありて横に左方の大動脈に通じ、其血を行らすなり」

『外科新書』 巻一／吉雄権之助訳（1822 年・文政 5 年）⇒「患者已ニ危殆ニ及者ニシテ、即大動脈、神経、膣内、内蔵等創なり」

『重訂解体新書』 巻三／大槻玄沢重訂（1826 年・文政 9 年）⇒「起槽経胸、沿脊椎左側大動脈、而上行」

【大統領／大頭領】

日本

『魯西亜国条約』 第一条／著者不明（1854 年・安政元年）⇒「帝国大日本大君と全魯西亜帝国と懇親を」

『泰西史略』 巻三／手塚律蔵訳述、手塚節蔵校正（1858 年・安政 5 年）⇒「セサル氏、大統領及び「イムペラトル」となる」

『亜墨利加渡海日記』 華盛頓見聞略記／著者不明（1860 年・万延元年）⇒「全権及諸公大統領ノ庁ニ至リ謁見ヲ為シ」

『航米日録』 巻三／玉虫茂誼誌（1860 年・万延元年）⇒「扨大統領ヒユカナン居宅ハ、旅館ヨリ西北ニ当たり、相距ルコト七八町」

『隣草』 ／加藤弘之著（1862 年・文久 2 年）⇒「華盛領に大政府ヲ置き大統領を立て大公会の二房を設けて」

『官板 バタヒヤ新聞』 ／蕃書調所訳（1862 年・文久 2 年）⇒「諸人共に大統領リンコルン及び北方諸州の徳義を述べ」

『漂流記』 下／播州彦蔵著（1863 年・文久 3 年）⇒「今尚四ヶ年目に大頭領替り其他諸役人共要路に居る外ハ」

『官板 玉石志林』 巻四／箕作阮甫他訳（1863 年頃・文久 3 年頃）⇒「大頭領の榻側に並び坐し、他人は望て尊敬の心を生ずれども」

『新聞誌』 第三号／ジョセフ彦編訳（1864 年・元治元年）⇒「大頭領レンコロンより、評定所に常に無き如くなる厳敷命あり」

『西洋事情』 政治／福澤諭吉纂輯（1866 年・慶応 2 年）⇒「七月九日大統領テーロル急病を以て死し、副統領フヒルモール代て職に任ず」

『西洋雑誌』 巻三／楊江柳河暾輯録（1867 年・慶応 3 年）⇒「アメリカ合衆国大統領年譜」

『地学初歩和解』 合衆国／宇田川榕精訳（1867 年・慶応 3 年）⇒「共和政治ニメ、其首吏ヲ「プレシデント」（大統領ノ義）ト名ク」

『万国新聞紙』 ／ベーリー編（1867 年・慶応 3 年）⇒「因て大統領の説非なるを推察すべし」

『地学事始』 巻三／松山棟菴訳述（1868 年・明治 3 年）⇒「其政事の吏人ハ大統領より命ずるものなり」

『官版 明治月刊』 巻一／開物新社編（1868 年・明治元年）⇒「合衆国　大統領フルメール　共和政治」

『万国新話』 巻三／三叉漁史識（1868 年・明治元年）⇒「カボジストレイスと云へる人を推挙して大統領と為せり」

『世界国尽』 四巻／福澤諭吉訳（1869 年・明治 2 年）⇒「わしんとん」を大統領の職に任じて、一大国の基を開きたり」

『外国交際公法』 巻三／福地源一郎訳訂（1869 年・明治 2 年）⇒「其君主共和政治ナレハ義政官又大統領外国ト取締」

『輿地誌略』 巻一／内田正雄纂輯、辻士革・市川清流校（1870 年・明治 3 年）⇒「年

限ヲ定メテ万機ヲ統括セシム之ヲ大統領（プレジデント）ト号ス」

『泰西勧善訓蒙』巻三／箕作麟祥訳述（1871年・明治4年）⇒「概言スル時ハ帝王ヨリ大統領、鎮台及ヒ下等ノ小吏ニ至ル」

『史略』下巻／木村正辞編（1872年・明治5年）⇒「希臘国と号す初め「カポジストリヤ」大頭領に任せしか」

『上木自由之論』／小幡篤二郎訳（1873年・明治6年）⇒「ジヤクソン（当年ノ大統領ノ言辞全ク暴厲残忍ニシテ、胸中貪権ノ念アルノミ」

『万国史略』巻一／大槻文彦著（1874年・明治7年）⇒「初メ大統領ヲ立テシガ（1833年・天保4年）」独逸聯邦人の内」

『国体新論』第五／加藤弘之著（1874年・明治7年）⇒「民選ヲ以テ大統領等ヲ挙ケ以テ之ニ政令ノ権柄ヲ委ネ」

『西洋旅案内』巻下／福澤諭吉著（1867年・慶応3年）⇒「去る万延元年の冬申年の冬に至り、合衆国大統領の代替に付」

『亜墨利加条約』第一条／著者不明（刊行年不明）⇒「帝国大日本大君と亜墨利加合衆国大統領と親睦の親昵なる」

中国

『米利堅志』四巻／格堅扶撰、岡千仭·河野通之訳（1873年·明治6年）⇒「頓至、百官勧進、践大統領位于費勒特費、当此国債山積」

『美会紀略』／李圭著（1876年・光緒2年）⇒「大統領」

『通商諸国記』／朱克敬撰（1891年・光緒17年）⇒「至同治三年甲子始尽平之明年四月大総統林根為刺客所殺」

【胎毒】

日本

『磁石考』／著者不明（刊行年不明）⇒「半途ヨリシタルモアリ不治是胎毒瘡也」

中国

『物理小識』巻四／方以智著（1664年・康熙3年）⇒「胎毒也、有終身不出者、神痘法、九痘汁、納鼻呼吸」

【胎内】

中国

『物理小識』巻六／方以智著媜（1664 年・康熙 3 年）⇒「娠媜食乾疊令胎内消十月食霜」

【大日本】

中国

『魯西亞国条約並税則』税則／永井玄蕃頭他著（1859 年・安政 6 年）⇒「帝国大日本大君と全魯西亜国帝と懇親」

【大熱国】

日本

『四十二国人物図説』呱哇／西川淵梅軒撰（1720 年・享保 5 年）⇒「呱哇ハ唐土西南方より当く遠き国なり大熱国にて四時寒暑乃次序唐土日本等の国と相反し」

【大脳】

中国

『医林改錯』脳髄説／王清任著（1830 年・道光 10 年）⇒「舌能言一二字、至三四歳脳髄漸満」

『全体新論』乾／合信著（1851 年・咸豊元年）⇒「大脳之下、帯連小脳一顆、亦分両枚、其上有堅厚胞膜与大脳相隔」

『格物探原』第十九／韋廉臣著（1876 年・光緒 2 年）⇒「由是而上則為大脳小脳之帯、即脊髄之首、長約寸有四分寸之一如図」

【代筆新機】

中国

『格致彙編』／傅蘭雅輯（1876 年・光緒 2 年）⇒「今歳西国復有造為代筆新機者毎当構思起草時運機」

【大評定所】

日本

『新聞誌』 第五号／ジョセフ彦編訳（1864年・元治元年）⇒「三月二十七《日本三月一日》大評定所《諸大名集会の場所》に於或一人の大名此国総ての属国取締り」

【台風／颱風】

日本

『魯西亜漂流記』 気候／木場貞良著（1817年・文化14年）⇒「四時勁く吹く、時あつて台風おこる」

中国

『使西紀程』 上／郭嵩燾撰（1876年・光緒2年）⇒「傷三人旋風者（門虫）広人謂之颱風洋人謂之賽格楽風勢盤旋而上陸地」

『曽侯日記』 ／著者不明（1879年・光緒5年？）⇒「亦皆不能起坐飯後風潮愈溝涌海客所謂颱也」

【対物球】

日本

『気海観瀾広義』 巻十五／川本幸民訳述（1851年・嘉永4年）⇒「千里鏡は、唯ニ凸球を合する者にして、後に在る者を接眼球と名づけ、ここより物を望むべし」

【対物鏡】

日本

『物理階梯』 巻中／片山淳吉纂輯（1872年・明治5年）⇒「（乙）ハ物ヲ迎フル凸鏡ナリ、之ヲ対物鏡ト名ケ物影此鏡ヨリ入リ来ル」

『登高自卑』 後篇 巻之二／村松良粛抄輯（1875年・明治8年）⇒「一凸面鏡ニ枚ヲ装スル者アリ、其一枚ハ筒底ニ在ラシム、之ヲ対物鏡（タイブツキヤウ）ト云ヒ」

【体分子】

日本

『物理日記』巻二／リッテル口授、文部省（1874年・明治7年）⇒「第十四図ノ如ク中図ヲ体分子トスレハ「イ－セル」」

【太平海】

中国

『職方外紀』巻五／艾儒略増訳、楊廷筠彙記（1623年・天啓3年）⇒「太平海中則有七千四百四十島、此外有石礁或見水面或隠水中」

『坤輿図説』巻下／南懐仁撰（1672年・康熙11年）⇒「海中夷険各処不同惟太平洋極浅亘古至今無大風浪」

『天経或問』／遊子六輯（1675年・康熙14年）⇒「如太平海、全無風浪、大西洋至大明海、四十五度以南風有定候」

【大法議】

日本

『官板 海外新聞』巻四／洋書調所訳（1862年・文久2年）⇒「政府の立合なくして大法議の集及、講法会議を為すを得る」

【代民議】

日本

『最新論』／加藤弘之著（1861年・文久元年）⇒「二房に分て其上房ヲセナートと云ひ下房を代民議政房〈カメール、フアン、フオルクスフルテーゲンウォールヂゲルス〉」と称して」

【代民議事】

日本

『泰西国法論』第七編／津田真一郎訳（1868年・慶応4年）⇒「第六章　代民議事、制法の権を分類する国に於ては、推挙に応す可き人並に選挙を為す人を定むる事詳明なる可し」

【代民議政房】

日本

『隣草』／加藤弘之著（1861 年・文久元年）⇒「二房に分つて其上房をセレートと云ひ、下房を代民議政房と称して其上房人の人を抜擢する」

【代民総会】

日本

『泰西国法論』第三編／津田真一郎訳（1868 年・慶応 4 年）⇒「代民総会は独政府の弼参謀のみに止らす、自其所見に従ひ独断断行す可し」

【大明海】

日本

『訂正増訳采覧異言』巻七／新井白石著、山村才助増訳（1802 年・享和 2 年）⇒「北至新増白臘及北海東至日本島、大明海西至大乃河、墨何的湖」

『槐園叢書』／宇田川榕菴著（1824 年・文政 7 年）⇒「東至日本島大明海、西至大乃河墨何的湖大海西紅海小西洋」

中国

『天経或問』東支那／遊子六輯（1675 年・康熙 14 年）⇒「大西洋至大明海、四十五度以南、風有定候」

【代名詞】

日本

『洋学須知』／公荘徳郷・窪田耕夫全輯（1859 年・安政 6 年）⇒「物主代名詞ノ後ニ置クコトアリ」

『文明開化雑纂』小学規則一夕譚／岡本黄中講述（1874 年・明治 7 年）⇒「頃、名詞、形容詞、代名詞、動詞、副詞、接続詞、感司など、西洋の文典になあひて」

【タイヤモント】：ダイヤモンド, diamond［英］

日本
『欧行記』四編／益頭駿次郎記（1861年・文久元年）⇒「玉類の笄又はタイヤモント《尊き玉なり》造花又は真珠にて花を造りしもあり」

【太陽教】

中国
『地球説略』耳西亜国図説／禕理哲撰（1856年・咸豊6年）⇒「柴燃薪向日而拝名曰太陽教、後其国為回部所奪始改従回教」

【太陽系】

日本
『気海観瀾広義』巻四／川本幸民記述（1851年・嘉永4年）⇒「引力は啻我が太陽系のみ相達するにあらず、他の太陽系（恒星）にも亦相及ぼす者にして」

【太陽系統】

日本
『博物新編補遺』巻上／小幡篤次郎訳述（1869年・明治2年）⇒「太陽及太陽ヲ周繞スル衆惑星（マヨヒホシ）ヲ合テ之ヲ太陽系統ト云フ」
『牙氏初学須知』巻一／田中耕造訳、佐沢太郎訂（1875年・明治8年）⇒「彗星モ亦太陽系統ニ属スル者ナリ」

【太陽圏区】

日本
『百学連環』／西周講述、永見裕筆録（1870年・明治3年）⇒「太陽圏区」

【太陽熱】

日本

『物理階梯』巻中／片山淳吉纂輯（1872年・明治5年）⇒「万類資テ以テ生長セサルナク其木原（オウモト）トナルモノ七種類アリ、第一ハ太陽熱第二ハ地心熱第三ハ火炎熱四ハ電気熱第五ハ肉身熱」

中国

『六合叢談』巻一／慕維廉・艾約瑟他記述（1857年・咸豊7年）⇒「以熱帯洋面、以寒暑表測之、自七十七度至八十四度、太陽熱気射水、深至三十丈即不覚、故熱帯之中」

【太陽年】

日本

『遠西観象図説』中／吉雄南皐口授、草野養準筆記（1823年・文政6年）⇒「太陽年トハ、太陽ノ運行ヲ主トスルノ年ニシテ、今和蘭人等用フルモノコレナリ」

『窮理通』巻一／帆足万里撰（1836年・天保7年）⇒「布都禄某斯法、三百六十五日五時五十五分を以て太陽年と為す、春分は三月二十一日に存り」

【太陽年新暦】

日本

『登高自卑』前編 巻之下／村松良粛抄輯（1872年・明治5年）⇒「格勒哥里（ゲレゴリ）改暦（太陽年新暦）ハ儒略暦四年一閏ノ法ヲ用フル」

【太陽斑点】

日本

『官板 玉石志林』／箕作阮甫他訳（1863年頃・文久3年頃）⇒「往昔ロモント及び其他ノ諸人、太陽斑点の運行と大地磁石力の変転は、十年を一期として」

【太陽暦】

日本

『二儀略説』第四／小林謙貞編述（1667年・寛文7年）⇒「太陽暦ハ、夜半ヨ

リ夜半マデノ間ヲ一昼夜ト定メ、十二宿ノ内」
『西洋雑誌』 巻三／楊江柳河暾輯録（1867年・慶応3年）⇒「太陽暦ハ。月輪の盈虧にかかはらず。地球公運の一周天を一年とす。」
『登高自卑』 前編 巻之下／村松良粛抄輯（1872年・明治5年）⇒「回暦　亦太陽暦ナリ土耳其及ビ印度諸島ミナ之ヲ用フ」

中国

『天経或問』 暦法／遊子六輯（1675年・康熙14年）⇒「月以合朔為歳首、商以建丑月為歳首」

【袋類】

日本

『格物探原』 論首／韋廉臣著（1876年・光緒2年）⇒「魚不能去、最奇者塘鵝領下一袋類如猿、其体質大類像皮能大能小」

【退老院】

日本

『仏英行』 十一月　王立廃兵院／柴田剛中記述（1861年・文久元年）⇒「随意書見の室もありて、書籍許多を納めり、病院は退老院同様の構なりとて案内を得ず」
『英国探索』 養老院／福田作太郎筆記（1862年・文久2年）⇒「退老院兵卒、水夫の手当は上中下三等に分け、一七日に上は五シルリンクを与、中は四シルリンク」

【退老俸】

日本

『外国事務』 ／福地源一郎訳辻理之介 校（1868年・明治元年）⇒「退老俸」

【兌銀／兌銀舗／兌舗】

日本

『**北槎聞略**』巻七／桂川甫周撰（1794 年・寛政 6 年）⇒「兌舗にて銀銭を銅銭に替るには百文にて解銭九文出すなり」

『**西洋聞見録**』巻中／村田樞文夫纂述（1869 年・明治 2 年）⇒「兌銀舗〈リョウガエバ〉其壮麗ナルコト公金庫ニ倍ス、此舗屢々火災ニ罹リ焼失ス」

中国

『**中西関係論**』巻一／林楽知著（1876 年・光緒 2 年）⇒「銀或以匯票帯回本拠、帰銀行兌銀転流運」

【拓影鏡】

日本

『**窮理通**』巻五／帆足万里撰（1836 年・天保 7 年）⇒「乙丙を一体と為し、丁戊を拓影鏡を為す、庚巳線は直行して鏡を過ぐ」

【多神経】

日本

『**スプレンゲル語彙**』／宇田川榕菴編（刊行年不明）⇒「蘭語」

【惰性】

日本

『**理化日記**』巻二／リッテル口授、市川盛三郎訳（1871 年・明治 3 年）⇒「惰性　此レ諸物ノ動静皆他物ノ玩抵ナキトキハ常ニ其原態ヲ固辞スルヲ云フ」

【多節動物】

日本

『**動物学 初編 哺乳類**』／ブロムメ著、田中芳男訳纂（1874 年・明治 7 年）⇒「有膝動物、柔軟動物、多節動物、多肢動物ノ四個二大別シ」

【堕胎】

日本

『六物新志』 巻上／大槻玄沢訳（1786 年・天明 6 年）⇒「則通利間接又与衆薬相合則或堕胎或通経閉或下胞衣」

『訂正増訳采覧異言』 ／新井白石著、山村才助増訳（1802 年・享和 2 年）⇒「此国中多皮南樸烏斯等ノ地其婦人絶テ難産堕胎等ナシ」

『増補重訂 内科撰要』／我爾徳児著、宇田川玄随訳（1822 年・文政 5 年）⇒「堕胎剤」

『新訂増補和蘭薬鏡』 巻二／宇田川榛斎訳述、宇田川榕菴校補（1828 年・文政 11 年）⇒「一婦人四十二歳嘗テ十二年前ニ堕胎シ」

『幕末遣欧使節航海日録』 ／野沢郁太記（1861 年・文久元年）⇒「堕胎」

中国

『彌撒祭義略』 ／艾儒略著（1629 年・崇禎 2 年）⇒「下毒薬堕胎者与殺人同罪」

『物理小識』 巻五／方以智著（1664 年・康熙 3 年）⇒「能損人目、又能堕胎、揮犀曰金銭花」

辞書

『五車員府』 ／ Robert Morrison（1815 ～ 23 年）⇒「Premature birth　堕胎」

『英華字典』／Walter Medhurst（1847 ～ 48 年）⇒「ABORTION　堕胎」「premature birtu　堕胎」

『英華字典』／ Wilhelm Lobscheid（1866 ～ 69 年）⇒「Abortion　堕胎」「Premature birth　堕胎」

【脱水】

日本

『化学入門』 後編　巻之四／竹原平次郎抄訳、堀尾用蔵註（1867 年・慶応 3 年）⇒「性硫酸ニ似タリ脱水ノ状態未タ知ラズト雖其含水物ハ流動シ」

【脱税】

中国

『東西洋考』 巻之七／張燮撰次（1618 年・万暦 46 年）⇒「商人稍脱税□之苦而公華冑起家不妄取」

【龍巻】

日本

『航海夜話』初編　巻上／西江舎主人訳（1872年・明治5年）⇒「それなら貴様は、龍巻の真中には十分静かな処があるといふ事件は承知して居る」

【他動】

日本

『理学提要』／広瀬元恭訳（1856年・安政3年）⇒「他動とは、形器力の作用にして、体外の諸物我に触れ」

中国

『霊言蠡勺』／畢方済口授、徐光啓筆録（1624年・天啓4年）⇒「令他動者方於被動者、則自動令他動為尊、則愛欲尊」

【多頭政治】

日本

『泰西国法論』巻三／津田真一郎訳（1868年・慶応4年）⇒「多頭政治の国とは、国家の大権即主権一人の手に在ずして」

【淡把格／淡婆姑】：タバコ, tabaco［葡・西］

日本

『紅毛雑話』巻一／森島中良編輯（1787年・天明7年）⇒「淡婆姑　万国用ざる所なく、其名何国にても同じ、実の蛮名はペームといふ、タバコといふは、北亜墨利加の内の小島の名なり」

『奇観録』／亀井魯撰（1793年・寛政5年）⇒「答曰淡把格、与　本邦無別、其品粗劣、烟管有磁器、有銅鉄」

【煙草税】

日本

『英国探索』／福田作太郎筆記（1862年・文久2年）⇒「酒税・煙草税　右ニ

品は尤高税にて、同様品の良悪に不拘候事」

【多宝鏡】

日本

『訂正増訳采覧異言』 巻一／新井白石著、山村才助増訳（1802年・享和2年）⇒「多宝鏡顕微鏡小自鳴鐘自行表以乃海洋全図」

【玉突／突き玉の戯】

日本

『環海異聞』 巻十五／大槻玄沢撰（1807年・文化4年）⇒「座中には玉突きの戯具を設け有るなり、此突き玉の戯をヘレヤロといふ《按に、和蘭にはヒルヤールといふ》」

『欧行記』 巻四／益頭駿次郎記（1861年・文久元年）⇒「遊所有之候て玉突場其外種々遊場有之又酒杯も売り候」

『日本貿易新聞』 第68号／内田弥太郎訳、柳河春三訳補（1864年・元治元年）⇒「綺麗に取立て玉突場も当店の近辺に御座候」

【炭化】

日本

『化学入門』 初編／竹原平次郎抄訳、堀尾用蔵註（1867年・慶応3年）⇒「此膠ヲ坩内ニ収メ密封シテ焼ケバ炭化シ開放シテ焼ケバ燃エテ飛散ス」

中国

『格致彙編』 西国錬鉄法略論／傅蘭雅輯（1876年・光緒2年）⇒「因熱空気之養気与鉄中之炭化合而成炭」

『中西聞見録選編』 第五号／丁韙良編（1877年・光緒3年）⇒「六七日之久、炭化為気散布鉄内」

【炭化水素瓦斯】

日本

『西洋事情』 初編 巻之一／福澤諭吉纂輯（1866 年・慶応 2 年）⇒「石炭を釜の内に密閉して之を蒸し焼きにすれば炭の気を殺す、此気は炭化水素瓦斯と云ふものにて」

【男会院】

日本

『輿地誌略』 巻三／青地林宗訳述（1826 年・文政 9 年）⇒「府中の寺殿七十区、男会院三十九、女会院二十八所」

【炭気】

日本

『博物新編訳解』 巻之一／合信著、大森解谷訳（1868 年・慶応 4 年）⇒「合セテ之ヲ言ヘハ生気トイフ、分テ之ヲ言ヘハ養気トイヒ、淡気トイヒ、湿気トイヒ、炭気トイフ」

『脱影奇観』 巻下／宇田川準一和解（1872 年・明治 5 年）⇒「其ノ酸アルヲ知ル、乃チ蒸水一安士ニ炭気索発十哥林士ヲ化セル者ヲ用フ」

『小学化学書』 巻二／ロスコウ撰、市川盛三郎訳（1874 年・明治 7 年）⇒「石炭ハ炭気ノ外更ニ種々ノ物ヲ得ヘシ例ヘハ「テール」及「チン」ノ如シ」

中国

『植物学』 巻三／韋廉臣輯訳、李善蘭筆述（1857 年・咸豊 7 年）⇒「用以吸炭気入内洩出養気而取炭質也」

『西学図説』 空気説／偉烈亜口訳、王韜撰（1865 年・同治 4 年）⇒「空気合養気淡気軽気炭気而成試以百分論淡気約帰七十五分半」

『格物探原』 第四章／韋廉臣著（1876 年・光緒 2 年）⇒「葉則昼吐養気、吸炭気、以堅大其枝幹」

【炭気気球】

中国

『重学』／艾約瑟口訳、李善蘭筆述（1859 年・咸豊 9 年）⇒「有養気球、淡気球、炭気球、水気球尚有他気攻験未明」

【淡気】

中国

『地理全志』巻四／慕維廉輯訳（1853 年・咸豊 3 年）⇒「一総計天空気千分中、有養気二百十、淡気七百七十五、湿気十四分有二」

『西学図説』空気説／偉烈亜口訳、王韜撰（1865 年・同治 4 年）⇒「空気合養気淡気軽気炭気而成試以百分論淡気約帰七十五分半」

『光学』巻下／金楷理口訳、趙元益筆述（1870 年・同治 9 年）⇒「気質之星気中、以意度之必有軽気与淡気」

【淡気球】

中国

『重学』／艾約瑟口訳、李善蘭筆述（1859 年・咸豊 9 年）⇒「有養気球、淡気球、炭気球、水気球尚有他気攻験未明」

【断気槽】

日本

『開物全書名物図考』巻一／宇田川榕菴撰（刊行年不明）⇒「断気槽越力ヲ受シメントスル物料ヲ戴ル卓子」

【探険】

中国

『海国圖志』印度巻上／魏源撰、林則徐訳（1876 年・光緒 2 年）⇒「諸記未詳、査探険実記、僅云為数小国、而西流古士記」

【探古学】

日本

『万国繁昌記』初篇　巻中／黒田行元編（1873年・明治6年）⇒「本艸学、農耕学、亜細亜地方学、地誌学、探古学等、皆要論を著し、廉価に出板す」

【暖国】

日本

『乾坤弁説』第十七／沢野忠庵・向井玄松編訳（1659年・同治2年）⇒「弁説、右南蛮学士の説如是、細説重複なりといへども、寒国、暖国の弁分明なり」

『増補華夷通商考』巻三／西川求林斎輯（1708年・宝永5年）⇒「四季暖国也、日本ノ六七月此国大熱也、二八月頃ハ日本ノ四五月ノ如シ」

【炭酸】

日本

『舎密開宗』巻一／賢理著、宇田川榕菴重訳増註（1837年・天保8年）⇒「炭酸加爾基（石灰砿大理石）」

『理化日記』巻一／リッテル口授、市川盛三郎訳（1870年・明治3年）⇒「炭酸ガス」「水素ガス」中ニ於テ熱スルモ亦タ変質ヲ見ス今未タ諸「ガス」ヲ製セス」

『訓解 電気論』／中神保訳述（1871年・明治4年）⇒「炭酸と調合せは忽ち空中に昇つて陽越力の雲となるなり」

中国

『格物入門』巻六／丁韙良著（1868年・同治7年）⇒「淡養ニ気相合成水炭一養ニ合成炭酸」

【炭酸瓦斯】

日本

『植学啓原』気孔／宇田川榕菴著（1833年・天保4年）⇒「背陽の地及び夜間に在りては、則ち炭酸瓦斯（コールシユーレ）及び窒素瓦斯此の二種の瓦斯、名物考補遺に出づ）を発す」

『博物新編補遺』巻中／小幡篤次郎訳述（1869年・明治2年）⇒「雰囲気ハ数

種ノ瓦斯ヨリ合成ス其比量酸素瓦斯一分、窒素瓦斯四分、及炭酸瓦斯ノ極小量トナリ」

『化学日記』第十一回／リッテル口授（1874年・明治7年）⇒「炭酸游離シ故塩ニ復ス炭酸瓦斯ハ冷水ニ溶シ易シ」

【炭酸加里】

日本

『舎密開宗』精朴消法／賢理著、宇田川榕菴重訳増註（1837年・天保8年）⇒「消石ノ五六倍量ノ沸湯ヲ用テ溶シ此ニ半炭酸加里ノ溶液ヲ点滴シテ」

『気海観瀾広義』巻七／川本幸民訳述（1851年・嘉永4年）⇒「炭酸加里（カリ）液を滴して、澱を生ずるは、土類を含めるなり」

『化学入門』初編／竹原平次郎・堀尾用蔵註（1867年・慶応3年）⇒「炭酸加里ノ溶液ニ消酸ヲ注加スレバ忽チ泡発シテ炭酸游離ス」

【短視】

日本

『窮理通』巻五／帆足万里撰（1836年・天保7年）⇒「視神経の周至、皆能く是の力を助くるなり、短視の人は老人に比すれば物を見ること最も明なり」

中国

『光学』巻上／金楷理口訳、趙元益筆述（1870年・同治9年）⇒「則光頂可合於筋網故短視之人可用凹透光鏡為眼鏡」

【炭質】

中国

『地理全志』下編　巻七／慕維廉輯訳（1853年・咸豊3年）⇒「因肉之炭質較草更多、不可恒食、其在篭檻、恒為動走」

『植物学』巻三／韋廉臣輯訳、李善蘭筆述（1857年・咸豊7年）⇒「用以吸炭気入内、洩出養気而取其炭質也」

【蛋質／蛋清／蛋清質】

日本

『蘭和薬物名彙』／著者不明（刊行年不明）⇒「蛋清質」

『植学啓原』巻三／宇田川榕菴著（1833年・天保4年）⇒「蛋清は原動物の近成分なり、植物も亦或は之有り」

『舎密開宗』巻十六／賢理著、宇田川榕菴重訳増註（1837年・天保8年）⇒「煎汁一比ニ筅テタル蛋清一个ヲ撹セ煮テ濾過シ」

『万寳新書』巻二／宇田川興齋訳述（1860年・万延元年）⇒「毎月卵ヲ転回メ、其卵黄ノ蛋清ノ下ニ沈ミテ殻ニ固著セザル」

『民間格致問答』巻一／大庭雪齋訳（1862年・文久2年）⇒「蛋質の中に侵入る所の空気にて腐敗るものじやに依て」

【蛋清体】

日本

『スプレンゲル語彙』／宇田川榕菴編（刊行年不明）⇒「蛋清体」

【単純酸素】

日本

『化学入門』後編　巻之一／竹原平次郎抄訳、堀尾用蔵註（1867年・慶応3年）⇒「肺病ヲ患ル人若シ単純酸素、或ハ酸素ニ富メル大気ヲ吸収スレハ」

【単純体】

日本

『博物新編補遺』巻中／小幡篤次郎訳述（1869年・明治2年）⇒「前件ノ九品ト同シク単純体ヲ為シテ両間ニ発見セス」

【単子葉】

中国

『地理全志』巻六／慕維廉輯訳（1853年・咸豊3年）⇒「又名無子葉、如苔蘚鳳尾草、芝（木而）茘枝一曰、内長部、又名単子葉、如百百合花、五穀百草」

【誕生日】

日本

『増補華夷通商考』巻三／西川求林斎輯（1708 年・宝永 5 年）⇒「国王ノ誕生日ニ一年ニ一度撞キ鳴スト云フ、又長四丈石火矢アリ」

『中外新聞』第二十二号／柳河春三編（1868 年・慶応 4 年）⇒「今日は英国女王ヒクトリヤの誕生日にて、例年の如く祝ひ事　出度相済みたり」

『文明開化』初篇　上巻／加藤祐一訳（1873 年・明治 6 年）⇒「毎年誕生日には出して、床の間へ据エて置た、常にも見せてくれいといへば、出してみせたが」

【男女同権】

日本

『文明開化評林』巻三／岡部啓五郎輯（1875 年・明治 8 年）⇒「近来西洋ノ説ニ雷同シテ、男女同権ノコトヲ喋々スル者アリ」

【単身】

中国

『聖経直解』巻十一／陽瑪諾著（1636 年・崇禎 9 年）⇒「加重行装則愚人矣、単身行路尚難、荷載何易」

辞書

『英華字典』／ Wilhelm Lobscheid（1866 ～ 69 年）⇒「Unmarried　単身、an unmarried man　未娶者」「alone without any connection as vagabonds　単身」

『英華翠林韻府』／ Justus Doolittle（1872 年）⇒「Alone　単身一人」

【ダンス】：dance［英］, dans［蘭］

日本

『遣米使節日記』／村垣範正記（1860 年・万延元年）⇒「女のすそには風をふくみいよいよひろがりてめぐるさまいとおかし、是をダンスとて踊の事なるよし」
『柳川日記』／柳川当清記（1860年・万延元年）⇒「旅館において大踊りを催是をダンスと云と云」
『幕末遣欧使節航海日録』／野沢郁太記（1861年・文久元年）⇒「御昼後出る義政館に御出、夜に入りダンスへ御見物に御出」

【炭水瓦斯】

日本

『植学啓原』巻三／宇田川榕菴著（1833年・天保4年）⇒「近時舎、炭水瓦斯の炭素多き者を名づけて生油瓦斯と曰ふ」

【淡水魚】

中国

『使徳日記』／李鳳苞撰（1878年・光緒4年）⇒「広集各種塩淡水魚、及養魚捕魚之器」

【炭素】

日本

『遠西医方名物考補遺』巻八／宇田川榛齋訳述、宇田川榕菴校補（1834年・天保5年）⇒「炭素ハ動物、植物、山物ニ禀舎シ、殊ニ植物、山物本然ノ元素トス」
『天然人造 道理図解』／田中大介纂輯（1869年・明治2年）⇒「喩へば油は酸素と水素と炭素（炭の原なり）と三種のもの集り合ふたる者なれば」
『理化日記』巻一／リッテル口授、市川盛三郎訳（1870年・明治3年）⇒「植物気中ノ炭酸ヲ取リ分解シテ其炭素ヲ吸収シ」

【暖帯／煖帯】

日本

『天文瓊統』巻一／渋川春海編（1698年・元禄11年）⇒「秋分を過ぐれば、すなわち影は北にあり、名づけて暖帯となす」
『洋外紀略』上／安積信著（1848年・嘉永元年）⇒「分為五帯距赤道南北各

二十三度半為暖帯距二極」

『外蕃容貌図画』序／田川春道著、倉田東岳画（1855 年・安政 2 年）⇒「南亜墨利加抔は赤道直下にして、熱国河川沸湯する気候、是を暖帯と云ふ」

中国

『天経或問』地体／遊子六輯（1675 年・康熙 14 年）⇒「過春分則影在南、過秋分則影在北、名為煖帯、南北二十三度半以外」

【探偵】

日本

『外国交際公法』巻一／福地源一郎訳訂（1869 年・明治 2 年）⇒「間諜探偵スル罪アラハ、国律ニ従ヒ之ヲ罰スルノ理アルベシ」

【断定権】

日本

『百学連環』／西周講述、永見裕筆録（1870 年・明治 3 年）⇒「断定権」

【暖度】

日本

『華列対表』序／宇田川榕菴編著（1831 年・天保 2 年）⇒「華氏ノ八十度ハ列氏ノ二十一度又十六分度ノ三ナリ、血ノ暖度ノ如キ」

『舎密局必携』／上野彦馬抄訳、堀江公粛閲（1862 年・文久 2 年）⇒「平時ノ暖度ニ於テモ、固封セザレバ蒸発ス」

『榕葊訳人身窮理書』暖度／宇田川榕菴訳（刊行年不明）⇒「蒙気ノ暖度ハ同様ノ度ノ下ニ在テハ皆同様ナリ」

【蛋白】

日本

『化学入門』後編　巻之二／竹原平次郎抄訳、堀尾用蔵註（1867 年・慶応 3 年）⇒「消毒剤ヲ知ラザルノ前ハ蛋白、石鹸ノ如キ気者ヲ服セシト云フ」

『西洋料理通』第一章／仮名垣魯文編（1872年・明治5年）⇒「鶏卵二ツ、蛋白〈しろみ〉を去り蛋黄〈きみ〉を用ゆ、第一等の墨汁六合」
『万寳新書』巻二／宇田川興齋訳述（1960年・安政7年）⇒「強烈酒醋及ヒ蛋白〈タマコノシロミ〉適宜ヲ取リ、是ニ水銀少許ヲ和合シ」

中国

『格物入門』巻六／丁韙良著（1868年・同治7年）⇒「糖則含三質、礬則含四質、蛋白則含六質、所以若者為純一之物」
『化学初階』巻二／嘉約翰口訳、何瞭然筆述（1870年・同治9年）⇒「恒用鶏蛋白或牛乳等物、水化是塩、浸肉質、木質、及植物草本」
『化学鑑原続編』巻三／傳蘭雅口訳、徐寿筆述（1875年・光緒元年）⇒「含糖百分之十八別植物所常含之別質如植物酸蛋白塩類等」

辞書

『英華韻府歴階』／Wells Willams」（1844年）⇒「GLAIR　蛋白」「WHITE of eye　蛋白」
『英華字典』／Wilhelm Lobscheid（1866～69年）⇒「the white of anegg　蛋白」「Glair　蛋白」
『英華翠林韻府』／Justus Doolittle（1872年）⇒「Glair」

【蛋白質】

日本

『舎密局必携』巻二／上野彦馬抄訳、堀江公粛閲（1862年・文久2年）⇒「有機性体殊ニ燐ヲ含メル者ハ、蛋白質及ヒ脳脂ニアリ」
『七新薬説』第一編／司馬凌海著、関寛斎校（1862年・文久2年）⇒「土質金質ノ者及ヒ蛋白質ノ者ト相結合シテ以テ其功ヲ発スルナラン」
『化学訓蒙』後編 巻二／石黒忠悳編輯（1870年・明治3年）⇒「其二繊維質其三蛋白質其四脂類其五一種臭質」

中国

『格物入門』巻六／丁韙良著（1868年・同治7年）⇒「与蛋白質相似也、草之有甘汁者本含之、故可釀為酒醋」

辞書

『英華字典』／Wilhelm Lobscheid（1866～69年）⇒「Protein　蛋白質」

【睡房】

日本

『魯西亜漂流記』居室／木場貞良著（1817年・文化14年）⇒「睡房は室隔に榻を置、其製、木材もて四郭ヲ作り」

『尾蠅欧行漫録』巻二／市川渡著（1863年・文久3年）⇒「明暗共ニ適意ニ共セリ一方ノ壁下ニハ鉄製花辺大理石造ノ暖房炉ヲ開キタリ」

中国

『海国圖志』巻五十一／魏源撰、林則徐訳（1876年・光緒2年）⇒「帰国種植天寒建暖房、護以て瑠璃瓦、馬高大、多力而馴」

【弾力】

日本

『阿蘭陀始制エレキテル究理原』巻下／橋本曇齋口授、平田稔則政筆記（1811年・文化8年）⇒「茲に阿蘭陀の理学の書に示す処の説を気に天に引力弾力とて、即エレキテルと同じ理なりと有て」

『生石灰之解凝力』第二十四／宇田川榕菴自筆草稿（1824年・文政7年）⇒「ハステリュクト」ハ全ク弾力アリト雖モコレヲ自由ニ任セ置ハ忽チ其弾力ヲ失フ」

『舎密局必携』巻二／上野彦馬抄訳、堀江公粛閲（1862年・文久2年）⇒「此者、大タ弾力アリ第十五図ノ如ク、玻璃管ニ大気ヲ填テ「ソイケル」ヲ以テ緊シク」

【暖炉】

日本

『仏英行』十月／柴田剛中記述（1861年・文久元年）⇒「暖炉灰尽きて夜将に闌ならんとす、霜月、窓を侵して、水漏ならんとす」

『暁窓追録』／栗本匏菴著（1868年・明治元年）⇒「その気極めて煖なれば、人家引て暖炉に換ゆる者あり」

『衛生概論』／宇田川準一抄訳（刊行年不明）⇒「尋常ノ暖炉或ハ洋火炉ヲ設クル室ニ在テハ必ス其近傍ニ水器ヲ置キテ」

【談話自由】

日本

『自由之理』 巻一／中村敬太郎訳、木村謙一郎版（1872 年・明治 5 年）⇒「談話ノ自由、著述ノ自由ハ、ソレト共ニ行ハレテ相離レザルモノナリ」

【ち】

【治安】

日本

『泰西国法論』 第五編／津田真一郎訳（1868 年・慶応 4 年）⇒「朝憲或は治安条規等国家の公法条規に記す」

『真政大意』 ／加藤弘之講述（1870 年・明治 3 年）⇒「真ノ治安ハ甚ダ覚束ナイデゴザル」

『国体新論』 総論／加藤弘之著（1874 年・明治 7 年）⇒「国家君民ノ真理ニ背反セルコトナレハ、頗ル治安ニ害アルヲ知ラサル可ラス」

中国

『不得已弁』 ／利類思著、安文思・南懐仁訂（1665 年・康熙 4 年）⇒「天主正教、誠能治安人心」

『外国地理備攷』 巻六／瑪吉士輯訳（1847 年・道光 27 年）⇒「圖治安之策乃発兵攻克（口波）（口羅）（口尼）国」

『海国圖志』 巻三十四／魏源撰、林則徐訳（1876 年・光緒 2 年）⇒「其肩輿乃東裕行行事謝治安所送被官拏究、痩死於獄」

【智以那】：チイナ, チャイナ, China

日本

『四十二国人物図説』 乾／西川淵梅軒撰（1720 年・享保 5 年）⇒「唐土を智以那と號せり即ち支那也」

【地殻】

日本

『博物新編補遺』 巻上／小幡篤次郎訳述（1869 年・明治 2 年）⇒「地殻ノ創始ヲ論スルハ地質学ノ主旨ナリ殻中ノ鉱成分ヲ精閲講明スル」

『万国港繁昌記』 巻上／黒田行元編・松川半山書画（1873 年・明治 6 年）⇒「地殻層々相積襲して二十五層に至、第二十五最下トス」

中国

『地理全志』 巻一／慕維廉輯訳（1853 年・咸豊 3 年）⇒「有定法相合、而成地殻天空気洋海之大半」

『六合叢談』 巻一／慕維廉・艾約瑟他記述（1857 年・咸豊 7 年）⇒「石重於水二倍倍半、若地殻皆為此石」

【地学】

日本

『気海観瀾』 凡例／青地林宗訳述（1825 年・文政 8 年）⇒「其の科目の詞、星学・地学、医や数や、先輩往往之を訳す」

『理学提要』 巻一／広瀬元恭訳（1856 年・安政 3 年）⇒「地学は則ち地を以て天体中の一物と為し、其の大小、形状、経緯の度分」

『輿地誌略』 巻一／内田正雄纂輯、辻士革・市川清流校（1870 年・明治 3 年）⇒「地方ニ従ヒ各同シカラズ総テ之ヲ考窮スルノ学ヲ地学〈ジオグラヒー〉ト号シ其書ヲ地誌ト名ク」

中国

『格致彙編』 総論／傅蘭雅輯（1876 年・光緒 2 年）⇒「成立法体之粒常有不明地学之人誤以為銅間有誤為金者」

『格物探原』 第六章／韋廉臣著（1876 年・光緒 2 年）⇒「天学地学化学等、皆無復有、有其不易者、而無其思不及者、人必傲慢、蔑視一切」

『格致古微』 叙／王仁俊述（1899 年・光緒 25 年）⇒「天学機学隷重学地学砿学隷化学水学気学熱学」

辞書

『英華字典』 ／ Wilhelm Lobscheid（1866 ～ 69 年）⇒「Geognost　地学博士」

【知覚運動】

日本

『斯魯斯氏講義動物学 初編』初編／太田美濃里筆記（1874年・明治7年）⇒「動物トハ総テ生活機能ニシテ知覚運動ヲ有スル者ヲイフ」

中国

『声学』巻一／傅蘭雅口訳、徐建寅筆述（1874年・同治13年）⇒「人身之知覚運動全頼脳髄以主之」

『格致彙編』前稿 算学奇題／傅蘭雅輯（1876年・光緒2年）⇒「曰蔵腑功用籍之脳知覚運動脳之功也」

『格物探原』第十九／韋廉臣著（1876年・光緒2年）⇒「咸達王都、此脳気筋髄之分司知覚運動、知覚者逓信入脳」

【知覚機】

日本

『気海観瀾広義』巻十三／川本幸民訳述（1851年・嘉永4年）⇒「知覚機系を越歴力営為の処となし、炭窒二素の抱合すると」

『七新薬説』巻上／司馬凌海著、関寛斎校（1862年・文久2年）⇒「患者胸病アリ知覚機元進シ下肢充血ノ模様アリ胃痛ノ癖アリ」

『化学通』巻一／川本幸民訳述（1871年・明治4年）⇒「自温元ト抱合シ、温ノ一分其の物ノ質中ニ潜伏ス、故ニ知覚機モ験温器モコレヲ徴スルヲ得ス、此温ヲ結トイフ」

【地下鉄道】

日本

『万国新話』巻一／柳河春三編輯（1868年・明治元年）⇒「市中に鉄道を造らは往来の妨けは勿論種々の故障多きを以て、終に地下鉄道を造る事に決し、数年の工夫にて漸く千八百六十三年に成就したり」

『万国奇談』巻二／青木輔清訳（1873年・明治6年）⇒「地下鉄道此の如く便利なる故に、益々之を盛にして、倫頓中を縦横に通ぜんとせり」

【地球】

日本

『新製地球万国図説』 凡例／桂川甫周訳、大槻玄沢訂（1768年・天明6年）⇒「平圓地球圖ヲ中ニシテ四辺ニ天球諸燿ノ高下日月交食及四行直形ノ圖等ヲ列シ」

『管蠡秘言』 地大／前野良沢訳（1777年・安永6年）⇒「地球ノ周リ、凡一万三千八百四十六里」

『三才究理頌』 序／鶴峯戊申撰、利光宗規・多々良信興校（1838年・天保9年）⇒「其説不過言一地球之事、而聞者以為怪誕矣」

中国

『聖経直解』 ／陽瑪諾著（1636年・崇禎9年）⇒「予挙輿圖為解、蓋大地球有真国輿圖球、有昼国」

『天経或問』 天体／遊子六輯（1675年・康熙14年）⇒「地球為人所止、以て天頂而八分四友」

『地球図説』 ／蔣友仁訳（刊行年不明）⇒「而于修地球或地図或不論也」

辞書

『A DICTIONARY OF THE CHINESE LANGUAGE, IN THREE PARTS.』 ／Robert Morrison（1815～23年）⇒「Terrestrial globe　地球」「Terrestrial sphere　地球」

『英華韻府歴階』 ／Wells　Willsms（1844年）⇒「EARTH　地球」「GLOBE　地球」

『英華字典』 ／Walter Medhurst（1847～48年）⇒「GLOBE　地球」

『英華字典』 ／Wilhelm Lobscheid（1866～69年）⇒「the earth　地球」「Terrestrial　地球」

『英華翠林韻府』 ／Justus Doolittle（1872年）⇒「Globe　地球」「Earth　地球」

【地球儀器】

日本

『官板 海外新聞別集』 ／洋書調所訳（1862年・文久2年）⇒「エレキテルの道具を見せ或は地球儀を廻はし抔して見せければ日本人速に日本国のある場所を見出し得たり」

『地学事始』 巻一／松山棟菴訳述（1870年・明治3年）⇒「地球儀とハ木、又ハ外の品物にて球を作り世界外面の全景を示したもの」

『**化学要語**』／宇田川準一輯（刊行年不明）⇒「地球儀器」

中国

『**格物入門**』巻五／丁韙良著（1868年・同治7年）⇒「蓋地球之吸力、総帰於重心耳」

『**瀛海論**』／張自牧著（1876年・光緒2年）⇒「上御濬泊誠敬殿受之貢天文地球儀器二十七種」

『**海国圖志**』巻七十／魏源撰、林則徐訳（1876年・光緒2年）⇒「海南大地、拠地球儀器考之、亦必確有数万里之地、在南極左右」

【地球自動】

日本

『**遜氏六合窮理抜萃**』／杉田信成卿訳（刊行年不明）⇒「四百四十ニ貫銭の物ハ赤道下ニテ四百三十九貫銭ナリ、是亦以て地球自動ヲ証スベシ」

【地球之吸力／地球之攝力】

中国

『**格物入門**』巻五／丁韙良著（1868年・同治7年）⇒「固能穏也、蓋地球之吸力、総帰於重心耳、如所椅之処稍扁左右」

『**格致彙編**』格致理論／傅蘭雅輯（1876年・光緒2年）⇒「其筋力与地球之吸力相合設地面攝力較為大増可明禽獣運動」

【畜産】

日本

『**新製地球万国図説**』第一／桂川甫周訳、大槻玄沢訂（1768年・天明6年）⇒「畜産尤モ盛ニシテ、人ヲ損害スルノ野獣マレナリ」

『**北槎聞略**』巻三／桂川甫周撰（1794年・寛政6年）⇒「畜産を以て生産とす、馬肉を嗜んで生にてこれを食ふとそ」

『**坤輿図識補**』巻二／箕作省吾著（1846年・弘化3年）⇒「欧邏巴種ノ畜産モ、亦繁息ス」

中国

『**東西洋考**』／張燮撰次（1618 年・万暦 46 年）⇒「曰茅径駅至城一百里駆部民畜産（倭）称官牛数不満千揚言十万又広卒其民混於軍旅」

『**聖経直解**』巻七／陽瑪諾著（1636 年・崇禎 9 年）⇒「悪人之賄、之宝珍、之畜産等物」

『**坤輿図説**』巻下／南懐仁撰（1672 年・康熙 11 年）⇒「富厚無比今五穀極饒畜産最多」

辞書

『**英華字典**』／ Wilhelm Lobscheid（1866 ～ 69 年）⇒「Cattle pl, Beasts or quadrupeds in general, used for tillage　畜産」

【蓄獣園】

日本

『**尾蠅欧行漫録**』巻三／市川渡著（1863 年・文久 3 年）⇒「風車機械ニテ磨碓舂櫛（ウスヒキウススリウスツキフルヒ）等ヲナス所アリ次ニ畜獣園ニ至リ園中統テ諸獣ヲ畜フ」

【蓄水器】

日本

『**通俗窮理話**』／仮名垣魯文著（1872 年・明治 5 年）⇒「夜昼となく蒸発気は立昇るなり畜水器の水も久しく咸れば早晩無くなり」

【築水庫】

中国

『**初使泰西記**』／志剛著（1867 年・同治 6 年）⇒「築水庫以畜之又用機以激之可高於閣（口巴）之」

【蓄積財本】

日本

『**経済小学**』下編／神田孝平重訳（1867 年・慶応 3 年）⇒「蓄積財本ノ多寡ハ

大抵貨幣ヲ以テ之ヲ算ス」

【蓄電】

中国

『格物入門』 巻四／丁韙良著（1868 年·同治 7 年）⇒「使内蓄電気、遂覆之於几、中置紙團若干、上下滾躍」

【蓄電気器】

中国

『製火薬法』 巻三／傅蘭雅口訳、丁樹棠筆述（1871 年・同治 10 年）⇒「亦連於蓄電気器之蓋、蓋以下小錬引気入瓶内」

【蓄電気之瓶】

中国

『格致彙編』 第六／傅蘭雅輯（1876 年・光緒 2 年）⇒「有銅梳能収所聚之電気引入蓄電気之瓶」

【蓄電力之罐】

中国

『初使泰西記』 巻一／志剛著（1867 年・同治 6 年）⇒「其罐十数至百十数所通之遠近不同則所蓄電力之罐数多寡不同各罐筒所繫之鉄糸」

【蓄膿】

中国

『物理小識』 巻四／方以智著（1664 年・康熙 3 年）⇒「脈浮数若有痛処、飲食如常、蓄膿也」

【痴児院】

日本

『西洋事情』／福澤諭吉纂輯（1866年・慶応2年）⇒「痴児院は児童の天稟智恵なきものを教ゆる学校なり」

『航西小記』／岡田攝藏稿（1866年・慶応2年）⇒「帰路貧院に到貧院種類多し棄子院且盲院痴児院等皆忽称して之を貧院と云ふ」

『万国港繁昌記』初篇巻上／黒田行元編・松川半山書画（1873年・明治6年）⇒「別に救窮の為に設けたる幼院、盲院、唖院、棄児院、痴児院、癲院二百余所あり」

【治国学】

日本

『五科学習関係文書』巻五／西周編（1863年・文久3年）⇒「所望ニ応スルニハ治国学ノ原始ヲ授ルヲ以テ至当トス」

【地差】

中国

『格致古微』微三／王仁俊述（1899年・光緒25年）⇒「有時差南北測星有地差皆与図形相合陳所対如此（麻）学疑問」

【地産学】

中国

『中西関係論』巻一／林楽知著（1876年・光緒2年）⇒「吸鉄学、電気学、砿学、冶（ママ）金学、地産学、開砿学、農学、化学」

【知識学】

日本

『舎密局開講之説』／ハラタマ講説、三崎嘯輔宣訳（1869年・明治2年）⇒「万物学即ち周世界学と云ひ以て熟考知察の学に分ツ考察の学ハ更に名けて知識学と云ふ即ち希臘語のヒロソヒー是れなり」

【地軸】

日本

『気海観瀾広義』／川本幸民訳述（1851年・嘉永4年）⇒「地軸は南北を定め、赤道は東西を定む」

『坤輿初問』第二節／伊東玄朴訳、新発田収蔵校（1857年・安政4年）⇒「（注）地軸ノ長ハ一万七千一百六十有七分ノ二」

『民間格致問答』巻三／大庭雪齋訳（1862年・文久2年）⇒「地軸の平行の向方とハ、如何るをでてござる」

中国

『遠西奇器図説』序／鄧玉函口授・王徴訳絵（1628年・天啓7年）⇒「瞻智宏村披天根而漱地軸触類多能其緒余矣」

『地理全志』巻九／慕維廉輯訳（1853年・咸豊3年）⇒「一、球内有軸、盤転同于地軸之昼夜、上下二点、為南北二極」

『談天』天巻九／偉烈亜力口訳、李善蘭刪述（1859年・咸豊9年）⇒「地軸之両端為ニ極終古不変、近中国者為北極」

【地質】

日本

『暦象新書』上編　下巻／奇児著、志筑忠雄訳（1798年・寛政10年）⇒「天質の陰物たること知ぬべし、地質の天中に動くの義は、言外に明白なるものをや」

『博物新編補遺』巻二／小幡篤次郎訳述（1869年・明治2年）⇒「地質論　凡ソ地ハ固形物ヨリ成ルモウトス」

中国

『地理全志』／慕維簾輯訳（1853年・咸豊3年）⇒「水土与皇石、疑為地質、圍九径三、至静不易」

『格致彙編』第二巻／傅蘭雅輯（1876年・光緒2年）⇒「近来考究地質之人知有一定之排列無有不合次序之処」

辞書

『英華字典』／Wilhelm Lobscheid（1866～47年）⇒「Geology　地質論

【地質学】

日本

『博物新編補遺』巻上／小幡篤次郎訳述（1869 年・明治 2 年）⇒「地殻ノ創始ヲ論スルハ地質学ノ主旨ナリ」

『百学連環』／西周講述、永見裕筆録（1870 年・明治 3 年）⇒「地質学」

『牙氏初学須知』巻二／田中耕造訳、佐沢太郎訂（1875 年・明治 8 年）⇒「地質学ハ古来地球塊ニ夥ノ変遷ヲ生ジ、之ガ為ニ其外形体貌ヲ換易シテ」

【地質吸力】

中国

『地理全志』下編　巻一／慕維廉輯訳（1853 年・咸豊 3 年）⇒「造地之主、以電及地質吸力、粉飾地淵山中、金類（偏）満地絡、聚精英之質」

【地心吸力】

中国

『重学浅説』／偉烈亜力・王韜訳（1858 年・咸豊 8 年）⇒「此理可以地心吸力発明之凡重若干」

【知旦元母／知答丑母】：チタン, Titan［独］

日本

『化学通』／川本幸民訳述（1871 年・明治 4 年）⇒「烏刺扭母、知答扭母、知尓律乙由鳥、失尓昆土ヲ創見シ」

『舎密開宗』／賢理著、宇田川榕菴重訳増訂（1837 年・天保 8 年）⇒「近来発明ノ新金新元素多シ所謂　雙爾弗刺密烏母　知旦紐母」

【乳の粉】

日本

『文明開化雑纂』肉食之説／牛馬会社訳（1870 年・明治 3 年）⇒「懐中乳の粉（洋名ミルクバヲダル）牛の乳を煎じ、次第に乾かして粉にしたるものなり」

【地中正線】

日本

『三才窺管』／広瀬周伯著（1808年・文化5年）⇒「地中正線」理其之ヲ詳ニスレバ皆地中正線ノ理ニ由ザルコトナシ」

【地中鉄筒】

日本

『西洋聞見録』巻上／村田樞文夫纂述（1869年・明治2年）⇒「鉄橋、火輪鉄路、地中鉄筒等アリ、之ヲ小ニシテ云」

【地中動物】

日本

『牙氏初学須知』巻二／田中耕造訳、佐沢太郎訂（1875年・明治8年）⇒「地中ニ於キテ見ル所ノ動物ヲ地中動物ト云ヒ、地中ニ於キテ見ル所ノ植物ヲ地中植物ト云フ」

【窒気】

日本

『気海観瀾』／青地林宗訳述（1825年・文政8年）⇒「窒気は、其の性窒碍、吸ふ可からざるの殺気を為す、単に斯の気を以ては、火は燃ゆること能はず」
『坤輿図識』巻一／箕作省吾著（1845年・弘化2年）⇒「四分ハ清気ニメ其三分ハ、皆窒気ナリ、其他又僅ニ硬気アリ」
『泰西三才正蒙』巻二／永井則著（1850年・嘉永3年）⇒「其原質ハ、清気（一名酸素）四分ノ一ト、窒気四分ノ三ニ居ル」
『遠西水質論』／高野長英訳（刊行年不明）⇒「一種ノ殺気アリ世人之ヲ呼ンテ亜曽宇底ト云則チ窒気なり」

【窒素】

日本

『舎密局必携』巻一／上野彦馬抄訳、堀江公粛閲（1862年・文久2年）⇒「専ラ炭素水素酸素及ヒ窒素等ニシテ、原素ノ数少シト雖、又能ク無機性体ニ抱合ス」

『三兵養生論』巻一／久我俊齋訳（1867年・慶応3年）⇒「窒素七十九分、炭素少量ヨリナル常ニ水蒸気ノ若干量ヲ含メリ」

【窒素瓦斯】

日本

『舎密開宗』十一巻／賢理著、宇田川榕菴重訳増註（1837年·天保8年）⇒「水気ヲ蒸散スレバ窒素瓦斯ヲ発シ細晶ヲ結フ」

『植学啓原』引／宇田川榕菴著（1833年・天保4年）⇒「則ち炭酸瓦斯及び窒素瓦斯を発す」

『博物新編補遺』／小幡篤次郎訳述（1869年・明治2年）⇒「其比量酸素瓦斯一分、窒素瓦斯四分、及炭酸瓦斯ノ極小量トナリ斯ク合成スレハ肺臓ニ入テ動物ヲ救助シ」

【窒息】

日本

『民間格致問答』巻四／大庭雪齋訳（1862年・文久2年）⇒「一の種類ハその窒息ぐ訳から窒息空気（後に窒気と云ものハこの窒息空気のことなり）と名け」

『七新薬説』／司馬凌海著、関寛斎校（1862年・文久2年）⇒「破傷風ノ如ク窒息或ハ卒倒ニ因テ死ス」

『化学訓蒙』巻二／石黒忠悳編輯（1870年・明治3年）⇒「格魯児酸加里ニ灌ケハ黄色物ヲ生シ其息窒息ス可キ黄色瓦斯ヲ発ス」

【地動】

中国

『渾蓋通憲図説』序／李之藻撰、鄭懐魁訂（1613年・万暦41年）⇒「刻無予保章有裨馮相伝之其人幸不与地動覆咎諸儀同帰泯没」

『外国地理備攷』 巻二／瑪吉士輯訳（1847年・道光27年）⇒「凡地動一処既動而相離数十里之遠近者転瞬之頃皆動也」

『六合叢談』 巻十一／慕維廉・艾約瑟他記述（1857年・咸豊7年）⇒「津徳測得赤道之吸力、小於両極始知地動有拠云」

『天経或問』（黄石斎老師）／遊子六輯（1675年・康熙14年）⇒「師云地動而天静也」

辞書

『英華字典』／ Wilhelm Lobscheid（1866～69年）⇒「Earthquake　地震　地動」

【地動説／地動の説／地動之説】

日本

『和蘭通舶』 巻一／司馬江漢撰（1805年・文化2年）⇒「恒天ノ衆星ハ常ニ動キ旋ラズ、是ヲ地動ノ説ト云」

『遠西観象図説』 題言／吉雄南皐口授、草野養準筆記（1823年・文政6年）⇒「本編ハ、純ラ地動〈セカイガマハル〉ノ説ニ拠リテ、太陽ハ中央〈マンナカ〉ニ位シ、地〈セカイ〉ハ五星ト共ニコレヲ旋転〈メグル〉スルノ象ヲ示ス」

『官板 玉石志林』 巻一／箕作阮甫他訳（1863年頃・文久3年頃）⇒「コペルニキュスの地動説、実に勝れりとすべきを決して、之が為に、此遊星、太陽の周囲に運行し」

『訓蒙 窮理圖解』 初編 巻之三／福澤諭吉著（1868年・明治元年）⇒「伊太里の大学者「がりれを」なる者地動の説を唱へ世界ハ動き廻るものなりと發明なせしにより」

中国

『格致古微』 巻一／王仁俊述（1899年・光緒25年）⇒「地日行一度風輪扶之案此即地動説也見春秋緯」

【地之電気】

中国

『地理全志』 巻四／慕維廉輯訳（1853年・咸豊3年）⇒「則交相入而発響生光、乃電電也、雲与地之電気、時交入而光鳴」

【地平線】

日本

『**気海観瀾**』光／青地林宗訳述（1825年・文政8年）⇒「光線焉を砕き撓りて地に向ひて来る。〔子丑〕を地平線と為し、〔寅卯〕を光線と為す」

『**理学提要**』題言／広瀬元恭訳（1856年・安政3年）⇒「其の面上に就きて一線を画する者、之れを地平線と謂ふ」

『**登高自卑**』後編 巻之一／村松良粛抄輯（1872年・明治5年）⇒「二直線ノ相並ブ者ヲ平行線ト云ヒ、一直線正シク横ハル者ヲ地平線ト云フ」

中国

『**坤輿図説**』巻上／南懐仁撰（1672年・康熙11年）⇒「則別有脈絡与本地所交地平線之斜角正合本地北極在地平上之斜角五金石砿等」

『**天経或問**』／遊子六輯（1675年・康熙14年）⇒「地平線」

『**地球図説**』巻一／蔣友仁訳（刊行年不明）⇒「庚酉為地平線、設数星遠近不等、倶在地平線内」

【地平盤面】

日本

『**紅毛天地二図贅説**』百例／北島見信訳（1737年・元文2年）⇒「若原図黄道上乃至地平盤面」

【着合物】

日本

『**増補 西洋家作雛形**』／村田文夫・山田貢一郎同訳（1872年・明治5年）⇒「着合物〈セメント〉とは漆灰など凡て物を着合はす質のものを云ふ」

【地油】

中国

『**化学鑑原**』巻四／傅蘭雅口訳、徐寿筆述（1871年・同治10年）⇒「其余或為泥或為（鉄美）或為鉄或為地油」

【抽引機】

日本

『奇機新話』／麻生弼吉纂輯（1869年・明治2年）⇒「（十）なる脚舌と通つて（十一）なる抽引機（エヤポムプ）に入て此機の鉄鍵（ピストン）に由て（十二）なる熱湯槽に引揚げ」

『登高自卑』後編 巻之四／村松良粛抄輯（1875年・明治8年）⇒「抽引機（盈）ハ圓長ノ筒ニシテ、汽槽ヨリ小ナリ、其中ニ鉄ノ鍵板アリ」

【中学】

中国

『坤輿図説』巻下／南懐仁撰（1672年・康熙11年）⇒「国王広設学校一国一郡有大学中国一邑一郷有小学小学選学行之士為師中学大学」

『海国圖志』／魏源撰、林則徐訳（1876年・光緒2年）⇒「禁蓄奴婢、士農工商、各世其業、国立太学、郡中学、郷小学、延師以教読」

『外国竹枝詞』巻二十六／張潮輯、汪楫校（刊行年不明）⇒「音声万変都成字、試作耶蘇十字歌（国有小学中学大学分四科目曰医曰治曰教曰道」

【抽気機】

中国

『製火薬法』巻三／傅蘭雅口訳、丁樹棠筆述（1871年・同治10年）⇒「使入於薬粒面凹処或用抽気機吸出内気」

【虫光】

中国

『博物新編』一集／合信著（1855年・咸豊5年）⇒「源有六、一曰日光、二曰火光、三曰燐光、四曰潮、汐光、五曰、虫光、六曰電光、六光以火日為正光」

【中国】

中国

『天釈明弁』／楊廷筠著（刊行年不明）⇒「中国自五胡雲（優）天下聡明才弁之士」

『崇一堂日記随筆』／湯若望訳述、王徵筆記（1638年・崇禎11年）⇒「爾不即拝眼此中国王、会見若輩」

『不得已弁』／利類思著、安文思・南懐仁訂（1665年・康熙4年）⇒「中史所紀者、中国之事耳」

【注射】

日本

『環海異聞』巻七／大槻玄沢撰（1807年・文化4年）⇒「肛門ヨリ水銃にて薬水ヲ注射す」

『舎密開宗』巻十四／賢理著、宇田川榕菴重訳増註（1837年・天保8年）⇒「蒼鉛三分、鉛五分、錫八分、（項）一分ヲ烊和スル者ヲ鎔シ注射ス」

『化学入門』後編　巻之二／竹原平次郎抄訳、堀尾用蔵註（1867年・慶応3年）⇒「吸筒法ヲ以テ炭酸気ヲ桶内ニ注射スレバ酸性砿泉ヲ擬造スベシ」

中国

『坤輿図説』巻下／南懐仁撰（1672年・康熙11年）⇒「鋳一巨鏡映日注射敵艚光照火発射百艘一時焼尽」

『天経或問』／遊子六輯（1675年・康熙14年）⇒「抱者、背者、薄者、厚者、皆是、気所注射、又有一等気圧在天上」

【中心力】

日本

『気海観瀾広義』巻五／川本幸民訳述（1851年・嘉永4年）⇒「中心とは物体の正中引力の聚まる所にして、中心力は即ち引力なり」

【中性】

日本

『舎密開宗』巻四／賢理著、宇田川榕菴重訳増註（1837年・天保8年）⇒「百

分ハ酸液五十五分ニ飽テ中性ヲ得ルノ謂ナリ」

『化学訓蒙』 巻一／石黒忠悳編輯（1870 年・明治 3 年）⇒「中和物ハ其性酸ニ非ス塩基ニ非ス一種ノ抱合物ニシテ中性物ト異ナリ」

『百学連環』 第一編／西周講述、永見裕筆録（1870 年・明治 3 年）⇒「或は日より干となり（干は中性）」

【中性越力】

日本

『訓解 電気論』／中神保訳述（1871 年・明治 4 年）⇒「陽越力の五分と陰越力の五分を備へたる者にして、名つけて中性越力と云ふ」

【中性塩】

日本

『植学啓原講義』 巻三十四／宇田川榕菴訳（1833 年・天保 4 年）⇒「此亜爾加里ヨク諸酸ニ和ヲ中性塩ヲ為ス」

【中性物】

日本

『化学入門』 後編　巻之三／竹原平次郎抄訳、堀尾用蔵註（1867 年・慶応 3 年）⇒「酸ヲ成サズ唯中性物ヲ生ズル」

『化学闡要』 巻二／土岐頼徳訳、足立寛閲（1872 年・明治 5 年）⇒「中性物（ネウトラールボデイ）酸及亜児加里ノ諸性ヲ具ヘサル者之ヲ名ヅケテ中性物ト曰フ」

【鋳銭局】

日本

『航西日記』 巻二／青淵漁夫・靄山樵者録（1871 年・明治 4 年）⇒「公議院鋳銭局外務局也又其右に長圓なるハ、博覧場なり」

【中線軸】

日本

『遠西観象図説』巻中／吉雄南皐口授、草野養準筆記（1823年・文政6年）⇒「独楽子ノ心アルガ如ク枢軸ナキコト能ハズ、コレヲ中線軸ト云フ」

【鋳造所】

日本

『地学事始』巻一／松山棟菴訳述（1870年・明治3年）⇒「毛織製造の場所を建て又砿山の地にハ金銀の鋳造所をも建て」

【中帯】

日本

『三才究理頌』／鶴峯戊申撰、利光宗規・多々良信興校（1838年・天保9年）⇒「中帯ノ地ハ、月ノ引力ニテ潮フクレ、合附ノ地ハ、地ノ重力ニテ」

『八紘通誌』巻一／箕作阮甫述（1851年・嘉永4年）⇒「此州大半、赤道以北、中帯ニ居リ」

『坤輿初問』／伊東玄朴訳、新発田収蔵校（1857年・安政4年）⇒「五箇ノ気帯アリ、一熱帯（アツキスジ）、一中帯（ホドヨキスジ）、二寒帯（サムキスジ）此ナリ」

中国

『博物新編』二集／合信著（1855年・咸豊5年）⇒「凡人住在地球中帯、必見衆星東上西落」

【昼短圏】

中国

『格致彙編』巻一／傅蘭雅輯（1876年・光緒2年）⇒「有一圏線名日昼短圏此両圏之線与赤道平行謂之距等」

【中点】

日本

『登高自卑』後編 巻之二／村松良粛抄輯（1875年・明治8年）⇒「其物則チ重力逞フシ、地球ノ中点ニ向テ墜ベシ、故ニ重力ハ其物トノ間ニ作用スル」

【中痘院】

日本

『尾蠅欧行漫録』五巻／市川渡著（1863年・文久3年）⇒「海陸軍人ノ容院老廃船卒病院中院聾唖盲人教導学救病社等あり」

【中毒】

日本

『増補重訂 内科撰要』巻九／我爾徳児著、宇田川玄随訳（1822年・文政5年）⇒「其因ハ過食、多飲、中毒或ハ胃、横隔膀胱、其他」

『厚生新編』雑集／馬場貞由他訳述（1811年〜・文化8年〜）⇒「穢物を見るに依て催すものあり、或は中毒或は「ブレウク」、或は諸部損傷」

『遠西紀略』巻一／大槻西磐著（1855年・安治2年）⇒「加利岐歯斯姪也、食菌中毒（歹且）涅羅立」

中国

『聖経直解』巻十／陽瑪諾著（1636年・崇禎9年）⇒「霊存徳無害也、酒得中、剤也、過中毒也、天主生酒、以養人身」

『物理小識』巻七／方以智著（1664年・康熙3年）⇒「薬点者有銅鉄鍮石金、熟無毒、生有毒、中毒者鷓鴣肉解之葛洪言用豕負革」

『英吉利国記』／梁廷枏撰（1845年・道光25年）⇒「見酒輙先自飲因中毒死立十有五年」

【中煤毒】

中国

『化学初階』巻一／嘉約翰口訳、何瞭然筆述（1873年・同治9年）⇒「往往傷生、即俗族称中煤毒者是也、故密室中向爐熟睡炉」

【中風】

日本

『阿蘭陀始制エレキテル究理原』巻一／橋本曇齋口授、平田稔筆記（1811 年・文化 8 年）⇒「ボイスには卒中風及中風を治るとあり」

中国

『物理小識』巻六／方以智著（1664 年・康熙 3 年）⇒「中風、冬至起欠坎候八方風、従来者長養不則名為虚賊風害満物」

【中法院】

日本

『泰西国法論』第十六章／津田真一郎訳（1868 年・慶応 4 年）⇒「法台（中法院）に法士三名、法府（大法院）に五名、議法院（至高法院）に七名）」

【昼夜圏】

日本

『坤輿初問』第二節／伊東玄朴訳、新発田収蔵校（1857 年・安政 4 年）⇒「此位置ハ経緯ト名ク経ハ土地昼夜圏ヲ距ル度ナリ此昼夜圏ハ正ニ鉄島ノ上」

【昼夜平等】

日本

『坤輿図識』巻一／箕作省吾著（1845 年・弘化 2 年）⇒「万国一歳中ニ、春秋二分ノ両日、昼夜平等ナルヲ除ク外ハ、総テ昼夜ノ時刻、長短ノ差ヲ生スト云フ」

『官板 玉石志林』／箕作阮甫他訳（1863 年頃・文久 3 年頃）⇒「北光、「ノールデンリクト」冬は夏より多し、其最多の時は、昼夜平等の時（春秋二分）是なり」

【昼夜平線】

日本

『新製地球万国図説』／桂川甫周訳、大槻玄沢訂（1786 年・天明 6 年）⇒「太

陽此圏ニ在ルヲ春秋二分トス、故ニ又昼夜平線ト名ク」
『奇観録』／亀井魯撰（1793 年・寛政 5 年）⇒「氷海環其外、渤泥国于昼夜平線下、亭午無影、而其距」
『坤輿初問』第二節／伊東玄朴訳、新発田収蔵校（1857 年・安政 4 年）⇒「昼夜圏ハ正ニ鉄島ノ上ニ竟レリ緯ハ一極ヨリ一極ニ向テ土地昼夜平線（エーヘンナフツレイン）（赤道線）ヲ距ル度ヨリ南北緯ヲ分ツ」

中国
『坤輿図説』巻上／南懐仁撰（1672 年・康熙 11 年）⇒「依是可分置各国于其所天下之経自順天府起為初度至三百六十度」
『槐園叢書』／宇田川榕菴著（1824 年・文政 7 年）⇒「自大西浮海入中国至昼夜平線已見南極」
『外国地理備攷』巻一／瑪吉士輯訳（1847 年・道光 27 年）⇒「以此中分之圏名曰赤道亦曰昼夜平線蓋凡日到此処普天之下昼夜均也」
『海国圖志』／魏源撰、林則徐訳（1876 年・光緒 2 年）⇒「天球有昼夜平圏列於中、昼短長ニ圏、列於南北」

【中立国】

日本
『畢洒林氏万国公法』巻三／西周訳（1866 年・慶応 2 年）⇒「戦を交ゆる国と局外中立の国との権義」
『外国交際公法』附言／福地源一郎訳訂（1869 年・明治 2 年）⇒「中立ノ国モ其議論アル国ニ関係セル時ハ其公私ノ職掌尤難事ナル」

【中立性】

中国
『化学鑑原続編』巻三／傅蘭雅口訳、徐寿筆述（1875 年・光緒元年）⇒「其性与原質無大異、惟有数種中立性之質、変成肥皀之時倶能分出」
『格致彙編』格致略論／傅蘭雅輯（1876 年・光緒 2 年）⇒「彼此相滅所成之塩類非酸非（鹵僉）有中立之性配質亦為雑質大半内含養気」

【駐輪之地】

日本

『**中西関係論**』巻一／林楽知著（1876 年・光緒 2 年）⇒「火車運行、而火車駐輪（ステーシヨン）之地、宜於横路多備馬車駁貨分送各路」

【虫類】

日本

『**万寶新書**』巻二／宇田川興齋訳述（1860 年・安政 7 年）⇒「曽テ衣魚（シミ）及ビ他ノ虫類ノ害ヲ蒙ルコトナク」

『**官板 バタヒヤ新聞**』第十二／蕃書調所訳（1862 年・文久 2 年）⇒「種々の虫類多く、且つ大なる蛇蝎蝦蟆等雑居せり、之れを防がんとて鉄砲を発つ」

【中和】

日本

『**輿地誌略**』巻五／青地林宗訳述（1826 年・文政 9 年）⇒「南部の地にして、峡谷肥沃、気候中和、穀種、材木、鳥魚、獣毛多く産す」

『**遠西医方名物考補遺**』巻七／宇田川榛斎訳述、宇田川榕菴校補（1834 年・天保 5 年）⇒「血中ノ亜児加利塩ト抱合ノ中和塩トナル者ナリ」

『**舎密開宗**』巻四／賢理著、宇田川榕菴重訳増註（1836 年・天保 8 年）⇒「炭酸ト熱ク中和スル者ニアラス加里ノ僅ニ炭酸ヲ含ム者ナリ」

『**坤輿図識**』巻五／箕作省吾著（1845 年・弘化 2 年）⇒「毛髪テ獣畜ノ如シ、其大気ハ、總大気ハの中和平等ニテ人畜ニ可ナリ」

『**泰西三才正蒙**』巻二／永井則著（1850 年・寛政 3 年）⇒「其油気、中和塩質等、害気トナルベキ者ヲ、伏道ヨリ火山ニ送テ、之ヲ焼材ト為ス」

『**遠西水質論**』第四／高野長英訳（刊行年不明）⇒「揮発塩気ト合スレハ硝子中和塩　食塩他ノ諸塩ヲ生シ」

中国

『**博物新編**』一集／合信著（1855 年・咸豊 5 年）⇒「皆因稟賦宇宙中和之熱、故失熱則万物不成形」

【懲悪院】

日本

『泰西国法論』 巻一／津田真一郎訳（1868 年・慶応 4 年）⇒「二十年乃至二十五年間懲悪院に入る若其未廃せざる者は大抵特赦に従て死一等を減ずと云ふ」

『万国港繁昌記』 初篇　巻中／黒田行元編・松川半山書画（1873 年・明治 6 年）⇒「内に美麗なる一寺観あり、又病院、幼院、懲悪院ありて、皆これを其区内に設く」

【調印】

日本

『日本新聞外編』 巻五／柳河春三他訳（1865 年・慶応元年）⇒「御門の調印を得るならは、日本と外国の交際益々親切にして」

『西洋事情』 巻二／福澤諭吉纂輯（1866 年・慶応 2 年）⇒「調印するときは、定めて国律となし此律例と並び行ふべし」

『英政如何』 巻八／鈴木唯一訳（1868 年・明治元年）⇒「後に示すものの外は、皆ロルド・リウテナントの調印する事なり」

【聴音学】

日本

『物理階梯』 巻中／片山淳吉纂輯（1872 年・明治 5 年）⇒「音ノ本性及ヒ定則ヲ論スルモノ是ヲ「アユースチツク」ト云フ聴音学ノ義ナリ」

【調音器】

日本

『物理日記』 第五十六回／リッテル口授、文部省（1874 年・明治 7 年）⇒「筒中ノ大気ノ長サ波ノ長サ四分一ニ在ル然リ今調音器ヲ以テ之ヲ試ム」

【懲治院】

日本

『八紘通誌』巻二／箕作阮甫述（1851 年・嘉永 4 年）⇒「懲治院一區歐邏巴中、花麗ナル厦屋ノ一タリ、王家鋳工場、海陸軍ノ児童武校」

【吊床】

日本

『尾蠅欧行漫録』巻五／市川渡著（1863 年・文久 3 年）⇒「飲水ヲモ与ヘサレトモ衆皆吊床ニ困臥セシ」

【聴神経】

日本

『遠西医方名物考補遺』巻七／宇田川榛齋訳述、宇田川榕菴校補（1834 年・天保 5 年）⇒「劇響ニ由テ聴視神経麻痺シ或鼓膜破裂シ聾トナルカ如シ」

『気海観瀾広義』巻八／川本幸民訳述（1851 年・嘉永 4 年）⇒「終にこれを聴神経に伝へ、以て某物の音なることを知らしむ」

『理学提要』巻二／広瀬元恭訳（1856 年・安政 3 年）⇒「甚しき時は即ち聴神経の麻痺を起し、或は鼓膜破裂して聾と為るに至る」

【長人国】

中国

『槐園叢書』／宇田川榕菴著（1824 年・文政 7 年）⇒「有巴大温地方、其人長八尺、故謂之長人国、皆無文字、以結縄為治」

【調整】

日本

『三兵答古知幾』巻一／高野長英訳（1856 年・安政 3 年）⇒「補助トナシ、以テ之ヲ調整シ、之ヲ運動セシムヘシ」

【聴奏所】

日本

『欧行記』巻三／益頭駿次郎記（1861年・文久元年）⇒「此夜ベリニー府の音楽の聴奏所に至る旅館より凡七八丁離れ」

【聴訟官】

日本

『西国立志編』第一編／中村正直訳（1870年・明治3年）⇒「ソノ家世隆赫ナル故ニ由テ、僅ニ二十一歳ニ及ンデ・華瑟爾士（ヴハーセルス）ノ聴訟官ニ任ゼラレタリ」

【懲治院】

日本

『八宏通誌』巻二／箕作阮甫述（1851年・嘉永4年）⇒「立像ヲ立ツ、懲治院一区欧邏巴中、花麗ナル厦屋ノタリ、王家鋳工場」

【鳥畜館】

日本

『幕末遣欧使節航海日録』／野沢郁太記（1861年・文久元年）⇒「一、今朝鳥畜館へ御出、一、昼御各国執政へ御廻り、一、夕方音楽へ御出」

【腸閉塞】

日本

『泰西七金訳説』巻二／渋江虬鑒試、馬場貞由訳述（1854年・嘉永7年）⇒「月水・脾・肝及び諸腸閉塞を開き、下利、下血を止めるに用ふるなり」

【長方形】

中国

『理学提要』総論／広瀬元恭訳（1856年・安政3年）⇒「諸角皆直にして対、

相対する者、之れを長方形と謂ふ」
『化学鑑原続編』巻一／傳蘭雅口訳、徐寿筆述（1875年・光緒元年）⇒「成長方形之顆粒其色緑而光亮」

【調理】

日本
『六物新志』巻上／大槻玄沢訳（1786年・天明6年）⇒「元気鼓作調理数十日而全癒」
『蘭説弁惑』巻下／大槻玄沢口授、有馬文仲筆記（1799年・寛政11年）⇒「支那、阿蘭陀共に調理の法食料の様子を聞たるに」
『万国新話』巻四／森島中良編輯（1789年・寛政元年）⇒「男女席を同じうして食せず、飯は下男に焚かせ、下飯は下女に調理せしむ」

中国
『欧遊随筆』／銭徳培著（1877年・光緒3年）⇒「可納受清気此為調理病躯之第一要法徳王長孫於正月二十七日娶親」

辞書
『A DICTIONARY OF THE CHINESE LANGUAGE, IN THREE PARTS.』／Robert Morrison（1815～23年）⇒「REGULATE　調理」
『英華字典』／Walter Medhurst（1847～48年）⇒「TO　REGULATE　調理」
『英華字典』／Wilhelm Lobscheid（1866～69年）⇒「Arrnge　調理」「Regulate　調理」

【漲力】

日本
『気海観瀾』凡例／青地林宗訳述（1825年・文政8年）⇒「自然の運用に平均と謂ひ、引力、張力と謂ふの類、枚挙す可からず」
『遠西奇器述』第五／川本幸民口述、田中綱紀筆記（1854年・嘉永7年）⇒「温増セバ蒸気ノ張力モ亦加ハル」
『蒸気雑説』乙／著者不明（明治初期書写）⇒「蒸気の張力、ソイケル面に一兌方面毎に五□〇八の力あるとして算定す」

中国

『六合叢談』巻六／慕維廉・艾約瑟他記述（1857年・咸豊7年）⇒「水由之入、地中蒸為水気、漲力甚大、故有地震」

『重学』巻十六／艾約瑟口訳、李善蘭筆述（1859年・咸豊9年）⇒「気之力有二、一漲力、一動力、如風鎗不用火薬用気漲力」

『格物入門』巻七／丁韙良著（1868年・同治7年）⇒「其気如之稠、如此之熱、漲力甚険、幾乎与火薬相等」

【鳥類】

日本

『斯魯斯氏講義動物学 初編』初編／太田美濃里筆記（1874年・明治7年）⇒「許多ノ鳥類ハ鼻腔ヨリ空気ヲ吸入シ直ニ皮下ニ輸ルアリ」

中国

『空際格致』巻上／高一志撰、韓雲訂（刊行年不明）⇒「金石之類、草木五穀之類禽獣之類、人類」

【調和】

日本

『気海観瀾』／青地林宗訳述（1825年・文政8年）⇒「其の常に有る所の者は、空気と清気と相交はるに出づ」

『舎密開宗』巻二／賢理著、宇田川榕菴重訳増註（1836年・天保8年）⇒「大気ハ酸素瓦斯一分窒素瓦斯三分ノ調和スル者ナリ」

『異人恐怖伝』巻下／検夫爾著志筑忠雄翻訳（1850年・嘉永3年）⇒「かれが食机の上を見る彼兎ざま角ざまに調和して、緒物殆供らずといふ物なし」

中国

『物理小識』巻五／方以智著（1664年・康熙3年）⇒「而則内外上下周行調和矣」加玄参為玄（蒐）九」

『博物新編』一集／合信著（1855年・咸豊5年）⇒「陽者必合于陰者、務必彼此会合、一気調和如天空二雲」

『化学初階』巻一／嘉約翰口訳、何瞭然筆述（1870年・同治9年）⇒「軽重不同、而倶調和甚勿、皆縁気之各互牽引故也」

辞書

『英華字典』／Walter Medhurst（1847～48年）⇒「TO ATTEMPER　調和」「TO PACIFY　調和」「TO HARMONIZE　調和」
『英華字典』／Wilhelm Lobscheid（1866～69年）⇒「Compounding　調和」「Moderate　調和」「Melody　調和」

【貯金】

日本

『官板 バタヒヤ新聞』巻十一／蕃書調所訳（1862年・文久2年）⇒「金蔵の貯金を貸し渡し、順序よく故障なく航海せしむ可し」
『官版 立会略則』／渋沢栄一述（1871年・明治4年）⇒「商社の貯金は、聊たりとも差配人又は取扱人一己の為に融通するを許さす」
『英氏経済論』巻六／小幡篤次郎訳（1871年・明治4年）⇒「力アリ故ニ貯金ヨリ得ル所ノ利息ハ利潤ノ第一条ナリ、第二ハ為替」

辞書

『英華字典』／Walter Medhurst（1847～48年）⇒「TO　ACCMULATA　貯金累玉」
『英華字典』／Wilhelm Lobscheid（1866～69年）⇒「to accumulat merits　貯金累玉」

【貯金所】

日本

『西洋事情』外篇　巻之二／福澤諭吉纂輯（1866年・慶応2年）⇒「世に行はるる貯金所、相対扶助等のこと勿れ」

【直言】

辞書

『英華字典』／Walter Medhurst（1847～48年）⇒「PLAIN spoken　直言」「STRAIGHTFORWARD　直言」
『英華字典』／Wilhelm Lobscheid（1866～69年）⇒「to express in direct

terms　直言」「EXPRESSLY　直言」「to speak honestly　直言」
『英華翠林韻府』／Justus Doolittle（1872 年）⇒「Straight-forward　直言」

【直腸】

日本

『解体新書』巻三／杉田玄白訳、中川淳庵校（1774 年・安永 3 年）⇒「直腸、直に腰より下りて肛門に至る」
『西説医範提綱釈義』巻一／宇田川榛齋訳述（1805 年・文化 2 年）⇒「第六対ハ直腸、膀胱、子宮陰具等ノ筋ニ循ル」
『中外雑字簿』／宇田川榕菴編（1826 年・文政 9 年）⇒「直腸」
『西医方選』巻七／藤林普山著（1828 年・文政 11 年）⇒「導喜使直腸発痛、否則致痔疾」

中国

『全体新論』坤／合信著（1851 年・咸豊元年）⇒「従左軟脇斜落至肛門、乃直腸也、上中両迴」
『婦嬰新説』巻上／合信著（1858 年・咸豊 8 年）⇒「直腸之前、有底有頚有口上大下小、底在上、口在下」

辞書

『A DICTIONARY OF THE CHINESE LANGUAGE, IN THREE PARTS.』／Robert Morrison（1815 ～ 23 年）⇒「RECTUM INSTESTINUM　直腸」
『英華韻府歴階』／Wells Willams（1844 年）⇒「RECTUM　直腸」
『英華字典』／Walter Medhurst（1847 ～ 48 年）⇒「RECTUM　直腸」
『英華字典』／Wilhelm Lobscheid（1866 ～ 69 年）⇒「Rectum　直腸」
『英華翠林韻府』／Justus Doolittle（1872 年）⇒「Rectum　直腸

【直訳】

日本

『解体新書』凡例／杉田玄白訳、中川淳庵校（1774 年・安永 3 年）⇒「訳に三等あり、一に曰く翻訳、二に曰く義訳、三に曰く直訳」
『蘭療方』凡例／広川獬訳、栗崎徳甫校（1804 年・享和 4 年）⇒「翻訳者直訳為要」
『六物新志』凡例／大槻玄沢訳（1876 年・天明 6 年）⇒「訳有三義対訳義訳直

訳是也」

【儲才館】

中国

『中西関係論』巻一／林楽知著（1876年·光緒2年）⇒「街頭設天文館、儲才館、講求天文格致之学、而又通商減捐、清還国債」

【著述ノ自由】

日本

『自由之理』巻一／中村敬太郎訳、木村謙一郎版（1872年・明治5年）⇒「談話ノ自由、著述ノ自由ハ、ソレト共ニ行ハレテ、相離レザルモノナリ」

【貯信所】

日本

『舎密局開講之説』／ハラタマ講説、三崎嘯輔宣訳（1869年·明治2年）⇒「貯信所」

【貯水器】

中国

『重学』巻十八／艾約瑟口訳、李善蘭筆述（1859年・咸豊9年）⇒「如甲乙為貯水器平行四辺形式傍面」

【貯蓄】

日本

『日本貿易新聞』第二十二号／柳河春三他訳（1863年・文久3年）⇒「第五月第六月の疑惑すへきにて、貯蓄の産物全く一時に尽きたり」

『官板 玉石志林』／箕作阮甫他訳（1863年頃・文久3年頃）⇒「其貯蓄の適度なると、身体の過度に健壮なるとを以て、成し得たる行遊の歴経験、此婦をして」
『エレキテル訳説』／橋本曇斎訳、伏屋素狄撰（刊行年不明）⇒「已に勢力の貯蓄《たくはへ》に余ありて又一個の顕験あるなり」

中国

『博物新編』一集／合信著（1855年・咸豊5年）⇒「用琉璃管貯蓄硫強水、使其浸形而落」

【地理学】

日本

『訂正増訳采覧異言』巻一／新井白石著、山村才助増訳（1802年・享和2年）⇒「王国拂朗察ノ地理学師垤列乙斯勒ナル者所撰ノ欧羅巴ノ地図」
『窮理通』巻二／帆足万里撰（1836年・天保7年）⇒「其の説頗る詳なり、地理学に属す、今、具に載せず」
『民間格致問答』題言／大庭雪齋訳（1862年・文久2年）⇒「十二三歳まで仁義五常の道を教へ、或は算学地理学を習はせ」

【地爐】

日本

『北槎聞略』巻四／桂川甫周撰（1794年・寛政6年）⇒「制は此方と同様にて牛乳（うしのちち）にひたし食ふ、賎人の家には地爐（ペイチ）なし」

【陳新交代】

日本

『生石灰之解凝力』／宇田川榕菴自筆草稿（1824年・文政7年）⇒「周囲ノ大気ハコレニ陳新交代セシメザルハ動物其内ニ在テ活在スル」

【鎮痛剤】

日本

『榕菴先生遺書』／宇田川榕菴編（刊行年不明）⇒「鎮痛剤」

【沈黙】

『英華字典』／Walter Medhurst（1847～48年）⇒「TACITURN　沈黙」

【つ】

【追憶】

中国

『西国記法』／利瑪竇著、高一志・畢方済共訂（1595年・万暦23年）⇒「是以初記□難、而追憶則易、何者」

辞書

『英華韻府歴階』／Wells Willams（1844年）⇒「RECALL　追憶」
『英華字典』／Walter Medhurst（1847～48年）⇒「TO RECUR　追憶」
『英華翠林韻府』／Justus Doolittle（1872年）⇒「Recall　追憶」

【通貨】

日本

『鉛筆紀聞』匏菴十種 巻一／栗本鯤化鵬著（1869年・明治2年）⇒「欧羅巴現今ノ通貨ヲ四分シテ、其一ハ現貨、其三ハ楮幣ナリ」
『百学連環』／西周講述、永見裕筆録（1870年・明治3年）⇒「通貨とは夫の財貨と婦の貨財と相合して産業をなすを言ひ」

中国

『坤輿図説』巻上／南懐仁撰（1672年・康熙11年）⇒「助舟楫之力以通貨財以利天下是也」
『瀛環志畧』巻二／徐繼畬撰（1848年・道光28年）⇒「凡諸番之在南海者、並通貨以金錫緡銭、易其犀象珊瑚琥珀」

【追及】

辞書

『英華字典』／Wilhelm Lobscheid（1866～69年）⇒「OVERTAKE　追及」

『**英華翠林韻府**』／Justus Doolittle（1872 年）⇒「Overtake　追及」

【通気器】

日本

『**舎密局開講之説**』／ハラタマ講説、三崎嘯輔宣訳（1869 年･明治 2 年）⇒「水の吸水圧水の両筒を組製し以て救火器、通気器、大気車路等に照応し」

【通気孔】

辞書

『**英華字典**』／Wilhelm Lobscheid（1866 ～ 69 年）⇒「Tunnel　通気孔」

【通光体】

日本

『**遠西医方名物考補遺**』巻七／宇田川榛齋訳述、宇田川榕菴校補（1834 年・天保 5 年）⇒「硝子、水等ノ玲瓏ニ光素透徹シ光ヲ現スル者ハ是ヲ通光体ト曰フ多少透明ナル者之通光体ト曰フ」

【通気法】

日本

『**西洋作家雛形**』第二編／津田僊撰（1872 年・明治 5 年）⇒「尽く清浄涼にする方法を施せば、大水道の通気法には充分なるべし」

【通古学】

日本

『**百学連環**』／西周講述、永見裕筆録（1870 年・明治 3 年）⇒「凡て歴史なるものは古より今に至るまで連続して記せるものにて、通古学なるものは時代を区別して穿鑿したるものなり」

『**百学連環**』／西周講述、永見裕筆録（1870 年・明治 3 年）⇒「通古学」

【通商】

中国

『東西洋考』／張燮撰次（1618 年・万暦 46 年）⇒「彼国通商所乞脩故事」

『六合叢談』巻五／慕維廉・艾約瑟他記述（1857 年・咸豊 7 年）⇒「当遣公使駐劄京師、各海口通商貿易」

『格致古微』微一／王仁俊述（1899 年・光緒 25 年）⇒「日中為市交易而退此通商之濫觴太公之九府」

【通商会社】

日本

『官版 立会略則』主意／渋沢栄一述（1871 年・明治 4 年）⇒「通商会社　既に海外各国と交易通商すれは、彼の情実を識らざるへからす」

【通商関係】

日本

『外国事務』第二十五条／福地源一郎訳辻理之介 校（1868 年・明治元年）⇒「魯西亜と諸外国との通商関係事件に付政務上交際す」

【通商司】

日本

『新製地球万国図説』／桂川甫周訳、大槻玄沢訂（1786 年・天明 6 年）⇒「「ハタアヒカ」ノ地ニ城地ヲ開キ、通商司ヲ設ケ、東方諸国互市ノ都会ト為ス」

【通商風】

中国

『格物入門』巻二／丁韙良著（1868 年・同治 7 年）⇒「西国謂之通商風、蓋因海上行舟、籍此風即有定向」

【通信】

日本

『**三国通覧図説**』一巻／林子平述（1786 年・天明 5 年）⇒「其国全ク清ノ正朔ヲ奉レトモ本邦ト通信スル書ニハ」

『**北槎聞略**』巻九／桂川甫周撰（1794 年・寛政 6 年）⇒「もし諸国より貴国に通信互市の事あらば其利を失はむ事をいめる根なし」

『**西洋列国史略**』／佐藤信淵撰（1808 年・文化 5 年）⇒「大洋ニ航海シ万国ニ通信セシ其始末ヲ記メ以テ通商航海ハ国家ノ要務ナルヲ示シ」

中国

『**英国志**』巻七／慕維廉訳（1856 年・咸豊 6 年）⇒「立公私通信之法、無論遠近概給力銭二十余」

『**初使泰西記**』／志剛著（1867 年・同治 6 年）⇒「曰此屋有通信綫機何得不知司事者詫之」

『**格物入門**』巻四／丁韙良著（1868 年・同治 7 年）⇒「電報通信、亦如放砲為号否」

【通信之電】

中国

『**格物入門**』巻四／丁韙良著（1868 年・同治 7 年）⇒「若通信之電、不能透紙也、如遇雷電、便能破紙随鉄而入於地矣」

【通電】

中国

『**格物入門**』巻四／丁韙良著（1868 年・同治 7 年）⇒「因思電気既喜入地、地即通電、於是以此頭陽極」

【痛風】

日本

『**増補重訂 内科撰要**』巻三／我爾徳児著、宇田川玄随訳（1822 年・文政 5 年）⇒「痛風ハ疼痛ヲ以テ病トス、大率是ヲ四肢関節ニ患ヒ」

『**新訂増補和蘭薬鏡**』巻一／宇田川榛斎訳述、宇田川榕菴校補（1828 年・文政

11年）⇒「痛風傷冷毒等ノ酷（蛎）液内攻ノ発スル」
『遠西医方名物考補遺』巻八／宇田川榛齋訳述、宇田川榕菴校補（1834年・天保5年）⇒「痛風毒アル人ノ涎唾ハ炭酸アリ」

【通弁】

日本

『測量秘言』／細井広沢編（1727年・享保12年）⇒「然とも通弁之人算学、無之候得は難通所御座候」
『赤蝦夷風説考』上巻／工藤平助著（1783年・天明3年）⇒「通弁ばかりにて夫よりよき島に上りたり、島の人慈心ありて」
『西客対話』（写）／大槻茂質録（1794年・寛政6年）⇒「亦同じ大通事加福安治郎通弁にて」

【通弁官】

日本

『航米日録』巻一／玉虫茂誼誌（1860年・万延元年）⇒「通弁官ヨリ其次第第一等ロイテナント官ニ知ラスベシ」
『遣米使節日記』上之巻／村垣範正記（1860年・万延元年）⇒「例の通訳官ヒースケン（人名）とも、一同午時過る頃参りぬ」
『漂流記』下／播州彦蔵著（1863年・文久3年）⇒「我をハコンシユール附属の通弁官となして漂流以来九年をへて長崎に来り」

【通訳】

中国

『西学凡』引／艾儒略答述（1623年・天啓3年）⇒「所能通訳者自実義畸人七克」
『格致古微』巻四／王仁俊述（1899年・光緒25年）⇒「狄之通訳猶狄之通駅孝経注越裳重訳釈文本作駅可証」

【通用貨幣】

日本
『英氏経済論』巻五／小幡篤次郎訳（1871年・明治4年）⇒「若シ通用貨幣ノ価常ニ他ノ諸物ト其浮沈ヲ共ニセハ大ニ利アル」

【通用手形】

日本
『会社弁』大要／福地源一郎訳（1871年・明治4年）⇒「此借用証文の金高は通用手形の高より多し、是は貸渡の節利足を引去たれはなり」

【通夜】

日本
『遠西奇器述』／川本幸民口述、田中綱紀筆記（1854年・嘉永7年）⇒「下ニ在ルトキハコレヲ低圧ノ蒸気ト名ズケ又コレニ越エテ」

中国
『聖経直解』／陽瑪諾著（1636年・崇禎9年）⇒「維持蘇耶登山、通夜黙道、天曙呼諸使徒」

【て】

【定影】

日本
『脱影奇観』巻下／宇田川準一和解（1872年・明治5年）⇒「洗濯浄カラザレバ定影（カゲヲサダメル）ノ時ニ至テ必ズ藍痕ヲ生ズ」

【定影水】

日本
『脱影奇観』巻下／宇田川準一和解（1872年・明治5年）⇒「硝強水、発現水、発重水、定影水、酒白漆等ノ物ナリ」

【定価】

日本

『中外新聞』 第三十号／柳河春三編（1868 年・慶応 4 年）⇒「大政御一新に付宇内貨幣の定価御吟味の上、古今通用金銀銅銭等」

『航西日記』 巻一／青淵漁夫・靄山樵者録（1871 年・明治 4 年）⇒「毎週刊行の香港新聞紙あり、漢文にて一个年分、定価弗」

辞書

『英華字典』／Wilhelm Lobscheid（1866 ～ 69 年）⇒「Apprize　定価」「just price　定価」「just price　定価」

『英華翠林韻府』／Justus Doolittle（1872 年）⇒「fixa　定価」「Fixed　定価」

【定牙】

中国

『格致彙編』 論牙歯／傅蘭雅輯（1876 年・光緒 2 年）⇒「如見微定牙已透出因牙床骨太小而不斎整」

【泥火山】

日本

『遠西奇器述』 巻一／川本幸民口述、田中綱紀筆記（1854 年・嘉永 7 年）⇒「此気火山及ヒ泥火山ハ、タマン島及ヒ瓜哇ニアリ」

【定期】

日本

『博物新編訳解』 巻三／合信著、大森解谷訳（1868 年・慶応 4 年）⇒「惟蝕ニ定期（キマリ）アル者ハ、却テ其軌道ノ高低斜メニ五度ヲ隔ツニ因ル」

『立憲政体略』 上下同治／加藤弘蔵著（1868 年・慶応 4 年）⇒「君父命シテ終身或ハ定期ノ間此職ニ任スルモノアリ」

『**英氏経済論**』巻八／小幡篤次郎訳（1871 年・明治 4 年）⇒「譬ヘハ六銖ノ利息ヲ以テ二年ノ定期預ケヲ為シ六箇月ヲ経ルノ後チ」

中国

『**遠鏡説**』／湯若望纂（刊行年不明）⇒「四星隋木有規則有定期又有蝕時則非宿天之星明矣」

辞書

『**英華韻府歴階**』／ Wells Willams（1844 年）⇒「TIME, fixa　定期」

『**英華字典**』／ Walter Medhurst（1847 ～ 48 年）⇒「to appoim a time　定期」「a fixed time　定期」

『**英華字典**』／ Wilhelm Lobscheid（1866 ～ 69 年）⇒「to appoint time　定期」「a fixed time　定期」

『**英華翠林韻府**』／ Justus Doolittle（1872 年）⇒「fix　定期」

【定義】

日本

『**百学連環**』総論／西周講述、永見裕筆録（1870 年・明治 3 年）⇒「知ることは明白といふ字義なり、英の Loch なる人の定義に」

【定期預ケ】

日本

『**英氏経済論**』巻八／小幡篤次郎訳（1871 年・明治 4 年）⇒「利息ヲ以テ二年ノ定期預ケヲ為シ六箇月ヲ経ル」

【定期官】

日本

『**英氏経済論**』巻九／小幡篤次郎訳（1871 年・明治 4 年）⇒「終身官ハ定期官ヨリ其報酬ヲ少フス可シ」

【抵抗】

日本

『気海観瀾』／青地林宗記訳述（1825年・文政8年）⇒「張力を増し、血液盪摩して内温を起し、以て外塞に抵抗す」

『理学提要』巻一／広瀬元恭訳（1856年·安政3年）⇒「大気抵抗力ありと雖も、水に比すれば、其の軽さ八百倍と為す」

『訓解 電気論』／中神保訳述（1871年・明治4年）⇒「空気の抵抗（ジヤマ）と両躰の越力の等分にならさる故に近寄る」

『物理階梯』巻上／片山淳吉纂輯（1872年・明治5年）⇒「静止スル所ノ物ハ、常ニ外力ニ抵抗シテ、動力カサルヲ欲ス」

【低酸化物】

日本

『理化日記』巻五／リッテル口授、市川盛三郎訳（1870年・明治3年）⇒「撮素及ヒ亜撮酸ノ臭ニアラス盖シ低酸化物ナリ」

【定時新聞】

日本

『上木自由之論』／小幡篤二郎訳（1873年・明治6年）⇒「米国ヲ推シテ第一流トセザルヲ得ズ、然ルモ定時新聞ノ如キハ、暴論過激佛蘭西ト異ナルコトナシ」

【定質体】

中国

『格致彙編』続一巻／傅蘭雅輯（1876年・光緒2年）⇒「天造体質之理与定質体之例其能大哉」

【定質油】

中国

『化学鑑原続編』巻一／傅蘭雅口訳、徐寿筆述（1875年・光緒元年）⇒「定質油無論動物植物所出其性与原質無大異」

【停車所】

日本

『文明開化雑纂』江湖機関西洋鑑 初篇　下巻／岡丈紀著（1873年・明治6年）⇒「時間を移す停車所（すていしょん）の贅話」

【停車場】

日本

『航西日乗』／成島柳北著（1872～73年・明治5～6年）⇒「停車場ヨリ馬車ニ驚シカプシンヌ街ノ「グランドホテル」ニ入ル」

【逓昇法】

中国

『経済小学』下編／神田孝平重訳（1867年・慶応3年）⇒「之避ケント欲セハ欲セハ宜シク逓昇法ヲ用フヘシ」

【抵触】

日本

『蘭説比会三才窮管』巻下／広瀬周伯著（1799年・寛政11年）⇒「一気アリ其気ノ物ニ抵触（テイソク）」

『登高自卑』前編 巻之上／村松良粛抄輯（1872年・明治5年）⇒「是扇ニテ動カサレシ、空気ノ面ニ抵触スレバナリ」

『エレキテル訳説』／橋本曇齋訳、伏屋素狄撰（刊行年不明）⇒「諸物品体に抵触して分明なるは、其周囲に最も軽薄なる蒸気水気の際輪見ゆる」

中国

『聖瑪竇宗徒兼聖史瞻礼』巻十二／著者不明（刊行年不明）⇒「聖人曰、和睦于衆、弗相抵触」

辞書

『英華翠林韻府』／Justus Doolittle（1872年）⇒「Butt　抵触」

【逓信】

中国

『六合叢談』巻十三／慕維廉・艾約瑟他記述（1857年・咸豊7年）⇒「最後由通標逓信云、王令太子監国三月」

『海国圖志』巻五十一／魏源撰、林則徐訳（1876年・光緒2年）⇒「約銀八百一十五満四千四百両、郵駅逓信」

『格物探原』第十七／韋廉臣著（1876年・光緒2年）⇒「假如二百四十有九知覚筋髄、逓信入脳」

【泥炭】

日本

『窮理通』巻二／帆足万里撰（1836年・天保7年）⇒「土人名づけて麻莫門多（アムモント）と曰ふ、以為へらく、地底産する所の泥炭の類なりと」

『遠西奇器述』第二集／川本幸民口述、田中綱紀筆記（1854年・嘉永7年）⇒「泥炭、石炭ヨリ出ヅル者ハ、炭酸気及ビ硫水素気ヲ含ム」

『万寶新書』百一／宇田川興齋訳述（1860年・安政7年）⇒「適宜ノ團塊ト為シ、乾カシ、尋常ノ泥炭ノ如ク」

中国

『地理全志』下編　巻七／韋廉臣輯訳（1853年・咸豊3年）⇒「或于雨雪冰氷沸泉、或于泥炭、低于地面二十尺」

【停電】

中国

『格致彙編』／傅蘭雅輯（1876年・光緒2年）⇒「遇大雷電時其厄為所激蓋木（厄）」

【低熱度】

日本

『化学入門』後編　巻之六／竹原平次郎抄訳、堀尾用蔵註（1867 年・慶応 3 年）⇒「熱ニテハ十亜ノ水ヲ又海塩ハ低熱度ニテ結晶スレ」

【堤防】

日本

『官板 海外新聞』八月／洋書調所訳（1862 年・文久 2 年）⇒「夜ツーンタング河の大水にてシンゲンキズーン村の堤防四箇所、マンガラ村にて一箇所決し」

『登高自卑』前編 巻之上／村松良粛抄輯（1872 年・明治 5 年）⇒「大漲ニハ河ノ堤防崩潰スルハ、水ノ側方ヘ圧ス力アルユエナリ」

『代議政体』巻二／永峰秀樹訳（1875 年・明治 8 年）⇒「此毒流ヲ堤防シテ天下ニ汎濫セシメザル者ハ、只天賦、有徳、慈善ノ君子若干アリ」

中国

『聖母行実』巻三／高一志撰述（1631 年・崇禎 4 年）⇒「時城内軍止一二百人、惟仗聖母之力拮据堤防」

『瀛環志畧』巻三／徐繼畬撰（1848 年・道光 28 年）⇒「以広其国境所以今日必要堤防其在荷薩士河駐扎之兵云」

『海国圖志』巻七十七／魏源撰、林則徐訳（1876 年・光緒 2 年）⇒「伊国恃強我国均能設備堤防」

辞書

『英華韻府歴階』／ Wells Willams（1844 年）⇒「DEFEND　堤防」

『英華字典』／ Walter Medhurst（1847 ～ 48 年）⇒「caution　堤防」「to provide against　堤防」「OBSTRUCTION　堤防」

『英華字典』／ Wilhelm Lobscheid（1847 ～ 69 年）⇒「to provide against　堤防」「to watch against　堤防」「defense　堤防」

『英華翠林韻府』／ Justus Doolittle（1872 年）⇒「Beware　堤防」「Defrnd　堤防」

【定理】

中国

『不得已弁』／利類思著、安文思・南懐仁訂（1665 年・康熙 4 年）⇒「毎月一節気、一中気、此定法也、亦定理也」
『天経或問』雪霰／遊子六輯（1675年・康熙14年）⇒「聚団、則以六団一、此定理中之定数也、水居空中、在気体内気不容水」

【停留国】

日本
『外国交際公法』巻一／福地源一郎訳訂（1869年・明治2年）⇒「公使ノ派出セラレシ、国ニ非スレテ、一時権ニ停留スル国ニ於テモ」

【定論】

中国
『空際格致』巻上／高一志撰、韓雲訂（刊行年不明）⇒「古今有定論、士之有定論、士之週約有九万里」

【定例】

日本
『博物新編訳解』巻三／合信著、大森解谷訳（1868年・慶応4年）⇒「望夜ゴトニ必ス蝕セン、惟、蝕ニ定期（キマリ）アル」

【的確】

辞書
『英華韻府歴階』／Wells Willams（1844年）⇒「REAL　的確」
『英華字典』／Walter Medhurst（1847～48年）⇒「ASSUERD　的確」「CERTAIN　的確」「INDEED　的確」
『英華字典』／Wilhelm Lobscheid（1847～69年）⇒「Indeed　的確」「Real　的確」「Apocryphal　的確的」

【的素】

日本

『理化日記』／リッテル口授、市川盛三郎訳（1870 年・明治 3 年）⇒「「ユラニウム」鉱中少許ノ的素ヲ含ムモノアリ然トモアリ」

『化学日記』初編／リッテル口授（1874 年・明治 7 年）⇒「的素　此物亦夕硫黄及ひ撮素ト其性相近似スルモノ」

【滴虫類】

日本

『登高自卑』前編／村松良粛抄輯（1872 年・明治 5 年）⇒「其三ヲ滴虫類（テキチウ インフユソリ）ト云フ、右ノ三品ハ或ハ物ニ寄リテ纔ニ生活シ、或ハ同類相群リテ互ニ生活スル」

【滴流体】

日本

『化学通』巻一／川本幸民訳述（1871 年・明治 4 年）⇒「滴流体ノ集合力ハ、其質ノ濃淡ニ係カル」

【出口税】

日本

『百学連環』／西周講述、永見裕筆録（1870 年・明治 3 年）⇒「出口税」

【哲学】

日本

『五科学習関係文書』第六編／西周編（1863 年・文久 3 年）⇒「各国ニ学士輩出シ加フル其学士中ニモカノ哲学（ヒロソフヰー）上ノ見解盛ニ行ハレ」

『百学連環』／西周講述、永見裕筆録（1870 年・明治 3 年）⇒「哲学を理学、或は窮理学と名つけ称するあり」

『百学連環』／西周講述、永見裕筆録（1870 年・明治 3 年）⇒「哲学

Fhilosophy」

【鉄気】

中国

『**外国地理備攷**』巻四／瑪吉士輯訳（1847年・道光27年）⇒「其水皆甘美、更有或温、或（鹵咸）、或鉄気」

『**地理全志**』巻一／慕維廉輯訳（1853年・咸豊3年）⇒「地有吸鉄気、推其故、因電気横流其経線而成、西士察之」

【鉄軌】

日本

『**坤輿図識補**』付録／箕作省吾著（1846年・弘化3年）⇒「其鉄気、遠ク此近海ヲ航スル者ノ磁石ニ感触スルト云フ」

『**博物新編訳解**』巻二／合信著、大森解谷訳（1868年・慶応4年）⇒「一路ニ必ズ二ノ鉄軌（テツミチ）ヲ置ク」

中国

『**大美聯邦志略**』巻二／禆治文撰（1864年・元治元年）⇒「路之两旁、建造鉄軌《イイズルベーン》、以轄車之二輪」

【鉄気箱】

中国

『**中西聞見録選編**』雑記／丁韙良編（1877年・同治3年）⇒「其船与三板相類、惟両端設鉄気箱、旁有気管、将気積満」

【鉄橋】

中国

『**航海述奇**』／張徳彝著（1866年・同治5年）⇒「過江河造鉄橋長有一二十里者車行鉄轍寛約二寸」

『**教会新報**』外国新聞／林楽知・慕雄廉等訳（1868年・同治7年）⇒「外国如

此橋甚多現来之外国新報有造鉄橋者」
『使徳日記』／李鳳苞撰（1878 年・光緒 4 年）⇒「鉄道自西北隅渡河而東過大鉄橋長四百十二万邁」

【鉄筋】

日本

『窮理通』巻三／帆足万里撰（1836 年・天保 7 年）⇒「硝瓶中に閉ぢ、鉄筋を以て焼赤し点火すれば、響一声、火薬の如し」
『舎密開宗』巻一／賢理著、宇田川榕菴重訳増註（1837 年・天保 8 年）⇒「物類温素ヲ導達スルニ遅速アリ試ニ鉄筋」
『理学提要』後編 巻二／広瀬元恭訳（1856 年・安政 3 年）⇒「一爐其の上端を灼きて、而して鉄筋蝋先づ烊す」

【鉄琴】

中国

『声学』巻二／傅蘭雅口訳、徐建寅筆述（1874 年・同治 13 年）⇒「其下層之鉄弦琴上層之内不聞其音」
『外国竹枝詞』巻二十六／張潮輯、汪楫校（刊行年不明）⇒「天主堂有自鳴鐘鉄琴地球等」

【鉄弦琴】

中国

『声学』／傅蘭雅口訳、徐建寅筆述（1874 年・同治 13 年）⇒「鼓其下層之鉄弦琴上層之内不聞其音」

【鉄鉱】

中国

『物理小識』巻七／方以智著（1664 年・康熙 3 年）⇒「外紀勿搦祭亜、所産鉄鉱掘尽」

『坤輿図説』巻下／南懐仁撰（1672 年・康熙 11 年）⇒「飲不生育者生育者多乳所産鉄鑛掘尽踰二十五年」

【鉄甲船】

中国

『格致彙編』／傅蘭雅輯（1876 年・光緒 2 年）⇒「重九百六十五磅如英国鉄甲船耗苦立司鉄甲」

【鉄車】

日本

『漂巽紀畧』巻三／川田維鶴撰（1852 年・嘉永 5 年）⇒「船の内外に附る所の鉄車其沸盪の気を得て転輪し疾走の甚しき事猶譬ふる物なし」

中国

『教会新報』／林楽知・慕雄廉等訳（1868 年・同治 7 年）⇒「鉄車不須火馬而可用別法行之」

『格致彙編』格物雑説／傅蘭雅輯（1876 年・光緒 2 年）⇒「英国因鉄車而或死或傷之人有四千零八十三人」

【鉄車路】

日本

『テレガラーフ傳習聞書』／著者不明（刊行年不明）⇒「鉄車路」

中国

『教会新報』馬車／林楽知・慕雄廉等訳（1868 年・同治 7 年）⇒「処不能周及乃於鉄車路之両辺」

【鉄張軍艦】

日本

『各国新聞紙』付言／ウイセヒ編（1868 年・慶応 4 年）⇒「八年前ニシテフランス帝初テ鉄張軍艦」

【鉄道】

日本

『日本貿易新聞』第九十九号／黒沢孫四郎訳（1865年・元治2年）⇒「南部の利は、未た破れざる鉄道、未だ尽きざる武備、未だ挫折せざる」

『西洋事情』初編 巻之一／福澤諭吉纂輯（1866年・慶応2年）⇒「車輪の当る所に巾二寸厚さ四寸許の鉄線二条を埋めて、常に此上を往来す、之を鉄道と云ふ」

『西洋紀行 航海新説』巻上／中井桜州著（1870年・明治3年）⇒「駱駝ニ乗リ往来ス、又新ニ鉄道ヲ開拓シ遠近ノ便利ヲ営ム」

中国

『格物入門』／丁韙良著（1868年・同治7年）⇒「拉氏計算、火輪車行鉄道、五（角力）水化汽、生力幾何」

『中西聞見録選編』第一号／丁韙良編（1877年・光緒3年）⇒「日行不過数百里、不能如鉄道奔逸絶鑒耳」

『使徳日記』／李鳳苞撰（1879年・光緒4年）⇒「又換車、是処鉄道紛岐、多如蜘絲、為往来衝道」

【鉄筆】

日本

『航西日記』巻一／青淵漁夫・靄山樵者録（1871年・明治4年）⇒「漆塗、金字ふして尋常なる、皆鉄筆すて貝多羅葉に書せしものなり」

中国

『中外襍誌』／麥嘉湖輯訳（1862年・同治元年）⇒「別針、鉄筆鉄床、火爐、爐架、刀叉」

【鉄分】

日本

『舎密開宗』外編／賢理著、宇田川榕菴重訳増註（1837年・天保8年）⇒「青酸加里液ヲ滴シテ鉄分ヲ験シ」

『舎密局必携』／上野彦馬抄訳、堀江公粛閲（1862年・文久2年）⇒「粉末トナシタル后、硝酸ヲ加ヘテ、鉄分ヲ脱スルガ如シ」

【徹夜】

中国

『談天』巻七／偉烈亜力口訳、李善蘭刪述（1859 年・咸豊 9 年）⇒「有大流星、皆曳光尾、徹夜不絶、又有数夜」

『乗槎筆記』巻一／斌椿著（1866 年・同治 5 年）⇒「無下洞明、徹夜不息、飯廳大者十数処」

『西国天学源流』／偉烈亜力口訳、王韜著（1889 年・光緒 15 年）⇒「至夕乗師熟睡仰観乾象徹夜不寝」

【鉄路】

日本

『官板 海外新聞別集』三百三十三号／洋書調所訳（1862 年・文久 2 年）⇒「ブリゲート兵隊は鉄路を進みて敵の右に出て」

『日本貿易新聞』第六十五号／（1864 年・元治元年）⇒「伝信機鉄路或早馬杯通信する事あり」

『万国奇談』巻一／青木輔清訳（1873 年・明治 6 年）⇒「夜は則ち灯明台の代となりて、海船を照し、其鉄路を便ならしむ」

中国

『智環啓蒙塾課初歩』第百四十三課／香港英華書院訳（1864 年・同治 3 年）⇒「甚至火輪車行於鉄路者亦有之」

『海国圖志』印度国部巻下／魏源撰、林則徐訳（1876 年・光緒 2 年）⇒「一日運渠、一日鉄路、運渠者如中国之中国之運糧河」

『格物探原』／韋廉臣著（1876 年・光緒 2 年）⇒「西国亦有輪車、造有鉄路数十千里、如無厚貲」

辞書

『英華字典』／ Walter Medhurst（1847 ～ 48 年）⇒「RAILWAY　鉄路」

『英華字典』／ Wilhelm Lobscheid（1847 ～ 69 年）⇒「Rail-road, Rail-way　鉄路」

『英華翠林韻府』／ Justus Doolittle（1872 年）⇒「Rail-road　鉄路」

【手札】

日本

『西俗一覧』／黒沢孫四郎訳（1869・明治 2 年）⇒「朝人を訪問ふに、洒落なる者はみな唯手札を玄関に置くのみ」

【テレガラフ】：テレグラフ, telegraph［英］

日本

『遣米使節日記』中の巻／村垣範正記（1860 年・万延元年）⇒「種々の測量器、テレガラフ、時計も奇成製のもの多し」

『欧行記』巻一／益頭駿次郎記（1861 年・文久元年）⇒「室中雑話小聲にて不便聾人話語をなすに等し轍路左右にはテレガラフの機械あり銅針を以て製し」

『鉛筆紀聞』匏菴十種 巻一／栗本鯤化鵬著（1869 年・明治 2 年）⇒「「テレガラフ」発明前、山隔水阻ノ地へ号聲ヲ伝ル機器ノ類ナキヤ」

【癲院】

日本

『西洋事情』初編 巻之一／福澤諭吉纂輯（1866 年・慶応 2 年）⇒「癲院は発狂せる者を養ひ治療する病院なり」

『万国港繁昌記』巻上／黒田行元編・松川半山書画（1873 年・明治 6 年）⇒「別に救窮の為に設けたる幼院、盲院、唖院、棄児院、痴児院、癲院二百余所あり」

【電陰気】

日本

『博物新編訳解』／合信著、大森解谷訳（1868 年・慶応 4 年）⇒「天空ニアル二ノ雲ノ如キ、一ヲ電陰気トナシ、一ハ電陽気ヲ具フ」

中国

『博物新編』一集／合信著（1855 年・咸豊 5 年）⇒「一気調和、如天空二雲、一為電陰気、一具電陽気、二雲相近」

【天運】

日本

『天文瓊統』巻一／渋川春海編（1698年·元禄11年）⇒「天運　古人謂へらく、「天形、運転して、昼夜息まず」

中国

『天経或問』序／遊子六輯（1675年・康熙14年）⇒「沈去疑先生日、天運既久不能無差、善言天者」

【電運筆】

中国

『中西聞見録選編』三十四号／丁韙良編（1877年・光緒3年）⇒「自華盛頓而至伯底墨、其法、係以電運筆而画字」

【電影】

中国

『格致古微』巻三／王仁俊述（1899年・光緒25年）⇒「為御至於孟津大黄参連弩大才扶骨車飛梟電影方頭鉄槌」

【伝音気】

日本

『気海観瀾』音／青地林宗訳述（1825年・文政8年）⇒「若しくは或気鬆疎なれば、即ち響弱し、返響は伝音気の反射たり」

【伝音機】

中国

『西学考略』／丁韙良著（1883年・光緒9年）⇒「又有伝音微声微熱三機其伝音機雖由他人所創哀公更加精妙非」

【伝音之速】

中国

『声学』 巻五／傅蘭雅口訳、徐建寅筆述（1874 年・同治 13 年）⇒「直動管内空気亦必成動浪設空気伝音之速等於玻瑠伝音之速」

【天花】

中国

『格致彙編』 ／傅蘭雅輯（1876 年・光緒 2 年）⇒「甚大害牛若之軽於天花然後」

【天河】

日本

『博物新編訳解』 図／合信著、大森解谷訳（1868 年・慶応 4 年）⇒「天河衆星ノ図」

中国

『空際格致』 ／高一志撰、韓雲訂（刊行年不明）⇒「天河惟為一火之道、亦非也、天河実在天内」

『天経或問』 天漢／遊子六輯（1675 年・康熙 14 年）⇒「受諸星之光、弁合為一直白練焉、故名為天河」

【電学】

日本

『窮理日新発明記事』 巻二／東井潔全纂輯（1872 年・明治 5 年）⇒「算学、視学、音学、植物学、化学、砿山学、電学等の諸芸術」

中国

『西学図説』 ／偉烈亜力口訳、王韜撰（1865 年・同治 4 年）⇒「気学声学化学電学相継而興悉心究察窮極精微」

『格物入門』 ／丁韙良著（1868 年・同治 7 年）⇒「西学之水学気学火学電学力学化学算学歴著之華文里」

『格物探原』 第十九／韋廉臣著（1876 年・光緒 2 年）⇒「自古不乏明哲之人、格致之学、而電学一事従之前聞」

【天眼鏡】

日本

『二儀略説』巻上／小林謙貞編述（1667年・寛文7年）⇒「愚之ヲ聞、天眼鏡ヲ以テ見ルニ、小星数カギリアリ」

『柳川日記』／柳川当清記（1860年・万延元年）⇒「亜名ノウルトリフトと云右の火災を天眼鏡にて能く見る時ハ火災の中に稲妻のこときもの有と云」

『遠西水質論』／高野長英訳（刊行年不明）⇒「密封シテ爾後天眼鏡ヲ照シテ之ニ火ヲ点ス」

【展観場】

日本

『仏英行』／柴田剛中記述（1861年・文久元年）⇒「ロニーより申立し展観場の義に付、楽太より返翰今日遣し候積り」

『官板 海外新聞』巻一／洋書調所訳（1862年・文久2年）⇒「馬達加斯加の産物を倫敦の展観場へ出して偏く人に看せしめんと請へり」

『西国立志編』第二編／中村正直訳（1870年・明治3年）⇒「一八〇一年（享和元年）巴理ニテ展観場ヲ開シトキ」

【電気】

日本

『脱影奇観』巻上／宇田川準一和解（1872年・明治5年）⇒「極メテ熱スレバ電気（エレキテル）一ツ起る又冷エ定ル」

『遠西奇器述』第二集／川本幸民口述、田中綱紀筆記（1854年・嘉永7年）⇒「広壜ニ納メタル丹礬液内ニ置ケバ、電気ココニ始メテ流通シ」

『七新薬説』／司馬凌海著、関寛斎校（1862年・文久2年）⇒「植物ノ色ヲ消褪ス電気ヲ導ス水ニ溶ケ難シ」

『官板 玉石志林』巻一／箕作阮甫他訳（1863年頃・文久3年頃）⇒「其原質大地の中径を透過すること、光及電気の速力に同じ、甲必丹ロス初め北方の極に達せんと欲せし」

『経済小学』上編／神田孝平重訳（1867年・慶応3年）⇒「軽気ヲ焼テ燭ト電気ヲ用ヒテ音信ヲ通ス」

『化学入門』／竹原平次郎抄訳、堀尾用蔵註（1867年・慶応3年）⇒「化学引力ト称スル者モ此電気ノ作用ニ外ナラズ」

『博物新編訳解』巻二／合信著、大森解谷訳（1868年・慶応4年）⇒「電気論　大地ノ体ニ気アリテ電トイフ、流形ノ内ニ雑リ賦ク」

『理化新説』／ハラタマ述、三崎嘯輔訳（1869年・明治2年）⇒「此秤を最も精細にして電気（えれき）及び磁気を表する」

『奇樹新話』／麻生弼吉纂輯（1869年・明治2年）⇒「電気ハ一種の気にして万物皆此気を具ふ」

『理化日記』巻一／リッテル口授、市川盛三郎訳（1870年・明治3年）⇒「速成ノ法ハ電気ヲ以テ水ヲ分剖シ或ハ摩擦電機ヲ使用スル」

『真政大意』巻下／加藤弘之講述（1870年・明治3年）⇒「実ニ教導ノ行届ク所カラ、遂ニ輓近蒸気ヤ電気等ノ学術ガ開ケテ」

『化学訓蒙』巻二／石黒忠悳編輯（1870年・明治3年）⇒「唯電流発スル時而已ナラス」電機ヲ以テ水ヲ分析スル」

『化学通』巻一／川本幸民訳述（1871年・明治4年）⇒「万物ノ精神トイフヘシ、電気ノ力ハ物質ヲ離合シ」

『訓解　電気論』巻一／中神保訳述（1871年・明治4年）⇒「支那人是を自国語に訳して電気と云ふ、然れとも江湖に「エレクトリシテ」の名、傳る久し」

『窮理問答』巻一／後藤達三編訳（1872年・明治5年）⇒「電気、十億三千六百八十万里、物の運動の中にも幾個の種類がある」

『化学闡要』巻一／土岐頼徳訳、足立寛閲（1872年・明治5年）⇒「理ニ依リテ考ルニ差電気カノ一種ニ属ス」

『登高自卑』前編 巻之中／村松良粛抄輯（1872年・明治5年）⇒「電気説　玻璃、琥珀ヲ乾絹或ハ毛布ニテ、熱クナルマデ能ク」

『泰西勧善訓蒙』第二百十七章／箕作麟祥訳述（1873年・明治4年）⇒「「フランクリン」ト云ヘル人ハ、電気及ビ避雷柱等ノ大発明ヲ為シタル学士ニシテ」

『小学化学書』巻一／ロスコウ撰、市川盛三郎訳（1874年・明治7年）⇒「水ニ数滴ノ酸ヲ加ヘ其水ニシテ電気ヲ導キ易カラシム」

『化学日記』第一回／リッテル口授（1874年・明治7年）⇒「「パラヂユム」ト水素ノ合鉱ヲ得タルナリ乃通常電気ヲ以テ水ヲ分解ス」

『牙氏初学須知』巻二／田中耕造訳、佐沢太郎訂（1875年・明治8年）⇒「而シテ温度ノ変更・化機ノ現象・電気ノ現象トノ如シ」

中国

『**四俗雑誌**』／袁祖志著（1837年・光緒4年）⇒「空中横睡或以電気作楽空中自響或以電灯映照疑」

『**地理全志**』巻三／慕維廉輯訳（1853年・咸豊3年）⇒「天空之電気攪動、或便発其光」

『**博物新編**』電気論／合信著（1855年・咸豊5年）⇒「電気論　大地之体有気曰電、雑賦於流形之内」

『**六合叢談**』巻五／慕維廉・艾約瑟他記述（1857年・咸豊7年）⇒「印度国近作電気通標其線長四千五百里」

『**談天**』／偉烈亜力口訳、李善蘭刪述（1859年・咸豊9年）⇒「今用電気通標之処、両地中間」

『**智環啓蒙塾課初歩**』第百十六課／香港英華書院（1864年・同治3年）⇒「謂之謂暈閃電即電気従雲中而出」

『**使美記略**』／陳蘭彬著（1878年・光緒4年）⇒「一曰霞米雷其形方中安銅電気一条上加」一巻

『**航海述奇**』六十巻／張徳彝著（1865年・同治4年）⇒「旧作活字版刷書者其法多用電気不費刀鐫火鑄之力中外」

『**初使泰西記**』記述／志剛著（1867年・同治6年）⇒「晩在寓有作電気光視顕微鏡能見人」

『**格物入門**』第七十二図／丁韙良著（1868年・同治7年）⇒「電気運行、電極与地極不同」

『**化学鑑原**』第六節／傳蘭雅口訳、徐寿筆述（1871年・同治10年）⇒「其所以然或言乃類電気者為之也」

『**瀛海論**』／張自牧著（1876年・光緒2年）⇒「風颫霆流形百物露生電気之祖也」

『**格物探原**』第十九／韋廉臣著（1876年・光緒2年）⇒「牽連銅線凡二、以通電気往来」

『**格致彙編**』／傅蘭雅輯（1876年・光緒2年）⇒「因其地濱海口安置電気水雷派人看守十三個月」

『**欧遊随筆**』／銭徳倍著（1877年・光緒3年）⇒「空中横睡眠或以電気作楽空中自響」

『**格致古微**』微一／王仁俊述（1899年・光緒25年）⇒「復象雷在地中復案此地中有電気説也」

【電気圧】

中国

『**格致彙編**』略説／傅蘭雅輯（1876 年・光緒 2 年）⇒「此器内有大力吸鉄両端有包銅線之圏籍以生附電気圧開其柄」

【電気池】

日本

『**理化日記**』巻六／リッテル口授、市川盛三郎訳（1870 年・明治 3 年）⇒「電機池ヲ作ルニ用ユル此ニ由テ希硫酸、強硝酸徐々全合ス」

『**物理日記**』初篇巻三／リッテル口授、文部省（1874 年・明治 7 年）⇒「電気池ノ硫酸ト硝酸ハ土器ヲ以テ隔ツ」

【電気運筆】

中国

『**格致彙編**』／傅蘭雅輯（1876 年・光緒 2 年）⇒「美国有一処用電気運筆以伝電報」

【電気感針】

中国

『**中西聞見録選編**』電報論略／丁韙良編（1877 年・光緒 3 年）⇒「継有丹国倭氏、復得電気感針而生吸力之理」

【電気吸鉄】

中国

『**地理全志**』巻一／慕維廉輯訳（1853 年・咸豊 3 年）⇒「皆有電気吸鉄究其気流於衆金脈絡之間」

【電気魚】

日本

『**博物新編訳解**』巻二／合信著、大森解谷訳（1868 年・慶応 4 年）⇒「大洋ノ州ニ電気魚アリ形鰻（魚善）ノ如シ」
『**官版 明治月刊**』／開物新社編（1868年・明治元年）⇒「電気魚は其身内に電気の装置を自然に具有する魚にして」

中国
『**博物新編**』／合信著（1855年・咸豊5年）⇒「大洋之州、有電気魚、形如鰻（魚善）」

【電気極】

日本
『**登高自卑**』後篇 巻之三／村松良粛抄輯（1875年・明治8年）⇒「其神経、筋肉ハ電気極（積極、減極ヲ云フ）ヲ有スル」

【電気局】

日本
『**博物新編訳解**』巻二／合信著、大森解谷訳（1868年・慶応4年）⇒「一野電気局ヲ建ツ局中各一ノ電機器ヲ設ケ」

【電気推引】

日本
『**博物新編訳解**』巻二／合信著、大森解谷訳（1868年・慶応4年）⇒「此レ皆電気陰陽ノ証拠ナリ、電気推引ノ理ノ如キヲ致ス」

【電気車】

中国
『**欧遊随筆**』／銭徳培著（1877年・光緒3年）⇒「各国所設又有電気車係法国送賽者園之右有南洋」
『**西学考略**』巻上／丁韙良著（1883年・光緒9年）⇒「其電通力行機造作有電気車行於鉄路」

【電気銃】

日本

『理化日記』巻一／リッテル口授、市川盛三郎訳（1870 年・明治 3 年）⇒「西洋電気銃ト称スル玩具アリ乃チ此気ヲ用ユルナリ」

『化学日記』第一回／リッテル口授（1874 年・明治 7 年）⇒「西洋ニテ電気銃（エレキトリアルピストル）ト称フル玩具アリ」

【電気信】

『博物新編訳解』巻二／合信著、大森解谷訳（1868 年・慶応 4 年）⇒「其法更ニ捷シ、此レ皆電気信ヲ伝ルノ計ナリ」

【電機信】

日本

『外国事務』／福地源一郎訳辻理之介 校（1868 年・明治元年）⇒「使人足電機信報入費」

【電気水】

中国

『随使日記』／張徳彝著（1877 年・光緒 3 年）⇒「有治痰器具係木匣内盛電気水六十瓶外連二銅糸端繋一銅筒病者」

【電気推引】

日本

『博物新編訳解』巻二／合信著、大森解谷訳（1868 年・慶応 4 年）⇒「些少ノ吸気アツテ発シ出ヅ、此レ皆電気陰陽ノ証拠ナリ、電気推引（ハナシヒク）ノ理ノ如キ」

【電気製練】

中国

『博物新編』 一集／合信著（1855 年・咸豊 5 年）⇒「又有用電気製錬字画銅板之法、其有旧様者」

【電気線】

日本

『万国新聞紙』 ／ベーリー編（1867 年・慶応 3 年）⇒「今より二年を経は電気線此大地球を一周すべし」

『輿地誌略』 巻一／内田正雄纂輯、辻士革・市川清流校（1870 年・明治 3 年）⇒「今其一端ヲ挙ル時ハ蒸気車、蒸気船、電気線ノ功用ノ如キ数千里外国」

【電気善導物】

日本

『登高自卑』 前編 巻之中／村松良粛抄輯（1872 年・明治 5 年）⇒「必ズ速ニ電気、温気度故ニ之ヲ電気善導物ト云ヒ」

【電気箱】

日本

『万国新聞紙』 第三集／ベーリー編（1867 年・慶応 3 年）⇒「火薬玉電気箱度量器械音器商売仕候」

『博物新編訳解』 巻之／合信著、大森解谷訳（1868 年・慶応 4 年）⇒「電気箱」

【電機速報】

中国

『大美聯邦志略』 ／裨治文撰（1864 年・元治元年）⇒「印出文字以達所伝之事、故名為電機速報云」上巻

【電気卓】

中国

『航海述奇』／張徳彝著（1865 年・同治 4 年）⇒「往看閃気局見屋内置電気卓四処在東写字」

【電気通信】

中国

『博物新編』一集／合信著（1855 年・咸豊 5 年）⇒「用一長鉄指平上去入、其法更捷、此皆電気伝信之計也」

『格物入門』巻四／丁韙良著（1868 年・同治 7 年）⇒「答、其一、係能用自然之電気通信也、毎際冬令北方暁時、電気於空中発見」

【電気通標】

日本

『官板 玉石志林』巻四／箕作阮甫他訳（1863 年頃・文久 3 年頃）⇒「火輪車轍道、電気通標、及び火輪船は、実に近来各地の社を結ぶ有力なる器なり」

『西国立志編』／中村正直訳（1870 年・明治 3 年）⇒「凡ソ工作場ニテ、蒸気機器、懐中提灯（セイフテイランプ）電気通標（テレグラフ）ノ如キ新発明アラン」

中国

『六合叢談』巻二／慕維廉・艾約瑟他記述（1857 年・咸豊 7 年）⇒「群起逐之、迩得電気通標所伝之信云」

『官板 中外新報』第五号／応思理撰（1858 年〜・咸豊 8 年〜）⇒「自天笠至埃及、隔有紅海之遥今聞電気通標、已于是処造成」

『化学初階』巻二／嘉約翰口訳、何瞭然筆述（1870 年・同治 9 年）⇒「故作電気通標機錘、尚鉄而鋼反不適用」

【電気伝音】

中国

『随使日記』／張徳彝著（1877 年・光緒 3 年）⇒「印度土産貨物外有英人貝臘新創一種電気伝音器名太来風者係人口向皮筒言之声」

【電気伝信】

中国

『**博物新編**』一集／合信著（1855 年・咸豊 5 年）⇒「其法更捷、此皆電気電信之計也、然尚有奇于此者」

『**中西聞見録選編**』三十四号／丁韙良編（1877 年・光緒 3 年）⇒「直至五十年前、始得電気電信一法、其法超旧制度」

【電線伝声】

中国

『**格致彙編**』第百三十五／傅蘭雅輯（1876 年・光緒 2 年）⇒「美国近有人設法以電線伝声言語離数十里之遠能聞知何人之言語此事」

【電気灯】

中国

『**乗槎筆記**』巻下／斌椿著（1866 年・同治 5 年）⇒「不息灯火、至子刻不息、有電気灯、異光射目」

『**随使日記**』／張徳彝著（1870 年・同治 9 年）⇒「入夜街市懸灯照如白画新出一種電気灯」

『**声学**』／傅蘭雅口訳、徐建寅筆述（1874 年・同治 13 年）⇒「於屋頂相距二十五尺安一電気灯於楕円之心甲点其光」

【電気鍍金】：鍍金＝めっき

日本

『**遠西奇器述**』第二集／川本幸民口述、田中綱紀筆記（1854 年・嘉永 7 年）⇒「電気鍍金方、電気ヲ以て、金銀ヲ銅鉄ニ鍍金スル」

【電気熱】

日本

『**博物新編訳解**』巻之一／合信著、大森解谷訳（1868 年・慶応 4 年）⇒「一ニ

日熱トイヒ、二ニ火熱トイヒ、三ニ電気熱トイヒ、四ニ肉身熱トイヒ、五ニ化成熱トイヒ、六ニ相撃熱トイフ」

『物理階梯』巻中／片山淳吉纂輯（1872年・明治5年）⇒「第一ハ太陽熱第二ハ地心熱第三ハ焔熱第四ハ電気熱第五ハ肉身熱第六ハ化成熱」

中国

『博物新編』一集／合信著（1855年・咸豊5年）⇒「一曰日熱、二曰火熱、三曰電気熱、四曰肉身熱、五曰化成熱」

【電気鋸】

中国

『格致彙編』雑説／傅蘭雅輯（1876年・光緒2年）⇒「近有人説法以電気鋸大樹木其法用銅絲一根令電気行過発熱至紅」

【電気秘機】

中国

『六合叢談』巻二／慕維廉・艾約瑟他記述（1857年・咸豊7年）⇒「新設公会、造電気秘機、自英至北亜墨利加」

【電気報】

日本

『万国新聞紙』初集／ベーリー編（1867年・慶応3年）⇒「是此の駿速なる全く電気報の為す所なり」

【電気療病】

中国

『格物入門』巻四／丁韙良著（1868年・同治7年）⇒「如以電気療病、代炬照野、鋳製印板通信遐方是也」

【電気力】

中国

『航海述奇』／張徳彝著（1865年・同治4年）⇒「入鐘内入水丈余見衣皆不淫而電気力大滙入両耳如人」

【電気鈴】

中国

『教会新報』電気鈴　べる／林楽知・慕雄廉等訳（1868年・同治7年）⇒「電気有用後人効之籍由做電線報電気鈴等」

【天気圧】

中国

『格物入門』巻二／丁韙良著（1868年・同治7年）⇒「因天気圧於水面、使水流入管上行、与上文同理耳」

【天気器】

日本

『阿蘭陀始制エレキテル究理原』／橋本曇齋口授、平田稔則政筆記（1811年・文化8年）⇒「天気器制造併名義の弁」

【天球儀】

日本

『和蘭天説』／司馬江漢著（1796年・寛政8年）⇒「西洋ノ人齎キタル天球ノ図ヲ得テ自銅ニ鏤ム」

『榕菴先生遺書』／宇田川榕菴編（刊行年不明）⇒「hemelglobe　天球儀」

『槐園叢書』／宇田川榕菴著（1824年・文政7年）⇒「地与海本是圓形而合為一球居天球之中」

【天教】

日本

『訂正増訳采覧異言』巻一／新井白石著、山村才助増訳（1802年・享和2年）⇒「天教之法以他犯為大戒故其奉法者無論貴賎皆一夫一妻夫死不再嫁」

『魯西亜漂流記』序／木場貞良著（1817年・文化14年）⇒「古へ天教の我国へ来る番舶通利より起る、其法、本大西羅馬国より出づ」

【天教僧官】

日本

『西洋列国史略』／佐藤信淵撰（1808年・文化5年）⇒「サル者マタ是有リ或ハ天教僧官ノ治ル者モ又アリ」

【天教総司】

日本

『西洋列国史略』／佐藤信淵撰（1808年・文化5年）⇒「厄勒祭亜国ノ天教総司ハシリウスナル者」

【天教導師】

日本

『西洋列国史略』巻下／佐藤信淵撰（1808年・文化5年）⇒「僧官天教導師ヲ遣ハメ其土人ヲ教化セシム」

【電極】

中国

『格物入門』巻四／丁韙良著（1868年・同治7年）⇒「問、地球之電極、如何査考、答、因鉄鍼無論」

【点金術】

日本

『西洋雑誌』 巻二／楊江柳河暾輯録（1867年・慶応3年）⇒「按に点金術の原名、アルキミー或ハアルケミーと云ふ。是れアラビヤ国の語にして。アルは冠詞。キミー又はケミーは秘密の義なり」

【天空気】

中国

『地理全志』 巻三／慕維廉輯訳（1853年・咸豊3年）⇒「一正午時、其気見于日光之陰、大概寒于天空気」

【天空圏】

中国

『六合叢談』 巻十一／慕維廉・艾約瑟他記述（1857年・咸豊7年）⇒「寅卯為天空圏、地在甲、行星在甲、人視星在戌地自甲至乙」

【天空電気】

中国

『地理全志』 巻四／慕維廉輯訳（1853年・咸豊3年）⇒「天空電気、推其故、大概因地面焚爕之物」

【天語】

中国

『七克』 巻三／龐廸我撰述、楊廷筠較梓（1604年・万暦32年）⇒「一日聞有天語曰、我増彼財、爾能保任其徳乎」

【電光】

日本

『遠西医方名物考補遺』九巻／宇田川榛齋訳述、宇田川榕菴校補（1834年・天保5年）⇒「雷鳴電光一斉ニ来ルハ撃地咫尺ニ在リ、先ツ電光ヲ見テ」

『窮理通』巻七／帆足万里著（1836年・天保7年）⇒「昇騰すること火雲状の如し、一小点に至るも亦電光を発す」

『美理哥国総記和解』／魏源重輯、正木篤和解（1854年・嘉永7年）「引用」

『開物全書名物図考』／宇田川榕菴撰（刊行年不明）⇒「円ヲ待タズ自ラ越火ヲ発ス電光ノ如シ」

【天行痘】

日本

『七新薬説』／司馬凌海著、関寛斎校（1862年・文久2年）⇒「牛行痘流行ノ時他二牛天然痘流行ノ時他に牛痘ノ良薬なき時ハ」

【伝語機／伝言機】

日本

『新聞誌』第四号／ジョセフ彦編訳（1864年・元治元年）⇒「ロンドンより伝言機を以て文通ありしにアメリカ南部の軍艦ストムラール」

中国

『使徳日記』／李鳳苞撰（1878年・光緒4年）⇒「可証声音聚散之理、又置芬奴格拉非伝語機、以手揺伝」

【天国】

日本

『万国叢話』第一号／箕作麟祥訳（1875年・明治8年）⇒「不浄ノ念ヲ懐ク者ハ遂ニ天国ノ楽ヲ享クルコト能ハサレハナリ」

中国

『畸人十篇』／利瑪竇述、汪汝淳較校（1608年・万暦36年）⇒「呼天国日生者之地也」

『痛苦経蹟』／伏若望訳（刊行年不明）⇒「聖母従始生、巳領天主之諸恩、其洞悉世苦、及天国真福」

『逑友篇』／賈宜睦・洪慶貞訂（1647年・順治4年）⇒「溪其益哉、故能識真交之本者、於天国近」

『初使泰西記』／志剛著（1867年・同治6年）⇒「至万千人且創為天国之説謂従其教者皆昇天国」

【天災】

中国

『七克』巻五／龐廸我撰述、楊廷筠較梓（1604年・万暦32年）⇒「曰天災流行事非偶値造物之主自有深意」

『泰西水法』第七巻／熊三抜撰説・徐光啓筆記（1612年・万暦40年）⇒「竊計人力可以半省、天災可以半免歳入可以倍多、財計可以倍足」

【天時儀】

日本

『榕菴先生遺書』／宇田川榕菴編（刊行年不明）⇒「sonnaetor」

【電質】

中国

『化学鑑原』／傅蘭雅口訳、徐寿筆述（1871年・同治10年）⇒「能傳熱引電質之軽重」

【伝写】

日本

『写真鏡図説』初編／柳河春三訳述（1867年・慶応3年）⇒「小匡の内に貯ふ、是れ普通の玻黎画なり、然れども紙に伝写すべき陰画の原版ハ」

【電車処】

中国

『乗槎筆記』巻上／斌椿著（1866 年・同治 5 年）⇒「二十八日、命広英等、看造銭及電車処、二十九日、徳贈訳唐詩一本」

【天主学】

日本

『西洋列国史略』巻上／佐藤信淵撰（1808 年・文化 5 年）⇒「古ノ邏馬ノ都ヲハ天主学ノ大導師教化法皇ノ居処トス」

【天主教／天主本教】

日本

『日本貿易新聞』上海新聞／神奈川開版（1863 年・文久 3 年）⇒「先年日本天主教を弘めたる事速なるを得たり、日本国中の人民皆一政府の下にありて」

『日本貿易新聞』第二十七号／神奈川開版（1863 年・文久 3 年）⇒「先年日本に天主教を弘めたる事速なるを得たり」

『中外新聞』四十四号／柳河春三編（1868 年・慶応 4 年）⇒「抜き観るに、天主教耶蘇教の邪宗門なる事を弁ぜし書なり」

中国

『畸人十篇』巻二／利瑪竇述、汪汝淳較梓（1608 年・万暦 36 年）⇒「有旧彙一帙中説天主教斎素三□即出帙観之」

『外国地理備攷』巻四／瑪吉士輯訳（1847 年・道光 27 年）⇒「彼時天主教既始于亜細亜、復入于欧羅巴」

『遐邇貫珍』第五號／香港中環英華書院（1853 年・咸豊 3 年）⇒「俄国主崇奉天主教、土国境内民庶」

『重刻版 海録』巻第二／謝清高著（1870 年・同治 9 年）⇒「加特力教卽天主本教其別派爲波羅特士頓教爲額力教」

『西国天学源流』／偉烈亜力口訳、王韜著（1889 年・光緒 15 年）⇒「叔父為天主教教主歌白尼学益進加神父爵後」

『格致古微』微三／王仁俊述（1899 年・光緒 25 年）⇒「天自有主宰此乃人所共戴之天与天主教之天主迴不相渉」

【天主台】

中国

『畸人十篇』／利瑪竇述、汪汝淳較梓（1608年・万暦36年）⇒「我為斎送天主台前、欲煉爾成全徳、爾果能忍、主命我療爾、今反天国矣」

【天主楽園】

日本

『博物語彙』地宜良和之処／宇田川榕菴編（刊行年不明）⇒「paradaisu」

【電鐘】

中国

『格物入門』巻四／丁韙良著（1868年・同治7年）⇒「問、電鐘何物、答、以電紀時也、其式不一、理則相同、或以電気之吸駆」

【電信】

日本

『五科学習関係文書』第一章　大統／西周編（1863年・文久3年）⇒「天皇ハ電信郵便ノ事業ヲ管理シ鉄道汽船ノ為に管理ノ方法」

『暁窓追録』／栗本匏菴著（1868年・明治元年）⇒「巴里より錫狼（セイロン）に到汽船一月程、電信、五日にて達すべし」

『自由之理』巻四／中村敬太郎訳、木村謙一郎版（1872年・明治5年）⇒「今新聞紙、火車、鉄道、電信ノ世代ニ於テ、コノ教徒一会社ヲ創立スルニ至レリ」

中国

『外国地理備攷』巻三／瑪吉士輯訳（1847年・道光27年）⇒「凡此無稽之談点而不道蓋経不伝疑而電信也」

『使徳日記』／李鳳苞撰（1878年・光緒4年）⇒「午後、致電信於上海劉観察、唔電報局総弁、引観総局」

【電信機】

日本

『奉使米利堅紀行』四月／木村喜毅記（1860年・万延元年）⇒「今電信機の知らせありしか今朝余の乗りこむる舶の出る」

『万国新話』巻一／柳河春三編輯（1868年・明治元年）⇒「此法は近来新発明の一にして、蒸気船、電信機（テレガラーフ）などの発明と同様に、賞誉するなり」

『西洋紀行 航海新説』巻上／中井桜州著（1870年・明治3年）⇒「鉄道ヲ開拓シ遠近ノ便利ヲ営ム、鉄道ノ左右皆蛛ノ糸ヲ張リタル如ク電信機ヲ設ケタリ」

『地学事始』巻二／松山棟菴訳述（1870年・明治3年）⇒「此電信機ハ論頓より全国中の各地へ連る」

【伝信記】

日本

『諳厄利亜人性情志』／吉雄宜訳、浦野元周校（1825年・文政8年）⇒「此国に習にして、毎日の伝信記にも是等の事のみ多く載たり」

【伝信機】

日本

『米行日記』／佐藤秀長記（1860年・万延元年）⇒「上陸して華盛頓へ伝信機〈テレカラーフ〉を以て応接すると云」

『官板 海外新聞』巻一／洋書調所訳（1862年・文久2年）⇒「伝信機にて知せけるを巡蘭と称す」

『舎密局必携』／上野彦馬抄訳、堀江公粛閲（1862年・文久2年）⇒「試薬、雷機器、伝信機、坑工所業等、及ビ本編ノ拾遺ヲ揚グ」

『新聞誌』第四号／ジョセフ彦編訳（1864年・元治元年）⇒「ロンドンより伝電機を以て文通ありし」

【伝信鳩】

日本

『牙氏初学須知』巻五中／田中耕造訳、佐沢太郎訂（1875 年・明治 8 年）⇒「伝信鳩〈ピジョン・メツサゼー〉ハ眼ノ周囲ニ羽毛ナキト毛色ノ濃ナルトヲ以て、他ノ鳩類ト異ナリトス」

【天静説】

中国

『格致古微』／王仁俊述（1899 年・光緒 25 年）⇒「天元気練十周為正土填圓塞化案即天静説也」

【伝声器／伝声機】

中国

『格致彙編』論呼吸気／傅蘭雅輯（1876 年・光緒 2 年）⇒「変為極好之伝声器所以傳至耳之之声以管内之之声」

『使徳日記』／李鳳苞撰（1878 年・光緒 4 年）⇒「台拉芬伝声機、室中以五丈線懸一銅球、自然擺動」

【伝声之速】

中国

『声学』巻五／傅蘭雅口訳、徐建寅筆述（1874 年・同治 13 年）⇒「用別種気質盛筒内以代空気其気質伝声之速与空気伝声之速不同」

【伝染】

日本

『和蘭内景医範提綱』巻三／宇田川榛齋訳（1805 年・文化 2 年）⇒「諸毒伝染シ邪気体中ニ侵襲スルモ皆推テ知ベシ」

『眼科新書』巻二／杉田立卿訳述（1815 年・文化 12 年）⇒「近因　此一箇天行伝染毒也」

『外科新書』 巻二／吉雄権之助訳（1822年・文政5年）⇒「梅毒瘍　其七　此症ハ梅毒伝染ヨリ起因スル者ヲ云フ」

中国

『聖母行実』 巻二／高一志撰述（1631年・崇禎4年）⇒「天主遂加之罰、因有元罪伝染後世」

『西方要記』 ／南懐仁著（刊行年不明）⇒「如瘋癩之類有不可医又不伝染」

『海国圖志』 巻三十三／魏源撰、林則徐訳（1876年・光緒2年）⇒「四季之内、非春即夏、沙漠薫蒸瘟疫伝染、不設君位」

辞書

『英華韻府歴階』 ／ Wells Willams（1844年）⇒「INFEC　伝染」

『英華字典』 ／ Walter Medhurst（1847～48年）⇒「to convey an infection　伝染」

『英華字典』 ／ Wilhelm Lobscheid（1866～69年）⇒「Infeetions　伝染的」「Communicable　伝染」

『英華翠林韻府』 ／ Justus Doolittle（1872年）⇒「Contagious　伝染」「Infect　伝染」

【電線写字】

中国

『教会新報』 揚州府告示／林楽知・慕雄廉等訳（1868年・同治7年）⇒「在滬之各洋行皆有電鈴不遇以鈴通事却無比図而能電線写字矣」

【電線伝声】

中国

『格致彙編』 相互問答／傅蘭雅輯（1876年・光緒2年）⇒「美国近有人設法以電線伝声言語離数十里之遠」

【伝染病】

日本

『気海観瀾広義』 巻四／川本幸民訳述（1851年・嘉永4年）⇒「朔望は腹病、伝染病に感ずること多し」

『官板 玉石志林』巻三／箕作阮甫他訳（1863年頃・文久3年頃）⇒「伝染病、数日内に此徒の内に発したり」
『化学入門』後編　巻之二／竹原平次郎抄訳、堀尾用蔵註（1867年・慶応3年）⇒「此ノ如キ地ハ伝染病ノ流行他所ヨリ多シ」

中国

『随使日記』／張徳彝著（1877年・光緒3年）⇒「前後上下乱歩防伝染病者艙灑薬水鎖閉付近各艙門首」

辞書

『英華翠林韻府』／Justus Doolittle（1872年）⇒「contagious　伝染病証」

【天体儀】

中国

『澳門紀略 嘉慶庚申重干』下巻／印光任・張汝霖纂（1800年・嘉慶5年）⇒「曰赤道経緯儀曰地平経儀曰地平緯儀曰紀限儀曰天体儀」

【電池】

日本

『小学化学書』巻一／ロスコウ撰、市川盛三郎訳（1874年・明治7年）⇒「電気ヲ導キ易カラシム乃「グロウブ」ノ電池四箇ヲ用」

中国

『格物入門』巻四／丁韙良著（1868年・同治7年）⇒「其法有二、一名電堆、一名電池」
『登高自卑』後編 巻之三／村松良粛抄輯（1875年・明治8年）⇒「桶中ニ希硫酸ヲ注ゲバ電気即チ銅線ニ運行ス、是ヲ電池ト云フ」
『中西聞見録選編』第三十四号／丁韙良編（1877年・光緒3年）⇒「而其機無力、佛氏旋以玻瑠杯為電池、後復有人造長箱」

辞書

『英華翠林韻府』／Justus Doolittle（1872年）⇒「Galvanie, Battery　電池」

【電池箱】

中国

『**使徳日記**』一巻／李鳳苞撰（1878 年・光緒 4 年）⇒「聯於台拉芬伝声之機、令二兵曳之、一負電線、一負電池箱」

【天動説】

中国

『**格致古微**』微一／王仁俊述（1899 年・光緒 25 年）⇒「乾坤鑿度元気（貴）委孕霊坤摺積土形不騫（崩）案此即天動説也」

【天然痘】

日本

『**衛生概論**』第十二／宇田川準一抄訳（刊行年不明）⇒「天然痘流行ノ節ハ時日ヲ論セス直ニ施スヘシ」

中国

『**天主実義**』下巻／利瑪竇述、李之藻筆述（1603 年・万暦 31 年）⇒「其所涵胸中之志如海天然痘一匹夫之諒乎」

【天王星】

日本

『**物理階梯**』巻下／片山淳吉纂輯（1872 年・明治 5 年）⇒「土星、海王星、天王星」

『**牙氏初学須知**』巻一／田中耕造訳、佐沢太郎訂（1875 年・明治 8 年）⇒「木星、土星、天王星、海王星ナリ、或遊星ノ周囲ニハ衛星ト名ヅクル小星アリ」

中国

『**談天**』巻二／偉烈亜力口訳、李善蘭刪述（1859 年・咸豊 9 年）⇒「五緯星上古以来人皆知之天王星乃候失勒維廉于乾隆四十六年二月十九夜」

『**格致彙編**』／傅蘭雅輯（1876 年・光緒 2 年）⇒「第五曰木星第六土星第七曰天王星第八曰海王星此八大行星之外別有多小行星」

『**西学図説**』微四／偉烈亜力口訳、王韜撰（1896 年・光緒 22 年）⇒「一日天王星軌道距離日五百二十六千二百万里」

『**格致古微**』巻四／王仁俊述（1899 年・光緒 25 年）⇒「諸数無弗合俊案天文図説一日天王星軌道距日」

【電之気／電之流気】

中国

『**空際格致**』下／高一志撰、韓雲訂（刊行年不明）⇒「在雲内顕着、必不外出、若雷之気更実更密、然即斎燃」

『**地理全志**』巻四／慕維廉輯訳（1853 年・咸豊 3 年）⇒「此理可無疑也、因以電之流気置于空器」

【電之線】

中国

『**六合叢談**』巻四／慕維廉・艾約瑟他記述（1857 年・咸豊 7 年）⇒「公会期于速竣其事、思期年間、電気之線、定垂成矣」

【天之電気】

中国

『**航海述奇**』巻一／張徳彝著（1865 年・同治 4 年）⇒「回信至言已送矣緑昨日日大雨天之電気」

【電表】

中国

『**格物入門**』巻四／丁韙良著（1868 年・同治 7 年）⇒「電表何物、答所以度量電気之多寡也、其式不一」

【テンプラ】：tempero［葡］

日本

『幕末遣欧使節航海日録』／野沢郁太記（1861年・文久元年）⇒「今日銘々共食事朝パン、茶、ラカン、昼パン、葡萄酒、肉テンプラ」

『西洋料理指南』巻上／敬学堂主人著（1872年・明治5年）⇒「錬銕鍋、鶏卵ヲ焼キ又「テンプラ」ヲ製スルニ用ユ」

【澱粉】

中国

『植学啓原』巻三／宇田川榕菴著（1833年・天保4年）⇒「澱粉　根と種子とに澱粉多し」

『万寶新書』初編／宇田川興齋訳述（1860年・安政7年）⇒「麺粉、馬鈴薯粉、及ヒ他ノ糊粉、澱粉、砂谷粉、類ノ如キ」

『化学訓蒙』／石黒忠悳編輯（1870年・明治3年）⇒「澱粉ハ植物ニ存スル一質ナレトモ木繊維ノ如ク植物実体ヲ組織スルモノナラス」

【澱粉紙】

中国

『写真鏡図説』巻二／柳河楊江訳述（1868年・明治元年）⇒「卵清紙澱粉紙の諸薬方、及此巻に洩る」

【電報】

日本

『香港新聞紙』八月／楯岡先訳（1864年・元治元年）⇒「火船欧羅巴より帯ヒ来ル電報アリ、電報ハ乃チ電線ニ由テ報ヲ伝テ」

中国

『航海述奇』／張徳彝著（1865年・同治4年）⇒「法国往俄国有此電報則両処各設備一局」

『大徳国学校論畧』兵制／花之安著、王炳コン訂（1873年・同治12年）⇒「設司兵丁書扎与及軍情電報者、又設医生調治、以撫創痍、以慰生死」

『格物探原』第九章／韋廉臣著（1876年·光緒2年）⇒「用以視上帝座、不見也、電報通千万里語言、不能与上帝言也」

辞書

『英華字典』／ Wilhelm Lobscheid（1866 ～ 69年）⇒「electro-telegraph　電報」

【電報印字】

中国

『格物入門』巻四／丁韙良著（1868年・同治7年）⇒「電報印字、其法如何、其法不一、而美国（赤）氏之法甚便」

【電報館】

中国

『使美記略』／陳蘭彬著（1878年・光緒4年）⇒「該館共約千五百人別電報館用工人二千余分管各路電綫」

【電報機】

日本

『舎密局開講之説』／ハラタマ講説、三崎嘯輔宣訳（1869年·明治2年）⇒「音信を通達する器機を製するを得るを名けて電報機（テレグラフ）と曰ふ」

中国

『欧遊随筆』／銭徳培著（1877年・光緒3年）⇒「柏林城信局六十二所大半兼電報気筒徳律風者信局之外」

【電報局】

中国

『美会紀略』／李圭著（1876年・光緒2年）⇒「水陸軍政以強兵建立機器局造銭電報局、郵政局、火輪舟車局」

『英軺日記』／劉錫鴻著（1877年・光緒3年）⇒「税四十万磅信局一二百万磅電報局税一百余万磅税」

『**使徳日記**』／李鳳苞撰（1878 年・光緒 4 年）⇒「鋳銭局、鈔表局、官銀号、電報局及奥伯来路耶耳維克多利福里得利等大戯園」

【電報信局】

中国

『**格物入門**』巻四／丁韙良著（1868 年・同治 7 年）⇒「御潮湿而防銹壊、至電報信局之室内」

『**教会新報**』五則／林楽知・慕雄廉等訳（1868 年・同治 7 年）⇒「従前電報信局一万三千人立一局目今六千人立一局」

【電報之路】

中国

『**格物入門**』巻四／丁韙良著（1868 年・同治 7 年）⇒「問、電報之路、遇有江海、何法済之」

【天文館】

中国

『**海国圖志**』巻三十六／魏源撰、林則徐訳（1876 年・光緒 2 年）⇒「土人倶崇額利教、設天文館、算法館、楽器館、技芸館、文学館」

『**中西関係論**』巻一／林楽知著（1876 年・光緒 2 年）⇒「該大員任労任怨、設天文館、儲才館、講求天文格致之学而又通商減捐」

【天文鏡】

日本

『**博物新編訳解**』巻三／合信著、大森解谷訳（1868 年・慶応 4 年）⇒「天文鏡ノ図、鏡ノ長サ四丈、上下四方旋転スヘシ」

中国

『**格物入門**』巻三／丁韙良著（1868 年・同治 7 年）⇒「看地上諸物、大遠鏡名、千里鏡、又名天文鏡、看天上日月星辰」
『中西聞見録選編』／丁韙良編（1877 年・光緒 3 年）⇒「候矢勒天文遠鏡」

【天文局】

日本
『牙氏初学須知』巻一／田中耕造訳、佐沢太郎訂（1875 年・明治 8 年）⇒「天文局ノ日簿ヒハ、各日ノ時差ヲ載スルガ故ニ、其表ニ依レバ平均時ノ時規ヲシテ」

【天文台】

日本
『柳川日記』／柳川当清記（1860 年・万延元年）⇒「其価半ドルより十ドル位まて有中の下刻天文台に御出有亥の刻過旅館の筋向ふ出火なり」
『欧行記』巻四／益頭駿次郎記（1861 年・文久元年）⇒「夜天文台に至る土星金星を見ぬ」
『航西日乗』／成島柳北著（1872 ～ 73 年・明治 5 ～ 6 年）⇒「大久保諸侯ニ陪シ、リユキセンビルグノ天文台ニ赴キ諸械ヲ観ル」

【展覧会】

日本
『尾蠅欧行漫録』録四／市川渡著（1863 年・文久 3 年）⇒「夏巴斯ニテ展観会有シ時我レ日本塗物ヲ出セシ」

【電力】

日本
『理化新説』総論／ハラタマ述、三崎嘯輔訳（1869 年・明治 2 年）⇒「例へバ重力或ハ電力一般の綱目を知りて許多同一の発現を講明し」

中国
『中西聞見録選編』電報論略／丁韙良編（1877 年・光緒 3 年）⇒「則力増一倍、以鉄為心、沾電力而能吸物、与磁石無異、是謂磁鉄」

『西学考略』巻上／丁韙良著（1883 年・光緒 9 年）⇒「有録音機不仮電力比実為奇而更者形如牛角」

【電鈴】

中国

『教会新報』陽州府告示／林楽知・慕雄廉等訳（1868 年・同治 7 年）⇒「在滬之各洋行皆有電鈴不過以鈴通事」

【電路】

日本

『登高自卑』後編 巻之三／村松良粛抄輯（1875 年・明治 8 年）⇒「銅線ヲ以テ、陽極ニ通ゼシメ、電路（カヨイミチ）已ニ成レバ、其引力ニテ」

中国

『格物探原』論脳／韋廉臣著（1876 年・光緒 2 年）⇒「在人即為脳、都会之総電路、在人即為脊髄、総路之傍出小路」

『中西聞見録選編』雑記／丁韙良編（1877 年・光緒 3 年）⇒「俟電路一合、而電気運行於銅絲、即見針改向而指東西」

【電論】

日本

『百学連環』／西周講述、永見裕筆録（1870 年・明治 3 年）⇒「Electricity　電論」

【と】

【痘疫】

日本

『瓊浦偶筆』六之巻／平沢元愷著（1774 年〜・安永 3 年〜）⇒「呉ノ義豊楚地ニ在リテ、痘疫ノ流行スルヲ見テ、刊刻シテ」

【動越力】

日本

『訓解 電気論』／中神保訳述（1871 年・明治 4 年）⇒「越力を大区別して、動越力静越力とす。動越力一名嘎喇婆尼須無と名つく」

【導温体】

日本

『気海観瀾』／青地林宗訳述（1825 年・文政 8 年）⇒「電光ヲ発するものは、唯其の光を見る、雷電と殊なり」

『化学入門』外編／竹原平次郎抄訳、堀尾用蔵註（1867 年・慶応 3 年）⇒「不導温体ノ上ニ置クベシ決シテ導温体ノ上ニ置クベカラズ是レ戒慎ノ規則ナリ」

【道科】

中国

『西方要紀』西士／南懐仁著（刊行年不明）⇒「復進格物窮理之学、始進天学道科、毎科考取皆優」

『澳門紀略 嘉慶庚申重干』下巻／印光任·張汝霖纂（1800 年·嘉慶 5 年）⇒「其国有小学中学大学分四科曰医曰治曰教曰道道即歴法」

『海国圖志』巻二十七／魏源撰、林則徐訳（1876 年·光緒 2 年）⇒「教科也、(走)禄日亜者、道科也、其教授各有次第、大抵従文入理、而理為之綱」

【導火管】

日本

『三兵答古知幾』巻二十七／高野長英訳（1856 年・安政 3 年）⇒「二分ノ粉砕薬ヲ蔵ム導火管ハ別製ノ黄銅管ヲ用ユ」

【灯下観玩】

中国

『初使泰西記』／志剛著（1867 年·同治 6 年）⇒「灯下観玩戯法者奇巧至不可思議」

【動学】

日本

『植学啓原』引／宇田川榕菴著（1833年・天保4年）⇒「弁物の学、之を別ちて植学と曰ひ、動学と曰ひ、山物の学と曰ふ」

『遠西奇器述』凡例／川本幸民口述、田中綱紀筆記（1854年・嘉永7年）⇒「其製ハ動学器学ニ関渉シテ実ニ通暁シ難キヲ以テ覧者草草看過シ」

『百学連環』英文／西周講述、永見裕筆録（1870年・明治3年）⇒「動学」

【道学】：倫理学

日本

『和蘭通舶』巻一／司馬江漢撰（1805年・文化2年）⇒「万里ノ外ニ驚船シテ交易ヲメント欲スル者、或ハ亦精密ノ細工ヲ好ミ、或ハ亦聖経、道学ヲ好ミ、或ハ世利、福楽ヲ拋棄テ、只人ヲシテ善事ニ化シ」

『西洋列国史略』／佐藤信淵撰（1808年・文化5年）⇒「往々国人ヲ売買スル市アリト云道学ノ未発開実ニ可悲之至也」

『性法略』総論／神田孟恪訳（1871年・明治4年）⇒「第八条　吾輩ノ言行ノ善悪ヲ総判スルハ道学ノ区域ニ属ス」

『西洋学師ノ説』／高野長英訳（刊行年不明）⇒「ナチウルレーキレクト道学、教学、政学ヲ総ルノ名ナリ、其三ヲ「ナチウルキユンデ」ト云フ」

中国

『西学凡』／艾儒略答述（1623年・天啓3年）⇒「所謂道学者西文曰（走）祿日亜乃超生出死之学」

『西方要紀』巻二十七／南懐仁著（刊行年不明）⇒「最重者在道学一家将天主経典」

『使西日記』／曽紀沢著（1877年・光緒3年）⇒「好為道学門面語意見不合弁難」

【道学院】

中国

『西学考略』巻下／丁韙良著（1883年・光緒9年）⇒「道学院　道科乃教士之学訓誨本国人民非謂伝教外邦也」

【動気機】

中国

『格物入門』 巻二／丁韙良著（1868 年・同治 7 年）⇒「則気由管孔四面洩出、催動気機、旋転不已也」

【闘牛】

日本

『官版 明治月刊』 政体略論／開物新社編（1868 年・明治元年）⇒「国中一般に闘牛を愛し之が為めに人身を損ずることは厭はず」

辞書

『英華字典』／Walter Medhurst（1847 ～ 48 年）⇒「gerannium robertianum　闘牛」
『英華字典』／Wilhelm Lobscheid（1866 ～ 69 年）⇒「Bull-fight，A combat with a bull　闘牛」

【透鏡】

日本

『牙氏初学須知』 巻一／田中耕造訳、佐沢太郎訂（1875 年・明治 8 年）⇒「長管ヲ以テ之ヲ作リ、管ノ両端ニ透鏡「ランチーイユ」ト名ヅクル」

中国

『格物入門』 巻三／丁韙良著（1868 年・同治 7 年）⇒「問、鏡分幾類、答、共分二類、照鏡透鏡是也、照鏡為鑑」

【統計】

日本

『五科学習関係文書』 第六編／西周編（1863 年・文久 3 年）⇒「近世ノ発明ナル統計学モ其術ヲ異ニスル者ナリ」
『新聞誌』／ジョセフ彦編訳（1864 年・元治元年）⇒「千八百六十二年の非常に大数なる出額の統計を一万七千万フランクに到る」

中国

『地理全志』 巻一／慕維廉輯訳（1853 年・咸豊 3 年）⇒「本州人民、統計五万万口、州内之教甚多、曰儒教、曰釈教、曰道教、曰回教」
『地球説略』地球円体説／褘理哲撰（1856 年・咸豊 6 年）⇒「中国則自前冬至、統計三百六十五日二時七刻有奇是也」
『官板 中外新報』／応思理撰（1858 年〜・咸豊 8 年〜）⇒「外此不拘何国、統計之、約有六万五千万人、就人類而細分之」

辞書

『英華字典』／ Wilhelm Lobscheid（1866 〜 69 年）⇒「the gross price　統計」「the whole amount　統計」

【同権】

日本

『隣草』／加藤弘之著（1862 年・文久 2 年）⇒「十三州を合衆国となし以て万民同権の政体を立てたり」
『中外新聞』第四十五／柳河春三編（1868 年・慶応 4 年）⇒「君主握権、君民同権、国民共和の三体有之、政権に立法、行法、審判の三権有之候」

【投降】

中国

『東西洋考』巻之十／張燮撰次（1618 年・万暦 46 年）⇒「首輪中款以投降登庸本欲躬自赴京」
『聖母行実』巻三／高一志撰述（1631 年・崇禎 4 年）⇒「有巨寇者、被同党割其首、投降献功」
『万国公法』巻四／丁韙良訳（1864 年・同治 3 年）⇒「定款投降、不必俟両国君上充準而後行也」

辞書

『A DICTIONARY OF THE CHINESE LANGUAGE, IN THREE PARTS.』／Robert Morriso（1815 〜 23 年）⇒「YIELD　投降」
『英華韻府歴階』／ Wells Willams（1844 年）⇒「YIELD　投降」「SURRENDER　投降」
『英華字典』／ Walter Medhurst（1847 〜 48 年）⇒「TO CAPITULATE　投降」「to strike to an eneny　投降」

『英華字典』／Wilhelm Lobscheid（1866～69年）⇒「surrendering　投降」「to submit as rebels　投降」
『英華翠林韻府』／Justus Doolittle（1872年）⇒「Capitulate　投降」「Surrender　投降」

【冬至】

中国
『聖母行実』巻一／高一志撰述（1631年・崇禎4年）⇒「且信且感、時冬至前十有余日、亜納受孕」
『地球図説』客星／蒋友仁訳（刊行年不明）⇒「平分黄道圏為四、曰春分、秋分、夏至、冬至各居大圏四分之一」

【冬至線】

日本
『海路安心録』総説／坂部広胖著（1816年・文化13年）⇒「赤道より南へ二十三度半距の線を冬至線といふ」
『算法渡海標的』／石黒信由著（1836年・天保7年）⇒「赤道より南へ二十三度半距の線を冬至線と云」
『地学事始』巻一／松山棟菴訳述（1870年・明治3年）⇒「地図の面にハ、種々の線を引き赤道、子午線、平行線、冬至線、夏至線、両極局圏等」

中国
『海国圖志』第七十五／魏源撰、林則徐訳（1876年・光緒2年）⇒「越大浪山、見南極高三十余度、又逆転冬至線過黒人国聖老楞佐島界中」

【導子】

日本
『遠西奇器述』蒸気船／川本幸民口述、田中綱紀筆記（1854年・嘉永7年）⇒「此ノ舌ヲ開クベキ導子アリ、導子ハ大槓杆ヲ以テ其諸機動ヲ休止セシム」
『登高自卑』後編 巻之三／村松良粛抄輯（1875年・明治8年）⇒「能ク旋転スベカラシメ、其右傍ニ導子（ニ）ヲ立テ, 其左傍ニ玻璃柱ノ（ホ）ヲ立テ」

【同質分子】

日本

『理学提要』総論／広瀬元恭訳（1856年・安政3年）⇒「凝聚力の用に由つて物質を結合する、之れを同質分子と謂ふ」

【動重学】

中国

『重学』巻八／艾約瑟口訳、李善蘭筆述（1859年・咸豊7年）⇒「動重学之理以理以能力加質体令生物為主前巻所」

『談天』巻二／偉烈亜力口訳、李善蘭刪述（1859年・咸豊9年）⇒「行曲線、与他星無渉以動重学言之」

【闘獣場】

日本

『航西日乗』／成島柳北著（1872～73年・明治5～6年）⇒「闘獣場巨石構造其ノ壮大驚ク可シ、今猶半形ヲ存ス」

【投書】

中国

『六合叢談』巻二／慕維廉·艾約瑟他記述（1857年·咸豊7年）⇒「此来非尋挙、惟欲通商与他国等投書之明日、小吏前諸英舟」

【痘瘆】

日本

『博物語彙』巻三十八／宇田川榕菴編（刊行年不明）⇒「有無出痘瘡者、若井有則不許人口、須待痘瘡平癒」

【銅人】

日本
『百学連環』第一編／西周講述、永見裕筆録（1870年・明治3年）⇒「漢、日本、銅人の言語は印度より来るものにあらすして、更に一種の別なるものなり」

【同心輪】

日本
『二儀略説』第六／小林謙貞編述（1667年・寛文7年）⇒「外ノ方ハ同心輪ニテ、内ハ異心輪ナル形ノコト」

【動水学】

日本
『博物新編補遺』巻中／小幡篤次郎訳述（1869年・明治2年）⇒「諸般ノ流体圧力ヲ論スルモノヲ秤水学ト云フ流動水ヲ論スルヲ動水学ト云フ」

【導水管】

日本
『米行日記』／佐藤秀長記（1860年・万延元年）⇒「人力を助けたる物あり電信機蒸気車瓦斯管導水管其他備らさるものなく」
『万国港繁昌記』巻一／黒田行元編・松川半山書画（1873年・明治6年）⇒「大外の下皆巨大なる導水管あり、漸く枝分して各家に導けり」

【導水重学】

中国
『格至彙編』／傅蘭雅輯（1876年・光緒2年）⇒「為水水学水学大略格致家分数種印静水重学動水重学」

【同性】

日本

『**空際格致**』水体之圓／高一志撰、韓雲訂（刊行年不明）⇒「試之全水与一分之水同性、試以滴水洒空入塵皆成圓体降為雨雲」

『**聖経直解**』七巻／陽瑪諾著（1636年・崇禎9年）⇒「同族一、同身一、同性一、同族何、曰世人皆天主之子」

【糖製焼酎】

日本

『**仏英行**』閏五月／柴田剛中記述（1861年・文久元年）⇒「江連より榎本某への封物届方頼越、且糖製焼酎一壜を贈らる」

『**榕菴訳人身窮理書**』／宇田川榕菴訳（刊行年不明）⇒「酸素病（オセイゲ子テン）ト曰ヒ温素病（カロリ子－セン）ト曰ヒ水素病（ヒドロゲ子－セン）」

【動素】

日本

『**榕菴訳人身窮理書**』巻四／宇田川榕菴訳（刊行年不明）⇒「五曰蓚酸加爾基六曰珪土及動素此処ハ石類ニ従テ一様ナラズ」

【痘瘡】

日本

『**博物語彙**』蘭文／宇田川榕菴編（刊行年不明）⇒「痘瘡」

『**榕菴訳人身窮理書**』／宇田川榕菴訳（刊行年不明）⇒「蓚酸加爾基、六曰珪土及動素、此ハ云石類ニ従テ一様ナラズ」

中国

『**重刻版 海録**』巻第二／謝清高著（1870年・同治9年）⇒「若有則不許入口須待痘瘡平愈方得進港」

辞書

『**英華字典**』／Walter Medhurst（1847～48年）⇒「pustules of the small pox　痘瘡」

【同窓】

辞書

『A DICTIONARY OF THE CHINESE LANGUAGE, IN THREE PARTS.』／Robert Morriso（1815～23年）⇒「COLLEAGUE　同窓」

『英華韻府歴階』／Wells Willams（1844年）⇒「FELLOW － STUDENT　同窓」「COLLEAGUE　同窓」

『英華字典』／Walter Medhurst（1847～48年）⇒「to study at the window　同窓」

『英華字典』／Wilhelm Lobscheid（1866～69年）⇒「Eellow-student　同窓」「School-fellow, School-mate　同窓」

『英華翠林韻府』／Justus Doolittle（1872年）⇒「Colleague　同窓」

【淘汰】

日本

『舎密開宗』巻六／賢理、宇田川榕菴重訳増註（1837年・天保8年）⇒「此ハ胃内モノ物ヲ淘汰シ、第二第三第四第五ノ試法ニ従テ試ム」

中国

『畸人十篇』巻下／利瑪竇述、汪汝淳較梓（1608年・万暦36年）⇒「如是展転淘汰三十年中日毎十得楽其一幸甚矣」

『物理小識』巻七／方以智著（1664年・康熙3年）⇒「土皆生金、淘汰于水、取黄金者、猶問其地掃泥于衢」

【灯台／燈台】

日本

『輿地誌略』巻三／青地林宗訳述（1826年・文政9年）⇒「埠頭に高燈台を置、寺殿の壮麗羅瑪府に譲らず、大学館あり」

『海外新話』巻一／嶺田楓江撰（1849年・嘉永2年）⇒「此河ニ跨テ大橋アリ長サ百八十丈幅四丈三ニ灯台ヲ設ケ」

『米行日記』／佐藤秀長記（1860年・万延元年）⇒「合衆国地方見ゆ所々に高く直立したる灯台あり」

『経済小学』上編／神田孝平重訳（1867年・慶応3年）⇒「海岬ニ灯台ナク暗

礁ニ浮頭ナク蒸気車ニ笛ナク各地ニ伝信機ナキニ等シカルヘシ」

中国

『格致彙編』／傅蘭雅輯（1876年・光緒2年）⇒「海辺有危険之処応予備灯塔等法則夜間行海之船不致誤事如西国」

『美会紀略』／李圭著（1876年・光緒2年）⇒「瓦器磁器玻瑠器各式燈台書房各器厨工器馬車物件五金器」

【唐茶】

日本

『西洋紀行 航海新説』巻上／中井桜州著（1870年・明治3年）⇒「朝七八字交ヒ食塩、唐茶、焼麦ヲ室中ニ来ル」船中朝夕ノ定式」

【動物店】

日本

『西洋紀行 航海新説』巻上／中井桜州著（1870年・明治3年）⇒「友人松村正淳余ヲ伴フテ動物店ニ至リ、転シテ彼ノ窮民ノ列ヲナシ」

【凍点】

日本

『植学啓原』巻三／宇田川榕菴著（1833年・天保4年）⇒「摂氏も亦、凍点を初度と為し、滾湯点を以て一百度と為す」

【凍点下】

日本

『舎密開宗』内編／賢理著、宇田川榕菴重訳増註（1837年・天保8年）⇒「餾醋ヲ列氏凍点下四度（華氏二十三度）或六度ノ寒気ニ曝セバ」

『坤輿図識』巻四／箕作省吾著（1845年・弘化2年）⇒「験温器ヲ閲スルニ、凍点下四十八度ノ寒ニ至ル」

『三兵養生論』巻一／久我俊齋訳（1867年・慶応3年）⇒「撮氏験温器凍点下

四十四度ヨリ五十五度ノ（互）寒ニモ亦タ能ク甚ユル」

【凍点上】

日本

『三兵養生論』巻一／久我俊齋訳（1867年・慶応3年）⇒「熱国ノ地方ニ在テハ或ハ時ニ、摂氏凍点上四十五度ニ至リ」

【動天】

中国

『物理小識』巻一／方以智著（1664年・康熙3年）⇒「宗動天一日一周、所謂静天、以定算而名」

『天経或問』問天／遊子六輯（1675年・康熙14年）⇒「宗動天　問恆星、在七曜之上、有星可測量、有動可拠、宗道天者」

『格致古微』微三／王仁俊述（1899年・光緒25年）⇒「最近天故西行最速機与動天相若土星内其動漸殺以及地是為不動之処」

【導電体】

日本

『登高自卑』前編 巻之中／村松良粛抄輯（1872年・明治5年）⇒「故ニ之ヲ導電体ト云フ、導電体ハ畢竟越歴ヲ含ム」

【痘毒】

日本

『接豆』第十五／大槻玄沢訳（1816年・文化13年）⇒「徹入鼻孔之痘毒、直達于脳神経又由吸息入肺臓」

『底野迦真方訳稿』／杉田玄白訳、大槻玄沢増訳（刊行年不明）⇒「蜜調令嘔之及痘毒」

【道徳学】

日本
『五科学習関係文書』憲法修正／西周編（1862 年・文久 2 年）⇒「之ヲ修行スルハ道徳学上論題ニシテ、兵家ノ所謂戦法戦略ノ中ニハ此論無キカ如ン」

【蜜尿病】

日本
『化学訓蒙』後編 巻二／石黒忠悳編輯（1870 年・明治 3 年）⇒「大量ノ糖ヲ尿中ニ見ルノ病アリ之ヲ蜜尿病ト名ツケ其糖ヲ別ツニ尿糖ト名ツク」

【闘馬】

日本
『博物新編訳解』巻四／合信著、大森解谷訳（1868 年・慶応 4 年）⇒「英国近コロ闘馬（ケイバノ戯多シ、其賭最蒙」

【銅版画】

日本
『和蘭通舶』／司馬江漢撰（1805 年・文化 2 年）⇒「銅版画　蘭書中図画ヲ以テ文字ト用ヲ同フシ、本草ノ書ノ類、図形ニ非ザレバ其ノ真ヲ弁ゼズ」

【投票】

日本
『泰西勧善訓蒙』巻三／箕作麟祥訳述（1871 年・明治 4 年）⇒「故意ヲ以テ投票セサル者又ハ投票ヲ為スニ」
『代議政体』巻二／永峰秀樹訳（1875 年・明治 8 年）⇒「多金ヲ散ジテ投票ヲ買フ者ヲ選デ議員トナスガ如キ形勢ナラバ」
『万国叢話』第一号／箕作麟祥訳（1875 年・明治 8 年）⇒「其の議員中最多数ノ投票ヲ得タル者ヲ大統領ノ職ニ選挙ス可シ」

辞書

『英華韻府歴階』／Wells Willams（1844 年）⇒「RAFFLE　投票」
『英華字典』／Walter Medhurst（1847 ～ 48 年）⇒「TO RAFFLE」
『英華字典』／Wilhelm Lobscheid（1866 ～ 69 年）⇒「to vote by tickets　投票」「Raffle　投票」
『英華翠林韻府』／Justus Doolittle（1872 年）⇒「Raffle　投票」

【等比例】

中国

『化学鑑原』巻一節／傳蘭雅口訳、徐寿筆述（1871 年・同治 10 年）⇒「等比例　設有此原質甲彼原質乙丙丁使之化合」

【豆腐】

中国

『西国記法』原本篇　第一／利瑪竇著、高一志・畢方済共訂（1595 年・万暦 23 年）⇒「諸乳、諸豆、豆腐、格桃、河池魚、几浮脹之物」
『物理小識』巻六／方以智著（1664 年・康熙 3 年）⇒「取汁加（月因）脂則成紅豆腐、橡斗栗磨之定粉則成黄豆腐、蕨粉為黒豆腐」
『化学鑑原』巻二／傳蘭雅口訳、徐寿筆述（1871 年・同治 10 年）⇒「傾入即成無数白点、如豆腐屑、少頃沈下、名為銀緑在淡軽水内」

【投弗】

日本

『仏英行』／柴田剛中記述（1861 年・文久元年）⇒「上海着の節投弗過当の趣にて、減額の義渠より申出るにより此度減省せしなり」

【動物】

日本

『暦象新書』巻上／奇児著、志筑忠雄訳（1798 年・寛政 10 年）⇒「唯其動物

の光の強弱と、体の大小とを察して、其変動あることを知なり」

『**遠西医方名物考補遺**』巻八／宇田川榛齋訳述、宇田川榕菴校補（1834年・天保5年）⇒「窒素ハ動物山物植物ニ禀舎シ殊ニ多大気ニ彌漫ス、大気ハ窒素瓦斯七分、酸素瓦斯三分ヲ以テ成ル」

『**舎密開宗**』巻一／賢理著、宇田川榕菴重訳増註（1837年・天保8年）⇒「動物は生産死亡有り、知覚有り、生として形を爽へず、動遷自適す」

中国

『**天主聖教実録**』／羅明堅・陽瑪諾述（1584年・万暦12年）⇒「猶夫風能動物、人亦不得而見其形也」

『**空際格致**』上／高一志撰、韓雲訂（刊行年不明）⇒「必能動先後之気、気又因而動物、試観人馬等物捷馳之時」

『**聖母行実**』巻之三／高一志撰述（1631年・崇禎4年）⇒「勤于克巳、数年、積誠動物、遂為精修之儀表、声聞四国」

【動物液】

日本

『**生石灰之解凝力**』第十五／宇田川榕菴自筆草稿（1824年・文政7年）⇒「コレニ因テ動物液ヲ亦如是ニ検査スベシ」

『**開物全書名物図考**』巻一／宇田川榕菴撰（刊行年不明）⇒「(囲）手此ニ動物越列機ノ名ヲ名ヲ命ス」

【動物越列】

日本

『**開物全書名物図考**』巻一　図解／宇田川榕菴撰（刊行年不明）⇒「神経諸筋ニ感動シテ牽縮スル者ナリトテ些二動物越列機ノ名ヲ命ス」

【動物園】

日本

『**西洋事情**』初編 巻之一／福澤諭吉纂輯（1866年・慶応2年）⇒「動物園植物園なるものあり動物園には生まれながら禽獣魚虫を養へり」

【動物化学】

日本

『百学連環』 総論／西周講述、永見裕筆録（1870 年・明治 3 年）⇒「zoological garden　動物学ノ」

『化学通』 巻一／川本幸民訳述（1871 年・明治 4 年）⇒「植物化学（ボタニセ）、動物化学（ソーロギセ）アリテ、万有学ノ各科ヲ佐ク、此他合薬化学、農事化学、芸術化学等、枚挙スルニ暇アラス」

『万国港繁昌記』 初篇巻上／黒田行元編・松川半山書画（1873 年・明治 6 年）⇒「国王より命ぜし動物学、地質学、智慧学等会社あり」

『動物学 初編 哺乳類』 上／ブロムメ著、田中芳男訳纂（1874 年・明治 7 年）⇒「動物学ヲ首唱セシハ希臘ノ「アリストテレス」氏なり」

【動物学】

日本

『百学連環』 総論／西周講述、永見裕筆録（1870 年・明治 3 年）⇒「zoological garden　動物学ノ」

『万国港繁昌記』 初篇巻上／黒田行元編・松川半山書画（1873 年・明治 6 年）⇒「国王より命ぜし動物学、地質学、智慧学等会社あり」

『動物学 初編 哺乳類』 上／ブロムメ著、田中芳男訳纂（1874 年・明治 7 年）⇒「動物学ヲ首唱セシハ希臘ノ「アリストテレス」氏なり」

【動物局】

日本

『西洋聞見録』 巻上／村田樞文夫纂述（1869 年・明治 2 年）⇒「動物局最モ奇観トス、但シ微細ノ虫魚ヨリ巨大ノ鳥獣ニ至ル」

【動物磁石】

日本

『気海観瀾広義』 巻十三／川本幸民訳述（1851 年・嘉永 4 年）⇒「余十数年前、某氏所蔵の動物磁石療法経験説、及び「フュヘランド」氏此法を論ずる書を得」

【動物繊維】

日本

『化学訓蒙』巻一／石黒忠悳編輯（1870年・明治3年）⇒「植物繊維ト動物繊維トヲ別ツニ何ノ法ヲ用ユルヤ」

【動物属】

日本

『舎密局開講之説』／ハラタマ講説、三崎嘯輔宣訳（1869年・明治2年）⇒「動植砿の三体より万物を三大別して動物属植物属といせり而して之を万物学中記載」

【動物店】

日本

『西洋紀行 航海新説』巻上／中井桜州著（1870年・明治3年）⇒「友人松村正淳余ヲ伴フテ動物店ニ至リ、転シテ彼ノ窮民ノ列ヲナシ」

【動脈】

日本

『解体新書』巻一／杉田玄白訳、中川淳庵校（1774年・安永3年）⇒「何児亜題爾、動脈の血を受け、而して心に帰すなり」

『気海観瀾広義』巻三／川本幸民訳述（1851年・嘉永4年）⇒「血を全身に送るに動脈と其末梢なる無数の細管を以てし」

『榕菴訳人身窮理書』巻一／宇田川榕菴訳（刊行年不明）⇒「華氏ノ九十九ニ過ギズ心ヨリ動脈ニデル」

中国

『物理小識』巻三／方以智著（1664年・康熙3年）⇒「十二動脈、太淵在寸、手太陰肺也」

【糖分】

日本

『幾那塩発明』第二章／宇田川榕菴訳（1833年・天保4年）⇒「幾那ニ糖分有ル無シハ、造ニ言ウ能ハズ」

『舎密開宗』巻四／賢理著、宇田川榕菴重訳増註（1837年・天保8年）⇒「其水硫酸ニ和シ他ノ一分ノ水素炭、糖分」

『気海観瀾広義』巻二／川本幸民訳述（1851年・嘉永4年）⇒「塩分・糖分の水に抱合する者なり、又、混和と称するあり、粉末と水との如し」

【等辺三角】

中国

『海国圖志』三十八巻／魏源撰、林則徐訳（1876年・光緒2年）⇒「等辺三角」

【動脈】

日本

『解体新書』巻一／杉田玄白訳、中川淳庵校（1774年・安永3年）⇒「何児亜題爾、動脈の血を受け、而して心に帰すなり」

『気海観瀾広義』巻三／川本幸民訳述（1851年・嘉永4年）⇒「血を全身に送るに動脈と其末梢なる無数の細管を以てし」

『榕菴訳人身窮理書』巻一／宇田川榕菴訳（刊行年不明）⇒「華氏ノ九十九ニ過ギズ心ヨリ動脈ニデル」

中国

『物理小識』巻三／方以智著（1664年・康熙3年）⇒「十二動脈、太淵在寸、手太陰肺也」

【同盟国】

日本

『官板 バタヒヤ新聞』巻六／蕃書調所訳（1862年・文久2年）⇒「近臣は皆な同盟国にて取極たる制法に悖る者多し、故に英国及び加盟諸国より新帝に肝要なる士国政事の改革を勧めたり」

『**西洋事情**』／福澤諭吉纂輯（1866年・慶応2年）⇒「同盟の兵パリスに入て守兵を破り、同時に英の将軍エルリントは、西班牙より次第に兵を進め」
『**中外新聞**』第二十四号／柳河春三編（1868年・慶応4年）⇒「佛蘭西政府の趣意は、同盟国の勢力を増盛せしめ」

中国

『**畸人十篇**』巻下／利瑪竇述、汪汝淳較梓（1608年・万暦36年）⇒「三者同盟以害我矣本身者以声色嗅味」

【灯明台】

日本

『**航米日録**』／玉虫茂誼誌（1860年・万延元年）⇒「左ニ灯明台ヲ築キ右ニハ国旗ヲ挙グ」
『**中外新聞**』第四十三号／柳河春三編（1868年・慶応4年）⇒「グリンシ岬の灯明台、村々の風車斜陽に映じて燦然たり」
『**西洋紀行 航海新説**』巻下／中井桜州著（1870年・明治3年）⇒「巌角ニ灯明台アリテ英ノ旗章風ニ翻リ」

【灯油／燈油】

日本

『**求力法論**』完／与盤計意流著、志築忠次郎訳（1784年・天明4年）⇒「故ニ燈油中ニ少ク水気アレバ其火鳴リ怒テ是ヲ飛ス」
『**環海異聞**』／大槻玄沢撰（1807年・文化4年）⇒「夜中灯油はコージキ（上に見ゆ）ネルバ（海豹）」
『**和蘭学制**』三十三章／内田正雄訳（1869年・明治2年）⇒「学校ニ用ル薪炭灯油ノ費」

【動揺】

日本

『**泰西七金訳説**』総論／渋江虬鑒試、馬場貞由訳述（1854年・嘉永7年）⇒「此を打ち延ばす槌は水勢を以て動揺するなり」

中国

『海塘輯要』 巻一／傅蘭雅口訳、趙元益筆述（1873 年・同治 12 年）⇒「能排列甚近其の中護以礫石令不動揺則較好」

『格致彙編』 格物雑説／傅蘭雅輯（1876 年・光緒 2 年）⇒「上則所看之物体庶乎無此動揺之弊」

『中西聞見録選編』 第八号／丁韙良編（1877 年・光緒 3 年）⇒「火有大刀、由地震験之、能使大地動揺、可以て高凸」

【童謡】

中国

『物理小識』 巻二／方以智著（1664 年・康熙 3 年）⇒「惑主童謡非讖而何、王逵曰、風雷在天無形」

辞書

『英華字典』 ／ Walter Medhurst（1847 ～ 48 年）⇒「a coral　童謡」「do used by children　童謡」

『英華字典』 ／ Wilhelm Lobscheid（1866 ～ 69 年）⇒「prphephetic words or songs　童謡」

『英華萃林韻府』 ／ Justus Doolittle（1872 年）⇒「Carols　童謡」

【東洋学】

日本

『航西日記』 巻一／青淵漁夫・靄山樵者録（1871 年・明治 4 年）⇒「都て欧人の東洋学を修行する者、皆教法の人」

【動乱】

日本

『坤輿図識補』 巻四／箕作省吾著（1846 年・弘化 3 年）⇒「当時、仏蘭西、動乱ノ際、郷兵ノ民庶、郷兵ノ民庶、其義団ノ政令ヲ、為セル」

『官板 玉石志林』 第二巻／箕作阮甫他訳（1863 年頃・文久 3 年頃）⇒「一州他れが功労に庇蔭し、サアトカ、アウレスの賊徒に動乱せられたる地方、速に平定す」

『官板 海外新聞』／大学南校編（1871 年・明治 4 年）⇒「能ク一揆動乱ヲ鎮圧スルノオニ長ゼシカバ」

【討論場】

日本

『航西日記』巻二／青淵漁夫・靄山樵者録（1871 年・明治 4 年）⇒「(西洋五月十日）午後三時本草会社討論場へ人を遣わさる」

【遠目鏡／遠眼鏡】

日本

『測量秘言』八月既望／細井広沢編（1727 年・享保 12 年）⇒「遠目鏡に而極晴天之節七三拾四五里程は（造）に見へ候」

『瓊浦偶筆』／平沢元愷著（1774 年〜・安永 3 年〜）⇒「急ギ遠眼鏡ヲ取リテ之レヲ照ラス」

『泰西輿地図説』巻五／朽木昌綱編訳（1789 年・寛政元年）⇒「遠眼鏡ノ如キハ「ロンドン」ニ造レルモノヲ以テ極品トセリ」

『西洋列国史略』巻下／佐藤信淵撰（1808 年・文化 5 年）⇒「阿蘭陀船ニハ「ロントン」ノ硝子「キリコ」及遠目鏡羅紗ノ上品等本国近辺ノ産物ハ絶テナシト云」

『算法渡海標的』／石黒信由著（1836 年・天保 7 年）⇒「遠眼鏡を以て東西南北の三方を見るべし」

『漂流船聴書』／著者不明（1849 年・嘉永 2 年）⇒「シリネンムと申島へ近ヨリ、遠目鏡を以伺候処、人家ハ我朝と多く無相違候得」

『航米日録』／玉虫茂誼誌（1860 年・万延元年）⇒「一間許隔テ高脚遠眼鏡ニ似タル物ニテ認ム」

『幕末遣欧使節航海日録』／野沢郁太記（1861 年・文久元年）⇒「直道有之天文台遠眼鏡は長さ五間も可有之星なと能く見ゆる」

『奇機新話』／麻生弼吉纂輯（1869 年・明治 2 年）⇒「風雨鍼《天気を視る道具》、寒暖計《寒暖を視る道具》、遠眼鏡等を帯て風船の高さを測る」

【都会】

日本

『西域物語』 巻中／本多利明著（1798 年・寛政 10 年）⇒「カムサスカと此土地とに大都会出来れば、其勢ひに乗じ」

『訂正増訳采覧異言』 巻一／新井白石著、山村才助増訳（1802 年・享和 2 年）⇒「則チ意太里亜総国中ノ大都会ニ教化主義内」

『坤輿初問』 ／伊東玄朴訳、新発田収蔵校（1857 年・安政 4 年）⇒「都会ニ充満セリ又此地ニ「ホンヅゴロト」ト名ル処有り」

中国

『地理全志』 巻二／慕維廉輯訳（1853 年・咸豊 3 年）⇒「昔為欧土、都会之最大者、曰南荷蘭、首城曰海牙」

『地球説略』 ／禕理哲撰（1856 年・咸豊 6 年）⇒「為通国大都会、各国商船、蟻集於此一名巴喜亜（バヒア）、在京城之北」

『海国圖志』 巻三十八／魏源撰、林則徐訳（1876 年・光緒 2 年）⇒「即以此都会為国名平坦無山、出五穀」

【度学】

日本

『求力法論』 完／与盤計意流著、志築忠次郎訳（1784 年・天明 4 年）⇒「倶ニ物ノ相変シ相吸相招力如ノ状ナリナチユールコンストノ本元ヲ度学ト云」

『和蘭通舶』 巻一／司馬江漢撰（1805 年・文化 2 年）⇒「天地・度学ヲ究メテ、駕船センコトヲ思フ者アレバ、即大舶ヲ造製シテ之ヱ」

『理学提要』 総論／広瀬元恭訳（1856 年・安政 3 年）⇒「度学とは、大小を検知するの学、是れなり」

中国

『英国志』 巻四／慕維廉訳（1856 年・咸豊 6 年）⇒「已有成人之、度学成返国、即為教士、或薦於教大長」

【度学館】

日本

『輿地誌略』 巻一／青地林宗訳述（1826 年・文政 9 年）⇒「二つの石門あり、

門上に度学館、観象台を置、此に武庫、糧倉、多羅（尼）織工等」

【徳行科】

日本

『異人恐怖伝』／検夫爾著志筑忠雄翻訳（1850 年・嘉永 3 年）⇒「多くは窮理科の上のことなり、徳行科のごときは大に尊重し、上天に根拠せりとす」

【独権】

日本

『英氏経済論』巻三／小幡篤次郎訳（1871 年・明治 4 年）⇒「此独権アリテヨリ其成績如何ヲ問フ時ハ自他ノ人其財本ヲ商売へ放ク」

【特行病】

日本

『理学提要』巻一／広瀬元恭訳（1856 年・安政 3 年）⇒「時行の伝染病、及各地の特行病の如き」

【独裁】

日本

『官板 バタヒヤ新聞』巻九／蕃書調所訳（1862 年・文久 2 年）⇒「王を立て独裁の政事を行はしめんと欲す」

『官版 明治月刊』巻一／開物新社編（1868 年・明治元年）⇒「法令を執行するの権を持すること独裁に異なることなく」

『泰西勧善訓蒙』巻三／箕作麟祥訳述（1871 年・明治 4 年）⇒「夫ノ独裁ノ国ハ其政ヲ立ツルト其政ヲ行フ」

【特赦】

日本

『泰西国法論』巻一／津田真一郎訳（1868年・慶応4年）⇒「特赦の権亦是無る可らす、其の理左の如し」

【独身】

日本

『北槎聞略』巻二／桂川甫周撰（1794年・寛政6年）⇒「妻は去年離別せし由、独身にて上下二十人計なり」

『環海異聞』巻四／大槻玄沢撰（1807年・文化4年）⇒「清僧も用ゆる事と見ゆ、育子　清僧は独身なり」

【徳治院】

日本

『尾蠅欧行漫録』四／市川渡著（1863年・文久3年）⇒「山林学、山坑学、商売学等格専務学校あり又徳治院一区」

【特派公使】

日本

『外国交際公法』巻一／福地源一郎訳（1869年・明治2年）⇒「派出スル公使モ、在留ノ公使モ、特派公使、同様ノ免許ヲ得ルコト定レリ」

【特派全権】

日本

『官板 バタヒヤ新聞』巻十一／蕃書調所訳（1862年・文久2年）⇒「唐土に大事起りし時、特派全権使節となりて清英の和議を調へ」

【特命大臣】

中国

『海国圖志』巻七十七／魏源撰、林則徐訳（1876 年・光緒 2 年）⇒「可従矜恕怨、特命大臣於爾使臣将次抵京之時」

【独立】

日本

『窮理通』／帆足万里撰（1836 年・天保 7 年）⇒「琥珀力の二質は独立すること能はず、必ず物に縁りて以て立つ」

『海外新話』巻二／嶺田楓江撰（1849 年・嘉永 2 年）⇒「此島北方ノ地ヲ思可斉藤亜ト云フ古昔ヨリ独立ノ主アツテ此ヲ領セリ」

『八紘通誌』巻一 凡例／箕作阮甫述（1851 年・嘉永 4 年）⇒「若夫近二十年来新ニ獨立シテ国ヲ成シ」

『坤輿初問』／伊東玄朴訳、新発田収蔵校（1857 年・安政 4 年）⇒「合衆国按ニ国ハ我寛政中独立以来漸々彊城ヲ広メ」

『泰西史略』巻三／手塚律蔵訳述、手塚節蔵校正（1858 年・安政 5 年）⇒「此邦、累「世独立不□ノ王国ニシテ、王位ノ伝統ハ、新生ノ男子ヲ□トス」

『官板 海外新聞』／洋書調所訳（1862 年・文久 2 年）⇒「其山内の独立諸国との貿易平日の如く盛りあらず」

『西洋事情』初編 巻之一／福澤諭吉纂輯（1866 年・慶応 2 年）⇒「散兵を用ゆるは亜米利加合衆国独立の師を初とす」

『民間格致問答』／大庭雪齋訳（1872 年・文久 2 年）⇒「令仮独立で、ハ酸味るきとハイへども然れども」

『輿地誌略』巻一／内田正雄纂輯、辻士革・市川清流校（1870 年・明治 3 年）⇒「亜米利加合衆国亦独立ヲ為シ」

『万国地誌略』巻一／小沢圭三郎識（1874 年・明治 7 年）⇒「此他独立セル者、数邦アリ、一ヲ、尼桑ト云フ」

中国

『西国記法』／利瑪竇著、高一志・畢方済共訂（1595 年・万暦 23 年）⇒「先以所知之人名鳳者為活、継以て丹鳳独立為死」

【時計】

日本

『紅毛談』下巻／後藤梨春編輯（1765年・明和2年）⇒「時計類大小いろいろ、枕どけい、印篭どけい、根付どけい」

『西域物語』中／本多利明著（1798年・寛政10年）⇒「既に日本へもヲランタ舶持渡る内に、時計程奇なるはなし」

『亜墨利加渡海日記』／著者不明（1860年・万延元年）⇒「ケンソン氏ノ宅ニ至リ見ルニ其時計拵ル所ノ仕掛甚タ広大ニシ」

『遣米使節日記』／村垣範正記（1860年・万延元年）⇒「種々の測量器、テレガラフ、時計も奇成製のもの多し」

『官板 海外新聞別集』／洋書調所訳（1862年・文久2年）⇒「時計カケ方能ク世人知ルト雖モ、中ニハ時計御所持有ナガラ」

『西洋衣食住』／片山淳之助誌（1867年・慶応3年）⇒「近来ハ亦日本ニモ追々舶来ノ時計流行セリ」

中国

『天経或問』／遊子六輯（1675年・康熙14年）⇒「日本ニ於テモ、古法ノ時計漏刻ノ煩労ヲ□ヒテ、外国製作ノ自鳴鐘ヲ用ウ」

『地理全志』巻九／慕維廉輯訳（1853年・咸豊3年）⇒「其時計有星、今日在此経度、至明日乃帰于此也」

『使法事略』巻一／林楽知著（1870年・同治9年）⇒「値逆風不能依時計里主云行海三十年」

【土語】

中国

『聖経直解』巻六／陽瑪諾著（1636年・崇禎9年）⇒「吾等異国之人、各有土語今斯人之言」

【屠殺場】

日本

『三兵答古知幾』巻二十一年／高野長英訳（1856年・安政3年）⇒「自ヲ惨酷ノ屠殺場ヲ招カサルコト」

【土産】

中国

『西方要紀』 国土／南懐仁著（刊行年不明）⇒「万国総図詳列之、其中地度風景土産嘗著職方外紀、可考鏡也」

『智環啓蒙塾課初歩』 第百二十九課／香港英華書院（1864 年・同治 3 年）⇒「読諸寒暑道土産論第六道平原草澤乃多人種麦植葡萄」

『地球図説』 亜細亜／蔣友仁訳（刊行年不明）⇒「与獣同居、土産金宝、不知貴重、惟好佩術士妖付」

【都人】

日本

『経済小学』 下編／神田孝平重訳（1867 年・慶応 3 年）⇒「大都会近傍ノ地ヲ納レテ都人遊覧ノ所トナシ」

【土星環】

日本

『官板 玉石志林』 巻三／箕作阮甫他訳（1863 年頃・文久 3 年頃）⇒「土星環の形状は正く定むるに至らず」

【土性金属】

日本

『登高自卑』 前編 巻之上／村松良粛抄輯（1872 年・明治 5 年）⇒「安律密紐母ノ如キ者ヲ土性金属ト云フ」

【土属】

中国

『化学鑑原』 巻四／傳蘭雅口訳、徐寿筆述（1871 年・同治 10 年）⇒「第二百七十五節　土属之金、土金有十即」

【凸凹】

日本

『求力法論』／与盤計意流著、志築忠次郎訳（1784 年・天明 4 年）⇒「凸凹齟齬シテ合点スルコト能ハス」

【特許】

日本

『英氏経済論』巻二／小幡篤次郎訳（1871 年・明治 4 年）⇒「許可特許ノ命ナリ開版ノ許可ヲ得ルトキハ作者定メ年限中著述ヲ開放スル」

【凸字書】

日本

『欧行日記』／淵辺徳蔵記（1861 年・文久元年）⇒「盲児女を出して凸字書を楽しむ模索に随て訓読流るが如し」

『西洋聞見録』巻中／村田樞文夫纂述（1869 年・明治 2 年）⇒「聾者ノ指ヲ以凸字書ヲ模読ス」

中国

『海国圖志』巻五十九／魏源撰、林則徐訳（1876 年・光緒 2 年）⇒「手調音而教之、盲者、即有凸字書、使他以手揣摩而読」

【飛魚】

中国

『西方要紀』／南懐仁著（刊行年不明）⇒「有飛魚膽空而飛又有禽鳥恒浮宿海上」

『坤輿図説』巻下／南懐仁撰（1672 年・康熙 11 年）⇒「能掠水面而飛有狗魚善窺飛魚之影伺其所向先至其所」

『坤輿外紀』巻一／南懐仁著（1674 年・康熙 13 年）⇒「海魔其小者有飛魚僅尺許能貼水面而飛有狗魚」

【徒歩道】

日本

『航米日録』 巻四／玉虫茂誼誌（1860 年・万延元年）⇒「楓樹ヲ並ベ植ユ、所謂列ナリ、其間瓦石ヲ敷　徒歩道トス、中道ハ幅凡ソ十五六間余」

【土油】

日本

『理学提要』 巻三／広瀬元恭訳（1856 年・安政 3 年）⇒「曰く、土油、曰く、垤爾弗把列孛垤脂」

【な】

【ナイフ】：knife［英］

日本

『栄力丸漂流記談』／文太談（1856 年・安政 3 年）⇒「**『ナイフ』**」拾七本、小刀の類也、「ツツポン」談」

【南極地】

日本

『管蠡秘言』／前野良沢訳（1777 年・安永 6 年）⇒「日本ヲ天頂ニ当レバ、北極地ヲ出ルコト三十五度、南極地ニ入ルコトモ亦三十五度ニシテ」

『遠西観象図説』／吉雄南皐口授、草野養準筆記（1823 年・文政 6 年）⇒「地球地ヲ出ルコト三十五度、南極地ニ入コトモ三十五度ニシテ」

【南熱帯】

日本

『気海観瀾広義』 巻四／川本幸民訳述（1851 年・嘉永 4 年）⇒「（二一）ハ北熱帯、（三四）は南熱帯、昼夜平線なり」

【南半球】

日本

『**窮理通**』巻二／帆足万里撰（1836年・天保7年）⇒「概して之れを言へば、北半球を陸と為し、南半球を海と為すなり」

『**官板 玉石志林**』巻一／箕作阮甫他訳（1863年頃・文久3年頃）⇒「北半球南半球の無数の所在に於て故さらに実験を為せる後、下に述る磁石力の道路の線を発明せり」

『**博物新編訳解**』巻三／合信著、大森解谷訳（1868年・慶応4年）⇒「北半球ノ諸国日ヲ離ルル較遠ク、又南半球ニ隔ラル、故ニ日光斜メニ照ラシ寒多シ」

中国

『**六合叢談**』巻七／慕維廉・艾約瑟他記述（1857年・咸豊7年）⇒「熱気之増較北半球遅漸次南則速、洋海汪洋、遠近流通」

『**西学図説**』／偉烈亜力口訳、王韜撰（1865年・同治4年）⇒「図」

【南蛮黒船】

日本

『**増補華夷通商考**』／西川求林斎輯（1708年・宝永5年）⇒「高久二年丁酉、高久領主有　氏長崎津外イワウ島ニ於テ南蛮黒船一艘焼却セラル」

【南冷帯】

日本

『**新製地球万国図説**』与地総叙／桂川甫周訳、大槻玄沢訂（1786年・天明6年）⇒「北極規内ヲ北冷帯ト云フ、南極規内を南冷帯トス」

【に】

【肉食動物】

日本

『斯魯斯氏講義動物学 初編』初篇　上／太田美濃里筆記（1874 年・明治 7 年）⇒「肉食動物の臼歯ハ圧平状ニシテ且先端ヲ有シ」

【女院】

中国

『海国圖志』／魏源撰、林則徐訳（1876 年・光緒 2 年）⇒「女院百三十八間、内居三千零九十三人、歳俸四千五百万圓、此時已籍其道院之大半入官」

【尿糖】

日本

『化学訓蒙』巻一／石黒忠悳編輯（1870 年・明治 3 年）⇒「大量ノ糖ヲ尿中ニ見ルノ病アリ之ヲ蜜尿病ト名ツケ其糖ヲ別ツニ尿糖ト名ツク」

【ね】

【熱道】

日本

『博物新編訳解』巻三／合信著、大森解谷訳（1868 年・慶応 4 年）⇒「冷道温道　熱道　温道冷道」

【は】

【培養】

日本

『**牙氏初学須知**』第十四／田中耕造訳、佐沢太郎訂（1875 年・明治 8 年）⇒「培養セル薔薇ハ、之ヲ野薔薇ニ接換スベシ、亦異類ヲ接換スルコトアレ」

【醗酵植物】

日本

『**百科全書**』百工応用化学篇　巻上／牧山耕平訳（1873 年・明治 6 年）⇒「一説ニ醗酵植物《即チ黴ナリ》ハ其滋養ヲ砂糖ニトリ炭酸及ヒ亜児個爾ハ」

【バンカ】：バンク, bank［英］

日本

『**北槎聞略**』／桂川甫周訳撰（1794 年・寛政 6 年）⇒「バンカにては一人に五百文までは鮮銭なしに替給はるなり」

【ひ】

【火消車】

日本

『**亜墨利加渡海日記**』／著者不明（1860 年・万延元年）⇒「街々悉ク火消車ヲ出タシ鈴ヲ鳴ラシテ非常ヲ護ル」

【火消人】

日本

『**亜墨利加渡海日記**』／著者不明（1860 年・万延元年）⇒「出火アリ市中少モ

不騒往来如常国法トシテ出火ノ節火消人及加勢ノ人卒」

【費西阿羅義】：フィジオロジー, 生理学, physiology［英］

日本

『舎密開宗』 巻一／賢理著、宇田川榕菴重訳増註（1837 年・天保 8 年）⇒「死獣ノ心臓ニ送リ致セバ心ノ運動､復タ一起ル等ノ説ハ費西阿羅義（人身窮理学）ノ書ニ詳ナリ」

【費西加】：フィジカ, 自然学, physica［羅］

日本

『舎密開宗』 序例／賢理著、宇田川榕菴重訳増註（1837 年・天保 8 年）⇒「舎密加ハ学壌寛広ニメ衆芸ヲ管轄シ彊ヲ費西加ニ接メ別ニ自ラ封域ヲ建ツ」

【ヒチンボール】：スチームボート, 蒸気船, steamboat［英］

日本

『漂巽紀畧』 巻三／川田維鶴撰（1852 年･嘉永 5 年）⇒「上陸し宿を投し､滞留。三日にして此にて「ヒチンボール」と云異船に附乗す」

【海盤車】：ヒトデ

日本

『博物語彙』 ／宇田川榕菴編（刊行年不明）⇒「海盤車」

【微分属子】

日本

『計意留求力論』 ／志筑忠雄訳著（1748 年・天明 4 年）⇒「斯合成来而所終為本質者為之最後合成之属」

【病院】

日本

『西洋聞見録』巻上／村田樞文夫纂述（1869年・明治2年）⇒「倫敦中病院テ多ク且盛ナリ、各疫ニ因テ各其院アリ」

【氷羹】：アイスクリーム, ice cream

日本

『航西日乗』／成島柳北著（1872〜73年・明治5〜6年）⇒「氷羹を喫す、太だ美なり」

【避雷器】

日本

『気海観瀾広義』巻十二／川本幸民訳述（1851年・嘉永4年）⇒「避雷器は、一千七百五十二年、アメリカ州の人「フランクリン」氏の発明する所にして、紙鳶を放ちて雲中の越歴を導き」

【貧院】

日本

『西洋事情』初編 巻之一／福澤諭吉纂輯（1866年・慶応2年）⇒「貧院の内、孤院と称する院あり、貧児の父母なき者のみを集めて養ふ所なり」

『泰西勧善訓蒙』第六編／箕作麟祥訳述（1871年・明治4年）⇒「又貧院アリテ貧者ヲ恤ミ、孤院アリテ孤者ヲ救ヒ、学校アリテ衆庶ヲ教ヘ」

【ふ】

【風雨鍼】

日本

『博物新編訳解』巻之一図／合信著、大森解谷訳（1868年・慶応4年）⇒「風

雨鍼　杯中是レ水銀　此ハ是璃璃筒」

【福利】

中国
『代疑篇』キリスト／楊廷筠述（1621 年・天啓元年）⇒「専属心性、不縁生物不縁福利不縁求婚、西国克巳正志之斉、乃是如此、人誠克巳斎可也」

【普通化学】

日本
『化学通』巻一／川本幸民訳述（1871 年・明治 4 年）⇒「普通化学ハ諸純元相感スルノ象ト原ト諸体離合ノ法トヲ教フ、故ニ分離術アリ、集合術アリ」

【佛蘭西】：フランス, France

中国
『重刻版 海録』巻第一／謝清高著（1870 年・同治 9 年）⇒「毎月統紀傳謂佛蘭西奪之英夷助荷蘭攻復之」

【錻葉】：ブリキ, blik［蘭］

日本
『西洋礮術便覧初編』巻下／上田仲敏著（1853 年・嘉永 6 年）⇒「六比弾ノ径ナル錻葉〈ブリッキ〉盒ニ左ノ薬ヲ充ツ」
『義邦先生航海日誌別録』／勝海舟撰（1860 年・万延元年）⇒「大理石の楕圓盤あり盤内錻葉〈ブリッキ〉を以て張る」

【波羅特士頓教】：プロテスタント, Protestant［英］

中国
『重刻版 海録』巻第二／謝清高著（1870 年・同治 9 年）⇒「加特力教即天主本教其別派爲波羅特士頓教爲額力教」

【分信所】

中国

『大美聯邦志略』／禆治文撰（1864年・元治元年）⇒「分信所」

『使美記略』下巻／陳蘭彬著（1878年・光緒4年）⇒「分信所、信印後即統此分寄」

【へ】

【平和】

日本

『新製地球万国図説』総叙／桂川甫周訳、大槻玄沢訂（1786年・天明6年）⇒「此五帯ノ内、只正帯ノミ気候平和ナリ」

『訂正増訳采覧異言』巻一／新井白石著、山村才助増訳（1802年・享和2年）⇒「欧羅巴州ハ気候平和物産豊饒ナリ」

『和蘭通舶』巻一／司馬江漢撰（1805年・文化2年）⇒「惟地中海岸ノ地ノミ気候常ニ平和、人物色白ク、頗ル理ヲ弁ズ」

中国

『坤輿図説』巻上／南懐仁撰（1672年・康熙11年）⇒「其一拂動近気令就平和以利呼吸人与諸生縁此以免閉塞之傷」

『博物新編』二集／合信著（1855年・咸豊5年）⇒「天下皆知春分為冷暖平和之候、図中之左影是夏至」

『智環啓蒙塾課初歩』一百八十六課／香港英華書院訳（1864年・同治3年）⇒「皆曰覚其苦身子平和暢快, 則曰覚其楽」

辞書

『英華韻府歴階』／Wells Willams（1844年）⇒「SALUBRIOUS　平和」

『英華字典』／Walter Medhurst（1847～48年）⇒「PENCE　平和」「COMPLACENT　平和」

『英華字典』／Wilhelm Lobscheid（1866～69年）⇒「Pence　平和」「Appense　平和」

【別邦人】

中国
『遐邇貫珍』第五號／香港中環英華書院（1853 年・咸豐 3 年）⇒「与別邦人士往来接洽、不得不於中土情形風気少梢有変化」

【ベナット】：バナナ, banana［英］

日本
『幕末遣欧使節航海日録』／野沢郁太記（1861 年・文久元年）⇒「パイナッポといふ是も多し芭蕉の実ベナットといふ」

【ベヒコン】：ベーコン, bacon［英］

日本
『文明開化雑纂』官許 協救社衍義草稿／角田米三郎（1869 年・明治 2 年）⇒「粗前条ニ述ル所ノ如シ、其他、肉類ヲ以て「ハム」（英語干肉名）「ベヒコン」（同上）等」

【偏海鏡】

日本
『海上砲術全書』熕長／宇田川榕菴訳、杉田成卿校（1854 年・安政元年）⇒「同七十四熕圓偏海鏡」

【変遷代謝】

日本
『遠西医方名物考補遺』巻七／宇田川榛齋訳述、宇田川榕菴校補（1834 年・天保 5 年）⇒「疾ク衰頽シ生機保住持重セス変遷代謝迅速ナリ」
『理学提要』巻一／広瀬元恭訳（1856 年・安政 3 年）⇒「動植二物皆生機を重持することを得ず、変遷代謝の迅速なるを致す」

【編制】

日本

『八紘通誌』巻一／箕作阮甫述（1851年・嘉永4年）⇒「毎隊三バタイロン《一バタイロンハ八〇〇名ヨリ一千名ニ至ル》ヲ以編制ス」

『義邦先生航海日誌別録』／勝海舟撰（1860年・万延元年）⇒「毎隊三バタイロンヲ以テ編制ス、本授小軍隊は自投の兵卒を編制せし海軍隊の名にて」

【変態】

日本

『和蘭天説』／司馬江漢著（1796年・寛政8年）⇒「必ズ狐狸愚人ヲ誑スモノ也、月ノ変態ヲナスノ理ナシ」

『三才窺管』巻中／広瀬周伯著（1808年・文化5年）⇒「日月変態星辰揺動ノ諸気或ハ現ジ或ハ陰ル夫斯ノ如キノ諸象・」

『軍艦図解』／本木庄左衛門訳述（1808年・文化5年）⇒「望む時の旦暮に由て、種々変態を為す等のことを目に熟し、心に会し」

【扁桃腺】

日本

『博物語彙』／宇田川榕菴編（刊行年不明）⇒「扁桃腺」

【便秘】

日本

『西医方選』巻九／藤林普山著（1828年・文政11年）⇒「濆陰茎若大便秘者、選用加味梅肉湯」

『羅仙治児全書』第三／宇田川玄真訳（1830年・天保元年）⇒「其後時日ヲ経テ大便秘」

『幼幼精義』巻一／堀内素堂訳（1843年・天保14年）⇒「殊着腸或腸間膜、則致便秘、支運転妙機、且以減却元温」

中国

『婦嬰新説』巻上／合信著（1858年・咸豊8年）⇒「宜瀉血発表、便秘宜微利、若身軟弱、面色黄黄白、由於血少」

『欧遊随筆』／銭徳培著（1877 年・光諸 3 年）⇒「西人治傷食或便秘飲苦泉一二碗胃中積滯即可消尽半日後」

辞書

『英華韻府歴階』／Wells Willams（1844 年）⇒「CONSTIPATION　大便秘」

【弁物家】

日本

『舎密開宗』巻十八／賢理著、宇田川榕菴重訳増註（1837 年・天保 8 年）⇒「弁物家用テ物産異品ヲ塗り」

【弁理官】

日本

『外国交際公法』巻一／福地源一郎訳訂（1869 年・明治 2 年）⇒「政府ノ公事ヲ取扱フ者ヲ弁理官（シヤルゼ、ダツフエール）ト唱、国君ノ私事ヲ取扱フ者ヲ領事官ト唱フ」

中国

『代疑篇』巻七／楊廷筠訳（1621 年・天啓元年）⇒「然不諭義理是無霊魂也人魂兼有三熊能弁理之是非別人之」

『六合叢談』巻九／慕維廉・艾約瑟他記述（1857 年・咸豊 7 年）⇒「兵船如不分別弁理、永不来（奥）、而兵船主云」

【弁論】

中国

『職方外紀』巻四／艾儒略増訳、楊廷筠彙記（1623 年・天啓 3 年）⇒「弁論極精、聞者最易感動」

『西国天学源流』／偉烈亜力口訳、王韜著（1889 年・光緒 15 年）⇒「其人善弁論格致之功関焉然多禄某精測望」

辞書

『A DICTIONARY OF THE CHINESE LANGUAGE, IN THREE PARTS.』／

Robert Morrison(1815～23年)⇒「DEBATE　弁論」「DISQUISISTION　弁論」
『英華韻府歴階』／Wells Willams（1844年）⇒「to solicit favour　弁論」「CRITICISE　弁論」
『英華字典』／Walter Medhurst（1847～48年）⇒「TO DISCUSS　弁論」「TO ARGUE　弁論」
『英華字典』／Wilhelm Lobscheid(1866～69年)⇒「Critique　弁論」「Discussing　弁論」
『英華萃林韻府』／Justus Doolittle（1872年）⇒「Discuss　弁論」「Controversy　弁論」

【ほ】

【法案】

日本

『五科学習関係文書』法学政治編／西周編（1863年・文久3年）⇒「一個若クハ数個ノ法案トナス其支費ヲ転移スルハ唯法律ニ依リテ」
『英政如何』巻六／鈴木唯一訳（1868年・慶応4年）⇒「其外多分替るべき処を明けたる法案を持出し、其持出し人は」
『合衆国政治小学』初編 巻之二／ヨング 著、瓜生三寅訳述（1872年・明治5年）⇒「本局の評議に掛けんと思ふ者、其為の法案を本局へ持ち出す」

【縫衣機器】

『格致彙編』第六巻／傅蘭雅輯（1876年・光緒2年）⇒「第六図之機器外形与縫衣機器畧形而実為写字」

【法院】

日本

『万国公法』第一巻／西周訳（1868年・慶応4年）⇒「又法院〈サイバンヤクショ〉ありて万国の権義を保するか為に其告訴を聴く」

『泰西国法論』凡例／津田真一郎訳（1868 年・慶応 4 年）⇒「是其故彼国於に於法院の諸官は論ずる迄も無く」

中国

『万国公法』巻一／丁韙良訳（1864 年・同治 3 年）⇒「尚未設有総理之法院、秉公不偏、以断海案、是以戦者」

【防衛】

中国

『東西洋考』巻之四／張燮撰次（1618 年・万暦 46 年）⇒「皆従防衛甚盛日有輸税然税卻不多夷人」

辞書

『英華韻府歴階』／ Wells Willams（1844 年）⇒「SAFEGUARD　防衛者」

『英華萃林韻府』／ Justus Doolittle（1872 年）⇒「Safeguard　防衛者」

【貿易風】

日本

『博物新編訳解』巻之一／合信著、大森解谷訳（1868 年・慶応 4 年）⇒「其風ヲ名ヅケテ恒信風トナス、《俗又貿易風ト呼ヒナス》、皆其四季易ラザルノ故ヲ以テナリ」

『博物新編補遺』巻中／小幡篤次郎訳述（1869 年・明治 2 年）⇒「赤道ノ地方連月風吹西ヨリスルアリ此ヲ貿易風ト云フ」

『通俗窮理話』前編　巻下／仮名垣魯文著（1872 年・明治 5 年）⇒「赤道下の風を恒信風、貿易風と云ふ」

中国

『地理全志』下編　巻四／慕維廉輯訳（1853 年・咸豊 3 年）⇒「二帯之中有恒風、名曰貿易風、周歳方向遅速、大略如一」

『六合叢談』巻十三／慕維廉・艾約瑟他記述（1857 年・咸豊 7 年）⇒「四時恒同、最利商船、所謂貿易風是也、貿易風或為地所」

『格物探原』第六／韋廉臣著（1876 年・光緒 2 年）⇒「赤道以南、風恒東南、西人謂之貿易風、為於行海甚便故也」

【望遠鏡／望遠ノ鏡】

日本

『管蠡秘言』巻一／前野良沢訳（1777年・安永6年）⇒「按撫ス、時二望遠鏡ヲ候フ者、遥カニ土地ノ形容ノ彷彿タル者ヲ見タリト告グ」

『和蘭天説』／司馬江漢著（1796年・寛政8年）⇒「都「バリス」ノ人、度数ノ名家アリ、望遠鏡ヲ造テ、赤道線下ノ地南北ニ到り」

『三才窺管』巻上／広瀬周伯著（1808年・文化5年）⇒「西洋人窮理殫智望遠ノ鏡ヲ造り肉眼及ハザル所ノモノヲ」

『遠西観象図説』序／吉雄南皐口授、草野養準筆記（1823年・文政6年）⇒「高きに登り、四方を遥瞭す、望遠鏡幾台あり」

中国

『遠西奇器図説』凡例／鄧玉函口授・王徴訳絵（1628年・天啓7年）⇒「自鳴鐘説、望遠鏡説、職方外紀、西学或問」

『天経或問』天／遊子六輯（1675年・康熙14年）⇒「西極之国、近歳有度数家、造為望遠之鏡」

『大美聯邦志略』上巻／裨治文撰（1864年・元治元年）⇒「　時或運奇想以成之、如測天鏡、能測諸行星之軌道、望遠鏡能窺数百里於自前」

【北円線】

日本

『地球説略』地球図説／褘理哲撰（1856年・咸豊6年）⇒「二十三度半、名北円線、自南極量至北方、二十三度半、名南円線」

【法王】

日本

『西洋列国史略』／佐藤信淵撰（1808年・文化5年）⇒「曽テ天教ノ法王タリ其小弟「ヘテル」ヲ立テ位ヲ嗣シメ」

『官板 海外新聞』／洋書調所訳（1862年・文久2年）⇒「羅馬法坐自ら禁戒を着せる書中頭　に法王世権を握るを禁ずる」

『万国新聞紙』／ベーリー編（1867年・慶応3年）⇒「佛蘭斯の兵羅馬法王を守護せるを止めたり」

中国

『代疑篇』上巻／陽廷筠訳（1621 年・天啓元年）⇒「法王宰官、可以貧富人可以生殺人、似乎君相有権也」

辞書

『A DICTIONARY OF THE CHINESE LANGUAGE, IN THREE PARTS.』／Robert Morrison（1815 ～ 23 年）⇒「BUDDHA」

【法科】

中国

『西学凡』／艾儒略答述（1623 年・天啓 3 年）⇒「一為医科謂之黙第済納、一為法科謂之勒義斯、一為教科謂之加諾搦斯」

『海国圖志』巻二十七／魏源撰、林則徐訳（1876 年・光緒 2 年）⇒「中国之小学、理科則如中国之大学、医科法科教科者、皆其事業」

【法科学校】

日本

『万国港繁昌記』巻中／黒田行元編・松川半山書画（1873 年・明治 6 年）⇒「穀物為替会所、国王所設の病院、諸種兵卒屯所、法科学校、本洲の兵卒病院、公共病院」

【防火】

日本

『三兵答古知幾』巻二十三／高野長英訳（1856・安政 3 年）⇒「火薬倉ト防火墻ヲ一斉ニ築造シ、以テ匠夫ノ功ヲ減シ」

『中外新聞』第十二郷／柳河春三編（1868 年・慶応 4 年）⇒「西洋国法学の大綱領に基づきて我国当今の急務を掲示するものなり」

『性法略』緒言／神田孟恪訳（1871 年・明治 4 年）⇒「之を要スルニ性法ハ法学ノ標的ナリ、学者照準ヲ謬ラスンハ可ナリ」

中国

『遠西奇器図説』巻二／鄧玉函口授・王徴訳絵（1628 年・天啓 7 年）⇒「可以

滅火、可以禦火、可以防火、乃新有之器」
『欧遊随筆』／銭徳培著（1877年・光緒3年）⇒「煤灯之需水龍廠防火之用各廠有総司有分司」

辞書

『英華字典』／Wilhelm Lobscheid（1866～69年）⇒「in front of a fire place, to prevent accidents by fire　防火」

【法学】

日本

『万国公法』巻一／西周助訳（1868年・慶応4年）⇒「万国公法は法学の一部にして、万国互に相対し乗ることを得る」
『中外新聞』第十二号／柳河春三編（1868年・慶応4年）⇒「西洋国法学の大綱領に基づきて我国当今の急務を掲示するものなり」
『泰西国法論』凡例／津田真一郎訳（1868年・慶応4年）⇒「西周助と偕に法学を来丁（レイデン）の大学博士シモン・ヒッセリング先生に受け」
『性法略』諸言／神田孟恪訳（1871年・明治4年）⇒「之ヲ要スルニ法学ノ標的ナリ、学者照準ヲ謬ラスンハ可ナリ」

中国

『西学凡』／艾儒略答述（1623年・天啓3年）⇒「諸賢以助学道者、至於医学、法学、教学或年稍長工夫不得次第挙行」
『西方要紀』巻二十七／南懐仁著（刊行年不明）⇒「ニ学既進又分四学、為医学、為法学、為教学、為道学隋人択其一二」
『大徳国学校論畧』／花之安著、王炳コン訂（1873年・同治12年）⇒「院内学問分列四種、一経学、二法学、三智学、四医学」

【法学院】

中国

『西学考略』巻下／丁韙良著（1883年・光緒9年）⇒「法学院　法学一科其義最広道科意重化民法科則事在治国也」

【防火具】

日本

『**西洋聞見録**』巻上／村田樞文夫纂述（1869 年・明治 2 年）⇒「蓋家宅ハ石造ニシ防火具ハ精巧ニシ」

【防火隊】

日本

『**欧行日記**』巻三／淵辺徳蔵記（1861 年・文久元年）⇒「城外の広街に招かる火所を防火隊に告げるに電信機を以てす」

【防火夫】

日本

『**航米日録**』巻三／玉虫茂誼誌（1860 年・万延元年）⇒「唯防火夫竜吐水或ハ革管（ポンプ）ヲ携へ走ルノミ」

【望火楼】

日本

『**航米日録**』五月／玉虫茂誼誌（1860 年・万延元年）⇒「旅館ヨリ東南少許隔テ（図）如此キ高楼アリ、是望火楼ト云フ、高サ数十丈ナリ」

【法館】

中国

『**使西日記**』日記四／曽紀沢著（1877 年・光緒 3 年）⇒「雖交渉事件繁簡不同而法館局面」

【法官】

日本

『**航西日乗**』／成島柳北著（1872 ～ 73 年・明治 5 ～ 6 年）⇒「恰モ聴訴ノ最中ナリ、

法官ハ正面ト左右ニ坐ス」

【傍観者】

日本

『泰西勧善訓蒙』後篇　巻一／箕作麟祥訳述（1871年・明治4年）⇒「誇大ナル時ハ感覚ノ鋭キ婦及ヒ傍観者ノ心ヲ傷フ可シ」

中国

『中西関係論』巻三／林楽知著（1876年・光緒2年）⇒「局外旁観者、欲救人出水火而贈以衣食」

辞書

『英華韻府歴階』／Wells Willams（1844年）⇒「SPECTATOR　旁観者」

『英華萃林韻府』／Justus Doolittle（1872年）⇒「By-stander　傍観者」「Spectator　傍観者」

【放銀】

日本

『英氏経済論』巻一／小幡篤次郎訳（1871年・明治4年）⇒「鉄道運河其他土ノ事多クハ放銀〈モトイレ〉ヲ均分」

【冒険】

中国

『坤輿外紀』亜既剌／南懐仁著（1674年・康熙13年）⇒「能色能療耳病産羊一尾重至十斤味至美土人冒険者能制毒蛇」

『外国地理備攷』／瑪吉士輯訳（1847年・道光27年）⇒「雄壮而勇、礼宝篤備、冒険営大、品性頗急」

『海国圖志』／魏源撰、林則徐訳（1876年・光緒2年）⇒「不与海国通往来、近四十年、始有冒険至其地、略悉情形、究無史書」

辞書

『A DICTIONARY OF THE CHINESE LANGUAGE, IN THREE PARTS.』／Robert Morrison（1815～23年）⇒「To rush upon danger　冒険」「DESPERATE

冒険」
『英華韻府歴階』／Wells Willams（1844年）⇒「RISK　冒険」
『英華字典』／Walter Medhurst（1847～48年）⇒「to run risks　冒険」「to risk danger　冒険」
『英華字典』／Wilhelm Lobscheid（1866～69年）⇒「exposure to danger　冒険」「To hazard　冒険」
『英華萃林韻府』／Justus Doolittle（1872年）⇒「Risk　冒険」「rush on danger　冒険」

【方言学】

日本
『航米日録』巻四／玉虫茂誼誌（1860年・万延元年）⇒「其後賢人・君子出テ学問ヲ開キ天文・窮理ヨリ図画・方言ノ学ニ至ル」

【封建政治】

日本
『百学連環』／西周講述、永見裕筆録（1870年・明治3年）⇒「方今の考に於ては神統政治及ひ封建政治を以て合して第一の場となし」

【封建制度】

日本
『英政如何』巻一／鈴木唯一訳（1868年・慶応4年）⇒「封建の制度にをゐては、国中の地面を全く其国王の物として、王之を数多の知行に分けて」

【褒功院】

日本
『中外新聞』第十七号／柳河春三編（1868年・慶応4年）⇒「居士嘗て西著を訳して褒功院説（パテント）を著せり」

【芳香軟膏】

日本

『万寳新書』巻二／宇田川興斎訳述（1860年・安政7年）⇒「髪ヲ美麗ニスル、ポマ－デ（芳香軟膏）ノ法」

【抱合物】

日本

『化学訓蒙』巻一／石黒忠悳編輯（1870年・明治3年）⇒「例之ハ硝石ハ一個ノ抱合物ニシテ元素ニ非ス」

『化学通』巻一／川本幸民訳述（1871年・明治4年）⇒「糖、澱粉、脂、膠、肉等ノ如シ、コレヲ有機体性抱合物トス」

【邦国財用論】：富国論

日本

『英氏経済論』巻二／小幡篤次郎訳（1871年・明治4年）⇒「亜駄武須美巣氏カ著述ノ邦国財用論ヲ繙キ偶然分業ノ篇ヲ見忽チ」

【縫塞料】

日本

『万寳新書』巻二／宇田川興斎訳述（1860・安政7年）⇒「烈火ニ堪ル所ノ縫塞料（膠泥ノ類）ヲ用テ其接際ヲ密ニ塗リ」

【棒砂糖】：角砂糖

日本

『西洋料理指南』巻上／敬学堂主人著（1872年・明治5年）⇒「磁器等ヲ以テ製シタルアリ俗ニ云棒砂糖ト云モノヲ用ユルトキハ五分四方ノ霰ノ如クニ切リ」

【邦産】

日本

『舎密開宗』巻八／賢理著、宇田川榕菴重訳増註（1837 年・天保 8 年）⇒「漢渡ノ紫石英、邦産ノ宝石、蛍砂、此ニ属ス」

【法師】：弁護士

中国

『物理小識』巻十／方以智著（1664 年・康熙 3 年）⇒「則乗象而帰、梁翔法師云西域呼象為」

『万国公法』巻一／丁韙良訳（1863 年・同治 3 年）⇒「先請法師平理而後行若法師以巳之君、為非、其君之勢」

『西学考略』巻下／丁韙良著（1883 年・光緒 9 年）⇒「道法医三大科学有成効或為道師（即教士）或為法師（即律師）或為医師」

【紡織器】

日本

『六合叢談』巻六／慕維廉・艾約瑟他記述（1857 年・咸豊 7 年）⇒「初造紡織器時、或言妨貧人業、今殊不然」

【方針】

日本

『環海異聞』／大槻玄沢撰（1807 年・文化 4 年）⇒「方針」

【方針盤】

日本

『遣米使節日記』／村垣範正記（1860 年・万延元年）⇒「一、横文体品数其外板類認候書、一、方針盤、一、渾天機」

【放生院】

中国

『海国圖志』巻十五／魏源撰、林則徐訳（1876年・光緒2年）⇒「現在減少十五万口、建放生院養各禽獣、不論犬馬鳥虫諸類」

【法則】

日本

『坤輿図識補』巻二／箕作省吾著（1846年・弘化3年）⇒「皇帝ノ位ハ、一定ノ法則アリ、必血統ノ男子ヲ選テ、其後ヲ受シム」

『日本新聞』第一号／春田与八郎訳、柳河春三校補（1865年・慶応元年）⇒「其巳前予しめ通商之法則を定め置すんは有べからす」

『化学通』巻一／川本幸民述（1871年・明治4年）⇒「此ハ小ニシテ、常ニ誤ルコトナシ、コレヲ天然ノ法則ト名ツク」

中国

『談天』二編　下／偉烈亜力口訳、李善蘭刪（1858年・咸豊8年）⇒「欲知其是正球否、則当別用法則之」

【法談所】

日本

『仏英行』十一月／柴田剛中記述（1861年・文久元年）⇒「三郎を随へ、牢屋一見に行く、巨大堅固の結構にて、中央に法談所あり」

【放電】

中国

『格物入門』巻四／丁韙良著（1868年・同治7年）⇒「問、放電又何物」「答、状如火剪以銅為之、玻璃為柄」

『化学初階』巻一／嘉約翰口訳、何瞭然筆述（1870年・同治9年）⇒「而復満以養淡ニ気、放電過之、接連数日」

『格致彙編』第一百二十二／傅蘭雅輯（1876年・光緒2年）⇒「則所存之電気足以撃斃大半所放電火熱能熔金」

【放電器】

日本

『物理了案』霊気／宇田健斎著（1879年・明治12年）⇒「放電器ヲ用ヒテ陽電と陰電トヲシテ相流通セシメレバ、電気即時ニ中和シテ已ム」

【縫道具】

日本

『万国新聞紙』付録／ベーリー編（1867年・慶応3年）⇒「此「フロレンス」といふ縫道具は縫道具中下最驚べき者にして」

【法場】

中国

『聖母行実』巻三／高一志撰述（1631年・崇禎4年）⇒「其未悔者、赴綾法場、而為人与魔之修也」

【防波堤】

日本

『理学提要』巻三／広瀬元恭訳（1856年・安政3年）⇒「人以て垣を築き、又以て防波堤と為し、熔金罐と為す」

【法府】

日本

『泰西国法論』第十六章／津田真一郎訳（1868年・慶応4年）⇒「法台（中法院）に法士三名、法府（大法院）に五名、議法院（至高法院）に七名乃至十二名」

【防腐】

日本

『華列対表』巻一／宇田川榕菴識（1831年・天保2年）⇒「多量ノ水ヲ加ヘテ

稀淡ニスレバ酢ノ如クニ防腐遏敗ノ良剤トナルナリ」

『古列亜児没爾爸斯説』／宇田川榕菴著（1858 年・安政 5 年）⇒「先生曽テ亜爾加里防腐ノ効アルコトヲ唱フ」腐敗論補註

『写真鏡図説』巻二／柳河春三訳述（1868 年・明治元年）⇒「能く防腐の功ありと云ふ、之を精製すれば亦酢酸を得べし」

【抛物線】

中国

『格物入門』巻七／丁韙良著（1868 年・同治 7 年）⇒「当熟悉則圓線楕圓抛物線双線是也」

【方法】

日本

『百学連環』総論／西周講述、永見裕筆録（1870 年・明治 3 年）⇒「学には規模たるものなかるへからす、術には方法なるものなかるへからす」

『英氏経済論』巻二／小幡篤次郎訳（1871 年・明治 4 年）⇒「最モ成功多キ方法《シカタ》ニ籍テ其法則ヲ利スルノ工夫」

『榕菴先生遺書』／宇田川榕菴編（刊行年不明）⇒「methote　方法」

【亡命】

日本

『漂流記』下／播州彦蔵著（1863 年・文久 3 年）⇒「終にハ亡命せんとする者は其部を切り捨て人工に足を造り」

『物理了案』第二／宇田健斎著（1879 年・明治 11 年）⇒「何国ともなく亡命せり、其或船主これを五万フランクにひ取りて」

『文明開化雑纂』河童相伝胡瓜遺 初編／仮名垣魯文戯著（1872 年・明治 5 年）⇒「勝負に負けて、とうとう亡命をして自国へ脱たから、貸金引当の品ものは流れたと思し」

中国

『東西洋考』巻之六／張燮撰次（1618 年・万暦 46 年）⇒「不得直何以還報因

盤拠島中海上亡命無頼之徒交構為乱東南之禍」
『四州志』巻七／林則徐訳（1841 年・道光 21 年）⇒「侵奪都魯機之□阿部落収養亡命為其爪牙居民荼毒亦甚矣」
『六合叢談』南海近事／慕維廉・艾約瑟他記述（1857 年・咸豊 7 年）⇒「二種民憐而王之殺華人于広野奔竄亡命事平」
『海国圖志』巻五／魏源撰、林則徐訳（1876 年・光緒 2 年）⇒「海中劇盜所養皆亡命其権譎能得人死力故出奇制勝」

【紡棉機】

日本

『開化の本』／西村兼文著、神代種亮校（戊の文月）⇒「眼鏡、風雨鍼、避雷柱、紡棉機、織襪機の類毛挙に遑あらず」

【防雷鉄】

中国

『格物入門』巻四／丁韙良著（1868 年・同治 7 年）⇒「答　銅鉄之属、具能引電、故防雷鉄之周圍」
『格致彙編』巻一／傅蘭雅輯（1876 年・光緒 2 年）⇒「至地中或水内即不傷人物此謂之防雷鉄也」

【法律院】

日本

『官板 海外新聞』／洋書調所訳（1862 年・文久 2 年）⇒「評議を定め之を法律院夫にて取捨すべし」

【法律学】

日本

『西洋学校軌範』／小幡甚三郎撮訳、吉田賢輔校正（1870 年・明治 3 年）⇒「入社　法律学ノ習業ハ、心力ノ習業ハ、心力ノ長増スルヲ要スルガユエニ」

【法律館】

中国

『地理全志』巻四／慕維廉輯訳（1853 年・咸豊 3 年）⇒「外更有授医館、法律館、経典館、教人知医通暁法律、博覚経典」

『海国圖志』巻六十／魏源撰、林則徐訳（1876 年・光緒 2 年）⇒「造就人材、又設授医館二十三所、法律館九所、経典館三十七所」

【飽和液】

日本

『化学実験入門』第十七試／志賀雷山訳述（1873 年・明治 6 年）⇒「硝子棒ヲ以テ之ヲ撹攪シテ以テ復タ之ヲ溶解セサルニ至リ明礬ノ飽和液ヲ造り」

【飽和点】

日本

『理学提要』題言／広瀬元恭訳（1856 年・安政 3 年）⇒「一分子と雖も変化せず、溶化すること能はざるの度を　して、飽和点と曰ふ」

【飽和溶液】

日本

『写真鏡図説』巻二／柳河春三訳述（1868 年・明治元年）⇒「没食酸の飽和溶液（トケルダケトカシタモノ）　五匁　橙酸　五匁」

【ボーイ】：boy［英］

日本

『幕末遣欧使節航海日録』／野沢郁太記（1861 年・文久元年）⇒「和蘭ホテル、ボーイへ一人前十ドルラルつつ御心付被下様相成り候由」

『文明開化雑纂』江胡機関西洋鑑 初編／岡丈紀丈著述（1873 年・明治 6 年）⇒「至急小使かボーイの庸口を探索してもらふつもりだが」

【ホーク】：フォーク, fork［英］

日本

『主婦の友』食卓上の心得／桜井ちか編纂（1908年・明治41年）⇒「食物を食し終った時はナイフ（庖丁）・ホーク（肉刺）の柄を右にして」

【ボートル】：バター, butter［英］

日本

『楢林雑話』巻一／立原万著（1799年・寛政11年）⇒「ハンの上にボートル（牛羊酪）を引て食す」
『長崎土産』／磯野信春著併画（1847年・弘化4年）⇒「鉢　ボートル煮　おらんだ菜　鉢　ボートル煮　鉢　ボートル煮　胡蕪蔔」
『西洋料理通』第一／仮名垣魯文編（1872年・明治5年）⇒「壱升二合の汁を沸騰て、ボートル、胡椒、人参　塩を投、緩火にて煮る」

【簿記】

日本

『坤輿図識補』巻三／箕作省吾著（1845年・弘化2年）⇒「自国ノ人員ヲ詳載シタル、簿記ニ拠テ、諸学士自ラ、其地ニ至テ実験シ」

【保気器】

日本

『化学摘要』第三十八章／宇田川準一訳（1873年・明治6年）⇒「試管ヲ用ヒ瓦斯ヲ集ムルニ当リ、鉄板ニテ作リタル保気器（ガスホルドル）ヲ代用スル等」

【北温道】

中国

『外国地理備攷』巻四／瑪吉士輯訳（1847年・道光27年）⇒「欧羅巴地方、大半位在北温道、其居于北寒道者」
『博物新編』四集／合信著（1855年・咸豊5年）⇒「東熱道之間、約七一六寸、北温道、約有二十七寸、南温道、約二十六寸、熱道之雨」

【北回風】

日本

『航海夜話』第二回／西江舎主人訳（1872 年・明治 5 年）⇒「まだ其上にストルムのウエットでは北回風が、地球の両半球で別々の側へ」

【北寒線】

中国

『地理全志』巻一／慕維廉輯訳（1853 年・咸豊 3 年）⇒「大概在温道、更在北帯北寒線之間、鉄為最有用之物」

【墨鏡】

中国

『中西聞見録選編』近事／丁韙良編（1877 年・光緒 3 年）⇒「其形如豆粒小物於日面上辺経過、人以墨鏡、或烟薫玻片視之」

【牧語】

日本

『博物新編訳解』巻一／合信著、大森解谷訳（1868 年・慶応 4 年）⇒「好テ人隊ノ中ニ於テ馬ヲ馳セ、衆ヲ驚カス、会々馬ノ性ヲ諳ズル者アリ、牧語ヲ以テ之ヲ喝ル」

中国

『博物新編』一集／合信著（1855 年・咸豊 5 年）⇒「好于人隊中馳馬驚衆、会有諳性者、作牧語以喝之、馬聞驟止」

【北光】：オーロラ, aurora［英］

日本

『気海観瀾広義』 巻十二／川本幸民訳述（1851 年・嘉永 4 年）⇒「北光は越歴火象にして、大気の上際真空に等しき処に此象を発すること」

『官板 玉石志林』／箕作阮甫他訳（1863 年頃・文久 3 年頃）⇒「北光の見ゆるは、暗黒なる夜間に限れるに非ず」北光

『登高自卑』 後編 巻之三／村松良粛抄輯（1875 年・明治 8 年）⇒「北光ハ全ク電気ニ起因スル」

【牧師】

日本

『自由之理』 巻三／中村敬太郎訳、木村謙一郎版（1872 年・明治 5 年）⇒「諸国ノ人民ハ、牧師ノ婦ヲ娶ルコトヲ嫌ヒ悪ミ」

中国

『大美聯邦志略』 上巻／裨治文撰（1864 年・元治元年）⇒「延牧師詣之伝教、若其地無礼拝之堂、則本会捐金以建之」

『大徳国学校論畧』 第一／花之安著、王炳コン訂（1873 年・同治 12 年）⇒「皆聴命、此外別有一牧師総察院中師生、毎届歳考」

『格物探原』 第十八章／韋廉臣著（1876 年・光緒 2 年）⇒「急望牧師死音来報、従容快適、以飲以食」

『英軺日記』／劉錫鴻著（1877 年・光緒 3 年）⇒「伝教中国之牧師神父乃各国城郷教堂」

【牧場】

中国

『坤輿図説』 巻下／南懐仁撰（1672 年・康熙 11 年）⇒「地中百余里穹窿若橋梁其上為牧場畜牛羊無算国中」

【北斗星】

中国

『外国地理備攷』 巻一／瑪吉士輯訳（1847 年・道光 27 年）⇒「則見北斗星如漸降漸下行赤道之間」

【北氷洋】

日本

『地学事始』 巻一／松山棟菴訳述（1870 年・明治 3 年）⇒「多くの江河皆北氷洋に向て流る此国ハ気候最も寒き」

『窮理日新発明記事』 巻一／東井潔全纂輯（1872 年・明治 5 年）⇒「皆汽の力之を催すなり北氷洋（きたのこほりうみ）の海嶋中に、著名なる火山有」

中国

『教会新報』 海馬図／林楽知・慕雄廉等訳（1868 年・同治 7 年）⇒「海馬産於南氷洋北氷洋之海中地極寒産愈多頭小身大其身前大後小鼻大口闊口上」

『格物入門』 巻二／丁韙良著（1855 年・咸豊 5 年）⇒「北氷洋海島中、有著名火山、山麓有極大温泉」

『博物新編』 四集／合信著（1876 年・光緒 2 年）⇒「曰南氷洋、約二億五千万、曰北氷洋、面積較少、四周二万五千里」

『格致彙編』 格致略論／傅蘭雅輯（1876 年・光緒 2 年）⇒「南北氷洋極冷之地氷亦不実其下乃有水流通」

『格物探原』 論天地／韋廉臣著（1876 年・光緒 2 年）⇒「在赤道北三十度至三十五度自北氷洋至此山巓約八千里自此山嶺」

【北方党】

日本

『官板 バタヒヤ新聞』 巻三／蕃書調所訳（1862 年・文久 2 年）⇒「バルチモレにて北方党の生捕らるる者」

【北冷帯】

日本

『新製地球万国図説』与地総叙／桂川甫周訳、大槻玄沢訂（1786年・天明6年）⇒「北極規内ヲ北冷帯ト云フ、南極規内を南冷帯トス」

【保険局】

中国

『欧遊随筆』巻一／銭徳培著（1877年・光緒3年）⇒「保険局有保水険者保火険者保人命険者分門別類」

【保険公司】

中国

『格物探原』第八章／韋廉臣著（1876年・光緒2年）⇒「復不出此、此泰西諸国、保険公司之所由設也」

『中西聞見録撰編』各国近事／丁韙良編（1877年・光緒3年）⇒「保険公局存銀二百三十万元」

『使美記略』／陳蘭彬著（1878年・光緒4年）⇒「値銀一万九千万圓保険公司賠償者約四千四百万圓」

【歩行路】

日本

『万国新話』／柳河春三編輯（1868年・明治元年）⇒「歩行路（西洋市街は大抵三条に分ち中を車馬の路とし左右二条を人の歩行に備ふ）に車馬を引入れ」

【保護税】

日本

『英氏経済論』巻三／小幡篤次郎訳（1871年・明治4年）⇒「然ラバ則チ保護税ノ生財ニ功アルモノハ努力ヲ鼓舞スルノ条ニ在ル可シ」

【保気器】

日本

『化学摘要』／宇田川準一訳（1873年・明治6年）⇒「鉄板テ作リタル保気器（ガスホルドル）ヲ代用スル等」

【星ノ図】

日本

『増補華夷通商考』巻四／西川求林斎輯（1708年・宝永5年）⇒「星ノ図丸シ、商売物ニ非ズ、世界ノ図、丸図平図色々アリ、商売ニ之無シ」

【保守】

日本

『代議政体』巻二／永峰秀樹訳（1875年・明治8年）⇒「利達、幸福ヲ毫末モ失フ事ナク保守センニハ、其人ノ性質ハ如何ニシテ」

中国

『痛苦経蹟』／伏若望訳（刊行年不明）⇒「善神高首、聖爾格爾格爾為聖格勒西亜保守」

『聖母行実』／高一志撰述（1631年・崇禎4年）⇒「遣天神示瑪利亜　懼、主必保守爾貞、不致妨碍」

『海国圖志』／魏源撰、林則徐訳（1876年・光緒2年）⇒「其論保守童身一条、載或人難以人倶守貞不婚」

辞書

『英華韻府歴階』／Wells Willams（1844年）⇒「MAINTAIN　保守」

『英華字典』／Walter Medhurst（1847年）⇒「to preserve　保守」「to maintain a post　保守」「to protect　保守」

『英華字典』／Wilhelm Lobscheid（1866～69年）⇒「Guarding　保守」「to protect　保守」

『英華翠林韻府』／Justus Doolittle（1872年）⇒「Curator　保守者」「Maintain　保守」

【募集】

日本

『**官板 海外新聞**』五号／大学南校（1870 年・明治 3 年）⇒「巴勒及ヒ近傍ノ諸州ニ於テ募集シタル義勇兵ノ数、既ニ十万人ニ及ビタリ」

【暮新聞紙】

日本

『**八紘通誌**』巻一／箕作阮甫述（1851 年・嘉永 4 年）⇒「朝新聞紙十一通暮新聞紙七通、日ヲ限テ發スル者」

【保人命険】

中国

『**欧遊随筆**』／銭徳培著（1877 年・光緒 3 年）⇒「甚衆保険局有保水険者保火保険者保人命険者分門別類」

【保然元素】

日本

『**化学訓蒙**』巻一／石黒忠悳編輯（1870 年・明治 3 年）⇒「第一類保然元素　酸素　弗律阿（留）（母）　格魯児」

【母胎】

日本

『**遠西医方名物考補遺**』巻九／宇田川榛齋訳述、宇田川榕菴校補（1834 年・天保 5 年）⇒「動物植物繁殖スル恰母体の胎児ヲ養成スルカ如シ」

『**窮理通**』巻 7 ／帆足万里撰（1836 年・天保 7 年）⇒「胎児、母体中に存り、鶏雛、卵殻中に在り」

『**官板 玉石志林**』巻一／箕作阮甫他訳（1863 年頃・文久 3 年頃）⇒「皆為刺衝伏鶏卵以母体之気」

中国

『代疑篇』巻上／楊廷筠述（1621 年・天啓元年）⇒「此人性天性之別也、天堂之与、人世之与母胎、広狭不同量矣、此人性天性之別也」
『聖母行実』巻二／高一志撰述（1631 年・崇禎 4 年）⇒「聖母従母胎承主寵福、絶免原罪緒染」
『格物探原』第二十／韋廉臣著（1876 年・光緒 2 年）⇒「我在母胎、受造甚巧、骨骸船長、皆爾所知分、我猶為胚」

辞書

『A DICTIONARY OF THE CHINESE LANGUAGE, IN THREE PARTS.』／Robert Morrison（1815 ～ 23 年）⇒「In the mothers womb　在母胎的」「From the mothers womb　従母胎帯来的」
『英華字典』／Walter Medhurst（1847 年）⇒「a mothers womb　母胎」
『英華字典』／Wilhelm Lobscheid（1866 ～ 69 年）⇒「a mothers womb　母胎」
『英華翠林韻府』／Justus Doolittle（1872 年）⇒「in the mothers　母胎」

【歩調】

日本

『三兵答古知幾』巻十一／高野長英訳（1856・安政 3 年）⇒「其運動ヲナシ、歩調ノ疾徐、歩度ノ長短、皆其地形ノ良悪ニ従ハシム」

【北極規】

日本

『遠西観象図説』巻中／吉雄南皐口授、草野養準筆記（1823 年・文政 6 年）⇒「年圏極モ従ヒ転移シテ圏ヲナス、コレヲ極規ト云フ、其北ナルヲ北極規トシ、南ナルヲ南極規ト云フ」

【北極圏】

日本

『采覧異言』第五／新井白石著（1713 年・正徳 3 年）⇒「島之正中直北極圏内外分界之所」
『泰西三才正蒙』巻一／永井則著（1850 年・寛政 3 年）⇒「第三ハ、両正帯ノ分界（北極圏ヨリ、両極下ニ至ル」
『登高自卑』前編 巻之下／村松良粛抄輯（1872年・明治5年）⇒「両極ヨリ各二十三度半ノ処ニ二横線ヲ画シ、北極圏、南極圏ト云フ」

中国

『坤輿図説』巻上／南懐仁撰（1672年・康熙11年）⇒「二在北極圏之内三在南極圏之内此二処地居甚冷帯遠日輪故也」
『外国地理備攷』巻一／瑪吉士輯訳（1847年・道光27年）⇒「在北者曰北極圏線其在南者曰南極圏線也後図鮮明」
『海国圖志』巻七十六／魏源撰、林則徐訳（1876年・光緒2年）⇒「一近北極圏、一近南極圏、此ニ処地甚冷」

【北極視平】

日本

『遜氏六合窮理抜萃』／杉田信成卿訳（刊行年不明）⇒「譬へハ北極天頂に見る地ハ則九十度北極視平に在る地ハ則」

【北極星】

日本

『増補華夷通商考』巻一／西川求林斎輯（1708年・宝永5年）⇒「北極星地ヲ出ル事三十二度又ハ三十三度ノ地ナリ」
『和蘭天説』／司馬江漢著（1796年・寛政8年）⇒「北極星ニ対シ望、其地北極平地ヲ出ルコト幾度ト云コトヲ量」
『海路安心録』総説／坂部広胖著（1816年・文化13年）⇒「其正中X此印の処即北極軸の天頂なり、故に此樞星を取て北極星といふなり」

中国

『空際格致』巻上／高一志撰、韓雲訂（刊行年不明）⇒「以故水帰深処而不湧地也、又有説北極星有異徳能取土立山」

辞書

『A DICTIONARY OF THE CHINESE LANGUAGE, IN THREE PARTS.』／Robert Morrison（1815～23年）⇒「A constellation　北極星」

【北極素】

日本

『気海観瀾広義』第五／川本幸民訳述（1851年・嘉永4年）⇒「南極素は北極素を引き、北極素は北極素を衝き、南極素は南極素を衝く」

【北極地】

日本

『管蠡秘言』／前野良沢訳（1777年・安永6年）⇒「日本ヲ天頂ニ当レバ、北極地ヲ出ルコト三十五度、南極地ニ入ルコトモ亦三十五度ニシテ」

『遠西観象図説』／吉雄南皐口授、草野養準筆記（1823年・文政6年）⇒「地球地ヲ出ルコト三十五度、南極地ニ入コトモ三十五度ニシテ」

『外蕃容貌図画』乾／田川春道著、倉田東岳画（1855年・安政2年）⇒「北極地ヲ出ル事二十一度ヨリ四十一度ニ至ル」

【北極氷洋】

中国

『欧遊随筆』／銭徳培著（1877年・光緒3年）⇒「北極氷洋遊歴図以大幅洋布画成自瑞典国」

【北極洋】

中国

『英吉利紀略』巻一／陳逢衡記（1841年・道光21年）⇒「西抵蘭的北抵北極洋（ルノトルドゼー）地係二島」

【没食酸】

日本

『植学啓原講義』／宇田川榕菴訳（1833年・天保4年）⇒「酒酸、没食酸、アリ蓚酸酢酸」

『登高自卑』後編 巻之二／村松良粛抄輯（1875年・明治8年）⇒「則チ像影

漸ク出現スベシ、鉄液ノ代りニ没食酸ヲ用フル者アリ」

【ホーテル／ホテル／ホテール】：hotel［英］

日本

『米行日記』／佐藤秀長記（1860年・万延元年）⇒「街のインテレナシヨネル、ホーテル五層楼にして壮大なり」

『欧行記』巻二／益頭駿次郎記（1861年・文久元年）⇒「海岸よりホテール迄凡往還七八町あり」

『航西小記』／岡田攝藏稿（1866年・慶応2年）⇒「馬車を命してホテル、ノアーと云大なる旅館に到」

【歩道】

辞書

『A DICTIONARY OF THE CHINESE LANGUAGE, IN THREE PARTS.』／Robert Morrison（1815～23年）⇒「ROOR PATH　歩道」

【哺乳】

中国

『博物新編』三集／合信著（1855年・咸豊5年）⇒「牝牡交合、飲食、哺乳則彼此皆同豺狼之性暴而頑」

『智環啓蒙塾課初歩』第四十三課／香港英華書院訳（1864年・同治3年）⇒「第7篇生物哺乳類論」

辞書

『A DICTIONARY OF THE CHINESE LANGUAGE, IN THREE PARTS.』／Robert Morrison（1815～23年）⇒「SUCKLE　哺乳」

『英華韻府歴階』／Wells Willams（1844年）⇒「SUCKING　哺乳」

『英華字典』／Walter Medhurst（1847年）⇒「Suck　哺乳」

【哺乳獣】

日本

『化学入門』後編　巻之三／竹原平次郎抄訳、堀尾用蔵註（1867年・慶応3年）⇒「哺乳獣ノ骨歯ハ少量ノ弗律阿（留）母化加爾丘母ヲ含ム」

『牙氏初学須知』巻三／田中耕造訳、佐沢太郎訂（1875年・明治8年）⇒「遂ニ哺乳獣アリ、亦陸住哺乳獣アリ」

【哺乳族】

日本

『化学訓蒙』巻二／石黒忠悳編輯（1870年・明治3年）⇒「乳汁、凡テ哺乳族牝雌ノ乳腺ヨリ分泌スル」

中国

『格致彙編』続第九巻／傅蘭雅輯（1876年・光緒2年）⇒「各類猿猴依其身体而論之為哺乳族内最貴之一門」

【哺乳虫】

日本

『登高自卑』前編 巻之上／村松良粛抄輯（1872年・明治5年）⇒「胎生ノ者ハ幼稚ノハ乳ヲ哺シテ成長ス、故ニ之ヲ哺乳虫ト云フ」

【哺乳動物】

日本

『舎密開宗』燐酸／賢理著、宇田川榕菴重訳増註（1837年・天保8年）⇒「哺乳動物ノ骨質堅ノ長キ者ハ燐ヲ含ム」

『榕菴訳人身窮理書』／宇田川榕菴訳（刊行年不明）⇒「人及哺乳ノ動物ハ酸素僅ニ五六分ヲ含ム」

【哺乳類】

日本

『動物学 初編 哺乳類』第二編／ブロムメ著、田中芳男訳纂（1874年・明治7年）

⇒「哺乳類、鳥類ノ心臟ハ両室ナレモ爬虫類、魚類ハ単室ナリ」

【保認会社】

日本

『西洋聞見録』巻上／村田樞文夫纂述（1869年・明治2年）⇒「之ニ加フルニ保認会社（ウケアヒナカマ）アリテ許多ノ救火夫ヲ備ヘ、又救火隊アリ」

【保燃体】

日本

『化学入門』後編　巻之二／竹原平次郎抄訳、堀尾用蔵註（1867年・慶応3年）⇒「他素ヲ総称シテ又可燃体ト謂ヒ酸素ヲ称シテ保燃体ト謂フ」

『登高自卑』後編 巻之四／村松良粛抄輯（1875年・明治8年）⇒「諸物ヲ称シテ可燃体ト謂ヒ、酸素ヲ称シテ保燃体ト謂フ」

【歩兵銃】

日本

『知彼一助』巻一／高野長英訳（1847年・弘化4年）⇒「歩兵銃ハ千八百二十二年（文政五年）ト千八百十六年（文化十三年）ノ制ヲ用フ」

『三兵答古知幾』／高野長英訳（1856年・安政3年）⇒「歩兵火　歩兵銃ヲ云」

【保母】

日本

『気海観瀾広義』第六／川本幸民訳述（1858年・嘉永4年）⇒「水と焼酒との如き、其重を異にする者の本重を知らむと欲せば」

『化学通』巻一／川本幸民訳述（1878年・明治4年）⇒「水銀ノ本重ハ一三、五ナリ、故ニ水銀一三半」

中国

『英軺日記』／劉錫鴻著（1877年・光緒3年）⇒「以師傅慈以保姆俟其成人学芸既足然後」

【石勃卒】：ホヤ

日本

『民間格致問答』巻一／大庭雪齋訳（1862年・文久2年）⇒「石勃卒〈スポンス〉和名「ウミワタ」、松浦海浜「ウミザウラ」、漢名「石勃卒」、蘭名「スポンス」と云」

【保養】

日本

『仏英行』閏五月／柴田剛中記述（1861年・文久元年）⇒「作之助・源一郎並万蔵・小遣壱人、上陸保養せしむ」

中国

『増補華夷通商考』巻三／西川求林斎輯（1708年・宝永5年）⇒「人身ノ保養ヲ能クシテ長命ナル国也」

『亜米利加華盛頓軍記』巻一／鈴木弥堅訳（1866年・慶応2年）⇒「保養の為めにワシントンを連れてバルバドスといふ所へ赴けり」

『格致彙編』西国養蜂法／傅蘭雅輯（1876年・光緒2年）⇒「第四等之性情能保養身体」

辞書

『英華字典』／Walter Medhurst（1847年）⇒「a Mahomedan expession　保養一切世界之主」

『英華字典』／Wilhelm Lobscheid（1866～69年）⇒「Condueive　保養身体」

『英華翠林韻府』／Justus Doolittle（1872年）⇒「Providence　化生保養」

【捕虜】

日本

『日本貿易新聞』第三十号（1863年・文久3年）⇒「七十人の賊兵を殺戮し、二百五十人を捕虜せり」

【盆栽】

日本

『**物理小識**』巻九／方以智著（1664 年・康熙 3 年）⇒「十月盆栽沙石水養不用泥土、花高於葉」

【本質】

日本

『**窮理通**』巻七／帆足万里撰（1836 年・天保 7 年）⇒「一種の原質を得、是れ水の本質たる所以なり、故に水質と名づく」

中国

『**坤輿図説**』／南懐仁撰（1672 年・康熙 11 年）⇒「夫風之本質乃地所発乾熱之気有多端可証一試」

『**重学浅説**』／偉烈亜力・王韜訳（1858 年・咸豊 8 年）⇒「不能令本質変化化学之力則能変化本質改移物之形性也」

『**正学鏐石**』／利安當著、南懐徳訂（刊行年不明）⇒「以定歳序而初与成物之本質無開、不然草木未生、五金未作」

辞書

『**英華字典**』／ Walter Medhurst（1847 年）⇒「ESSENCE, constituent substance 本質」

『**英華字典**』／ Wilhelm Lobscheid（1866 ～ 69 年）⇒「Elemental, Primary　本質的」「Idiocrasy　性之本質」

【本重】

日本

『**気海観瀾広義**』巻七／川本幸民訳述（1851 年・嘉永 4 年）⇒「其重を異にする者の本重を知らむと欲せば硝子若くは金属の一球を秤に掛け」

『**化学通**』巻一／川本幸民訳述（1871 年・明治 4 年）⇒「水銀ノ本重ハ一三、五ナリ」

【本籍】

日本

『痛苦経蹟』／伏若望訳（刊行年不明）⇒「聖母奉国王命、皆若瑟往本籍」

【ホント／ポンド／棒／磅／封度】：ポンド，pound［英］，pond［蘭］

日本

『窮理通』巻四／帆足万里撰（1836年・天保7年）⇒「譬へば甲重十封度、速力六、乙重二封度、速力二のごとし」

『遠西奇器述』／川本幸民口述、田中綱紀筆記（1854年・嘉永7年）⇒「中度ノ大気ハ一百零三棒（ポンド）許ノ重」

『理学提要』／広瀬元恭訳（1856年・安政3年）⇒「新制雑貨の秤量　封度（ポンド）」

『柳川日記』／柳川当清記（1860年・万延元年）⇒「大砲を備い上段ハ八インチー是六十ポンド余中段ハ九インチー」

『欧行記』巻一／益頭駿次郎記（1861年・文久元年）⇒「蒸気軍艦にては一日五ホント（壱ホントは四トル八十五セン当）」

【本燃学】

日本

『管蠡秘言』序／前野良沢訳（1777年・安永6年）⇒「三才万物に即いてその本原固有の理を窮む、名づけて本然学と曰ふなり」

【本能】

中国

『聖経直解』巻二／陽瑪諾著（1636年・崇禎9年）⇒「各独難顕本能、彼此互合、乃易顕矣」

『格物探原』三巻／韋廉臣著（1876年・光緒2年）⇒「亦予定其本生本能、元質尚未成物」

【ポンプ】：pomp［蘭］

日本

『遣米使節日記』／村垣範正記（1860 年・万延元年）⇒「是を引来て地中よりポンプを以て水を上げ、其の高さ二十間余に及ぶ」

『柳川日記』／柳川当清記（1860 年・万延元年）⇒「水を取にハポンプを用ゆる故に至て自由に出火近辺に有ても更に驚くけし」

『米行日記』／佐藤秀長記（1860 年・万延元年）⇒「消防又水を取る航客水を探る所ありてポンプを以て直に船内に導送す」

【翻訳】

日本

『紅毛天地二図贅説』／北島見信訳（1737 年・元文 2 年）⇒「如副書件件条目且関于二図翻訳無暇以訳之」

『和蘭通舶』巻一／司馬江漢撰（1805 年・文化 2 年）⇒「亜刺皮亜ノ人此書ヲ其国語ニ翻訳ス、蘭暦一千三百年ノ此」

『日本貿易新聞』第八月二十六日／（1863 年・文久 3 年）⇒「其書翰を翻訳し後又英公使存意を述へんと欲す」

中国

『二十五言』／利瑪竇述、徐光啓撰（1604 年・万暦 32 年）⇒「翻訳経義今茲未遑子姑待之耳」

『代疑篇』巻二／楊廷筠訳（1621 年・天啓元年）⇒「西来諸儒翻訳讎訂、自爾昭然無疑」

『官板 中外新報』／応思理撰（1858 年～・咸豊 8 年～）⇒「一以日本之人、翻訳和蘭之言、一以和蘭之言」

辞書

『A DICTIONARY OF THE CHINESE LANGUAGE, IN THREE PARTS.』／Robert Morrison（1815 ～ 23 年）⇒「ARANSLATE out of one language into anothe　翻訳」

『英華韻府歴階』／Wells Willams（1844 年）⇒「ARANSLATE　翻訳」

『英華字典』／Walter Medhurst（1847 年）⇒「TO INTERPRET　翻訳」

『英華字典』／Wilhelm Lobscheid（1866 ～ 69 年）⇒「to turn into another language INTERPRET　翻訳」「translation　翻訳」「translation

『**英華翠林韻府**』／Justus Doolittle（1872 年）⇒「Translate　翻訳」

【翻訳官】

中国

『**随使日記**』／張徳彝著（1877 年・光緒 3 年）⇒「二武官申初大雨雷正喜在明与翻訳官必麒麟随卓威斯冒雨来拝坐談良久卓上」

【ま】

【マカロニー】：マカロニー, macaroni［英］

日本

『**西洋料理通**』上巻／仮名垣魯文編（1872 年・明治 5 年）⇒「第七等　「マカロニースープ」素麺汁」

【巻煙草】

日本

『**万国地誌略**』巻三／小沢圭三郎識（1874 年・明治 7 年）⇒「首府ヲ哈瓦那ト云フ、有名ナル巻煙草ヲ輸出ス」

【麻偪涅多】：マグネット, magnet［英］

日本

『**遠西奇器述**』／川本幸民口述、田中綱紀筆記（1854 年・嘉永 7 年）⇒「越歴的爾ノ麻偪涅多ニ感シテ伝信機ノ用ヲナス」

『**民間格致問答**』巻五／大庭雪齋訳（1862 年・文久 2 年）⇒「不可思議の価ある他の素質を観るであろう、此素質ハ麻屈涅質（磁石力）」

『**化学通**』巻二／川本幸民訳述（1871 年・明治 4 年）⇒「光、温、越歴的里失帝多、麻屈涅質斯黙（篇中略シテ越歴、吸銕気トイフ）ヲ無量流動物トイフ」

【摩擦越歴】

日本

『**気海観瀾広義**』巻十／川本幸民訳述（1851 年・嘉永 4 年）⇒「摩擦越歴に於ては、未だ此の如く恐怖すべき者なるを見ず」

『**化学通**』巻二／川本幸民訳述（1871 年・明治 4 年）⇒「大ナル摩擦越歴器ニ比スルニ同時中ニ越歴ヲ発スル」

【摩擦電機】

日本

『**化学日記**』／リッテル口授（1874 年・明治 7 年）⇒「大気中ニ混スルアルハ侭シ雷電ノ時スルナリ是レ恰モ摩擦電機ヲ用ユル」

【麻酔】

日本

『**植学啓原**』巻三／宇田川榕菴著（1833 年・天保 4 年）⇒「其の然る所以の者は麻酔分（或は云ふ、辛分の一種と。）と名づく」

『**幼幼精義**』巻二／堀内素堂訳（1843 年・天保 14 年）⇒「自具一種麻酔能力、以感於胃腸神経、則鈍知感覚感触太甚者」

『**虎狼痢治準**』／緒方洪菴訳述（1858 年？）⇒「番木鼈越幾斯等ノ麻酔薬皆用ヒテ可ナリ」

【末細管】

日本

『**登高自卑**』前編 巻之下末／村松良粛抄輯（1872 年・明治 5 年）⇒「此末細管動脈ノ末細管ト連接シ、動脈ノ血ヲ受領シ」

【マッチ】：match［英］

日本

『**西洋料理指南**』巻下／敬学堂主人著（1872 年・明治 5 年）⇒「「フランデー」

ヲ灌キ「マッチ」ヲ以テ火ヲ点シ」

【魔法使】

日本

『民間格致問答』 巻三／大庭雪齋訳（1862 年・文久 2 年）⇒「智恵なしの信仰者などか、魔法使や眩術者の身体は、悪魔鬼神と仲間になって」

【麻薬】

日本

『西語漢訳原稿』 ／宇田川興斎自筆本（刊行年不明）⇒「麻薬・阿芙蓉生物」

『理学提要』 巻二／広瀬元恭訳（1856 年・安政 3 年）⇒「越列幾的爾、瓦爾彼尼、末屈涅質等の如き」

『中外新聞』 第四十三／柳河春三編（1868 年・慶応 4 年）⇒「其疵の重き者はコロロホルムと云ふ麻薬を用ひて裁断術を行ふ」

『西洋紀行 航海新説』 巻上／中井桜州著（1870 年・明治 3 年）⇒「一患者アリ、肥大ノ婦人ニテ所謂乳癌ナリ、麻薬ヲ与ヘ患処ヲ切リ一大片肉ヲ得タリ」

中国

『六合叢談』 巻四／慕維廉・艾約瑟他記述（1857 年・咸豊 7 年）⇒「言新得一物、可代麻薬、人食之、即遍体不覚痛用以動刀施割」

『格致古微』 微四／王仁俊述（1899 年・光緒 25 年）⇒「今西医於割症所用麻薬或此類欤」

【茉沃妖剌那】

日本

『万寳新書』 第六十八／宇田川興齋訳述（1860 年・安政 7 年）⇒「茉沃妖剌那（マヨラーナ）油一滴ヲ加ヘ」

【満俺】：マンガン, Mangan［独］

日本
『舎密開宗』巻二／賢理著、宇田川榕菴重訳増註（1837年・天保8年）⇒「満俺一分ニ硫酸二分ヲ灌テ」
『理学提要』巻一／広瀬元恭訳（1856年・安政3年）⇒「塩土の類及び鉄、満俺、灰となる」
『理化日記』巻三／リッテル口授、市川盛三郎訳（1870年・明治3年）⇒「清純ノ珪酸ト雖モ亦少許ノ満俺ヲ混スルナリ」

【慢性】

日本
『七新薬説』上巻／司馬凌海著、関寛斎校（1862年・文久2年）⇒「慢性ノ神経病諸症即チ神経痛症」
『佛国学制』初篇　巻之一／佐沢太郎訳、河津祐之閲（1873年・明治6年）⇒「当人満性病又ハ伝染病ナキ旨ヲ記セル医師ノ証書」
『万国叢話』第三号／箕作麟祥訳（1875年・明治8年）⇒「慢性ノ病疾ヲ治療スルガ、薬方ノ如キハ之ヲ喜ハズ」

辞書
『A DICTIONARY OF THE CHINESE LANGUAGE, IN THREE PARTS.』／Robert Morrison（1815～23年）⇒「慢性」
『英華字典』／Walter Medhurst（1847年）⇒「a slow disposition　慢性」
『英華字典』／Wilhelm Lobscheid（1866～69年）⇒「a slow dispositio　慢性」
『英華翠林韻府』／Justus Doolittle（1872年）⇒「disposition　慢性」

【満面鏡】

日本
『天変地異』虹霓の事／小幡篤次郎著（1868年・明治元年）⇒「凝て氷となり固満面鏡の如く映ふ空に」

【み】

【木乃伊】：ミイラ, mummy［英], mummie［蘭], mirra［葡］

日本

『六物新志』 巻下／大槻玄沢訳（1786 年・天明 6 年）⇒「木乃伊者羅甸謂之摩蜜亜和蘭之摩蜜伊本邦謂之蜜伊剌」

『英吉利来奥考証』 ／著者不明（1808 年・文化 5 年頃）⇒「諸食物代として、ミイラ」

『遠西水質論』 ／高野長英訳（刊行年不明）⇒「屍膏油ヲ塗ラスシテ腐敗セス木乃伊（ミイラ）トナルト云フ」

【未開国】

日本

『経済小学』 上編／神田孝平重訳（1867 年・慶応 3 年）⇒「大抵未開ノ国ニ於テハ財本少ナク器力ヲ発ス」

『代議政体』 巻二／永峰秀樹訳（1875 年・明治 8 年）⇒「文化国ニハ職務狭ク、未開国ニハ其職務広シ」

中国

『格致彙編』 ／傅蘭雅輯（1876 年・光緒 2 年）⇒「各国循行不怠今合衆国由乾隆乙未開国定鼎至同政内子三月」

【味神経】

日本

『天然人造 道理図解』 初編／田中大介編（1869 年・明治 2 年）⇒「口の内にある味神経と云霊液にも感ずる」

『動物学 初編 哺乳類』 第二編／ブロムメ著、田中芳男訳纂（1874 年・明治 7 年）⇒「脳髄ヨリ出ル者ハ眼、耳、鼻、舌等ニ達ス故ニ視神経、聴神経、嗅神経、味神経等ノ名アリ」

【水先案内】

日本

『遣米使節日記』上巻／村垣範正記（1860年・万延元年）⇒「常夜灯（彼ライトハウスといふ）見へるとて、船にて砲声を発す」

『欧行記』巻一／益頭駿次郎記（1861年・文久元年）⇒「船は別段水先案内料は不差出併し」

『万国新聞紙』第九集／ベーリー編（1867年・慶応3年）⇒「水先案内の者は胸の怪我にて速かに死り」

【水龍巻】

日本

『航海夜話』第二回／西江舎主人訳（1872年・明治5年）⇒「おれ共が、水龍巻や風龍巻は一所にしたなら、ほんとうのヲルカーンの大さ程でも穿鑿すえ事が出来る」

【密議所】

日本

『西洋聞見録』巻下／村田樞文夫纂述（1869年・明治2年）⇒「本邦ノ大閣老ノ如シ、故ニ此列相ハ密議所ニ於テ密事ノ会議ヲナス」

【蜜月】

辞書

『英華字典』／Wilhelm Lobscheid（1866～69年）⇒「Honey-moon, Honey-moth　新婚月、蜜月」

【密交易】

日本

『英政如何』巻十一／鈴木唯一訳（1868年・慶応4年）⇒「海岸防衛兵の務めといふは、密交易を犯す者を召捕へると」

【密接】

日本

『気海観瀾広義』巻一／川本幸民訳述（1851 年・嘉永 4 年）⇒「砂粒より小なること千倍なりと雖も、密接せざることを徴すべし」

『理化新説』総論／ハラタマ述、三崎嘯輔訳（1869 年・明治 2 年）⇒「発象の距離至つて近く分子互に密接して生ずるに在り」

【密度】

日本

『化学入門』後編　巻之三／竹原平次郎抄訳、堀尾用蔵註（1867 年・慶応 3 年）⇒「飽和溶液ハ零度ノ熱ニ於テ一、二一〇九ノ密度アリトス」

【蜜尿】

日本

『化学訓蒙』巻一／石黒忠悳編輯（1870 年・明治 3 年）⇒「大量ノ糖ヲ尿中ニ見ルノ病アリ之ヲ蜜尿病ト名ツケ其糖ヲ別ツニ尿糖ト名ツク」

【密売】

日本

『万国新話』巻三／柳川春三編輯（1869 年・明治 2 年）⇒「税を納め公然と売買する所の数なり、此外に、密売の数何程ありや計り難し」

【密売船】

日本

『官板 海外新聞別集』／洋書調所訳（1862 年・文久 2 年）⇒「密売船の案針役プリンスは黒奴中の最も才智あるものにて」

『万国新聞紙』第四集／ベーリー編（1867 年・慶応 3 年）⇒「二艘のイギリス船を一艘ハ密売船、一艘ハ「イスパニア」と戦争せし「チリ」国（南アメリカにあり）」

【密売品】

日本

『**英国探索**』密売船の事／福田作太郎筆記（1862年・文久2年）⇒「以前は密売品は政府へ取上げ、或は運上所役人の利益にいたし候処」

【密里】

日本

『**舎密局必携**』巻二／上野彦馬抄訳、堀江公粛閲（1862年・文久2年）⇒「七百六十密爾里米的耳而シテ我地球ヲ抱スル」

『**化学通**』／川本幸民訳述（1871年・明治4年）⇒「密里蔑又的児」

【密林】

日本

『**遠西医方名物考補遺**』巻八／宇田川榛齋訳述、宇田川榕菴校補（1834年・天保5年）⇒「海浜、卑湿、鬱蒸ノ草奔密林、一切動物草木ノ腐壊物アル地」

『**理学提要**』巻二／広瀬元恭訳（1856年・安政3年）⇒「諸泉、海浜、卑湿、密林、及び諸腐敗物、山坑、地洞も亦皆此の瓦斯を蒸発す」

『**坤輿初問**』第十六節／伊東玄朴訳、新発田収蔵校（1857年・安政4年）⇒「涯際ヲ知ラザル幾帯山脈密林及ヒ卑湿ノ地有リ」

中国

『**坤輿図説**』巻上／南懐仁撰（1672年・康熙11年）⇒「有密林其樹悉為蜂房国人各界其樹為恒産」

『**植物学**』巻三／韋廉臣輯訳、李善蘭筆述（1857年・咸豊7年）⇒「試験密林、四周之木茂、中間之木必繊長而凋弱、得日光少故也」

『**海国圖志**』巻三十七／魏源撰、林則徐訳（1876年・光緒2年）⇒「高山密林中通峡溝即色楞格河東岸」

【密林国人】

日本

『**訂正増訳采覧異言**』巻二／新井白石著、山村才助増訳（1802年・享和2年）⇒「波羅泥亜極豊厚地多平衍皆密林国人採之不尽」

【密丑多／密扭篤／ミニユート】：ミニット, minute［英］, minuut［蘭］

日本

『三兵答古知幾』巻六／高野長英訳（1856年・安政3年）⇒「密扭多（西洋ノ一時ヲ六十分ニスルーナリ）ノ間ニ百トシ」

『万寳新書』初編／宇田川興齋訳述（1860年・安政7年）⇒「十密扭篤ノ後ニ、其啼泣ヲ惰レルヲ以テ、疼痛ノ消スルヲ知レリ」

『亜墨利加渡海日記』／著者不明（1860年・万延元年）⇒「音信三蜜扭多ノ間ニ通ス其里程二百五十里頓テ返報アリ」

『民間格致問答』巻二／大庭雪齋訳（1862年・文久2年）⇒「都合にして持てをれバ、五六密扭篤続といるや」

『西洋料理通』第一章／仮名垣魯文編（1872年・明治5年）⇒「沸湯の中へ米投入五ミニユートの間煮て、而その後に篩子を以て陶して取り」

【民間】

日本

『阿蘭陀始制エレキテル究理原』巻一／橋木曇齋口授、平田稔則政筆記（1811年・文化8年）⇒「民間既に迅雷のときは線香をもやし、灯火を輝てらし」

『救荒二物考』／高野長英著（1836年・天保7年）⇒「近歳民間之を伝へて、処々に之を播殖す、茎葉具に常の蕎麦に異なることんし」

『最新論』／加藤弘之著（1861年・文久元年）⇒「賢士は漸く民間に隠れ遂に国政全く衰頽するに至るなり」

中国

『代疑篇』巻二／楊廷筠訳（1621年・天啓元年）⇒「非大力不能民間無此力量、且国禁甚厳私鐫者罪至死」

『職方外紀』巻一／艾儒略増訳、楊廷筠彙記（1623年・天啓3年）⇒「不与国事、治民者秩満後、国王遣官察其政績詳訪于民間」

『地理全志』下編　巻一／慕維廉輯訳（1853年・咸豊3年）⇒「訳以国語、伝播民間、時有二船主」

【民法裁判】

日本

『合衆国政治小学』 初編 巻之二／ヨング 著、瓜生三寅訳述（1872 年・明治 5 年）⇒「大都府に民法裁判所と刑法裁判所とあり」

【民間審判】

中国

『大美聯邦志略』 下巻／裨治文撰（1864 年・元治元年）⇒「則有郡政、郡政者、専理民間審判之事」

【民権】

日本

『泰西国法論』 第七編／津田真一郎訳（1868 年・慶応 4 年）⇒「斯る民権を其公権と称す、其本原多くは太古の風俗因習より来る」

『和蘭政典』 第四条／津田孝平訳（1868 年・明治元年）⇒「諸民権の行ひ方律法の定に従ふべし」

中国

『聖経直解』 巻十二／陽瑪諾著（1636 年・崇禎 9 年）⇒「史記、西方古王、付臣高位托治民権」

【民権政体】

日本

『代議政体』 巻一／永峰秀樹訳（1875 年・明治 8 年）⇒「世界中ニ行ハルベキ政体ハ、純乎タル百姓政体（即チ民権政体）ノミナルベキ筈ナリ」

【民事】

辞書

『英華字典』 ／ Walter Medhurst（1847 ～ 48 年）⇒「do not neglect the peoples business　民事不可緩」

中国

『聖経直解』巻八／陽瑪諾著（1636年・崇禎9年）⇒「小王、或為宗室、或為宗室、或名家大臣、或督理民事」

『英国志』巻五／慕維廉訳（1856年・咸豊6年）⇒「衙門、管理民事、此官由民選、為地方官最貴者」

【民主】

日本

『泰西国法論』巻三　乙　豪族政治／津田真一郎訳（1868年・慶応4年）⇒「第二章　甲　平民政治（又民主の国と称す」

中国

『外国地理備攷』巻六／瑪吉士輯訳（1847年・道光27年）⇒「年方十七歳即継世龍飛汲汲于国計民生務稼穡以贍民用通関」

『万国公法』巻二／丁韙良訳（1864年・同治3年）⇒「保各邦永帰民主、無外敵侵伐、尚有内乱」

『使西日記』／曽紀沢著（1877年・光緒3年）⇒「為君主或為民主或為君民共主之国」

辞書

『英華字典』／Wilhelm Lobscheid（1866～69年）⇒「Republic　民主之国」

【民衆】

中国

『七克』巻三／龐廸我撰述、楊廷筠較梓（1604年・万暦32年）⇒「王曰、予小子年幼識薄、国民衆多」

『聖母行実』巻三／高一志撰述（1631年・崇禎4年）⇒「道徳之光、不可掩抑、漸致民衆仰戴、法其精修焉」

【民主政体】

日本

『国体新論』第七章／加藤弘之著（1874年・明治7年）⇒「故ニ名ハ君主政体

ネドモ、其実ハ真ノ民主政体ナルカ如ク」

【民主政府】

日本

『官版 明治月刊』巻四／開物新社編（1868 年・明治元年）⇒「推挙を得て民主政府の大統領に拝せられ、在職を四年に決し」

【民主之国】

中国

『万国公法』巻一／丁韙良訳（1864 年・同治 3 年）⇒「於是易其国法、而改作民主之国、比利時諸省」

『英軺日記』／劉錫鴻著（1877 年・光緒 3 年）⇒「衣褌猶洋人常服民主之国其式類」

『使西日記』／曾紀沢著（1877 年・光緒 3 年）⇒「皆其党羽欲得乎法為民主之国似入官者不由世族矣」

【民主の治】

日本

『百学連環覚書』第二編下／西周著（1870 年・明治 3 年）⇒「一を君主の治（Monarchy）とす」

【民政】

日本

『官板 海外新聞』巻五／洋書調所訳（1862 年・文久 2 年）⇒「屯戍の将校を率ひ民政諸官及び欧土人大半皆来り」

『立憲政体略』総論／加藤弘蔵著（1868 年・慶応 4 年）⇒「民政亦分テ二種トナル、即チ貴顕専治、万民共治是ナリ」

辞書

『英華字典』／ Wilhelm Lobscheid（1866 ～ 69 年）⇒「Democratic　民政的」「a popular government　民政」

【民生】

日本

『西洋聞見録』総論／村田樞文夫纂述（1869 年・明治 2 年）⇒「寛政以テ民政ヲ安ンジ、賦税以テ国用ヲ給ス」

『西国立志編』第二冊／中村正直訳（1870 年・明治 3 年）⇒「民生必需ノ器用、及ビ便利快適ノ具、容易ニ造リ出サレ」

『致富新書』／鮑留雲易編（1871 年・明治 4 年）⇒「為官者念切民政愛民若子、所決者深合農心」

中国

『遠西奇器図説』巻一／鄧玉函口授・王徴訳絵（1628 年・天啓 7 年）⇒「民生日用、飲食、衣服、宮室、種種利益、為人世急需之物」

『英国志』巻五／慕維廉訳（1856 年・咸豊 6 年）⇒「平章中外軍国事、民生日裕、外侮不来、時財用匱乏」

『海国圖志』巻三十四／魏源撰、林則徐訳（1876 年・光緒 2 年）⇒「彼之国計民生、豈不大有関係彼若阻諸国之来船」

【民政権】

日本

『立憲政体略』民政／加藤弘蔵著（1868 年・慶応 4 年）⇒「億兆ノ上ニ君主ナク民政権ヲ掌握スルモノヲ云フ」

【民政党】

日本

『万国史略』／大槻文彦著（1873 年・明治 7 年）⇒「ロムバルヂ－ノ都ミランニ屯セシガ、民政党ノ勢、甚盛ニシテ」

【民選議士】

中国

『英国志』巻四年／慕維廉訳（1856年・咸豊6年）⇒「民選議士至京会議、長吏（母）得挾制、其始有事、君取於民」

【民治ノ国】

日本

『自由之理』序論／中村敬太郎訳、木村謙一郎版（1872年・明治5年）⇒「今ハ民治ノ国、 モ勢力アル人民ト称セラレ、地球上ノ大分ヲ占ル」

【民法】

日本

『五科学習関係文書』第五篇司法権／西周編（1863年・文久3年）⇒「民法、商法、刑法、訴訟法、治罪法及司法官ノ組織ハ全国一般タリ」
『経済小学』序／神田孝平重訳（1867年・慶応3年）⇒「凡政科分ツテ七門トス一曰民法（シヒールラウ）、二曰商法（コムメルシアルラウ）」
『英政如何』巻十二／鈴木唯一訳（1868年・慶応4年）⇒「法律を又二種に分つへし、一をシウヰルロウ（訳して民法といふ）人民中の理非の事に関る者にして」

【民法】

日本

『泰西国法論』凡例／津田真一郎訳（1868年・慶応4年）⇒「私法又細別して五とす、曰く性法、曰く民法、曰く商法、曰く列国庶民私法、曰く詞訟法」
『経済小学』序／神田孝平重訳（1867年・慶応3年）⇒「一曰民法二曰商法二曰刑法四曰国法五曰万国公法六曰会計学」
『泰西勧善訓蒙』後編 巻二／箕作麟祥訳述（1871年・明治4年）⇒「民法上ニテハ便宜ノ為メ夫婦ノ産業ヲ区別ス」

【民法裁判】

日本

『合衆国政治小学』初編 巻之二／ヨング 著、瓜生三寅訳述（1872年･明治5年）⇒「大都府なか民法裁判と刑法裁判所となり」

【民約法】

中国

『英国志』巻三／慕維廉訳（1856年・咸豊6年）⇒「外召之使、還与民約法、還教会禄入」

【民立学校】

中国

『大美聯邦志略』上巻／裨治文撰（1864年・元治元年）⇒「随建講堂、又設官以治群民、立学校以教子女、万歴年間、荷蘭人之至新地」

【む】

【無炎石炭】

日本

『理化日記』巻三／リッテル口授、市川盛三郎訳（1870年・明治3年）⇒「少量ノ水酸二素ヲ含有ス之ヲ無炎石炭ト名ク」

【無煙石炭】

日本

『化学日記』初編　巻二／リッテル口授（1874年・明治7年）⇒「極テ少量ノ水酸二素ヲ含有ス之ヲ無煙石炭ト名ク此物或ハ熱ニ由テ成ル」

【無気】

日本

『**舎密開宗**』巻二／賢理著、宇田川榕菴重訳増註（1837 年・天保 8 年）⇒「燐ヲ精好ノ酸素瓦斯ニテ燃バ焚後全ク無気ノ処ヲ生ス」

【無機化学】

日本

『**化学訓蒙**』巻一／石黒忠悳編輯（1870 年・明治 3 年）⇒「答区別アリ一ヲ無機化学ト名ツケ一ヲ有機化学ト名ツク」

『**化学闡要**』巻一／土岐頼徳訳、足立寛閲（1872 年・明治 5 年）⇒「化学ノ一科無機体ヲ論スル者之ヲ名ツケテ無機化学ト云フ」

『**化学日記**』初編　巻二／リッテル口授（1874 年・明治 7 年）⇒「水素ヲ含ム化合物ナリ然レモ其無機化学ニ切要ナラサルヲ以」

【無気血者】

中国

『**大美聯邦志略**』上巻／裨治文撰（1864 年・元治元年）⇒「今総揆之、計分三等、曰有気血者、曰無気血者、曰死者也」

【無機性】

日本

『**舎密開宗**』題言／上野彦馬抄訳、堀江公粛閲（1862 年・文久 2 年）⇒「初篇一、二、三巻ハ舎密総括及ビ無機性篇（山物）非金属部」

【無機性体】

日本

『**植学啓原**』巻一／宇田川榕菴著（1833 年・天保 4 年）⇒「山物の一有は無機性体なり、山物は生産死亡無く、知覚無く」

『**舎密局必携**』巻十六／賢理著、宇田川榕菴重訳増註（1837 年・天保 8 年）⇒「植

物ハ機性体ナリ之ヲ山物等ノ無機性体ニ較レバ其近成分ノ数多シ」
『理学提要』巻三／広瀬元恭訳（1856年・安政3年）⇒「山物は、則ち無機性体なるを以て、自ら養ふことを知らず、然も同質相引き」

【無機体】

日本

『気海観瀾広義』巻二／川本幸民訳述（1851年・嘉永4年）⇒「凡万物分之則為二、曰有機体、曰無機体、有機分為二、曰動物、曰植物」
『三兵養生論』巻一／久我俊齋訳（1867年・慶応3年）⇒「無機体ヨリ発生スル瘴気大気中ニ浮遊シ」
『化学入門』／竹原平次郎抄訳、堀尾用蔵註（1867年・慶応3年）⇒「其生産ノ種属ニ従テ之ヲ無機体、有機体ニ分チシヨリ化学ヲ大別シテ」

【無機体物】

日本

『登高自卑』後編 巻之一／村松良粛抄輯（1875年・明治8年）⇒「天然ノ力ニ委託シテ、生存　者ナリ、故ニ是ヲ無機体物ト号セリ」

【無機物】

日本

『物理日記』第五回／リッテル口授、文部省（1874年・明治7年）⇒「宇内ノ無機物多クハ各一定ノ形ヲ具ヘ其状百般ナリト」

【無歯類】

日本

『動物学 初編 哺乳類』上／ブロムメ著、田中芳男訳纂（1874年・明治7年）⇒「無歯類　異形ノ獣ニシテ或ハ植物或ハ小虫或ハ植物トヲ食フ」

【無血小虫】

日本

『窮理通』／帆足万里撰（1836 年・天保 7 年）⇒「無血小虫の如は、初め卵を破りて小虫となり、已にして蛹形を成し」

【無血虫】：蛆虫

日本

『西洋開拓新説』上巻／緒方正訳述（1870 年・明治 3 年）⇒「無血虫（ウヂムシ）蛞蝓（ナメクジ）ノ類ヲモ之ニテ圧殺スノ功アリ」

『化学通』巻二／川本幸民訳（1871 年・明治 4 年）⇒「実ニ動物ノ意識ニ関カ如シ、殊ニ無血虫、匍走虫ニコレアリ」

『登高自卑』前編／村松良粛抄輯（1875 年・明治 8 年）⇒「其血皆赤色ナリ、虫類ハ其血多クハ白色ナリ、是ヲ無血虫ト云フ」

【無血動物】

日本

『動物学 初編 哺乳類』初編　上／ブロムメ著、田中芳男訳纂（1874 年・明治 7 年）⇒「其説ハ学術ヲ以テ立ル所ニシテ動物ヲ有血動物ト無血動物トノ二類ニ分ラリ」

【無歯動物】

日本

『斯魯斯氏講義動物学 初編』初篇　上／太田美濃里筆記（1874 年・明治 7 年）⇒「第六等無歯動物」「エデンタタ」

【虫歯病】

日本

『英氏経済論』第六／小幡篤次郎訳（1871 年・明治 4 年）⇒「百日咳、格魯鳥、虫歯病、及び肺脳腹臓ノ慢性急性諸病ノ如キ」

【蒸風呂】

日本

『官板 海外新聞別集』／洋書調所訳（1862年·文久2年）⇒「使節等に蒸気風呂、或は病人部屋（杯）をも見せ」

【無水成分】

日本

『理化日記』巻五／リッテル口授、市川盛三郎訳（1870年・明治3年）⇒「亜的酸ヲ得ル的酸ノ無水成分ハ的素一容酸素三容ヨリ成ル」

【無生子】

日本

『博物新編補遺』／小幡篤次郎訳述（1869年・明治2年）⇒「之ヲ分カレテ一鬚科、二鬚科、心鬚同穂科、無生子科等」

【無脊生物】

日本

『官版 明治月刊』巻二／開物新社編（1868年・明治元年）⇒「魚類　西洋博物院に集めたる物、無脊生物、凡八千乃至一万」

【無生物】

日本

『泰西勧善訓蒙』／箕作麟祥訳述（1871年・明治4年）⇒「第百三十九章　無生物ニ対スルノ務」

【無脊骨】

中国

『格物探原』第五章／韋廉臣著（1876年·光緒2年）⇒「如虫豸類、四有脊骨者、亦分為四、有脊骨者、亦分為四」

【夢中】

中国

『天主実義』下巻／利瑪竇述、李之藻筆述（1603 年・万暦 31 年）⇒「実余而実無一得焉不学上帝正道而殉人夢中説道」

『聖母行実』巻一／高一志撰述（1631 年・崇禎 4 年）⇒「即葵天神臨聖若瑟之室、以其聖配受孕之神功、夢中暁示」

【無翼獣】

日本

『博物新編訳解』巻四／合信著、大森解谷訳（1868 年・慶応 4 年）⇒「無翼禽論　禽本翼アリ、空ニ翔ル者ヲ飛禽トナシ、地ニ走ル者ヲ家禽トナス」

【無量機象】

日本

『理学提要』巻一／広瀬元恭訳（1856 年・安政 3 年）⇒「人始めて其の温たり光たるを知りて、其の性力を究明す、故に又無量機象と曰ふ」

【め】

【明鏡】

中国

『天主実義続篇』冊二／麗廸我述、陽瑪諾訂（1617 年・万暦 45 年）⇒「未来者、皆在目前焉、又如明鏡左右及対面之物、同鑑昭矣、若是物之于巳」

『聖経直解』巻九／陽瑪諾著（1636 年・崇禎 9 年）⇒「其為全体全像也、万物之明鏡也、四、人内像、外工之（岳係）也」

『博物新編訳解』巻二／合信著、大森解谷訳（1868 年・慶応 4 年）⇒「万像皆

鑑ノ中ニ入ル、明鏡ヲ照セハ光射必ズ能ク返照ス」

【名刺】

日本

『仏英行』／柴田剛中記述（1861 年・文久元年）⇒「行方覚来り名刺を投ず」

『欧行日記』／淵辺徳蔵記（1861 年・文久元年）⇒「忽ニ煙火を放つ皆名刺を乞ひ彼よりも与へて親狎を求む」

『航西日記』巻四／青淵漁夫・靄山樵者録（1871 年・明治 4 年）⇒「両君より新名刺、及青色の紙上に人形を絵き」

中国

『随使日記』／張徳彝著（1877 年・光緒 3 年）⇒「此非公務不員伊取名刺与□上書往見之意謝辞出門乗車」

辞書

『英華字典』／ Wilhelm Lobscheid（1866 ～ 69 年）⇒「Card, A piece of pasteboard used for containing a persons name address　名刺」

【名数学】

日本

『百学連環』／西周講述、永見裕筆録（1870 年・明治 3 年）⇒「名教学」

【名代会議】

日本

『官板 バタヒヤ新聞』巻九／蕃書調所訳（1862 年・文久 2 年）⇒「華盛頓にて諸州の名代会議して、運上目録を改革せんことを決定せり」

【明法】

日本

『泰西国法論』第三編／津田真一郎訳（1868 年・慶応 4 年）⇒「民法の中制定

頒告の明法《成文律法》と慣習の先例《不文律法》と併ひ行はるる国あり」

【命令書】

日本

『外国交際法』第二十章／福地源一郎訳訂（1869 年・明治 2 年）⇒「公使命令書　公使ハ外国ニ赴ク前、自国政府ヨリノ命令書ヲ請得テ、己レノ職務ヲ知リ、諸搬霧置ノ心得トスベシ」

【明論学】

日本

『西洋学校軌範』巻下／小幡甚三郎撮訳、吉田賢輔校正（1870 年・明治 3 年）⇒「窮理学、化学、数学、明論学、「ロシツク」、歴史、英吉利詩文論」

【迷惑】

日本

『北槎聞略』上巻／桂川甫周撰（1794 年・寛政 6 年）⇒「船頭親父等の扱ひをも聞きいれず、これには毎度手にあまり迷惑したる由なり」

『化学入門』後編　巻之五／竹原平次郎抄訳、堀尾用蔵註（1867 年・慶応 3 年）⇒「分析試験ノ間迷惑（マゴツキ）甚ダ多シト初学ニ告ク」

『北槎聞略』上巻／桂川甫周撰（1879 年・寛政 6 年）⇒「船頭親父等の扱ひを聞いれず、これには毎度手にあまり迷惑したる由なり」

中国

『天主実義』下巻／利瑪竇述、李之藻筆述（1603 年・万暦 31 年）⇒「天上容貌乃諸魔境悪相耳而人猶迷惑塑其像」

『七克』巻五／龐廸我撰述、楊廷筠較梓（1604 年・万暦 32 年）⇒「迷惑人心、仮善迹、令人以徳貌自安自足、不復求真徳也」

『聖母行実』／高一志撰述（1631 年・崇禎 4 年）⇒「爾等中居爾等自莫之知深責彼人迷惑之詞」

『博物新編』三集／合信著（1855 年・咸豊 5 年）⇒「法候野象牲期欲熾、即放馴牝誘使迷惑、象奴（看象之人）匿伏暗阪」

『格物入門』 巻六／丁韙良著（1868 年・同治 7 年）⇒「遂至真元久耗、（瀛）瘦日増破業亡身、迷惑曷極」
『海国圖志』 二十二巻／魏源撰、林則徐訳（1876 年・光緒 2 年）⇒「此真婆羅酷虐之門、迷惑不悟大可哀哉」

【米的耳／蔑的児／メートル】：メートル, meter［英］, mètre［仏］

日本

『幕末遣欧使節航海日録』 ／野沢郁太記（1861 年・文久元年）⇒「此度の船名エコー　長さ六十二メートル　凡そ三十四間余」
『舎密局必携』 ／上野彦馬抄訳、堀江公粛閲（1862 年・文久 2 年）⇒「米的耳（メーテル）、生窒米的耳（センチメートル）、密而里米的耳（ミルリメーテル）」
『鉛筆紀聞』 匏菴十種 巻一／栗本鯤化鵬著（1869 年・明治 2 年）⇒「此一度ヲ以テ一百尺トナシ「メートル」ト名ク」
『洋兵明鑑』 巻五／福澤諭吉・小幡篤次郎・小幡甚三郎合訳（1869 年・明治 2 年）⇒「幕内には沙礫を布き、二「メートル」（1「メートル」は我三尺三寸弱）を隔て幕を隣る可し」
『化学通』 巻一／川本幸民訳述（1871 年・明治 4 年）⇒「小度　蔑的児（メーテル）又尼達肘（エル）」

【黙加尼】；メカニクス, 力学, mechanics［英］

日本

『理学提要』 ／広瀬元恭訳（1856 年・安政 3 年）⇒「造化に三作用有り、曰く、黙加尼私繆斯、曰く、舎密私繆斯、曰く、納那密私繆瓦斯」

【女神】

日本

『環海異聞』 服装第三／大槻玄沢撰（1807 年・文化 4 年）⇒「又女神の名なりと云ものは、マリア、カチリナ、パラカイヤ」
『智氏家訓』 巻二／永峰秀樹訳（1875 年・明治 8 年）⇒「古詩ニ曰ク「ウエニユス」（美貌ノ女神）モ三風流ノ崇フヘキ」

『和蘭志略稿』紀行／宇田川志略著（刊行年不明）⇒「土地ヲ守護スル女神アリ其娘「ダプネ」ト云モノアリケリ」

【免疫】

中国

『物理小識』巻八／方以智著（1664 年・康熙 3 年）⇒「互照撮膽異聞記隋王度鏡照人免疫江録言漢宣帝照妖鏡」

【綿花】

中国

『西方要紀』土産／南懐仁著（刊行年不明）⇒「綿花、花草、諸果品、種種皆同所異者」

【面会】

日本

『環海異聞』巻十四／大槻玄沢撰（1807 年・文化 4 年）⇒「本願済候て、時々船の往来面会の事もあるべし」

『中国海戦争新聞』第七十号／箕作訳（1864 年・元治元年）⇒「水師提督に面会し軍艦下の関の海峡を越へんとする」

『亜墨利加華盛頓軍記』初編　下巻／鈴木弥堅訳（1866 年・慶応 2 年）⇒「総大将シユルレイに面会し、事の次第を述、総大将にワシントンの位を定め」

【面会評議】

日本

『官板 バタヒヤ新聞』巻一／蕃書調所訳（1862 年・文久 2 年）⇒「因て此地以後は今迄用ゐ来れる面会評議を止め、書状を以て評議せんと定めたり」

【棉花薬】

中国

『製火薬法』 巻一／傅蘭雅口訳、丁樹棠筆述（1871 年・同治 10 年）⇒「火薬亦可由此而廃矣近新設棉花薬泰西有数国略用之以代火薬」

【免罪】

中国

『天主実義』 二巻／利瑪竇述、李之藻筆述（1603 年・万暦 31 年）⇒「遠之彼福禄免罪非鬼神所能由天主」

『勵修一鑑』 上巻／李九功纂評（1639 年・崇禎 12 年）⇒「未有為免罪過而反絶利受害者」

『海国圖志』 巻三十六／魏源撰、林則徐訳（1876 年・光緒 2 年）⇒「断未有能行真善、免罪戻、而昇天堂脱地獄」

【免罪罰】

中国

『聖経直解』 巻十一　上／陽瑪諾著（1636 年・崇禎 9 年）⇒「天主審罪、侭釈侭免罪罰」

【免税】

中国

『六合叢談』 巻六／慕維廉訳・艾約瑟訳（1857 年・咸豊 7 年）⇒「然朝廷雖免之、而官吏仍収之、継開読免税」

『初使泰西記』 ／志剛著（1867 年・同治 6 年）⇒「後富庶有加及進口亦有免税之例入委斯敏瓦斯特爾客寓見其街市」

『外国史略』 ／馬礼遜著（刊行年不明）⇒「僅百五十口頓増至二万余中多唐人尽免税餉」

【面積】

日本

『遠西観象図説』巻下／吉雄南皐口授、草野養準筆記（1823年・文政6年）⇒「里面積　球体ノ外面ヲ平方トシ、一里方ヲ以テ算スルノ、積ナリ」

『理化日記』巻二／リッテル口授、市川盛三郎訳（1870年・明治3年）⇒「距離二倍スレハ面積ハ四倍ス故ニ引力ハ四分ノ一ト為ル」

『登高自卑』後編 巻之二／村松良粛抄輯（1875年・明治8年）⇒「其形ヲナス者ハ、皆点線面積ヨリ成ル」

中国

『六合叢談』巻七／慕維廉・艾約瑟他記述（1857年・咸豊7年）⇒「曰北氷洋、面積較少、四周二万五千里、此外大海、如地中海」

『談天』序／偉烈亜力口訳、李善蘭删述（1859年・咸豊9年）⇒「則所過面積亦等、議者曰此假象也」

『海塘輯要』巻一／傅蘭雅口訳、趙元益筆述（1873年・光緒元年）⇒「塘体所抵住塘之面積与毎立法尺之重」

辞書

『英華字典』／Wilhelm Lobscheid（1866～69年）⇒「Superficies, The surface　面積」

【面接】

日本

『外国交際公法』巻一／福地源一郎訳訂（1869年・明治2年）⇒「但シ公使等互二礼式ノ尋問ヲナシ」

『和蘭通舶』序／司馬江漢撰（1805年・文化2年）⇒「その言の縷々たるを聞くに、和蘭人に面接し、身和蘭国に遊ぶがごとし」

【面阻力】

中国

『重学』十五巻／艾約瑟口訳、李善蘭筆述（1859年・咸豊9年）⇒「此等歴時既久面阻力皆能令物漸遅」

【麺包】：パン, pão［葡］

日本

『官板 海外新聞』 巻五／洋書調所訳（1862 年・文久 2 年）⇒「染物料八桶蓖麻子油一瓶フランネル一束水塞一袋二度焼麺包一缶あり」

『西洋雑誌』 巻二／楊江柳河暾輯録（1867 年・慶応 3 年）⇒「和蘭にて兵士に毎日分ち給する食料の常量左の如し。麪包一斤の四分三。我二百匁。毎日」

『英国史略』 巻一／河津孫四郎訳（1870 年・明治 3 年）⇒「綿衣を着し、食い麺包、冷水、野草の外に求ることなし」

『英氏経済論』 小引／小幡篤次郎訳（1871 年・明治 4 年）⇒「其竈爐ニ燃焼シ以テ薪柴ノ値償ヲ減却ス麺包ヲ買フ」

『衛生概論』 第四課／宇田川準一抄訳（刊行年不明）⇒「乙種ニ属スル者ハ野菜、穀物、菓類及ヒ麺包等ニシテ」

【も】

【盲唖学】

日本

『開化評林』 巻一／岡部啓五郎輯（1870 年・明治 3 年）⇒「盲唖学ノ二校ヲ創建シ、一校毎ニ男女ノ二局ヲ分チ」

『開化評林』 巻一／岡部啓五郎輯（1870 年・明治 3 年）⇒「盲唖教育ノ上書」

【盲院】

日本

『八紘通誌』 巻二／箕作阮甫述（1851 年・嘉永 4 年）⇒「外科、産科、軍学、獣醫、啞院、盲院、山林ノ学、山坑ノ学、商賣ノ学等、皆各専学校アリ」

『西洋事情』 初編 巻之一／福澤諭吉纂輯（1866 年・慶応 2 年）⇒「盲院の法も大抵唖院に同じ、盲人に読書を教るには、紙に凸の文字を印し」

『航西小記』 ／岡田攝藏稿（1866 年・慶応 2 年）⇒「盲院に到佛郎西に於て盲院の数を設たるは十二年以来なり」

『万国港繁昌記』 巻上／黒田行元編・松川半山書画（1873 年・明治 6 年）⇒「別

に救窮の為に設けたる幼院、盲院、唖院、棄児院、痴児院、癲院二百余所あり」

【猛火油】

日本

『脱影奇観』巻五／宇田川準一和解（1872 年・明治 5 年）⇒「猛火油十安士石脳油四安士」

中国

『物理小識』巻二／方以智著（1664 年・康熙 3 年）⇒「掘池蓄猛火油、不閲月、池土皆赤黄」

『八紘訳史』巻三／陸次雲著（1683 年・康熙 22 年）⇒「灑衣経歳猶香、猛火油得水愈織、其国用以水戦」

『格致古微』巻四／王仁俊述（1899 年・光緒 25 年）⇒「唐顯徳五年占城国貢猛火油酒物得水」

【濛気】

日本

『外国事情書』／渡辺華山著（1839 年・天保 10 年）⇒「物理ノ学相興リ、気類ハ濛気ハ風雲ヨリ」

『坤輿図識』巻一／箕作省吾著（1845 年・弘化 2 年）⇒「濛気ノ生ズルヤ、其源多端ニメ、諸般ノ気相聚リテ」

『西洋聞見録』後編 巻三／村田樞文夫纂述（1869 年・明治 2 年）⇒「彗星ハ其質不可秤ノ濛気状体ニシテ光気ナク」

中国

『六合叢談』巻十一／慕維廉・艾約瑟他記述（1857 年・咸豊 7 年）⇒「列于星表、時已知濛気差、故測候較密於希臘」

『談天』巻五／偉烈亜力口訳、李善蘭刪述（1859 年・咸豊 9 年）⇒「有濛気差毎夜不同、蓋遂層之地気」

『光学』巻七／金楷理口訳、趙元益筆述（1870 年・同治 9 年）⇒「須知濛気差日未出地平之時已能見日」

【濛気輪】

日本

『遠西医方名物考補遺』巻九／宇田川榛齋訳述、宇田川榕菴校補（1834 年・天保 5 年）⇒「濛気　大気ハ寥廓タル大虚ニ充塞シ精微朗徹ニテ」

『開物全書名物図考』巻一／宇田川榕菴撰（刊行年不明）⇒「原名亜多模斯百爾此ニ濛気輪ト訳ス」

【毛細管】

日本

『物理日記』図／リッテル口授、文部省（1874 年・明治 7 年）⇒「大管ニ非レハ毛細管ノ作用起ル」

中国

『格物入門』巻一／丁韙良著（1868 年・同治 7 年）⇒「水自上達、管愈細上達愈高、此等細管、西方謂之毛孔管」

【毛細管引力】

日本

『物理日記』巻一／リッテル口授、文部省（1874 年・明治 7 年）⇒「至細ノ管ナレハ毛細管引力等ノ妨ケアリ此例ニアラス」

【毛細管作用】

日本

『理化日記』巻四／リッテル口授、市川盛三郎訳（1870 年・明治 3 年）⇒「水ハ毛細管作用高ク水銀ハ低シ」

【毛細繊維】

日本

『登高自卑』後篇 巻之二／村松良粛抄輯（1875 年・明治 8 年）⇒「寒地ニ産スル獣類ハ自ラ其毛細繊ニシテ長キ者ナリ」

【妄想】

中国

『二十五言』／利瑪竇述、徐光啓撰（1604年・万暦32年）⇒「是故凡有妄想萌芽於中爾即察其何事若是在我者」

『物理小識』巻二／方以智著（1664年・康熙3年）⇒「非情識妄想之所能及也」

『滌罪正規略』総説／艾儒略訳著（刊行年不明）⇒「与夫心妄想皆為邪淫之罪也」

辞書

『A DICTIONARY OF THE CHINESE LANGUAGE, IN THREE PARTS.』／Robert Morrison（1815～23年）⇒「IRREGULAR　妄想」

『英華翠林韻府』／Justns Doolittle（1872年）⇒「thoughts　妄想」

【盲腸】

日本

『解体新書』巻三／杉田玄白訳、中川淳庵校（1774年・安永3年）⇒「盲腸、その長さ四指横径に過くることなし」

『和蘭内景医範提綱』巻二／宇田川榛齋訳（1805年・文化2年）⇒「盲腸ノ始ナリ其太キ処、下側ニ濶ク張出シテ」

『増補重訂 内科撰要』巻六／我爾徳児著、宇田川玄随訳（1822年・文政5年）⇒「牛の盲腸ヲ取リ、水ニ投シ水中ニテ其層ヲ剥取テ」

【網膜】

日本

『西説眼科新書』凡例／杉田立卿訳述（1815年・文化12年）⇒「眉睫為始終以網膜而病症」

『重訂解体新書』巻二／大槻玄沢重訂（1826年・文政9年）⇒「曰蛛網膜、唯在小脳向脊椎之部分者」

『舎密開宗』巻一／賢理著、宇田川榕菴重訳増註（1837年・天保8年）⇒「此素ハ質精微ニテ眼ノ網膜ニ感ジ光明ヲ覚フ」

【盲目院】

日本

『英国探索』 巻一／福田作太郎筆記（1862年・文久2年）⇒「盲目院と唱候ものは、盲人を集め、銘々好みに従ひ一芸を伝授いたし候」

【黙想】

中国

『天主実義続編』 冊二／龐廸我述、陽瑪諾訂（1617年・万暦45年）⇒「人能凝神黙想、不無惶然醒悟曰亜爾寄之天毬、無所利益」

『代疑篇』 上巻／楊廷筠記（1621年・天啓元年）⇒「晨昏日課持誦加勤、静則黙想聖教事情」

『滌罪正規略』 一巻／艾儒略著（刊行年不明）⇒「人能疑神黙想、不無惺然醒悟曰、亜爾寄氏天毬、虚言閑話、妄想、並前番解不蓋省察不祥」

辞書

『A DICTIONARY OF THE CHINESE LANGUAGE, IN THREE PARTS.』 ／Robert Morrison（1815～23年）⇒「CONTEMPLATE　黙想」

『英華韻府歴階』 ／Wells Willams（1844年）⇒「CONTEMPLATE　黙想」「MEDITATE　黙想」

『英華字典』 ／Walter Medhurst（1847～48年）⇒「to consider in secret　黙想」「PENSIVE　黙想」

『英華字典』 ／Wilhelm Lobscheid（1866～69年）⇒「Meditate　黙想」「to ponder　黙想」

『英華翠林韻府』 ／Justns Doolittle（1872年）⇒「Cogitate　黙想」「in secret　黙想」

【黙第済納】

中国

『海国圖志』 巻二十七／魏源撰、林則徐訳（1876年・光緒2年）⇒「斐録所費亜者、理科也、黙第済納者、医科也、勒義斯者、法科也」

【盲板蒸気軍艦】

日本

『官板 バタヒヤ新聞』 巻十四／蕃書調所訳（1862 年・文久 2 年）⇒「撤丁役人合衆国へ盲板蒸気軍艦二艘を誂へ、其一価一艘にて六百万フランク出セリ」

【木曜】

日本

『航西日乗』 ／成島柳北著（1872 ～ 73 年・明治 5 ～ 6 年）⇒「木曜、晴、風益ス烈シク食堂ニ出ヅル者甚ダ罕ナリ」

【模型】

日本

『舎密開宗』 巻十八／賢理著、宇田川榕菴重訳増註（1837 年・天保 8 年）⇒「亜的児ニ溶解シ蝋ヲ以テ造リタル模型ニ鞣リ」

『化学入門』 後編　巻之八／竹原平次郎抄訳、堀尾用蔵註（1867 年・慶応 3 年）⇒「此法ノ主トスル所ハ其模型（カタ）ニ合スル文字画図ヲ造リ出スニ存リ」

『西国立志編』 第三編／中村正直訳（1870 年・明治 3 年）⇒「土ヲ焼テ、模型（モデル）ヲ作リナバ、大ニ財費ヲ省ベシト」

【模写】

日本

『管蠡秘言』 ／前野良沢撰（1777 年・安永 6 年）⇒「著所益箋ナルモノニニ出ルヲ、茲ニ模写ス」

『環海異聞』 附言／大槻玄沢撰（1807 年・文化 4 年）⇒「頃茂質に命ぜられ、復別に是を模写せしむ」

『舎密局必携』 巻三／上野彦馬抄訳、堀江公粛閲（1862 年・文久 2 年）⇒「土地ノ形勢人家等ヲ模写スルニ供シ」

【模様】

日本

『**天象管闚鈔**』／長玄珠著（1774年・安永3年）⇒「図ノ黄赤道ノ模様ヲ見合せ預メ大渠ヲ知ルベキ」

『**紅毛雑話**』巻一／森島中良編輯（1787年・天明7年）⇒「蝋形にて模様を置、藍にて染抜たる物なり、其染方をパテッキといふ」

『**官板 バタヒヤ新聞**』巻一／蕃書調所訳（1862年・文久2年）⇒「此兵隊も追々加はる可く、模様に因り佛国兵隊を助くべし」

辞書

『A DICTIONARY OF THE CHINESE LANGUAGE, IN THREE PARTS.』／Robert Morrison（1815～23年）⇒「external form　模様」

『**英華韻府歴階**』／Wells Willams（1844年）⇒「PATTERN　模様」

『**英華字典**』／Walter Medhurst（1847～48年）⇒「external form　模様」「MODE　模様」

『**英華字典**』／Wilhelm Lobscheid（1866～69年）⇒「model　模様」「Mode　模様」「Attitude　模様」

『**英華翠林韻府**』／Justns Doolittle（1872年）⇒「Form　模様」「Multiform　模様」

【莫爾比捏】：モルヒネ, morfine［蘭］

日本

『**舎密開宗**』巻三／賢理著、宇田川榕菴重訳増註（1837年・天保8年）⇒「罌粟ノ莫爾比捏植学啓原所謂罌粟」

【や】

【夜学鏡】

日本

『**民間格致問答**』巻六／大庭雪齋訳（1862年・文久2年）⇒「通常の眼鏡じゃの、夜学鏡などのあらゆる凸な硝子鏡、光線を焼点と名くる」

【夜学校】

日本

『万国新話』 巻二／柳河春三編輯（1868 年・明治元年）⇒「夜学校　これは、昼の間は銘々職業ありて、学問するに遑なき者の為めに設けたり」

【焼麦粉】：パン, pão［葡］

日本

『欧行記』 巻二／益頭駿次郎記（1861 年・文久元年）⇒「御者の詞に隋ひ直に戻し又パン〈焼麦粉〉投げ遣し」

【夜鏡】

中国

『博物新編』 一集／合信著（1855 年・咸豊 5 年）⇒「一切顕微鏡、千里鏡、日鏡、夜鏡《ノプトケーケル》、眼鏡、撮景鏡、映画鏡、皆因其法製焉」

【冶金】

辞書

『英華字典』 ／ Walter Medhurst（1847 ～ 48 年）⇒「TO BURNISH　冶金」

【冶金院】

中国

『使徳日記』 ／李鳳苞撰（1878 年・光緒 4 年）⇒「則有博古院、博物院、油画院、冶金院、営造学芸工院、拳勇学、水族院」

【冶金学】

中国

『中西関係論』 巻一／林楽知著（1876 年・光緒 2 年）⇒「吸鉄学、電気学、砿学、冶金学、地産学、開砿学、農学、化学、熱学、地理学」

【厄院】

日本

『**英氏経済論**』巻七／小幡篤次郎訳（1871年・明治4年）⇒「厄院、僧坊、因獄等ニテ造レルノ品物価格ノ低下ナル」

【薬院】

日本

『**西域物語**』上巻／本多利明著（1798年・寛政10年）⇒「薬院を建て施薬し、奇薬を用て難病を治る事夥し」

中国

『**格致古微**』巻一／王仁俊述（1899年・光緒25年）⇒「薬院中有二枚此神薬也案今西医於割症所用麻薬」

【薬園】

日本

『**輿地誌略**』巻四／青地林宗訳述（1826年・文政9年）⇒「崙度を首府とす、学館、薬園、工匠場、書庫等を備ふ、煙草圃、桑林多し」

【薬剤】

中国

『**天主実義**』下巻／利瑪竇述、李之藻筆述（1603年・万暦31年）⇒「安逸我四肢百端之薬剤以医療我疾病外養我身」

『**聖経直解**』巻十二／陽瑪諾著（1636年・崇禎9年）⇒「主命雖苦、並調于飴、正若良医、薬剤」

『**物理小識**』巻一　二／方以智著（1664年・康熙3年）⇒「主命雖苦、並調于飴、正若良医、薬剤」

【薬剤学】

日本

『百学連環』 蘭文／西周講述、永見裕筆録（1870 年・明治 3 年）⇒「薬剤学」

【訳司】

日本

『訂正増訳采覧異言』 巻三／新井白石著、山村才助増訳（1802 年・享和 2 年）⇒「人官ヨリ訳司ニ命シテ和蘭人ニ其通商ノ地ヲ問シメ」

『和蘭通舶』／司馬江漢撰（1805 年・文化 2 年）⇒「崎陽ノ通司辻氏ナル者、西洋画ヲ模テ浪華天神ノ社ニ掛ク」

『暁窓追録』／栗本匏菴著（1868 年・明治元年）⇒「極て其書の要なるを知り、訳司をして、速に翻訳せしめんことを欲せり」

【訳師】

日本

『窮理通』 巻八／帆足万里撰（1836 年・天保 7 年）⇒「諸訳師に聞くに曰く、蘭字僅に二十五、而も其の軍卒の字を識る者は十に一二無しと」

【約定為替】

日本

『官版 立会略則』／福地源一郎述（1871 年・明治 4 年）⇒「日限約定為替は何程と出張会社ある地名及ひ各種の賃銀定を記載して」

【約定切手】

日本

『合衆国政治小学』 初編 巻之三／ヨング 著、瓜生三寅訳述（1872 年・明治 5 年）⇒「証書を売買すること金銀約定切手に於けるごとし」

【薬調合所】

日本

『欧行記』 巻一／益頭駿次郎記（1861 年・文久元年）⇒「先つ入口に医師所あり第二は諸薬調合所あり第三には諸薬製煎所あり」

【夜光虫】

日本

『舎密開宗』 外編／賢理著、宇田川榕菴重訳増註（1837 年・天保 8 年）⇒「稍大ナル夜光虫ノ類多シ多識ノ書ニ出」

【夜国】

日本

『三国通覧図説』 ／林子平述（1785 年・天明 5 年）⇒「東ヲ過テ夜国ノ境ニ漂イ居タルナルヘシ」

『西域物語』 中／本多利明著（1798 年・寛政 10 年）⇒「東にモスコビヤ領あり、北は夜国、氷海続き、人倫絶たる独島なり」

『和蘭通舶』 巻一／司馬江漢撰（1805 年・文化 2 年）⇒「則チ此地氷海夜国ニシテ、半年ハ昼ヲナシ、半年ハ夜ヲナス」

『環海異聞』 巻二／大槻玄沢撰（1807 年・文化 4 年）⇒「臥児根徳亜（グルーンランド）、エイスランド（夜国なり）等の地は氷海にして、漸く極下近く氷山現はる」

『窮理通』 巻二／帆足万里撰、利光宗規・多々良信興校（1836 年・天保 7 年）⇒「夜国は七十一度より七十五度に至る」

『三才究理頌』 ／鶴峰戊申撰（1838 年・天保 9 年）⇒「北極下、南極下ノ地ヲ夜国ト云フ、昼夜フリカハリニナル」

『輿地志略』 付録／内田正雄纂（1870 年・明治 3 年）⇒「時ハ冬月太陽地平上ニ出ズ、夜国ト云フ即是ナリ」

【野獣】

中国

『**坤輿図説**』巻下／南懐仁撰（1672 年・康熙 11 年）⇒「地中多曠野野獣最盛有極堅好文彩之木」

『**格物探原**』第十二／韋廉臣著（1876 年・光緒 2 年）⇒「人固如此、獣亦宜然、野獣食生物皆為爪、牛洋蹄皆分」

『**中西聞見録選編**』各国近事／丁韙良編（1877 年・光緒 3 年）⇒「野獣為患、印度多虎、食人畜、大為民患、英之国会」

【夜食国】

日本

『**三才究理頌**』／鶴峰戊申撰、利光宗規・多々良信興校（1838 年・天保 9 年）⇒「古事記ニツキテ、月ヲ夜食国（ヨルノヲスグニ）ト云説ニ従フ」

【野生】

日本

『**北槎聞略**』草／桂川甫周撰（1794 年・寛政 6 年）⇒「薔薇　野生多し、紅花のものをとり酒に醸す」

『**動物学 初編 哺乳類**』／ブロムメ著、田中芳男訳纂（1874 年・明治 7 年）⇒「尾ニ長毛ヲ居此獣蓋シ野生ニ非ズシテ人ノ放シテ野生トナリシモノナラン」

『**和蘭志略稿**』／宇田川榕菴著（刊行年不明）⇒「野生家畜、飲ハ大麦煎、或ハ穀粒ヲ水煎シテ用フ」

【野戦砲】

日本

『**日本貿易新聞**』／箕作麟祥、渡辺一郎等訳（1863 年・文久 3 年）⇒「右第一第二の中間に野戦砲　七八梃、第三の台場　三梃」

『**日本新聞**』巻十五／柳河春三訳（1866 年・慶応 2 年）⇒「甲比丹サンドルス兵卒百五十人を引率し、野戦砲二位を挽かしめて」

『**洋兵明鑑**』巻一／福澤諭吉・小幡篤次郎・小幡甚三郎合訳（1869 年・明治 2 年）

⇒「空弾を放つ可き四斤の施條砲を、野戦砲の模範とせざるはなし」

【耶蘇】：イエス・キリスト, キリスト教, Jesus［葡・西］

日本

『**西洋紀聞**』編中／新井白石記述（1715年・正徳5年）⇒「ここに来る耶蘇の徒に、コンパニヤ＝ジョセフといひし」

『**北槎聞略**』巻六／桂川甫周撰（1794年・寛政6年）⇒「年数と符号するを見れば、みな耶蘇の降生を以て暦元とする事なるべし」

『**香港新聞紙**』第千七十五号／編者不明（1864年・元治元年）⇒「数百年以来回々教ノ人屢々耶蘇ノ門徒ニ勧逼シテ」

中国

『**外国地理備攷**』巻三／瑪吉士輯訳（1847年・道光27年）⇒「耶蘇乃降誕于加徳亜国」

『**智環啓蒙塾課初歩**』第十五編／香港英華書院訳（1864年・同治3年）⇒「以救主耶蘇降生之前後」

『**五十言余**』／艾儒略等撰（1645年・崇禎2年）⇒「吾主耶蘇箴諸徒曰、我之誡也」

【薬局】

日本

『**六物新志**』巻十／大槻玄沢記（1786年・天明6年）⇒「有腹中急痛者故薬局中有加乾姜而製之」

『**舎密開宗**』巻十一／賢理著、宇田川榕菴重訳増註（1837年・天保8年）⇒「皆大技両ニ属ス薬局ニテ為スベキ簡法ハ雑銀ヲ消散ニ溶シ」

【夜然灯】

中国

『**植物学**』巻三／韋廉臣輯訳、李善蘭筆述（1857年・咸豊7年）⇒「船易壊、乃建高塔、夜然灯以照行船」

【爺馬多】

日本

『紅毛天地二図贅説』 巻中／北島見信訳（1737 年・元文 2 年）⇒「中古得漢字百済以字爺（馬）多」

【耶本】

日本：Japan

『紅毛天地二図贅説』 巻中／北島見信訳（1737 年・元文 2 年）⇒「熟板　ジャパン　Japan　耶本　ヤポン　曰　Japan」

【闇室】

日本

『寫象新法』 一／杉田擴玄瑞未定訳稿（刊行年不明）⇒「其法闇室内ニ致ス前ニ方テ、直ニ稀硝酸若クハ稀強水ヲ以テ行フ」

【夜遊病】

中国

『気海観瀾広義』 巻十四／川本幸民訳述（1851 年・嘉永 4 年）⇒「夜遊病と称する者あり、睡中立ちて歩行し言笑し、或は日用の職務を弁じて、後復臥し」

【ゆ】

【憂欝病】

日本

『気海観瀾広義』 巻七／川本幸民訳述（1851 年・嘉永 4 年）⇒「憂欝病若くは狂癇を患ふる者の食を断ち、唯水を飲むのみにして、二十四外絶命し」

【郵駅】

日本

『輿地誌略』巻三／青地林宗訳述（1826年・文政9年）⇒「此が為に国中行旅絶、郵駅空しく書を他処に送る」

中国

『格物入門』巻四／丁韙良著（1868年・同治7年）⇒「設官監査、於公事無碍、較郵駅伝書、費用用節省無算矣」

【融液体】

日本

『物理階梯』巻上／片山淳吉纂輯（1872年・明治5年）⇒「三体ト為シ、一ヲ固形体ト曰ヒ、二ヲ融液体（トケナガルルモノ）ト曰ヒ、三ヲ浮気体ト曰フ」

【融液類】

日本

『物理階梯』巻下／片山淳吉纂輯（1872年・明治5年）⇒「諸金属、木炭、水、諸般ノ融液類及ヒ有生ノ草木動物等ハ越歴ヲ発セサルモノニシテ導体ナリ」

【遊園】

日本

『仏英行』／柴田剛中記述（1861年・文久元年）⇒「夫よりモンソー遊園一見して帰る」

『航西小記』巻一／岡田攝藏稿（1866年・慶応2年）⇒「殆んと遊園の如くして草花の類多し」

『西洋事情』初編 巻之一／福澤諭吉纂輯（1866年・慶応2年）⇒「遊園を設て、花を植へ泉水を引き遊戯奔走の地となす」

【遊園地】

日本

『欧行記』巻二／益頭駿次郎記（1861年・文久元年）⇒「街内に遊園地と唱所々広場あり平常には諸人此に輻輳し娯楽し」

『仏英行』載八／柴田剛中記述（1861年・文久元年）⇒「仏ミストル館を尋問し面唔す、遊園地周囲を一周して帰る」

【融解】

日本

『気海観瀾』／青地林宗訳述（1825年・文政8年）⇒「此が温質を得て融解し、清気を引きて炎を発す」

『植学啓原講義』巻十七葉／宇田川榕菴訳（1833年・天保4年）⇒「雪ハ春暖ヲ以テ漸々ニ融解スルニ固テ融解ノ際多ク瓦斯ヲ含ム」

『万寳新書』／宇田川興齋訳述（1860年・安政7年）⇒「火上ニ安シ、平等ニ融解セシメ、次ニ尋常錫布葛秤三」

【遊廓】

中国

『大美聯邦志略』上巻／裨治文撰（1864年・元治元年）⇒「室外毎層留遊廓、以供不時眺望之用」

辞書

『英華字典』／Walter Medhurst（1847～48年）⇒「PORTICO　遊廓」「walking place　遊廓」

『英華字典』／Wilhelm Lobscheid（1866～69年）⇒「Porch　遊廓」「a wayside 遊廓」

『英華翠林韻府』／Justns Doolittle（1872年）⇒「Portico　遊廓」「Arbor　遊廓」

【郵館】

辞書

『英華字典』／Wilhelm Lobscheid（1866～69年）⇒「郵館　Post-office」

【郵寄】

中国

『**地理全志**』巻一／慕維廉著（1856 年·咸豊 6 年）⇒「近歳郵寄文書、皆由印度、自亜丁直抵紅海、陸行百七十里」

『**六合叢談**』巻五／慕維廉・艾約瑟他記述（1857 年・咸豊 7 年）⇒「二月十有五日、郵寄信札、始離英京倫敦、三月八日離孟買」

『**談天**』／偉烈亜力口訳、李善蘭刪述（1859 年・咸豊 9 年）⇒「連国即以金牌郵寄之而以其測量偏送各国星台」

【郵寄】

中国

『**地理全志**』巻一／慕維廉輯訳（1853 年・咸豊 3 年）⇒「近歳郵寄文書、皆由印度、自亜丁直抵紅海、陸行百七十里、至地中海」

『**六合叢談**』巻五／慕維廉・艾約瑟他記述（1857 年・咸豊 7 年）⇒「郵寄信札、始離英京倫敦」

『**談天**』巻四／偉烈亜力口訳、李善蘭刪述（1859 年・咸豊 9 年）⇒「嗹国即以金牌郵寄之而以其測単偏送各国星台」

【游気】

日本

『**求力法論**』完／与盤計意流著、志築忠次郎訳（1784 年・天明 4 年）⇒「器外ノ游気ハ水面ヲ壓ス故其水必ス升ルノ理ナリ」

『**暦象新書**』中編上巻／奇児著、志筑忠雄訳（1800 年・寛政 12 年）⇒「世界純空にして、游気の障碍もなく、一物の相引者もなからん」

『**三才窺管**』巻中／広瀬周伯著（1808 年・文化 5 年）⇒「夫太陽南道ノ卑ニ行トキハ則游気常ニ之ヲ蒙ス」

【有機化学】

日本

『**化学訓蒙**』巻一／石黒忠悳編輯（1870 年・明治 3 年）⇒「答、区別アリ一ヲ無機化学ト名ツケ一ヲ一ヲ有機化学ト名ツク」
『理化日記』巻三／リッテル口授、市川盛三郎訳（1870年・明治3年）⇒「無機化学ニ切要ナラサルヲ以テ有機化学ニ於テ論スヘシ」

【有機体】

日本
『舎密局必携』巻二／上野彦馬抄訳、堀江公粛閲（1862年・文久2年）⇒「金属ニ和シテ酸化金属トナリ、此他諸ノ有機体ニ蘊蔵ス」
『化学便蒙』巻一／宇田川榕精訳述（1868年・慶応4年）⇒「水ニ移行クニ当リ有機体ヲ解ク者トス」
『舎密局開講之説』／ハラタマ講説、三崎嘯輔宣訳（1869年・明治2年）⇒「蟻酸、酢酸等と同一般にして単一なる有機体なり」

【郵寄之信】

中国
『六合叢談』巻三／慕維廉・艾約瑟他記述（1857年・咸豊7年）⇒「丙辰十二月十五日、郵寄之信札始離英京倫敦、正月八日、諾納駅船」

【有機物】

日本
『理化日記』巻一／リッテル口授、市川盛三郎訳（1870年・明治3年）⇒「炭酸ガス及ヒ有機物ヲ混ス」
『化学日記』巻一／リッテル口授（1874年・明治7年）⇒「「アンモニア」炭酸気及ヒ種々ノ有機物ヲ混ス井泉及ヒ流水ハ更ニ他物チ混シ」

【有血動物】

日本
『動物学 初編 哺乳類』／ブロムメ著、田中芳男訳纂（1874年・明治7年）⇒「動物ヲ有血動物ト無血動物トニ二類ニ分テリ」

【有限君主】

日本

『泰西国法論』 第五編／津田真一郎訳（1868 年・慶応 4 年）⇒「有限君主の国とは、君主の権を其行事上に限制する所ある国体を云ふ」

【融合】

日本

『六物新志』 巻下／大槻玄沢訳（1786 年・天明 6 年）⇒「以其諸薬血肉融合疑和而有可為良薬之理」

『万寳新書』 二編／宇田川興斎訳述（1860 年・安政 7 年）⇒「膀胱ヲ覆ひ、振蘯メ、諸物ヲ善ク融合セシメ、尚保温スルコトニ小時ノ後」

中国

『化学鑑原』 巻二／傳蘭雅口訳、徐寿筆述（1871 年・同治 10 年）⇒「軽気無色瑣能与水融合而不能独使」

【有識者】

日本

『博物新編訳解』 巻二／合信著、大森解谷訳（1868 年・慶応 4 年）⇒「王其假ヲ恐ヘドモ法ノ験スベキナシ、有識者（モノシリ）アリテ水ヲ較リテ」

【郵車】

中国

『六合叢談』 巻十三／慕維廉・艾約瑟他記述（1857 年・咸豊 7 年）⇒「其後接軌而至者亦然同時逓信、郵車、火炎突超、衆物倶焚」

【郵書】

日本

『香港新聞紙』 千七十二号／編者不明（1864 年・元治元年）⇒「現ニ番人ノ遣セル郵書ニ云ク、余下湾拿ニ在リシ」

【郵信】

中国

『六合叢談』巻七／慕維廉・艾約瑟他記述（1857 年・咸豊 7 年）⇒「客人及郵信銀貨、倶獲無恙、五月十七日、北京船伝此信」

【郵政】

中国

『美会紀略』／李圭著（1876 年・光緒 2 年）⇒「曽内税関銀行電報局書信館給照所」
『格致古微』微／王仁俊述（1899 年・光緒 25 年）⇒「漢末改便為置以前固郵政矣」

【游星】

日本

『遠西観象図説』巻中／吉雄南皐口授、草野養準筆記（1823 年・文政 6 年）⇒「太陽ヲ旋回スルガ故ニ、常ニ游行シテ止マズ、故ニコレヲ游星ト云フ」
『三才究理頌』／鶴峯戊申撰、利光宗規・多々良信興校（1838 年・天保 9 年）⇒「五星ヲ游星ト云、衛星ヲ小游星ト云、行環トハ、太陽ヲ心ニ」
『泰西三才正蒙』巻一／永井則著（1850 年・寛政 3 年）⇒「游星ノ物タル、暗体ニシテ、自己ノ光輝ナシ、惟太陽ノ光射ヲ仮テ以テ明ヲナス」
『気海観瀾広義』巻四／川本幸民訳述（1851 年・嘉永 4 年）⇒「太陽は諸游星を引き、諸游星亦太陽を引く」
『民間格致問答』巻三／大庭雪齋訳（1862 年・文久 2 年）⇒「古昔の星学家がその星を游星と名け」
『地学初歩和解』誘導編／宇田川榕精訳（1867 年・慶応 3 年）⇒「地球ハ、我等（木妻）活スル所ノ遊星ニメ」
『地学事始』巻一／松山棟菴訳述（1870 年・明治 3 年）⇒「世界ハ遊星と唱ふる星の一ニシテ」
『登高自卑』前編 巻之一／村松良粛抄輯（1872 年・明治 5 年）⇒「地球及ビ他ノ遊星ハ共ニ太陽ノ引力ニ引レテ」

中国

『地球図説』客星／蒋友仁訳（刊行年不明）⇒「第如諸恒星及游星之体、其行于天上也、亦如游星行于本論」

【游説】

日本

『栄力丸漂流記談』 巻二／文太談（1856年・安政3年）⇒「何卒游説の儀相願度段申ければ、乙吉心よく承り合せくれ」

『仏英行』 七月／柴田剛中記述（1861年・文久元年）⇒「合考するに、果してベルヂー国のため游説者流なるべし」

『官板 海外新聞』 巻三／洋書調所訳（1862年・文久2年）⇒「英国と計を合せしむる游説の弁とするに足れり」

中国

『外国地理備攷』 ／瑪吉士輯訳（1847年・道光27年）⇒「列国之君継則逞其才弁游説各国因得十二国」

『瀛環志畧』 巻六／徐繼畬撰（1848年・道光28年）⇒「累戦皆克、使客游説之、皆納借款為属国」

辞書

『A DICTIONARY OF THE CHINESE LANGUAGE, IN THREE PARTS.』 ／Robert Morrison（1815年～22年）⇒「To itinerat and teach　遊説」

『英華韻府歴階』 ／Wells Willams（1844年）⇒「CIRCUMLOCUTION　遊説」

『英華字典』 ／Walter Medhurst（1847～48年）⇒「to intinerate and teach 遊説」

『英華翠林韻府』 ／Justus Doolittle（1872年）⇒「CIRCUMLOCUTION　遊説」

【郵政局】

中国

『美会紀略』 ／李圭著（1876年・光緒2年）⇒「改水陸軍政以強兵建立機器局、造銭局電報局郵政局火輪舟車局以利国」

【有脊動物】

日本

『官版 明治月刊』 ／開物新社編（1868年・明治元年）⇒「アガツジ氏及ア・グール氏の説に、有脊動物、凡二万」

『動物学 初編 哺乳類』 上／ブロムメ著、田中芳男訳纂（1874年・明治7年）⇒

「動物ノ生活ハ四個ノ元形ニ成ル者トシ有脊動物、柔軟動物、多節動物、多肢動物ノ四個ニ大別シ」

【有節動物】

日本

『理学提要』／広瀬元恭訳（1856 年・安政 3 年）⇒「二に曰く、有節動物、神経有り、脳髄なし、神経は、関節と結塊とに成る」

【郵船会社】

日本

『仏英行』／柴田剛中記述（1861 年・文久元年）⇒「楽太は各岡志尋問、作之助は郵船会所併バンク等へ行き諸般の手続談候積り」

『官版 立会略則』／渋沢栄一述（1871 年・明治 4 年）⇒「保証とは譬へは為替会社鉄道会社郵船会社等の如きもの」

【遊息園】

日本

『尾蠅欧行漫録』巻四／市川渡著（1863 年・文久 3 年）⇒「三歳計リナルモ見エシ出去テ遊息園ニ至ル」

【有袋之獣】

中国

『地理全志』巻七／慕維廉輯訳（1853 年・咸豊 3 年）⇒「有袋之獣、不見于東州、亜墨利加有一種」

【郵亭】

日本

『尾蠅欧行漫録』巻五／市川渡著（1863 年・文久 3 年）⇒「三四駅ヲ過子牌頃メンデン駅着郵亭ニ入テ晩食ス」

辞書

『英華字典』／Walter Medhurst（1847～48年）⇒「a post-house　郵亭」

【郵逓員】

中国

『大徳国学校論畧』／花之安著、王炳コン訂（1873年・同治12年）⇒「徳、法失和、八月有奇而往来郵逓員弁包封」

【郵伝】

中国

『六合叢談』小引／慕維廉・艾約瑟他記述（1857年・咸豊7年）⇒「今則聚為妙用、以代郵伝、項刻可通数百満里」

『欧遊随筆』／銭徳培著（1877年・光緒3年）⇒「凡国中電報郵伝一切悉隷焉」

【郵伝機事】

中国

『六合叢談』巻二／慕維廉・艾約瑟他記述（1857年・咸豊7年）⇒「郵伝機事、歳発幣銀五万六千両与公会、償其利百分之四」

【誘導】

日本

『諳厄利亜人性情志』／吉雄宜訳、浦野元周校（1825年・文政8年）⇒「大に耶蘇宗を弘め、諸人疑惑蒙迷の潮を除かんと誘導せり」

『三兵答古知幾』十二巻／高野長英訳（1856年・安政3年）⇒「銃火ヲ自己ノ方ニ誘導シ、却テ吾銃火ヲ敵ノ手ニ向ハセ」

『理学提要』巻一／広瀬元恭訳（1856年・安政3年）⇒「稠厚緻密硝子の如くにして、諸光を誘導すること能はず」

【郵費】

日本

『**六合叢談**』巻三／慕維廉・艾約瑟他記述（1857 年・咸豊 7 年）⇒「火輪車郵費太多、而郵船載客収銀太少也」

【郵便】

日本

『**五科学習関係文書**』／西周編（1863 年・文久 3 年）⇒「天皇ハ電信郵便ノ事業ヲ管理シ」

『**新聞誌**』第五号／ジョセフ彦編訳（1864 年・元治元年）⇒「御姓名と御住所をしるしておくりたまへ、ご住所早速郵便にて呈すへし」

『**英氏経済論**』巻四／小幡篤次郎訳（1871 年・明治 4 年）⇒「具ヲ増スニ在リ海陸ノ道路ヲ開キ郵便ヲ設テ僻隅遠境ニ至ラシメ」

『**文明開化評林**』巻二／岡部啓五郎輯（1875 年・明治 8 年）⇒「米国ボストン在留学生ヨリ郵便ニ托シテ左ノ書ヲ投ス」

【郵便局】

日本

『**航西日乗**』／成島柳北著（1872 ～ 73 年・明治 5 ～ 6 年）⇒「雨又晴、教師来タル、此日郷信ヲ郵便局ニ送ル」

【郵便所】

日本

『**万国港繁昌記**』／黒田行元編・松川半山書画（1873 年・明治 6 年）⇒「他にサクヒルレ街あり、郵便所圓堂等あり、街の中央にテルソンの碑あり、高さ二十一間半」

【郵務】

中国

『大徳国学校論畧』 郵務／花之安著、王炳コン訂（1873年・同治12年）⇒「郵務、亦有国之要、国家有事、徴兵寿餉　利在迅速」

【有用金属】

日本

『博物新編補遺』 巻上／小幡篤次郎訳述（1866年・明治2年）⇒「砿山学ニ属シ有用金属ヲ吟味シテ之ヲ製スル」

【遊離気温】

日本

『天然人造 道理図解』 初編／田中大介纂輯（1869年・明治2年）⇒「遊離温気といふ是れハ此物より離れ他の物に加ふる温気なり」

【融和】

中国

『坤輿図説』 巻下／南懐仁撰（1672年・康熙11年）⇒「諳厄利亜気候融和地方広大分三道共学二所共三十院」

『八紘訳史』 巻二／陸次雲著（1683年・康熙22年）⇒「諳厄利亜気候融和地方広大分為三道」

『地球図説』 亜墨利加州／蔣友仁訳（刊行年不明）⇒「有平地最広名為吉多国、天気融和、五穀百果草木、悉皆上品」

【誘惑】

日本

『博物新編訳解』 巻三／合信著、大森解谷訳（1868年・慶応4年）⇒「偶像ノ邪神ヲ掃ヒ、ソノ誘惑ニ迷フナカルヘシ」

中国

『職方外紀』巻一／艾儒略増訳、楊廷筠彙記（1623年・天啓3年）⇒「縁此時、天下万国大率為邪魔誘惑、不遵天主正教妄立邪主」

『博物新編』二集／合信著（1855年・咸豊5年）⇒「掃偶像之邪神、莫迷誘惑、則生行真道」

『海国圖志』巻三十五／魏源撰、林則徐訳（1876年・光緒2年）⇒「貧人大半裸体無羞、其僧誘惑庶民、殺人祭神」

辞書

『A DICTIONARY OF THE CHINESE LANGUAGE, IN THREE PARTS.』／Robert Morrison（1815年～22年）⇒「BEGUILE, to deceive cheat　誘惑」「Entice　誘惑」

『英華韻府歴階』／Wells Willams（1844年）⇒「TEMPT　誘惑」

『英華字典』／Walter Medhurst（1847～48年）⇒「TO TEMPT　誘惑」「TO ALLURE　誘惑」

『英華字典』／Wilhelm Lobscheid（1866～69年）⇒「to allure　誘惑」「Lure　誘惑」

『英華翠林韻府』／Justus Doolittle（1872年）⇒「Entice　誘惑」「Tempt, or allure　誘惑」

【油画】

日本

『軍艦図解』／本木庄左衛門訳述（1808年・文化5年）⇒「其上圍の処は油画の具を以て塗る、是は船主の好みに応して白黄色等の間道に彩飾するなり」

『欧行記』巻四／益頭駿次郎記（1861年・文久元年）⇒「幾席にも古戦の額許多あり右は油画甚可駭画様なり」

『航西日乗』／成島柳北著（1872～73年・明治5～6年）⇒「博物館ヲ観ル、油画及ビ石刻ノ偶像極メテ多シ」

『増補 西洋家作雛形』巻三／村田文夫・山田貢一郎同訳（1872年・明治5年）⇒「一木細工、併に銕細工は、残らす相当なる良品の油画料を以て塗り画くべき事」

【油画院】

中国

『使徳日記』初七／李鳳苞撰（1878年・光緒4年）⇒「其游観之地、則有博古院、博物院、油画院、冶金院、営造学芸工院」

【輸気器】

日本

『化学入門』後編　巻之一／竹原平次郎抄訳、堀尾用蔵註（1867年・慶応3年）⇒「一管アリ其一端ハ輸気器ニ通ジ他ノ一端ハ袍衣ニ固着ス今輸器ヨリ大気ヲ送レバ袍衣膨張シテ新気衣内ニ通ス」

『衛生概論』第十三課／宇田川準一抄訳（刊行年不明）⇒「盖シ鞴ノ如キ輸気器ノ使用及ヒ湯浴其他総テ粗暴」

【油気】

日本

『秘事新書』／本木昌蔵著（1871年・慶応4年）⇒「殊に能く透見をふなり、但油気を去ると密ならさる」

中国

『格物入門』巻六／丁韙良著（1868年・同治7年）⇒「此物之養気可得十六乃加倍也、如淡気与炭相合生油気」

【油脂】

日本

『民間格致問答』巻四／大庭雪斎訳（1862年・文久2年）⇒「亜爾箇児童や焼酒や「ゼナーフル」や油脂や、蝋や材木や紙や何でも燃る」

【油色画】

中国

『初使泰西記』三十三／志剛著（1867年・同治6年）⇒「陪往観其天主堂堂内

有初創油色画」

【油質】

中国

『**化学鑑原**』巻一／傅蘭雅口訳、徐寿筆述（1871 年・同治 10 年）⇒「因与緑気化合而成油質也」

『**格致彙編**』玻璃／傅蘭雅輯（1876 年・光緒 2 年）⇒「将鎔化乗熱時淬入油質内随時取出」

辞書

『**英華字典**』／Wilhelm Lobscheid（1866 ～ 69 年）⇒「Tallow, Cows tallow　油脂」

【油質顔料】

日本

『**万寳新書**』初編／宇田川興齋訳述（1860 年・安政 7 年）⇒「鏤板、及ヒ石板ノ図画ニ、油脂顔料ヲ施セル」

【輸出】

日本

『**官板 バタヒヤ新聞**』巻一／蕃書調所訳（1862 年・文久 2 年）⇒「輸出の物品は穀物、材料、タルク鉄、銅、毛織物、モットアス」

『**日本貿易新聞**』／柳河春三等訳（1863 年・文久 3 年）⇒「市民急遽ニ退居スルトキ只其家財ヲ輸出スルノミナラス」

『**英政如何**』巻六／鈴木唯一訳（1868 年・明治元年）⇒「英国の輸出物の高と、輸入物の高と違ふ」

【油性】

中国

『**火攻挈要**』巻中／湯若望授、焦勗述（1643 年・崇禎 16 年）⇒「更用深水□沸騰、以油性、則庶機油垢両盖」

【油井】

中国

『教会新報』／林楽知・慕雄廉等訳（1868 年・同治 7 年）⇒「美国煤山之中有一煤油井被火焼著」

『中西聞見録選編』油井被火水井得油／丁韙良編（1877 年・光緒 3 年）⇒「美国出産、美国油井、毎日出油二万五千石」

【油製風雨針】

日本

『颶風攬要』／エル・ジト・ワザロ著、近藤眞琴訳（1874 年・明治 7 年）⇒「油製風雨針」（シンビーツメートル）も亦然り此風の類は究書にいず」

【油石炭】

日本

『天然人造 道理図解』巻三／田中大介纂輯（1869 年・明治 2 年）⇒「図の如く国立て、接を油石炭にて能く塗り」

【諭送質】

日本

『窮理通』巻四　導体／帆足万里撰（1836 年・天保 7 年）⇒「若し尖形の物を以て、輸送質に縛著すれば、虎魄力先づ　其の尖に集まり、暗中必ず光を見る」

【輸送船】

日本

『官板 海外新聞別集』／洋書調所訳（1862 年・文久 2 年）⇒「軍艦にて固めたれば、其炮船及ヒ運送船皆ナ其通路ヲ妨げられたり」

【輸入】

日本

『万国新話』 巻三／三又渓史編輯（1868 年・明治元年）⇒「広東は香港に近きを以て、密売最も盛にして阿片を輸入する」

『会社弁』 緒言／福地源一郎訳（1871 年・明治 4 年）⇒「輸出輸入いよいよ盛んになりて通交の道益々開くるに至る」

『米利堅志』 巻四／格堅扶撰、岡千仭・河野通之訳（1873 年・明治 6 年）⇒「竟至不抑外輸、於是外国所輸入、綿布絹帛銅鉄之属」

中国

『職方外紀』 巻三／艾儒略増訳、楊廷筠彙記（1623 年・天啓 3 年）⇒「不惟救本国之飢而四方財貨因来雑穀尽輸入共国中富厚無比」

【輸入税】

日本

『西洋各国盛衰強弱一覧表』 第六／加藤弘蔵訳述（1867 年・慶応 3 年）⇒「酒塩砂糖煙草等ノ税及ヒ輸入税証印税等ナリ此輸入税ト云フ」

【油母】

中国

『化学鑑原』 巻三／傳蘭雅口訳、徐寿筆述（1871 年・同治 10 年）⇒「荷蘭国人攷知此気名為油母因与録気化合而成油質也」

【よ】

【養育館】

日本

『交易論』 ／本多利明誌（1798 年・寛政 10 年）⇒「フランカレイキは殊に厚く、養育館を国内六ケ所に建置、其雑費を給る事毎年同じ」

【幼院】

日本

『紅毛雑話』巻一／森島良編輯（1787年・天明7年）⇒「同国中に、ウエスホイスといふ府あり、明人幼院と訳す」

『訂正増訳采覧異言』巻一／新井白石著、山村才助増訳（1802年・享和2年）⇒「鋳銭局、所芸ノ学校、幼院、病院等美廉価ナリ」

『和蘭通船』巻一／司馬江漢撰（1805年・文化2年）⇒「幼院あり、専ラ小児ヲ養育スルナリ」

『坤輿図識補』巻二／箕作省吾著（1846年・弘化3年）⇒「医療等ノ学科ヲ分ツ、又病院、幼院アリテ、老幼ヲ生育ス」

『坤輿初問』巻一／伊東玄朴訳、新発田収蔵校（1857年・安政4年）⇒「「エルビユルク」ニ幼院有リ至テ高名タリ」

『官板 海外新聞別集』第六月／洋書調所訳（1862年・文久2年）⇒「夫より耶蘇教の徒の立置たる幼院を見物し」

『官版 明治月刊』巻三／開物新社編（1868年・明治元年）⇒「故に幼院、病院等に於ては必ず、牛を収するの備なかるべからず」

『万国港繁昌記』／黒田行元編・松川半山書画（1873年・明治6年）⇒「又別に救窮の為に設けたる幼院、盲院、口亜院、棄児院、痴児院、痴院二百箇所あり」

中国

『海国圖志』巻三十四／魏源撰、林則徐訳（1876年・光緒2年）⇒「務使曲蓋其才、而不為天壤之廃物、又有幼院、専育小児」

【陽影】

日本

『脱影奇観』初編／宇田川準一和解（1872年・明治5年）⇒「夫レ陽影（ポスチフ）ハ黒ヲ照セバ則チ黒ク、白ヲ照セバ則チ白シ」

【養嬰院】

中国

『海国圖志』巻三十九／魏源撰、林則徐訳（1876年・光緒2年）⇒「別設病院、養嬰院、悉威剌邑、居民九万六千」

【鎔液】

日本

『**舎密開宗**』巻一／賢理著、宇田川榕菴重訳増註（1837 年・天保 8 年）⇒「第十章、所謂塩酸加爾基ノ溶液ニ亜爾加里ヲ加レ」

『**遠西奇器述**』十／川本幸民口述、田中綱紀筆記（1854 年・嘉永 7 年）⇒「此溶液ヲ清水ニ稀釈す、之ヲ用レバ、其革已ニ暗赤色トナル」

『**万寳新書**』十三／宇田川興斎訳述（1860 年・安政 7 年）⇒「生レテ第四月ノ嬰児、熔化セル脂油ノ為ニ火傷ヲ受タル」

中国

『**重学**』総論／艾約瑟口訳、李善蘭筆述（1859 年・咸豊 9 年）⇒「曰重流質如油水水銀及五金鎔液之類是也」

『**化学初階**』第六章／嘉約翰口訳、何瞭然筆述（1870 年・同治 9 年）⇒「以鐵片焼紅投是物於中、則鎔液而化気」

【陽越歴】

日本

『**気海観瀾広義**』巻十／川本幸民訳述（1851 年・嘉永 4 年）⇒「自然に万物中に発見する象を試みむが為に、越歴機「エレキテリセールマシネ」を製す」

『**訓解 電気論**』静越力／中神保抄訳（1871 年・明治 4 年）⇒「忽而硝越力或は陽越力と云脂類を猫皮にて」

【鎔化】

日本

『**理化日記**』巻一／リッテル口授、市川盛三郎訳（1870 年・明治 3 年）⇒「大気ヲ鼓送シ火熱ヲ煽烈ス已ニ熔化ニ至レハ白蒸気ヲ発シ」

『**ヱマイル全書**』／寺山道人新訳（刊行年不明）⇒「乾カシ尚、熔化スルコト一廻鋳テ竿ト為シ」

中国

『**天工開物**』第十／宋応星著（1637 年・崇禎 10 年）⇒「凡治地生物、用鋤、□之属、熟鉄□成、鎔化生鉄淋口」

『**中西聞見録選編**』第二十二号／丁韙良編（1877 年・光緒 3 年）⇒「以防火災、

蓋鑑於鉄、遇烈火亦必熔火也」

【陽火】

中国

『野礼機的爾全書』／笠峯多狆記（1814年・文化11年）⇒「火ニ陽火アリ、陰火アリ、「エレキテル」ノ火如キハ陽ト陽トスレ合テ生ルナレ」

【陽画】

日本

『写真鏡図説』図／柳河春三訳（1870年・慶応3年）⇒「玻瑠版の陰画を紙に写して陽画を製する木格」

『物理日記』巻四／リッテル口授、文部省（1874年・明治7年）⇒「陰画ナリ之ヲ陽画（ポシチブ）トナスニ最モ簡易ナル方ハ其「コロヂヲン」面ニ黒「フルニス」ヲ塗ルナリ」

【養花園】

日本

『欧行日記』第三／淵辺徳蔵記（1861年・文久元年）⇒「午後より郷導を頼みて遊覧に出つ養花園に到る」

【幼学院】

日本

『外国事情書』／渡辺華山著（1839年・天保10年）⇒「此学校ハ郷学故所々ニ有之候幼学院書学読書ヲ始トシテ通俗礼法一切ノ幼学備リ不申ハ無之」

『欧行日記』／淵辺徳蔵記（1861年・文久元年）⇒「風韵あり、又幼学院あり、是も同様なり」

『幕末遣欧使節航海日録』／野沢郁太記（1861年・文久元年）⇒「御出幼学所より珍画館、シヤマン石磨所等御見物」

【洋学局】

中国

『中西関係論』巻一／林楽知著（1876年・光緒2年）⇒「李鴻章請設洋学局、沈葆楨請設特科一節」

【羊角風】

中国

『格物入門』巻二／丁韙良著（1868年·同治7年）⇒「其力便大、故能抜樹壊垣、所謂洋角風是也、一、雖極寛大」

『使西紀程』巻上／郭嵩燾撰（1876年・光緒2年）⇒「上陸地亦有之所謂羊角風也、巨海盤旋」

【溶化剤】

日本

『開物全書名物図考』断気槽／宇田川榕菴撰（刊行年不明）⇒「列並帝那一分ノ　溶化剤ヲ実ス瀝青モ亦佳ナリ」

【洋火暖】

日本

『衛生概論』／宇田川準一抄訳（刊行年不明）⇒「尋常ノ暖炉或ハ洋火炉ヲ設ケル」

【洋気】

中国

『地理全志』巻三／慕維兼輯訳（1853年·咸豊3年）⇒「因水有定線、気候不変、地内熱気不感于洋気以此為証」

【養気】

日本

『博物新編訳解』巻之一／合信著、大森解谷訳（1868年・慶応4年）⇒「合セテ之ヲ言ヘハ生気トイフ、分テ之ヲ言ヘハ養気トイヒ、淡気トイヒ、湿気トイヒ、炭気トイフ」

『脱影奇観』巻下／宇田川準一和解（1872年・明治5年）⇒「養気銀（即チ酸化銀）或ハ阿莫（口尼）亜」

中国

『地理全志』巻四／慕維廉輯訳（1853年・咸豊3年）⇒「空気之清者百分内養気約有二十一分、淡気有七十九分」

『博物新編』一集／合信著（1855年・咸豊5年）⇒「分而言之日養気（レイヘンスリュクト）、曰淡気、曰湿気、曰炭気、皆可以法較弁之」

『六合叢談』／慕維廉・艾約瑟他記述（1857年・咸豊7年）⇒「水乃八分養気、一分湿気、相合而成」

『植物学』巻二／韋廉臣輯訳、李善蘭筆述（1857年・咸豊7年）⇒「孔中有液、乃軽気合養気所化成、而分数与水異」

『格物入門』巻六／丁韙良著（1868年・同治7年）⇒「則分為養気与炭精、二者皆不復能分也、故為原質」

『西学図説』空気／偉烈亜力口訳、王韜撰（1889年・光緒15年頃）⇒「空気合養気淡気炭気而成試以百分論淡気約帰七十五半」

【養気球】

中国

『重学』十九巻／艾約瑟口訳、李善蘭筆述（1859年・咸豊9年）⇒「計百分気中有養気中有養気二十分或二十一分淡気七十九分或八十分二気」

【養気球】

中国

『重学』巻十九／艾約瑟口訳、李善蘭筆述（1859年・咸豊9年）⇒「気球中有養気球淡気球炭気球水気球尚有他気攷験」

【養気金類】

中国

『化学初階』巻一／嘉約翰口訳、何瞭然筆述（1870年・同治9年）⇒「已焚之物分数種、酸類、養気金類、蛤利類、塩類、生熱之原可知者」

【洋教】

日本

『官板 バタヒヤ新聞』巻十／蕃書調所訳（1862年・文久2年）⇒「洋教の教頭一二人、並に猶太教頭一二人、政堂に加はる古例も亦再び之れ行なふ可し」

『万国港繁昌記』巻上／黒田行元編・松川半山書画（1873年・明治6年）⇒「回教学校四十一所、病院百八十三、洋教の寺三十六等、公共浴室百三十」

中国

『官板 中外新報』民数／応思理撰（1858年〜・咸豊8年〜）⇒「西教約有一万三千五百万人、洋教約有る一万四千万人」

【陽極】

日本

『官板 玉石志林』巻四／箕作阮甫他訳（1863年頃・文久3年頃）⇒「此柱ホルタ氏の柱に同じく、陰局は下にあり、陽極は上に在と云り」

中国

『格物入門』巻四／丁韙良著（1868年・同治7年）⇒「陽気聚於陽極、陰気聚於陰極、欲令隔断不通」

『化学鑑原』巻一／傳蘭雅口訳、徐寿筆述（1871年・同治10年）⇒「若以金類電気化分之還成本配二物其配往陽極故為陰電質基本往陰極故為陽電質」

辞書

『英華字典』／ Wilhelm Lobscheid（1866 〜 69年）⇒「the positive（+）pole　陽極」

【洋琴】

中国

『初使泰西記』／志剛著（1867年・同治6年）⇒「同寓有意大力国婦人手操洋琴指法玲有意大力国婦人手操洋琴指法玲瓏声」

【洋銀】

日本

『**漂流記**』下／播州彦蔵著（1863 年・文久 3 年）⇒「洋銀三枚を拂ふて其家を出で夫より市中を見物するに」

『**日本新聞**』第十号／内田彌太郎訳（1865 年・慶応元年）⇒「其利足迄も相渡せとの事故、無拠洋銀七十ドル相渡申候」

『**日本貿易新聞**』二十一号／横浜新聞抄訳（1868 年・慶応 4 年）⇒「百万元以上の洋銀を取行ふ事を得へき」

中国

『**博物新編**』一集／合信著（1855 年・咸豊 5 年）⇒「欲登場観者、毎位或収洋銀半圓、或収二銭、愈出愈巧」

『**重刻版 海録**』巻第一／謝清高著（1870 年・同治 9 年）⇒「大而載重者納洋銀五六百枚」

『**海国圖志**』巻九／魏源撰、林則徐訳（1876 年・光緒 2 年）⇒「客人初到埔頭、納洋銀一枚」

【鎔金場】

日本

『**訂正増訳采覧異言**』巻四／新井白石著、山村才助増訳（1802 年・享和 2 年）⇒「其他武庫、寳庫、器財庫、互市場、熔金場、造器場、薬局等」

【洋語】

日本

『**中外新聞**』巻九／柳河春三編（1868 年・慶応 4 年）⇒「其図を付し以て看官の洋語に倣はさる者に便ならしむ」

【洋行司】

日本

『**香港新聞紙**』／編者不明（1864 年・元治元年）⇒「洋行司ノ処ニアル同郷ノ牛姓ナル者ハ其ヲ見テ其貧苦ヲ憐ミ程生ヲ延テ洋行司ノ処ヘ入レ筆札ノ事ヲ司

ラシメリ」

【鎔鉱炉】

日本

『尾蠅欧行漫録』巻五／市川渡著（1863年・文久3年）⇒「一室ニ入レハ水車風車蒸気車機械エレキ器反射炉溶鉱炉等ノ雛形数種あり」

【養済院】

中国

『英吉利紀略』／陳逢衡記（1841年・道光21年）⇒「有太医院、医治病人、有養済院（ウエースホイスアルムホイス）以養孤貧」

『初使泰西記』／志剛著（1867年・同治6年）⇒「布拉島島中有養済院育嬰堂」

『海国圖志』巻四十二／魏源撰、林則徐訳（1876年・光緒2年）⇒「以習文武技芸、又設養済院以済貧民」

『地理全志』巻二／慕維廉輯訳（1853年・咸豊3年）⇒「施薬院、養済院、生霊院、皆景象繁華、工肆比櫛、商売雲集」

【洋紙】

日本

『万寳新書』百十七／宇田川興斎訳述（1860年・安政7年）⇒「洋紙ノ汚斑ヲ除ク法」

中国

『化学初階』巻一／嘉約翰口訳、何瞭然筆述（1870年・同治9年）⇒「其猶棉之鬆花与線及洋紙之」

『格致古微』微五／王仁俊述（1899年・光緒25年）⇒「如一可両用案今洋紙極厚背百光沢」

【洋紙】

日本

『格致古微』 微五／王仁俊述（1899 年・光緒 25 年）⇒「如一故可両用案今洋紙極厚背面光沢可書据顔黄所書」

【洋時】

日本

『遠西奇器述』 凡例／川本幸民口述、田中綱紀筆記（1854 年・嘉永 7 年）⇒「時刻ハ洋時ヲ以テス」

【洋時間】

日本

『英氏経済論』 巻二／小幡篤次郎訳（1871 年・明治 4 年）⇒「全数ノ工人ハ洋時間勤労スル」

『登高自卑』 前編 巻之下／村松良粛抄輯（1872 年・明治 5 年）⇒「我地球ノ自転ニシテ、一昼夜二十四洋時間（セイヤウノトキ）ニ、西ヨリ東ヘト一回旋転スルモノナリ」

【揺車】

日本

『環海異聞』 第五／大槻玄沢撰（1807 年・文化 4 年）⇒「古人製小児睡車、曰揺車、以児揺則睡故也」

【洋酒】

日本

『奉使米利堅紀行』 ／木村喜毅記（1860 年・万延元年）⇒「小栗森田二君ハ一泊し貯へし洋酒を出し饗せし」

『仏英行』 九月／柴田剛中記述（1861 年・文久元年）⇒「またインゼニール方へ立より、洋酒一杯を喫し別を告ぐ」

『**西洋紀行 航海新説**』巻上／中井桜州著(1870年・明治3年)⇒「夜来六七字ノ間、洋酒、蒸麦、唐茶、諸植物ヲ供ス」

【洋書】

日本

『**外国事情書**』／渡辺華山著（1839年・天保10年）⇒「僅ニ五十年ノ間ノ由、洋書（ブランヅゾント申書名）ニ相見へ候」

『**中外新聞紙**』巻九／箕作益三郎訳（1864年・慶応3年）⇒「依て茲に其図を附し以て看官の洋語に倣はさる者に便ならしむ」

【養生所】

日本

『**官板 バタヒヤ新聞**』巻八／蕃書調所訳（1862年・文久2年）⇒「譬へば養生所は人情の重んずる所にて、敵たりと雖も、決して手を加へざる禁制なる」

『**世界国尽**』二之巻／福澤諭吉訳（1869年・明治2年）⇒「気候は春夏秋冬大抵同様にて、病人などの養生所に宜し」

【養殖所】

日本

『**輿地誌略**』巻二／青地林宗訳述（1826年・文政9年）⇒「此国人其土の所産を養殖し、職業を勧て奢侈を事とする」

『**牙氏初学須知**』巻四上／田中耕造訳、佐沢太郎訂（1875年・明治8年）⇒「熱帯地方ノ植物ハ到底仏朗西ノ気候ニ慣レズ故ニ養殖所ニ於キテ其本国ト等シキ温度ヲ与フルニアラザレバ」

【洋人】

中国

『**再稿西洋事情書**』／渡辺華山著（1839年・天保10年）⇒「日本近海マリアネ諸島、ヒリヒス諸島、マロコヽ諸島、統て洋人之領と相成り」

『外国事情書』／渡辺華山著（1839 年・天保 10 年）⇒「日本近海マリアネ諸島、ヒリヒス諸島・マロコ諸島、総て洋人之領と相成」

【揚水器】

日本

『欧行日記』記述／淵辺徳蔵記（1861 年・文久元年）⇒「水桶車の水を揚水器（ポロフ）にて揚る防火夫屋上にて」

【揺錘時儀】

日本

『官板 玉石志林』巻二／箕作阮甫他訳（1863 年頃・文久 3 年頃）⇒「常用の袖時儀（たもとどけい）、及び揺錘時儀の鍼盤は、極て純白にして」

【養成学校】

日本

『和蘭学制』巻一／内田正雄訳（1869 年・明治 2 年）⇒「教授タルベキ者ヲ習業セシムル為メニハ、国内二箇所ノ養成学校（クエーキスコール）（生徒ヲ養成スル学校ノ義）或ハ有名ナル小学校ニ於イテ十分ナル稽古ヲ受ケシム」

【陽性金属】

日本

『化学入門』初編／竹原平次郎抄訳、堀尾用蔵註（1867 年・慶応 3 年）⇒「陽性金属トハ酸素ト結合シテ塩基ヲナス者ヲ謂ヒ」

【容積】

中国

『表度説』／熊三抜著（1614 年・万暦 42 年）⇒「両形外周等則辺形容積恒大於少辺形容積」

『化学鑑原』 巻二／傳蘭雅口訳、徐寿筆述（1871 年・同治 10 年）⇒「空気放蓋必如発器之容積両倍」
『格致彙編』 論軽気球／傅蘭雅輯（1876 年・光緒 2 年）⇒「寛三十尺、高二十尺此屋之容積為三万立方尺」

【洋銭】

日本
『中外新聞』 巻九／柳河春三編（1868 年・慶応 4 年）⇒「信用を失ひ又これよりして洋銭の値騰貴し、貿易も少しく衰微する」

【洋船】

中国
『物理小識』 巻七／方以智著（1664 年・康熙 3 年）⇒「煤炭中有銅星者也洋船貴青礬、能以能制静也」
『地理全志』 巻二／慕維廉輯訳（1853 年・咸豊 3 年）⇒「養硫磺気、炭養子気、養淡子気、魚本由地内之池、因池通于火山、故出于外」
『格物入門』 巻二／丁韙良著（1868 年・同治 7 年）⇒「然通計力乃大也、故洋船多用此機」
『海国圖志』 巻九／魏源撰、林則徐訳（1876 年・光緒 2 年）⇒「王居在埔頭、埔頭者朝市之処、而洋船所湾泊也」

中国
『百学連環』 第二冊／西周講述、永見裕筆録（1870 年・明治 3 年）⇒「是総論ニ云フ　神　陰陽電気ノ開ニテ」
『格致彙編』 ／傅蘭雅輯（1876 年・光緒 2 年）⇒「有格致家分為陰電気与陽電気」

【陽線】

日本
『化学入門』 後編／竹原平次郎抄訳、堀尾用蔵註（1867 年・慶応 3 年）⇒「陽線ノ端ニ、鍍金ニハ金片、鍍銀ニハ銀片ヲ繋リ」
『博物新編訳解』 ／合信著、大森解谷訳（1868 年・慶応 4 年）⇒「一ハホク、一ハスクナク一ハスクナクシテ、一ハ陽線ニムカヒ、一ハ陰線ニムカフ」

【養卒院】

日本

『西洋聞見録』前編 巻之中／村田樞文夫纂述（1869年・明治2年）⇒「養卒院　是レ老廃或ハ病廃シタル兵卒ヲ養ヒ置ク所ニシテ」

【暖室炉】

日本

『西洋開拓新説』上巻／緒方正訳述（1870年・明治3年）⇒「一旦之ヲ焼トスレハ暖室炉ニテ之ヲ焚キ或ハ夜具ヲ温メ」

【洋茶】

日本

『暁窓追録』／栗本匏菴著（1868年・明治元年）⇒「凡、洋人の洋茶を喫する、必ず糖を点し然る後、始めて咽に下る」

【陽電気】

日本

『博物新編訳解』／合信著、大森解谷訳（1868年・慶応4年）⇒「一ヲ電陰気トナシ、一ハ電陽気ヲ具フ、二ノ雲相近ツキ」

中国

『博物新編』一集／合信著（1855年・咸豊5年）⇒「一為電陰気、具電陽気、二雲相近勢必陰陽伝引」

『格致彙編』略論／傅蘭雅輯（1876年・光緒2年）⇒「即正電気或曰陽電気或曰玻璃電気具為擦所得之電気」

【陽電質】

中国

『化学鑑原』巻一／傳蘭雅口訳、徐寿筆述（1871年・同治10年）⇒「塩類為陰質其本往陰極故為陽電質」

【養病院】

中国

『智環啓蒙塾課初歩』第十五0課／香港英華書院訳（1864年・同治3年）⇒「済人之善挙如建養病院及鉄路等事」

【養病船】

日本

『坤輿図識』巻三／箕作省吾著（1845年・弘化2年）⇒「是ニ附属スル衛船、養病船、七隻、五層楼舶」

【養病房】

中国

『航海述奇』／張徳彝著（1865年・同治4年）⇒「上楼至男女養病房見内皆乾浄設矮状三十余」

【養病楼】

日本

『紅毛雑話』巻一／森島中良編纂（1787年・天明7年）⇒「今も東都の小石川に、養病院を建られて、癈病の者を療養せしめらるる」

『西洋雑記』巻三／山村才助訳編（1848年・嘉永元年）⇒「十七の大なる養病院、一百十五の高台、五十三の大小互市場」

『暁窓追録』／栗本匏菴著（1868年・明治元年）⇒「学校養病院の設け、亦、極めて盛なりと聞く、予、往き観を約して不果、遺憾なり」

中国

『随使日記』／張徳彝著（1877 年・光緒 3 年）⇒「七日礼拝一澡濯去其垢穢而免疫癘有疾則別置養病楼高」

【洋蚨】

中国

『中西関係論』巻一／林楽知著（1876 年・光緒 2 年）⇒「照大小洋蚨之式鋳而為銭」

【洋片鏡】

中国

『格物探原』第二十／韋廉臣著（1876 年・光緒 2 年）⇒「顕微鏡不能兼千里鏡与洋片鏡之用、惟人之目、則無不兼長」

【浴舗】

日本

『仏英行』七月／柴田剛中記述（1861 年・文久元年）⇒「欲湯は近傍浴舗より取寄候事に治定す」

【洋墨汁】

中国

『化学訓蒙』巻一／石黒忠悳編輯（1870 年・明治 3 年）⇒「蓚酸ハ能ク洋墨汁ノ汚点ヲ褪ク」

【洋油】

中国

『格致古微』微五／王仁俊述（1899 年・光緒 25 年）⇒「愈熾据黄説知油産外洋此洋油所由名王得」

【養硫黄子気】

中国

『地理全志』 巻二／慕維廉輯訳（1853 年・咸豊 3 年）⇒「養硫黄子気、炭養子気、養炭子気、魚本由地内之池」

【陽暦】

中国

『天経或問』 凡例／遊子六輯（1675 年・康熙 14 年）⇒「日食陽暦限八度、陰暦限二十一度之属、各有分弁」

【養老院】

日本

『英国探索』 ／福田作太郎筆記（1862 年・文久 2 年）⇒「一、諸学校、病院、幼院、養老院の類、官府にて取立候」

『暁窓追録』 ／栗本匏菴著（1868 年・明治元年）⇒「その内一の養老院あり、衣食豊鮮にして養ふ所数百人なり」

『万国港繁昌記』 巻上／黒田行元編・松川半山書画（1873 年・明治 6 年）⇒「大院の外、猶許多の貧院、幼院、棄児院、病院、養老院あり」

中国

『六合叢談』 巻十三／慕維廉・艾約瑟他記述（1857 年・咸豊 7 年）⇒「就食於養老院、今亦来領牌」

『英軺日記』 ／劉錫鴻著（1877 年・光緒 3 年）⇒「以四紳士督之此倫敦養老院之一也」

辞書

『英華字典』 ／ Waltcr　Medurst（1847 ～ 48 年）⇒「hospial for the aged　養老院」

『英華字典』 ／ Wilhelm Lobscheid（1866 ～ 69 年）⇒「an asyum for old men　養老院」

『英華翠林韻府』 ／ Justus Doolittle（1872 年）⇒「hospial for the aged　養老院」

【熔和金属】

日本
『水権器用法略』第一／佐藤興之助編述（1870 年・明治 3 年）⇒「重十四分五錫八十五分乃熔と知るべし」

【輿会院】

日本
『輿地誌略』巻三／青地林宗訳述（1826 年・文政 9 年）⇒「府中の寺殿七十区、男会院三十九、女会院二十八所」

【抑引力】

日本
『天然人造 道理図解』巻二／田中大介纂輯（1869 年・明治 2 年）⇒「実に造化の妙用といふべし。抑引力とは、温気と全く反対たるものにて物と物と互に引き近づかんとする力なり」

【予見】

辞書
『英華字典』／ Wilhelm Lobscheid（1866 ～ 69 年）⇒「foresight　予見」「the act of foresseing　予見」

【予言】

日本
『文明開化雑纂』協救社衍義草稿　第二号／角田米三郎著（1869 年・明治 2 年）⇒「処置委曲、潤沢精粗則、非所予言也」
『代議政体』巻三／永峰秀樹訳（1875 年・明治 8 年）⇒「天ノ使命ヲ受ケタルト自唱スルノ予言者ナル」

中国
『代疑篇』巻下／楊廷筠訳（1621 年・天啓元年）⇒「九日予言未来不爽為真」

『聖経直解』第八編／陽瑪諾著（1636年・崇禎9年）⇒「爾誰能誣予以罪、予言真実」

『不得已弁』／利類思著、安文思・南懐仁訂（1665年・康熙4年）⇒「先知聖人予言主降生之事」

辞書

『英華韻府歴階』／Wells Willams（1844年）⇒「FORETELL　予言」

『英華字典』／Walter Medhurst（1847～48年）⇒「prediction　予言」「TO PREDICT　予言」

『英華字典』／Wilhelm Lobscheid（1866～69年）⇒「Predicting　予言」「Oracle　予言」「Foresee　予言

【横文字】

日本

『増補華夷通商考』巻四／西川求林斎輯（1708年・宝永5年）⇒「文字ハ横文字二十四字アリ」

『赤蝦夷風説考』文字／工藤平助著（1783年・天明3年）⇒「「ヲロシヤ」の文字前にいふ如く、横文字にて左より右へ順をたてて書く」

『紅毛雑話』巻二／森島中良編輯（1787年・天明7年）⇒「打敷を敷て礼拝をなし、横文字にて書たる経文を出して読経す」

『万国公法』凡例／西周訳（1867年・慶応4年）⇒「此書は横文字読まん人に見する為にもあらねはこれは省きぬ」

【予算】

日本

『五科学習関係文書』第二編／西周編（1863年・文久3年）⇒「会計検査院ノ清算予算表トハ」

【予審】

辞書

『英華字典』／Wilhelm Lobscheid（1866～69年）⇒「Fore-judge　予審」

『英華翠林韻府』／Justus Doolittle（1872 年）⇒「Fore-judge　予審」

【予知】

中国

『坤輿図説』巻下／南懐仁撰（1672 年・康熙 11 年）⇒「天主教未至其国予知敬十字聖架国俗以文身為飾」

『教会新報』／林楽知・慕雄廉等訳（1868 年・同治 7 年）⇒「在万頃之波涛中可予知風至」

『西国天学源流』／偉烈亜力口訳、王韜著（1889 年・光緒 15 年）⇒「蓋非久测不能予知曽得迦勒底表未可知也」

辞書

『A DICTIONARY OF THE CHINESE LANGUAGE, IN THREE PARTS.』／Robert Morrison（1815 ～ 23 年）⇒「FOREKNOWLEDGE　予知」

『英華韻府歴階』／Wells Willams（1844 年）⇒「AWARE　予知」「FOREKNOW　予知」

『英華字典』／Wilhelm Lobscheid（1866 ～ 69 年）⇒「Foreknow　予知」「to know beforehand　予知」

『英華翠林韻府』／Justus Doolittle（1872 年）⇒「Aware　予知」「Foreknowledge　予知」

【予防】

日本

『地震予防説』／宇田川興齋訳述（1856 年・安政 3 年）⇒「地震を予防する一箇の法術を発明せり」

『日本貿易新聞』／薗鑑三郎訳稿、柳河春三校閲（1864 年・元治元年）⇒「当港に於て疱瘡流行するにより、我等之を予防するの策を設くる事を要す」

『西洋事情』外篇　巻之三／福澤諭吉纂輯（1866 年・慶応 2 年）⇒「先人の納め置きし予防の書を以て前後の証と為して」

中国

『物理小識』巻四／方以智著（1664 年・康熙 3 年）⇒「予防者孫真人生脈散」

『格物入門』巻二／丁韙良著（1868 年・同治 7 年）⇒「如水銀漸降時久、応予防風雨」

『格致彙編』 第二巻／傅蘭雅輯（1876年・光緒2年）⇒「誠能居安思危先事予防擇才識兼優者」

辞書

『英華韻府歴階』／Wells Willams（1844年）⇒「PROVIDE　予防」「FORTIFY　予防」

『英華字典』／Walter Medhurst（1847～48年）⇒「to provide and secure early　予防」

『英華字典』／Wilhelm Lobscheid（1866～69年）⇒「to be or stand on the defensive　予防」「to be on the guard　予防」

『英華翠林韻府』／Justus Doolittle（1872年）⇒「Fortify　予防」「Provide　予防」

【与論】

日本

『真政大意』／加藤弘之講述（1870年・明治3年）⇒「博ク公議与論ヲ採リ玉ハントノ聖旨ニテ、集議院ヲ設ケサセ」

『上木自由之論』／小幡篤二郎訳（1873年・明治6年）⇒「我ニ官吏ノ罪犯ヲ公爵スルノ権利ヲ与ヘヨ、爾セハ我亦与論ニ越訴スルノ権利ヲ辞セント」

『代議政体』 巻四／永峰秀樹訳（1875年・明治8年）⇒「是ヲ以テ其内実ハ衆議与論ニ制サルレドモ、公然衆議輿論ニ従フベシト」

中国

『外国史略』／馬礼遜著（1845年・道光25年?）⇒「五千圓以上者推為公会之郷紳与論国事能言之士最多」

『六合叢談』 巻二／慕維廉・艾約瑟他記述（1857年・咸豊7年）⇒「合衆国簡立頭目、事尚未畢、民間推薦之多、与論之洽者」

【ら】

【雷管】

日本

『欧行記』 巻二／益頭駿次郎記（1861年・文久元年）⇒「雷管を仕立る機械あり銅平板を巾弐寸長弐尺余といたし」

『万国新聞紙』 第九集／ベーリー編（1867年・慶応3年）⇒「雷管弾薬包其他一切相働下直に差上申候」

【雷器】

中国

『海国圖志』 巻九十二／魏源撰、林則徐訳（1876年・光緒2年）⇒「扛起掲板、乃能落弾、用雷器者、断無誤発機括之虞、之最妙之法也」

【雷気】

日本

『和蘭天説』／司馬江漢著（1796年・寛政8年）⇒「世俗ニ云フ雷獣ト云者アリ、雷気ヲ稟テ乗ジ」

『野礼機的爾全書』／笠峰多（狆）記（1814年・文化11年）⇒「天ノ陽気ト地ノ陽気相磨シテ雷気ヲナシ、電光ヲナス也」

『エレキテル訳説』 第十三試／橋本曇齋訳、伏屋素狄撰（刊行年不明）⇒「地気の蒸発する界を魄力の際とし連日雷気を醸し蓄ふるの不順気を知ることを得たり」

中国

『空際格致』 下／高一志撰、韓雲訂（刊行年不明）⇒「雷気又屡自帯磺硝等類之染、故撃物時」

【雷気ノ法】

日本

『英氏経済論』 巻二／小幡篤次郎訳（1878 年・明治 4 年）⇒「扶蘭麒麟氏ガ雷気ノ法ヲ発明スルガ如キ是ナリ」

【雷公】

中国

『空際格致』 ／高一志撰、韓雲訂（刊行年不明）⇒「俗以雷降之体、為神所謂雷公、非也」

【雷盒】

中国

『海国圖志』 九十四巻／魏源撰、林則徐訳（1876 年・光緒 2 年）⇒「源按西洋有雷盒者、形如鏡箱、前列両銅環」

【雷項粉】：エチルアルコール

日本

『航米日録』 巻三／玉虫茂誼誌（1860 年・万延元年）⇒「雷項粉ヲ粘スルニ至ル粘ル一器械ニシテ」

【雷獣】：雷様

日本

『和蘭天説』 ／司馬江漢著（1796 年・寛政 8 年）⇒「世俗ニ云フ雷獣ト云者アリ、雷気ヲ稟テ乗ジ」

【雷神】

『英華字典』 ／ Walter Medhurst（1847 ～ 48 年）⇒「the thunderer　雷神」
『英華翠林韻府』 ／ Justus Doolittle（1872 年）⇒「THUNDERER　雷神」

【雷勢】

日本

『野礼機的爾全書』／笠峰多狆記（1814年・文化11年）⇒「雷勢ノ甚シキヲ天地ノ気ナリト云トキハ、甚シキ妄言ナリトシテ人信ゼズ」

【雷声】

中国

『天経或問』巻一／遊子六輯（1675年・康熙14年）⇒「亦能発声、未曽然火也、或有電無雷、雷声稍□」

【雷電】

日本

『乾坤弁説』／沢野忠庵・向井玄松編訳（1659年・同治2年）⇒「空中の陰気を破りて陽気弥憤撃す、故に雷電は必夏多し」

『管蠡秘言』／前野良沢訳（1777年・安永6年）⇒「常に動きて風火を生じ、時に変じて雷電を発し、周く一大渾地を推し」

『気海観瀾』雷電／青地林宗訳述（1825年・文政8年）⇒「軽疎の気際に懸りて電光を発するものは、唯其の光を見る、雷電と特殊なり」

中国

『坤輿図説』巻下／南懐仁撰（1672年・康熙11年）⇒「有獅山在西南境其上頗与雷電轟撃不絶不間」

『天経或問』／遊子六輯（1675年・康熙14年）⇒「雷電　問世謂雷之撃物也、電先耀其光」

『格物入門』巻四／丁韙良著（1868年・同治7年）⇒「此気隠伏於万物之中、其尤顕者、則為雷電」

『化学初階』巻一／嘉約翰口訳、何瞭然筆述（1870年・同治9年）⇒「天気中恒有、淡養、雷電之際雨水亦含」

【雷母】

中国

『格致彙編』 相互問答／傅蘭雅輯（1876 年・光緒 2 年）⇒「西儒謂雷為電気之発声並無雷公電母之説理極確鑿」

【羅悪多】：ラオト, 鉛, lood［蘭］

日本

『泰西七金訳説』／渋江虬鑒試、馬場貞由訳述（1854 年・嘉永 7 年）⇒「羅悪多是に鉛と訳す」

【酪酸】

日本

『化学訓蒙』 後篇二　上／石黒忠悳編輯（1870 年・明治 3 年）⇒「乳糖ヲ醗酵シテ乳酸トナサシメ泡醸久シク持続スレハ乳酸復ヒ転シテ酪酸トナル」

【楽土】

日本

『訂正増訳采覧異言』 巻一／新井白石著、山村才助増訳（1802 年・享和 2 年）⇒「天下人類ヲ生スルノ始ナリト「パラデイス」ハ楽土ト訳スベシ」

【羅経】

日本

『軍艦図解』／本木正左衛門訳述（1808 年・文化 5 年）⇒「潮汐を考察するの類なり、其器械の如きは、針盤羅経を第一とし、或測深鉛捉を測り」

【羅経針】

中国

『簡平儀説』 名数／熊三抜撰、徐光啓記（1611 年・万暦 39 年）⇒「今時多用羅経羅針鋒所止、非子午正線」

【羅針】

日本

『環海異聞』 巻八／大槻玄沢撰（1807 年・文化 4 年）⇒「イコルカ、羅針　カムバス」

『軍艦図解』／木木庄左衛門訳述（1808 年・文化 5 年）⇒「夫航海の術は、第一羅針並万国地図及海図他種々測量の要器等を備ふ」

『奉使米利堅紀行』／木村嘉毅記（1860 年・万延元年）⇒「漸々島根に寄らるゝ模様故帆を減し羅針を北西半西に転し」

【羅盤／羅針盤／羅鍼盤】

日本

『北槎聞略』 巻十／桂川甫周撰（1794 年・寛政 6 年）⇒「カンバースイ　羅盤」

『阿蘭陀始制エレキテル究理原』／橋本曇齋口授、平田稔則政筆記（1811 年・文化 8 年）⇒「一常の羅針盤（ジシャク）をかくの如く盤の上に置て気を起せば」

『気海観瀾広義』 巻十二／川本幸民訳述（1851 年・嘉永 4 年）⇒「其鍼直立する處あり、こゝには羅鍼盤、北方を指すことは能はず」

『官板 玉石志林』 巻一／箕作阮甫他訳（1863 年頃・文久 3 年頃）⇒「一千二百六十年、弘法使者マルコ・ポラオ支那より羅盤を携へ返レリ」

『地学初歩和解』 第五教／宇田川榕精訳（1867 年・慶応 3 年）⇒「前面ハ（北方）ヲ示シ、（南方）ヲ示ス、此四処ヲ羅針盤（コムパス）ノ要点ト名ク」

『博物新編訳解』 巻之二下／合信著、大森解谷訳（1868 年・慶応 4 年）⇒「凡テ羅盤指南鍼〈ジシャクノハリ〉モ亦此理タリ、指南鍼ハ乃チ銅柱一條ヲ用ヒ」

『エレキテル訳説』／橋本曇齋訳、伏屋素狄撰（刊行年不明）⇒「魄力を以て羅盤（じしやく）の子午鍼他の針を吸ふの性力を失はしむと」

中国

『航海金針』 第十九図／瑪高温訳（1853 年・咸豊 3 年）⇒「西洋羅針盤指北、与中国指南不同、然指北即可南、理則一也」

『博物新編』 一集／合信著（1855 年・咸豊 5 年）⇒「亦憑羅盤一指南針而已」

『格物入門』 巻四／丁韙良著（1868 年・同治 7 年）⇒「問、海舟所用之羅盤如何、答、以圓式之盤」

『海国圖志』／魏源撰、林則徐訳（1876 年・光緒 2 年）⇒「羅盤亦由中国海船行至西洋」

【落花生】

日本

『増補華夷通商考』巻二／西川求林斎輯（1708 年・宝永 5 年）⇒「落花生（ラク・ワセイ）炒テ食ス所々ニアリ」

『榕菴先生遺書』／宇田川榕菴著（刊行年不明）⇒「落花生」

中国

『海国圖志』巻十三／魏源撰、林則徐訳（1876 年・光緒 2 年）⇒「土産落花生白糖丁香」

辞書

『英華翠林韻府』／Justus Doolittle（1872 年）⇒「Peanut　落花生」

【卵生】

日本

『西洋列国史略』巻上／佐藤信淵撰（1808 年・文化 5 年）⇒「此神ノ口中ヨリ一卵ヲ吐ク此卵生長メ今ノ全世界トナリテ」

『民間格致問答』巻六／大庭雪齋訳（1862 年・文久 2 年）⇒「大凡卵にて生るゝものを卵生と云ひ、卵を脱て生るるものを体生と云ふ」

『動物学 初編 哺乳類』第一編／ブロムメ著、田中芳男訳纂（1874 年・明治 7 年）⇒「二箇ノ前室及ヒ二箇ノ室ヲ有ス而シテ卵生ナリ」

中国

『物理小識』総論／方以智著（1664 年・康熙 3 年）⇒「魚遊于水、魚鳥卵生、生于陰而（属）于陽」

『博物新編』三集／合信著（1855 年・咸豊 5 年）⇒「一為胎生、二為卵生、三為魚類、四為介類」

『植物学』巻一／韋廉臣輯訳、李善蘭筆述（1875 年・咸豊 7 年）⇒「乙為動植之合物由卵生茎、茎生諸芽」

辞書

『英華字典』／Waiter Medhurst（1847 ～ 48 年）⇒「do from an egg　卵生」

【卵清紙】

日本

『**写真鏡図説**』巻二／柳河春三訳述（1868 年・明治元年）⇒「卵清紙、澱粉の諸薬方、及び此巻に曳き」

『**民間格致問答**』巻六／大庭雪齋訳（1862 年・文久 62 年）⇒「大凡卵にて生るるものを卵生と云ひ、卵を脱て生るるものを体生と云ふ」

【卵巣】

日本

『**解体新書**』第十六／杉田玄白訳、中川淳庵校（1774 年・安永 3 年）⇒「女子は耶縷全西私、ここに卵巣と翻す、これただ婦人の有する所」

『**泰西本草名疏**』付録下／ツンベルグ著、伊藤舜民編次（1829 年・文政 12 年）⇒「花柱ヨリ実礎ニ輸ス実礎ハ卵巣トシ子宮トス」

『**植学啓原**』巻一／宇田川榕菴著（1833 年・天保 4 年）⇒「卵巣より生ず、花頭の卵巣の下にある者は、其の花必ず単弁にして出を分かつ」

『**スプレンゲル語彙**』／宇田川榕菴編（刊行年不明）⇒「卵巣」

【リウマチス】：リウマチ, rheumatism［英］

日本

『**主婦の友**』／桜井ちか編纂（1808 年・明治 41 年）⇒「リウマチスの簡単なる療法　馬鈴薯をうでたる湯で其患部を洗ふ事にて」

【理科】

日本

『**気海観瀾**』凡例／青地林宗訳述（1825 年・文政 8 年）⇒「理科は物則の学なり、其の形性を揆り、其の功用を察し」

『**生機論**』凡例／岡研介著（1831 年・天保 2 年）⇒「編中文係理科及分析術者不為不多」

『**舎密開宗**』巻一／賢理著、宇田川榕菴重訳増註（1837 年・天保 8 年）⇒「一曰理科舎密、二曰気域舎密、三曰植物舎密、四曰動物舎密、五曰山物舎密」

中国

『職方外紀』巻二／艾儒略増訳、楊廷筠彙記（1623 年・天啓 3 年）⇒「優者進於中学、曰理科、有三家、初年学落日」

『西学凡』／艾儒略答述（1623 年・天啓 3 年）⇒「一為文科謂之勒鐸理加、一謂理科謂之斐録所費亜」

『欧遊随筆』／銭徳培著（1877 年・光緒 3 年）⇒「在外洋客地以区々数人而理科之其不憤事者」

【り】

【理学】

日本

『遠西観象図説』中／吉雄南皐口授、草野養準筆記（1823 年・文政 6 年）⇒「理学発端　西説ニ曰「天文ハ、格物・究理之首務」ト」

『気海観瀾』序／青地林宗訳述（1825 年・文政 8 年）⇒「作者の苦心を埋没せるを省みず、理学の旨趣に暗（口毎）なること」

『坤輿初問』第三節／伊東玄朴訳、新発田収蔵校（1857 年・安政 4 年）⇒「第三節　理学ニ関レル輿地ノ記録」

中国

『遠西奇器図説』巻一／鄧玉函口授・王徴訳絵（1628 年・天啓 7 年）⇒「蓋文学理学弄学之類」

『遠鏡説』自序／湯若望纂（刊行年不明）⇒「若目司則巴拉多称為理学之師何者」

『六合叢談』巻三／慕維廉・艾約瑟他記述（1857 年・咸豊 7 年）⇒「代然人皆以為無足重軽理学名儒、且摒而不談」

辞書

『英華字典』／ Wilhelm Lobscheid（1866 ～ 69 年）⇒「Metaphysics　理学」「Philosophy　理学」

【理学館】

日本

『輿地誌略』巻一／青地林宗訳述（1826年・文政9年）⇒「奇巧の自鳴鐘を懸、又理学館、薬局、薬園、旅館等あり、企法の支流に啄列応を備ふ」

【理角法】

日本

『遠西水質論』全一巻／高野長英訳（刊行年不明）⇒「引力尤モ盛ニシテ其栓ヲ除クコト能ハス理角法ノ如シ」

【理気】

日本

『乾坤弁説』元巻／沢野忠庵・向井玄松編訳（1659年・同治2年）⇒「是によつて五行の説を疑ひ、理気陰陽を不知」

【力学】

日本

『西国立志編』第一編／中村正直訳（1870年・明治3年）⇒「患難ニ逢タレドモ、英才ヲ以テ力学セシニヨリ」

中国

『熙朝定案』／南懐仁著（1669年・康熙8年）⇒「苟非使其余裕従容即恬心力学之士雖討論」

『格物入門』巻二／丁韙良著（1868年・同治7年）⇒「中国久能華言迺者総所学西学水学気学火学電学力学化学算学歴著」

『英軺日記』／劉錫鴻著（1877年・光緒3年）⇒「連日観芸師演此惟力学化学尚未及観此皆英人」

『欧遊随筆』／銭徳培著（1877年・光緒3年）⇒「泰西器之学始自中国即化学光学重学力学医学算学」

『格致古微』叙／王仁俊述（1899年・光緒25年）⇒「西人所言化学光学重学力学蓋由格物而至於蓋物之性者也」

辞書

『英華字典』／ Waiter Medhurst（1847 ～ 48 年）⇒「assiduous in learning　力学」

『英華字典』／ Wilhelm Lobscheid（1866 ～ 69 年）⇒「assiduously study　力学」

『英華翠林韻府』／ Justus Doolittle（1872 年）⇒「assiduous in study　力学」

【力芸学】

日本

『気海観瀾広義』巻六／川本幸民訳述（1851 年・嘉永 4 年）⇒「其力の強弱を定め難きが故に、力芸学に於てはここに錘を懸く」

【力点】

日本

『理学提要』総論／広瀬元恭訳（1856 年・安政 3 年）⇒「其一点之れを力点と謂ふ、即ち動力の加はる所なり」

『物理階梯』巻上／片山淳吉編纂（1872 年・明治 5 年）⇒「三点ヲ以テス、即チ其一ヲ、力点ト曰フ力勢ヲ加フル所ナリ」

『図解　機械事始』巻之一／田代義矩纂輯（1872 年・明治 5 年）⇒「此物に関て椅点、重点、力点と云ふ三ツの事を勧考せねばならぬ」

『登高自卑』前編 巻之中／村松良粛抄輯（1872 年・明治 5 年）⇒「若シ支点ト重点ノ間ダ短クシテ、支点ト力点トノ間長居ケレバ大二人力ヲ省ケリ」

中国

『重学浅説』／偉烈亜力・王韜訳（1858 年・咸豊 8 年）⇒「軸上伝道之桿有三点曰く力点重点椅点加力之処為力点」

【硫強水】

中国

『格物入門』巻六／丁韙良著（1868 年・同治 7 年）⇒「以為硫黄、即為硫強水、蓋硫之一分与養気三分、合而成之也」

【硫酸】：zwavelzuur［蘭］

日本

『化学入門』後編　巻之四／竹原平次郎抄訳、堀尾用蔵註（1867 年・慶応 3 年）⇒「酸素ヲ脱却シテ、炭素唯残留スレバナリ、故ニ純潔硫酸ハ無色ナルヲ以テ一徴トス」

『蘭和薬物名彙』単語／著者不明（刊行年不明）⇒「純硫酸」

【流産】

辞書

『英華字典』／ Walter Medhurst（1847 〜 48 年）⇒「to cast ones young　流産」

【流質油】

中国

『化学鑑原続編』／傳蘭雅口訳、徐寿筆述（1875 年・光緒元年）⇒「流質由・定質油、定質油、無論動物植物所出」

【留水】

日本

『舎密開宗』巻十二／賢理著、宇田川榕菴重訳増註（1837 年・天保 8 年）⇒「沈殿ヲ収メ芽入塩酸ソーダー三六銭を水（金留）水ノ沸湯ヲ以テ洗ヒ微温ニ乾ス」

【流星】

日本

『元和航海記』／池田好運著（1618 年・元和 4 年）⇒「秋風は霧をやぶる、流星禍なし、翼日可吹風に向て飛」

『三才究理頌』／鶴峯戊申撰、利光宗規・多々良信興校（1838 年・天保 9 年）⇒「古曰地雷流星是、或墜作石有類刀、流星ヲ地雷ト云フ」

『理化日記』巻一／リッテル口授、市川盛三郎訳（1870 年・明治 3 年）⇒「両間奇事アリ乃チ世間謂フ所ノ流星ナリ、此物多ク鉄ヨリ成ル」

中国

『譬学』上巻／高一志撰（1633年・崇禎6年）⇒「可以倏而失、譬之流星一時騰（火）、一時隕（滅）」

『天経或問』／遊子六輯（1675年・康熙14年）⇒「問流星画一火光、瞬息之間見、而無定形、隕星或無形」

『格致彙編』／傅蘭雅輯（1876年・光緒2年）⇒「若放夜間所見者有流星之形最大之塊存於俄羅斯国」

辞書

『A DICTIONARY OF THE CHINESE LANGUAGE, IN THREE PARTS.』／Robert Morrison（1815～23年）⇒「METEOR　流星」

『英華韻府歴階』／Wells Willams（1844年）⇒「OCCULTATION　流星」

『英華字典』／Waiter Medhurst（1847～48年）⇒「a shootig star　流星」

『英華翠林韻府』／Justus Doolittle（1872年）⇒「Metcor　流星」「a shootig star　流星」

【流星石】

日本

『化学日記』巻一／リッテル口授（1874年・明治7年）⇒「此発現ニ付キ一奇事アリ謂ユル流星石（メテヲリキストウン）ナリ」

【流態金属】

日本

『牙氏初学須知』第二十一／田中耕造訳、佐沢太郎訂（1875年・明治8年）⇒「水銀ハ尋常ノ温度ニ於キテハ流体金属ナリハ輝アリ」

【流通】

日本

『遠西奇器述』／川本幸民口述、田中綱紀筆記（1854年・嘉永7年）⇒「多ク巡ル故ニ其機力流通ヲ転倒スルゴト」

『化学入門』後編　巻之二／竹原平次郎抄訳、堀尾用蔵註（1867年・慶応3年）

⇒「油等燃焼スルノ際、大気ノ流通不足ナル」
『英氏経済論』巻一／小幡篤次郎訳（1871年・明治4年）⇒「財本ニ流通、固着ノニ様アルヲ論ス」

中国
『泰西水法』／熊三拔撰説、徐光啓筆記（1612年・万暦40年）⇒「是為上分、上分者、因于真火、宣越流通、化為四液」
『植物学』巻二／韋廉臣輯訳、李善蘭筆述（1857年・咸豊7年）⇒「其功用、令樹之乳、流通往来、乳有紅者、有白者、有黄者」

辞書
『英華字典』／Waiter Medhurst（1847～48年）⇒「the flow of the animal spirits　流通精神」

【流電箱】

中国
『格致彙編』水雷説／傅蘭雅輯（1876年・光緒2年）⇒「以電線与岸上流電箱緊接」

辞書
『英華字典』／Wilhelm Lobscheid（1866～69年）⇒「Voltaic　apparatus　流電気之具」

【流動質】

日本
『理学提要』巻二／広瀬元恭訳（1856年・安政3年）⇒「万有物質に稟舎するの流動質と為す」
『舎密局必携』巻一／上野彦馬抄訳、堀江公粛閲（1862年・文久2年）⇒「瓦斯、固形物、諸塩、流動質ノ如キ者」

【流動体】

日本
『気海観瀾』／青地林宗訳述（1825年・文政8年）⇒「爆声を発して滴質の流

動体を生ず、即ち水なり」
『**三兵養生論**』巻一／久我俊齋訳（1867 年・慶応 3 年）⇒「流動体ニシテ患者ノ周囲ニ置キ悪臭ノ気類ヲ消滅シ」
『**天然人造 道理図解**』巻二／田中大介纂輯（1869 年・明治 2 年）⇒「凡そ世界中の万物を三種に分ち一を気状体といひ二を流動体といひ三を固形体といふ」

【流動物】

日本
『**民間格致問答**』巻一／大庭雪齋訳（1862 年・文久 2 年）⇒「流動物（水油諸の汁液）」
『**理化新説**』／ハラタマ述、三崎嘯輔訳（1869 年・明治 2 年）⇒「流動物と雖ども亦然り且つ流動物ハ圧搾に由て縮小する」
『**登高自卑**』前編 巻之中／村松良粛抄輯（1872 年・明治 5 年）⇒「其水ニ沈ムノ深浅ヲ測リ流動物ノ稠稀ヲ知ル」

【龍吐水】

日本
『**航米日録**』四月／玉虫茂誼誌（1860 年・万延元年）⇒「防火夫竜吐水或ハ革管（ポンプ）ヲ携ヘ走ルノミ」
『**柳川日記**』／柳川当清記（1860 年・万延元年）⇒「消防の道具ハ階子龍吐水の類計にて」

【両替切手】

日本
『**英氏経済論**』巻五／小幡篤次郎訳（1871 年・明治 4 年）⇒「物産ノ凶歉ニアラズシテ両替切手ノ大発出等ノ如キ」

【両替座】

日本

『官板 海外新聞』巻四／洋書調所訳（1862 年・文久 2 年）⇒「仏国の両替座で其利足の百分の五より六までを減せり」

『西洋事情』外編　巻二／福澤諭吉纂輯（1866 年・慶応 2 年）⇒「尋常の両替座には十「ポント」以下の金を預からず」

【両替所】

日本

『万国港繁昌記』巻中／黒田行元編・松川半山書画（1873 年・明治 6 年）⇒「為替会所、運上所、両替所、劇場十所、其オペラ、サン、カロスと名くる者」

【両替屋】

日本

『官板 バタヒヤ新聞』巻十三／蕃書調所訳（1862 年・文久 2 年）⇒「此王は佛蘭西の両替屋に頼み安利の貨幣を借んとすれ」

『新聞誌』第二十号／ジョセフ彦編訳（1864 年・元治元年）⇒「カモシヨロと云両替屋、ヲマネ組併にワイキヘール等」

『西洋旅案内付録』付録／福澤諭吉著（1867 年・慶応 3 年）⇒「両替屋の事バンク　西洋の商人は自分の手許に正金を置くことなし、皆これを両替屋へ預て」

【両替店】

日本

『西洋紀行 航海新説』巻上／中井桜州著（1870 年・明治 3 年）⇒「不便ナルヲ以テ船将ト共ニ両替店ニ至リ英金ト易フ」

【両眼鏡】

日本

『航海日記』巻一／岩松太郎記（1863年・文久3年）⇒「仲の町如き処にて花市有り窓より両眼鏡にて見一目なり、今朝より旭の御国旗を家表へ立る」

『西洋紀行 航海新説』巻上／中井桜州著（1870年・明治3年）⇒「両眼鏡ヲ以テ留メバ仏船ナリ、是ニ於テ余ガ船ノ迅速ナル証トナス」

【領事官】

日本

『日本貿易新聞補遺』／水谷和泉編（1862年・文久2年）⇒「外蕃の領事館其国人に令して、兵器を採て自ら衛ることを許し」

『官板 玉石志林』巻五／箕作阮甫他訳（1863年頃・文久3年頃）⇒「英吉利の領事官リカルド・カルトンと云へる者、此ボニン島徒民に合衆の旗を与へ」

『万国公法』第六章／西周訳（1866年・慶応4年）⇒「官府公然の体を存し、其政府より派定せる領事官たる耳に非す」

中国

『英吉利紀略』巻一／陳逢衡記（1841年・道光21年）⇒「英国ノ領事官義律（エルリ）ニ命シ」

『地理全志』巻二／慕維廉輯訳（1853年・咸豊3年）⇒「設領事官二人、攝王政、拿破崙為首」

『海国圖志』巻四十二／魏源撰、林則徐訳（1876年・光緒2年）⇒「弁理国務、越七載、又改立領事官三員、其首領各那波良者」

辞典

『英華字典』／Wilhelm Lobscheid（1866～69年）⇒「Consul　領事官」

『英華翠林韻府』／Justus Doolittle（1872年）⇒「Consul　領事官」

【領事署】

中国

『六合叢談』巻一／慕維廉・艾約瑟他記述（1857年・咸豊7年）⇒「黒貿易置領事官、其通商之例不設」

【両性】

中国

『霊言蠡勺』引／畢方済口授、徐光啓筆録（1624年・天啓4年）⇒「与無形之性両性之締結、如曰亜尼瑪為宇宙之約」

【両生類】

日本

『百学連環』蘭文／西周講述、永見裕筆録（1870年・明治3年）⇒「両生類」

【療畜館】

中国

『外国地理備攷』巻四／瑪吉士輯訳（1847年・道光27年）⇒「観星台玩庫軍功廠薬草圃演戯太医院療畜館等」

『瀛環志畧』巻七／徐繼畬撰（1848年・道光28年）⇒「軍功廠、古玩庫、薬草圃、療畜館、居民約二十万人」

『地理全志』巻二／慕維廉輯訳（1853年・咸豊3年）⇒「医院、観星台、軍功廠、古玩庫、薬草圃、療畜館、爪達拉摩」

【量天尺】

中国

『航海金針』巻一／瑪高温訳（1853年・咸豊3年）⇒「西方有量天気之器、西洋船具用之、能知颶風之来、中華無此器」

『海国圖志』巻四十八／魏源撰、林則徐訳（1876年・光緒2年）⇒「他国所造千里鏡、顕微鏡、量天尺、自鳴鐘」

【良導体】

日本

『博物新編補遺』巻中／小幡篤次郎訳述（1869年・明治2年）⇒「銀ヲ良導体ト名ク、粘土ヲ不導体トモ云フ」

『物理階梯』巻中／片山淳吉纂輯（1872年・明治5年）⇒「其導クノ速カナルモノヲ良導体ト名ケ、其遅キモノヲ不導体ト名ク」

【療病院】

日本

『泰西七金訳説』巻一／渋江虬鑒試、馬場貞由訳述（1854年・嘉永7年）⇒「然るにアムステルタムの療病院にては、尚今にも梅毒にては古法のよだれ」

【療病船】

日本

『西洋聞見録』巻上／村田樞文夫纂述（1869年・明治2年）⇒「療病船ナルモノアリ、是久廃シテ軍事ニ用ユベカラザル軍艦ヲ以テ病院トナシタル」

【る】

【類金属】：メタロイド, 半金属

日本

『化学闡要』巻一／土岐頼徳訳、足立寛閲（1872年・明治5年）⇒「非金属是ナリ非金属ハ一ニ類金属ト曰フ」

【勒義斯】：レイス, 法科

中国

『海国圖志』巻二十七／魏源撰、林則徐訳（1876年・光緒2年）⇒「斐録所費亜者、理科也、黙第齋納者、医科也、勒義斯者、法科也」

【憐窮院】

日本

『和蘭志略稿』武器／宇田川榕菴著（刊行年不明）⇒「金銀ヲ三院「憐窮院・養病院・幼院ヲ云」ノ雑費ニ供スト云」

【ろ】

【論弁学】

中国

『百学連環』総論／西周講述、永見裕筆録（1870 年・明治 3 年）⇒「歴史学、語原学、論弁学を学ふものは、此の文章に五ツの学あり」

【わ】

【和好条約】

日本

『万国公法』第十二章／西周訳（1868 年・慶応 4 年）⇒「通約に属せる和好条約の如きは、是を結ふと多くは定期なし」

〔参考資料〕

王雲五新詞
抄

王雲五新詞典

王雲五著

商務印書館印行

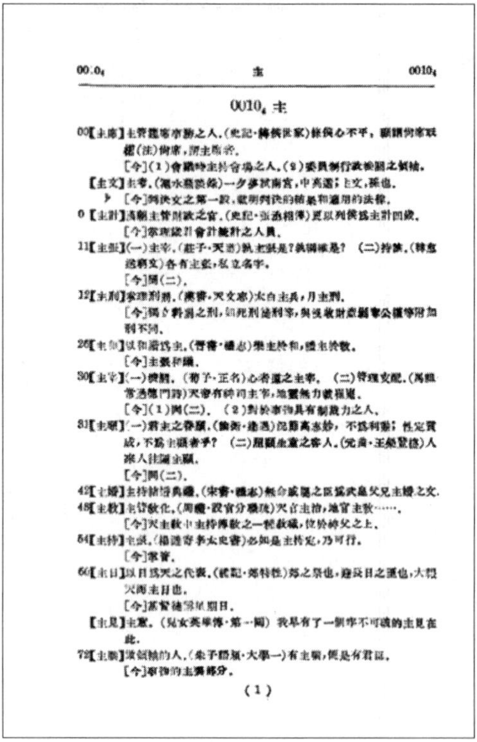
0010₄ 主 0010₄

0010₄ 主

00【主席】主管[illegible]之人.(史記·絳侯世家)條侯心不平，顧謂尚席取櫡(注)尚席，謂主席者.
[今](1)會議時主持會場之人.(2)委員制行政機關之領袖.
【主文】主考.(澠水燕談錄)一夕夢試南宮，中高選；主文，孫也.
[今]判決文之第一段，說明判決的結果和適用的法條.
0【主計】漢朝主管財政之官.(史記·張丞相傳)更以列侯爲主計四歲.
[今]掌理歲計會計統計之人員.
11【主張】(一)主宰.(莊子·天運)孰主張是？孰綱維是？ (二)持論.(韓[illegible]文)各有主張，私立名字.
[今]同(二).
12【主刑】掌理刑罰.(漢書·天文志)太白主兵，月主刑.
[今]獨立科處之刑，如死刑徒刑等，與沒收財產褫奪公權等附加刑不同.
26【主和】以和諧爲主.(晉書·樂志)樂主於和，禮主於敬.
[今]主張和議.
30【主宰】(一)統轄.(荀子·正名)心者道之主宰. (二)管理支配.(馬祖常[illegible]門詩)天[illegible]有時司主宰，地[illegible]無力載[illegible].
[今](1)同(二). (2)對於事物具有制裁力之人.
31【主顧】(一)君主之眷顧.(論衡·逢遇)[illegible]，不爲利動；性定質成，不爲主顧者乎？ (二)照顧生意之客人.(元曲·王粲登樓)人來人往盡主顧.
[今]同(二).
42【主婚】主持婚姻典禮.(宋書·禮志)[illegible]主婚之文.
48【主教】主管教化.(周禮·設官分職[illegible])天官主治，地官主教…….
[今]天主教中主持傳教之一種教職，位於神父之上.
54【主持】主張.(楊億寄李太史書)必如是主持定，乃可行.
[今]掌管.
60【主日】以日爲天之代表.(禮記·郊特牲)郊之祭也，迎長日之至也，大報天而主日也.
[今]基督徒禮拜日.
【主見】主意.(兒女英雄傳·第一回)我早有了一個牢不可破的主見在此.
72【主腦】統領的人.(朱子語類·大學一)有主腦，便是有君長.
[今]事物的主要部分.

(1)

『王雲五新詞典』について

中国語と日本語では例え漢字が同じでも意味の違う物は数多くある。私が高校の時中国語とはじめて出会った時に感じたあの驚きを少し分析してみようと云うときに出会ったのがこの『王雲五新詞典』である。上にあるように言葉の説明と出典が書かれているが残念ながらページの関係で言葉の説明は省かざるを得なかったのが少し残念ではある。

「漢字」を介して中国と日本の文化は長く交流し、ただ単に中国から日本への一方通行ではなく、近世では先に西洋文化に強く触れた日本から漢字を利用して欧米の語彙の意訳が中国へ伝わったものも多くあり、この面でも本書の意義はあると考えている。

なお、今回の底本としたのは「中華民国66年5月第2版 台湾商務印書館」である。

【凡例】

一、附録として、近代語彙と思しき語のうち、中国古典に初出を見るものを『王雲五新詞典』より抄出紹介する。

一、上記の語を日本語読みの五十音順にならべ、見出し語、中国語の発音、『王雲五新詞典』で示された出典の順に排列している。

「王雲五」について

王雲五の本名は王之瑞、一般には字の雲五で知られる。祖籍は広東省広州府香山県である。1888年7月9日上海にて出生、1979年（民国68年）8月14日台北市にて死去。

台湾商務印書館の「王雲五先生全集」では以下のように記されている。

王雲五先生は近代中国の奇人である。正式に学校に通ったこともなく、自ら学び大英百科全書を3遍読了しただけで、中国公学で胡適の先生となった。胡適の推薦で1921年上海商務印書館の編訳所所長（総編輯）に就任、1930年同総経理となる。1930年代には四角号碼検字法と図書分類法を考案。

政治的には1912年には臨時大統領に就任した孫文の秘書となる。38年国民参政会参政員となり、46年政治協商会議会員を経て47年張羣の下で行政院副院長をつとめ、49年台北に渡ってからは、54年国府考試院副院長、58年から63年まで行政院副院長となり、とくに幣制、財政と教育の改革に尽力した。また彼は保存した多くの写真を「見證歴史」として歴史の証拠写真として出版した。

【あ行】

愛国［Ai guo］（戰国策・秦策）（荀悦漢紀）
哀情［Ai qing］（漢武帝）
愛人［Ai ren］（論語・陽貨）
曖昧［Ai mei］（晉書・杜預傳）
握手［Wo shou］（史記・滑稽傳）
悪魔［E mo］（法苑珠林）
斡旋［Wo xuan］（蘇轍祭司馬相如文）
壓倒［Ya dao］（唐書・楊嗣復傳）
阿片［A pian］（本草）
鴉片［Ya pian］（本草注）
暗記［An ji］（後漢書・応奉傳）
暗殺［An sha］（後漢書・宦者傳）
安心［An xin］（張華詩）
安全［An quan］（後漢書・夏恭傳）
安息［An xi］（詩經・小雅小明）
安置［An zhi］（白居易詩）
按摩［An mo］（周禮・天官疾醫）
安眠［An mian］（北史・韓麒麟傳）
慰安［Wei an］（漢書 . 魏相傳）
以下［Yi xia］（論語・雍也）
醫学［Yi xue］（舊唐書・太宗紀）
異議［Yi yi］（後漢書・耿弇傳）
異教［Yi jiao］（韓愈華山女詩）
違憲［Wei xian］（後漢書・第五倫傳）
意見［Yi jian］（舊唐書・高宗紀）
遺稿［Yi gao］（宋史・歐陽修傳）
意向［Yi xiang］（南史・庾杲之傳）
醫師［Yi shi］①（周禮・天官醫師）　②（韓愈進学解）
意志［Yi zhi］（朱子語類・性理二）
維持［Wei chi］（幹宝晉紀・總論）
意識［Yi zhi］（北齊書・宋游道傳）
遺失［Yi shi］（後漢書・魯丕傳）
推移［Tui yi］（屈原漁夫辭）
移住［Yi zhu］（杜甫詩）

遺書［Yi shu］①（大学章句）　②（漢書・藝文志）　③（棠陰比事）

衣裝［Yi zhuang］（列子・說符）

以上［Yi shang］（論語・雍也）

移植［Yi zhi］（白居易詩）

維新［Wei xin］①（書經・胤征）　②（大学）

威信［Wei xin］（後漢書・郭伋傳）

遺族［Yi zu］（元好問詩）

異族［Yi zu］（史記・三王世家）

位置［Wei zhi］①（宣和書譜）　②（袁昂書評）

一部［Yi bu］（孔穎達毛詩国風疏）

一面［Yi mian］①（史記・留侯世家）　②（漢書・賈誼傳）　③（宋書・序傳）

一律［Yi lv］（淮南子・說林訓）

一流［Yi liu］①（抱朴子・窮達）　②（世說・品藻下）

一刻［Yi ke］（漢書・昌邑王賛傳）

一週［Yi Zhou］（齊民要術・種柳）

一審［Yi shen］（朱子語類・論語十六）

一致［Yi zhi］（易・繫辭傳下）

一般［Yi ban］①（臼居易詩）　②（邵雍詩）　③（十八史略・宋哲宗）

遺傳［Yi chuan］（史記・倉公傳）

居所［Ju suo］（韓非子・外儲）

委任［Wei ren］（史記・三王世家）

違反［Wei fan］（後漢書・律曆志）

遺物［Yi wu］①（賈誼服賦）　②（宋史・李穆傳）

意味［Yi wei］（杜牧詩）

移民［Yi min］（周禮・秋官士師）

慰問［Wei wen］（後漢書・宋均傳）

違約［Wei yue］（史記・項羽紀贊）

醫藥［Yi yao］（史記・李斯傳）

以來［Yi lai］（孟子・公孫莊）

醫療［Yi liao］（華嚴經）

慰勞［Wei lao］（晉書・李特載記）

因果［Yin guo］（北史・蕭大圜傳）

印刷［Yin shua］（夢溪筆談）

印紙［Yin zhi］（舊唐書・食貨志）

因襲［Yin xi］（劉歆文）

印象［Yin xiang］（大集經）

飲食［Yin shi］（中庸）

隱匿［Yin ni］（呂氏春秋・季夏紀音初）
陰謀［Yin mou］（史記・陳平世家）
陰曆［Yin li］（漢書・律曆志）
宇宙［Yu zhou］①（淮南子・原道）　②（淮南子・覽冥）
運行［Yun xing］（易・繫辭上）
運送［Yun song］（北齊書・盧叔武傳）
運動［Yun dong］（董仲舒雨雹對）
運命［Yun ming］（南史・羊玄保傳）
運輸［Yun shu］（史記・司馬相如傳）
運用［Yun yong］（宋史・岳飛傳）
永遠［Yong yuan］（書經・君奭）
英華［Ying hua］①（禮記・樂記）　②（漢書・敘傳）
銳氣［Rui qi］（曾鞏詩）
永久［Yong jiu］（詩經・小雅）
影響［Ying xiang］①（書經・大禹謨）　②（漢書・江充傳）
營業［Ying ye］（金史・完顏仲德傳）
嬰兒［Ying ren］（史記・高祖紀）
衛生［Wei sheng］（莊子・庚桑楚）
衛兵［Wei bing］（唐書・百官志）
榮譽［Rong yu］（常建詩）
閱兵［Yue bing］（王惲詩）
閱覽［Yue lan］（宋史・盧多遜傳）
宴會［Yan hui］（後漢書・周景傳）
援助［Yuan zhu］（後漢書・耿弇傳）
厭世［Yan shi］①（莊子・天地）　②（止觀五）
遠征［Yuan zheng］①（魏志・郭嘉傳）　②（李商隱詩）
演說［Yan shui］（書經・洪範九疇疏）
延長［Yan chang］（詩經・受天之命不殆疏）
鉛筆［Qian bi］（仁昉求立太宰碑表）
王道［Wang dao］①（書輕・洪範）　②（詩經・周南關雎序）
臆測［Yi ce］（後漢書・李通傳）
音樂［Yin le］（三国志・吳志・周瑜傳）
溫室［Wen shi］①（漢書・霍光傳）　②（三輔黃圖）
溫泉［Wen quan］（晉書・紀瞻傳）
溫和［Wen he］（漢書・西域傳）

【か行】

海運［Hai yun］（元史・食貨志）
海外［Hai wai］（史記・司馬相如傳）
會議［Hui yi］（史記・平津侯傳）
階級［Jie ji］（後漢書・文苑邊讓傳）
開業［Kai ye］（荀子・秦紀）
海軍［Hai jun］（宋史・洪邁傳）
會計［Hui ji］（孟子・万章）
悔悟［Hui wu］（白居易詩）
外交［Wai jiao］①（墨子・修）　②（禮記・郊特牲）　③（国語・晉語）
開墾［Kai ken］（宋史・太祖紀）
解散［Jie san］（書・序）
海事［Hai shi］（韓愈文）
會事［Hui shi］（史記・淮陰侯傳）
解除［Jie chu］①（論衡・解除篇）　②（後漢書・蔡邕傳注）
外商［Wai shang］（汲冢周書）
會心［Hui xin］（朱熹答潘叔昌）
外人［Wai ren］（孟子・滕文公）
解析［Jie xi］（南史・崔雲恩傳）
開設［Kai she］（後漢書・西域傳）
改選［Gai xuan］（晉書・江統傳）
會戰［Hui zhan］（漢書・項籍傳）
凱旋［Kai xuan］（宋書・謝靈運傳）
改造［Gai zao］（詩經・鄭風緇衣）
開拓［Kai tuo］（後漢書・虞詡傳）
開通［Kai tong］（禮記・月令）
開發［Kai fa］①（漢書・王莽傳）　②（北史・崔贍傳）
回復［Hui fou］（陶潛詩）
恢復［Hui fou］（五代史・南唐世家）
怪物［Guai wu］（淮南子・本經訓）
解放［Jie fang］（朱子語類）
開放［Kai fang］（書經・傳）
開幕［Kai mu］（徐伯彥賦）
外務［Wai wu］（常兗文）
開明［Kai ming］（梁釋慧皎高僧傳序）

海洋 [Hai yang] (宋史・食貨志)
快樂 [Kuai le] (易林)
花園 [Hua yuan] (創業起居注)
花押 [Hua ya] (古今原始)
家具 [Jia ju] (晉書・王述傳)
学業 [Xue ye] (晉書・張華傳)
格言 [Ge yan] (抱朴子・審擧)
覺悟 [Jue wu] ① (易經・有不善未嘗不知知之未嘗復行也疏) ② (漢書・司馬相如傳)
学士 [Xue shi] ① (儀禮・喪服) ② (唐書・百官志)
格式 [Ge shi] (舊唐書・刑法志)
学者 [Xue zhe] ① (大学章句) ② (孟子・滕文公上) ③ (舊五代史・史匡翰傳)
学習 [Xue xi] (論語・学而)
学術 [Xue shu] (史記・張儀傳)
学生 [Xue sheng] ① (後漢書・靈帝紀) ② (留青日札)
学籍 [Xue ji] (高啓詩)
格致 [Ge zhi] ① (大学) ② (歸田録)
格調 [Ge diao] (方幹詩)
学徒 [Xue tu] (晉書・袁環傳)
学費 [Xue fei] (宋史・食貨志)
学府 [Xue fu] (晉書・儒林傳論)
革命 [Ge ming] (易・革卦)
学問 [Xue wen] (孟子・告子)
隔離 [Ge chi] (杜牡阿房宮賦)
学力 [Xue li] (朱熹詩)
加減 [Jia jian] (晉書・刑法志)
過去 [Guo qu] (搜神記)
化工 [Hua gong] (李商隱詩)
禍根 [Huo gen] (吳越春秋)
火山 [Huo shan] (神異經)
家事 [Jia shi] (禮記・喪大記)
果實 [Guo shi] (禮記・王制)
火星 [Huo xing] (劉禹錫詩)
家政 [Jia zheng] (釋無可詩)
化石 [Hua shi] (鄭元祐詩)
火葬 [Huo zang] (南史・扶南傳)
華族 [Hua zu] (柳宗元文)

家屬 [Jia shu]（後漢書・逢陰傳）
家族 [Jia zu]（唐書・李泌傳）
家長 [Jia chang]（墨子・天志）
学科 [Xue ke]（唐書・儒学傳序）
学校 [Xue xiao]（孟子・滕文公上）
合作 [He zuo] ①（詩序） ②（唐音癸籤）
活動 [Huo dong]（圖書宝鑑）
活潑 [Huo po]（陰邁詩）
過程 [Guo Cheng]（唐書・蘇洵傳）
家庭 [Jia ting]（宋史・章得象傳）
課程 [Ke Cheng] ①（朱子全書・学） ②（元史・世祖紀）
過渡 [Guo du]（蘇軾詩）
過度 [Guo du]（唐書・禹貢）
家督 [Jia du]（史記・越世家）
可能 [Ke neng]（許渾詩）
歌舞 [Ge wu] ①（史記・樂書） ②（後漢書・馮衍傳）
過分 [Guo fen]（左傳・僖公二十八年）
科目 [Ke mu] ①（唐書・楊於陵傳） ②（宋史・選舉志）
火曜 [Huo yao]（郝經幽思賦）
花柳 [Hua liu]（李白詩）
簡易 [Jian yi] ①（晏子春秋・內篇諫上） ②（史記・叔孫通傳）
感化 [Gan hua]（後漢書・陳禪傳）
簡化 [Jian hua]（晉書・元帝紀論）
感慨 [Gan kai]（史記・季布傳贊）
管轄 [Guan xia]（孫綽駁事牋）
勸業 [Quan ye]（高允文）
歡迎 [Huan ying]（陶潛歸去來辭）
感激 [Gan ji]（後漢書・蔡邕傳）
管見 [Guan jian]（齊書・禮志）
歡呼 [Huan hu]（吳志・胡余傳）
監護 [Jian hu]（漢書・陳平傳）
頑固 [Wan gu] ①（北史・張偉傳） ②（李絳兵部尚書王紹碑）
觀光 [Guan guang]（易・觀卦）
觀察 [Guan cha]（周禮・地官司諫）
監察 [Jian cha]（後漢書・竇融傳）
幹事 [Gan shi]（易・文言）
漢字 [Han zi]（金史・章皇紀）

官舍［Guan she］（史記・陳稀傳）
感情［Gan qing］（劉伶酒徳頌）
感觸［Gan hong］（宋史・邵雍傳）
關心［Guan xin］（范成大詩）
管制［Guan zhi］（晉書・文帝紀）
完整［Wan zheng］（盧思道後周興亡論）
關税［Guan shui］（左傳疏）
完全［Wan quan］（劉真九老會詩）
感想［Gan xiang］（晉書・賈克傳）
灌腸［Guan chang］（通俗編・飲食）
官廳［Guan ting］（孔平仲冬曉詩）
貫徹［Guan che］（金史・完顔寓傳）
感動［Gan dong］（禮記・樂記）
監督［Jian du］（後漢書・荀彧傳）
患難［Huan nan］（後漢書・王允傳）
完備［Wan bei］（唐書・李懷光傳）
玩物［Wan wu］（晉書・宣帝紀）
官吏［Guan li］（史記・始皇紀）
眼力［Yan li］（劉禹錫詩）
簡略［Jian lve］①（後漢書・宣乘傳）　②（蜀志・蔣琬傳）
官僚［Guan liao］（後漢書・孔融傳）
記憶［Ji yi］①（南齊書・沈攸之傳）　②（韓愈祭十二郎文）
歸化［Gui hua］①（魏志・鄧艾傳）　②（高僧傳）
幾何［Ji he］①（史記・孔子世家）　②（漢書・五行志）
機會［Ji hui］（韓愈与鄂州柳中丞書）
器械［Qi xie］（詩・小序）
氣毬［Qi qiu］（李畋見聞録）
器具［Qi ju］（宋史・李宗諤傳）
奇偶［Qi ou］（易・繫辭）
議決［Yi jue］（漢書・田延年傳）
危險［Wei xian］（韓非子・有度）
期限［Qi xian］（劉孝威詩）
氣候［Qi hou］①（素問・六節藏象論）　②（江淹詩）
記事［Ji shi］（唐書・于志甯傳）
寄宿［Ji su］（史記・建元以來侯、年表）
技術［Ji shu］（史記・貨殖傳）
氣象［Qi xiang］（范仲淹岳陽樓記）

寄生［Ji sheng］①（詩經・小雅・頍弁・集傳）　②（漢書・東方朔傳）
犧牲［Xi sheng］（書經・牧誓）
軌跡［Gui ji］（漢書・劉向傳）
起草［Qi cao］（十八史略・宋理宗）
規則［Gui ze］（齊書・武帝紀）
貴族［Gui zu］（晉書・列女傳）
期待［Qi dai］（王褘章詩）
議題［Yi ti］（葉夢得崖下放言）
貴重［Gui zhong］（世說・德行上）
詰問［Jie wen］（漢書・王嘉傳）
軌道［Gui dao］①（史記・天官書）　②（漢書・理樂志）
記念［Ji nian］（游仙窟・卷五）
技能［Ji neng］（史記・孟嘗君傳）
規範［Gui Fan］（孔安国尚書序）
規範［Gui Fan］（陸雲詩）
義憤［Yi Fen］（後漢書・逸明傳序）
騎兵［Qi bing］（史記・樊噲酈商傳）
詭辯［Gui bian］（史記・屈原傳）
規模［Gui mu］①（漢書・高祖紀贊）　②（葉采近思録序）
希望［Xi wang］（韓愈復上宰相書）
基本［Ji ben］（漢書・谷永傳）
機密［Ji mi］（後漢書・竇憲傳）
記名［Ji ming］（劉克莊詩）
疑問［Yi wen］（論語・陽貨）
客車［Ke che］（禮記・典禮）
逆流［Ni liu］（十八史略・南宋理宗）
腳力［Jiao li］（蘇軾詩）
義勇［Yi Yong］（李陵答蘇武詩）
救急［Jiu ji］（新序）
救護［Jiu hu］（後漢書・班超傳）
求婚［Qiu hun］（易・屯）
救濟［Jiu ji］（吳志・孫權傳）
救災［Jiu zai］（左傳・僖公十三年）
急進［Ji jin］（李衛公問封上）
休息［Xiu xi］①（詩經・召南漢廣）　②（禮記・月令）
牛乳［Niu ru］（魏志・王琚傳）
救亡［Jiu wang］（左傳・昭公十八年）

急務 [Ji wu]（論語・子路）
教育 [Jiao yu]（孟子・尽心）
教化 [Jiao hua]（禮記・經解）
境界 [Jing jie]（列子・周穆王）
教官 [Jiao guan]（周禮・地官司徒）
兇器 [Xiong qi] ①（周禮・春官）　②（史記・主父偃傳）
教義 [Jiao yi]（梁簡文帝大法頌）
協議 [Xie yi]（宋史・禮志）
教訓 [Jiao xun]（左傳・文公十八年）
強健 [Qiang Jian]（歐陽修詩）
協贊 [Xie zan]（蜀志・來敏傳）
教授 [Jiao shou] ①（史記・仲尼弟子傳）　②（文獻通考）
教習 [Jiao xi]（後漢書・孝順帝紀）
教場 [Jiao chang]（宋史・禮記）
競走 [Jing zou]（淮南子・主術訓）
協同 [Xie tong]（後漢書・桓帝紀）
強暴 [Qiang bao]（史記・三王世家）
興味 [Xing wei]（蔡襄詩）
行列 [Hang lie] ①（禮記・樂記）　②（尉鎮子・兵數下）
共和 [Gong he]（史記・周本紀）
許可 [Xu ke]（朱子全書・論語）
曲折 [Qu zhe]（後漢書・馬援傳）
極度 [Ji du]（宋史・天文志）
極東 [Ji dong]（海賦）
局面 [Ju mian]（水滸傳・第四十七回）
極力 [Ji li]（朱熹答楊子直書）
居住 [Ju zhu]（北史・楊椿傳）
拒絶 [Ju jue]（後漢書・陳寵傳）
擧動 [Ju dong]（古詩・焦仲卿妻）
紀律 [Ji lv]（左傳・桓公七年）
起立 [Qi li]（十八史略・宋哲宗）
記録 [Ji lu]（後漢書・班彪傳）
疑惑 [Yi huo]（元稹文）
禁煙 [Jin yan] ①（顧瑛詩）　②（李遠詩）
緊急 [Jin ji]（傳毅舞賦）
金庫 [Jin ku]（王灣詩）
近郊 [Jin jiao]（周禮・地官載師）

近親［Jin qin］①（鶡冠子）　②（東觀漢記）
近視［Jin shi］（梅堯臣詩）
禁止［Jin zhi］（史記・秦始皇紀）
近世［Jin shi］（顏氏家訓・勉学）
禁制［Jin zhi］（詩經・赫赫師尹疏）
金錢［Jin qian］（漢書・西域傳）
勤務［Qin wu］（謝靈運弁宗問答）
空虛［Kong xu］（史記・汲鄭傳）
空中［Kong zhong］（列子）
空洞［Kong dong］（蘇軾詩）
苦学［Ku xue］（李商隱詩）
公家［Gong jia］（左傳・僖公九年）
苦心［Ku xin］（淮南子）
具體［Ju ti］（孟子・公孫丑）
屈服［Qu fu］（後漢書・宋意傳）
具備［Ju bei］（書經・呂刑）
工夫［Gong fu］①（抱朴子・遐覽）　②（晉書・苑甯傳）
區分［Qu fen］（郭璞山海經序）
區別［Qu bie］（文心雕龍・書記）
苦鬥［Ku dou］（隨書・陳稜傳）
具文［Ju wen］（漢書・宣帝紀）
愚弄［Yu nong］（左傳・襄公四年）
軍国［Jun guo］（唐書・李元紘傳）
軍事［Jun shi］（史記・律書）
軍需［Jun xu］（唐書・鄭珣瑜傳）
群眾［Qun zhong］（荀子・勸学）
軍人［Jun ren］（世說・德行上）
軍政［Jun zheng］（左傳・宣公十二年）
軍籍［Jun ji］（韓愈上鄭相公啓）
訓導［Xun dao］（南史・明山宝傳）
軍閥［Jun fa］（唐書・郭虔瓘傳）
軍備［Jun bei］（歐陽修王溫恭傳）
軍法［Jun fa］（禮記・燕義）
軍用［Jun yong］（漢書・蕭望之傳）
訓練［Xun lian］（唐書・郝廷玉傳）
敬意［Jing yi］（邵軫韶韶樂賦）
警戒［Jing jie］（書經・大禹謨）

計劃［Ji hua］（漢書・陳平世家）
迎合［Ying he］（南齊書・陳顯達傳）
警告［Jing gao］（宋史・賈昌期傳）
計算［Ji suan］（史記・平準書）
揭示［Jie shi］（宋史・食貨志）
形式［Xing shi］（杜氏通典）
藝術［Yi shu］（後漢書・安帝紀）
形態［Xing tai］（歷代明書記）
藝人［Yi ren］（書經・立政）
啓發［Qi fa］（論語・述而）
刑罰［Xing fa］（論語・子路）
輕犯［Qing fan］（舊唐書・憲宗紀）
警備［Jing bei］（左傳・成公十六年）
輕便［Qing bian］（方回詩）
刑法［Xing fa］（左傳・昭公二十六年）
契約［Qi yue］（魏書・鹿悆傳）
經理［Jing li］①（荀子・正名）　②（史記・秦始皇紀）　③（後漢書・光武紀）
敬禮［Jing li］（史記・汲黯傳）
激烈［Ji lie］（蘇武詩）
下水［Xia shui］（国策・周策）
解脫［Jie tuo］①（易林・蒙之解）　②（法華經）
缺陷［Que xian］（宋史・李沆傳）
決議［Jue yi］（常袞授崔圓左僕射制）
月給［Yue gei］（宋史・畢士安傳）
結交［Jie jiao］（溫庭筠詩）
激昂［Ji ang］（漢書・王章傳）
結婚［Jie hun］（後漢書・梁皇后紀）
傑作［Jie zuo］（陸游詩）
決戰［Jue zhan］（史記・項羽紀）
決斷［Jue duan］①（史記・淮陰侯傳）　②（唐書・百官志）
決定［Jue ding］（史記・殷紀）
決鬥［Jue dou］（後漢書・呂布傳）
月曜［Yue yao］（韓駒淮上書事詩）
決裂［Jue lie］①（国策・秦策）　②（史記・蔡澤傳）
檢閱［Jian yue］（後漢書・張堪傳）
喧嘩［Xuan hua］（史記・晁錯傳）
見解［Jian jie］（秘笈脈望篇）

建議［Jian yi］（南史・馬褧傳）
嫌疑［Xian yi］（禮記・曲禮上）
研究［Yan jiu］（元史・鐵木兒塔識傳）
堅固［Jian gu］（漢書・劉向傳）
現在［Xian zai］（金剛經）
檢察［Jian cha］（後漢書・百官志）
原始［Yuan shi］（易・繫辭上）
見識［Jian zhi］（工程全書）
元首［Yuan shou］（書經・益稷）
嚴重［Yan zhong］（史記・游俠傳）
嚴肅［Yan su］（南史・宋武帝紀）
憲章［Xian zhang］①（中庸）　②（晉書・張華傳）
懸賞［Xuan shang］（後漢書・桓譚傳）
現象［Xian xiang］（宝行經）
元帥［Yuan shuai］（左傳・僖公二十七年）
牽制［Qian zhi］（漢書・元帝紀贊）
限制［Xian zhi］（宋史・李光傳）
建設［Jian she］①（禮記・祭義）　②（漢書・敘傳）
限度［Xian du］（釋名）
兼備［Jian bei］（史記・禮書）
見聞［Jian wen］（朱熹答歐陽崇一）
憲法［Xian fa］①（国語・晉語）　②（北史・王韶元嚴傳論）
嚴密［Yan mi］（後漢書・郎顗傳）
賢明［Xian ming］（王褒聖主得賢臣頌）
儉約［Jian yue］（漢書・龔遂傳）
權利［Quan li］（史記・鄭世家）
言論［Yan lun］（後漢書・符融傳）
故意［Gu yi］（杜甫詩）
好意［Hao yi］（蘇軾詩）
交易［Jiao yi］（易・繫辭）
校閱［Xiao yue］（魏書・太宗紀）
公園［Gong yuan］（北史・魏宗室傳）
航海［Hang hai］（宋史・張藏英傳）
合格［He ge］（宋史・選擧志）
狡猾［Jiao hua］（左傳・昭公二十六年）
公館［Gong guan］（禮記・雜記）
講義［Jiang yi］（唐會要）

恆久 [Heng jiu]（易・象傳）
公共 [Gong gong]（史記・張釋之傳）
興業 [Xing ye]（史記・太史公自序）
工藝 [Gong yi]（唐書・嚴立德傳）
貢獻 [Gong xian]（左傳・昭公十三年）
高原 [Gao yuan]（王維詩）
抗言 [Kang yan]（晉書・刑法志）
考古 [Kao gu]（宋史・林勳傳）
口語 [Kou yu]（漢書・司馬遷傳）
講座 [Jiang zuo]（朱嘉文）
交際 [Jiao ji]（孟子・万章下）
耕作 [Geng zuo]（史記・越世家）
工作 [Gong zuo] ①（宋史・孫祖德傳） ②（劍俠傳）
考察 [Kao cha]（漢書・平帝紀）
公使 [Gong shi]（文獻通考）
公子 [Gong zi]（詩經・周南）
講師 [Jiang shi]（張協七命）
工事 [Gong shi]（周禮・天官太宰）
校舍 [Xiao she]（後漢書・儒林傳序）
講習 [Jiang xi]（易・兌卦）
交涉 [Jiao she] ①（范成大詩） ②（續通典）
考證 [Kao zheng]（中庸章句第二十八章注）
工人 [Gong ren]（国語・周語）
更生 [Geng sheng]（漢書・魏相傳）
公正 [Gong zheng]（漢書・朱邑傳）
恆星 [Heng xing]（穀梁傳・莊公七年）
考績 [Kao ji]（書經・学記）
交戰 [Jiao zhan]（郭璞日有黑氣疏）
構造 [Gou zao]（宋書・恩倖傳）
拘束 [Ju shu]（史記・太史公自序）
校長 [Xiao chang] ①（史記・彭越傳） ②（後漢書・百官志）
交通 [Jiao tong]（史記・灌夫傳）
工程 [Gong cheng]（元史・韓性傳）
高度 [Gao du]（阮籍詩）
高等 [Gao deng]（後漢書・蔡茂傳）
荒唐 [Huang tang]（莊子・天下）
口頭 [Kou tou]（孟郊詩）

公道［Gong dao］（漢書・蕭王之傳）
公堂［Gong tang］（詩經・豳風七月）
講堂［Jiang tang］（後漢書・明帝紀）
合同［He tong］①（禮記・樂記） ②（周禮・秋官朝士）
功能［Gong neng］（漢書・杜欽傳）
購買［Gou mai］（蘇軾詩）
公費［Gong fei］（戰国策・秦策）
交尾［Jiao wei］（書經・堯典）
公平［Gong ping］（管子・形勢）
公墓［Gong mu］（周禮・春官冢人）
公法［Gong fa］（尹文子・大道下）
合法［He fa］（玉海・刑教）
公務［Gong wu］（宋史・慎従吉傳論）
光明［Guang ming］（易・坤卦）
膏藥［Gao yao］（後漢書・段翳傳）
公用［Gong yong］（漢書・哀帝紀）
效用［Xiao yong］（濁孤及詩）
高利［Gao li］（塵禄）
公理［Gong li］（舊唐書・劉知幾傳）
合理［He li］（舊唐書・職官志）
交流［Jiao liu］（唐書・天文志）
拘留［Ju liu］（漢書・匈奴傳贊）
抗力［Kang li］（漢書・敘傳）
效力［Xiao li］①（魏武帝效力令） ②（文同詩）
效力［Xiao li］①（宋史・朱勝非傳） ②（文同詩）
號令［Hao ling］（禮記・月令）
公論［Gong lun］（元史・仁宗紀）
輿論［Yu lun］（晉書・王沉傳）
講和［Jiang he］（唐書・張悦傳）
呼吸［Hu xi］（淮南子・精神）
国威［Guo wei］（後漢書・竇憲傳）
国事［Guo shi］（史記.屈原傳）
国籍［Guo ji］①（周禮・秋官小行人） ②（漢書・司馬遷傳）
告訴［Gao su］（新序・雜事）
国體［Guo ti］①（穀梁傳・莊公二十四年） ②（漢書・成帝紀）
国難［Guo nan］（蜀志・先主傳）
国法［Guo fa］①（周禮・夏官鄭司馬） ②（禮記・曾子問）

国防［Guo fang］（後漢書・孔融傳）
国民［Guo min］（左傳・昭左傳・莊公十三年疏十三年）
国務［Guo wu］（梁武帝幸蘭陵詔）
国力［Guo li］（唐書・李德裕傳）
語言［Yu yan］（後漢書・南蠻傳）
午後［Wu hou］（北齊書・蕭成傳）
孤兒［Gu ren］（史記・趙世家）
故事［Gu shi］（史記・自序）
固執［Gu zhi］（禮記・中庸）
戶籍［Hu ji］①（周禮・天官小宰）　②（魏志・崔琰傳）
午前［Wu qian］（北齊書・蕭放傳）
誇張［Kua zhang］（列子・天瑞）
国會［Guo hui］（管子・山至數）
国家［Guo jia］①（書經・立政）　②（孟子・離婁）　③（晉書・陶侃傳）
国慶［Guo qing］（晉書・武帝紀）
滑稽［Hua ji］（史記・滑稽傳）
滑頭［Hua tou］（五燈會元）
古典［Gu dian］（後漢書・儒林傳論）
鼓動［Gu dong］（白居易詩）
顧問［Gu wen］（後漢書・章帝紀）
娛樂［Yu le］（史記・藺相如傳）
孤立［Gu li］①（史記・始皇紀）　②（漢書・張湯傳）
婚姻［Hun yin］（荀子・富国）
昏姻［Hun yin］①（詩經・小雅我行其野）②（左傳・成公十三年）
根源［Gen yuan］（舊唐書・將乂傳）
混合［Hun he］（杜牧詩）
混雜［Hun za］①（顏氏家訓・文章）　②（北史・柳慶傳）
根本［Gen ben］①（史記・律書）　②（朱熹答潘叔恭）

【さ行】

再會［Zai hui］（左傳・昭公十二年）
採掘［Cai jue］（北史・食貨志）
裁決［Cai jue］（五代史・蘇逢吉傳）
最高［Zui gao］（華岳志）
財產［Cai chan］（後漢書・齊武王縯傳）

再生 [Zai sheng] ①（蘇軾跋庾征西帖）　②（番禺志）
裁定 [Cai ding]（後漢書・盧植傳）
歳入 [Sui ru]（宋史・真宗紀）
才能 [Cai neng]（史記・佞幸傳）
栽培 [Zai pei]（韓偓詩）
歳費 [Sui fei]（史記・平準書）
細密 [Xi mi]（北史・房謨傳）
在野 [Zai ye]（書經・野無遺賢疏）
采用 [Cai yong]（後漢書・和帝紀）
材料 [Cai liao]（宋史・職官志）
詐欺 [Zha qi]（韓非子・八說）
作業 [Zuo ye]（漢書・高祖紀）
索引 [Suo yin]（易林）
錯誤 [Cuo wu]（李白詩）
作者 [Zuo zhe] ①（論語・憲問）　②（禮記・樂記）
左傾 [Zuo qing]（楚辭・九歎逢紛）
酒店 [Jiu dian]（世說・任誕上）
度數 [Du shu]（周禮・春官墓大夫）
沙汰 [Sha tai]（後漢書・賈琮傳）
坐談 [Zuo tan]（戰国策・齊威王上）
作家 [Zuo jia] ①（晉書・食貨志）　②（盧雜記）
雜居 [Za ju]（魏書・顯宗傳）
雜色 [Za se]（北史・齊文宣紀）
沙糖 [Sha tang]（北史・真臘国傳）
沙漠 [Sha mo]（漢書・蘇武傳）
差別 [Cha bie]（李衛公文封下）
產業 [Chan ye] ①（韓非子・解老）　②（史記・蘇秦傳）
算術 [Suan shu]（漢書・律暦志）
慘澹 [Can dan] ①（晁補之詩）　②（杜甫詩）
散布 [San bu]（韓愈詠荀詩）
算法 [Suan fa]（北史・高允傳）
示威 [Shi wei]（左傳・文公七年）
思惟 [Si wei]（漢書・董仲舒傳）
時價 [Shi jie]（唐書・權德輿傳）
四角 [Si jiao]（古詩・焦仲卿妻）
資格 [Zi ge]（唐書・選舉志）
士官 [Shi guan]（書經・正義）

志願［Zhi yuan］（王羲之与謝万書）
指揮［Zhi hui］（抱朴子）
識字［Zhi zi］（唐書・侯思止傳）
識別［Zhi bie］（魏志・夏侯玄傳注）
持久［Chi jiu］（戰国策・趙策）
式樣［Shi yang］（朱有燉元宮詞）
事業［Shi ye］①（易經・繫辭下疏）　②（蘇軾初到黄州詩）
試驗［Shi yan］（劉迎詩）
事件［Shi jian］（漢書・兒寛傳）
事故［Shi gu］（白居易詩）
施行［Shi xing］（諸葛亮出師表）
子細［Zi xi］（北史・源思禮傳）
思索［Si suo］（荀子・勸学）
視察［Shi cha］（書經・平在朔易疏）
貲產［Zi chan］（後漢書・欒巴傳）
資產［Zi chan］（後漢書・張讓傳）
試紙［Shi zhi］（舊唐書・荀晉卿傳）
支持［Zhi chi］（柏梁詩）
支配［Zhi pei］（北史・唐邕傳）
指示［Zhi shi］①（十八史略・西漢高皇帝）　②（列山傳）
時事［Shi shi］（史記・六国表）
事實［Shi shi］（史記・秦始皇紀）
持重［Chi zhong］（後漢書・任隗傳）
市償［Shi chang］（孟子・滕文公）
詩人［Shi ren］（漢書・司馬相如傳贊）
地震［Di zhen］（春秋・文公九年）
施政［Shi zheng］（書經・迪維前人光施于我沖子傳）
時勢［Shi shi］（戰国策・趙策）
磁石［Ci shi］（漢書・藝文志）
慈石［Ci shi］（淮南子・覽冥）
自然［Zi ran］①（老子）　②（朱熹答何叔京書）
慈善［Ci shan］（北史・崔光傳）
思想［Si xiang］①（王朗与文休書）　②（曹植盤石篇）　③（傳燈録）
士族［Shi zu］（晉書・許邁傳）
時代［Shi dai］（崔国輔詩）
自治［Zi zhi］①（老子）　②（漢書・陳勝傳）　③（杜牧策論）
市長［Shi chang］（史記・太史公自序）

實驗［Shi yan］（顔氏家訓・歸心）
實行［Shi xing］（風俗通）
執政［Zhi zheng］（左傳・襄公二十九年）
實踐［Shi jian］（宋史・理宗紀）
質素［Zhi su］（晉書・李胤傳）
室內［Shi nei］（後漢書・段熲傳）
執筆［Zhi bi］（後漢書・蔡邕傳）
實用［Shi yong］①（大戴禮・千乘）　②（朱子学校貢舉議）
實力［Shi li］（宋史・武帝紀）
指摘［Zhi zhe］（北史・王劭傳）
自轉［Zi zhuan］（尹文子・大道上）
兒童［Ren Tong］（後漢書・賈逵傳）
支那［Zhi na］（宋史・天竺国傳）
指南［Zhi nan］（張衡東京賦）
地主［Di zhu］（左傳・哀公十二年）
師範［Shi Fan］①（文心雕龍・通蠻）　②（北史・楊播傳）
士兵［Shi bing］（後漢書・竇融傳）
紙幣［Zhi bi］（梅堯神詩）
事變［Shi bian］（韓維詩）
司法［Si fa］（唐書・百官志）
死亡［Si wang］（周禮・春官）
脂肪［Zhi fang］（廣州記）
志望［Zhi wang］（諸葛亮文）
資本［Zi ben］（釋名）
市民［Shi min］（申鑒）
事務［Shi wu］（書經・制治於未亂疏）
社會［She hui］（世說・德行上）
釋放［Shi fang］（吳志・呂蒙傳）
寫生［Xie sheng］（蘇軾詩）
謝絕［Xie jue］（史記・儒林傳）
遮斷［Zhe duan］（韋莊詩）
若干［Ruo gan］（禮記・曲禮下）
寫本［Xie ben］（李清照金石録敘）
自由［Zi you］①（古詩・焦仲卿妻）　②（杜甫詩）
獸醫［Shou yi］（周禮・天官獸醫）
集會［Ji hui］（史記・樂書）
習慣［Xi guan］（家語・七十二弟子解）

就業［Jiu ye］（魏書・高允傳）
從軍［Cong jun］（世說・德行）
重罪［Zhong zui］（呂氏春秋・開春）
修士［Xiu shi］（荀子）
十字架［Shi zi jia］（月令廣義）
充實［Chong shi］①（孟子・尽心）　②（齊書・高帝紀）
收集［Shou ji］（後漢書・耿弇傳）
收集［Shou ji］（宋史・食貨志）
收縮［Shou suo］（詩經・九月）
住所［Zhu suo］（蘇舜欽詩）
就職［Jiu zhi］（宋書・謝靈運傳）
修飾［Xiu shi］（論語・憲問）
眾人［Zhong ren］（史記・豫讓傳）
修正［Xiu zheng］（漢書・五行志下）
重責［Zhong ze］（顏氏家訓・兄弟）
酋長［Qiu chang］①（漢書・張敞傳）　②（唐書・李多祚）
周年［Zhou nian］（陳書・徐陵傳）
宗派［Zong pai］①（北夢瑣言）　②（王十湖詩）
十分［Shi fen］（孔平仲詩）
充滿［Chong man］（中庸章句・第十六章注）
周率［Zhou lv］（晉書・天文志）
蹂躪［Rou lin］（班固西都賦）
收録［Shou lu］（後漢書・侯霸傳）
酒家［Jiu jia］（漢書・欒布傳）
主義［Zhu yi］（史記・太史公自序）
宿舍［Su she］（史記・張儀傳）
宿命［Su ming］（大藏法數）
主計［Zhu ji］（史記・張丞相傳）
珠算［Zhu suan］（見甑鑾周髀注）
趣旨［Qu zhi］（文心雕龍）
首飾［Shou shi］（後漢書・輿服志）
主食［Zhu shi］（唐書・百官志注）
主人［Zhu ren］①（春秋・桓公二年）　②（西京雜記）
主席［Zhu xi］（史記・鋒侯世家）
種族［Chong zu］①（史記・高祖紀）　②（范成大詩）
主體［Zhu ti］（漢書・東方朔傳）
手段［Shou duan］（謝上蔡語録）

主張［Zhu zhang］①（莊子・天道）　②（韓愈・送窮文）
主文［Zhu wen］（澠水燕談録）
首謀［Shou mou］（漢書・武帝紀）
趣味［Qu wei］（水心題跋）
壽命［Shou ming］（莊子・盜跖）
首領［Shou ling］①（左傳・襄公十三年）　②（隨書・郭榮傳）
準備［Zhun bei］（宋史・張所傳）
詢問［Xun wen］（後漢書・梁竦傳）
女醫［Nv yi］（王建詩）
滋養［Zi yang］（葛長庚寒松序）
掌握［Zhang wo］①（漢書・張敞傳）　②（列子・湯問張注）
唱歌［Chang ge］（宋史・五行志）
消化［Xiao hua］（周書・蘇綽傳）
紹介［Shao jie］（戰国策・趙策）
照會［Zhao hui］（宋史・何渠志）
小学［Xiao xue］①（禮記・王制）　②（後漢書・盧植傳）
蒸氣［Zheng qi］（淮南子）
條件［Tiao jian］（北史・郎基傳）
證據［Zheng ju］①（後漢書・獨行繆彤傳）
將校［Jiang xiao］（後漢書・順帝記）
上司［Shang si］（鐘會文）
成就［Cheng jiu］（漢書・文翁傳）
召集［Zhao ji］（大唐西域記）
招集［Zhao ji］（後漢書・馬援傳）
小心［Xiao xin］（詩經・大雅大明）
商船［Shang chuan］（晉書・陶侃傳）
消息［Xiao xi］①（易・豐卦彖傳）　②（世說・政治）　③（晉書・陸機傳）
招待［Zhao dai］（林逋詩）
情緒［Qing xu］（江淹賦）
章程［Zhang cheng］（漢書・高帝紀）
商人［Shang ren］（左傳・僖公三十三年）
證人［Zheng ren］（北齋書・循吏傳）
少年［Shao nian］（史記・淮陰侯傳）
上品［Shang pin］（晉書・劉毅傳）
小便［Xiao bian］（後漢書・甘始傳）
商法［Shang fa］（潘岳西征賦）
常務［Chang wu］（世說・政事）

證明 [Zheng ming]（晉書・曹志傳）
消滅 [Xiao mie]（漢書・劉向傳）
消耗 [Xiao hao]（參同契）
條約 [Tiao yue]（唐書・南蠻南詔傳）
擾亂 [You luan]（史記・項羽紀）
勝利 [Sheng li]（唐書・高僧傳）
省略 [Sheng lve]（蜀志・楊戲傳）
書家 [Shu jia]（鮮于樞詩）
書架 [Shu jia]（梅繞臣詩）
初学 [Chu xue]（謝枋得文）
書記 [Shu ji]（後漢書・仲長統傳）
職業 [Zhi ye] ①（国語・魯語）　②（史記・孔子世家）
食宿 [Shi su]（魏志・管寧傳注）
食堂 [Shi tang]（柳宗元新食堂記）
植物 [Zhi wu] ①（周禮・地官大司徒）　②（曹植諫伐遼東表）
職務 [Zhi wu]（隋書・牛弘傳）
食物 [Shi wu]（史記・范雎傳）
諸君 [Zhu jun]（史記・項羽紀）
書庫 [Shu ku]（隨書・公孫景茂傳）
女工 [Nv gong]（国語・晉語）（說苑 反質）
所在 [Suo zai] ①（世說・德行上）　②（蜀志・諸葛亮傳）　③（吳志・黃隆二年）
助產 [Zhu chan]（楓窗小牘）
女士 [Nv shi]（詩經・大雅）
處女 [Chu nv]（蘇軾詩）
書籍 [Shu ji]（魏志・王粲傳）
署長 [Shu chang]（史記・馮唐傳）
助長 [Zhu chang]（孟子・公孫丑）
所得 [Suo de]（左傳・襄公十九年）
書評 [Shu ping]（賓退録）
處方 [Chu fang]（世說・術解）
庶民 [Shu min]（詩經・大雅靈臺）
庶務 [Shu wu] ①（南史・齊宜都王鑑傳）　②（隋書・百官志）　③（宋史・司馬光傳）
署名 [Shu ming]（北史・魏收傳）
除名 [Chu ming]（十八史略・宋哲宗）
所有 [Suo you]（史記・孔子世家王肅序）
助力 [Zhu li]（漢書・孔光傳）

地雷［Di lei］（兵略纂文）
私立［Si li］（宋史・曹瑋傳）
自立［Zi li］①（戰国策・楚策）　②（史記・田儋傳）　③（世說・識鑒）
思慮［Si lv］（史記・太史公自序）
事例［Shi li］（南史・褚彥回傳）
親愛［Qin ai］（大学）
人為［Ren wei］（高啓詩）
人家［Ren jia］（史記・六国志）
審議［Shen yi］（北史・魏宣帝記）
心境［Xin jing］（張說詩）
真空［Zhen kong］（行宗紀）　（李商隱詩）
聖經［Sheng jing］（唐書・藝文志）
信仰［Xin yang］（華嚴經）
振興［Zhen xing］（王安石祭王深甫文）
人工［Ren gong］（陶潛詩）
人口［Ren kou］（淮南子・本經訓注）
深刻［Shen ke］①（史記・義縱傳）　②（五代史・六臣傳論）
新婚［Xin hun］（詩經・谷風）
身材［Shen cai］（唐書・選舉志）
診察［Zhen cha］（南史・張融傳）
人事［Ren shi］①（古詩焦仲卿妻）　②（史記・太史公自序）　③（韓愈文）
進取［Jin qu］（戰国策・燕上）
人種［Ren chong］（法苑珠林）
神州［Shen zhou］（虞世南吳都詩）
心情［Xin qing］（李中詩）
神聖［Shen sheng］（漢書・鼂錯傳）
人生［Ren sheng］（漢書・蘇武傳）
深切［Shen qie］（史記・太史公自序）
親善［Qin shan］（後漢書・范丹傳）
真相［Zhen xiang］（後畫品）
親屬［Qin shu］（禮記・大傳）
親族［Qin zu］（五代史・翟光鄴傳）
迅速［Xun su］（北史・杜弼傳）
身體［Shen ti］（孝經）
人體［Ren ti］（後漢書・華佗傳）
人治［Ren zhi］（禮記・大傳）
慎重［Shen zhong］（唐書・儀衛志）

震動 [Zhen dong] ①（書經・盤庚下） ②（李白詩）
振動 [Zhen dong]（周禮・春官大視）
人道 [Ren dao] ①（易・謙卦） ②（史記・禮書）
親任 [Qin ren]（後漢書・朱穆傳）
侵犯 [Qin fan]（史記・律書）
神秘 [Shen mi]（李嶠賀瑞石表）
神父 [Shen fu]（後漢書・宋登傳）
人物 [Ren wu] ①（後漢書・許邵傳） ②（晉書・干宝傳）
新聞 [Xin wen]（安得長者言）
人文 [Ren wen]（易・賁卦）
進步 [Jin bu] ①（宋史・樂志） ②（朱熹答楊子直）
親睦 [Qin mu]（孟子・滕文公）
親密 [Qin mi]（吳志・吳王五子傳）
人民 [Ren min]（孟子・尽心上）
信用 [Xin yong]（左傳・宣公十二年）
真理 [Zhen li]（方幹詩）
侵略 [Qin lve]（史記・五帝紀注）
心靈 [Xin ling]（隨書・經籍詩）
水運 [Shui yun]（漢書・地理志）
推舉 [Tui ju]（漢書・韓安国傳）
水產 [Shui chan]（毛詩陸疏廣要）
隨時 [Sui shi] ①（吳志・孫堅傳） ②（宋徽宗詩）
水準 [Shui zhun]（元史・曆志）
隨處 [Sui chu]（杜甫詩）
推進 [Tui jin]（吳志・妃嬪傳）
推薦 [Tui jian]（北史・崔李舒傳）
出納 [Chu na]（書經・舜典）
睡眠 [Shui mian]（易林）
數学 [Shu xue]（宋史・邵雍傳）
趨勢 [Qu shi]（魏志・董昭傳）
數量 [Shu liang]（周禮・秋官）
頭腦 [Tou nao] ①（範成大詩） ②（傳習録・卷上）
相撲 [Xiang pu]（李義山雜纂・不相稱）
誠意 [Cheng yi]（論語・鄉黨）
精銳 [Jing rui]（後漢書・銚期傳）
性格 [Xing ge]（李中獻詩）
生活 [Sheng huo] ①（孟子・尽心） ②（後漢書・朱浮傳） ③（北史・

胡叟傳）　④（陸龜蒙詩）
請願［Qing yuan］（宋書・王僧達傳）
世紀［Shi ji］（太平御覽・八十三皇王部八）
正義［Zheng yi］（荀子・正名）
請求［Qing qiu］（後漢書・卓茂傳）
生計［Sheng ji］①（晉書・杜預傳）　②（劉滄詩）
清潔［Qing ji］（漢書・尹翁歸傳）
成功［Cheng gong］①（書經・禹貢）　②（論語・泰伯）
成績［Cheng ji］（書經・洛誥）
性行［Xing xing］（古詩・焦仲卿妻）
精采［Jing cai］（晉書・慕容超載記）
政治［Zheng zhi］（書經・畢命）（漢書・王商傳）
正式［Zheng shi］（文心雕龍）
性質［Xing zhi］（唐書・柳公綽傳）
脆弱［Cui ruo］（唐書・杜牧傳）
成熟［Cheng shu］①（易林）　②（劉嚴夫与段校理書）
青春［Qing chun］①（楚辭・大招）　②（李白詩）
精神［Jing shen］（莊子・刻意）
成人［Cheng ren］①（禮記・冠義）　②（論語・憲問）
精選［Jing xuan］（漢書・敘傳）
清楚［Qing chu］（白居易詩）
政體［Zheng ti］（晉書・劉頌傳贊）
精通［Jing tong］（魏都賦）
靜電［Jing dian］（張正見門有車馬客行）
制度［Zhi du］①（易・節）　②（禮記・禮運）
正當［Zheng dang］（易・履卦象傳）
正統［Zheng tong］（蘇軾正統論）
整頓［Zheng dun］（史記・張耳陳余傳）
青年［Qing nian］（王世貞詩）
政府［Zheng fu］（宋史・歐陽修傳）
制服［Zhi fu］（尉繚子・兵教下・解）
生物［Sheng wu］（禮記・樂記）
正方［Zheng fang］（禮記・曲禮上）
聲望［Sheng wang］（後漢書・東平王傳）
政務［Zheng wu］（後漢書・班固傳）
生命［Sheng ming］（曹植責躬詩）
聲明［Sheng ming］（左傳・桓公二年）

静養［Jing yang］（白居易座右銘）
西洋［Xi yang］（莫旦賦）
生理［Sheng li］①（史記・司馬相如傳題注）　②（舊唐書・李日知傳）
整理［Zheng li］（左傳・莊公十三年疏）
成立［Cheng li］①（後漢書・鄧禹傳）　②（李密陳情表）
精力［Jing li］（漢書・匡衡傳）
勢力［Shi li］（漢書・藝文志）
性靈［Xing ling］（陶弘景答趙英才書）
清廉［Qing lian］（史記・樂書）
肅清［Su qing］（漢書・韋賢傳）
世界［Shi jie］①（陔余叢考）　②（岑參詩）
石炭［Shi tan］（隋書・王劭傳）
赤道［Chi dao］（後漢書・律歷志）
責任［Ze ren］（莊子・天道）
赤貧［Chi pin］（南史・臨汝侯坦之傳）
惜別［Xi bie］（岑參詩）
石油［Shi you］（夢溪筆談）
世俗［Shi su］①（孟子・梁惠王）　②（史記・武帝紀）
接待［Jie dai］（晉書・胡奮傳）
接近［Jie jin］（呂氏春秋・知接）
接見［Jie jian］（儀禮・喪服傳）
斥候［Chi hou］（史記・李將軍傳）
折衝［Zhe chong］（蘇洵送石昌言為北使引）
節食［Jie shi］（十八史略・西漢孝武帝）
絕食［Jue shi］（周書・樊深傳）
節操［Jie cao］（後漢書・趙壹傳）
設置［She zhi］（後漢書・劉瑜傳）
折衷［Zhe zhong］（鴻業武經直解序）
設備［She bei］（淮南子・兵略）
節約［Jie Yue］（後漢書・宣秉傳）
是非［Shi fei］（穀梁傳序）
善意［Shan yi］（漢書・蘇建傳）
專一［Zhuan yi］（史記・文帝紀）
戰艦［Zhan jian］（晉書・陶侃傳）
前期［Qian qi］（周禮・天官太宰）
選舉［Xuan ju］（北史・牛弘傳）
專業［Zhuan ye］（唐書・選舉志）

宣言［Xuan yan］①（左傳・桓公二年）②（史記・蔡澤傳）
専攻［Zhuan gong］（韓愈師説）
宣告［Xuan gao］①（左傳・襄公二十八年）②（唐書・百官志）
戰士［Zhan shi］（史記・秦紀）
先生［Xian sheng］①（論語·為政）　②（管子·弟子職）　③（史記·平原君傳）
専制［Zhuan zhi］（漢書・文帝紀）
戰爭［Zhan zheng］（蜀志・鄧芝傳）
全體［Quan ti］①（大学・章句）　②（釋名）　③（劉克莊詩）
洗濯［Xi zhuo］（後漢書・禮儀志）
戰地［Zhan di］（孫子）
先天［Xian tian］（易・乾卦）
宣傳［Xuan chuan］（北齊書・元文遙傳）
前途［Qian tu］（夢溪筆談）
扇動［Shan dong］（蜀志・許靖傳）
専任［Zhuan ren］①（禮記・月令）　②（後漢書・二十八將傳論）
全能［Quan neng］（列子・天瑞）
淺薄［Qian bo］（禮記・伋則安能疏）
善本［Shan ben］（宋史・王洙傳）
鮮明［Xian ming］（聞見後録）
戰鬥［Zhan dou］（史記・秦始皇紀）
専門［Zhuan men］（漢書・儒林傳）
専用［Zhuan yong］（儀禮・喪服志）
戰略［Zhan lve］（鄭畋授邠寧節度使制）
善良［Shan liang］（禮記・学記）
前列［Qian lie］（後漢書・輿服志）
線路［Xian lu］（杜甫詩）
總括［Zong kuo］（晉書・陸玩傳）
創業［Chuang ye］（孟子・梁惠王）
遭遇［Zao yu］（漢書・楊惲傳）
創見［Chuang jian］（史記・司馬相如傳）
草稿［Cao gao］（史記・屈原傳）
操行［Cao xing］（史記・司馬相如傳）　（南史・長孫儉傳）
聯合［Lian he］（諸葛亮心書）
早婚［Zao hun］（詩經・召南）
莊嚴［Zhuang yan］（王僧孺懺悔禮佛文）　（阿彌陀經）
掃除［Sao chu］（周禮・夏官隷僕）
叢書［Cong shu］（韓愈文）

藏書 [Cang shu]（史記・老子傳注）
增進 [Zeng jin]（淨住子）
造船 [Zao chuan]（晉書・吾彥傳）
創造 [Chuang zao]（魏志・武帝紀注）
想像 [Xiang xiang]（楚辭・遠游）
相對 [Xiang dui] ①（儀禮・士昏禮）　②（史記・大史公自序注）
增訂 [Zeng ding]（鴻業武經直解序）
相當 [Xiang dang] ①（周禮・天官・閽人掌掃門庭注）　②（後漢書・隗囂傳）
造幣 [Zao bi]（史記・平準書）
聯盟 [Lian meng]（庾信詩）
俗語 [Su yu]（後漢書・蔡邕傳）
速成 [Su cheng]（左傳・昭公九年）
即席 [Ji xi]（南史・蕭介傳）
束縛 [Shu zhuan]（史記・禮書）
捉摸 [Zhuo mo]（傳習録・卷下）
測量 [Ce liang] ①（世說・品藻上）　②（韋莊詩）
素質 [Su zhi] ①（北史・王崇傳）　②（張華賦）
訴訟 [Su song]（後漢書・陳寵傳）
租船 [Zu chuan]（舊唐書・食貨志）
祖先 [Zu xian]（參同契）
措置 [Cuo zhi]（後漢書・東平憲王蒼傳）
卒業 [Zu ye] ①（荀子・大略）　②（顏氏家訓・勉学）
屬国 [Shu guo]（漢書・淮南厲王長傳）
素養 [Su yang]（漢書・李尋傳）
損益 [Sun yi]（諸葛亮出師表）
尊嚴 [Zun yan]（漢書・昭帝紀贊）
損失 [Sun shi]（後漢書・和帝紀）
鄭重 [Zheng zhong] ①（漢書・王莽傳）　②（白居易詩）
尊重 [Zun zhong]（禮記・冠義）
村落 [Cun luo]（史記・五帝紀）

【た行】

大意 [Da yi]（韓非子・說難）
大會 [Da hui]（書經・泰誓上）
體格 [Ti ge]（研北雜誌）

大学［Da xue］（禮記・王制）
胎教［Tai jiao］（列女傳）
體驗［Ti yan］（傳習録・卷下）
隊伍［Dui Wu］（李衛公問對上）
大作［Da zuo］①（易・益卦）　②（尚書・大傳康誥）　③（蔡邕答詔問災異）
大師［Da shi］①（易・同人）　②（漢書・儒林傳）
大使［Da shi］①（呂氏春秋・孟秋紀）　②（後漢書・班固傳）
對待［Dui dai］（張憲詩）
體質［Ti zhi］①（晉書・南洋王保傳）　②（東波題跋）
大衆［Da zhong］（禮記・月令）
退職［Tui zhi］（諸葛亮文）
大臣［Da chen］（中庸）
大勢［Da shi］（魏志・劉放傳）
體制［Ti zhi］（嵇康賦）
退席［Tui xi］（禮記・玉藻）
大隊［Da dui］（宋史・兵志）
大體［Da ti］①（孟子・告子）　②（禮記・喪服四制）　③（史記・平原君傳）
大地［Da di］①（商君書・農戰）　②（楊万里詩）
隊長［Dui Chang］（史記・孫子傳）
退避［Tui bi］（唐書・張禹傳）
代表［Dai biao］（徐彥伯南郊賦）
太平［Tai ping］（莊子・天道）
大便［Da bian］（賈誼新書）
逮捕［Dai bu］（漢書・高帝紀）
退步［Tui bu］（宋史・李燔傳）
大方［Da fang］（莊子・秋水）
大網［Da wang］（後漢書・班超傳）
題目［Ti mu］①（魏志・臧霸傳注）　②（南史・王僧孺傳）　③（楊万里詩）
大洋［Da yang］（耶律楚材詩）
太陽［Tai yang］（晉書・王導傳）
大陸［Da lu］①（書經・蕪公）
體力［Ti li］（說苑・君道）
對話［Dui hua］（薩都拉詩）
打算［Da suan］（十八史略・南宋理宗）
墮胎［Duo tai］（南史・徐孝嗣傳）
脫稿［Tuo gao］（朱子全書・道統）
脫帽［Tuo mao］（古詩・陌上桑）

他方［Ta fang］（杜甫詩）
彈劾［Dan he］（北史・魏牧傳）
暖氣［Nuan qi］（張華詩）
團結［Tuan jie］（金史・盧庸傳）
單獨［Dan du］（後漢書・文帝紀）
淡泊［Dan bo］（文子・上仁）
短篇［Duan pian］（文心雕龍）
鍛煉［Duan lian］①（書經・費誓）　②（漢書・韋彪傳）　③（十八史略・南宋理宗）
談話［Tan hua］（陶潛詩）
治安［Zhi an］（漢書・賈誼書）
地域［Di yu］（周禮・地官大司徒）
智慧［Zhi hui］（易經・明夷象舒）
知覺［Zhi jue］①（後漢書・杜詩傳）　②（朱熹中庸章句序）
畜產［Chu chan］（漢書・薛宣傳）
地形［Di xing］（史記・秦紀）
地誌［Di zhi］（歐陽修詩）
地圖［Di tu］（周禮・地官）
知識［Zhi zhi］（維摩經）
知識［Zhi zhi］（韓非子・解老）
地軸［Di zhou］（庾信文）
地租［Di zu］①（唐書・魏徵傳）　②（明疏鈔）
智能［Zhi neng］（張国策・秦策）
地盤［Di pan］（張祐洞庭南館詩）
地方［Di fang］①（淮南子）　②（晉書・孝懷帝紀）
着手［Zhe shou］（晉書・杜預傳）
着色［Zhe se］（劉勳詩）
中尉［Zhong wei］（史記・絳侯世家）
注意［Zhu yi］①（史記・田敬仲世家贊）②（史記・陸賈傳）
中央［Zhong yang］（詩經・泰風蒹葭）
中華［Zhong hua］（蜀志・諸葛亮傳注）
中外［Zhong wai］（後漢書・宦者傳論）
中学［Zhong xue］（後漢書・祭祀志注）
中堅［Zhong jian］（後漢書・光武紀）
中古［Zhong gu］（易・繫辭下）
中興［Zhong xing］（詩序）
忠告［Zhong gao］（論語・顏淵）

中国［Zhong guo］（詩經・鄘風）
中止［Zhong zhi］（易林）
注視［Zhu shi］（韓愈詩）
注射［Zhu she］（世說・夙惠）
中心［Zhong xin］①（詩經・邶風中風）　②（趙秉文賦）
中世［Zhong shi］（晉書・赫連勃勃載記）
中塗［Zhong Tu］（唐書・陸機傳贊）
中年［Zhong nian］①（周禮・地官均人）　②（禮記・学記）　③（蘇軾詩）
注目［Zhu mu］（晉書・孫惠傳）
中立［Zhong li］①（中庸）　②（史記・田儋傳）
中和［Zhong he］（周禮・春官大司樂）
調査［Diao cha］（漢書・王莽傳注）
超越［Chao yue］（魏志・管寧傳）
懲戒［Cheng jie］（漢書・諸侯王表）
長官［Chang guan］（唐書・蕭至忠傳）
雕刻［Diao ke］（吳志・賀齊傳）
調劑［Diao ji］（淮南子・本輕）
調節［Diao jie］（白居易詩）
超然［Chao ran］①（宋玉封楚王問）　②（漢書・董仲舒傳）
調停［Diao ting］（宋史・蘇轍戰論）
徹兵［Che bing］（宋史・張復傳）
徵兵［Zheng bing］（史記・黥布傳）
調和［Diao he］①（賈誼新書）　②（漢書・丙吉傳）　③（韓詩外轉・卷二・治氣震心之術注）
著作［Zhu zuo］（晉書・孫楚傳）
著書［Zhe shu］（史記・老子傳）
地理［Di li］（易・繫辭）
治療［Zhi liao］（北齊書・清河王岳傳）
智力［Zhi li］（魏志・太祖紀）
鎮靜［Zhen jing］（国語・齊語）
沈痛［Chen tong］（謝靈運詩）
陳腐［Chen fu］（宋史・食貨志）
陳列［Chen lie］（嚴遵道德指歸論）
追憶［Zhui yi］（鮑照詩）
追加［Zhui jia］（漢書・五行志）
追求［Zhui qiu］（楚辭・九章惜往日）
遂行［Sui xing］（禮記・月令）

追悼 [Zhui dao]（魏文帝追封鄧公策）
墮落 [Duo luo] ①（管子・富国） ②（漢書・宣帝紀）
通貨 [Tong huo]（管子・輕重）
通行 [Tong xing]（漢書・高帝紀）
通事 [Tong shi] ①（周禮・秋官） ②（李華賦）
通稱 [Tong cheng]（尹文子・大道上）
通商 [Tong shang]（左傳・閔公二年）
通信 [Tong xin]（晉書・王澄傳）
通訳 [Tong yi]（後漢書・和帝紀論）
通例 [Tong li]（唐書・韓滉傳）
定期 [Ding qi]（晉書・王羲之）
體裁 [Ti cai]（宋史・歐陽修傳）
帝制 [Di zhi]（漢書・賈誼傳）
訂正 [Ding zheng]（晉書・荀崧傳）
貞操 [Zhen cao] ①（晉書・張天錫傳） ②（古今注）
停滯 [Ting zhi]（晉書・虞預傳）
程度 [Cheng du]（韓愈答崔立之書）
提防 [Ti fang]（禮記・月令）
敵国 [Di guo] ①（史記・呉起傳） ②（漢書・蕭望之傳） ③（樓鑰詩）
敵封 [Di feng]（応場弈勢論）
適用 [Gua yong] ①（漢書・項籍傳） ②（黃庭堅詩）
徹底 [Che di]（北史・宋世良傳）
轉移 [Zhuan yi]（古詩・焦仲卿妻）
天氣 [Tian qi]（魏文帝詩）
典型 [Dian xing]（說文） （段注）
天才 [Tian cai]（北史・李德林傳）
天使 [Tian shi] ①（莊子・人間世） ②（史記・趙世家） ③（淮南子・天文）
④（資治通鑑）
電車 [Dian che]（晉書・張重華傳）
傳神 [Chuan shen]（世說）
傳染 [Chuan ran]（夏文彥論畫）
天體 [Tian ti]（宋書・天文志）
田地 [Tian di]（史記・蕭相国世家）
天堂 [Tian tang]（洛陽伽藍記）
轉任 [Zhuan ren]（晉書・劉頌傳）
天皇 [Tian huang]（舊唐書・高宗紀）
店鋪 [Dian pu]（舊唐書・食貨志）

天文［Tian wen］（易經・彖傳）
同意［Tong yi］（後漢書・王常傳）
統一［Tong yi］①（漢書・董仲舒傳）　②（後漢書・劉玄傳）
登記［Deng ji］（齋家宝要）
投機［Tou ji］（唐書・張公謹傳贊）
等級［Deng ji］（書經・咸則三壤成賦中邦疏）
同居［Tong ju］（易・睽卦）
同鄉［Tong xiang］（莊子・盜跖）
同業［Tong ye］（史記・大宛傳）
當然［Dang ran］（中庸章句第三十二章注）
當時［Dang shi］①（宋書・謝靈運傳）　②（十洲記）
同志［Tong zhi］（後漢書・班超傳）
謄寫［Teng xie］（世說・巧藝・抄書頭注）
同情［Tong qing］（漢書・吳王濞傳）
同人［Tong ren］（易・同人）
當選［Dang xuan］（唐書・高崇文）
銅錢［Tong qian］（史記・平準書贊）
銅線［Tong xian］（開元天宝遺事）
銅像［Tong xiang］（唐書・食貨志）
淘汰［Tao tai］（後漢書・陳元傳）
當地［Dang di］（神仙傳）
統治［Tong zhi］（唐書・兵志）
同調［Tong diao］（謝靈運詩）
道德［Dao de］①（禮記・曲禮上）　②（史記・老子傳）
黨人［Dang ren］①（漢書・董仲舒傳）　②（後漢書・黨錮傳論）
豆腐［Dou fu］（本草・豆腐下集解）
動物［Dong wu］（周禮・地官大司徒）
同文［Tong wen］（中庸）
同胞［Tong bao］①（漢書・東方朔傳）　②（張載西銘）
同盟［Tong meng］①（春秋・莊十六年）　②（左傳・隱公元年）
東洋［Dong yang］（名山藏）
童謠［Tong Yao］（左傳・僖公五年）
道理［Dao li］①（荀子・修身）　②（吳志・陸抗傳）　③（蘇軾与李公擇書）
逗留［Dou liu］（漢書・匈奴傳）
討論［Tao lun］（論語・憲問）
都會［Dou hui］（史記・貨殖傳）
獨学［Du xue］（禮記・学記）

獨身［Du shen］（史記・外戚世家）
獨占［Du zhan］（蘇軾詩）
督促［Du cu］（漢書・威帝紀）
匿名［Ni ming］（魏書・爾朱世隆傳）
特命［Te ming］（唐書・盧邁傳）
獨立［Du li］①（易・大過卦）　②（論語・陽貨）
都市［Du shi］（漢書・食貨志）
圖書［Tu shu］（史記・蕭相国世家）
土壤［Tu rang］①（史記・孔子世家）　②（後漢書・公孫述傳）
土人［Tu ren］（陳造詩）
突擊［Tu ji］（唐書・劉武周傳）
努力［Nu li］（左傳・昭公二十年）（杜注）（漢書・翟方進傳）
奴隸［Nu li］（顔氏家訓・勉学）

【な行】

內閣［Nei ge］①（北史・邢邵傳）　②（劉長卿詩）
內心［Nei xin］（禮記・禮器）
內政［Nei zheng］①（周禮・天官女史）　②（管子・小匡）
內部［Nei bu］（後漢書・高句驪傳注）
內務［Nei wu］（宋書・戴洪興傳）
內亂［Nei luan］（禮記・雜記）
難關［Nan guan］（十八史略・南宋）
軟弱［Ruan ruo］（劉琨詩）
肉欲［Rou yu］（梁武帝手敕）
日前［Ri qian］（列子・楊朱）
日曜［Ri yao］（詩經・檜風恙裘）
日用［Ri yong］（易・繫辭）
日記［Ri ji］（老学庵筆記）
日給［Ri gei］（杜預論水利疏）
日程［Ri cheng］（瑯琊代醉編）
入学［Ru xue］（禮記・月令）
入門［Ru men］（論語・子張）
熱血［Re xue］（宋旡詩）
熱中［Re zhong］（孟子・万章）
熱烈［Re lie］（抱朴子）

年鑑［Nian jian］（宋史・藝文志）
年限［Nian xian］（北史・張冑元傳）
年齡［Nian ling］（禮記・文王世子）
農業［Nong ye］（禮記・月令仲春）
農具［Nong ju］（李商隱行次西郊詩）
農作［Nong zuo］（宋史・李防傳）
農民［Nong min］（顏氏家訓・勉学）
能力［Neng li］（柳宗元牛賦）

【は行】

配偶［Pei ou］（後漢書・鄧訓傳注）
配合［Pei he］（後漢書・鮮卑傳）
賣国［Mai guo］（史記・蘇秦傳）
排斥［Pai chi］（後漢書・宦者傳序）
配當［Pei dang］（周禮・地官）
賣買［Mai mai］（周禮・地官市司）
博愛［Bo ai］（蜀志・蔣琬費禕傳評）
博士［Bo shi］（史記・秦始皇紀）
薄弱［Bo ruo］（論衡）
博物［Bo wu］（左傳・昭公元年）
博覽［Bo lan］（漢書・成帝紀贊）
薄利［Bo li］（宋旡詩）
幕僚［Mu liao］（宋史・顏衍傳）
暴露［Bao lu］①（国語）　②（顏氏家訓・後娶）　③（列仙傳・尹喜）
破產［Po chan］（唐書・盧坦傳）
馬車［Ma che］（後漢書・輿服志）
發育［Fa yu］（禮記・中庸）
發汗［Fa han］（魏志・華佗傳）
發揮［Fa hui］①（易・乾卦）　②（柳宗元詩）
罰金［Fa jin］（史記・張釋之傳）
發掘［Fa jue］（漢書・王莽傳）
發見［Fa jian］（中庸章句第十六章注）
發射［Fa she］（班固賦）
發達［Fa da］（蕭穎士蓬池啓飲序）
發動［Fa dong］（史記・龜策傳）

發熱［Fa re］（東坡書牘）
發明［Fa ming］①（宋玉賦）　②（傳習録・卷下）
發揚［Fa yang］（史記・樂書）
波動［Bo dong］（蔡邕彈碁賦）
範圍［Fan Wei］（易・繫辭）
判決［Pan jue］（宋書・孔顗傳）
反攻［Fan gong］（呂氏春秋・察微）
万歳［Wan sui］（漢書・武帝紀）
晩餐［Wan can］（何景明詩）
判事［Pan shi］（唐書・百官志）
繁殖［Fan zhi］（孟子・滕文公上）
反對［Fan dui］（文心雕龍・麗辭）
販賣［Fan mai］（史記・鄭世家）
反覆［Fan fu］①（戰国策・趙策）　②（漢書・韓信傳）
反面［Fan mian］（白虎通）
万有［Wan you］①（子華子）　②（爾雅序）
伴侶［Ban lv］（韓愈詩）
凡例［Fan li］（左傳・隱公七年）
美化［Mei hua］（杜甫詩）
悲觀［Bei guan］（法華經）
飛行［Fei xing］①（詩輕・鄭風）　②（列仙傳）
被告［Bei gao］（說文・曹・段注）
秘書［Mi shu］（張衡西京賦）
美德［Mei de］（史記・禮書）
避難［Bi nan］（世說・德行上）
皮膚［Pi fu］（抱朴子・刺驕）
被服［Bei fu］（史記・武帝紀）
非法［Fei fa］（論語・陽貨）
非凡［Fei fan］（蜀志・先主傳）
費用［Fei yong］（荀子・禮論）
美容［Mei rong］（玉虛子）
評議［Ping yi］①（後漢書・東夷傳）　②（北史・宇文述傳）
病源［Bing yuan］（古詩・周詩）
病根［Bing gen］（後漢書・華佗傳）
標識［Biao zhi］（岱康文）
標準［Biao zhun］（韓愈伯夷頌）
表情［Biao qing］（白虎通）

平等［Ping deng］（金剛經）

標本［Biao ben］（聞見前録）

漂流［Piao liu］（庾信詩）

評論［Ping lun］（隨書・楊異傳）

比例［Bi li］（陸游詩）

疲勞［Pi lao］（魏志・鄧艾傳）

披露［Pi lu］（後漢書・蔡邕傳）

貪汚［Tan wu］（漢書・尹商傳）

貧弱［Tan ruo］（史記・周紀）

貧乏［Tan fa］（後漢書・郭巨傳）

風化［Feng hua］（詩經・豳風七月序）

風紀［Feng ji］（韓愈祭盧郭張員外文）

風氣［Feng qi］①（史記・倉公傳）　②（漢書・律曆志）　③（劉因詩）

風景［Feng jing］（十八史略・東晉）

封鎖［Feng suo］（歐陽修論史館日曆狀）

諷刺［Feng ci］（顏氏家訓・文章）

風俗［Feng su］①（詩經・周南關雎序）　②（史記・樂書）

風土［Feng tu］（後漢書・張堪傳）

風波［Feng bo］①（莊子・人間世）　②（漢書・賈誼傳）　③（黃庭堅詩）

風流［Feng liu］①（後漢書・王暢傳）　②（晉書・樂廣傳）　③（花蕊夫人宮詞）

不快［Bu kuai］①（漢書・高祖紀）　②（後漢書・華佗傳）

普及［Pu ji］（法華經）

服役［Fu yi］（淮南子・本經）

服從［Fu cong］①（禮記・內則）　②（漢書・韋立成傳）

復職［Fou zhi］（陳書・路山才傳）

復辟［Fou bi］（文獻通考・經籍）

福利［Fu li］（後漢書・仲長統傳）

富豪［Fu hao］（漢書・卜式傳）

布告［Bu gao］（左傳・昭公十六年）（史記・呂后紀）

武士［Wu shi］（史記・蘇秦傳）

扶助［Fu zhu］（漢書・嚴延年傳）

夫人［Fu ren］①（禮記・曲禮）　②（禮記・曲禮）　③（漢書・外戚傳）　4）（袁昂書評）

武裝［Wu zhuang］（韓邦靖聖上西巡歌）

不測［Bu ce］①（易・系辭）　②（呂覽）　③（史記・刺客傳）

部隊［Bu dui］（後漢書・馬融傳）

不斷［Bu duan］①（魏志・楊阜傳）　②（隋書・突厥傳）

扶持［Fu chi］（禮記・內則）
附著［Fu –］（易經・疇離祉疏）
部長［Bu chang］（元史・武宗紀）
普通［Pu tong］（梁武帝年號）
物價［Wu jie］（周禮・夏官司馬）（隋書・食貨志）
復活［Fou huo］（晉書・顏言傳）
物件［Wu jian］（李義山雜筆・強會）
復古［Fou gu］（詩經・小序）
復興［Fou xing］（後漢書・王常傳）
物產［Wu chan］（顏氏家訓・文章）
物理［Wu li］（晉書・明帝紀）
舞蹈［Wu dao］（宋史・司馬光傳）
分野［Fen ye］（国語・周語）
腐敗［Fu bai］（漢書・食貨志）
部分［Bu fen］（素問・陽陰応象大論）
不平［Bu ping］①（漢書・項羽傳）　②（賈島詩）
無賴［Wu lai］①（史記・高祖本紀）　②（魏志・華佗傳）
部落［Bu luo］①（後漢書・南蠻傳）　②（唐書・李勣傳）
俘虜［Fu lu］（晉書・祖逖傳）
附録［Fu lu］（尹文子・附録）
文具［Wen ju］①（漢書・張釋之傳）　②（石頭紀・五十七回）
分科［Fen ke］（王昂策對）
文化［Wen hua］（說苑・指武）
憤慨［Fen kai］（傳亮文）
文学［Wen xue］（論語・先進）
分割［Fen ge］（後漢書・西域傳）
文官［Wen guan］（後漢書・禮儀志）
分歧［Fen qi］（劉禹錫葡萄歌）
文教［Wen jiao］（書經・禹貢）
文藝［Wen yi］①（呂覽・博志）　②（大戴禮・文王官人）
憤激［Fen ji］（南史・宋武帝紀）
文獻［Wen xian］（論語・八佾）
文庫［Wen ku］（宋史・藝文志）
文豪［Wen hao］（宋名臣言行録）
粉碎［Fen sui］（世說・術解）
分解［Fen jie］（後漢書・馬皇后紀）
文治［Wen zhi］①（禮記・蔡法）　②（杜牧詩）

文章［Wen zhang］①（周禮・冬官考工紀）　②（論語・泰伯）　③（漢書・公孫宏傳）
粉飾［Fen shi］（韓詩外傳）
文人［Wen ren］①（書經・文侯之命）　②（宋史・劉摯傳）
分析［Fen xi］①（後漢書・徐防傳）　②（漢書・中山諸王傳）
分配［Fen pei］①（左傳・二體三類四物五聲注）　②（後漢書・光武帝紀）
分布［Fen bu］（劉克莊詩）
分別［Fen bie］（漢紀・孝元帝紀贊）
文法［Wen fa］（史記・汲黯傳）
文明［Wen ming］①（易・乾文言）　②（書經・舜典）
文理［Wen li］①（中庸）　②（舊唐書・陸扆傳）
分量［Fen liang］（宋史・高皇后傳）
分類［Fen lei］（唐書・刑法志）
分裂［Fen lie］（禮記・月令）
兵役［Bing yi］（尉繚子・戰威）
兵器［Bing qi］（漢書・五行志）
平均［Ping jun］（詩經・曹風鳲鳩毛傳）
平行［Ping xing］（漢書・李廣傳）
兵士［Bing shi］（奮唐書・職官志）
並存［Bing cun］（晉書・戴逵傳 ）
平凡［Ping fan］（朱熹齋居感興詩序）
平民［Ping min］（書經・呂刑）
平和［Ping he］①（左傳・昭公元年）　②（晉書・天文志）
下手［Xia shou］（傳燈録）
別科［Bie ke］（澠水燕談録）
別墅［Bie shu］（晉書・謝安傳）
別人［Bie ren］（宋書・謝晦傳）
便宜［Pian yi］（史記・蕭相国世家）
邊疆［Bian jiang］（左傳・昭公十四年）　（杜甫詩）
弁護［Bian hu］（古微書・中候握圖紀）
辯護［Bian hu］①（公羊傳・宣公十五年注）　②（漢書・貢禹傳）
弁別［Bian bie］（易經・君子以慎弁物居方疏）
便利［Bian li］①（戰国策）　②（史記・高祖紀）
弁論［Bian lun］（鮑照詩）
辯論［Bian lun］①（禮記・王制）　②（史記・平津侯傳）
保安［Bao an］（晉書・王坦之傳）
方位［Fang wei］（朱子語録）

法令［Fa ling］（墨子・辭過）
防衛［Fang wei］（書經・王子咸怨疏）
貿易［Mao yi］（史記・貨殖傳）
放火［Fang huo］（周禮・羅氏注）
萌芽［Meng ya］①（禮記・月令）　②（古詩・孤兒行）
妨害［Fang hai］（韓非子・飾邪）
包括［Bao kuo］（後漢書・蔡邕傳）
封建［Feng jian］（左傳・僖公二十四年）
冒險［Mao xian］（晉書・張駿傳）
防護［Fang hu］（漢書・西域傳）
報告［Bao gao］（漢書・王莽傳）
法式［Fa shi］（史記・秦始皇紀）
紡織［Fang zhi］（墨子・辭過）
法人［Fa ren］（周書）
法制［Fa zhi］（禮記・月令）
法則［Fa ze］（史記・三王世家）
法治［Fa zhi］①（禮記・樂記）　②（淮南子・汜論）
法庭［Fa ting］（任孝公多宝寺碑銘）
報道［Bao dao］（李涉詩）
防備［Fang bei］（後漢書・和帝紀）
抱負［Bao fu］（後漢書・儒林傳序）
報復［Bao fou］（漢書・朱買臣傳）
法服［Fa fu］①（孝經）　②（法華經）
方法［Fang fa］（韓愈文）
亡命［Wang ming］（史記・張耳傳）
方面［Fang mian］①（後漢書・逢萌傳）　②（後漢書・馬融傳）
訪問［Fang wen］（左傳・昭公元年）
法律［Fa lv］（管子・七臣七主）
法例［Fa li］（晉書・刑法志）
飽和［Bao he］（梁肅送皇甫尊師）
捕獲［Bu huo］（梅繞臣事）
保管［Bao guan］（大明律）
簿記［Bo ji］（唐書・百官志）
牧師［Mu shi］（周禮・夏官司馬）
牧畜［Mu xu］（史記・李牧傳）
撲滅［Pu mie］①（書經・盤庚上）　②（司空圖詩）
保險［Bao xian］（隋書・劉元進傳）

保護［Bao hu］（書經・畢命・成周郊傳）
輔佐［Fu zuo］（漢書・蕭望之傳）
保守［Bao shou］（逸周書・酆保）
保證［Bao zheng］（張元晏謝僕射啓）
發作［Fa zuo］①（禮記·樂記）　②（吳志·孫皓傳）　③（韓愈南海神廟碑）
沒落［Mei luo］（唐律・釋文）
輔導［Fu dao］（漢書・霍光傳）
哺乳［Bu ru］（後漢書・袁紹傳）
保養［Bao yang］（列子・力命）
本科［Ben ke］（宋史・選舉志）
本部［Ben bu］（魏書・高祖紀）
凡俗［Fan su］（詩品）
本文［Ben wen］（後漢書・賈逵傳）
翻訳［Fan yi］①（隋書・經籍志）　②（朱子全書・学）
凡庸［Fan yong］①（史記・周勃世家贊）　②（顏氏家訓・後娶）
本領［Ben ling］（元曲・賺蒯通）

【ま行】

埋沒［Mai mei］（南史・郭組深傳）
末路［Mo lu］①（戰国策・秦策）　②（漢書・鄒陽策）
滿足［Man zu］（南齊書・張敬兒傳）
漫遊［Man you］（元結詩）
未婚［Wei hun］（杜甫詩）
未遂［Wei sui］（劉滄詩）
密約［Mi yue］①（唐書・權皋傳）　②（宋史・向敏中傳）
身分［Shen fen］（宋書・王僧達傳）
土產［Tu chan］①（唐書・李德裕傳）　②（宋史・張齊賢傳）
明星［Ming xing］（詩經・国風・女曰雞鳴）
未來［Wei lai］（魏書・釋老志）
民事［Min shi］①（書經・太甲）　②（孟子・滕文公）　③（禮記・月令）
民主［Min zhu］（孫楚楊太傳碑）
民眾［Min zhong］（擊虞神農贊）
民生［Min sheng］①（書經・君陳）　②（国語・晉語）
民政［Min zheng］（宋史・真宋紀）
民治［Min zhi］（史記・樂書）

民法［Min fa］（書經・咎單作明居傳）
無益［Wu yi］（書經・旅獒）
無期［Wu qi］（詩經・小雅）
無形［Wu xing］（禮記・曲禮）
無限［Wu xian］（南史・王裕之傳）
無效［Wu xiao］（隨書・經籍志）
無情［Wu qing］（晉書・郭文傳）
無數［Wu shu］①（周禮・春官宗伯）　②（杜甫詩）
無用［Wu yong］（莊子・人間世）
無論［Wu lun］（蘇軾詞）
明示［Ming shi］（左傳・桓公二年）
名人［Ming ren］（韓愈柳子厚墓誌銘）
名譽［Ming yu］（墨子・修身）
命令［Ming ling］（王周詩）
明朗［Ming lang］（拾遺記）
迷惑［Mi huo］①（荀子・大略）　②（韓非子・說材）
眼鏡［Yan jing］（七修續稿）
滅亡［Mie wang］（禮記・樂記）
面會［Mian hui］（後漢書・耿純傳）
免職［Mian zhi］（南史・何敬容傳）
免稅［Mian shui］（唐書・董昌傳）
面談［Mian tan］（晉書・王猛傳）
摸索［Mo suo］（隋唐佳話）
模範［Mo fan］（揚子法言）
文部［Wen bu］（唐書・百官志）

【や行】

藥劑［Yao ji］①（史記・孝武帝紀）　②（唐書・裴潾傳）
約束［Yue shu］（易經・雲雷屯・君子以經綸疏）（史記・司馬穰直傳）
藥物［Yao wu］（左傳・昭公十九年）
訳本［Yi ben］（山谷題跋）
藥用［Yao yong］（史記・倉公傳）
野心［Ye xin］①（左傳・宣公四年）　②（宋書・王僧達傳）　③（袁豹文）
野人［Ye ren］①（論語・先進）　②（孔子・滕文公上）　③（晏子春秋・內篇諫上）

野生［Ye sheng］（齊民要衡）
野戰［Ye zhan］（漢書・蕭何傳）
唯一［Wei yi］（楞嚴經）
遺言［Yi yan］①（晉書・阮膽傳）　②（王文成公年譜節略）
有為［You wei］（禮記・儒行）
游泳［You yong］（朱林詩）
勇敢［Yong gan］（史記・刺客傳）
勇氣［Yong qi］（左傳・莊公十年）
游戲［You xi］（傳燈録）
遊戲［You xi］（史記・周紀）
游擊［You ji］（漢書・蘇建傳）
有限［You xian］（徐陵与楊遵彥書）
有形［You xing］（公羊傳注）
誘致［You zhi］（漢書・武帝紀）
誘導［You dao］（呉志・士燮傳）
雄飛［Xiong fei］（後漢書・趙興傳）
雄辯［Xiong bian］（杜甫詩）
輸運［Shu Yun］（柳宗元封建論）
愉快［Yu kuai］（史記・酷吏傳序）
輸出［Shu chu］（籌海圖篇）
輸送［Shu song］（南史・齊武帝紀）
輸入［Shu ru］（史記・李牧傳）
由來［You lai］（左傳・僖公七年）
養魚［Yang yu］（爾雅・釋訓疏）
謠言［Yao yan］（後漢書・劉陶傳）
養子［Yang zi］（後漢書・順帝紀）
用心［Yong xin］①（論語・陽貨）　②（莊子・天道）
養成［Yang cheng］（呂氏春秋・孟春紀本生）
幼稚［You zhi］（詩經・鄘風谷風）
用度［Yong du］（後漢書・光武紀）
容忍［Rong ren］（後漢書・公孫瓚傳）
養蜂［Yang feng］（郁離子）
要約［Yao yue］①（史記・春申君傳）　②（唐書・史憲忠傳）
陽曆［Yang li］（漢書・律曆志）
抑壓［Yi ya］（唐書・李德裕傳）
抑制［Yi zhi］（晉書・桓伊傳）
豫言［Yu yan］①（後漢書・申屠剛傳）　②（李衛公問封上）

豫算［Yu suan］（耶律楚材詩）
余波［Yu bo］①（書經・禹貢）　②（杜甫詩）
預備［Yu bei］（慰繚子）
余裕［Yu yu］（孟子・公孫丑）
余力［Yu li］（論語・学而）

【ら行】

來由［Lai you］（白居易詩）
裸體［Luo ti］（世說・德行上）
羅列［Luo lie］（古詩・雞鳴）
土地［Tu di］①（孟子・尽心）　②（漢書・鼂錯傳）
理化［Li hua］（晉書・刑法志）
理會［Li hui］①（世說・識鑒）　②（呂氏童蒙訓）
力量［Li liang］（陸游詩）
陸運［Lu yun］（北史・崔昂傳）
陸軍［Lu jun］（晉書・宣帝紀）
陸戰［Lu zhan］（漢書・嚴助傳）
陸地［Lu di］（列仙傳・尹喜）
離婚［Chi hun］（世說・德行上）
理事［Li shi］（書經・武成）
利潤［Li run］（北史・姚氏婦傳）
理性［Li xing］（後漢書・黨錮傳序）
律師［Lv shi］①（唐六典）　②（守護国界主經）
立體［Li ti］（晉書・孝友傳序）
立法［Li fa］①（史記・律書）　②（漢書・刑法志）
立方［Li fang］①（後漢書・濁行傳序）　②（夢溪筆談）
理髮［Li fa］（晉書・謝安傳）
掠奪［Lve duo］（申鑒）
略奪［Lve duo］（東歡漢紀）
理由［Li you］（宋史・蔡挺傳）
流血［Liu xue］（史記・主父偃傳）
流言［Liu yan］（荀子・致士）
流行［Liu xing］（左傳・僖公十三年）
流星［Liu xing］（史記・樂書）
留置［Liu zhi］（李華文）

流通［Liu tong］（魏志・華陀傳）
流動［Liu dong］（梁昭明太子解二諦義）
利用［Li yong］①（書經・大禹謨）　②（莊子注）
療治［Liao zhi］（北魏書・裴延傳）
領袖［Ling xiu］①（晉書・魏舒傳）　②（十八史略・宋哲宗）
糧食［Liang shi］（左傳・襄八年）
凌辱［Ling ru］（石崇詩）
良心［Liang xin］（孟子・告子）
料理［Liao li］①（世說）　②（晉書・王徽之傳）
旅客［Lv ke］（易林）
旅館［Lv guan］（謝靈運詩）
旅行［Lv xing］（說文・麗）
旅舍［Lv she］（岑參詩）
履歴［Lv li］（南史・庾子与傳）
理論［Li lun］（鄭谷詩）
輸郭［Shu Guo］（南史・顏竣傳）
臨時［Lin shi］（魏志・董昭傳）
倫理［Lun li］（史記・李斯傳）
倫理［Lun li］（禮記・樂記）
類似［Lei si］（東方朔七諫）
類推［Lei tui］（淮南子・說山訓）
累積［Lei ji］（宋玉高唐賦）
流浪［Liu lang］（陶潛祭從弟敬遠文）
靈感［Ling gan］（張說詩）
靈魂［Ling hun］（東方朔七諫）
禮節［Li jie］（禮記・儒行）
冷淡［Leng dan］（白居易詩）
禮拜［Li bai］（月上女經）
零落［Ling luo］（白居易詩）
列車［Lie che］（王粲詩）
列席［Lie xi］（王勃詩）
連鎖［Lian suo］（南史・齊東日侯紀）
連續［Lian xu］（宋史・食貨志）
連帶［Lian dai］（潘最文）
連名［Lian ming］（韓愈詩）
老師［Lao shi］①（左傳・僖公二十八年）　②（史記・荀卿傳）
老成［Lao cheng］（書經・盤庚）　（韓愈狀）

勞動［Lao dong］（魏志・華佗傳）
朗讀［Lang du］（李商隱与陶進士書）
浪人［Lang ren］（柳宗元李赤傳）
浪費［Lang fei］（楊万里詩）
勞力［Lao li］（孟子・滕文公）
露骨［Lu gu］①（晉書・成都王穎傳）　②（邵雍詩）
六法［Liu fa］①（新論）　②（畫品）
論說［Lun shui］（朱熹答何叔京）

【わ行】

和解［He jie］①（周禮・調人）（史記・韓王信傳）
和平［He ping］①（禮記・樂記）　②（国語・周語）

編著者略歴

竹中憲一（たけなか・けんいち）

1946年長崎県生まれ。早稲田大学卒業。1978~1986年在中国日本語教師研修センター、在北京日本学研究センター（外務省・国際交流基金主催）講師として中国の大学教員に日本語を教える。現在、早稲田大学法学部教授（中国語・植民地教育史）。

〔主要編著書〕
『「満州」における教育の基礎的研究』全6巻（柏書房、2000年）
『在満日本人用教科書集成』全10巻（柏書房、2000年）
『教育における民族的相克―日本植民地教育史論1』（共編、東方書店、2001年）
『大連アカシアの学窓・証言　植民地教育に抗して』（明石書店、2003年）
『「満州」植民地日本語教科書集成』全7巻（緑蔭書房、2002年）
『満州オーラルヒストリー』（訳、皓星社刊、2004年）
『「満州」における中国語教育』（柏書房、2004年）
『「満州」植民地中国人用教科書集成』全8巻（緑蔭書房、2005年）
『人名事典 満州に渡った一万人』（編、皓星社刊、2012年）他多数。

近代語彙集

2015年9月25日　初版発行
定価　17,000円＋税

編著者　竹中憲一
発行所　株式会社 **皓星社**
発行者　藤巻修一
〒166-0004　東京都杉並区阿佐谷南1-14-5
電話：03-5306-2088　FAX：03-5306-4125
URL http：//www.libro-koseisha.co.jp/
E-mail：info@libro-koseisha.co.jp
郵便振替　00130-6-24639

装幀　藤巻亮一
印刷・製本　精文堂印刷株式会社

ISBN978-4-7744-0491-2 C3581